EARLY SCHOOL ATTENDANCE RECORDS OF
SONOMA COUNTY CALIFORNIA

VOLUME II
1874-1932

Sonoma County Genealogical Society, Inc.

HERITAGE BOOKS
2007

HERITAGE BOOKS
AN IMPRINT OF HERITAGE BOOKS, INC.

Books, CDs, and more—Worldwide

For our listing of thousands of titles see our website
at
www.HeritageBooks.com

Published 2007 by
HERITAGE BOOKS, INC.
Publishing Division
65 East Main Street
Westminster, Maryland 21157-5026

Copyright © 2007 Sonoma County Genealogical Society, Inc.

Other books by the author:

CD: *Sonoma County [California] Records, Volume 1*
Early School Attendance Records of Sonoma County, California, Beginning 1858
Index and Abstracts of Wills, Sonoma County, California: 1850-1900
Index to Naturalization Records in Sonoma County, California, Volume 1: 1841-1906
Index to The Sonoma Searcher*: Volume 16, No. 1 to Volume 28, No. 3*
(Including Index to The Sonoma Searcher*: Volume 1, No. 1 to Volume 15, No. 4, SCGS, August 1993)*
Index to Vital Data in Local Newspapers of Sonoma County, California, Volume 1: 1855-1875
Index to Vital Data in Local Newspapers of Sonoma County, California, Volume 2: 1876-1880
Index to Vital Data in Local Newspapers of Sonoma County, California, Volume 3: 1881-1885
Index to Vital Data in Local Newspapers of Sonoma County, California, Volume 4: 1886-1890
Index to Vital Data in Local Newspapers of Sonoma County, California, Volume 5: 1891-1899
Index to Vital Data in Local Newspapers of Sonoma County, California, Volume 6: 1900-1903
Indigent Records in Sonoma County, California 1878 to 1926, Volume 1: The Indigents
Indigent Records in Sonoma County, California 1878 to 1926, Volume 2: Taxpayers Who Certified Indigent Need
Militia Lists of Sonoma County, California, 1846 to 1900
Naturalization Records in Sonoma County, California, Volume II: 1906-1930
Santa Rosa Rural Cemetery, 1853-1997
Sonoma County, California Cemetery Records, 1846-1921, Third Edition
Sonoma County, California Death Records, 1873-1905, Second Edition
The 1930 School Census of Sonoma County, California

All rights reserved. No part of this book may be reproduced or transmitted in any form or by any means, electronic or mechanical, including photocopying, recording or by any information storage and retrieval system without written permission from the author, except for the inclusion of brief quotations in a review.

International Standard Book Number: 978-0-7884-4184-4

Contents

	Page
Early School Attendance Records	iii
Dates	iii
Cautions in the Interpretation of Data	iv
Abbreviations	iv
Schools Included in Survey	v
Map	vi
Acknowledgments	vii
School Enrollment Data	1-383

Early School Attendance Records of Sonoma County, California
Volume II: 1874 - 1932

School attendance records (registers) have been preserved in a number of different ways in Sonoma County. Volume I, which was published in 2004, consisted of data collected by a member of the Sonoma County Genealogical Society who went from school to school seeking specific information including 1) name of student, 2) school attended, 3) date of first record, 4) date of last record, and 5) age and grade of student on entry and/or exit. Some birth dates were also collected, as were the names and addresses of parents when available.

Volume II consists of a set of selected school attendance record pages which were duplicated from school registers and currently reside in the History and Genealogy Library of the Sonoma County Library located in Santa Rosa. Volume II contains over 12,000 listings of pupils in 19 schools and ranges in date from 1874 to 1932. School registers were required to be kept as an attendance count since the funding of schools was based on average daily attendance. In addition to records of attendance, many of these registers also contained pages of general information. These pages of general information are where the names and addresses of parents, and birth dates of the children, were often, but not always, found. The duplicated records at the History and Genealogy Library are primarily of the general information type, although some attendance sheets can also be found. However, when attendance sheets are present, they are most likely a selected set of pages. For example, the sheets found from Bodega School consist of 1) the first month beginning 14 July 1874 and ending 7 August 1874; 2) the third month beginning 26 April 1875 and ending 21 May 1875 and the fifth month beginning 8 November and ending 3 December 1876; 3) the first month beginning 17 July 1876 and giving the actual date a child left, if he did, September and October of 1876 being also included; 4) the first month beginning 12 March 1877 and ending 6 April 1877. These records do not lend themselves to determining the date of first entry or last record for a given student at a particular school as was the case in Volume I. However, in most cases, they do provide the general time period, names and addresses (or general area) of parents in a given school district, and often, birth dates of children.

The school attendance data found at the History and Genealogy Library also includes many of the schools covered in Volume I, but not necessarily for the same time period. Therefore, some children may be found in both volumes.

Dates
Considerable variation was found in the way dates were recorded. Some registers gave specific starting dates for the school year, others simply recorded the school year or years and a list of the pupils, usually by grade level. In many cases it was impossible to determine exactly when a child entered or left the school. Therefore, if the date column reads 1920 it means that the child was enrolled in that school some time during the year 1920. The years 1886-1889 in the date column means the child was enrolled either all or a portion of the time from the starting to ending date.

If the birth date is not given, the age and/or grade column may be the best estimate of the child's birth year. This is a better approximation when a single date or year is found in the date/date range column. The age and/or grade column found in a range of years, i.e., 1901-1904, is less reliable and indicates the age and/or grade at *sometime* during those years.

Cautions in the Interpretation of Data

The reader will occasionally note discrepancies between the spelling of a child's surname and that of his parent, or variations in the spelling of a child's name when there are several entries for that child. Not knowing which spelling was the accepted form, these spellings have been recorded here as they were found. Some overlapping or duplication of records may occur, but we have attempted to preserve as much meaningful information as possible. An entry is repeated when the information in any of the columns varies. In some cases, the abstracted records used only the initials of the parent, or included only the initial of the surname. In these cases, it was assumed the surname of the parent was the same as the child.

Readability of old records is always a problem, as well as possible clerical errors made in the original records. Some ages and grades seem inconsistent. For example, a child who was 10 years old in 1908, could not be 14 years old in 1910. However, examples of this inconsistency were encountered and are reproduced as found. When there are four or five entries for the same child and such inconsistencies are encountered, the researcher will need to interpret and integrate the information with other known facts about the family. Remember, too, that there may be two different children in school at the same time with the same name, or a child may spend more than one year in a grade.

The form of the addresses of the pupils varies from school to school. In some cases, the exact street address is given. Where street addresses are given, the town or city will be the same as the school's town or city location. Sometimes the names of the town in which he/she lived is given; in other cases, only a district is mentioned.

Abbreviations

The following abbreviations have been used in this report.

Chart	found as a grade level; unknown meaning
Cor.	Corner
ent.	entered
Fr.	Freshman
Gfa	grandfather
grad.	graduated
Rec.	Receiving (not sure what this means, but seems to precede grade 1)
RFD	Rural Free Delivery
RR	Rural Route
Rt.	Route
Sr.	Senior
trans.	transferred

Schools Included in This Survey

The following table shows the schools included in this survey, together with the codes used in the tabulation, the township, and the nearest town or area where the school was located. Using old maps, not necessarily keyed to the appropriate dates that we were using, the information in columns three and four involves some assumptions. During this time period most districts had a single school. Petaluma is the exception, where there was a different school for the various school levels. For example, in Petaluma a child might begin his education at Pepper Kindergarten, then move on to other schools in the district which were B Street, Lincoln, McKinley and City Hall Schools.

School	Code	Township	Nearest Town or Area
B Street School: 1892-1911	BS	Petaluma	Petaluma
Bay: 1886-1930	BY	Bodega	Bodega Bay
Bloomfield: 1920-1930	BL	Analy	Sebastopol
Canfield: 1921-1929	CN	Analy	Sebastopol
City Hall School: 1895-1922	CH	Petaluma	Petaluma
Estero: 1904-1931	ES	Bodega	Bodega
Eucalyptus: 1925-1931	EC	Analy or Santa Rosa	Sebastopol
Flowery: 1914-1932	FL	Sonoma	Sonoma
Horicon: 1877-1928	HC	Salt Point	Stewarts Point
Laguna Joint: 1908-1920	LJ	Marin County	Petaluma
Lincoln: 1912-1923	LN	Petaluma	Petaluma
McKinley: 1912-1922	ML	Petaluma	Petaluma
Mt. Vernon: 1916-1931[1]	MV	Analy	Sebastopol
Olivet: 1901-1930	OL	Santa Rosa	Santa Rosa
Pepper Kindergarten: 1895-1929	PK	Petaluma	Petaluma
Petaluma Hill: 1895-1898	PE	Santa Rosa or Petaluma	Santa Rosa or Petaluma
Potter: 1874-1877[2]	PO	Bodega	Bodega
Sacel: 1912	SA	Salt Point	Stewarts Point
Tomales: 1885-1930	TM	Marin County	Tomales

---

[1] Mt. Vernon students were also published in Volume I, but only for the year 1859.

[2] Potter Students were also listed in Volume I, but for a later period.

Sonoma County, California Townships
Map — Circa 1896-1897

Acknowledgments

This publication was made possible through the volunteer efforts of members of the Sonoma County Genealogical Society.

Project Director
Carmen Finley

Data Entry
Lois Nimmo

Proofreading
Doris Dickenson
Carmen Finley
Lois Nimmo

Editing
Doris Dickenson

Camera-Ready Copy
Carmen Finley

Special thanks goes to Anthony Hoskins, History, Genealogy, and Archives Librarian; History and Genealogy Library; Sonoma County Library, 3rd and E streets, Santa Rosa, California 95404, and to Audrey Herman, recently retired from that position. The History and Genealogy Library lends support to the work done by the society by providing assistance in locating records and providing room to work.

Surname	Given Name	Parent	Address	SD	Date/Date Range	Within Date Range Age	Within Date Range Gr.	Birth Date	Left/Comments
Abler	Horace	T. J. Alles		TM	1887-1890	15			
Ables	Edwin	Jennie E. Ables	Tomales	TM	21 Apr. 1930			9 Feb. 1923	
Ables	Helen			TM	11 Aug. 1902				
Ables	Helen			TM	27 Dec. 1905		6		
Ables	Henry			TM	11 Aug. 1902				
Ables	Henry			TM	27 Dec. 1905		7		
Ables	Homer	F. J. Ables		TM	1887-1889	12			
Abraham	Arthur	Louis Abraham	320 3rd St.	CH	7 Aug. 1922	15		1 May 1905	
Abraham	Evelyn			BS	19 Aug. 1918	4			
Abrahamsen	Evelyn		3rd & F Sts.	PK	1903	5		1 May 1905	
Abrahamson	Arthur		326 3rd St.	PK	1910	14		14 Oct. 1907	
Abraio	Evelyn	A. Abraio	317 11th St.	CH	7 Aug. 1922	9	2A	22 Feb. 1910	
Abrio	Delores	Antone Abrio	317 11th St.	LN	25 Aug. 1919				
Abrio	Dolores/Delores	Antone Abrio/Abraio	317 11th St.	LN	1920-1921				
Achuff	Frank	Mrs. W. A. Brown	1161 4th St.	BS		17			
Ackerman	Hazel	I. B. Ackerman	7th St.	BS	21 Aug. 1899	9			
Ackerman	Hazel	O. B. Ackerman	Cor. 5th St. & D Sts.	BS	1900	10			
Acquistapace	Camilla/Camillo	Mrs. A. Aquistopace	Agua Caliente	FL	1915-1916	14	7		
Acquistapace	Frank	John Acquistapace	Fetters Springs	FL	1924			9 July 1913	
Acquistapace	James	Anna Acquistapache	Agua Calients	FL	7 Aug. 1916	12	3		
Acquistapace	Jim			FL	5 Feb. 1917				
Acquistapace	Jimmie	Mrs. A. Aquistopace	Agua Caliente	FL	1914-1915	10	2		
Adams	Albert	R. S. Adams	852 5th St.	CH	1901-1903	6			
Adams	Albert	R. S. Adams	Cor. A & Keller Sts.	BS	1903-1907	7	2		
Adams	Albert	R. S. Adams	2 Keller St.	CH		12			
Adams	Alice	S. E. Adams	Bodega Ave.	BS	1905-1907	13			
Adams	Alice	Mrs. J. E. Adams	Country	BS	1906-1908	13	7A		
Adams	Alma			BS	1897		6		
Adams	Alta			PO	11 Sept. 1876		8		
Adams	Chas.			BS			5		
Adams	Clare	Arthur Adams	309 4th St.	CH	1908-1909	9			
Adams	Clare	A. M. Adams	412 3rd St.	BS		12			

Surname	Given Name	Parent	Address	SD	Date/Date Range	Within Date Range Age	Within Date Range Gr.	Birth Date	Left/Comments
Adams	Gladys	E. Adams	329 Liberty St.	BS	18 Jan. 1909	6	1A		
Adams	Gladys	E. F. Adams	411 Keokuk St.	BS	1908-1910	6			
Adams	Gladys			BS	19 Aug. 1918		1		
Adams	Gordon	N. Adams	Keller St.	CH	3 Sept. 1894	7			
Adams	Howard	E. F. Adams	554 Oak St.	BS	19 Aug. 1907	7			
Adams	Howard	E. Adams	411 Keokuk St.	BS	Aug. 1908	8	1A		
Adams	Howard	E. F. Adams	319 Liberty St.	BS	1909	10			
Adams	Ilah M.	S. E. Adams	319 3rd St.	CH	7 Aug. 1922	14		27 Aug. 1908	
Adams	John	S. E. Adams	319 3rd St.	PK	3 Aug. 1914	5		27 Aug. 1908	
Adams	Myrtle			PK	1895-1896	5			
Adams	Napier	R. Adams/A. M. Adams	1215 3rd St.	BS	1907-1909	7	1B		
Adams	Napier	A. Adams	304 4th St.	BS	Aug. 1908	8	1A		
Adams	Napier	Arthur M. Adams	412 3rd St.	BS	1909	10			
Adams	Robert	R. S. Adams	852 5th St.	BS	1905-1908	12			
Adams	Stella	C. G. Adams	Bodega Ave.	BS	19 Aug. 1907	8			
Adams	Wallace	Mr. E. F. Adams	402 Douglass St.	BS	1905-1907	11			
Adams	Wallace	E. L. Adams	411 Keokuk St.	CH	1905-1907	12			
Adams	Wallace	E. F. Adams	329 Liberty St.	CH	1907-1909	13			
Adams	Wallace			CH	8 Aug. 1910				
Adams	Walter	Mr. J. E. Adams	Outside	BS	1906	11	5		
Adams	Walter	Mr. J. E. Adams	Bodega Road	BS	1905-1907	13			
Adams	Walter	A. E. Adams	Outside	BS	Spring 1907		5		
Adamson	Dorothy	F. Adamson	696 Main St.	LN	1921	6	1B	25 Mar. 1915	
Adamson	Grace	I. N. Adamson	1108 6th St.	CH	1895-1896	13			
Adge	Viola		411 C St.	PK	Fall 1924		1	12 Mar. 1920	
Aggesen	Earl			BS	19 Aug. 1918	8	2B		
Aichino	Attilio(a)	John Attilio	910 F St.	LN	1919-1920				
Aichino	Attilio	John Aichino	501 Fair St.	LN	1920-1921			5 June 1911	
Airoldi	Edith		I St.	BS	Fall 1905				
Akers	Billie		215 Bassett St.	PK	1919-1920			10 Dec. 1915	
Akers	Billy	S. Akers	215 Barrett St.	LN	9 Aug. 1921		1B	10 Dec. 1915	
Akers	Paxton	S. Akers	215 Bassett St.	CH	7 Aug. 1922	12		7 Oct. 1907	

Surname	Given Name	Parent	Address	SD	Date/Date Range	Within Date Range Age	Within Date Range Gr.	Birth Date	Left/Comments
Akers	William	S. Akers	215 Bassett St.	LN	1921-1922		1A	10 Dec. 1915	
Albertino	Linda			MV	1924-1925			2 May 1907	
Albertino	Rosa			MV	1924-1925			14 Dec. 1909	
Albertoni	Abundio	Mrs. S. Albertoni		CH	7 Aug. 1922	14			
Albin	Gladys	L. Albin	Bloomfield	BL	1923-1925		1	2 Feb. 1917	
Albin	Joel	L. Albin	Bloomfield	BL	1923-1925		2	31 Jan. 1915	
Albin	Joel Ernest	Louis S. Albin	Bloomfield	BL	1922 (?)			31 Jan. 1914	
Albin	S. Emmett/Sterling Emett	A. L. Albin	Bloomfield	BL	1923-1924		7	10 July 1909	
Albini	Alvin	John D. Albini	Tomales	TM	1925-1930	5		31 July 1920	
Albini	Angeline(a)			ES	1911	8	2		
Albini	Annie			ES	1912-1917	6	1		
Albini	Annie			TM	1 Aug. 1921		8		
Albini	Argi	Mrs. Albini	Bay	BY	1926-1928			26 Mar. 1920	
Albini	Argidio	John Albini	Bodega	BY	1921-1922		L1	23 Mar. 1913	
Albini	Argidio	John Albini	Bay District	BY	1919-1920		L1		
Albini	Charlie/Charles	Charlie Albini	Fallon	ES	1920-1927	6	1		
Albini	Desolino	P. G. Albini	District	BY	1918-1920		1		
Albini	Desolino	Mrs. P. G. Albini	Bay	BY	1927-1928			26 Mar. 1920	
Albini	Disolino	P. G. Albini	Bodega	BY	1921-1927		1	24 Oct. 1912	
Albini	Disolino	P. G. Albini	Bodega	BY	1922		1	24 Oct. 1912	
Albini	Domenico	Mr. Albini	Bodega Bay	BY	1893-1901	18			
Albini	Domingo	John Albini	Bodega	BY	1921-1922		3	23 July 1908	
Albini	Domingo	John Albini	District	BY	1918-1920		2		
Albini	Donato	P. Albini	Bay District	BY	1919-1920		Rec.		
Albini	Emma	P. G. Albini	Bodega	BY	1921-1926		L2	12 Apr. 1910	
Albini	Emma		District	BY	1918-1919		1		
Albini	Irene	P. G. Albini	Bodega	BY	1921-1926		L1	19 Jan. 1915	
Albini	Irene	P. G. Albini	Bay District	BY	1919-1920		Rec.		
Albini	Irene	P. G. Albini	Bay	BY	1926-1929			28 Jan. 1914	
Albini	Irma	John Albini	Tomales	TM	1924-1929	11		31 Jan. 1914	
Albini	John			ES	1909-1910	13	2		
Albini	Juanita	John Albini	Tomales	TM	1927-1929			1 Jan. 1921	

Surname	Given Name	Parent	Address	SD	Date/Date Range	Within Date Range Age	Within Date Range Gr.	Birth Date	Left/Comments
Albini	Katie	Mrs. J. Albini	Bay	BY	1927-1929			28 Mar. 1917	
Albini	Katie	J. Albini	Bodega	BY	1929-1930			28 Mar. 1918	
Albini	Lena	John Albini	Tomales	TM	1924-1930	8		14 Oct. 1916/17	
Albini	Maefalda	P. G. Albini	District	BY	1918-1920		1		
Albini	Maefaldo(a)	P. G. Albini	Bodega	BY	1921-1927		L2	1 July 1911	
Albini	Margaret	John Albini	Bay	BY	21 June 1912	13	5		
Albini	Marguerite			ES	1909	11	2		
Albini	Marguerite			ES	1910	12	4		
Albini	Mario	P. G. Albini	Bodega	BY	1922-1927		K		
Albini	Mario	P. G. Albini	Bay	BY	1927-1929			29 Jan. 1916	
Albini	Mario	P. G. Albini	Bodega	BY	1929-1930			29 Jan. 1916	
Albini	Peter			ES	1909-1913?	7	1		
Albini	Peter			ES		8	2		
Albini	Peter	John Albini	Bodega	BY	1921-1922		L2	28 Apr. 1910	
Albini	Peter	John Albini	Bay District	BY	1919-1920		H1		
Albini	Rinaldo	John Albini	Bodega	BY	1921-1922		Rec.	23 Sept. 1915	
Albini	Rinaldo			BY	1926-1927				
Albini	Rinaldo	Mrs. J. Albini	Bay	BY	1927-1929			17 Sept. 1914	
Albini	Rinaldo	J. Albini	Bodega	BY	1929-1930			17 Sept. 1914	
Albini	Romola	Mary Albini	Tomales	TM	1921-1924			26 Dec. 1910	
Albini	Romolo			ES	1916-1917	5	Rec.		
Albini	Rosie	Charles Albini		ES	1919-1927	6	2		
Albini	Volantino	Paul Albini	District	BY	1918-1919		1		
Aldridge	Lucile			BS	19 Aug. 1918		1		
Alexander	Anna	D. N. Alexander	Keokuk St.	CH	3 Sept. 1894	6			
Alexander	Anna			CH	1897-1899	9			
Alexander	Anna			PE	26 Aug. 1895		1		
Alexander	Anna			PK	1895				
Alexander	Archi Moore	D. N. Alexander	Keokuk St.	BS		15			
Alexander	Archie			BS	1898				
Alexander	Charles			PK	1895	5			
Alexander	George			BS	1894-1895		Junior		
Alexander	Malissa			PK	1895-1896	4			

Surname	Given Name	Parent	Address	SD	Date/Date Range	Within Date Range Age	Gr.	Birth Date	Left/Comments
Alexiff	John		Del Mar	SA	2 Dec. 1912	9	A1		
Alfeie	Louis	Keller J. Alfeiri	Keller St.	CH	3 Sept. 1894	7			
Alferi	Willie	J. Alferi	Keller St.	CH	Aug. 1895	8			
Alford	Stanley	Mrs. Effie Alford	Agua Caliente	FL	1925			11 Feb. 1912	
Allan	Adele	Frank Allan	D St.	LN	1921		L4	15 Nov. 1912	
Allan	Alice	Mrs. G. Hopkins	219 Bassett St.	LN	1919-1920	9	4B		
Allan	Alice	Mrs. W. Hopkins	219 Bassett St.	CH	7 Aug. 1922	12		18 Jan. 1910	
Allen	Alden	William Allen	R 3, Sebastopol	CN	Aug. 1925			24 Aug. 1919	Nov. 1925 to Oakland
Allen	Alfred	Mrs. L. Allen	435 Pleasant St.	BS	1905-1906	8	2		
Allen	Alfred	Mrs. M. L. Allen	307 Pleasant St.	BS	Jan. 1908	11			
Allen	Alfred	Mrs. Lillie Allen	309 Pleasant St.	CH	1908-1909	12			
Allen	Anna Louise	William Allen	R 3, Sebastopol	CN	Aug. 1925			14 Oct. 1917	Nov. 1925 to Oakland
Allen	Bobbie		205 E St.	PK	Spring 1924	5		12 Feb. 1919	
Allen	Brown			PK	1 Aug. 1898	11			
Allen	Carena	W. H. Allen	Rt. 2	BS	1911?	10			
Allen	Chesley	Mrs. Lillie Allen	435 Pleasant St.	BS	1905-1907	13			
Allen	Chesley	Mrs. Lillie Allen	309 Pleasant St.	CH	1907-1910	14			
Allen	Clifford	Mrs. L. Allen	435 Pleasant St.	BS	1905-1907		4B	3 Jan. 1910	
Allen	Dorothy	Milne A. Allen	218 Post St.	LN	1920-1921			12 Feb. 1916	
Allen	Douglas	William Allen	R 3, Sebastopol	CN	Aug. 1925	16			Nov. 1925 to Oakland
Allen	Harry	G. O. Allen		OL	14 July 1909	1A	L1	6 June 1916	
Allen	Ray	C. G. Allen	R 5	LN	Aug. 1922			30 July 1915	
Allenberg	Doris		219 Liberty St.	PK	1920	14			
Allenberg	Selma	Mrs. L. Allenberg	782 Liberty St.	BS	1905-1907		1A	30 July 1914	trans.
Allenburg	Doris	F. Allenburg	219 Liberty St.	LN	1921-1922			18 Feb. 1896	
Altara	Jewl		218 Post St.	PK					
Amaral	Annie	J. P. Amaral	Sebastopol	EC	1925-1928	11		12 Nov. 1914	
Amaral	Fred	J. P. Amaral	Sebastopol	EC	1925-1928	13		19 Mar. 1913	
Amaral	Fred	J. P. Amaral		EC	1927-1928			13 Mar. 1913	
Amaral	Mary	J. P. Amaral	Rt. 3, Sebastopol	EC	1925-1930			25 June 1917	
Ambrosini	Frank			TM	1922-1924		7	11 May 1907	
Ambrosini	Louis	E. Ambrosini	Fallon	TM	1922-1926		5	13 Jan. 1911	
Ambrosini	Tom			FL	1 Jan. 1914?	6	1		

Surname	Given Name	Parent	Address	SD	Date/Date Range	Within Date Range Age	Gr.	Birth Date	Left/Comments
Ambruster	George	Hubert Armbruster	726 B St.	BS	1905-1907	14			
Ambruster	Theresa	Hubert Armbruster	727 B St.	BS	1905-1907	16			
Amenss	Marie	Tony Amenss	230 Edith St.	ML	1921			10 May 1914	
Ameral	Antone	Antone Ameral	R 3, Sebastopol	CN	1921-1922		6	8 Jan. 1907	
Ameral	August	Antone Ameral	R 3, Sebastopol	CN	1921-1925		5	10 Feb. 1909	
Ameral	John	Antone Ameral	R 3, Sebastopol	CN	1924-1928			1 Sept. 1913	
Ameral	Johnny	Tony P. Ameral	R 3, Sebastopol	CN	1921-1923		2	1 Sept. 1913	
Ameral	Michael	Antone Ameral	R 3, Sebastopol	CN	1921-1925		4	18 Dec. 1911	
Ameral	Tony	Antone Ameral		CN	Aug. 1923			8 Jan. 1907	
Ameral	Virginia	T. P. Ameral	R 3, Sebastopol	CN	Aug. 1926			15 Sept. 1915	
Ameral	Virginia	A. Ameral	R 3, Sebastopol	CN	Aug. 1928			15 Sept. 1915	
Ames	Glanice	C. Ames	District	BY	1918-1919		6		
Ames	Glenice			BY	7 Aug. 1916	8	3		
Ames	Harold	C. S. Ames	Bay	BY	Aug. 1912	10	4		
Ames	Izetta	Mrs. C. R. Trendall	218 Walnut St.	LN	1919-1920				
Ames	Jerome	C. S. Ames	Bay	BY	Aug. 1912	12	7		
Anderegg	Alfred	Mrs. E. Anderegg	464 Bremen St.	BS	1905-1907	9			
Anderegg	Frieda	Mrs. E. Anderegg	464 Bremen St.	BS	1905-1907	11			
Andersen	Andrew	A. R. Andersen	409 Fair St.	BS	1905-1907	12			
Andersen	Andrew	A. R. Andersen	409 Fair St.	CH		13			
Andersen	Annie	J. A. Andersen	Bodega Ave.	CH	1908-1909	10			
Andersen	Edward	Jorgen Andersen	Bodega Ave.	BS	1908-1909	12			
Andersen	Emma	Mrs. C. Andersen	706 7th St.	CH	1895-1896	12			
Andersen	Frank	Joe Andersen	R 3, Sebastopol	CN	Aug. 1928			18 Oct. 1916	
Andersen	Joseph	Joe Andersen	R 3, Sebastopol	CN	Aug. 1928			2 July 1915	
Andersen	Julia	Jorges Andersen	21 Bodega Ave.	CH	1908-1909	9			
Andersen	Julia	John Andersen	Bodega Ave.	BS	1909	9			
Andersen	Robert	Mrs. L. Andersen	Bodega Ave.	CH	1901-1903	7			
Andersen	Tony	H. Andersen	27 Howard St.	LN	1921	6	1B	16 Jan. 1915	
Andersen	Virgil	M. G. Anderson	527 Howard St.	BS		11	5		
Anderson	Peter	Mrs. Mary Anderson	Sebastopol	EC	1927-1928			17 Jan. 1921	
Anderson	Alexander Albert	Dr. A. Anderson	867 5th St.	BS	1899-1900				

Surname	Given Name	Parent	Address	SD	Date/Date Range	Age	Gr.	Birth Date	Left/Comments
Anderson	Amos	C. P. Anderson		OL	15 July 1909				moved away
Anderson	Andy	C. P. Anderson		OL	12 July 1909				moved away
Anderson	Anna	C. P. Anderson		OL	12 July 1909				moved away
Anderson	Charley	C. P. Anderson		OL	12 July 1909				moved away
Anderson	Christina	A. R. Anderson	409 Fair St.	BS	1908-1909	11	4A		
Anderson	Christine	A. R. Anderson	Fair & D Sts.	CH	1908-1909	12			
Anderson	Connie		529 Webster St.	PK	Fall 1924				
Anderson	Dewey	Jorgen/Jordan Anderson	Bodega Ave.	BS	1909-1911	6			
Anderson	Edward			BS	1908-1909				
Anderson	Eleanor	J. Anderson	143 Wilson St.	ML	1919-1920	7	1B	10 Sept. 1912	
Anderson	Eleanor		415 Upham St.	PK	18 Feb. 1918				
Anderson	Elinore	J. Anderson	240 Edith St.	ML	1918				
Anderson	Elizabeth	Dr. F. W. Anderson	D St.	CH	7 Aug. 1922	13	7A	3 Apr. 1909	
Anderson	Ella	Mrs. C. Anderson	706 7th St.	BS	1906-1909	14			
Anderson	Ella	Mrs. C. Anderson	607 7th St.	CH	1907-1909	16			
Anderson	Ella			PK	24 Feb. 1898				
Anderson	Elvera	Joe Anderson	230 Vallejo St.	ML	1919	6	1A	27 Jan. 1913	
Anderson	Elvera	Joe Anderson	200 Payran St.	ML	1920-1922				
Anderson	Emil	N. A. Anderson	Fetters Springs	FL	1914-1916	12	5		
Anderson	Evelyn	J. Anderson	143 Wilson St.	ML	1919	7	1B		
Anderson	Evelyn		415 Upham St.	PK	18 Feb. 1918			10 Sept. 1912	
Anderson	Evelyn	J. Anderson	240 Edith St.	ML	1918				
Anderson	Genevieve	Joe Anderson	200 Payran St.	ML	1920-1922			23 Jan. 1915	
Anderson	Gunda	Mrs. John D. Anderson	320 4th St.	BS	1911?	10			
Anderson	Gunda	Mrs. J. D. Anderson	4th St.	CH	1908-1909	11			
Anderson	H.			BS	5 Sept. 1892				
Anderson	Harold	D. Anderson	B St.	BS	1909-1911	8	1A		
Anderson	Harold	Paul Anderson	Central Ave.	LN	Jan. 1923		L1	21 Nov. 1915	
Anderson	Harrison	Dr. Anderson	14 5th St.	BS	1909-1911	8	1A		
Anderson	Harvey			OL	8 Aug. 1904				
Anderson	Jackie		Kentucky St.	PK	19 Aug. 1929				
Anderson	James	Dr. A. Anderson	857 5th St.	BS		12			

-7-

Surname	Given Name	Parent	Address	SD	Date/Date Range	Within Date Range Age	Gr.	Birth Date	Left/Comments
Anderson	Joe			PK	17 Aug. 1896	4			
Anderson	Joe	Dr. A. Anderson	867 5th St.	BS	1905-1908	14			
Anderson	Joe	Dr. A. Anderson	14 5th St.	CH	1908	16			
Anderson	Joe			PK	8 Feb. 1898				
Anderson	John	Mrs. K. Anderson	7th St., Petaluma	BS	21 Aug. 1899	10			
Anderson	John	Mrs. C. Anderson	706 7th St.	BS	1906-1908	16	8B		
Anderson	Lottie Adelia	Dr. Alec Anderson	867 5th St.	BS	1899-1900				
Anderson	Lyle	M. G. Anderson	527 Howard St.	BS	1905-1909	8			
Anderson	Margaret Rita		110 Prospect St.	PK	20 Aug. 1928			23 Sept. 1924	
Anderson	Margaret Rita		Kentucky St.	PK	19 Aug. 1929			23 Sept. 1924	
Anderson	Mary	Andrew Anderson	409 Fair St.	BS	1907-1909	8	1A		
Anderson	Pearl			OL	8 Aug. 1904	7			
Anderson	Peter	A. R. Anderson	409 Fair St.	BS	1908-1911		6A		
Anderson	Peter	A. R. Anderson	I St. Ext.	ML	1916			17 Jan. 1921	
Anderson	Peter	Mrs. Mary Anderson	Sebastopol	EC	1928-1929	10		26 Aug. 1916	
Anderson	Rae	Peter Anderson	Sebastopol	EC	1925-1926	10		16 Mar. 1915	
Anderson	Ruth	P. Anderson	Sebastopol	EC	1925-1928	13	5	20 Oct. 1911	grad.
Anderson	Stewart	Peter Anderson		EC	1925			16 Jan.	
Anderson	Tony	H. Anderson	27 Howard St.	LN	1921	12	1A		
Anderson	Virgil	M. G. Andersen	527 Howard St.	CH	1908-1909	12			
Anderson	Virgil	Mr. G. A. Anderson	527 Howard St.	BS	1905-1907	4			
Anderson	Walter	Dr. Anderson	867 5th St.	PK	1903	6	1		
Anderson	Walter	Dr. Anderson	867 5th St.	BS	1905-1907	8			
Anderson	Walter	Dr. A. Anderson	867 5th St.	CH	1908-1909		2		
Anderson	Wilma			BS	19 Aug. 1918	13			
Anderton	Gertrude	Mrs. D. Anderton	Rt. 2	CH	1908-1909	11	1B	16 Feb. 1916	
Anderton	Henry	H. Anderton	334 Kentucky St.	LN	1921-1922			4 Mar. 1911	
Anderton	Margaret	Mrs. H. T. Anderton	334 Kentucky St.	CH	7 Aug. 1922				
Anderton	Margaret	Henry Anderton	334 Kentucky St.	LN	1919-1921				
Anderton	Mary Louise		334 Kentucky St.	PK	1921-1922			30 May 1922	
Anderton	Russell		334 Kentucky St.	PK	1927-1928	6			
Andre	Phyllis	Mrs. P. Andre	912 6th St.	BS	1905-1907	13		3 May 1909	
Andreen	Grace	Ed. Buhrman	F St.	CH	7 Aug. 1922				

Surname	Given Name	Parent	Address	SD	Date/ Date Range	Within Date Range		Birth Date	Left/Comments
						Age	Gr.		
Andreini	Marie	Mr. London	806 B St.	LN	1921		1A	8 Oct. 1913	
Andresen	Heine	Hans Andresen	27 Howard St.	LN	1920-1921		4B	21 Sept. 1911	
Andresen	Stanley	C. M. Andresen	Rt. 4	CH	7 Aug. 1922	14		23 Nov. 1908	
Andresen	Tony	H. Anderson	27 Howard St.	LN	1920-1921		1B	15/16 Jan. 1915	
Andrews	Dorotha	Mrs. Andrews	220 Walnut St.	BS	1911	7			
Andrews	Lillian	Mrs. Andrews	905 5th St.	BS	1905-1907	6	1		
Andrews	Lillian	Geo. F. Andrews	806 B St.	BS	1908-1909	9			
Andrews	Lillian	Mrs. Geo. F. Andrews	806 B St.	CH	1908-1909	11			
Andrews	Lillie Ellen	Mr. Harry Andrews	Bloomfield	BL	1922 (?)			5 Oct. 1914	
Andrews	Melville	Geo. Andrews	622 B St.	BS	1905-1908	12			
Andrews	Melville	Geo. Andrews	806 B St.	CH	1908-1909	15			
Andrews	Rae/Ray	E. M. Shetka	Bloomfield	BL	1922-1923		7	5 Apr. 1909	
Andrews	Robert	W. J. Andrews	509 C St.	BS	Spring 1906	13			
Andrews	Robert	W. J. Andrews	614 5th St.	BS	1908-1909	15			
Andrews	Walter	C. Andrews	415 E St.	CH	7 Aug. 1922	13		17 Nov. 1908	
Angelo	Heath			PK	30 Sept. 1895	3			
Anna	Duncan	J. Duncan	418 Kentucky St.	CH	1908-1909	13			
Antone	Harold	Wm. Smith	Bay	BY	Aug. 1912	8	1		
Antoni	Bruno	Frank Antoni	Bay	BY	1928-1929			14 Sept. 1915	
Anzini	Dan	Victor Anzini	178 Main St.	BS		11			
Aquistapace	Camillo	Mrs. A. Aquistapace			1 Jan. 1914?	12	5	12 Feb. 1908	
Araki	Charles	G. Araki	Star Route	CH	7 Aug. 1922	14			
Arasi	Linda	Peter Ariasi		OL	29 May 1919		5		
Arassi	Mary	Peter Ariasi		OL	29 May 1919		1		
Arassi	Peter	Peter Ariasi		OL	29 May 1919		Rec.		
Arbini	Annie			TM	4 Aug. 1919		6		
Arce	Marta	Jesus Ortig	Santa Rosa	OL	1926-1928			15 Oct. 19??	
Archer	Marie	T. B. Bish	908 G St.	BS	1909	11			
Archer	Marie	T. B. Bish	100 4th St.	BS	1908-1909	12			
Archer	Roy		100 4th St.	CH	1908-1909	10			
Archer	Roy	Mrs. Bish	100 4th St.	BS	1909	11			
Archuman	Harold		330 Kentucky St.	PK	1927-1928			2 Sept. 1923	
Archuman	Marjorie		330 Kentucky St.	PK	1927-1928			29 Apr. 1922	

Surname	Given Name	Parent	Address	SD	Date/Date Range	Within Date Range Age	Gr.	Birth Date	Left/Comments
Areghino	Francis	Dan Hannah	Keokuk St.	CH	1897-1899	12			
Areia	Annie			ES	1904-1905	10	4		
Areia	Lena			ES	1904-1905	12	4		
Areia	Mary			ES	1904-1905	12	4		
Arenander	Eleise			TM	4 Aug. 1913	12	6		
Arenander	Eugene			TM	1918-1919	8	5		
Arenander	Eugene			TM	1 Aug. 1921		8		
Arens	Albert	Mrs. Agnes Arens	District	BY	1886-1889	7			
Aretz	Alfred	August Aretz	127 Keller St.	BS	1909	7		12 Mar. 1922	
Arfsten	Elton	B. Arfsten	R 3	MV	1930-1931				
Arfsten	Fred			BS	19 Aug. 1918		2		
Arfsten	Jake	C. H. Arfsten	Rt. 1	CH	7 Aug. 1922	12		11 Jan. 1910	
Arfsten	Marie			BS	19 Aug. 1918		2		
Argelsinger	A. H. Ernest	A. H. Argelsinger	518 8th St.	LN	1919-1920				
Argetsinger	Ernest	A. H. Argetsinger	518 8th St.	LN	1919-1920		1A		
Ariassi	Linda	Peter Ariassi		OL	1 June 1917		3		
Ariassi	Mary	Peter Ariassi		OL	1 June 1917		L1		
Arkett	Edgar	Capt. Cameron	564 C St.	BS	1905-1907	12			
Arkett	Katie	W. C. Arkett	564 C St.	BS	Spring 1906	10			
Armbrewster	George			PK	26 Oct. 1896				
Armbruster	George	Hubert Armbruster	1167 3rd St.	BS	1905-1907	14			
Armbruster	George	G. Armbruster	223 Keller St.	LN	9 Aug. 1921		1B	9 Nov. 1915	
Armbruster	Theresa	Hubert Armbruster	1167 3rd St.	BS	1905-1907	15			
Armour	Avon	F. W. Penn (Gfa)	227 Kentucky St.	PK	1914	4		Jan. 1911	
Armour	Donald	Alvina Armour	Keller St.	LN	1919-1921	7	1B		
Armour	Donald	Sylvester Armour	Keller & 6th Sts.	LN	1919-1920	7	2B		
Armour	Donald		Kentucky St.	PK	3 Aug. 1914			3 Nov. 1912	
Armour	Donald	A. Armour	14 Liberty St.	LN	Aug. 1921		3A	3 Nov. 1912	
Armour	Donald	Joseph R. Bonetti	416 Western Ave.	LN	Aug. 1921		L4	2 Nov. 1912	
Armour	Yvonne	Sylvester Armour	236 Keller St.	LN	25 Aug. 1919	7	2A		
Armour	Yvonne	Sylvester Armour	14 Liberty St.	LN	1920-1921			15 Jan. 1911	
Armstrong	Evelyn	William Armstrong	RFD 3	ML	Aug. 1922			30 Apr. 1916	
Armstrong	Francis	Mrs. Acuff	223 Edith St.	ML	1919	7	2B	6 Apr. 1914	

Surname	Given Name	Parent	Address	SD	Date/Date Range	Within Date Range Age	Gr.	Birth Date	Left/Comments
Armstrong	Francis	Mrs. W. Acuff	26 Cherry St.	LN	1919-1920	7	2B		
Armstrong	Francis	Mrs. Acoff		ML	1918				left 14 Jan. 1921
Armstrong	Francis			LN	Jan. 1921		3A		
Armstrong	Irene	William Armstrong		ML	Aug. 1922			10 June 1914	
Armstrong	James	J. H. Armstrong	Cor. of 4th St. & D Sts.	BS	5 Sept. 1892	14			
Armstrong	Mary	E. Armstrong	337 English St.	LN	1921-1922		1A	9 Feb. 1915	
Armstrong	Mildred	G. Armstrong	27 Webster St.	CH	7 Aug. 1922	11		29 July 1911	
Arnett	Myrtle	F. Arnett	Mt. View Ave.	BS	21 Aug. 1899				
Arnold	Lewis	L. Arnold	Rt. 3	CH	7 Aug. 1922	10		5 May 1912	
Arrighi	Guido	S. Arrighi	Keokuk & Galland Sts.	BS	1908-1909	6			
Arrighi	Guido	F. Arrighi	195 Keokuk St.	BS	18 Jan. 1909	7			
Arrighi	Teresa	F. Arrighi	195 Keokuk St.	BS	17 Aug. 1908	8			
Arrighi	Teresa	S. Arrighi	Keokuk & Galland Sts.	BS	1907-1908	8			
Arrighi	Theresa	S. Arrighi	519 Keokuk St.	BS	18 Jan. 1909	9	1A		
Arthur	Craig	J. C. Arthur	1267 5th St.	BS	1906-1908	14	8B		
Arthur	Craig	J. C. Arthur	1024 5th St.	BS	1906-1908	15	8A		
Artz	Cecil	Mrs. Clay	622 Walnut St.	LN	1919-1920	11	2B		
Asakawa	Roy	T. Asakawa	Windsor	OL	1927-1928			22 Apr. 1919	
Asakawa	Roy	T. Asakawa		OL	1928-1930			1 Feb. 1919	
Asakawa	Roy	T. Asakawa	Sebastopol	EC	1928-1929			22 Dec. 1918	
Asbill	Elva	J. A. Asbell	11 Hinman St.	LN	1920-1921		1B	1 Jan. 1914	
Ascherman	Arthur	C. F. Ascherman	RFD 4	CH	8 Aug. 1910	15			
Ascherman	Charlotte	C. F. Ascherman	RFD 4	CH	8 Aug. 1910	14			
Ascherman	Dorothy			BS	19 Aug. 1918		2		
Ashdown	Flora	C. L. Ashdown	R 3, Sebastopol	MV	1921-1922		4	15 Aug. 1912	
Ashdown	Flora			MV	1920-1924		5	14 Aug. 1913	
Ashdown	Flora	Charles Ashdown	R 3, Sebastopol	MV	1923-1926			14 Aug. 1912	
Ashdown	Helen	Lawrence A. Ashdown	R 3, Sebastopol	MV	1923-1931		1	4 Dec. 1916	
Ashdown	James	C. L. Ashdown	R 3, Sebastopol	MV	1920-1931	7	2	16 Feb. 1915	
Ashdown	Lawrence	Mrs. C. L. Ashdown	R 3, Sebastopol	MV	1921-1924		5	5 Dec. 1910	
Ashdown	Lewis	Charles L. Ashdown	R 3, Sebastopol	MV	1921-1923		7	8 Oct. 1908	

Surname	Given Name	Parent	Address	SD	Date/Date Range	Within Date Range Age	Gr.	Birth Date	Left/Comments
Ashdown	Mildred	Lawrence Ashdown	R 3, Sebastopol	MV	1925-1931			12 Apr. 1919	
Asman	Lorraine	Luis Asman	Bay	BY	1929-1930			17 May 1923	
Aster	Oswold	Mr. Aster	575 Bodega Ave.	BS	14 Aug. 1905	8			
Athary	George			PK	1910	4		18 Sept. 1907	
Atherly	Harold	P. H. Atherly	Penngrove	CH	7 Aug. 1922	13		25 June 1909	
Atilio	Aichimo		501 Fair St.	LN	1921				
Atkinson	Alice	W. K. Atkinson	Rt. 3	CH	7 Aug. 1922	13		26 Dec. 1909	
Atkinson	Clarence	Wm. Atkinson	Keokuk St.	CH	1897-1899	9			
Atkinson	Earl	Wm. Atkinson	Keokuk St.	CH	1897-1899	7			
Atkinson	F.			BS	1897				
Atkinson	Florence	P. H. Atkinson		BS		16			
Atkinson	Frances Clare		Howard St.	PK	3 Aug. 1914			14 Apr. 1910	
Atkinson	Genevieve	H. L. Atkinson	808 D St.	PK	1910	4		21 Oct. 1905	
Atkinson	Herbert	P. H. Atkinson	588 Bodega Ave.	BS	1905-1907	12			
Atkinson	Joetta			PK	1 Aug. 1898	6			
Atkinson	Mabel	W. R. Atkinson	English & Baker Sts.	CH	1901-1903	6			
Atkinson	Walter H.	H. L. Atkinson	808 D St.	PK	1910			26 July 1907	
Atwater	Isabel			TM	4 Aug. 1913	15	8		
Atwater	Isabel			TM	1 Aug. 1910		6		
Atwater	Isabelle			TM	30 Aug. 1909		5		
Audeoud	Edmond	Marie Audeoud	R 3, Sebastopol	MV	1918-1927		2	24 Nov. 1913	
Audeoud	Victoria			MV	1918-1919	9	4		
Audeoud	Victoria	Victor T. Audeoud	R 3, Sebastopol	MV	1921-1923		7	23 Sept. 1908	
Audirton	Henry L.		334 Kentucky St.	PK	1920			16 Feb. 1916	
Augustine	Opal	Mrs. Augustine	Agua Caliente	FL	9 Nov. 1931	7	1	23 Aug. 1924	
Austin	Luther	L. Austin	518 Keokuk St.	LN	1921-1922		3A	30 Sept. 1912	
Austin	Luther	L. D. Austin	519 Howard St.	LN	1920-1921		3B	3 Sept. 1912	
Austin	Richard		519 Howard St.	PK	1920-1921			7 Aug. 1916	
Austin	Richard	L. Austin	Sunny Slope Ave.	LN	Jan. 1923		L1	7 Aug. 1916	
Auten	Margaret			FL	13 Aug. 1917	6	1		
Avery	Leonard	Mark Avery	21 Bassett St.	LN	1921	11			
Avilla	Joseph	Jos. Avilla	1210 6th St.	BS	1905	11	2	3 Mar. 1912	

Surname	Given Name	Parent	Address	SD	Date/Date Range	Within Date Range Age	Gr.	Birth Date	Left/Comments
Avilla	Joseph	Mrs. F. Avilla	611 6th St.	CH	1908-1909	14			
Avilla	Leona	Jos. Avilla	1210 6th St.	BS	1905	9	2		
Avilla	Leona	Mrs. Florence Avilla	611 6th St.	CH	1908-1909	12			
Ayers	Bernice	E. M. Ayers	729 Liberty St.	BS	1905-1907	10			
Ayers	Bernice	E. M. Ayers	221 Liberty St.	CH	1908-1909	13			
Ayers	Bernice	E. M. Ayers	511 B St.	CH		14			
Ayers	Bessie	E. M. Ayers	729 Liberty St.	BS	1907	13			
Ayers	Bessie	E. M. Ayers	221 Liberty St.	CH	1908-1909	15			
Ayers	Charles	Mrs. Isabelle Ayers	Boyes Springs	FL	.1928-1929	10	3	28 Apr. 1918	left 1 Apr.
Ayers	Frank	W. F. Ayers	1253 3rd St.	BS		12			
Ayers	Fred	W. F. Ayers	561 I St.	BS		14	6		
Ayers	Fred	W. F. Ayers	1253 3rd St.	BS		15	7		
Ayers	Fredrick	Mrs. Ayers	Warfield Station	FL	1928-1929	6	1	1 Feb. 1922	
Ayers	Jack	R. B. Ayers	321 Keller St.	PK	3 Aug. 1914			19 Nov. 1907	
Ayers	Maud	Mr. W. F. Ayers	1253 3rd St.	BS		13			
Ayers	Maxine			PK	1910	4		5 Oct. 1905	
Ayers	Mervyn	W. D. Ayers	721 Keller St.	BS	1905-1907	6			
Ayers	Mervyn	Wm. Ayers	1403 3rd St.	BS	1909	9			
Ayers	Mervyn	W. D. Ayers	730 B St.	BS	1908-1909	10			
Ayers	Mervyn	W. D. Ayers	730 B St.	BS	1911	12			
Ayers	Robert	R. C. Ayers	Penngrove	CH	7 Aug. 1922	13		10 Oct. 1909	
Ayers	Veryl	John H. Ayers	913 6th St.	BS	1905-1907	11			
Ayers	Veryl	J. Henry Ayers	913 6th St.	BS	1909	12			
Ayers	Veryl	John H. Ayers	44 6th St.	CH	1908-1909				
Ayers	Willie	W. D. Ayers	721 Keller St.	BS	1906	9	2		
Ayers	Willie	Wm. Ayers	521 Keller St.	BS	Fall 1906	10			
Ayers	Willie	W. D. Ayers	730 B St.	BS	1908-1909	12	4A		
Ayers	Willie	W. D. Ayers	730 B St.	CH	1908-1909	13			
Ayres	Charles	C. Dudley Ayres	Boyes Springs	FL	1924			28 Apr. 1918	
Azevedo	Emily			LJ	20 June 1919	9	3		
Azevedo	Francis	John Azevedo	Tomales	BL	1922-1923		7	21 Nov. 1909/10	
Azevedo	Frank	Geo. S. Azevedo	R 3, Sebastopol	MV	1920-1921	10	4	16 Oct. 1911	
Azevedo	George			MV	1918-1919	15	6		

-13-

Surname	Given Name	Parent	Address	SD	Date/Date Range	Within Date Range Age	Within Date Range Gr.	Birth Date	Left/Comments
Azevedo	Helen			TM	4 Aug. 1913	14	7		
Azevedo	Ida			TM	4 Aug. 1913	10	5		
Azevedo	Joe			TM	4 Aug. 1913	12	6		
Azevedo	John			TM	1909-1910		6		
Azevedo	Joseph		R 3, Sebastopol	MV	1922-1923				
Azevedo	Julia			TM	4 Aug. 1913	11	5		
Azevedo	Lena	Geo. S. Azevedo		MV	1920-1921	8	3	15 Feb. ????	
Azevedo	Lena	Geo. Azevedo	R 3, Sebastopol	MV	1920-1921	9	3	25 Feb. ????	
Azevedo	Lena	Geo. S. Azevedo		MV	1918-1919		2		
Azevedo	Manuel			TM	1 Aug. 1910		5		
Azevedo	Manuel	P. J. Azevedo	R 3, Sebastopol	MV	1921-1922		4	10 July 1912	
Azevedo	Manuel			MV	1921-1922		5	3 July 1912	
Azevedo	Manuel	P. J. Azevedo	R 3, Sebastopol	MV	1923-1924		6	30 July 1912	
Azevedo	Manuel			MV	1923-1925		12	3 July 1911	
Azevedo	Mary			TM	1909-1910		6		
Azevedo	Mary			MV	1918-1919				
Azevedo	Mary	George S. Azevedo	R 3, Sebastopol	MV	1921-1922			30 Oct. 1905	
Azevedo	Mildred	John Azevedo	Tomales	BL	1922		8	23 May 1908	
Azevedo	Peter			MV	1918-1919	10	4		
Azevedo	Peter	George S. Azevedo	R 3, Sebastopol	MV	1921-1923			9 Mar. 1908	
Azevedo	Rose/Rosie	P. J. Azevedo	R 3, Sebastopol	MV	1921-1927		3	19 Mar. 1914	
Azevedo	Tony			LJ	20 June 1919	11	4		
Azevedo	Tony			MV	1918-1919	14	7		
Azevedo	Rose	P. J. Azevedo	RR 3, Box 285	MV	1924-1925			19 Mar. 1914	

Surname	Given Name	Parent	Address	SD	Date/Date Range	Within Date Range Age	Within Date Range Gr.	Birth Date	Left/Comments
Babbini	Delphina/Delphine			OL	1928-1930			11 Sept. 1917	
Babbini	Theodore			OL	1929-1930			4 Nov. 1923	
Babcock	Rob/Robert	F. D. Babcock	G St.	BS	1906-1908	14	8A		
Baccala	Fern		119 Flower	PK	Spring 1919			6 Feb. 1914	
Baccala	Fern			LN	1921		1A	6 Feb. 1914	
Baccala	Henry	P. Baccala	685 Bremen St.	BX	1909	12			
Baccala	Henry	W. J. Andrews	509 C St.	BS	1909	14			
Baccala	Henry	J. Baccala	509 C St.	BS	1905-1907	14			
Baccala	Henry	W. J. Andrews	614 C St.	CH		15			guardian
Baccala	Henry	Joseph Baccala	311 East Washington St.	CH	Feb. 1909				
Bachelor	Benson	W. T. Bachelor	807 B St.	CH	1907-1909	12			
Bacigalupi	Edna	A. P. Bacigalupi	Agua Caliente	FL	1923			9 Apr. 1909	
Bacigalupi	Edna	Louis Bacigalupi	Agua Caliente	FL	1925			9 Apr. 1909	
Bacigalupi	Kathryn		Washington St.	ML	Aug. 1912				
Bacus	Opal	S. L. Bacus	626 F St.	CH	1908-1909	9			
Bacus	Opal	Smith L. Bacus	327 English St.	BS	1909	10			
Baer	Pearl	Geo. Baer	925 Kentucky St.	BS	1905-1907	8	1		
Bahnsen	Eric	A. Bahnsen	Rt. 4	CH	7 Aug. 1922	14		2 Nov. 1907	
Bailey	Dan.			FL	17 Oct. 1927	9	5		
Bailey	Emma	S. Bailey	626 D St.	ML	1914				
Bailey	Hazel			TM	18 Aug. 1902				
Bailey	Hazel			TM	27 Dec. 1905		7		
Bailey	Walter	Harry M. Bailey	135 Upham St.	LN	1920-1921		4B	21 Sept. 1910	
Baker	Arthur	A. W. Baker	Sunny Slope Ext.	LN	1921-1922		1A	18 June 1914	
Baker	Arthur	A. W. Baker	308 Howard St.	LN	1920-1921		1B	18 June 1914	
Baker	Edward	Mrs. Alice Baker	408 Howard St.	LN	1919-1920	7	2B		
Baker	Edward	Arthur Baker	408 Howard St.	LN	9 Aug. 1920		2A	24 May 1913	
Baker	Edward	Arthur Baker	408 Howard St.	LN	Jan. 1921		3B	24 May 1913	
Baker	Judson	J. R. Baker	1107 F St.	CH	1908-1909	17			
Baker	Paul	Geo. W. Baker	212 Bodega Ave.	LN	1919-1920				left
Baker	Ramona	Ernest Darbe	160 Edith St.	ML	1915				
Baker	Ramona	Mrs. Julia Darby	Edith St.	ML	1914				
Baker	Walter		B St.	PK	1922			11 Feb. 1916	
Baker	Walter		Howard St.	PK	1920			13 Feb. 1916	
Baker	Walter		Sunny Slope Ave.	PK	1921			11 Feb. 1916	

-15-

Surname	Given Name	Parent	Address	SD	Date/Date Range	Within Date Range Age	Within Date Range Gr.	Birth Date	Left/Comments
Balazs	George	L. Balazs	Sebastopol	EC	1925-1926			30 May 1915	
Balazs	John	Mr. Bergner	Sebastopol	EC	1925-1926			19 June 1912	
Balazs	Louis	L. Balazs	Sebastopol	EC	1925-1926			1 June 1914	
Balbach	Ruth		218 Post St.	PK	19 Aug. 1929			12 July 1926	
Baldanado	Joe	Andrew Baldanado	Sebastopol	EC	1925-1926			7 Aug. 1912	
Baldanado	Mary	Andrew Baldanado	Sebastopol	EC	1925-1926			13 July 1915	
Baldocchi	Alameda	P. Baldocchi		OL	1909-1911	10			
Baldocchi	Americo			OL	1901-1903		2		
Baldocchi	Americo			OL	9 July 1906		8		
Baldocchi	Dante			OL	1901-1906		1		
Baldocchi	Dewey	P. Baldocchi		OL	1909-1911				
Baldocchi	Julia	P. Baldocchi		OL	1909-1911	13			
Baldocchi	Julia			OL	1901-1906				
Baldocchi	Margaret	P. V. Baldocchi	Windsor	OL	1920-1922		7		
Baldocchi	Margaret	Peter Baldocchi		OL	1 June 1917		3		
Baldocchi	Romeo	P. Baldocchi		OL	1909-1911	8		16 May 1906	
Baldocchi	Romeo			OL	9 July 1906		1		
Baldonado	Genevieve	A. Baldanado	Rt. 3	EC	1925-1926			6 Nov. 1916	
Baldwin	Lyla	Chas. E. Baldwin	416 7th St.	LN	1920-1921	6	1B	5 May 1914	
Baldwin	Melvin	Charles Baldwin	416 7th St.	LN	1920-1921	6	4B	6 Nov. 1909	
Baldwin	Viola			PK	1910			28 Feb. 1905	
Baldwin	Virginia	C. E. Baldwin	416 7th St.	LN	1919-1921	7	2B	22 July 1912	
Balestrieri	Frank	Mr. Vincent Balestieri	Telmat	TM	1921-1922			15 Mar. 1910	
Balestrerri	Mario	Mr. Vincent Balestieri	Telmat	TM	1921-1922			29 Dec. 1911	
Balestrerri	Peter	Mr. Vincent Balestieri	Telmat	TM	1921-1922			6 Oct. 1915	
Balestrieri	Mario	Vincent Balestrieri	Tomales	TM	1922-1923				
Balestrieri	Peter	Vincent Balestrieri	Tomales	TM	1922-1923				
Ball	Ma-Bell	C. Bell	Kenilworth Park	ML	1920			12 June 1908	
Ballard	Everett			OL	19 Aug. 1901				
Balslow	Thelma	A. Balslow	Rt. 4	CH	7 Aug. 1922	12		7 Apr. 1909	
Balyari	James	Mrs. Rosa Balyari	3rd St. & I Sts.	CH	1901-1903	7			
Balzarett	Ralph	Peter Balzarett	212 Baker St.	LN	5 Jan. 1920				left
Balzari	James	Mrs. R. B. Balzari	1018 3rd St.	BS	1905-1907	13			
Balzari	James	Mrs. Rosa Balzari	19 3rd St.	BS	Jan. 1908	13			
Balzari	Nita	Mrs. Albino R. Balzari	3rd St. & I Sts.	CH	1901-1903	7			
Baptista	Bobby	T. Baptista	520 G St.	LN	9 Aug. 1921		1B	7 Dec. 1915	
Baptista	Edward		5 4th St.	PK	Spring 1919			4 Feb. 1913	

Surname	Given Name	Parent	Address	SD	Date/Date Range	Within Date Range Age	Within Date Range Gr.	Birth Date	Left/Comments
Baptista	Edward	Tom Baptista	520 G St.	LN	June 1921		3	19 Feb. 1913	
Baptista	Edward	A. Baptista	520 G St.	LN	1919-1921		1A	4 Feb. 1913	
Baptista	Edward	T. Baptista	502 6th St.	LN	Jan. 1922		4B	4 Sept. 1913	
Baptista	Elliott	Mrs. Gus Baptista	408 4th St.	LN	Jan. 1923		L1	30 Sept. 1916	
Baptista	Gussie	A. S. Baptista	1062 5th St.	BS	1905-1907		5		
Baptista	Mildred		520 G St.	PK	1920-1922			12 May 1917	
Baptista	Mildred	A. Baptista	508 Madison St.	ML	Aug. 1922			12 May 1917	
Baptista	Robert		520 G St.	PK	1920-1922			7 Dec. 1916	
Baptista	Robert	A. Baptista	508 Madison St.	ML	Aug. 1922			7 Dec. 1915	
Baptista	Robert	A. Baptista	520 G St.	LN	Aug. 1922		1A	7 Dec. 1915	
Baptista	Toney	A. Baptista	1062 5th St.	BS		11			
Baralli	Josephine	J. Baralli	28 8th St.	CH	1908-1909	9			
Baralli	Josephine	J. Baralli	28 8th St.	BS	1909	10			
Baranzini	Annie	Chas. Baranzini	Valley Ford	BL	1926			29 Apr. 1922	
Baranzini	Annie	Charles Baranzini	Valley Ford	BL	1929-1930			29 Apr. 1922	
Baranzini	Josie	Chas. Baranzini	Valley Ford	BL	1926			28 May 1919	
Baranzini	Josie	Chas. Baranzini	Valley Ford	BL	1928-1930			25 May 1919	
Baranzini	Minnie	Chas. Baranzini	Valley Ford	BL	1926			1 Nov. 1921	
Baranzini	Minnie	Chas. Baranzini	Valley Ford	BL	1928			1 Nov. 1921	
Baranzini	Minnie	Chas. Baranzini	Valley Ford	BL	1929-1930			11 Nov. 1920	
Barber	Georgia	S. R. Barber	800 F St.	CH	1908-1909	9			
Barber	Georgia	Mrs. L. R. Barber	800 F St.	BS	1909	10			
Barbera	Joseph	Charles Barbera	Tomales	TM	1928-1930			30 Sept. 1921	
Barbera	Marguerite	Dominico Barbera	Tomales	TM	1924-1927		4	23 Aug. 1913	
Barbera	Marguerite	Virginia Barbera	Tomales	TM	1924-1925			22 Aug. 1913	
Barberi	Joseph	Charlie Barberi	Tomales	TM	1926-1928			1 Oct. 1922	
Barbieri	Emma	R. B. Fanucchi	Santa Rosa	OL	1923-1925		3	(6)8 July 1912	
Barbieri	Emma	Mrs. Rose Barbieri		OL	1919-1920		Rec.		
Barbieri	Mary	P. Barbieri	Santa Rosa	OL	1921-1922		7	17 Feb. 1909	
Barbieri	Mike	P. Barbieri	Santa Rosa	OL	1921-1923		1	8 June 1914	
Barbieri	Peter	R. B. Fanucchi	Santa Rosa	OL	1923-1925		2	8 Feb. 1914	
Barbieri	Peter	Mrs. Rose Barbieri		OL	1920		Rec.		
Barbieri	Romeo	R. B. Fanucchi	Santa Rosa	OL	15 June 1923		L1	15 Dec. 1915	
Barbieri	Romeo			OL	1926-1927				
Barboni	Charles	Mrs. Barboni		BS	1905-1907	10	1		
Barboni	Joe			ES	1904	16	4		
Barcaglia	Joe			ES	1904-1905	7	2		

Surname	Given Name	Parent	Address	SD	Date/Date Range	Within Date Range Age	Gr.	Birth Date	Left/Comments
Barcaglia	Joseph			ES	1909-1911	10	5		
Barcaglia	Rosie			ES	1904-1905	8	2		
Barcaglia	Rosie			ES	1909-1911	11	4		
Bare	Harry			PK	10 Aug. 1896	4			
Barella	Annie	Fred Barella	Tomales	TM	1927-1928			17 Dec. 1917	
Barella	George	John Barella	Tomales	TM	1921-1922			1912	17 Dec. 1921 to Aurora District
Barella	Rena	Fred Barella	Tomales	TM	1927-1928			19 Dec. 1919	
Bargalotti	Marie	V. Bargalotti	R 3	MV	1928-1929			20 Sept. 1922	
Barich	Agnes	John Barich	R 3, Sebastopol	MV	1924-1931			28 June 1917	
Barich	John	John Barich	R 3, Sebastopol	MV	1921-1923	7	7	13 Feb. 1908	
Barich	Joseph	Mr. John Barich	R 3, Sebastopol	MV	1920-1921	7	2	21 Sept. ????	
Barich	Joseph	John Barich		MV	1922-1923	8		4 Dec. 1914	
Barich	Joseph	John Barich	R 3, Sebastopol	MV	1923-1927		4	22 Dec. 1914	
Barich	Rose	Joseph Barich	R 3	MV	1928-1931			4 Aug. 1922	
Barich	Rude	John Barich		MV	1918-1919		3		
Barich	Rudolph	John Barich	R 3, Sebastopol	MV	1921-1924		4	4 Dec. 1910	
Barich	Rudolph	John Barich	Box 173	MV	1924-1925		7	4 Dec. 1911	
Barick	John			MV	1918-1919	10	5		
Barick	Rudolph			MV	1923-1924		12	4 Dec. 1911	
Barilla	Fred			ES	1905	15	3		
Barilli	Josephine	Jos. Barrilla	449 8th St.	BS	1906-1909	6	1		
Barilli	Josephine	J. Baralli	28 8th St.	CH	1908-1909	9			
Barloggi	Stella	Mrs. M. Tomasini	321 Bassett St.	CH	1907-1910	12			
Barloggi	Stella	Mrs. S. Tomasini	573 Bassett St.	BS	1906-1908	12	8B		
Barlow	Floyd	G. E. Barlow	Cor. 6th & I Sts.	BS	1892-1893	11			
Barlow	Grace	L. E. Barlow	Two Rock	BS	1897				
Barlow	Ralph	T. O. Barlow	Cor. 6th & I Sts.	BS	1892-1893	13			
Barnett	Eugene	Mrs. Hattie Barnett	219 Wilson St.	ML	1919	7	2B		
Barnett	Eugene	Mrs. Hattie Barnett	100 4th St.	LN	1920-1921		3B	4 July 1912	left
Barnett	Gladys	L. H. Barnett	Fallon	ES	1926-1927			28 Sept. 1920	
Barnett	Leslie	W. D. Ayers	1721 Keller St.	BS	1906	14	5		
Barnett	Marion	L. H. Barnett	Fallon	ES	1926-1927			6 Nov. 1915	
Barnett	Marjorie	Lester Barnett	Fallon	ES	1922-1925		2	6 Nov. 1915	
Barney	Alva			OL	9 July 1906		5		
Barney	Alva	H. W. Barney		OL	19 July 1909				
Barney	Charles			OL	9 July 1906		5		

-18-

Surname	Given Name	Parent	Address	SD	Date/Date Range	Within Date Range Age	Within Date Range Gr.	Birth Date	Left/Comments
Barney	Charley	H. W. Barney		OL	12 July 1909				
Baroni	Alice		Fallon	ES	1924-1925			2 Feb. 1914	
Baroni	Dewey	Jim Baroni	Fallon	ES	1924-1925			15 Apr. 1916	
Baroni	Fred		Fallon	ES	1924-1925			11 June 1913	
Barracks	Louis			BS	1906-1908		8B		
Barrella	John	John Barrella	Tomales	TM	1921-1922			1915	17 Dec. 1921 to Aurora District
Barrella	William	John Barrella	Tomales	TM	1921-1922			1913	17 Dec. 1921 to Aurora District
Barrich	Rudolph			MV	1921-1922		5	4 Dec. 1911	
Barricks	Claire	L. J. Barricks	501 Liberty St.	LN	1920-1921		1B	12 Sept. 1914	
Barricks	Claire	L. J. Barricks	801 Liberty St.	LN	21 Aug. 1921		2B	12 Sept. 1914	
Barrika	Claire		314 Keller St.	PK	5 Aug. 1918			12 Sept. 1913	
Barrows	E.			BS	1897				
Barrows	Edith A.	J. W. Barrows	Cor. Galland & Liberty Sts.	BS		16			
Barry	Barbara	John Barry	319 Liberty St.	PK	5 Aug. 1918			7 Sept. 1912	
Barry	Barbara	John Barry	319 Liberty St.	LN	1919-1921		1A	7 Sept. 1913	
Barry	Beverly		319 Liberty St.	PK	1918-1920			8 Apr. 1914	
Barry	Beverly	J. J. Barry	319 Liberty St.	LN	1921-1922		1B	8 Apr. 1915	
Barry	Elma		Kentucky St.	PK	1910	4		11 July 1906	
Barry	John	J. J. Barry	319 Liberty St.	CH	7 Aug. 1922	14		15 June 1908	
Barry	Martin	Mrs. A. Barry	Brown House	BS	1905-1907	11			
Barry	Martin	Mrs. M. A. Barry	New American Hotel	BS	1908-1909	13			
Barsi	Adelina/Adeline	F. Barsi		OL	1902-1903				
Barsi	Adelina			OL	1904-1906		3B		moved away
Barsi	Isabel	N. Barsi	Santa Rosa	OL	1921-1922		1	9 Oct. 1914	
Barsi	Isabel	Nichol Barsi	Santa Rosa	OL	15 June 1923		L2	6 June 1914	
Barsi	Isabel	N. Barsi	Santa Rosa	OL	1924-1925			9 Oct. 1914	
Barsi	John	F. Barsi		OL	1902-1906	11			
Barsi	Olga	Nichol Barsi	Santa Rosa	OL	1926-1928			6 Jan. 1918	
Barsotti	Jennie	Augusta Barsotti	167 Wilson St.	ML	1919-1921		1A	5 Aug. 1913	
Barsotti	Josephine	A. Barsotti	167 Wilson St.	ML	1920			25 Sept. 1915	
Barsotti	Josephine	A. Barsotti	167 Wilson St.	ML	1921			25 Sept. 1914	
Barsotti	Mary	Augusta Barsotti	167 Wilson St.	ML	1918-1920			29 May 1910/1911	

Surname	Given Name	Parent	Address	SD	Date/Date Range	Age	Gr.	Birth Date	Left/Comments
Bartell	Arthur	D. Bartell	Laurel Ave.	BS	1906-1907	7	1		
Barth	Clara	Adolph Barth	525 Western Ave.	CH	1901-1903	5			
Barth	Clara	B. Barth	Western Ave.	BS	1903-1907	8	2		
Barth	Clara	A. Barth	727 Western Ave.	CH	1908-1909	11			
Barth	Clara	A. Barth	719 Western Ave.	CH	1907-1910	12			
Barth	Will	A. Barth	525 Western Ave.	BS	1905-1907	13			
Barth	Will			CH	8 Aug. 1910				
Barth	Wm.	Adolf Barth	523 West St.	BS	1906-1908	14	8B		
Barth	Wm.	Adolf Barth	525 Western Ave.	BS	1906-1908	14	8A		
Bartley	Etta			BS	15 Sept. 1892				
Bartley	Fred			BS	5 Sept. 1892				
Barton	Ada	Henry Barton	R 3	MV	1928-1931			11 Jan. 1924	
Barton	Deloris	John Barton	421 Pleasant St.	BS	1906	8	2		
Barton	Deloris	J. O. Barton	666 Western Ave.	BS	1905-1907	9			
Barton	Jean	Henry Barton	R 3	MV	1930-1931			31 Dec. 1924	
Barton	Vivian	J. O. Barton	421 Pleasant St.	BS	1905-1907	6	1		
Barton	Vivian	Mr. Barton	666 West St.	BS	1906-1907	6			
Barzzano	Mammie	S. Barzzano		BS	10 Jan. 1910	8			
Barzzano	Minnie	S. Barzzano	802 Main St.	BS	9 Aug. 1909	7			
Basnett	Leslie	W. D. Ayers	721 Keller St.	BS	1909	14			
Bassett	Anna	Ralph Bassett	Tomales	TM	1924-1929	7		15 Aug. 1917	
Bassett	Anna	Ralph Bassett	Tomales	TM	1929-1930			5 Aug. 1917	
Bassett	Cora	Mrs. Bessie Bassett	Bay	BY	1921		L1	20 Jan. 1913	
Bassett	Frances	Ralph Bassett	Tomales	TM	1928-1930			9 Nov. 1922	
Bassett	Letitia	Mrs. Bessie Bassett	Bay	BY	1921			4 Mar. 1915	
Bassett	Ralph	Thos. Bassett	Bodega Ave.	CH	1908	15			
Bassett	Ralph			TM	11 Aug. 1902		Rec.		
Bassett	Ralph			TM	27 Dec. 1905				
Bassette	Cora	W. F. Bassette		TM	1887-1889	16	6		
Bassette	Cora			TM	13 July 1885				
Batchelor	Audrey	D. W. Batchelor	301 Howard St.	LN	1919-1920				
Batchelor	Audrey	E. W. Batchelor	301 Howard St.	LN	1920-1921			24 May 1910	
Batchelor	Ian	David Batchelor	301 Howard St.	LN	1920-1921		4B	24 May 1911	
Batt	Alice	Geo. Ray Batt	District	HC	Nov. 1902	10			
Batt	Alma	Geo. Ray Batt	to Petaluma	HC	June 1904	13			
Batt	Alma	Geo. R. Batt		HC	1907	15			
Batt	Edith	Geo. R. Batt	Annapolis	HC	1914-1915	9	L4		

-20-

Surname	Given Name	Parent	Address	SD	Date/Date Range	Within Date Range Age	Within Date Range Gr.	Birth Date	Left/Comments
Batt	Elsie	Geo. Ray Batt	Annapolis	HC	1907-1910	8			
Batt	Ethel	Geo. R. Batt	Annapolis	HC	1914-1915	8	L3		
Batt	Grace	Geo. R. Batt	Annapolis	HC	1914-1915	7	H1	1 Mar. 1907	
Batt	Grace			HC	19 Aug. 1918		L7		
Batt	Jessie	Geo. R. Batt	Annapolis	HC	1907	8			
Batt	Jessie	Geo. Ray Batt	Annapolis	HC	1909-1910	12			
Batt	Leo	Geo. Ray Batt	Annapolis	HC	1901-1902	14			
Batt	Leonard			HC	19 Aug. 1918		H2		
Batt	Leonard	Mrs. Wm. Whalen	Annapolis	HC	1921			27 Nov. 1909	
Batt	Leonard	Mrs. Whalen	Annapolis	HC	23 July 1923			27 Nov. 1909	
Batt	Lilian	Geo. Ray Batt	Annapolis	HC	1901-1902	7			
Batt	Lillian	Geo. Ray Batt	District	HC	June 1904	8			
Batt	Lillian	Geo. R. Batt		HC	1907	10			
Batt	Lillian	Geo. Ray Batt	Annapolis	HC	1909-1910	14			
Batt	Lily	G. R. Batt		HC	1907	13			
Batt	Mary	Geo. Ray Batt	District	HC	June 1904	10			
Batt	May	Geo. Ray Batt	Annapolis	HC	11 Feb. 1901	10			
Batt	May	Geo. R. Batt		HC	1907	13			
Batt	May	Geo. Ray Batt	Annapolis	HC	1909	17			
Batt	Oliver	Geo. Ray Batt	Annapolis	HC	1909-1910	9			
Batt	Oliver	Geo. Ray Batt	Annapolis	HC	1914-1915	13	5		
Batt	Reuben	Geo. Ray Batt	Annapolis	HC	1914-1915	11	H4		
Batt	Ruby	Geo. Ray Batt	Annapolis	HC	8 Aug. 1910				
Battersby	Lloyd	W. H. Battersby	706 E St.	BS	1905-1907	9			
Baty	Thomas		135 Howard St.	PK	Fall 1924			10 June 1920	
Bauden	Elgin	Mrs. E. A. Bauden	304 Kentucky St.	CH	1907-1909	15			
Bauden	Verna	Mrs. E. A. Bauden	686 Kentucky St.	BS	1905-1907	14			
Bauer	Billy	Russell Bauer	235 Liberty St.	LN	1920-1922		3B	24 Feb. 1912	
Bauer	Russell	Wm. Bauer	Liberty St.	CH	3 Sept. 1894	6			
Bauer	Russell	Wm. Bauer	Liberty St.	CH	1898	10	5		
Bauer	Willy	Russell Bauer	235 Liberty St.	LN	1919-1920	7	2B		
Baugh	Harold	George Baugh		CH	1908	18	Sr.		
Baugh	Hubert	G. Baugh	E St. bet 6th & 7th Sts.	BS	5 Sept. 1892	12			
Baugh	Neville	Geo. Baugh	Cherry St. Valley	BS	1906-1909	6	1		
Baugh	Ralph	G. E. Baugh	Laurel Ave.	BS	1905-1907	9			
Baugh	Ralph	Ernest Baugh	12th St.	BS	1909	11			

-21-

Surname	Given Name	Parent	Address	SD	Date/Date Range	Within Date Range Age	Gr.	Birth Date	Left/Comments
Baugh	Ralph	G. E. Baugh	15 Laurel Ave.	CH	1908-1909	12			
Baughman	Eltah	Alvin Baughman	455 Cherry St.	BS	1905-1907	12			
Baughman	Eltah	Alvin Baughman	545 Main St.	BS	1905-1907	12			
Baughman	Eltah	Alvin Baughman	352 Main St.	CH	1908-1909	14			
Baughman	Guy	A. Baughman	455 Cherry St.	BS	1905-1907	11			
Baughman	Guy	Alvin Baughman	545 Main St.	BS	1905-1907	11			
Baughman	Guy	Alvin Baughman	362 Main St.	CH	1907-1909	14			
Baughman	Guy	Alvin Baughman	614 Main St.	CH	1907-1909	14			
Baughman	Roy	A. Baughman	543 Main St.	BS	1905-1907	14			
Bauman	Viola			BS	1898				
Baumgartel	Jack	Mrs. L. F. Baumgartel	Rt. 5	LN	1919-1920		1B		
Baumsteiger	Albert	A. Baumsteiger	3rd St.	BS		14	6		
Baur	Hazel			TM	20 Feb. 1899		Rec.		
Baur	Russell	Will Baur	Liberty St.	CH	Aug. 1895	7			
Bauta	Oliver J.	F. A. Bauta	Santa Rosa	CH	1908-1909	17	Sr.		
Bawden	Elgin	Dr. F. Lovejoy	686 Kentucky St.	BS	1905-1907	12	5		
Bawden	Elgin	Mrs. E. A. Bawden	686 Kentucky St.	BS	1905-1907	13			
Bawden	Elgin	Dr. F. Lovejoy	686 Kentucky St.	BS	Spring 1907		5		
Baxman	Betty	James Baxman	Valley Ford	ES	1928-1931			16 Sept. 1922	
Baxman	Elwood	Chas. Baxman	323 6th St.	LN	Aug. 1922		1A	27 Oct. 1915	
Baxman	Richard Harding	James Baxman	Valley Ford	ES	1928-1931			14 Oct. 1923	
Baxman	Robert	James Baxman	Valley Ford	ES	1928-1931			9 Sept. 1920	
Baxman	Vernon	John Johnson	325 4th St.	LN	1920-1921		2B	21 Apr. 1912	
Bayless	Charlie	Mrs. Mays	560 8th St.	BS	1905-1908	13			
Beaden	Wayne			BS	19 Aug. 1918		2	17 Feb. 1914	
Bean	Alice	Mrs. Ed Bean	Tomales	TM	1921-1927				
Bean	Alma			TM	1909-1910		5		
Bean	Eddie			TM	11 Aug. 1902				
Bean	Eddie			TM	27 Dec. 1905		6		
Bean	Eleanor	Mrs. E. H. Bean		EC	1929-1930			1 Nov. 1915	
Bean	Ellsworth	Wm. E. Bean		CH	7 Aug. 1922	14		7 Aug. 1909	
Bean	Emma			TM	20 Feb. 1899		Rec.		
Bean	Emma			TM	27 Dec. 1905		8		
Bean	Frances	Mrs. E. H. Bean		EC	1929-1930			28 Feb. 1919	
Bean	Lola	Mrs. E. H. Bean		EC	1929-1930			22 July 1917	
Bean	Olive	Rev. Wm. Bean	5th St.	LN	Jan. 1923		L1	20 Aug. 1916	
Bean	Paul	Mrs. E. H. Bean	Sebastopol	EC	1929-1930			5 June 1922	

Surname	Given Name	Parent	Address	SD	Date/ Date Range	Within Date Range Age	Within Date Range Gr.	Birth Date	Left/Comments
Beards	Maud			PK	17 Feb. 1896	5			
Beasley	Pauline	Russel L. Beasley		OL	1920		7		
Beasley	Ronald			OL	1920		5		
Beatty	Bertie		Annapolis	HC	Sept. 1880				
Beatty	David	J. C. Beatty	Annapolis	HC	1880-1882				
Beatty	Jennie		Annapolis	HC	Sept. 1880				
Beatty	Josie		Annapolis	HC	Sept. 1880				
Beatty	Bert		Annapolis	HC	29 Oct. 1877				
Beatty	D. C.		Annapolis	HC	29 Oct. 1877				
Beatty	J. M.		Annapolis	HC	29 Oct. 1877				
Beccola	Fern	Mrs. Linebaugh	119 Howard St.	LN	1921	7	1B	6 Feb. 1914	
Beck	Aileen		115 6th St.	PK	1910	4		11 Apr. 1905	
Beck	Aileen		111 6th St.	ML	1916		6A		
Beck	Aletha LaTier	J. B. Beck	111 6th St.	CH	7 Aug. 1922	13		6 Mar. 1908	
Beck	Kalah	J. P. Beck	1021 5th St.	BS	1905-1907	7	1		
Beck	Kalah	John P. Beck	718 B St.	CH	1908-1909	9			
Beck	Kalah	J. P. Beck	115 6th St.	BS		12			
Beck	Tony	C. H. Beck	827 B St.	CH	7 Aug. 1922	13		9 May 1909	
Beckert	Edith	Mrs. Marie Cole	117 Western Ave.	LN	1919-1921	8	2B	6 May 1911	
Beckert	Edith	Mrs. M. Cole	107 Upham St.	LN	1921		4B	6 May 1911	
Beckwith	Ida	Mrs. Madie E. Hersperger	658 Kentucky St.	PK	1903				(aunt)
BeDell	Floyd	J. N. BeDell	6th St.	BS	1892-1893	11			
BeDell	Pearl	J. A. BeDell		BS	15 Sept. 1892	11			
Beebe	Lucille	Mrs. J. F. Beebe	R 3, Sebastopol	CN	1925-1927			22 Nov. 1913	
Beers	Sadie	Almond Beers	623 Baker St.	BS	1909	9			
Beeson	Ernest	A. R. Beeson	R 3	MV	1929-1930			12 Sept. 1915	
Beffa	Amel	James Beffa	Agua Caliente	FL	1924			17 Dec. 1916	
Beffa	Billie	Wm. Beffa	137 Keokuk St.	LN	Aug. 1922		L1	12 Dec. 1911	
Beffa	William		108 Washington St.	PK	1921			12 Dec. 1917	
Beggs	Elrose			BS	19 Aug. 1918		2		
Behmer	Rollie	Mrs. R. Behmer	Kentucky St.	CH	17 Aug. 1896	8			
Behmer	Rollie	Mrs. M. Behmer	Cherry Hill	CH	1898	12	3		
Behmer	Rollie			PE	1895-1896		Chart		
Behmer	Rollie		Liberty St.	CH	3 Sept. 1894				
Behmer	Viola	Rosa Behmer	Kentucky St.	CH	17 Aug. 1896	6			

-23-

Surname	Given Name	Parent	Address	SD	Date/Date Range	Age	Gr.	Birth Date	Left/Comments
Behmer	Viola	R. A. Behmer	Upham St.	CH	1897-1899	8			
Behmer	Viola	Mrs. A. Behmer	Cherry Hill	CH	1898	10	3		
Behmer	Viola			PE	25 May 1896		Rec.		
Behrens	Betty		Keokuk St.	PK	Spring 1924			16 Apr. 1918	
Bell	Randall	H. G. Bell	4th St.	BS	1892-1893	11			
Bellandi	Armando	G. Bellandi		FL	1914-1915	14	4		
Bellandi	Atilo	G. Bellandi	Glen Ellen	FL	1914-1915	12	4		
Bellandi	Bruna	G. Bellandi	Agua Caliente	FL	1916-1917	8	2		
Bellandi	Pia	G. Bellandi		FL	1 Jan. 1914?	8	2		
Bellandi	Pia	G. Bellandi	Glen Ellen	FL	16 Aug. 1915	10	4		
Bellandi	Pia	G. Bellandi	Agua Caliente	FL	7 Aug. 1916	11	5		
Bellany	Leroy	Mrs. S. R. Ballany	644 Prospect St.	BS	1905-1907	6			
Bellaria	Angelina	Peter Bellaria	207 English St.	LN	1919-1920	7	2B		
Bellie	Elsie	Santi Belli	Payran St.	ML	Aug. 1922			8 July 1912	
Bellie	Margaret	Santi Bellie	230 Edith St.	ML	Aug. 1922			6 Nov. 1915	
Belliss	Cyril			CH		12			
Bello	Aletha		18 Bodega Ave.	PK	Fall 1924			13 Apr. 1919	
Bello	Ambrose			LJ	1908-1910	7	2		
Bello	Antonio			ES	1904	12	6		
Bello	Mary			LJ	11 June 1910	7	2		
Bello	Rose			LJ	1908-1910	9	3		
Bello	Rosie			ES	1905	7	1		
Bello	Tony			ES	1905	14	7		
Belmont	Arnold		110 Keller St.	PK	Fall 1924			7 Jan. 1920	
Belundi	Bruna			FL	13 Aug. 1917	9	3		left 30 Aug.
Benan	Edward		Rt. 4	PK	1921			19 Nov. 1916	
Bender	Josephine	Mrs. F. Ramos	621 E. D St.	ML	1919				from Oakland
Bender	Julius	B. Bender	156 Bremen St.	ML	Jan. 1914				
Bender	Margaret	Mrs. Frank Ramos	621 E. D St.	ML	1919	7	1B		
Bender	Sarah	B. Bender	156 Bremen St.	ML	Jan. 1914				
Bender	Tillie	B. Bender	156 Bremen St.	ML	Jan. 1914				
Bender	Virginia	B. Bender	156 Bremen St.	ML	Jan. 1914				
Beneditto	Rocco	Jos. Beneditto	Boyes Springs	FL	1924			5 Jan. 1918	
Benelli	Ernest	H. Benella	Santa Rosa	OL	1921-1923		Rec.	4 Apr. 1916	
Benelli	Ernest	Mrs. May Benelli		OL	1926-1927				
Benelli	Lena			OL	1926-1927				
Benelli	Leo	Mrs. Sara Benelli	Santa Rosa	OL	15 June 1923		L1	5 Nov. 1916	

-24-

Surname	Given Name	Parent	Address	SD	Date/Date Range	Within Date Range		Birth Date	Left/Comments
						Age	Gr.		
Benelli	Leo			OL	1926-1927				
Benelli	Orlando	Harry Benelli	Santa Rosa	OL	1927-1930			25 June 1920	
Benelli	Theresa			OL	1926-1927				
Bening	Willis	Geo. Bening	D St.	BS	1909-1911	10	1A		
Benito	Albert	Joseph Benito	121 Vallejo St.	ML	Aug. 1922			8 Sept. 1915	
Benito	Albert	Joseph Bonito	313 Hopper St.	ML	1921		Rec.	8 Sept. 1915	
Benjamin	Cecelia	A. W. Benjamin		OL	29 May 1919		Rec.		to Los Angeles
Benjamin	Fyfe	Mrs. L. Benjamin	416 Galland St.	BS		11			
Benjamin	Julia	Wm. Benjamin	778 Liberty St.	BS	1903-1905	7	2		
Benjamin	Julia	Mrs. L. K. Evans	402 Washington St.	BS	1905-1906	10			
Benjamin	Julia	Mrs. L. K. Evans	204 Bodega Ave.	CH	1908-1909	12			
Benjamin	Julia	Mrs. L. K. Evans	204 Bodega Ave.	BS	Jan. 1908	12			
Benjamin	Katherine	A. W. Benjamin		OL	29 May 1919		2		to Los Angeles
Benjamin	Marie			CH	1901-1903	8			
Benjamin	Marie	Mrs. L. K. Evans	402 Washington St.	BS	1905-1907	11	5		
Benjamin	Marie	Mrs. L. K. Evans	204 Bodega Ave.	CH	1908-1909	14			
Bennett	Alice	Mrs. June Bennett	Boyes Springs	FL	20 Apr. 1931	9	1	25 Nov. 1922	
Bennett	Earl	Mrs. June Bennett	Boyes Springs	FL	14 Sept. 1931	5	1	8 Oct. 1925	
Bennett	George	Mrs. June Bennett	Boyes Springs	FL	20 Apr. 1931	7	1	17 Mar. 1924	
Bensen	Eddie	Mrs. Bensen	4th St.	CH	1901-1903	8			
Benson	Donald	E. Benson	Rt. 4	LN	1921-1922		1B	25 Dec. 1914	
Benson	Edward	Mrs. Benson	Fetters Springs	FL	1928-1929	7	2	Feb. 1921	
Benson	Elwin	L. E. Benson	Bodega Ave., Country	BS	1905-1907	12			
Benson	Forrest			BS	19 Aug. 1918		3		
Benson	Helen	J. H. Benson	220 7th St.	CH	7 Aug. 1922	12		6 Feb. 1910	
Benson	Jesse	Henry Benson	Bodega Ave.	BS	1906-1909	7	1A		
Benson	Jesse	Henry Benson	Rt. 4	BS	1909	8			
Benson	Marcia	E. Benson	Bodega Ave.	CH	1898	10	4		
Benson	Ray	Henry Benson	Bodega Ave.	BS	1906-1909	6			
Benson	Ray	H. Benson	Bodega Ave.	CH	1908-1909	8			
Benson	Ray			BS	19 Aug. 1918		4		
Benson	Rowena			PE			1A		
Benson	Rowena	L. E. Benson	Bodega Ave.	CH	1908-1909		Sr.		
Benson	Urban	Henry Benson	Bodega Ave.	CH	1896-1899	8			

-25-

Surname	Given Name	Parent	Address	SD	Date/Date Range	Within Date Range Age	Gr.	Birth Date	Left/Comments
Benson	Velma	Emmet Benson	San Antone Road	BS	1903-1905	8	2		
Benson	Velma	L. E. Benson	RFD 3	BS	1905-1907	10			
Benson	Velma	L. E. Benson	Bodega Ave.	CH	1907-1909	12			
Benson	Velma	L. E. Benson	Rural 4	CH	1908-1909	13			
Benton	Ruth			PK	12 Aug. 1896	5			
Beretta	Isolina			LJ	1914-1920	7	2		
Beretta	Joe			LJ	1915-1920	7	2		
Berger	Albert	Wm. H. Berger	418 6th St.	CH	1908-1909	14			
Berger	Albert W.	O. W. Lutz	418 6th St.	CH	1908	14			
Berger	Jacob	H. Berger	Gossage Lane	LN	1919-1920	9	4B		
Berger	Jake	H. Berger	Rt. 1	CH	7 Aug. 1922	11		6 Dec. 1910	
Berger	Jake	Henry Berger	Rt. 1	LN	1920-1921			30 Nov. 1910	
Berger	Max	Hyman M. Berger	Gossage Lane	LN	1920-1922		1A	3 Dec. 1913	
Berger	Max	Hyman Berger	Gossage Lane	LN	1921			30 Sept. 1913	
Berger	Otto	O. W. Lutz (uncle)	418 6th St.	CH	1908-1909	12			
Bergner	Christina	Hermann Bergner	Sebastopol	EC	1925-1926	11	4	23 Aug. 1914	
Bergstedt	Carmen Alice	Mrs. J. Bergstedt	FRD, Box 55	BS	1917-1918		1A		
Bergstrom	Edith			BS	19 Aug. 1918		3		
Bergtold	Marguerite	Fred Bergtold	619 Fair St.	BS	20 Aug. 1906	6		1 Aug. 1916	
Berhens	Carleen		15 Post St.	PK	1920				
Berkle	Alfred	Mrs. Emma Berkle	734 E St.	BS	Sch Yr 1906	7			
Berman	Harry	A. Berman	Rt. 2	LN	1919-1921	8	2A	30 May 1911	
Berndt	Robert	Paul Berndt	Santa Rosa	OL	1921-1923			19 Oct. 1908	grad.
Bernhard		J. Bernhard		BS	1908-1910	15			
Berri	Ernest	M. Berri	3rd St.	BS	1909-1911	8	1A		
Berri	Ernest	Martin Berri	821 6th St.	BS		16			
Berri	Ernest	E. Berri	3rd St.	BS	18 Jan. 1909		1A		
Berri	Ernest			BS	Jan. 1917				
Berri	Florinda	Linda Berri	520 B. St.	LN	1919-1921	6	1B	7 Dec. 1912	
Berry	Albert	H. Berry	677 8th St.	CH	1908-1909	10			
Berry	Ernest	E. Berry	3rd St.	BS	Aug. 1908	6			
Berry	Ernest	Hardin Berry	528 B St.	BS	1909	10			
Berry	Eva	Mrs. Berry	B St.	BS	1905-1907	8	1		
Berry	Fay E.	William Berry	Santa Rosa	OL	15 June 1923		7	14 Jan. 1909	
Berry	Grace	H. Berry	677 H St.	BS	1906-1908	14	8B		
Berry	Jack	Mrs. E. Berry	Rt. 1	CH	7 Aug. 1922	14		20 Apr. 1907	
Berry	Kathleen	John Berry	Rt. 1	LN	1920-1921			2 Sept. 1910	

Surname	Given Name	Parent	Address	SD	Date/Date Range	Within Date Range Age	Gr.	Birth Date	Left/Comments
Berry	Nora	Mrs. J. Berry		CH	7 Aug. 1922	14		21 Aug. 1907	
Berta	Charles			TM	1917-1919		5		left 27 Aug. 1917
Berta	Edith			TM	1909-1910		5		
Berta	Elvezia			TM	1909-1910		6		
Berta	Herman	Nick Bierkle	1175 6th St.	BS		13	6		
Berta	Herman	N. Bierkle	734 E St.	BS		14	7		
Berta	Johnnie	Nick Bierkle	734 E. St.	BS		13			
Berta	Lillie			PK	3 Aug. 1896	6			26 Aug. to public sch.
Berta	Lillie	N. Berta	E St.	BS	21 Aug. 1899	10			
Berta	Lillie	N. Bierkle	734 E St.	BS	1900	11			
Berta	Lorena			TM	30 Aug. 1909		8		
Bertrend	Chester	Mrs. Seymore Bertrend	Washington St.	CH	1901-1903	10			
Berturam	Hayden	Mrs. Hayden Block		MV	1918-1919		4		
Besordi	George			OL	1911	7			
Besordi	Lizzie			OL	1911	12			
Besordi	Rico			OL	1911	9			
Best	Haven	Burton Best	Sebastopol	EC	1927-1931			3 Mar. 1920	
Best	Mildred	Burton Best	Sebastopol	EC	1925-1927	12		8 Oct. 1913	
Bettancourt	Frances			BS	1897		6		
Bettancourt	John	J. E. Bettancourt	786 Liberty St.	BS		13			
Bianchi	Elsie	B. T. Bianchi	B & 7th Sts.	CH	1901-1903	7			
Bianchi	Willie	B. T. Bianchi	B & 7th Sts.	CH	1901-1903	6			
Bianchini	Alfred	U. M. Bianchini	645 Cherry St.	BS	1905	9	2		
Bianchini	Elva	Marianna Bianchini	Agua Caliente	FL	1924			20 Jan. 1915	
Bianchini	William	A. J. Bianchini	Rt. 4	CH	7 Aug. 1922	13		17 July 1909	
Bice	Harry			PK	9 Feb. 1898				
Bice	Hazel			PK	9 Feb. 1898				
Bickert	Edith		107 Upham St.	LN	1922		4A	6 May 1911	
Bierkle	Alfred	Mrs. Emma Bierkle	734 E St.	BS	1905-1907	7	1		
Bierkle	Arthur	Mrs. E. Bierkle	1052 Washington St.	BS	1905-1907	10			
Bierkle	Arthur	Mrs. E. Bierkle	303 Washington St.	BS	1908-1909	11			
Bills	Howard	L. J. Bills		OL	12 July 1909	14			
Binns	Lillian	Mrs. L. Binns	Boyes Springs	FL	3 Nov. 1930	7	1	7 July 1923	

Surname	Given Name	Parent	Address	SD	Date/Date Range	Within Date Range Age	Within Date Range Gr.	Birth Date	Left/Comments
Binny	Dorothy	W. F. Binny	559 English St.	BS	1906	8	2		
Bino	Arthur	John Bino	322 English St.	LN	1919-1920	7	2B		
Bino	Arthur	John Bino	15 Harris St.	LN	1920-1922		3B	7 Mar. 1911	
Bino	Arthur	John Bino	15 Harris St.	LN	1921-1922		4B	7 Feb. 1912	
Bino	Elsie	Mrs. Annie Bino	322 English St.	LN	1919-1920	9	4B		
Bino	Elsie	H. Bino	215 Howard St.	CH	7 Aug. 1922	12		1 Feb. 1910	
Bino	Elsie	John F. Bino	15 Harris St.	LN	1920-1921			24 March 1910	
Bino	Harold	Hans Bino	215 Howard St.	LN	Aug. 1922	1A	L1	26 May 1916	
Biocca	Maurice	L. Biocca	R 3	MV	1928-1929			29 July 1922	
Birch	Agnes			MV	1923-1924		K		grad.
Birch	Alide	Mrs. E. Birch		OL	12 July 1909				
Bircks	Alide	A. E. Birch		OL	1901-1906		1		
Bish	Meryl	L. M. Bish		FL	1 Jan. 1914?	13	7		
Bish	Roy	T. Bish	908 3rd St.	BS	1907-1909	9	1A		
Bisordi	Emma			OL	1901-1906				
Bisordi	George	E. Bisordi		OL	1 June 1917		7		
Bisordi	George	E. Bisordi		OL	1910				
Bisordi	Lizzie	E. Bisordi		OL	1909-1910	10			
Bisordi	Rico	E. Bisordi		OL	1909 1910	7			
Bittenelli	Dora	Mrs. L. Bittenelli	104 3rd St.	CH	1908-1909	15			
Bizal	Catherine	Mrs. Theresa Bizal	Sebastopol	EC	1925	11	5	7 Aug. 1914	
Bizal	Joe	Mrs. Theresa Bizal	Sebastopol	EC	1925	12	5	27 Mar. 1913	
Bizal	Josephine	Mrs. Theresa Bizal	Sebastopol	EC	1925-1928			28 Mar. 1920	
Bizal	Josephine	Mrs. Theresa Bizal	Sebastopol	EC	1928-1931			28 Mar. 1920	
Bizal	Katie	Mrs. Theresa Feri	Sebastopol	EC	1925-1928	12		7 Aug. 1914	
Bizal	Margaret	Mrs. Theresa Bizal	Sebastopol	EC	1925-1928			15 May 1918	
Bizal	Margaret	Mrs. Theresa Feri	Sebastopol	EC	1928-1929			15 May 1918	
Bizal	Theresa	Mrs. Theresa Ferri	Sebastopol	EC	1925-1928			19 June 1916	
Bizal	Theresa	Mrs. Theresa Feri	Sebastopol	EC	1928-1931			19 June 1916	to try 8th
Bizzini	Marie			LJ	1909-1917	7	1		
Bizzini	Nellie			ES	1904-1905	9	1		
Bizzini	Nellie			LJ	1908-1909	12	1		
Bizzini	Perina			ES	1904-1905	12	1		
Bizzini	Perina			LJ	1908-1909	14	1		
Black	Irene			PK	26 Oct. 1896				
Black	M.		15 Fair St.	BS	5 Sept. 1892				
Black	Margareet Elinor			PK	1922			4 July 1917	

Surname	Given Name	Parent	Address	SD	Date/Date Range	Within Date Range Age	Within Date Range Gr.	Birth Date	Left/Comments
Black	Mary	Thos. Black	15 Fair St.	LN	Aug. 1921		3B	6 Nov. 1913	
Black	Mary	Thomas Black	15 Fair St.	LN	Jan. 1922		4B	6 Nov. 1912	
Blackney	Alice	Chas. W. Blackney	501 Kent St.	BS	1908-1910	7			
Blackney	Alice	C. W. Blackney	510 Kent St.	BS	18 Jan. 1909	8	1A		
Blackney	Jennie	C. W. Blackney	501 Kent St.	BS	1908-1910	6			
Blackney	Jennie	C. W. Blackney	510 Kent St.	BS	9 Aug. 1909	7	1A		
Blain	Earl	Lee Blain	3rd St. & G Sts.	CH	1901-1903	7			
Bakely	Clarice			PK	1895				
Bakely	Clarice			PK	1895				
Bakely	Melville			PK	1895				
Blanchard	Wilmer	B. Blanchard	Rt. 4	CH	7 Aug. 1922	14		28 Jan. 1909	
Blank	Adeline	John Blank	R 3, Sebastopol	CN	1924-1925			21 Dec. 1909	
Blank	Adeline	John Blank	R 3, Sebastopol	CN	1922-1923		6	29 Dec. 1909	
Blank	Billie	Wm. Blank	R 3, Sebastopol	CN	1927-1929			21 Apr. 1920	
Blank	Sharon	Louis Blank	R 3, Sebastopol	CN	1921-1925		5	17 Jan. 1910	left to San Francisco
Blank	Stanley	Louis Blank	R 3, Sebastopol	CN	1921-1929			12 Aug. 1914	
Blank	William	William Blank	R 3, Sebastopol	CN	Aug. 1926			21 Apr. 1920	
Blaylock	Hester	Ed. Blaylock	606 6th St.	BS	1911	7			
Blim	Alan	Peter J. Blim	419 Walnut St.	LN	1919-1921	8	2B	25 Nov. 1912	
Blim	Alan Douglas		414 Walnut St.	LN	1921				
Blim	Douglas		419 Walnut St.	LN	1922		4A	24 Sept. 1911	
Blim	Douglas Alan	P. J. Blim	414 Walnut St.	LN	1920-1921			25 Nov. 1912	
Blim	Kathleen	Alice M. Blim	693 Liberty St.	BS	Fall 1906	9			
Blim	Kathleen	P. J. Blim	301 Liberty St.	BS	1908-1909	11			
Blim	Kathleen	P. J. Blim	693 Liberty St.	BS	1908-1909	11			
Blim	Kathleen	P. J. Blim	419 Walnut St.	CH	1908-1909	12			
Blim	Martin	P. J. Blim	603 Keokuck	BS	18 Jan. 1904	9	2		
Blim	Martin	P. J. Blim	1319 3rd St.	BS	1905-1907	10			
Blim	Martin	P. J. Blim	Cor. Prospect & Liberty Sts.	BS	1905-1908	11			
Blim	Martin	P. J. Blim	301 Liberty St.	CH	1908-1909	13			
Blim	Theresa	P. J. Blim	1319 3rd St.	BS	1905-1907	9	4		
Blim	Theresa	P. J. Blim	693 Liberty St.	BS	1909	10			
Blim	Theresa	P. J. Blim	693 Liberty St.	BS	1905-1907	11			
Blim	Theresa	P. J. Blim	301 Liberty St.	CH	1908-1909	12			
Blish	Bob		809 Main St.	PK	3 Aug. 1914			16 Feb. 1910	

Surname	Given Name	Parent	Address	SD	Date/Date Range	Within Date Range Age	Within Date Range Gr.	Birth Date	Left/Comments
Bloom	Leo	A. Bloom		CH	7 Aug. 1922	11		25 Mar. 1911	
Bloom	Stella	Americo Bloom		CH	7 Aug. 1922	12		19 Jan. 1910	
Bobb	Margaret Galle			ES	1915	11	7		
Bock	Charles			TM	1909-1910		6		
Bock	Shirley			TM	27 Dec. 1905		8		
Bodersen	Julius	Mr. Bodersen	Mountain	BS	Sch Yr 1906	9			
Bodwell	Beatrice		Fair St.	PK	1923-1924			30 May 1918	
Boekenoogen	Henry	G. S. Boekenoogen	Sunny Slope Ave.	BS		14	6		
Boekenoogen	Sarah Louisa	G. S. Boekenoogen	Sunny Slope Ave.	BS	1899-1900				left 12 Dec. 1924
Bogas	Clifford	Fox Jack	R 3, Sebastopol	CN	Aug. 1924			7 Feb. 1912	
Bogni	Angelina	Henry Bogni	Windsor	OL	15 June 1923		7	7 Aug. 1908	
Bogni	Charles	Henry Bogni	Santa Rosa	OL	15 June 1923		6	22 Sept. 1909	
Bogni	Madeline	Henry Bogni	Santa Rosa	OL	15 June 1923		6	16 Dec. 1910	
Bohan	Genevieve	Melvin Bohan	Tomales	TM	1927-1928			11 Apr. 1920	
Bohan	Geraldine	Melvin Bohan	Tomales	TM	1927-1928			11 Apr. 1920	
Bohan	Glenn	Melvin Bohan	Tomales	TM	1927-1928			20 July 1915	
Boihm	Willie			PK	30 Nov. 1896				
Boivin	Sherman	Mrs. E. Boivin	320 4th St.	LN	1921-1922		1B	7 Feb. 1916	
Bolla	Harold		956 6th St.	PK	1903	5			
Bolla	Harold	R. Bolla	956 6th St.	BS	1905-1907	6	1		
Bolla	Harold	R. Bolla	602 B St.	BS	1908-1909	9			
Bolla	Harold	R. Bolla	734 B St.	BS	1908-1909	10			
Bolster	Gertie	L. M. Bolster	3rd St.	BS	1892-1893	13			
Boltz	Charles	Frank Boltz	642 F St.	LN	1920-1921			4 Mar. 1911	
Bolz	Albert	Dr. C. Bolz	706 F St.	BS	1909	12			
Bolz	Albert	Dr. Chas. Bolz	706 F St.	BS	1905-1907	13			
Bolz	Albert	Mrs. Rosa E. Bolz	642 F St.	BS	Feb. 1909	15			
Bolz	Charles	Frank Bolz	517 Bassett St.	CH	7 Aug. 1922	11		3 Mar. 1911	
Bolz	Dorothea	Rosa E. Bolz	642 F St.	BS	1908-1909	11			
Bolz	Dorothy	Dr. C. Bolz	706 F St.	BS	1905-1907	9			
Bolz	Dorothy	Rosa E. Bolz	642 F St.	BS	1908-1909	10			
Bolz	Dorothy	Mrs. R. E. Bolz	642 F St.	BS	1908-1909	12			
Bolz	Walter	Mrs. Dr. Chas. Bolz	706 F St.	BS	1905-1908	15			
Bond	Arthur			CH	1898		3		
Bond	Dorothy	John H. Bond	519 B St.	CH	7 Aug. 1922	14		2 Feb. 1908	
Bond	Earl		Kentucky St.	CH			2		
Bond	Earl	J. H. Bond	519 B	LN	1921		2B	13 Feb. 1913	

-30-

Surname	Given Name	Parent	Address	SD	Date/Date Range	Within Date Range Age	Within Date Range Gr.	Birth Date	Left/Comments
Bond	Earl	J. H. Bond	400 6th St.	LN	1921		1B	13 Feb. 1913	
Bond	Russell	J. H. Bond	519 B St.	LN	1921-1922		1A	1 Sept. 1914	
Bond	Russell	J. H. Bond	400 6th St.	LN	9 Aug. 1921		1B	1 Sept. 1914	
Bondietti	Eddie	Ella Bondietti	Valley Ford	ES	1928-1929			1923	
Bondietti	Eddie	Ella Bondietti	Fallon	ES	1929-1931				
Bondietti	Evelyn	Mrs. Ella Bondietti	Fallon	ES	1930-1931			13 Nov. 1924	
Bondietti	Romeo	Ella Bondietti	Tomales	TM	1928-1929			22 May 1922	
Bondietti	Romeo	Mrs. Ella Bondietti	Fallon	ES	1928-1931			12 May 1922	
Bone	Eileen	W. E. Bone	508 Kentucky St.	CH	7 Aug. 1922	13		20 Oct. 1909	
Bone	Kenneth	W. E. Bone	317 8th St.	LN	1920-1921				
Bone	Kenneth	E. Bone	508 Kentucky St.	LN	1920-1921			21 July 1911	
Bonetti	Alice	Joe Bonetti	Western Ave.	LN	1919-1920	8	2B		
Bonetti	Alice	Mrs. E. Armour	14 Liberty St.	LN	Aug. 1921		L4	1 May 1913	
Bonetti	Alice	Mrs. Virginia Bonetti	416 Western Ave.	LN	1920-1921			1 May 1913	
Bonetti	Clement			LN	1920-1921				
Bonetti	Josephine	J. R. Bonetti	416 Western Ave.	CH	7 Aug. 1922	15		2 Feb. 1908	
Bonetti	Vera		416 Western Ave.	PK	Fall 1919			16 Dec. 1915	
Bonetti	Vera		Western Ave.	PK	1921-1922				
Bonetti	Vivian	J. R. Bonetti	416 Western Ave.	CH	7 Aug. 1922	12		11 Apr. 1910	
Bonetti	Vivian		Western Ave.	PK	3 Aug. 1914			11 Feb. 1910	
Bonham	Genevieve	Melvin Bonham	Tomales	TM	1928-1930			11 Apr. 1920	
Bonham	Geraldine	Melvin Bonham	Tomales	TM	1928-1930			11 Apr. 1920	
Bonham	Glen(n)	Melvin Bonham	Tomales	TM	1927-1930			20 July 1915	
Bonnel	Pauline			BS	1917-1918		1A		
Bonnell	Pauline Alma	Mrs. E. Gill	318 5th St.	BS	1909-1911	14			
Bonnell	Pauline	Mrs. E. Gill	416 C St.	BS	1921	8	1A		
Bonnetti	Alice	J. R. Bonetti	416 Western Ave.	LN	1920-1921		4B	1 May 1913	
Bonnetti	Clement	J. Bonnetti	416 Western Ave.	LN	1920-1921			12 Oct. 1911	
Bonvecchio	Harry	Mrs. T. Meglen	Glen Ellen	FL	1928-1929	10	6	11 Dec. 1917	
Bonvecchio	Leon	Mrs. T. Meglen	Glen Ellen	FL	2 Jan. 1929	13	8	24 Oct. 1915	
Bonvecchio	Willie/William	Mrs. T. Meglen	Glen Ellen	FL	1928-1929	11	7	20 Nov. 1916	
Bonvecchio	Willie	Mrs. T. Meglen	Glen Ellen	FL	10 Sept. 1929	12	8	20 Nov. 1916	
Bonvechio	Leon P.	Mrs. T. Meglen	Glen Ellen	FL	11 Sept. 1928	12	8	24 Oct. 1915	
Bonville	Charles A.		120 Howard St.	PK	Spring 1919			6 July 1914	
Bonville	George H., Jr.		120 Howard St.	PK	Spring 1919			12 Mar. 1913	
Boothe	Geraldine	A. Boothe	Prospect & Bodega Ave.	CH	1901-1903	6			

Surname	Given Name	Parent	Address	SD	Date/Date Range	Within Date Range Age	Gr.	Birth Date	Left/Comments
Boothe	Geraldine	A. Boothe	402 Prospect St.	BS	1905-1907	10			
Boothe	Geraldine	Mrs. Mary Boothe	402 Prospect St.	BS	1905-1907	10			
Boothe	Geraldine	A. Boothe	236 Keller St.	CH	1908-1909	12			
Boothe	Russell	A. Boothe	432 Prospect St.	CH	1908	17	Sr.		
Bordessa	Angelina			TM	1017-1919		5		
Bordessa	Caldo			ES	1914	8	3		
Bordessa	Caldo	P. Bordessa	Fallon	ES	1917-1919	12	7		
Bordessa	Caldo	Mary Bordessa	Fallon	ES	1920	14	8		
Bordessa	Elsie	David Bordessa	Tomales	TM	1921-1925			13 Oct. 1911	
Bordessa	Emma			ES	1914	7	2		
Bordessa	Emma			TM	31 July 1922		6		
Bordessa	Gelda			ES	1916	9	5		
Bordessa	Johnny	Tony Bordessa	Tomales	TM	1922-1923				
Bordessa	Minnie			TM	6 Aug. 1917		6		
Bordessa	Pete			ES	1914	8	3		
Bordessa	Pete			TM	6 Aug. 1917		5		
Bordessa	Rico			TM	1917-1918		6		
Bordessa	Robert	Tony Bordessa	Tomales	TM	1922-1923				
Borghi	Charlie			TM	20 Feb. 1899		4		
Borghi	Rose			TM	20 Feb. 1899		4		
Bork	Alice			ES	1904-1905	11	4		
Bork	Alice			LJ	June 1908	13	7		
Bork	Jennie			ES	1904-1905	6	1		
Bork	Jennie			LJ	1908-1912	10	4		
Bork	Julia			ES	1904	14	7		
Bork	Sophia			ES	1904-1905	8	2		
Bork	Sophia			LJ	1910-1912	12	7		
Bork	Sophie			LJ	1908-1909	11	5		
Bork	Willie			ES	1904-1905	10	4		
Bork	Willie			LJ	1908-1909	14	6		
Bork	Willie			LJ	18 June 1909	15	7		
Borland	Allison	W. Borland	Sebastopol	EC	1929-1931				graduating class
Borthe	Geraldine	Mrs. A. Borthe	402 Prospect St.	BS	1906-1908	12	8B		
Borzzano	Edgar	Stephen Borzzano	352 Main St.	BS	9 Aug. 1909	6			
Borzzano	Edgar	S. Borzzano	G St.	BS	1908-1910	6			
Borzzano	Josephine	Mrs. Bozzano	Main St.	BS	1909	11		13 Jan. 1923	
Borzzano	Mamie	Stephen Borzzano	352 Main St.	BS	1909	7			

Surname	Given Name	Parent	Address	SD	Date/Date Range	Age	Gr.	Birth Date	Left/Comments
Bosenko	William/Billy	W. J. Bosenko	R 3	MV	1929-1931			7 Feb. 1921	
Bostick	Ozella			TM	4 Aug. 1913	12	6		
Bostick	Roy			TM	4 Aug. 1913	10	5		
Boughman	Arley			CH			2		
Boulter	Edith	A. Boulter	520 West St.	LN	9 Aug. 1921		1B	3 Nov. 1915	
Boulter	Gertrude	Mrs. Boulter	520 West St.	LN	Aug. 1922	1A	L1	29 Aug. 1916	
Bouregard	Alivia		Oak St.	PK	Spring 1924				
Bourg	Janette	Victor Bourg		ML	1914-1917				
Bourg	Janette	Victor Bourg		ML	Aug. 1912				
Bourg	Jeanette	Victor Bourg	334 Vallejo St.	ML	1914				
Bourg	John	Victor Bourg	334 Vallejo St.	ML	1919-1922	6	Rec.	24 June 1913	
Bourg	Madeline	Victor Bourg	Vallejo St.	ML	1912				
Bourg	Madline	Victor Bourg	Vallejo St.	ML	1912				
Bourg	Marguerite	V. Bourg	333 Edith St.	BS	1909	9			
Bourg	Marguerite	Victor Bourg	Vallejo St.	ML	Jan. 1912				
Bourke	Alonzo	A. E. Bourke	F & 7th Sts.	BS	1903-1905	8	2		
Bourke	Alonzo	A. E. Bourke	Cor. 7th St.& G Sts.	BS	1909	11			
Bourke	Alonzo	A. E. Bourke	7th St.	CH	1908-1909	12			
Bourke	Ivan	A. E. Bourke	7th St.	BS	1905-1906	8	2		
Bourke	Ivan	S. Bourke	7th St.& F Sts.	BS	1908-1909	11			
Bourke	Ivan	A. E. Bourke	7th St.	CH	1908-1909	12			
Bourke	Leo	A. E. Bourke	7th St.	BS	1905-1907	12			
Bourke	Russell	A. E. Bourke	7th St.	BS	1905-1906	7	1		
Bourke	Russell	A. E. Bourke	7th St.& F Sts.	BS	1909	9			
Bowden	Arthur Russ		Park St.	PK	1920-1922			23 Mar. 1917	
Bowden	Sue M.		15 Park Ave.	PK	Fall 1924			20 Jan. 1920	
Bowdon	Mary Frances		15 Park Ave.	PK	Fall 1919			21 Apr. 1914	
Bower	Fred	Mrs. A. R. Walls	Mt. View Ave.	CH	1908-1909	14	Fr.		
Bower	Lena	Mrs. A. R. Walls	Mt. View Ave.	CH	1907-1909	14			
Bower	Lena	Mrs. A. R. Walls	Mt. View Ave.	BS	1906-1908	14	8B		
Bowie	Mildred	T. R. Bowie	Rt. 1	CH	7 Aug. 1922	14		2 Jan. 1909	
Bowler	Albert			PK	1914	4		1 Mar. 1911	
Bowles	F.	Jess M. Bowles	Road to Santa Rosa	BS		17			
Bowles	Frank			BS	1897				
Bowles	Morse	J. Bowles	Box 21, R.D. 1	BS	Spring 1908	11	5B		
Bowles	Morse	Mrs. Cora M. Bowles	RD 1	CH	1908-1909	12			

-33-

Surname	Given Name	Parent	Address	SD	Date/Date Range	Within Date Range Age	Gr.	Birth Date	Left/Comments
Bowles	Veda	B. Bowles	411 Post St.	CH	1908	17	Sr.		
Bowman	Genevieve	F. R. Bowman	810 F St.	CH	1908-1909	9			
Bowman	Hazel	T. Bowman	810 3rd St.	BS	Jan. 1908	11			
Bowman	Hazel	Thomas Bowman	810 F St.	CH	1908-1909	12			
Bowman	Jennings	Mrs. M. Bowman	Cor. Walnut & Galland Sts.	BS	1905-1907	8	2		
Bowman	Lettie	Mrs. W. K. Bowman	Galland & Walnut St.	BS	1905-1907	12	5		
Bowman	Lloyd		408 6th St.	PK	Spring 1923			17 Nov. 1918	
Bowman	Naomi	E. Bowman	10 8th St.	LN	Jan. 1921		3B	14 Aug. 1911	
Bowman	Robert	Mrs. Jutling	Sebastopol	EC	1928-1929			12 Aug. 1921	
Bowman	Walter	Mrs. W. K. Bowman	Walnut St. & Galland Sts.	BS	1905-1907	10	4		
Boyakin	Eleanor	Henry Boyakin	470 Oak St.	BS	1906-1908	13	7A		
Boyd	Alice	H. D. Boyd		PK	1910	6			
Boyd	Beatrice	H. D. Boyd		PK	1910	5			
Boyd	Clyde	John Boyd	Annapolis	HC	23 July 1923			9 July 1915	
Boyd	Clyde	John Boyd	Annapolis	HC	1925-1929			9 July 1916	
Boyd	Darwin	Mrs. Gladys Boyd	Boyes Springs	FL	4 Jan. 1929	15	8	26 Sept. 1913	left 1 Mar.
Boyd	Emma		Annapolis	HC	29 Oct. 1877				
Boyd	George	John Boyd	Annapolis	HC	23 July 1923			10 May 1914	
Boyd	George	John Boyd	Annapolis	HC	1925-1929			10 May 1915	
Boyd	Gilbert	Wm. Boyd	Hayes Ave.	BS	1908-1911	6			
Boyd	Harold	H. D. Boyd		PK	1910	4			
Boyd	John		Annapolis	HC	11 Nov. 1877				
Boyd	Martha	John D. Boyd	Annapolis	HC	1927-1929			11 June 1921	
Boyd	Maurice	William M. Boyd	515 Hayes Ave.	BS	1908-1911	10			
Boyer	Harold	Mrs. M. R. Boyer	723 Keokuk St.	BS	1905-1907	9			
Boyer	Harold	Mrs. M. Phillips	109 7th St.	CH	1908-1909	12			
Boyer	Harold	Dr. Phillips	109 7th St.	CH		13			
Boyer	Harold			PK	1903				
Boysen	Adeline	Chas. Boysen	19 Laurel Ave.	CH	7 Aug. 1922	11		24 May 1910	
Boysen	Adeline	Mrs. Chas. Boysen	505 4th St.	LN	1919-1922				
Boysen	Adeline	John Boysen	19 Laurel Ave.	LN	1920-1921			24 May 1911	
Boysen	Bony	John Boysen	I St.	CH	1895-1896	14			
Boysen	Emily		321 Pleasant St.	PK	1922			24 Jan. 1917	
Boysen	Evelyn	Grace Boysen	19 Laurel Ave.	CH	7 Aug. 1922	13		11 Nov. 1909	

-34-

Surname	Given Name	Parent	Address	SD	Date/Date Range	Within Date Range Age	Within Date Range Gr.	Birth Date	Left/Comments
Boysen	Evelyn	Charles Boysen	19 Laurel Ave.	LN	1920-1921			29 Nov. 1909	
Boysen	Fred	John Boysen	H St.	BS	21 Aug. 1899	9			
Boysen	Fred	John Boysen	669 8th St.	BS	1905-1907	15			
Boysen	Freddie	J. Boysen	669 8th St.	BS	1900	10			
Boysen	Jennie	John Boysen	H St.	BS	21 Aug. 1899	10			
Boysen	Jennie	J. Boysen	669 8th St.	BS		11			
Boysen	Patience	Walter Boysen	321 Pleasant St.	LN	25 Aug. 1919	7	2A		
Boysen	Patience		Keller St.	PK	18 Feb. 1918			3 Oct. 1912	
Boysen	Patience		321 Pleasant St.	LN	1922		4A	3 Oct. 1912	
Boysen	Patience	Walter Boysen	321 Pleasant St.	LN	1921		4B	3 Oct. 1912	
Boysen	Willie	John Boysen	669 8th St.	BS	1909	12			
Boysen	Willie	John Boysen	669 8th St.	BS	1905-1907	13			
Boyson	Evelyn	Mrs. Grace Boysen	505 4th St.	LN	1919-1920				
Boyson	Patience	Walter Boysen	321 Pleasant St.	LN	25 Aug. 1919	7	2A		
Boyson	Patience	Walter Boysen	321 Pleasant St.	PK	18 Feb. 1918			3 Oct. 1912	
Boyson	Patience	Walter Boysen	321 Pleasant St.	LN	1921-1922			3 Oct. 1912	
Bozinger	Mary	John Bozinger	3rd St.	BS	1892-1893	12			
Bradbury	Louis	M. C. Bradbury	574 Bassett St.	BS	1907-1908	6			
Bradbury	Louis	L. Bradbury	Bassett St.	BS	17 Aug. 1908	7			
Bradbury	Louis	L. Bradbury	315 Baker St.	BS	1909-1911	8	1A		
Bradley	Mark			TM	20 Feb. 1899		3		
Brady	Helen		515 G St.	PK	1914	5		4 Sept. 1909	
Brady	Helen	Mrs. E. Patocchi	Rt. 3	CH	7 Aug. 1922	12		4 Sept. 1909	
Brady	Maggie			TM	13 July 1885				
Brady	Ralph	Mrs. S. Emenegger	802 Main St.	LN	9 Aug. 1921		1B	Jan. 1915	left
Brainerd	Maude			BS	1899-1900				
Bramantoff	Paul		Del Mar	SA	2 Dec. 1912	10	B2		
Bramantoff	Violet		Del Mar	SA	2 Dec. 1912	8	A2		
Branchini	Alfred	Mickel Branchini	711 Keokuk St.	PK	1903	6			
Branchini	Archibald	Mickel Branchini	711 Keokuk St.	PK	1903	5			
Brandes	Walter	W. Curtis	458 7th St.	BS	19 Aug. 1907	6			
Brandon	Emmet			BS	1894-1895			Junior Year	
Brandt	Gerald	B. Brandt	618 I St.	LN	1921	6	1B	21 July 1915	
Brandt	Gerald	Benj. Brandt	326 Walnut St.	LN	1921-1922		1A	21 July 1915	
Bransen	Anna	John Bransen	Star Rt., Petaluma	BL	1921-1923			17 Nov. 1914	
Bransen	Anna	John Bransen	Bloomfield	BL	1925			17 Nov. 1914	
Bransen	Anna Nellie	John Bransen	Bloomfield	BL	1920			17 Nov. 1914	

Surname	Given Name	Parent	Address	SD	Date/Date Range	Within Date Range Age	Within Date Range Gr.	Birth Date	Left/Comments
Bransen	Anna Nellie	John Bransen	Bloomfield	BL	1922 (?)			17 Nov. 1914	
Bransen	Dorothy	M. Iversen	Star Rt., Petaluma	BL	1926			24 June 1921	
Bransen	Dorothy	J. Iversen	Star Rt., Petaluma	BL	1928			24 June 1921	
Bransen	Emma	John Bransen	Petaluma	BL	1922		4	30 Sept. 1911	
Bransen	Emma	John Bransen	Bloomfield	BL	1923		5		
Bransen	Emma Margaret	John Bransen	Star Rt., Petaluma	BL	1924		6	30 Sept. 1911	
Bransen	Emma Margaret	John Bransen	Bloomfield	BL	1920			30 Sept. 1911	
Bransen	Emma Margaret	John Bransen	Bloomfield	BL	1925			30 Sept. 1911	
Bransen	Emma Margaret	John Bransen	Bloomfield	BL	1922 (?)			30 Sept. 1911	
Branson	Anna	J. Bransen	Star Rt., Petaluma	BL	1924		3	17 Nov. 1915	
Brant	Ruth	Mrs. J. Brant	Western Ave.	CH	1907-1909	14			
Braren	Edna	Christian Braren	Upham St.	CH	17 Aug. 1896	8			
Braren	Edna	Mrs. H. Riewerts	B St. near Fair St.	BS	1896	12			
Braren	Edna			PE	25 May 1896		Rec.		
Brasch	Al	S. D. Brasch	951 5th St. & C Sts.	BS	Jan. 1908	11			
Braunbeck	Dorothy	Mrs. E. Rafael	Fetters Springs	FL	18 May 1931		8	21 May 1917	
Braunbeck	Marjorie	Mrs. Parr	Agua Caliente	FL	4 Jan. 1926	12	8	18 Apr. 1913	
Bravo	Alfonse	P. B. Bravo	656 I St.	BS	1909	10			
Bravo	Alfonso		513 Kentucky St.	PK	1903				
Bravo	Alphonse	P. Bravo	I St.	BS	1906	9	2		
Bravo	Alphonse	Mrs. P. Bravo	310 I St.	BS	1908-1909	11	4A		
Bravo	Emelio	Mrs. I. Bravo	310 I St.	BS	1908-1911	6			
Bravo	Emelio	P. Bravo	310 I St.	BS	1909-1911	7	1A		
Bravo	Lenora	Mr. Bravo	Bloomfield	BL	1925				left
Bravo	Tony	Mr. Bravo	Bloomfield	BL	1925				left
Brazil	Ida			TM	6 Aug. 1917				
Brazil	Joe			TM	1917-1918				
Brazil	John			TM	1917-1919				
Brazil	Lena			TM	1 Aug. 1910		5		
Brazil	Lena			TM	4 Aug. 1913				
Brazil	Lily			TM	4 Aug. 1913	12			
Brazil	Mary			TM	30 Aug. 1909		5		
Brazil	Tony			TM	1909-1910	6			
Brazill	Margaret			PK	1903	5			
Breckwoldt	Alma	Joe Breckwoldt	Sunny Slope Ave.	BS	1897	13	6		
Breckwoldt	Clara	Joe Breckwoldt	Sunny Slope Ave.	BS	1892-1893	10			

Surname	Given Name	Parent	Address	SD	Date/Date Range	Within Date Range Age	Within Date Range Gr.	Birth Date	Left/Comments
Breckwoldt	Clara	Joe Breckwoldt	Sunny Slope Ave.	CH	1895-1896	13			
Breckwoldt	Mabel	J. Breckwoldt	Sunny Slope Ave.	BS		12	6		
Breckwoldt	Myrtle	Mrs. J. Breckwoldt	Sunny Slope Ave.	BS		10			
Breen	Kneciel		Rt. 2	PK	1921			7 July 1917	
Bremer	Robert	Mr. Bremer	Main St.	BS	14 Aug. 1905	6			
Bremmer	Ardway	Mrs. A. H. Bremmer	Sebastopol	EC	1930-1931			19 Nov. 1924	
Bremmer	Calvin	A. H. Bremmer	Sebastopol	EC	1929-1931			22 Aug. 1923	
Brennan	Dolores	Sherman Brennan	Kenilworth Park	ML	Aug. 1922			12 Dec. 1911	
Brennan	Frank	Sherman Brennan	Kenilworth Park	ML	Aug. 1922			18 Apr. 1912	
Brennan	Jack	Sherman Brennan	Kenilworth Park	ML	Aug. 1922			8 Dec. 1913	
Brent	Edwina	Mrs. Farrell	227 Keller St.	LN	9 Aug. 1921		1B	4 June 1915	
Brewer	Beulah	Margaret Brewer	Tomales	TM	1927-1928			29 Apr. 1919	
Bria	Agnes	Matilda Bria	622 E. Washington St.	ML	1918-1920				
Bria	Agnes	John Bria	24 Webster St.	LN	1920-1921		3B	11 Aug. 1911	
Bria	Alfred	Matilda Bria	622 E. Washington St.	ML	1918-1920				
Bria	Alfred	Matilda Bria	122 E. Washington St.	LN	1920-1921		2A	18 Oct. 1910	
Bria	Isabel	Matilda Bria	622 E. Washington St.	ML	1918-1920				
Bria	Isabell	Mrs. Matilda Bria	608 E. D St.	ML	1915-1916				
Bria	Laura	Mrs. Matilda Bria	608 E. D St.	ML	1915-1916			12 May 1909	
Bria	Laura	Matilda Bria	622 E. Washington St.	ML	1918-1920				
Brice Nash	Alice			PK	1896				
Brice Nash	Bert			PK	26 Oct. 1896				
Brice Nash	Bertie			PK	9 Feb. 1898				
Brice Nash	Elsie			PK	1895-1896				
Brice Nash	Kellie			PK	17 Mar. 1896				
Brice Nash	Kelvie			PK	1896				
Brick	William	T. Brick	Box 261	MV	1923-1925		12	23 Mar. 1912	
Bridge	Zoura	C. Bridge	123 Kaler St.	LN	Jan. 1923		L1	27 Apr. 1916	
Brier	Agnes	Mrs. Briar	24 Webster St.	LN	June 1921		3	12 Aug. 1911	
Brier	Alfred	Mrs. M. Brier	24 Webster St.	LN	Aug. 1921		3B		left 30 Sept 1921
Briggs	Glenn			CN	1922-1923		7	12 Nov. 1909	
Briggs	Lois	George Briggs	R 3, Sebastopol	CN	Aug. 1929			6 June 1921	

-37-

Surname	Given Name	Parent	Address	SD	Date/Date Range	Age	Gr.	Birth Date	Left/Comments
Brinstad	Irving		Main St.	PK	18 Feb. 1918			23 Aug. 1913	
Brir	Isabel	Mrs. Matilda Brir	24 Webster St.	LN	1920-1921			29 Apr. 1908	
Brir	Laura	Mrs. Matilda Brir	24 Webster St.	LN	1920-1921			12 May 1909	
Brisbah	Louis	Mrs. M. Miranda	716 F St.	BS	1905-1907	7			
Brisebah	Louis	Mrs. M. Miranda	716 F St.	BS	1905-1907	7			
Broden	Frances		15 Park Ave.	PK	1920			21 Apr. 1914	
Brodersen	Alfred		Rt. 1	PK	Fall 1924			28 July 1919	
Brodersen	Harry		641 Cherry St.	PK	1922			15 July 1917	
Brodersen	Herman	U. Brodersen	Country	BS	1905-1907	12			
Brodersen	Herman	J. P. Brodersen	Mr. View Ave.	BS	1907-1908	13	4		
Brodersen	Julius	J. Broderson	Mt. View Ave.	BS	1905-1909	7	1		
Broderson	A.			PO	8 Nov. 1875		7		school closed 19 Nov. 1875
Brodigan	Alice			PO	21 July 1874				
Bronstein	Sidney	Mr. S. Bronstein		CH	7 Aug. 1922	11		14 Jan. 1912	
Brooker	Isabella	M. Brooker	2nd & D Sts.	BS	Mar. 1908	8			
Brooks	Ethel			BY	1926-1927				
Brooks	Frances	Mrs. Lewis	R 3, Sebastopol	MV	1927-1928			23 Nov. 1915	
Brooks	Helen	J. C. Brooks	415 B St.	LN	5 Jan. 1920				left
Brooks	Ruby	C. H. Brooks	609 English St.	BS	1909	10			
Brooks	Ruby	C. H. Brooks	415 F St.	BS	1908-1909		4A		
Brower	Hirschel	Mrs. Brower		BS	May 1908	7			
Brown	Agnes			BS	1894-1895				
Brown	Arlo	J. E. Brown	22 Webster St.	CH	7 Aug. 1922	12		Junior Year	
Brown	Arnold		301 Galland St.	PK	Fall 1924			8 Sept. 1909	
Brown	Bernard	C. S. Brown	818 Main St.	BS	Jan. 1907	8	2		
Brown	Bernard	Chas. Brown	Keller St.	BS	20 Aug. 1906	8	2		
Brown	Bernard	C. S. Brown	818 Main St.	BS	1909	9			
Brown	Bertha			PK	1895-1896				
Brown	Charles	Geo. Brown	620 Main St.	BS	1905-1906	9	2		
Brown	Charlie	G. W. Brown	342 Main St.	BS	1908-1909	12			
Brown	Charlie	G. W. Brown	342 Main St.	CH	1908-1909	13			
Brown	Clara	J. Frank Brown	818 D St.	CH	7 Aug. 1922	13		26 Apr. 1909	
Brown	Doris		E. Washington St.	PK	18 Feb. 1918			3 July 1914	
Brown	Doris	Emma Brown	829 E. Washington St.	ML	1919		Rec.		
Brown	Doris	Chris Brown	829 E. Washington St.	ML	1921			3 July 1915	

Surname	Given Name	Parent	Address	SD	Date/ Date Range	Within Date Range		Birth Date	Left/Comments
						Age	Gr.		
Brown	Doris	Henry Brown	829 E. Washington St.	ML	Aug. 1922			3 July 1915	
Brown	Doris	Wm. Brown	19 Harris St.	BS	19 Aug. 1918	6	3		
Brown	Dorothy	T. W. Brown	614 E Washington St.	CH	7 Aug. 1922	15		25 Nov. 1907	
Brown	Earl		301 Galland St.	PK	Fall 1924				
Brown	Edward			BS					
Brown	Elmer	Mrs. Brown	F St.	BS	1911	8			
Brown	Eugene			LN	1920-1921	7	1B	Feb. 1914	
Brown	Fern	F. W. Brown	698 Keokuk St.	BS	1905-1908	12			
Brown	Frances	F. W. Brown	300 Keokuk St.	CH	1908-1909	15	Fr.		
Brown	Frances	H. C. Brown	Boyes Springs	FL	1928-1929	10	7	18 Feb. 1918	
Brown	Frank	J. E. Brown	B St.	LN	1920-1921	6	1B	12 Apr. 1914	
Brown	Gene	R. Brown	Cor. Prospect & Keller Sts.	BS		17			
Brown	Gertrude E.	Mrs. Brown	Boyes Springs	FL	3 Aug. 1914	9	3		
Brown	Harry	Mrs. M. A. Soito	Boyes Springs	FL	4 Jan. 1926	12	5	25 Jan. 1913	left 11 June
Brown	Harry	H. C. Brown		FL	1928-1929	15	8	25 Jan. 1913	
Brown	Hazel		Main St.	PK	1903	6			
Brown	Hazel	Will Brown	319 Baker St.	BS	1905-1907	8	1		
Brown	Hazel	Wellington Brown	926 Myrtle St.	CH	1907-1909	14			
Brown	Hazel	Wellington Brown	601 Keokuk St.	CH	Feb. 1909	14			
Brown	Iona	F. H. Brown	Kentucky St.	CH	1908-1909	12			
Brown	Irna	F. H. Brown	Cor. Keokuk & Galland Sts.	BS	1905-1907	8			
Brown	Irna	F. H. Brown	Cor. Keokuk & Galland Sts.	BS	Spring 1906	9	4		
Brown	Irna	F. H. Brown	601 Keokuk St.	BS	Spring 1908	10	5A		
Brown	Irna	F. H. Brown	Keokuk St.	CH	1908-1909	11			
Brown	Ivor	F. H. Brown	22 Webster St.	BS	1907-1909	6	1A		
Brown	Jay		B St.	PK	1895-1896	4			
Brown	Jean	J. E. Brown	Rt. 2	LN	1921		1B	12 Apr. 1914	
Brown	Jean	J. E. Brown	330 Keller St.	LN	1921		2B	12 Apr. 1914	
Brown	Jessie	G. T. Brown		CH	7 Aug. 1922	13		23 Apr. 1909	
Brown	Jim	Ed Brown		LN	9 Aug. 1921		1B	7 Feb. 1915	

Surname	Given Name	Parent	Address	SD	Date/Date Range	Within Date Range Age	Gr.	Birth Date	Left/Comments
Brown	Laurel	L. H. Brown	327 English St.	PK	1918-1922			29 Sept. 1913	
Brown	Lavina	L. H. Brown	327 English St.	CH	7 Aug. 1922	15		29 Jan. 1908	
Brown	Leah	C. S. Brown	818 Main St.	BS	Jan. 1907	9	2		
Brown	Leah	Chas. Brown	Keller St.	BS	20 Aug. 1906	9	2		
Brown	Leah	C. S. Brown	818 Main St.	BS	1909	10			
Brown	Leo		Howard St.	OL	12 July 1909				moved away
Brown	Lillian			PK	1903				
Brown	Lois	Mrs. F. H. Brown	501 Walnut St.	BS	1905-1907	9			
Brown	Lois	F. H. Brown	Keokuk & Galland Sts.	BS	1905-1907	10			
Brown	Lois	F. H. Brown	601 Keokuk St.	CH	1908-1909	12			
Brown	Lois	F. H. Brown	527 Keokuk St.	BS	1906-1908	12	8B		
Brown	Mabel	S. Brown	D St.	BS	21 Aug. 1899	10			
Brown	Marjorie	W. Brown	926 Myrtle St.	CH	1908-1909	9			
Brown	Marjorie	Mrs. W. Brown	202 Hayes Ave.	BS	1909	10			
Brown	Mildred	Frank Brown	Keokuk St.	CH	1897-1899	7			
Brown	Mildred	Frank Brown	Prospect St.	CH	1898	8	4		
Brown	Ruby			ML	1916		6A		
Brown	Ruth	Frank Brown	Keokuk St.	CH	1896-1899	8			
Brown	Ruth	F. Brown	Prospect St.	CH	1898	10	3		
Brown	Ruth	F. W. Brown	678 Keokuk St.	BS	1906-1908	16	8B		
Brown	Ruth			CH	8 Aug. 1910				
Brown	Sam	Mrs. H. A. Brown	523 D St.	BS	1905-1907	13			
Brown	Tony	A. J. Brown	620 Upham St.	BS	1908-1909	12	4A		
Brown	Tony	A. J. Brown	124 Upham St.	CH	1908-1909	14			
Brown	Vera	F. H. Brown	601 Keokuk St.	BS	Jan. 1908	9			
Brown	Verne			OL	12 July 1909				moved away
Brown	Veva	Frank H. Brown	Keokuk St.	BS	Fall 1906	7			
Brown	Veva	F. H. Brown	601 Keokuk St.	CH	1908-1909	9			
Brown	Viola	Mrs. Myrtle Brown	Upham St.	BS	1911	8			
Brown	Viola	Mrs. Myrtle Choquette	128 Webster St.	ML	1916		6A		
Brown	Waldo	J. F. Brown	815 Howard St.	BS	20 Aug. 1906	7	1		
Brown	Waldo	F. Brown	815 Howard St.	BS	1907-1909	8	1A		
Brown	Waldo	J. F. Brown	818 D St.	CH	1908-1909	9			
Brown	Willie	A. J. Brown	Upham St.	BS	1907-1909	8	1A		
Brown	Willie	Tony Brown	Upham St.	CH	1908-1909	10			
Brown	Willie	Mrs. A. J. Brown	124 Upham St.	BS	1909	10			

Surname	Given Name	Parent	Address	SD	Date/Date Range	Within Date Range Age	Gr.	Birth Date	Left/Comments
Brown		Frank H. Brown		BS	1908-1910	11			
Broyles	Ruby			OL	15 June 1923		2	22 May 1915	
Brubaker	Glenn	P. D. Brubaker	C. Hotel	CH	7 Aug. 1922	14		24 Dec. 1909	
Bruce	Robert			MV	1916-1917	13	6		
Bruce	Shirley	A. L. Bruce	454 Main St.	BS	1906-1908	14	8A		
Bruckerman	Elsa	F. Bruckerman	F St. bet 7th St.& 8th Sts.	BS	5 Sept. 1892	14			
Bruckerman	G.			BS	5 Sept. 1892				
Bruhn	Helen		318 5th St.	PK	1910	5		18 May 1905	
Bruhn	Lester Robert	Nickels F. Bruhn	Bloomfield	BL	1922-1924		5	8 Apr. 1909	
Bruhn	Lottie	Nick Bruhn	Bloomfield	BL	1927		2	18 Mar. 1919	
Bruhn	Lottie	Nick Bruhn	Bloomfield	BL	1921			18 Mar. 1919	
Bruhn	Lottie	Nick Bruhn	Star Rt., Petaluma	BL	1926			18 Mar. 1919	
Bruhn	Lottie	Nick Bruhn	Star Rt., Petaluma	BL	1928-1930			18 Mar. 1919	
Bruhn	Peter		318 5th St.	PK	1910	4		5 Aug. 1905	
Brune	Carrie	Frank Brune	619 Upham St.	BS	1903-1905	10	2		
Brune	Carrie	Frank Brune	416 8th St.	BS	1905-1907	12	4		
Brune	Carrie	F. H. Brune	Bodega Ave.	CH	1907-1909	15			
Brune	Grace	F. H. Brune	Bodega Ave.	BS	1909-1910	8			
Brune	Grace		207 Hopper St.	BS	19 Aug. 1918		2	13 Feb. 1912	
Bruner	Eleanor	F. H. Bruner	416 8th St.	ML	1920				
Bruner	Robbie	R. Bruner	Pleasant St.	BS	1905-1907	8			
Brunk	Ashton	Mr. Brunk	428 Pleasant St.	BS	1905-1906	7			
Brunk	Merrill	Rev. A. Brunk		BS	1905-1907	9			
Brunk	Raymond		772 Liberty St.	BS	Spring 1907		5		
Brunner	Robert	Brunner	19 8th St.	BS	20 Aug. 1906	7	2		
Brunner	Robert	Mrs. R. Brunner	19 8th St.	BS	1908-1909	10			
Brunner	Robert	Mrs. R. Brunner	18 10th St.	CH	1908-1909	11			
Brunson	Betty Marjorie	F. L. Brunson	320 4th St.	PK	1922			29 May 1918	
Brunson	Millard		Main St.	CH	1908	16			
Brunstad	Ervan	J. Brunstad	Main St.	LN	25 Aug. 1919				
Brunstad	Irving	J. Brunstad	842 Main St.	LN	1919-1921		1B	23 Aug. 1913	
Brunstad	Paul	Mrs. R. Mason	802 N. Main St.	LN	Jan. 1923		L1	7 July 1916	
Brunstad	Ralph	A. R. Mason	N. Main St.	CH	7 Aug. 1922	12		10 July 1910	
Brunsted	Ralph	James Brunsted	3rd St.	LN	1919-1921				
Brush	Fred	G. B. Brush	1307 3rd St.	BS	1892-1893	10			
Brush	Fred	Geo. Brush		CH	1895-1896	13			

-41-

Surname	Given Name	Parent	Address	SD	Date/Date Range	Within Date Range Age	Within Date Range Gr.	Birth Date	Left/Comments
Brush	Geo. W.	Geo. M. Brush	1307 3rd St.	BS	1898	16			
Brush	Lettie	G. M. Brush	1307 3rd St.	BS		12	6		
Bryan	Earl	W. J. Bryan	614 E. Washington St.	CH	7 Aug. 1922	15		25 Nov. 1907	
Bryan	Earl	W. T. Bryan	328 Bremen St.	ML	1916-1917		2A		
Bryan	Earl	Thos. Bryan	420 E. D St.	ML	1914				
Bryan	Earl	Will Bryan	420 E. D St.	ML	1915				
Bryan	Edith	Mrs. M. A. Bryan	531 Western Ave.	BS	1905-1907	12			
Bryan	Edith/Edyth	Mrs. M. A. Bryan	715 Western Ave.	BS	1905-1909	13	8B		
Bryan	Edyth	Mrs. M. A. Bryan	715 Western Ave.	CH	1907-1910	15			
Bryan	Eugene	Thos. Bryan	Washington St.	CH	17 Aug. 1896	7			
Bryan	Eugene			PE	25 May 1896		Rec.		
Bryan	Fern	W. T. Bryan	328 Bremen St.	ML	1916		1A		
Bryan	Fern	Will Bryan	420 E. D St.	ML	1915				
Bryan	Harold	Geo. Bryan	531 Western Ave.	BS	1903-1905	6	2		
Bryan	Harold	Mrs. M. A. Bryan	531 Western Ave.	BS	1909	9			
Bryan	Harold	Mrs. M. A. Bryan	715 Western Ave.	CH	1908-1909	11			
Bryan	Harold	Mrs. M. A. Bryan	513 Western Ave.	BS	1905-1907	11			
Bryan	Iona	Wm. Bryan	314 English St.	LN	1919		1B		
Bryan	Iona	Wm. Bryan	523 3rd St.	LN	25 Aug. 1919				
Bryan	Ruth	John L. Bryan	313 Edith St.	ML	Aug. 1912				
Bryan	Ruth			BS	Jan. 1917		1A		
Bryan	Ruth Elizabeth	Mrs. E. Bryan	418 E. Washington St.	BS		14			
Bryan	Thos./Thomas	Thomas Bryan	614 Washington St.	ML	1914-1917				
Bryan	Willie	Thos. Bryan	1209 Washington St.	CH	1897-1899	11			
Bryan	Willie			PE	26 Aug. 1895		1		
Bryant	Hugh			PK	16 Nov. 1896				
Bryant	James	Chas. Bryant	7th St.	BS	19 Aug. 1918	15			
Bryn	Theodore			PK	1895-1896		2		
Bucchies	Alva			PK	2 Sept. 1895				
Bucchies	Elsie								
Buchanan	Forin	M. Barton	118 3rd St.	BS	1911	8			
Buchanan	Lorin	Jas. Buchanan	15 Laurel Ave.	BS	1908-1910	7			
Buchanan	Maggie			TM	13 July 1885				

Surname	Given Name	Parent	Address	SD	Date/Date Range	Within Date Range Age	Gr.	Birth Date	Left/Comments
Buchbauer	Frank	Martin Leixner	Fetters Springs	FL	10 Oct. 1927	9	5	1 Jan. 1918	
Buchbauer	Gertrude	Martin Leixner	Fetters Springs	FL	10 Oct. 1927	12	7	22 May 1915	
Buck	Mary June	Mrs. Vernon Buck	Bloomfield	BL	1921			6 Jan. 1916	
Bucket	Adelma			PK	1910	5		16 Mar. 1905	
Bucket	Stanley	John Bucket	940 B St.	CH	7 Aug. 1922	14		25 Nov. 1908	
Buckett	Beatrice	J. A. Buckett	308 4th St.	BS	1911?	12			
Buckett	Florence			ML	1916		6A		
Buckett	Howard	John Buckett	4th St.	BS	1911	7			
Buckies	Alva			PK	4 Aug. 1896				
Buckius	Alva	Wm. Buckius	Cor. of 7th & B St.	BS	21 Aug. 1899	8			
Buckius	Mildred	W. L. Buckius	708 Bassett St.	CH	1901-1903	6			
Buckmaster	Madeline	Mrs. Gloeckner	Sebastopol	EC	1927-1928			20 Jan. 1919	
Buckmaster	Madelyn	Mrs. T. Gloeckner	Sebastopol	EC	1928-1929			20 Jan. 1919	
Buckmaster	Violet		Sebastopol	EC	1925-1928			18 Nov. 1917	
Budd	Dorothy	Mrs. Mary Budd	10 7th St.	LN	1919-1920	9	4B		
Budd	Dorothy	A. W. Budd	10 7th St.	CH	7 Aug. 1922	12		6 May 1911	
Budd	Dorothy	Albert Budd	7th St.	LN	1920-1921		4A	6 May 1910	
Budd	Kathleen		10 7th St.	PK	1919-1921			26 Feb. 1915	
Buffham	Herman	J. B. Buffham	206 Post St.	BS	Jan. 1908	11			
Buffham	Laurel	J. B. Buffham	520 Post St.	BS	Jan. 1908	6			
Buffham	Laurel	Mrs. M. Buffham	Bassett St.	BS	1909-1911	8			
Bugbee	Perry	Mrs. E. M. Bugbee	600 3rd St.	BS	1908	11	5B		
Bugbee	Perry	Mrs. E. M. Bugbee	45 6th St.	CH	1908-1909	12			
Bugbee	Perry			BS	Fall 1906				
Bullock	Jennie	E. Bullock	609 D	BS	1906-1908	15	8A		
Bulotti	Stella	Lee Bulotti	303 Washington St.	ML	Aug. 1912				
Bulotti	Stella	Lee Bulotti	303 E. Washington St.	ML	1914				
Bulotti	Stella	Lee Bulotti	625 E. D St.	ML	1915				
Bundesen	Cecil	C. Bundesen	516 Walnut St.	LN	1921		1B	27 Feb. 1915	
Bundesen	Cecil	A. Bundesen	516 Walnut St.	LN	1920-1921		1B	27 Feb. 1915	
Bundesen	Sophie	M. Bundesen	RFD 4	CH	7 Aug. 1922	14		19 July 1908	
Bunow	Maurice	J. Bunow	108 3rd St.	LN	25 Aug. 1919				
Buratti	Carl	Vincent Buratti	348 Wilson St.	ML	1920			27 Dec. 1912	
Burbank	David	I. B. Burbank	472 F St.	BS	1906	7			
Burbank	David	D. Burbank	472 F St.	BS	1907-1909	8			

-43-

Surname	Given Name	Parent	Address	SD	Date/Date Range	Within Date Range Age	Gr.	Birth Date	Left/Comments
Burbank	David	D. B. Burbank	100 F St.	CH	1908-1909	10			
Burbank	David	David B. Burbank	1100 F St.	BS	1909	10			
Burbank	David			BS	19 Aug. 1918		4		
Burbank	Herbert	D. B. Burbank	472 F St.	BS	1907-1908	6			
Burbank	Herbert	David Burbank	1100 F St.	BS	1909	10			
Burbank	Herbert			BS	19 Aug. 1918		2		
Burch	Calvin		Annapolis	HC	6 Nov. 1877				
Burdette	Ada	Charles Burdette	205 2nd St.	LN	1919-1920		1A		
Burdetti	Ada	Chas. Burdetti	205 2nd St.	LN	1919-1920	7	2B		
Burdick	Elsie	V. E. Burdick	415 7th St.	CH	7 Aug. 1922	12		23 Oct. 1910	
Burdick	Elsie	V. E. Burdick	623 E St.	LN	1919-1921				
Burger	Constance	Mrs. A. Burger	11 Spring St.	LN	1919-1920	9	4B		
Burger	Max	H. Burger	Gossage Lane	LN	5 Jan. 1920		1B		
Burghren	Gus	J. F. Burghren	Pennington Rd.	BS	1906-1908	14	8B		
Burke	Silvia			OL	1920		1		
Burke	Wilda			OL	1920		1		
Burleigh	Anna			CH	1908-1909		Sr.		
Burlingame	George	George E. Burlingame	R 3, Sebastopol	MV	1921-1923	7	7	25 Aug. 1909	
Burlingame	Teddy	Geo. E. Burlingame	R 3, Sebastopol	MV	1920-1927	7	3	26 Oct. 1914	
Burmester	Ben	C. F. D. Burmester	West Ave.	CH	7 Aug. 1922	12		13 June 1910	
Burmester	Ben	C. F. D. Burmester	Western Ave.	LN	1919-1920				
Burmester	Conrad	C. F. D. Burmester	Rural 2	LN	1920-1921	6	1B	19 Feb. 1914	
Burmester	Ernest	Carl Burmester	Western Ave. Ext.	LN	1919-1921	9	2A		
Burnette	Georgia			PK	26 Oct. 1896				
Burnham	Kirmess	C. F. Burnham	515 E. Washington St.	ML	Aug. 1921			19 Nov. 1913	
Burnham	Kirmess	Mrs. Lucile Burnham	515 E. Washington St.	ML	Aug. 1922			19 Nov. 1913	
Burnham	Lizzie	Miss L. Wilson	629 B St.	CH	1901-1903	7			
Burnham	Stewart	Chas. F. Burnham	515 E. Washington St.	ML	1921			8 May 1915	
Burnham	Stewart	Mrs. Lucile Burnham	515 E. Washington St.	ML	Aug. 1922			8 May 1915	
Burns	Alex			LJ	18 June 1920	12	8		accelerated
Burns	Mabel			PK	1895-1896	5			
Burns	Samuel			PK	1895-1896				
Burns	Thos.			PK	1896				

-44-

Surname	Given Name	Parent	Address	SD	Date/Date Range	Within Date Range Age	Within Date Range Gr.	Birth Date	Left/Comments
Burotti	Carl	Vincent Burotti	318 Wilson St.	ML	Aug. 1922			23 Dec. 1912	
Burotti	Carl	Vincent Burotti	342 Wilson St.	ML	Aug. 1921			23 Dec. 1912	
Burow	Lillian		24 Main St.	PK	Fall 1919			15 May 1914	
Burris	Lester			MV	1926-1927				
Burris	Levi			MV	1926-1927				
Burrow	Vivian	R. Burrow	717 H St.	BS	1909	10			
Burrows	Irma	R. Burrows	717 H St.	BS	1911	7			
Burrows	Vivian	Robert Burrows	3rd St.	BS	Apr. 1908	7			
Burt	Edith			PK	1910	5			
Burt	Esther			PK	1910	4			
Burtin	Luella		223 English	PK	1921				
Burtner	Hubert	J. Burtner	917 B St.	LN	1921-1922	11	1A	10 Apr. 1916	
Burton	George	Frank Burton	615 Fair St.	BS	1905-1907		4	26 Aug. 1915	
Burton	George	F. A. Burton	23 Fair St.	CH	1908-1909	14			
Burton	George	F. A. Burton	23 Fair St.	BS	Jan. 1908	14			
Burton	Helen June		214 Post St.	PK	1922			4 Dec. 1916	
Burton	Lawrence	F. E. Burton	604 E. Washington St.	ML	1919-1920				from San Antonio School
Burton	Lawrence	Frank Burton	625 E. D St.	ML	1918				
Burton	Ray	F. A. Burton	615 Fair St.	BS	1905-1908	13			
Bushey	Juanita	F. P. Bushey	Agua Caliente	FL	1923	6		24 June 1908	
Bussini	Joseph	Katie Bussini	Tomales	TM	1927-1928			5 May 1919	
Bussini	Joseph	K. Wardell	Tomales	TM	1928-1929			5 May 1919	
Bust	Ruby	W. B. Bust	1153 6th St.	BS	1906-1908	13	8A		
Butin	Luella	J. R. Butin	223 English St.	LN	Aug. 1922	1A	L1	10 Apr. 1916	
Butin	Luella		223 English St.	PK	1920			10 Apr. 1916	
Butler	Manford	J. E. Butler	Rt. 5	CH	7 Aug. 1922	12		11 Oct. 1909	
Butner	Carl	J. E. Butner	154 Bremen St.	BS		11			
Butner	Claire	John Walgren	624 E. D St.	ML	Aug. 1912				
Butner	Lillian	J. E. Butner	1110 Washington St.	BS	1907	14			
Butner	Lillian	J. E. Butner	1110 Washington St.	BS	1906-1908	15	7A		
Buttner	Claire	Mrs. Cora Buttner	Bremen St.	ML	Aug. 1912		1A		
Buttner	Claire			ML	Jan. 1912		1A		
Button	Ella			PK	1895				
Button	Mont?	I. V. Button	D St. bet 6th & 7th	BS	5 Sept. 1892	14			

Surname	Given Name	Parent	Address	SD	Date/Date Range	Within Date Range Age	Gr.	Birth Date	Left/Comments
Butts	Berkeley		Liberty St. Sts.	PK	Fall 1924			19 Jan. 1919	
Butts	Jean	Mrs. A. Butt	Bay	BY	1921		Rec.	22 Feb. 1916	
Butts	Kenneth	Mrs. A. Butts	Bay	BY	1921		1	10 Aug. 1915	
Butts	Nellie	Mrs. F. Butts	663 Bremen St.	BS	1905-1907	14			
Butts	Nellie			PK	1896				
Butz	Mason			ML	Jan. 1912		3B		
Byce	Elwood	L. C. Byce	726 Liberty St.	BS	1905-1907	9			
Byce	Elwood	L. C. Byce	226 Liberty St.	CH	1908-1909	12			
Byce	Elwood	L. C. Byce	226 Liberty St.	BS	Jan. 1908	12			
Byce	Harry	G. Byce	Kentucky St.	CH	1898	8	2		
Byce	Harry	Mrs. G. A. Byce	686 Keller St.	BS	1906-1908	16	7A		
Byce	Harry			PE			1A		
Byce	Harry			PK	23 Nov. 1896				
Byce	Hazel	G. A. Byce	686 Keller St.	BS	1905-1907	12			
Byce	Hazel	Mrs. G. A. Byce	308 Keller St.	CH	1907-1909	15			
Byce	Hazel			PE	22 Aug. 1898		1B		
Byce	Hazel			PK	23 Nov. 1896				
Byce	Leroy	G. Byce	308 Keller St.	BS	1909	9			
Byce	Malcolm	Mrs. Catherine Byce	10 6th St.	LN	1919-1922		1A		
Byce	Malcolm		225 Liberty St.	PK	1918-1919			31 May 1913	
Byce	Roy	Gideon Byce	686 Keller St.	BS	1906-1910	6	1		
Byce	Roy	J. A. Byce	686 Keller St.	BS	19 Aug. 1907	7	1B		
Byce	Roy	G. Byce	308 Keller St.	BS	Aug. 1908	8	1A		

Surname	Given Name	Parent	Address	SD	Date/Date Range	Within Date Range		Birth Date	Left/Comments
						Age	Gr.		
Cable	Fred	J. Cable	Oak St.	CH	1898	12	5		
Cable	Rose			BS	1897				
Cabral	Charles/Charlie	M. Cabral	515 Upham St.	LN	1920-1922		1A	3 Aug. 1915	
Cabral	Jean	M. J. Cabral	300 5th St.	LN	1920-1921		2A	7 July 1912	
Cabral	Jessie/Jesse	Manuel J. Cabral	515 Upham St.	LN	1920-1921		2B	7 July 1912	
Cadamertori	James	James Cadamertori	417 Bassett St.	BS	9 Aug. 1909	6			
Cademertori	James	J. Cademertori	403 I St.	BS	10 Jan. 1910	8			
Cademartori	Elvera	J. C. Cademartori	417 Bassett St.	CH	1908-1909	10			
Cademartori	James	James Cademartori	600 E. D St.	ML	Aug. 1912				
Cademartori	James	James Cademartori	600 E. D St.	ML	Jan. 1914				
Cademartori	Willie	Mrs. J. Nesbitt	18 Cherry St.	CH	7 Aug. 1922	16		18 Apr. 1906	
Cademartori	Willie	James Cademartori	600 E. D St.	ML	1914				
Cademartori	James		334 English St.	ML	1916		6A		
Cademartori	Willie	James Cademartori	601 E .D St.	ML	Aug. 1912		Rec.		
Cademartori	Willie	James Cademartori	601 E. D St.	ML	Jan. 1914				
Cader	David	Mrs. Lillian Ganos	Boyes Springs	FL	4 Jan. 1932	10	5	26 Apr. 1921	left 18 Jan.
Cader	David	M. Cader	101 7th St.	CH	7 Aug. 1922	12		24 Aug. 1910	
Cader	Edna	M. Cader	101 7th St.	LN	1920-1922		1B	28 Sept. 1914	
Cader	Mandel		201 Stanley St.	PK	1928-1929			27 Aug. 1924	
Cader	Mendel	Mrs. Ganis	Boyes Springs	FL	18 Jan. 1932	7	2	27 Aug. 1924	
Caffey	Joseph			PE	23 Sept. 1895		Chart		
Cahill	Elaine	James F. Cahill	R 3, Sebastopol	MV	1926-1931			24 Apr. 1920	
Cahill	Glenn			MV	1918-1919	11	5		
Cahill	Glenn	James F. Cahill	R 3, Sebastopol	MV	1921-1922			6 Jan. 1907	grad.
Cahill	Perry	James F. Cahill	R 3, Sebastopol	MV	1927-1931			16 Nov. 1921	
Cahill	Ruth			MV	1918-1919	10	5		
Cahill	Ruth	James F. Cahill	R 3, Sebastopol	MV	1921-1923		7	16 July 1908	
Caine	Grover	Mrs. Caine	Adams St.	CH	Aug. 1895	9			
Calagari	Earl	Bob Calagari	Tomales	TM	1922-1923				

Surname	Given Name	Parent	Address	SD	Date/Date Range	Within Date Range Age	Gr.	Birth Date	Left/Comments
Calderwood	Elzina	Mrs. Calderwood	West St.	BS	Sch Yr 1906	9			
Calderwood	Leon	Mrs. F. Calderwood	West St.	BS	1905-1907	10			
Calderwood	Mary	F. Calderwood	Western Ave.	BS	1906-1907	9			
Calderwood	Winfield	F. E. Calderwood	West St.	BS	1905-1907	13		7 May 1912	left
Caldwell	Carl	Mrs. Roy Griggs	Sebastopol	MV	1920-1921	9		1 May 1912	left 7 Nov.
Caldwell	Erna	Mrs. Eunice Caldwell	Glen Ellen	FL	26 Sept. 1927	15	8	25 May 1914	left 7 Nov.
Caldwell	Frank	Mrs. Eunice Caldwell	Glen Ellen	FL	19 Oct. 1927	13	7	9 Feb. 1914	left
Caldwell	Henry	Mrs. Roy Griggs	Sebastopol	MV	1920-1921	7			
Caldwell	Richard			BS	19 Aug. 1918		2	18 May 1912	
Calegari	Adolf	Celeste Calegari	332 Wilson St.	ML	1920			6 June 1909	
Calegari	Armando	Celeste Calegari	332 Wilson St.	ML	1920			13 June 1910	
Calegari	Attilio	Celeste Calegari	332 Wilson St.	ML	1920			12 Oct. 1914	
Calegari	Dario	C. Calegari	332 Wilson St.	ML	Aug. 1922				
Calegario	David			ML	1920				
Caletti	Eda	Mr. Caletti	117 Main St.	LN	1919-1921	9	2A	26 Aug. 1910	
Caletti	Henry	A. Caletti	182 Main St.	CH	7 Aug. 1922	13		3 July 1909	
Caligari	Albino	P. Caligari		TM	1887-1890	15			
Caligari	Baptiste	P. Caligari		TM	1887-1889	14			
Caligari	Camillo			TM	20 Feb. 1899		3		
Caligari	Dora			TM	16 Aug. 1896				
Caligari	Earl	Bob Caligari	Tomales	TM	1924-1929	8		4 Aug. 1917	
Caligari	Earl	Mrs. Viola Caligari	Tomales	TM	13 June 1924		L2	4 Aug. 1917	
Caligari	Eugene	Bob Caligari		TM	1921-1925		5	20 May 1912	
Caligari	Frank			TM	4 Aug. 1913	11	5		
Caligari	James	Mr. Caligari		TM	1895-1897	14			
Caligari	Leo			TM	20 Feb. 1899		2		
Caligari	Massami/Massimmo			TM	1895-1897				
Caligari	Severina			TM	13 July 1885				
Caligari	Silva	P. Caligari		TM	1887-1890	13			

Surname	Given Name	Parent	Address	SD	Date/Date Range	Within Date Range Age	Within Date Range Gr.	Birth Date	Left/Comments
Caligari	Sofia			TM	13 July 1885				
Caligari	Virgilio/Virgil	Mr. Caligari		TM	1895-1897	12			
Caligario	Dario	Celesto Caligario	332 Wilson St.	ML	1921			12 Oct. 1914	left
Call	Bobby		227 Kentucky St.	PK	Spring 1924			16 May 1920	
Call	Robert Allen		227 Kentucky St.	PK	Spring 1923			16 May 1910	
Callegari	Sylvia	C. Callegari	332 Wilson St.	ML	Aug. 1922			6 Dec. 1916	
Callegori	Adolph	C. Calligori	332 Wilson St.	ML	Aug. 1921			18 May 1913	
Callegori	Dario	C. Callegori	332 Wilson St.	ML	Aug. 1921			12 Oct. 1914	
Calletti	Eda	A. Calletti	182 Main St.	LN	1920-1921			26 Aug. 1910	
Callis	Howard	W. H. Callis	655 Liberty St.	BS	1905-1907	11	1B		
Calvi	Dante	L. Calvi	315 English St.	LN	5 Jan. 1920			1 Dec. 1911	
Calvi	Dante	Mrs. C. Calvi	315 8th St.	LN	Aug. 1921		2A		
Calvi	Danto	L. Calvi	315 8th St.	LN	1920-1921		2B	6 Nov. 1913	
Cameron	Adena			PK	26 Oct. 1896				
Cameron	Bruce	D. C. Cameron		OL	1909-1911				
Cameron	Bruce			OL	1904-1905				
Cameron	Donald			OL	29 July 1901		1		
Cameron	Donald			OL	1904-1906		3A		
Cameron	Donald			BS	19 Aug. 1918		3		
Cameron	Douglas			OL	29 July 1901		1		
Cameron	Douglas			OL	1904-1906		3A		
Cameron	Harriet	Fred Cameron	412 4th St.	LN	1921			9 May 1912	
Cameron	Harriet	Mary Funk	412 4th St.	LN	1919-1922			9 May 1912	
Cameron	Jeanette			BS	19 Aug. 1918		2		
Cameron	Mary	Mrs. Fritz Funk	412 4th St.	LN	1919-1922	9	2A		
Cameron	Mary	Mrs. Mollie Funke	412 4th St.	LN	9 Aug. 1920			28 Oct. 1909	
Cameron	Wallace	D. C. Cameron		OL	1909-1910				
Cameron	Wallace			OL	29 July 1901		1		
Cameron	Wallace			OL	1904-1906		2A		
Cameron	Wesley	D. C. Cameron		OL	1909-1911				
Camm	John R.	E. I. Camm	857 5th St.	BS	1906-1908	16	7A		
Camm	John	E. I. Camm	900 B St.	CH	1907-1910	17			
Camm	Josephine	E. I. Camm	857 5th St.	BS	1909	11			

Surname	Given Name	Parent	Address	SD	Date/Date Range	Age	Gr.	Birth Date	Left/Comments
Camm	Josephine	E. I. Camm	900 B St.	CH	1908-1909	12			
Camm	Josephine	E. I. Camm	854 5th St.	BS	1905-1907	12			
Camm	Martina	E. I. Camm	754 D St.	BS	1905-1907	11			
Camm	Martina	E. I. Camm	554 5th St.	BS	1905-1907	12			
Camm	Martina	E. I. Camm	900 B St.	CH	1908-1909	14			
Camotta	Alma	J. J. Camotta	Bay	BY	1927-1930			19 May 1917	
Camotta	Elizabeth	John Camotta	District	BY	1918-1921		4	10 Sept. 1907	
Camotta	Gloria	J. J. Camotta	Bodega	BY	1926-1930			8 Feb. 1920	
Camotta	Irene			BY	1926-1927				
Camotta	John	J. J. Camotta	Bodega	BY	1928-1930			27 Sept. 1922	
Camotta	Katie			BY	1926-1928			6 nov. 1915	
Camotta	Lawrence	John Camotta	District	BY	1918-1921		1		
Camotta	Marie	Mr. Camotta	Bay	BY	1927-1929			13 Sept. 1922	
Camotta	Marie	J. J. Camotta	Bodega	BY	1929-1930			13 Sept. 1921	
Camotta	Mary Edith	John Camotta	Bay District	BY	1919-1921		L1		
Camotta	Myrtle	John Camotta	Bodega	BY	1918-1921		5	29 May 1909	
Camotti	Elizabeth			BY	7 Aug. 1916	8	2		
Camotti	Myrtle			BY	7 Aug. 1916	7	2		
Campbell	Alexander	A. Campbell	723 B St.	BS	18 Jan. 1904	8	2		
Campbell	Annie	P. D. Campbell	Bodega	PO	17 July 1876	7			15 Nov. 1876
Campbell	Doris	Mrs. Dora Campbell	11 Fair St.	CH	7 Aug. 1922	12		16 Oct. 1910	
Campbell	Doris		11 Fair St.	PK	3 Aug. 1914				
Campbell	Doris	Mrs. Dora Campbell	11 Fair St.	LN	1919-1921				
Campbell	Floy	James Campbell		OL	1919-1920	5	1		
Campbell	Gregory	Fred Campbell	R 3, Sebastopol	CN	Sept. 1922			13 Dec. 1914	left 24 Apr. 1923 to Sebastopol
Campbell	Gregory	Fred Campbell	R 3, Sebastopol	CN	1924-1925			13 Dec. 1916	L12 Dec. 1924 to Ft. Bragg
Campbell	Lambert	P. D. Campbell	Bodega	PO	17 July 1876				15 Nov. 1876
Campbell	Lilly	Ben. Campbell	Western Ave.	PK	1914				
Campbell	Margaret	J. M. Campbell		OL	1 June 1917		1		
Campbell	Margaret	James Campbell		OL	1919-1922		4	30 Dec. 1908	

Surname	Given Name	Parent	Address	SD	Date/Date Range	Age	Gr.	Birth Date	Left/Comments
Campbell	Patrick		Bodega	PO	14 July 1874				trans. 22 July 1874
Campbell	Ploy	J. M. Campbell	Santa Rosa	OL	1921-1922		4	7 July 1911	
Campbell	Vivien	James Campbell	Santa Rosa	OL	1920-1922		Rec.		
Campell	Neva		123 Keller St.	PK	19 Aug. 1929			23 Mar. 1930	
Campigli	Isabel	F. C. Campigli	Sunny Slope Ave.	BS	1905-1907	7	1		
Campigli	Isabel	F. C. Campigli	222 F St.	CH	1908-1909	9			
Campigli	Isabelle	Frank Campigli	1022 6th St.	BS	1905-1907	6			
Campigli	Vivian	F. Campigli		BS	1909-1911	7	1A		
Camron	Annie	A. O. Camron	Bodega Ave.	CH	1898	13	5		
Canalli	Hilda			ML	1920				
Candrian	Elsa/Elsie	H. A. Candrian	Main St.	CH	1894-1895	8			
Canevascini	Albino	Peter Canevascini	Main St.	CH	17 Aug. 1896	8			
Canevascini	Alice	S. J. Canevascini	779 Keller St.	BS	1905-1907	10			
Canevascini	Alice	James Canevascini	119 Keller St.	CH	1907-1909	13			
Canevascini	Alice	S. J. Canevascini	119 Keller St.	CH	1908-1909	14	Fr.		
Canevascini	Alice	L. J. Canevascini	119 Keller St.	CH	Feb. 1909	14			
Canevascini	Alice E.	S. J. Canevascini	779 Keller St.	CH	1901-1903	6			
Canevascini	Anna May	S. J. Canevascini	119 Keller St.	CH	1908-1909	18	Sr.		
Canevascini	Ellie	Mrs. Annie Canevascini	1070 3rd St.	BS	1909	13			
Canevascini	Leo	S. J. Canevascini	779 Keller St.	BS	1906-1908	14	7A		
Canevascini	Leo	S. Canevascini	119 Keller St.	BS	1906-1908	15	8B		
Canevascini	Leo	S. J. Canevascini	117 Keller St.	CH	1907-1909	16			
Canevascini	Leo	S. J. Canevascini	119 Keller St.	CH	Feb. 1909	16			
Canevascini	Lev	T. J. Canevascini	119 Keller St.	CH	1908-1909	16			
Canevascini	Loreno	Peter Canevascini	Main St.	CH	17 Aug. 1896	9			
Caniff	Ellsworth	R. C. Caniff	1155 3rd St.	BS	1905-1907	10			
Caniff	Lois	Robert Caniff	1155 3rd St.	BS	1905-1907	11			
Caniff	Luzern	R. F. Caniff	1155 3rd St.	BS	1905-1907	6	1		
Cannobia	Louise	L. Canobbia		FL	1 Jan. 1914	12	4		
Cannobia	Marie	Mrs. L. Canobbia		FL	4 Aug. 1914	9	4		
Cannon	Edward M.		217 Fair St.	PK	Spring 1924			27 Mar. 1919	
Cannon	Willie			CH	1897-1899				

Surname	Given Name	Parent	Address	SD	Date/Date Range	Within Date Range Age	Gr.	Birth Date	Left/Comments
Canobbia	Evelyn	Mrs. L. Canobbia	Agua Caliente	FL	1915-1917	7	1		
Canobbia	Evelyn	Mrs. L. Canobbia	Agua Caliente	FL	Feb. 1919		3		
Canobbia	Louise	Mrs. L. Canobbia	Aqua Caliente	FL	16 Aug. 1915	13	6		
Canobbia	Louise	S. Canobbia	Agua Caliente	FL	7 Aug. 1916	14	8		
Canobbia	Maria	S. Canobbia	Agua Caliente	FL	7 Aug. 1916	12	6		
Canobbia	Marie	Mrs. L. Canobbia	Aqua Caliente	FL	16 Aug. 1915	11	5		
Canobbia	Melvin	Mrs. L. Canobbia	Agua Caliente	FL	Feb. 1919		K		
Canobbio	Evelyn			FL	13 Aug. 1917	9	3		
Canobbio	Evelyn	S. Canobbio	Agua Caliente	FL	1923			22 Apr. 1908	
Canobbio	Evelyn	S. Canobbio	Agua Caliente	FL	1925			22 Apr. 1908	
Canobbio	Melvin	S. Canobbio	Agua Caliente	FL	1925-1927			28 May 1912	
Canova	Albino	Pete Canova	317 Edith St.	ML	1920			2 Dec. 1912	
Canova	Evelyn	P. Canova	317 Edith St.	ML	Aug. 1922			25 Apr. 1917	
Canrasini	Leo			PK	1 Aug. 1898	6			
Cantel	Raoul	E. Cantel	Haystack Road	BS	1909	12			
Cantel	Rosetti	E. J. Cantel	Country	BS	1909	13			
Capella	Mary	James Capella	159 Bremen St.	ML	Aug. 1912		1B		
Capella	Mary	James Capella	Old School House	ML	Jan. 1914				
Capella	Rachael	Jas. Capella	159 Bremen St.	ML	Aug. 1912				
Capella	Rachael	Jas. Capella	Old School House	ML	Jan. 1914				
Capelli	Lawrence	A. L. Capelli	111 Western Ave.	LN	9 Aug. 1921		1B	3 Apr. 1913	
Caporgno	Cristina			TM	11 Aug. 1902				
Caporgno	Erina			TM	11 Aug. 1902				
Caporgno	Erina			TM	27 Dec. 1905		5		
Caporgno	Erina			TM	30 Aug. 1909		8		
Caporgno	Romildo			TM	27 Dec. 1905		7		
Cappell	Metta		711 Main St.	PK	1920-1921	4		26 Sept. 1916	
Cappelli	Lawrence	A. L. Cappelli	111 Western Ave.	LN	1921-1922		1A	3 Apr. 1915	
Capucetti	Caroline	L. A. Capucetti	429 Pleasant St.	BS	1905-1908	13			
Capucetti	Frank	F. Capucetti	956 6th St.	BS	1906-1908	15	8B		
Capucetti	Nina			PK	23 Nov. 1896				
Caracco	Albert	A. Caracco	E. Washington St.	ML	1921			26 Jan. 1913	left
Cardoza	Clarence	Thomas Cardoza	R 3, Sebastopol	CN	1921-1924		1	10 May 1915	

Surname	Given Name	Parent	Address	SD	Date/Date Range	Within Date Range Age	Within Date Range Gr.	Birth Date	Left/Comments
Cardoza	Gladys	Thomas Cardoza	R 3, Sebastopol	CN	1921-1923		2	7 Nov. 1913	
Caredis	Christopher	Michael Caredis	R 3, Sebastopol	CN	1921-1923		6	2 Feb. 1909	
Caredis	Johnny	M. Caredis	R 3, Sebastopol	CN	1921-1924		1	8 Sept. 1914	to Lincoln Sch., S.F.
Caredis	Josephine	Michael Caredis	R 3, Sebastopol	CN	Aug. 1921			18 Nov. 1908	grad.
Caredis	Willie	Michael Caredis	R 3, Sebastopol	CN	1921-1923		5	6 Jan. 1911	
Carere	Joseph		128 Liberty St.	PK	1914			20 Jan. 1910	
Carippo	Esther	Pete Carippo	15 6th St.	BS	1909-1911	8			
Carlsen	Anna Amalia	Martin Carlson	Star Rt., Petaluma	BL	1920-1925		1A	11 May 1915	
Carlsen	Charlie			LJ	18 June 1920	7	2		normal
Carlsen	Fred	M. Carlsen	Star Rt., Petaluma	BL	1926-1930			18 Feb. 1919	
Carlsen	Freddie	M. Carlsen	Star Rt., Petaluma	BL	1921			18 Feb. 1919	
Carlsen	Henry	Martin Carlsen	Star Rt., Petaluma	BL	1926-1930			26 Apr. 1920	
Carlsen	Ingwer			LJ	1918-1920	6	1		
Carlsen	Irvin	M. Carlsen	Star Rt., Petaluma	BL	1924		4	8 Apr. 1915	
Carlsen	Irvin Theodore	Lorenze Carlsen	Star Rt., Petaluma	BL	1920-1925			8 Apr. 1914	
Carlsen	Iver Fred	Martha Carlsen	Star Rt., Petaluma	BL	1920			19 Dec. 1913	
Carlsen	Iver Fred	Martin Carlsen	Star Rt., Petaluma	BL	1921-1925			19 Dec. 1913	
Carlsen	John	L. Carlsen	Star Rt., Petaluma	BL	1923		4	13 Dec. 1913	
Carlsen	John	Martin Carlsen	Star Rt., Petaluma	BL	1923		5		
Carlsen	John Ingiver	Lorenze Carlsen	Star Rt., Petaluma	BL	1920			13 Dec. 1912	
Carlsen	John Ingwar	Lorenz Carlsen	Star Rt., Petaluma	BL	1924-1925		6	13 Dec. 1912	
Carlsen	John Ingwer	Lorenz Carlsen	Star Rt., Petaluma	BL	1922			13 Dec. 1912	
Carlsen	Karin	L. Carlsen	Star Rt., Petaluma	BL	1923-1924		1	14 May 1916	
Carlsen	Karin	M. Carlsen	Star Rt., Petaluma	BL	1925		3	14 May 1916	
Carlsen	Karin	Lorenze Carlsen	Star Rt., Petaluma	BL	1920-1921			14 May 1916	
Carlsen	Karin	L. Carlsen	Star Rt., Petaluma	BL	1929-1930			14 May 1916	
Carlsen	Marvin	M. Carlsen	Star Rt., Petaluma	BL	1927		4	15 Feb. 1917	
Carlsen	Marvin	M. Carlsen		BL	1923-1925		K	15 Feb. 1917	
Carlsen	Marvin	Martin Carlsen	Star Rt., Petaluma	BL	1921			15 Feb. 1917	
Carlsen	Marvin	Martin Carlsen	Star Rt., Petaluma	BL	1929-1930			15 Feb. 1917	
Carlsen	Wilma	M. Carlsen	Star Rt., Petaluma	BL	1925		1	1 Nov. 1918	
Carlsen	Wilma	Lorenz Carlsen	Star Rt., Petaluma	BL	1927-1930		3	1 Nov. 1918	
Carlsen	Wilma	Lorenz Carlsen	Star Rt., Petaluma	BL	1921			1 Nov. 1918	

Surname	Given Name	Parent	Address	SD	Date/Date Range	Age	Gr.	Birth Date	Left/Comments
Carlson	Agnes	Chas. Carlson	319 Irvin St.	ML	1916		Rec.		
Carlson	Agnes	Chas. Carlson	418 E. Washington St.	ML	1919		4B		
Carlson	Arthur	Chas. Carlson	418 E. Washington St.	ML	1919-1920	6	Rec.	31 Mar. 1914	
Carlson	Carl	Chas. Carlson	319 Irvin St.	ML	1914-1917				
Carlson	Carl			ML	Aug. 1912		Rec.		
Carlson	Dorothy	Chas. Carlson	418 E. Washington St.	ML	1919-1920	6	Rec.	28 Nov. 1912	
Carlson	Helen	Charles Carlson	319 Irvin St.	ML	Jan. 1912				
Carlson	Martha	Chas. Carlson	319 Irvin St.	ML	Aug. 1912				
Carlson	Martha	Chas. Carlson	319 Irvin St.	ML	Jan. 1914				
Carmody	Lillian Gertrude	Chester Carmody	Star Rt., Petaluma	BL	1920-1925			2 Apr. 1915	
Carmody	Mabel	Chester Carmody	Bloomfield	BL	1922		5	5 Aug. 1913	
Carmody	Mabel	Chester N. Carmody	Bloomfield	BL	1922		5	8 Aug. 1912	
Carmody	Mabel	Chester Carmody	Rt. 2, Petaluma	BL	1923		6	5 Apr. 1912	
Carmody	Mabel Corrinne	Chester Carmody	Rt 4, Petaluma	BL	1924		7	5 Aug. 1912	
Carmody	Melvin	Chester Carmody	Bloomfield	BL	1922-1923		7	27 Apr. 1910	
Carmody	Neva	Chester N. Carmody	Bloomfield	BL	1922		4	24 Sept. 1913	
Carmody	Neva Eleanor	Chester A. Carmody	Rt 4, Petaluma	BL	1922-1925		6	24 Sept. 1913	
Carmon	Edward		217 Fair St.	PK	Fall 1924			27 Mar. 1919	
Carmotta	Katie	Mr. Carmotta	Bay	BY	1927-1928			6 Nov. 1916	
Carpenter	Agnes			PK	26 Oct. 1896				
Carpenter	Fay	S. C. Carpenter	752 Liberty St.	BS	1906-1908	15	8A		
Carpenter	Fay	E. S. Carpenter	752 Liberty St.	BS	1906-1908	15	8B		
Carpenter	Fay	S. E. Carpenter	572 Liberty St.	BS	1906-1908	16	8A		
Carpenter	Fay			PK	1896				
Carpenter	Harold	S. E. Carpenter	Howard & Bassett Sts.	CH	1901-1903	6			
Carpenter	Harold	Ed. Carpenter	Howard St.	BS	1903-1905	8	2		
Carpenter	Harold	Ed. Carpenter	Cor. Washington & Liberty Sts.	BS	Fall 1905	10	4		
Carpenter	Harold	Mrs. Durie	468 Liberty St.	CH	1908-1909	14			

Surname	Given Name	Parent	Address	SD	Date/Date Range	Age	Gr.	Birth Date	Left/Comments
Carpenter	Leslie	S. E. Carpenter	752 Liberty St.	BS	20 Aug. 1906	6			
Carpenter	Marjorie	L. P. Carpenter	415 C St.	LN	Aug. 1922	1A	L1	30 July 1916	
Carpenter	Nanette E.		Washington St.	PK	Spring 1919			4 Nov. 1913	
Carpenter	Rudolph			PK	26 Oct. 1896				
Carr	Dannie		Galland St.	PK	1920			22 Oct. 1917	
Carr	Dannie		Galland St.	PK	1922			22 Oct. 1917	
Carr	Dorothy	W. L. Carr	601 Galland St.	LN	1921	6	1B	23 June 1915	
Carr	Dorothy		542 Galland St.	PK	1920			23 June 1915	
Carr	Dorothy		West St.	PK	1919			23 June 1915	
Carr	Dorothy	W. L. Carr	601 Galland St.	LN	1921		1B	29 Mar. 1905	
Carr	Fred	M. Carr	501 Keokuk St.	CH	1908-1909	12			
Carr	Osmond			CH	3 Sept. 1894				
Carr	Paul	William Carr	516 West St.	LN	1919-1921		1A	27 Jan. 1913	
Carr	Paul	Carl Carr	321 Galland St.		1021				
Carr	Willie		601 Galland St.	PK	Fall 1924			24 July 1920	
Carrigan	Leonore			PK	17 Feb. 1898				
Carroll	Evelyn	James Carroll	Bloomfield	BL	1922	4	8	1 Jan. 1909	
Carroll	Omar		582 Fair St.	PK	1903	4			
Carsen	Helen	Charles Carsen	315 Irvin St.	BS	1909	10			
Carson	Charlie			PK	17 Aug. 1896	4			
Carter	Allen		32 Laurel Ave.	PK	1920			4 Mar. 1915	
Carter	Alphy	Chas. Carter	320 E. D St.	ML	Aug. 1912				
Carter	Alphy	Mrs. Chas. Carter	600 D St.	ML	1916		6A		
Carter	Alphy	Chas. Carter	702 E. D St.	ML	Jan. 1914				
Carter	Armstead	Chas. Carter	574 Bremen St.	BS	1905-1907	12			
Carter	Clarice	C. Carter	574 Bremen St.	BS	1905-1907	10			
Carter	Clarice	Mrs. E. Carter	749 Bremen St.	CH	1908-1909	13			
Carter	Clarice	C. T. Carter	749 Bremen St.	CH		13			
Carter	Eleanor	Howard Carter	305 3rd St.	LN	1919-1921		1A	21 Jan. 1913	
Carter	Florence	Mrs. Eleanor Carter	Agua Caliente	FL	1925			2 Apr. 1912	
Carter	Harold	Charles Carter	749 Bremen St.	CH	1908-1909	9			
Carter	Harold	Chas. Carter	749 Bremen St.	BS	1909	11			

Surname	Given Name	Parent	Address	SD	Date/Date Range	Age	Gr.	Birth Date	Left/Comments
Carter	Lewis	Raymond Carter	749 Bremen St.	ML	1916		1A		
Carter	Lois			OL	2 Nov. 1909				26 Nov. 1909
Carter	Louis	Raymond C. Carter	740 Bremen St.	ML	1915				
Carter	Richard	Ray Carter	749 Wilson St.	ML	1921-1922		Rec.	23 Feb. 1914	
Carter	Roberta			BS	19 Aug. 1918		4		
Carter	Ruth	Mrs. C. F. Carter	749 7th St.	BS	1911	12			
Carter	Ruth	Chas. Carter	749 Bremen St.	BS	1905-1909				
Carter	Vivian	Mrs. Carter	305 3rd St.	LN	1921	6	1B	4 July 1914	
Carter	Vivian	Mrs. Carter	305 3rd St.	LN	1920-1921		1B	4 Oct. 1914	
Carter	Will	Chas. Carter	574 Bremen St.	BS	1906-1908	15	8A		
Carter	Willie	Mrs. E. Carter	674 Bremen St.	BS	1906-1908	14	8B		
Carter	Willie	Ray Carter	749 Wilson St.	ML	1921-1922		Rec.	11 Aug. 1913	
Cartwright	Helen Elizabeth	Chas. Cartwright	Penngrove	LN	25 Aug. 1919	8	2A		
Cartwright	Marian	C. F. Cartwright	Penngrove	LN	1919-1920	7	2B		
Cartwright	Marion	C. F. Cartwright	Penngrove	LN	1919-1920		1A		
Carvey	Elaine		West St.	PK	1914				
Casabonne	Jean	Jean P. Casabonne	509 3rd St.	LN	25 Aug. 1919	7	2A		
Casali	Giocondo	Angelo Casali	317 Edith St.	ML	1912		2B		
Casali	Giocondo	Angelo Casali	317 Edith St.	ML	1914				
Casali	Julio	Mrs. A. Casali	542 Main St.	BS	1908-1909	7			
Casali	Julio	Angelo Casali	317 Edith St.	ML	Aug. 1912				
Casali	Lena	Angelo Casali	317 Edith St.	ML	1914-1915				
Casali	Teresa	Angela Casali	542 Main St.	BS	9 Aug. 1909	6			
Casali	Theresa	Angelo Casali	317 Edith St.	ML	1912				
Casarotti	Alma	E. F. Casarotti	R 3, Sebastopol	MV	1927-1930		8	28 May 1915	
Casarotti	Anita	Mrs. Mildred Casarotti	R 3, Sebastopol	MV	1928-1929			22 June 1917	
Casarotti	Anita	E. F. Casarotti	R 3	MV	1929-1931			22 July 1917	
Casarotti	Anita	A. F. Casarotti	Sebastopol	MV	1929-1930			22 July 1917	
Casarotti	Charles	E. T. Casarotti	R 3	MV	1930-1931			16 Aug. 1924	
Casarotti	Mabel	Chas. Casarotti	615 Kentucky St.	CH	1908	17			
Casarotti	Vivian	Mrs. Mildred Casarotti	R 3, Sebastopol	MV	1928-1929			12 June 1919	

Surname	Given Name	Parent	Address	SD	Date/Date Range	Age	Gr.	Birth Date	Left/Comments
Casarotti	Vivian	Albert Casarotti	Sebastopol	MV	1929-1931			12 June 1919	
Casassa	Angelina	D. Casassa	Santa Rosa	OL	1921-1922		3	1 Dec. 1913	
Casassa	Angelina	Mrs. Julia Casassa	Santa Rosa	OL	15 June 1923		4	1 Dec. 1913	
Casassa	Angelina	D. W. Casassa	Santa Rosa	OL	1924-1925			1 Dec. 1913	
Casassa	Donald	Mrs. Julia Casassa	Santa Rosa	OL	15 June 1923		1	15 Sept. 1915	
Casassa	Frank			OL	9 July 1906		1		
Casassa	Isabel			OL	1926-1927				
Casazza	Anna			FL	13 Aug. 1917	8	3		left 7 Sept.
Casazza	Ben			FL	13 Aug. 1917	6	1		
Case	Julia	G. W. Brown	620 Main St.	BS	1906-1908	14	8B		
Cassabone	Jean	Peter Cassabone	607 Kentucky St.	LN	1920-1921			17 June 1912	
Cassani	Santina	F. A. Cassani		OL	1919-1920		4		
Cassassa	Annie			FL	5 Feb. 1917				
Cassassa	Mario			FL	5 Feb. 1917				
Cassena	William	F. Cassina	940 B St.	LN	1920-1921			6 June 1911	
Cassiday	Jack	A. H. Cassiday	1120 6th St.	CH	1901-1903	6			
Cassiday	Jack	A. H. Cassiday	1120 6th St.	BS	1905-1907	11			
Cassiday	Rita	B. Cassiday	Howard St.	CH	1898	8	2		
Cassiday	Rita			BS	1899	8			
Cassidy	Jack	A. H. Cassidy	1120 6th St.	BS	1905-1907	10			
Cassidy	Jack	A. H. Cassidy	1120 6th St.	BS	1909				
Cassidy	M.			BS	5 Sept. 1892				
Cassidy	Rita			PK	1896	5			
Cassidy	Rita	A. H. Cassidy	1120 6th St.	BS	1905-1907	14			
Cassina	Charles	Mrs. Rose Cassina	940 B St.	LN	1919	9	2A		
Cassina	Charles	Frank Cassina	940 B St.	LN	1920-1921			26 Feb. 1910	
Cassina	Flora	Frank Cassina	Rt. 1	CH	7 Aug. 1922	13		25 Feb. 1909	
Cassina	Flora	Mrs. Rose Cassina	940 B St.	LN	1919-1920				
Cassina	Frank	Joe Luone		EC	1925	14	6	9 May 1911	
Cassina	William	Mrs. Rose Cassina	940 B St.	LN	22 Sept. 1919	8	2A		from Eureka
Cassina	William	F. Cassina	940 B St.	LN	1920-1921			6 June 1911	
Castagna	Edwin	F. Castagna	419 E St.	CH	7 Aug. 1922	13		1 May 1909	
Castagna	Hazel	Frank Castagna	Marin Dist.	BS	1908-1909	10			

Surname	Given Name	Parent	Address	SD	Date/Date Range	Within Date Range Age	Within Date Range Gr.	Birth Date	Left/Comments
Castagna	Hazel	F. Castagna	Rt. 2	CH	1908-1909	11			
Castagna	Hazel	Frank Castagna	Rt. 2	BS	1908-1909	11			
Castagna	Ralph			BS	19 Aug. 1918		2		
Castagna	Violet	Frank Castagna	Box 85, R. R. 2	BS	1908-1909	9			
Castagna	Violet	F. Castagna	Rt. 2	CH	1908-1909	12			
Castagnini	Andrew			TM	4 Aug. 1913		8		
Castellano	Bartolomeo			LJ	15 June 1917	6	1		
Castello	Alfred	F. Castello	617 G St.	LN	1920-1921	6	1B	15 Sept. 1914	
Castello	Henry	F. Castello	617 G St.	LN	1920-1921	7	1B	17 Apr. 1913	
Catelani	Anthony	L. Catelani	235 Palmer St.	ML	1921-1922		Rec.	22 Apr. 1915	
Catelani	Loretta	L. Catelani	235 Palmer St.	ML	Aug. 1922			9 July 1913	
Cateline	Loretta	Leon Cateline	235 Palmer St.	ML	Aug. 1921			9 July 1912	
Cateline	Marie	Leon Cateline	235 Palmer St.	ML	Aug. 1921			9 Apr. 1912	
Catlan	Mary			TM	13 July 1885				
Caughey	Arthur	W. C. Caughey	Bodega Bay	BY	1886-1889	15			
Caughey	James	W. C. Caughey	Bodega Bay	BY	1886-1889	16			
Caughey	Willie	W. Caughey	Bay	BY	1901-1904	12			
Causom	Geo.	E. P. Causom	3rd St.	BS	1892-1893	11			
Cauzza	Andre	P. Cauzza	Bodega Bay	BY	1896-1901	7			
Cauzza	Andrew	Mr. Cauzza		BY	1893-1901	6			
Cauzza	Anita	Mr. Cauzza		BY	1893-1901	8			
Cauzza	Clarence			TM	20 Feb. 1899		1A		
Cauzza	Corina			TM	11 Aug. 1902				
Cauzza	Corina			TM	27 Dec. 1905		7		
Cauzza	Emelio	Mr. Cauzza	Bodega Bay	BY	1893-1901	10			
Cauzza	Melio	P. Cauzza	Bodega Bay	BY	1896-1901	11			
Cauzza	Telio	P. Cauzza	Bodega Bay	BY	1896-1901	8			
Cauzza	Tileo	Mr. Cauzza	Bodega Bay	BY	1893-1895	7			
Cayla	Henry	Mrs. E. Cayla	145 Bremen St.	ML	1916-1917				
Cazes	Marguerite	Mr. Cazes	Fetters Springs	FL	1927-1931	11	5	3 July 1916	
Cazes	Marguerite	Jeane Cazes	Fetters Springs	FL	1924			3 July 1915	
Cecchi	Lena			OL	1928-1929				
Cereghino	Francis	Mrs. D. Hannan	Keokuk St.	CH	3 Sept. 1894	8		8 Feb. 1922	

Surname	Given Name	Parent	Address	SD	Date/Date Range	Within Date Range Age	Within Date Range Gr.	Birth Date	Left/Comments
Cereghino	Francis			PE	26 Aug. 1895		1		
Cereghino	Fred	Joe Cereghino		CH	Aug. 1895	11			left 25 Oct.
Ceres	Dorothy	Mrs. Ceres	Boyes Springs	FL	11 Sept. 1928	9	4	15 July 1919	
Ceres	Morris	Mrs. Ceres	Boyes Springs	FL	11 Sept. 1928	6	1	14 Feb. 1922	
Ceresa	Arnold	Frank Ceresa	460 Dana St.	BS	1908-1910	6			
Ceresa	Charles	F. Ceresa	466 Dana St.	BS	Aug. 1908	7	1A		
Ceresa	Charles			LJ	1909-1914	8	3		
Ceresa	Charlie	Frank Ceresa	665 7th St.	BS	1907-1908	6			
Ceresa	Frank	Frank Ceresa	466 Dana St.	BS	1908-1909	12			
Ceresa	Henry	Frank Ceresa	665 7th St.	BS	Jan. 1907	9	2		
Ceresa	Henry	Frank Ceresa	466 Dana St.	CH	1908-1909	10			
Ceresa	Henry	Frank Ceresa	226 Dana St.	BS	1909	12			
Ceresa	Ledia	Mr. Ceresa	665 7th St.	BS	20 Aug. 1906	7	1		
Ceresa	Lydia	Mr. Ceresa	7th St.	BS	Jan. 1907	7			
Ceresa	Lydia			LJ	1909-1913	11	4		
Ceresa	Marcel	Mrs. E. Ceresa	310 Bodega Ave.	CH	1922	14		6 June 1908	
Ceresa	Marcel	Mrs. E. Ceresa	310 Bodega Ave.	LN	1920-1921			6 June 1908	
Cerini	Alfred	A. Cerini	Valley Ford	ES	1930-1931				
Cerini	Arthur	A. Cerini	Valley Ford	ES	1930-1931				
Cerini	Edward			BL	1920				
Cerini	Frances	John Cerini	Tomales	TM	1925-1929	9		8 Feb. 1917	
Cerini	Francis	A. Cerini	Valley Ford	ES	1930-1931				
Cerini	Lucy	Joe Cerini	District	BY	1886-1889	7			
Cerini	Ray	Isadore Cerini	Tomales	TM	1927-1928			14 Nov. 1918	
Cerini	Roy	Isadore Cerini	Tomales	TM	1925-1927	7		14 Nov. 1919	
Cerini	Roy	Isadore Cerini	Tomales	TM	1928-1930	7		14 Nov. 1918	
Cerini	Sam	Joe Cerini	District	BY	1886-1889	13			
Cerini	Theodore	Isadore Cerini	Tomales	TM	1926-1930			7 Jan. 1921	
Cerletti	Armeda	Lawrence Cerletti	Ellis St.	ML	1918-1920			31 Jan. 1913	
Cerletti	Frances/Francis	Lawrence Cerletti	Rt. 3	ML	1921-1922			5 Mar. 1916	
Cerletti	Irene	L. Cerletti	RFD 3	ML	1920-1921			13 Sept. 1914	
Cerletti	Jo	Lawrence Cerletti	Ellis St.	ML	1916				
Cerletti	Jo	L. Cerletti	Mary St.	ML	Aug. 1912				

Surname	Given Name	Parent	Address	SD	Date/Date Range	Age	Gr.	Birth Date	Left/Comments
Cerletti	Joe	L. Cerletti	Mary St.	ML	1914-1917				
Cerletti	Lillian	Lawrence Cerletti	Ellis St.	ML	1919		4B		
Cerletti	Lillian	L. Cerletti	Mary St.	ML	1914-1916				
Cerletti	Marie		167 Wilson St.	PK	19 Aug. 1929			3 May 1925	
Cerletti	Victor	L. Cerletti	Ellis St.	ML	1916		Rec.		
Cerletti	Victor	Lawrence Cerletti	Ellis St.	ML	1918-1920			31 Jan. 1911	
Cerrere	Joe		128 Liberty St.	PK	3 Aug. 1914			20 June 1910	
Cerrinni	Roy	Isadore Cerrinni	Tomales	TM	1924-1925		K		
Chadwick	George	Mr. Chadwick	Boyes Springs	FL	1923	8		4 July 1912	
Chair	Roy	F. Blackburn	1393 3rd St.	BS	1905-1907	14			
Chamberlain	Carrie	Wm. Chamberlain	Payran St.	BS	1908-1909	11			
Chamberlain	Charlotte	W. H. Chamberlain	RFD 3	CH	1908-1909	14	Fr.		
Chamberlain	Ralph	Wm. Chamberlain	Payran St.	BS	1908-1909	12			
Chamberlin	Carryl	Mrs. C. C. Chamberlin	419 D St.	CH	1908-1909	10			
Chamberlin	Solon	Wm. Chamberlain	Country	BS	1908-1909	12	6		
Chambers	Farland	T. S. Chambers	108 West St.	BS	1908-1909	9			
Chan	Ray	Mrs. F. Blackburn	1393 3rd St.	BS	1905-1907	15			
Chandler	Hattie	W. R. Chandler	Bodega Ave.	BS	1908-1909	9			
Chandler	Hattie	Mrs. Mary Chandler	14 Kent St.	CH	1908-1909	11			
Chandler	Hubert	M. Chandler	14 Kent St.	BS	1909-1910	7			
Chandler	Vinnie		13 Park Ave.	PK	1921			27 Apr. 1916	
Chandler	Wilma		13 Park Ave.	PK	1921-1922			28 Nov. 1917	
Chandler	Winnie B.		13 Park Ave.	PK	1920			27 Apr.	
Chapman	Gerald			TM	1 Aug. 1921		8		
Chapman	Harold	John Chapman	Keller St.	CH	3 Sept. 1894				
Chapmin	James	Mrs. James Gassen	Tomales	TM	1927-1928			24 June 1918	
Chase	Evelyn			BS	19 Aug. 1918		2		
Chaul	Edward		126 Kentucky St.	PK	1920			18 Dec. 1916	
Cheesewright	Susie			PK	1896				
Cheetham	Alvina	Albert Cheetham	Rt. 1	CH	7 Aug. 1922	11		30 Aug. 1910	

Surname	Given Name	Parent	Address	SD	Date/Date Range	Within Date Range Age	Within Date Range Gr.	Birth Date	Left/Comments
Cheetham	Anna	Albert Cheetham	I St.	LN	25 Aug. 1919	7	2A		
Chesney	Andrew	Wm. Chesney	Oak St.	CH	17 Aug. 1896	8			
Chesney	Andrew			PE	25 May 1896		Rec.		
Chester	Anna	F. Chester		OL	1909-1911	7			
Chester	Dorothy	Fred Chester		OL	1917		2		
Chester	Dorothy	Fred Chester		OL	1919		4		
Chester	Edna	F. Chester		OL	19091911	8			
Chester	Marion	F. Chester		OL	1909-1911	9			
Chester	Marion			OL	1906		1		
Chester	Walter	Fred Chester		OL	1917		6		
Chester	Walter	Fred Chester		OL	1919		7		
Chew	Dick	W. R. Chew	212 Post St.	LN	9 Aug. 1921		1B	5 May 1914	
Chew	Lawrence		608 Kentucky St.	PK	Spring 1923			10 June 1918	
Chew	Richard	W. R. Chew	212 Post St.	LN	Aug. 1922		1A	5 May 1914	
Childers	Leland	Mrs. C. Childers	666 Western Ave.	BS	20 Aug. 1906	7	1A		
Childers	Leland	Oliver Childers	406 Western Ave.	CH	1908-1909	9			
Childers	Leland	Oliver Childers	406 Western Ave.	BS	1909	10			
Childers	Olive	O. A. Childers	406 Western Ave.	CH	1908-1909	14			
Chin	Jack	O. J. Chin		CH	1908-1909	15	Fr.		
Chiver	Harold	Henry Chiver	Country	CH	Feb. 1909	14			
Chrisler	Albert	Mrs. Annie Chrisler	409 B St.	BS	1909	9			
Christensen	Cecil			BS	19 Aug. 1918		1		
Christensen	Grace Amelia		310 Howard St.	PK	19 Aug. 1929			16 July 1924	
Christensen	Will.	Chris Christensen	Washington St.	BS	14 Aug. 1905	9			
Christensen	Willie	C. Christensen	Washington St.	CH	1901-1903	6			
Christian	Francis		Rt. 3, Sebastopol	EC	1930-1931			10 Sept. 1920	
Christian	Harry		Rt. 3, Sebastopol	EC	1930-1931			19 Jan. 1919	
Christian	Harry	Mrs. Z. Christian	Sebastopol	EC	1925-1926			19 Jan. 1919	
Christiansen	Cecil	Claus Christiansen	704 Keokuk St.	BS	Aug. 1908	6			
Christiansen	Charles	Chris C. Christiansen	1004 Washington St.	BS	1905		2		
Christiansen	Charley	Mrs. Mary Christensen	Box 226	BS	Fall 1906	13			

Surname	Given Name	Parent	Address	SD	Date/Date Range	Within Date Range Age	Within Date Range Gr.	Birth Date	Left/Comments
Christiansen	Christie	Mrs. Mary Christensen	Box 226	BS	Fall 1906	10			
Christiansen	Christie	C. Christiansen	203 Washington St.	BS	1908-1909	11			
Christiansen	Christie	Chris Christiansen	203 Washington St.	CH	1908-1909	13			
Christiansen	Emma	Chris Christiansen	203 Washington St.	ML	Jan. 1912				
Christiansen	Lottie	C. Christiansen	1004 Washington St.	BS	1905-1907	13			
Christiansen	Willie	Mrs. Mary Christensen	Box 226	BS	Fall 1906	11			
Christie	James	C. R. Christie	522 Cherry St.	CH	7 Aug. 1922	15		21 Nov. 1907	
Christie	Lillian	Wilfred Christie	R 3, Sebastopol	CN	1921-1923		5	11 Nov. 1911	
Church	Allison	Mrs. Clara Church	512 Kentucky St.	LN	22 Nov. 1920		2A	13 Nov. 1910	from Weed, CA
Church	Allison	Mrs. Clara Ash	512 Kentucky St.	LN	Jan. 1921		3A	13 Nov. 1910	
Church	Amy			BS	19 Aug. 1918		4		
Church	Birdie	Mrs. Violet Church	659 Walnut St.	BS	1909	13			
Church	Birdie	Mrs. D. R. Church	659 Walnut St.	BS	1905-1907	13			
Church	Birdie	Mrs. V. Church	464 Prospect St.	BS	1905-1907	14			
Church	Claude	Delbert Church	Upham St.	CH	1897-1899	12			
Church	Dulcie	Mrs. V. J. Church	464 Walnut St.	BS	1905-1907	10			
Church	Dulcie	Mrs. Violet Church	508 Kentucky St.	BS	1908-1909	11			
Church	Dulcie	Mrs. V. Church	10 Cherry St.	CH	1908-1909	12			
Church	Earl			BS	19 Aug. 1918		1		
Church	Edith	Mrs. Carrie Church	16 Park Ave.	BS	1906-1908	16	8A		
Church	Flora M.	Walter Church	RFD 1	CH	1908	15			
Church	Gary Raymond	S. H. Church	Two Rock	BS		17			
Church	Joe	Mrs. Church	508 Kentucky St.	BS	1908-1909	8			
Church	Joe	Mrs. Violet Church	Cherry St.	BS	1909-1911	9	1A		
Church	Joe	Mrs. V. Church	508 Main St.	BS	1909	11			
Church	Juanita	Mrs. Violet Church	659 Walnut St.	BS	1905-1907	11			
Church	Juanita	Mrs. D. R. Church	660 Walnut St.	BS	1905-1907	11			

Surname	Given Name	Parent	Address	SD	Date/Date Range	Age	Gr.	Birth Date	Left/Comments
Church	Juanita	Mrs. Violet Church	508 Kentucky St.	CH	1908-1910	13			
Church	Julia	Herman Church	Bodega Ave.	CH	1908	18	Sr.		
Church	Myrtle	H. H. Church	Bodega Ave.	BS	1905-1907	14			
Church	Myrtle	Herman Church	Bodega Ave.	CH	1907-1910				
Church	Vivian	H. H. Church	Bodega Ave.	BS	1905-1908	9			
Church	Vivian	H. H. Church	Bodega Ave.	CH	1908-1909	12			
Church	Vivian	H. H. Church	RFD 4	CH	1908-1909	13			
Cia	Alda			OL	1928-1930			26 Apr. 1923	
Cia	Frances	Sylvia Cia	Santa Rosa	OL	15 June 1923		Rec.		
Cia	Frances			OL	1926-1927				
Cia	Milton	Sylvia Cia	Rt. 2	OL	1926-1930			6 Nov. 1919	
Circo	Dorothy	Ernest Circo	Boyes Springs	FL	1924			15 July 1918	
Cirio	Dorothy	Mrs. E. Cirio	Boyes Springs	FL	9 Sept. 1929	10	4	15 July 1918	
Cirio	Morris	Mrs. E. Cerio		FL	9 Sept. 1929	7	2	14 Feb. 1922	
Clanton	Archie	J. R. Clanton	433 Upham St.	PK	1903				
Clanton	Archie		Main St.	PK	1903				
Clanton	David	D. C. Clanton	6th St.	BS	1892-1893	13			
Clark	Agnes	James Clark		TM	1887-1889	11			
Clark	Alethea	Mat Clark	Tomales	TM	1921-1925		5	25 Oct. 1912	
Clark	Alice	John Clark		TM	1895-1897	16			
Clark	Arthur	Lester Clark	Western Ave.	LN	1920-1921		4B	1 Oct. 1911	
Clark	Celia			TM	20 Feb. 1899		4		
Clark	Constance		200 8th St.	LN	1922		4A	23 Apr. 1912	
Clark	Constance	Louis Clark	615 Main St.	LN	1919-1921			23 Apr. 1912	
Clark	David		Bodega	PO	14 July 1874				
Clark	Dick			TM	4 Aug. 1913	14	8		
Clark	Dorothy	Louis Clark	615 Main St.	BS	1909-1911	10			
Clark	Dorothy			BS	19 Aug. 1918		3		
Clark	Eliza	Jas. Clark		TM	1887-1890	12			
Clark	George	George Clark	714 Keokuk St.	CH	7 Aug. 1922	13		3 Feb. 1909	
Clark	Gladys	J. L. Clark	328 Howard St.	ML	1916		6A		
Clark	Grace	H. C. Clark	Rt. 1	CH	7 Aug. 1922	12		8 Sept. 1910	

Surname	Given Name	Parent	Address	SD	Date/Date Range	Within Date Range Age	Within Date Range Gr.	Birth Date	Left/Comments
Clark	Harold	Lester Clark	Western Ave.	LN	1920-1921		1A	25 Aug. 1913	
Clark	Harold	Lester Clark	220 Sheldon St.	LN	1921-1922			25 Aug. 1913	
Clark	Hortense	J. Clark	16 D St.	BS	1907-1909	6	1A		
Clark	Hortense	J. L. Clark	601 6th St.	CH	1908-1909	8			
Clark	Hortense	Mr. Clark	616 D St.	BS	20 Aug. 1906				
Clark	Hortense			BS	19 Aug. 1918				
Clark	Jennie	John Clark	Bodega	PO	7 Aug. 1876	10			29 Sept. 1876
Clark	Kate	Mrs. Mary Clark	Annapolis	HC	11 Feb. 1901	11			
Clark	Kate	Mrs. Mary Clark	Peperwood	HC	Nov. 1902	11			
Clark	Kate	Mrs. Mary Clark	Tan Bark	HC	June 1904	12			
Clark	Kate	M. Clark		HC	1907	14			
Clark	Lizzie			TM	13 July 1885				
Clark	Lowell	Geo. Clark	114 Keokuk St.	LN	Jan. 1921		3A	19 Feb. 1911	
Clark	Lowell	George Clark	714 Keokuk St.	LN	1921-1922		4B	19 Feb. 1911	
Clark	Lyman	J. L. Clark	601 6th St.	BS	Jan. 1909	6	1A		
Clark	Lyman	Mrs. J. L. Clark	Kentucky St.	BS	1909-1911	7			
Clark	Lyman	Jack Clark	411 Walnut St.	BS	1909	8			
Clark	Marian			BS	19 Aug. 1918		4		
Clark	Marjory	Lester Clark	220 Sheldon St.	LN	1921-1922		1B	1 Aug. 1915	
Clark	Mary	F. Clark	D St.	CH	1901-1903	6			
Clark	Mattie	John Clark		TM	1887-1890	13			
Clark	Maxine	John Clark	Bodega	PO	7 July 1876	12			29 Sept. 1876
Clark	Nellie			TM	1917-1919		5		
Clark	Pearl	Jno. Clark		TM	1895-1897	13			
Clark	Raymond	Mrs. Clark	Washington St.	BS	1903-1905		2		
Clark	Raymond			TM	1921-1922		7		
Clark	Walter Emory	Mrs. L. Clark	220 Sheldon St.	TM	4 Aug. 1919	13	5		
Clark	Willie	Mrs. C. W. Bateson	6 Unique	CH	7 Aug. 1922	11	4A	4 Apr. 1909	
Clark	Willie	C. W. Bateson	492 4th St.	BS	1908-1909	12			
Clausen	Johnnie	John Clausen	Country	BS	1905-1907	14			
Clausen	Minnie	R. Clausen	604 Baker St.	BS	20 Aug. 1906	6			

Surname	Given Name	Parent	Address	SD	Date/Date Range	Within Date Range Age	Gr.	Birth Date	Left/Comments
Clausen	Minnie	Dick Clausen	24 Fair St.	CH	1908-1909	10			
Clausen	Raymond	R. Clausen	24 Fair St.	BS	1908-1911	6			
Clausen	Raymond	Richard Clausen	614 Fair St.	BS	Jan. 1908	6			
Clausen	Raymond			ML	1916		6A		
Claussen	Minnie	Mrs. D. Claussen	46 Fair St.	BS	19 Aug. 1907	8			
Claussen	Minnie	Dick Claussen	614 Fair St.	BS	1907-1909	8	1A		
Clayn	Isabelle	Mrs. A. Barry	5th St. & E Sts.	BS		13			
Clayn	Laroy	Mrs. A. Barry	5th St. & E Sts.	BS	1900	11			
Cleland	Mary	H. Cleland	528 Brown	BS	Fall 1906	9			
Cleland	Mary	H. A. Cleland	229 Broadway	BS	1908-1909	11			
Cleland	Mary	A. H. Cleland	229 Broadway St.	CH	1908-1909	12			
Clemensen	Chas.			BS	1899-1900				
Clement	L. N.			PO	8 Nov. 1875		5		school closed 19 Nov. 1875
Clement	Lewis		Bodega	PO	14 July 1874				
Clements	Eddie	Mrs. P. Ferrando	Agua Caliente	FL	15 Sept. 1930	5	1	25 Jan. 1925	
Clements	Mamie	Gilbert Clements	Bodega	PO	1876				left 21 Sept. 1876
Cleve	Sander	A. Cleve	Sebastopol	EC	1929-1931			2 May 1918	
Cleveland	Jessie	Mrs. A. Barrett	1025 B St.	CH	1908-1909	14			
Cliffinger	John	A. F. Cliffinger	510 D St.	BS	1905-1907	15			
Clifford	LeRoy	C. C. Clifford	Eldridge	FL	11 Mar. 1929	13	7	17 June 1915	
Clifford	Leroy	C. C. Clifford	Eldridge	FL	10 Sept. 1929	15	8	17 June 1914	left 24 Mar.
Clifton	Clyde	Mrs. C. H. Clifton	Boyes Springs	FL	1929-1930	9	3	29 Dec. 1920	
Cline	Arthur	Mrs. Bacon	Glen Ellen	FL	11 Sept. 1928	9	3	8 July 1919	
Clippinger	Cecil	Grover Clippinger	21 Park Ave.	LN	1919-1922		3B	27 Sept. 1912	
Clippinger	John	A. H. Clippinger	466 Dana St.	BS	1905-1907	13			
Clippinger	John	A. T. Clippinger	510 Dana St.	CH	1908-1909	15			
Clippinger	Lester	A. F. Clippinger	510 Dana St.	CH	1908-1909	16			
Clippinger	Lester	A. H. Clippinger	467 Dana St.	BS	1905-1907	16			
Clippinger	Lester	A. T. Clippinger	510 D St.	BS	1905-1907	16			
Clute	Ruth	Mrs. A. D. Clute	Rt. 4	CH	7 Aug. 1922	14		29 June 1908	
Cluver	Harold	Henry Cluver		CH	1908-1909	15	Fr.		
Coate	Mabel Gertrude	H. R. Coate	738 Keokuk St.	BS	1899-1900				

Surname	Given Name	Parent	Address	SD	Date/Date Range	Within Date Range Age	Within Date Range Gr.	Birth Date	Left/Comments
Coats	Clara	Mrs. W. B. Coats	R 3, Sebastopol	MV	1918-1926		2	3 June 1911	
Coats	Cleo			MV	1918-1919	10	5		
Coats	Cleo	W. B. Coats	R 3, Sebastopol	MV	1921-1922			26 May 1908	grad.
Coats	Edna	W. B. Coats	R 3, Sebastopol	MV	1920-1927	9	3	3 Aug. 1913	
Coats	Emma			MV	1916-1919	10	5		
Cobb	Bertha Marie		227 8th St.	PK	1922			5 Sept. 1917	
Cochrane	Hazel	E. Cochrane	805 D St.	BS	1906-1908	14	8B		
Cochrane	Vivian			BS	19 Aug. 1918		3		
Cochrane	Welden	M. E. Cochrane	805 D St.	BS	1905-1907	12			
Cochrane	Weldon	Ed. Cochrane	807 B St.	BS	1909	13			
Coffee	John		123 Washington St.	PK	1922			18 Mar. 1916	
Coffen	Alma		123 Washington St.	PK	1921			23 Sept. 1915	
Coffen	John		123 Washington St.	PK	1921			18 Mar. 1917	
Coffey	Jesse	Mrs. N. Coffey	823 Main St.	BS	20 Aug. 1906	6			
Cohen	David	B. Cohen	Agua Caliente	FL	16 Aug. 1915	5	1		
Cohen	David	I. Cohen	Agua Caliente	FL	1916-1917	6	2		
Cohen	Gertrude		Bodega Ave.	PK	1923-1924			7 Apr. 1918	
Cohen	Wilfred	B. Cohen	Agua Caliente	FL	1914-1915	8	4		
Cohen	Wilfred	I. Cohen	Agua Caliente	FL	7 Aug. 1916	9	5		
Cohenour	Carl	Mrs. B. Cohenour	Santa Rosa	OL	1924-1925			23 Mar. 1912	
Cohenour	Carl	J. H. Cohenour	E. Washington St.	ML	1918				
Cohenour	Clyde	Mrs. B. Cohenour	Santa Rosa	OL	1924-1925			27 May 1909	
Cohenour	Wesley	Mrs. B. Cohenour	Santa Rosa	OL	1924-1925			8 July 1910	
Cohn	David			FL	5 Feb. 1917				
Cohn	Esther	Sol & Lena Cohn	811 Western Ave.	LN	1919-1920	7	1B		
Coker	Jessie		Liberty St.	PK	1914				
Colan	Arthur	Thos. Colan	R 3, Sebastopol	MV	1926-1927			14 Sept. 1911	
Colbert	John	W. T. Colbert	218 English St.	CH	1908-1909	10			
Colbert	Loretta	Wm. Colbert	328 Bremen St.	ML	1912-1914				
Colbrom	Harvey			OL	2 Aug. 1904		2C		
Colburn	Charles		Bay	BY	1926			8 Nov. 1914	
Colburn	Charles	Mrs. O. F. Colburn	Bloomfield	BL	1922		2	8 Nov. 1914	moved away

Surname	Given Name	Parent	Address	SD	Date/Date Range	Within Date Range Age	Within Date Range Gr.	Birth Date	Left/Comments
Colburn	Charles	Mrs. Colburn	Bloomfield	BL	1923		2	8 Nov. 1915	
Colburn	Charles	M. Colburn	Bloomfield	BL	1925			8 Nov. 1914	
Colburn	Charles	Mrs. N. Colburn	Bloomfield	BL	1929-1930			8 Nov. 1914	
Colburn	Charles L.	Mrs. Merle Colburn	Bloomfield	BL	1920				
Colburn	Charles L.	Merle Colburn	Bloomfield	BL	1922			8 Nov. 1914	
Colburn	Chas.	Mrs. Nora Colburn	Bloomfield	BL	1921			8 Nov. 1914	
Colburn	Laurence	Harry Colburn		HC	1884-1885	9			
Cole	Anita	Mrs. Emma Cole	Tan Bark	HC	June 1904	7			
Cole	Anita	Mrs. Emma Cole		HC	1907	9			
Cole	Anita	H. Cole		HC	1907	11			
Cole	Anita	H. Cole	Annapolis	HC	1909	13			
Cole	Ava		Annapolis	HC	29 Oct. 1877				
Cole	Elisabeth	P. Cole	6th St.	BS	1907-1909	8	1A		
Cole	Elizabeth	C. Cole	902 6th St.	BS	19 Aug. 1907	7			
Cole	Elsie			HC	1895-1896				
Cole	Elsie			HC	Apr. 1893				
Cole	Eva	Henry Cole		HC	1880-1882	15			
Cole	Harry		Annapolis	HC	29 Oct. 1877				
Cole	May		Annapolis	HC	1895-1896				
Cole	Robert			HC	Apr. 1896				
Cole	Robert			HC	Apr. 1893				
Cole	Rosa	Mrs. Emma Cole	Annapolis	HC	11 Feb. 1901	12			
Cole	Rosa	Mrs. Emma Cole	Tan Bark	HC	June 1904	13			
Cole	Rosa	Geo. Fiscus		HC	1907	15			
Cole	Rosie			HC	Apr. 1896				
Cole	Viola	Henry Cole		HC	1881-1882	6			
Cole	Viola	Henry Cole		HC	1885	9			
Colin	Alvin	John Colin	35 Baker St.	LN	1919	6	1B		
Colin	Alvin	John Colin	635 Baker St.	LN	1920-1921		2A	1 Jan. 1913	
Colin	Alvin	John Colin	635 Baker St.	LN	1919-1921		3B	1 June 1913	
Colin	Kenneth	J. Colin	635 Baker St.	LN	9 Aug. 1920		3B	6 May 1912	
Colin	Kenneth	John Colin	635 Baker St.	LN	1919-1922		4A	6 May 1911	

-67-

Surname	Given Name	Parent	Address	SD	Date/Date Range	Age	Gr.	Birth Date	Left/Comments
Collings	Olive	Walter Collings	Rt. 4	CH	7 Aug. 1922	13		13 Nov. 1908	
Collings	Ruth			BS	19 Aug. 1918		1		
Collins	Howard			TM	4 Aug. 1913	13	6		left 11 Aug. 1913
Columbo	Clement	Chas. Columbo	Bay	BY	1922-1928		4	3 Nov. 1911	
Columbo	Lawrence	Chas. Columbo	Bay	BY	1922-1930		L1	21 Mar. 1913	
Colvin	Dante		315 8th St.	PK	Fall 1919			19 Nov. 1914	
Combs	Myrtle			PK	1927-1928				Moved
Comerford	Will M.	W. R. Comerford	919 Howard St.	BS	1898	16			
Compton	Jane Margaret	Mrs. Pete Compton	Boyes Springs	FL	1924			4 July 1916	
Comstock	Chester		Mountain Rt. 5	PK	1921-1922			25 Apr. 1918	
Comstock	Lois	T. O. Comstock	Mt. View Ave.	CH	1908	15			
Comstock	Lois	T. O. Comstock	Rural 3	CH	1908-1909	15			
Comstock	Ralph	J. N. Comstock	Mt. View Ave.	LN	1920-1921	6	1B	29 Aug. 1914	
Comstock	Ralph	J. O. Comstock	RFD 3	CH	1908-1909	17	Sr.		
Comstock	Ralph	J. W. Comstock	Mt. View Ave.	LN	1920-1922		2B	29 Aug. 1914	
Comstock	Ralph	Walter Comstock	Sunny Slope Ave.	LN	1921			29 Aug. 1914	
Comstock	Woodrow	T. O. Comstock	73 Mt. View Ave.	LN	1919-1921	7	2B	10 Nov. 1912	
Con	Virginia		45 Pierce St.	LN	1919-1921	7	2B		
Con	Virginia	Mr. Con	Hayes Ave.	LN	June 1921		3	19 Mar. 1912	
Conell	Charles			PK	1895				
Conella	Olympia	Giula Conella	501 F St.	BS	1906-1908	15	8B		
Confetti	Noni	Emil Confetti	Jefferson St.	ML	Aug. 1912				
Confetti	Nonie	Emile Confetti	378 Bremen St.	ML	1915				
Confetti	Nonie	Emile Confetti	737 Bremen St.	ML	1916-1917				
Confetti	Nonie	Emile Confetti	Jefferson St.	ML	1914				
Conklin	Annette	Rodney Conklin	R 3	MV	1929-1930			18 Mar. 1916	
Conklin	Charles	John Conklin	315 Walnut St.	BS	1908-1909	7			
Conklin	Charles	Mrs. Fannie Conklin	315 Walnut St.	BS	Mar. 1908	7			
Conklin	George	Rodney Conklin	Sebastopol	EC	1929-1930			23 July 1920	
Conklin	Ida	Mrs. Fanny Conklin	655 2nd St.	BS	14 Aug. 1905	12			
Conklin	Jay	Mrs. Conklin	655 2nd St.	BS	1905-1907	7	1		

Surname	Given Name	Parent	Address	SD	Date/ Date Range	Within Date Range Age	Gr.	Birth Date	Left/Comments
Conklin	Jay	Mrs. Conklin	1152 4th St.	BS	1906	8			
Conley	Kittie			PK	1895				
Conley	Rita	Barney Conley	Kentucky St.	CH	1897-1899	9			
Conley	Robert	R. M. Conley	3 English St.	LN	1920-1921	6	1B	25 June 1914	
Conley	Robert			PK	1918			24 June 1913	
Connell	Charles			PK	1896	6			26 Aug to public sch.
Connell	Charlie			PE	1895		Chart		
Connelly	Arthur H. F.	B. F. Connelly	855 Howard St.	BS	1899-1900				
Conner	Frank	Frank S. Connor	109 Post St.	CH	7 Aug. 1922	10		13 Oct. 1911	
Conner	Frank	F. S. Conner	109 Post St.	LN	1919-1920				
Conner	Ray	R. H.Conner	104 Upham St.	CH	1908-1909	14			
Conner	Thomas	Frank Conner	108 Post St.	LN	1919-1920	7	2B		
Conner	Thomas	Frank Conner	109 Post St.	LN	1919-1921		1A		
Conner	Thomas		209 Post St.	LN	1922		4A		
Conner	Thomas R.		1017 B St.	PK	1919			6 Mar. 1913	
Conner	Woodrow	F. S. Conner	109 Post St.	LN	1921		1A	6 Mar. 1912	
Conner	Woodrow	Frank Conner	117 Post St.	LN	1921		2B	26 Nov. 1914	
Conner	Woodrow Wilson		1017 B St.	PK	1919			26 Nov. 1914	
Conner	Woodrow Wilson		109 Post St.	PK	1919			26 Nov. 1914	
Conniff	Vivian	Ed Conniff	531 E. Washington St.	ML	1912-1914		1A	26 Nov. 1914	
Connolly	Kitty	Bernard Connolly	676 Kentucky St.	CH	1897-1899	8			
Connolly	Kitty	B. J. Conolly	322 Kentucky St.	CH	1908-1909	18	Sr.		
Connolly	Mary		Kentucky St.	PK	17 Feb. 1896	4			
Connolly	Mary	B. Connolly	Kentucky St.	CH	1898	7	2		
Connolly	Mary	B. J. Connolly	676 Kentucky St.	BS	1905-1908	13			
Connolly	Mary	B. J. Connolly	322 Kentucky St.	CH	1908	16			
Connolly	Mary			PE	22 Aug. 1898		1B		
Connolly	Ruth	B. J. Connolly	676 Kentucky St.	BS	1907-1909	11			
Connolly	Ruth	R. J. Connolly	322 Kentucky St.	CH	1907-1909	14			
Connolly	Willie	M. Connolly	207 Hopper St.	ML	Aug. 1912				
Connor	Woodrow	Frank S. Conner	109 Post St.	LN	1920-1921		1A	26 Nov. 1914	not promoted
Conolly	Kittie			PK	1896				

Surname	Given Name	Parent	Address	SD	Date/Date Range	Age	Gr.	Birth Date	Left/Comments
Conolly	Mary			PK	1896				
Conway	Will	Michael Conway	621 D St.	BS		15	6		
Cook	Della	Mrs. H. Mahler	510 C	BS	1905-1908	14	8B		
Cook	Della	H. H. Mahler	574 C St.	CH	1908-1910	15			
Cook	Dorothy	Leslie Cook	R 3					23 Sept. 1923	
Cook	Florence	John Cook	510 C St.	BS	1905-1907	15			
Cook	Florence			CH	8 Aug. 1910				
Cook	Harold	Chas. Cook	Washington St.	BS	1907	15			
Cook	Harold		Oak St.	CH			2		
Cook	Minnie	W. Cook	English St.	BS	Aug. 1908	7	1A		
Cook	Orval	Will Cook	B St.	BS	1903-1905	8	2		
Cook	Thelma	Charles Cook		EC	1925	11	5	4 Mar. 1914	
Cooley	Polly Lenore	Rt. 1		PK	Spring 1923			20 Apr. 1918	
Cooper	Charles	Mrs. Frank Ventura	R 3, Sebastopol	MV	1926-1930			1 May 1919	
Cooper	Charlie	Chas. Cooper	Sunny Slope Ave.	LN	1919	7	2A		
Cooper	Donald			MV	1916-1917	12	8		
Cooper	Earl	Chas. A. Cooper	504 Post St.	PK	1903	7			
Cooper	Mildred	Chas. A. Cooper	504 Post St.	PK	1903	5			
Cope	Fred		Bodega	PO	14 July 1874				
Coporgno	Romildo			TM	11 Aug. 1902				
Coraccio	Albert		E. Petaluma Hotel	ML	1920				
Corbit	Cecil	Mr. Corbit	Sebastopol	EC	1925-1926	13		26 Jan. 1913	
Corbit	Kenneth	M. C. Corbit	Sebastopol	EC	1925-1926			20 Dec. 1912	
Corbit	Raymond	M. C. Corbit	Sebastopol	EC	1925-1926			5 May 1918	
Corcoran	Bert	T. H. Corcoran	Agua Caliente	FL	1923			27 Apr. 1915	
Corcoran	Bertie	J. Corcoran	Adams St.	CH	Aug. 1895	10		9 Feb. 1913	
Corcoran	Beth	Thomas Corcoran	Agua Caliente	FL	Jan. 1926	12	8	1 Feb. 1913	
Corcoran	Beth	Thomas Corcoran	Agua Caliente	FL	1925-1926			9 Feb. 1913	
Corcoran	George	J. Corcoran	Adams St.	CH	Aug. 1895	8			
Corda	Aldo	Henry Corda	Rt. 3	CH	7 Aug. 1922	13		4 Sept. 1909	
Corda	Dorina			LJ	1910	13	6		
Corda	Dorina			LJ	1912	15	8		graduating class

Surname	Given Name	Parent	Address	SD	Date/Date Range	Age	Gr.	Birth Date	Left/Comments
Corda	Dorinda			LJ	1911	14	7		
Corda	Elmo			LJ	1910-1911	14	6		
Corda	Linda			LJ	11 June 1910	8	17		graduating
Corda	Linda	Mrs. Rudolfa Corda	Kent St.	BS	1905-1907	13			
Cordoza	Clarence	Thomas Cordoza	R 3, Sebastopol	CN	1925-1927			10 May 1915	
Cordoza	Gladys	Tom Cordoza	R 3, Sebastopol	CN	1924-1927			7 Nov. 1913	
Cordoza	Mae	Joe S. Cardoza	RFD 4	CH	8 Aug. 1910	16			
Core	Robert			HC	Dec. 1895				
Coredis	William	M. Coredis	R 3, Sebastopol	CN	1924-1925			6 Jan. 1911	left to Lincoln School
Corfen	Alma		123 Washington St.	PK	1920			23 Sept. 1915	
Corfen	John		123 Washington St.	PK	1920			18 Mar. 1917	
Corina	L. Mancini	Frank Picinini	Santa Rosa	OL	15 June 1923		2	27 Sept. 1911	
Corippo	Robert	Ben Corippo	415 E. Washington St.	ML	Aug. 1922			14 Apr. 1917	
Cork	Flo	J. F. Cork	510 C	BS	1906-1908	16	8A		
Cornett	Edmund			TM	4 Aug. 1913	10	5		
Cornett	Esther			TM	1917-1919		5		
Cornett	Royce			TM	1919-1922		5		
Corrick	Bill	T. K. Cornick	523 3rd St.	LN	9 Aug. 1921		1B	7 Sept. 1915	
Cornick	Efra	T. R. Cornick	523 3rd	CH	7 Aug. 1922	12		3 Mar. 1910	
Cornick	Tully	Tully Cornick	523 3rd St.	LN	June 1921		3	21 July 1912	
Cornwall	Claire	Frank Cornwall	601 E. Washington St.	ML	Aug. 1912				
Cornwall	Creighton	Frank Cornwall	601 E. Washington St.	ML	1914				
Cornwall	James	Frank Cornwall	601 E. Washington St.	ML	Aug. 1912				
Cornwall	Creighton	Frank Cornwall	601 E. Washington St.	ML	Aug. 1912				
Cornwall	Creighton	Frank Cornwall	601 E. Washington St.	ML	Jan. 1914				
Cornwell	Frank	F. J. Cornwell	601 Washington St.	CH	1908-1909	9			
Cornwell	Frank	Frank Cornwell	601 Washington St.	BS	1909	9			
Cornwell	James	Frank Cornwell	601 E. Washington	ML	1916		6A		

Surname	Given Name	Parent	Address	SD	Date/Date Range	Age	Gr.	Birth Date	Left/Comments
Cornwell	James	Frank Cornwell	601 E. Washington St.	ML	Jan. 1914				
Cornwell	James			ML	Jan. 1912	8	2A		
Cornwell	Margaret	F. J. Cornwell	1204 Washington St.	BS	1909				
Correia	Margaret	Frank Correia	R 3, Sebastopol	CN	Aug. 1928			6 Mar. 1922	
Costaglio	Vincent		Bay District	BY	1919-1920		L3		
Costello	Frank			BS	1898				
Costello	Frank A.	Mrs. Rose Costello	Poreman St, E. Petaluma	BS		15			left
Costello	Grace			BS	1905-1907				
Cotta	Ann	Jas. Cotta	Tomales	TM	1925-1926	8		18 Jan. 1918	
Cotta	Anne	James Cotta	Tomales	TM	1924-1925	7		28 Jan. 1918	
Cottey	Everett	Mrs. A. Cottey	735 3rd St.	BS	9 Aug. 1909	6			
Cottey	Everett	Mrs. A. Cottey	659 Liberty St.	BS	1910	7			
Cottey	Vivian	C. E. Cottey	460 Dana St.	BS	20 Aug. 1906	6	1		
Cottey	Vyyyan	Chas. Cottey	475 Fair St.	BS	1907-1909	7	1A		
Cottey	Vyyyan	Chas. Cottey	216 Broadway St.	CH	1908-1909	9			
Cottley	Everet	Mrs. A. Cottey	Cor. Main St. & B Sts.	BS	1910	7			
Coubrey	Leslie	J. F. Coubrey	Sunny Slope Ave.	BS		14			
Couley	Robert		3 English St.	PK	Fall 1919			24 June 1913	
Coulsen	Golden E.	Mrs. Coulsen	219 Howard St.	BS	1910	7			
Coulson	Erle		Howard St.	PK	1910	4		5 May 1906	
Coulson	Golden	Mrs. Coulson	219 Howard St.	BS	9 Aug. 1909	6			
Counihan	Walter	John Counihan	659 Hopper St.	BS	1906-1908	15	8B		
Couppo	Esther	Mrs. C. Couppo	15 6th St.	BS	9 Aug. 1909	8			
Courtney	Jack		Liberty St.	PK	1914	4		9 Nov. 1910	
Courtz	Elva	Ben Courtz	227 Edith St.	ML	1919				from Lincoln Primary
Courtz	Elva	Ben Courtz	415 5th St.	LN	1920-1921			19 June 1911	
Cowan	Donald	Edward Cowan	11 7th St.	LN	1920-1921	6	1B	6 June 1914	
Cowan	Donald	Edward Cowan	11 7th St.	LN	1921		1B	28 March 1905	
Cowan	Donald	Edward Cowan	11 7th St.	LN	1920-1921		1B	3 June 1914	

Surname	Given Name	Parent	Address	SD	Date/Date Range	Within Date Range Age	Within Date Range Gr.	Birth Date	Left/Comments
Cowan	Grace	Edward Cowan	11 7th St.	LN	1921-1922		1A	28 Aug. 1915	
Cox	Bertha	Patrick Cox		EC	1928-1930			18 Apr. 1914	left
Cox	Dorothy	P. Cox	Sebastopol	EC	1928-1930			9 Aug. 1918	
Cox	Eugene	P. Cox	Sebastopol	EC	1928-1930			29 Nov. 1920	
Cox	Martha	Patrick Cox		EC	1928-1930			7 May 1916	left
Cox	Nell/Nellie			EC	1928-1930			5 Jan. 1913	left
Cox	Sam	Patrick Cox		EC	1928-1930			22 Apr. 1915	left
Coyle	Mary	Thos. Coyle	B St.	BS	1910	7			
Coyle	Thomas	Mrs. Annie Coyle	928 B St.	BS	1909	10			
Cozad	Jimmie		800 Main St.	PK	19 Aug. 1929			27 May 1925	
Craig	Pearl	J. Craig	1217 3rd St.	BS	20 Aug. 1906	7			
Cramer	Earl	J. Cramer	501 Central Ave.	LN	1920-1922		1A	21 Apr. 1914	
Cramer	Ethel	J. T. Cramer	512 Baker St.	BS	1905	8	2		
Cramer	Ethel	J. F. Cramer	512 Baker St.	BS	1906	9	2		
Cramer	Ethel	J. F. Cramer	472 Kent St.	BS	1905-1909	10			
Cramer	Ethel	F. Cramer	472 Kentucky St.	BS	Fall 1906	10			
Cramer	Ethel	F. L. Cramer	501 Kent St.	BS	1908-1909	12			
Cramer	Ethel	F. Cramer	701 Kent St.	BS	1908-1909	12			
Cramer	Ethel	Mrs. F. L. Cramer	501 Kent St.	CH	1908-1909	13			
Cramer	Gladys	J. Cramer	Baker & English Sts.	BS	1903-1905	8	2		
Cramer	Gladys	John L. Cramer	472 Kent & Central Sts.	BS	1906	11			
Cramer	Gladys	John Cramer	512 Baker St.	BS	1905-1907	11	4		
Cramer	Gladys	J. Cramer	Kent & Central Sts.	BS	1909	12			
Cramer	Gladys	Mrs. Fannie Cramer	472 Kent St.	BS	1905-1907	13			
Cramer	Gladys	J. F. Cramer	501 Central Ave.	CH	1908-1909	14			
Cramer	Gladys	Mrs. F. Cramer	501 Kent St.	CH		14			
Cramer	Lester	John Cramer	512 Baker St.	BS	1905-1907	12	4		
Cramer	Lester	J. Cramer	Kent & Central Sts.	BS	1909	14			
Cramer	Lucile	Louis Cramer	Sunny Slope Ave.	BS	1907-1909	6	1B		
Cramer	Minnie	Mrs. E. Baugh	Laurel Ave.	BS	Fall 1906	11			
Cramer	Walter			BS					
Cranston	Virgini	Herbert Cranston	Sebastopol	EC	1925-1926			1 Mar. 1916	

Surname	Given Name	Parent	Address	SD	Date/Date Range	Within Date Range Age	Within Date Range Gr.	Birth Date	Left/Comments
Crawford	Aubrey	Mrs. E. J. Crawford	Webster	BS	1905-1907	14			
Crawford	Jessie	J. B. Crawford	656 I St.	BS		13	6		
Cree	Ada	E. M. Cree	Mt. View Ave.	LN	1920-1921		1A	12 Jan. 1913	
Cree	Ada	Jas. Cree	Western Ave.	LN	Aug. 1921		2A	12 Jan. 1913	
Cree	Ada	J. H. Cree	Mt. View Ave.	LN	1920-1921		2B	12 Jan. 1913	
Cree	Carol		250 R St.	PK	1920	6		8 Aug. 19--	
Cree	Carol	J. M. Cree	R 5	LN	1921-1922		1A	8 Aug. 1915	
Cree	George	J. H. Cree	Western Ave.	LN	June 1921		3	Dec. 1910	
Cree	George	James Cree	Mt. View Ave.	LN	1920-1921		2A	15 July 1911	
Cree	Willie	John M. Cree	I St. Ext.	LN	1920-1921		2A	3 Mar. 1911	
Creed	Frank	F. A. Creed	Kentucky St.	BS	1905-1907	13			
Creed	Frank	F. A. Creed	342 Liberty St.	BS	1905-1907	14			
Creed	Ive	F. A. Creed	Kentucky St.	BS	Fall 1905	11			
Creed	Ivy	F. Creed	1168 6th St.	BS	1903-1905	9	2		
Creed	Ivy	F. A. Creed	743 Liberty St.	BS	1905-1907	12			
Creed	Ray		Oak St.	CH			2		
Creed	Rollie	Mr. Creed	613 Main St.	BS	1905-1907	8	1		
Creed	Rollie	Fred Creed	716 Bassett St.	BS	1905-1906	9			
Creed	Rollie	Fred Creed	743 Liberty St.	BS	20 Aug. 1906	9	2		
Creed	Rollie	Fred Creed	6 Washington St.	BS	1907-1909	11			
Creed	Vona		Oak St.	CH	1898		3		
Creel	Ora	J. A. Creel	Harrison St.	CH	19 Aug. 1918	14			
Cresanzo	Geo.			BS			3		
Cristie	Robert		Upham St.	PK	18 Feb. 1918			Jan. 1914	
Cromwell	Grace	G. Cromwell	571 Bassett St.	BS	14 Aug. 1905	9			
Cromwell	Louis	F. A. Cromwell	7th St.	BS		11	7		
Cromwell	Paul	A. Cromwell	6th St.	BS	1905-1907	11			
Cromwell	Paul	A. Cromwell	158 Main St.	BS	Jan. 1908	14			
Cromwell	Paul	A. Cromwell	158 Main St.	CH	1908-1909	15			
Cromwell	Pierce			PK	1895				
Cromwell	Ralph	F. A. Cromwell	7th St.	CH	1901-1903	6			
Cromwell	Ralph	F. A. Cromwell	553 7th St.	BS	Fall 1906	12			

Surname	Given Name	Parent	Address	SD	Date/Date Range	Within Date Range		Birth Date	Left/Comments
						Age	Gr.		
Cromwell	Ralph	F. W. Cromwell	302 7th St.	CH	1908-1909	13			
Cromwell	Ralph	F. A. Cromwell	302 7th St.	BS	Jan. 1908	13			
Crone	Beth		165 Main St.	PK	1921			14 Oct. 1916	
Crone	Katherine Genevive		165 Main St.	PK	1921			30 Dec. 1917	
Cronwell	Grace	Mr. Cronwell	Bassett St.	BS	1905-1907	8	1		
Cronwell	Grace	A. Cronwell	158 Main St.	BS	1908-1909	12			
Cronwell	Paul	A. Cronwell	158 Main St.	BS	Jan. 1908	13			
Cronwell	Paul	Mrs. W. Cronwell	158 Main St.	CH	1908-1909	14			
Cronwell	Willie	Mr. Cronwell	571 Bassett St.	BS	1905-1907	6	1		
Cronwell	Willie	Mrs. Mabel Cronwell	158 Main St.	CH	1908-1909	9			
Cronwell	Willie	August Cronwell	158 Main St.	BS	1909	10			
Crosby	Grace Mildred	Mrs. Rewben A. Crosby	Boyes Springs	FL	1924			4 June 1917	
Crosley	Gladys			PK	1895-1896				
Crosta	Mary			ES	1909-1917	6	1		
Crosta	Matthew	Mrs. Crosta	Bloomfield	BL	1924-1925		2	5 Aug. 1917	
Crosta	Matthew	Mrs. Crosta	Bloomfield	BL	1927		4	5 Aug. 1917	
Crosta	Matthew	Rose Crosta	Rt 4, Petaluma	BL	1921			5 Aug. 1917	
Crosta	Matthew	Mrs. Rose Crosta	Rt 4, Petaluma	BL	1929-1930		5	5 Aug. 1917	
Crosta	Rena Anna	Mrs. Rosie Crosta	Bloomfield	BL	1922-1925			15 Aug. 1910	
Crosta	Rina	Mrs. M. Crosta	Valley Ford	ES	1916-1919	5	1		
Crosta	Rose Mary			ES		5	1		
Crosta	Sophia/Sophie	Mrs. M. Crosta	Valley Ford	ES	1914-1919	7	3		
Crottogini	Alma	Mrs. Mary Crottogini	Valley Ford	ES	1928-1929			23 Aug. 1920	
Crozier	Alice			BS	19 Aug. 1918		1		
Crozier	George			BS	19 Aug. 1918				
Crozier	Olive	Mrs. G. Crozier	Rt. 1	CH	7 Aug. 1922	13		6 Oct. 1909	
Crystal	Sadie	Mrs. Esther Crystal	Main St.	BS	1903-1905	9	2		
Cudhy	Roy			ES	1904	9	1		
Cudhy	Sylvester			ES	1904	11	2		
Cudhy	Walter			ES	1904	8	1		

Surname	Given Name	Parent	Address	SD	Date/Date Range	Age	Gr.	Birth Date	Left/Comments
Cuicello	Ellen			MV	1918-1919	11	5		
Cuicello	Ellen	Frank L. Cuicello	R 3, Sebastopol	MV	1921-1923			19 Mar. 1907	
Cuicello	Gertrude	Frank Cuicello		MV	1918-1919		4		
Cuicello	Gertrude	Frank L. Cuicello	R 3, Sebastopol	MV	1921-1923		6	14 Mar. 1909	
Cuicello	James	Mrs. Peterson		MV	1920-1921	10	3	3 July 1911 ????	
Cuicello	James	Frank Cuicello	R 3, Sebastopol	MV	1921-1924		3	3 July 1911	
Cuicello	James	Mrs. Mary Cuicello		MV	1926-1927			3 July 1911	
Cullen	Dorothy	Fred Cullen	Fair St.	BS	1911	7			
Cullen	Dorothy			BS	19 Aug. 1918		1		
Cullen	Franklin		401 3rd St.	PK	1922			28 Dec. 1916	
Cullen	Franklin	Fred Cullen	English & Fair Sts.	LN	Jan. 1923		L1	20 Dec. 1916	left
Cullen	Fred	F. G. Cullen	485 Fair St.	PK	1903	5			
Cullen	Fred/Freddie	Mrs. Fred Cullen	485 Fair St.	BS	1905-1907	6			
Cullen	Fred	F. Cullen	485 Fair St.	BS	Jan. 1907	7			
Cullen	Fred	F. T. Cullen	401 Fair St.	CH	1908-1909	9			
Cullen	Richard			PK	1910				
Cullen	Vivian	Fred Cullen	Fair St. & English Sts.	BS	1908-1909	6			
Cullen	Vivian		C St.	BS	19 Aug. 1918	7	3		
Cummings	Grace	Mrs. Cummings		BS	1905-1907	7	1		
Cunningham	Charles	Chas. Cunningham	Tomales	TM	1924-1930	8		7 Oct. 1917	
Cunningham	Chas.	Charles Cunningham	Fallon	TM	1926-1927			7 Oct. 1917	
Cunningham	Chas.	Charles Cunningham	Fallon	TM	1927-1928			7 Oct. 1916	
Cunningham	Edna	Charlie Cunningham	Fallon	TM	1921-1926			29 Mar. 1914	
Cunningham	Edna	Chas. Cunningham	Tomales	TM	1922-1923				
Cunningham	Edna	Chas. Cunningham	Tomales	TM	1926-1927			29 Mar. 1914	
Cunningham	Gardner	James	R 3, Sebastopol	CN	Aug. 1928			14 Jan. 1918	

Surname	Given Name	Parent	Address	SD	Date/Date Range	Age	Gr.	Birth Date	Left/Comments
Cunningham	Irma	Cunningham	Fallon	TM	1921-1926			16 Aug. 1911	
Cunningham	Joseph	Charlie Cunningham	Bodega	PO	14 July 1874				
Cunningham	Marion			TM	1921-1924		5	18 Nov. 1910	
Cunningham	Olivia		Bodega	PO	14 July 1874				trans. 22 July 1875
Cunningham	Ralph	Charles Cunningham	Tomales	TM	1928-1930			30 June 1922	
Cunningham	Ruth	Charles Cunningham	Tomales	TM	1924-1925	9		26 July 1916	
Cunningham	Ruth	Chas. Cunningham	Tomales	TM	1922-1930			26 July 1916	
Cunningham	Ruth	Charles Cunningham	Fallon	TM	1926-1928			19 July 1915	
Cunningham	Steve	William Cunningham	Bodega	PO	12 Mar. 1877		5		
Cunningham	Ruby			PO	12 Mar. 1877		8		
Curley	Emily			MV	20 Dec. 1916	12	6		
Current	George			PK	1895	5			
Currier	Burlie			PK	17 Feb. 1896	3			
Currier	Hazel	W. Currier	Western Ave.	CH	1898		4		
Currier	Pearl			PK	8 Feb. 1898				
Curry	Charlotte			TM	20 Feb. 1899		3		
Curry	Florence			TM	20 Feb. 1899		4		
Curry	Harry	A. Curry		TM	1895-1897	10			
Curry	Maggie			TM	16 Aug. 1896				
Curry	Tennie	A. Curry		TM	1895-1897	12			
Curry	Tommy			TM	20 Feb. 1899		1A		
Curtes	Walter	Mr. Curtes	113 Upham St.	BS	Aug. 1908	7	1A		
Curtis	Bernice	Mrs. C. Johnson	829 Keller St.	BS	1905-1907	12			
Curtis	Geraldine	Mrs. C. B. Johnson	892 Keller St.	BS	1905-1907	14			
Curtis	Gertrude	T. J. Curtis	Santa Rosa	OL	1921-1922		7	19 June 1909	
Curtis	James	T. J. Curtis	Santa Rosa	OL	1921-1922		L1	6 July 1915	

Surname	Given Name	Parent	Address	SD	Date/Date Range	Within Date Range		Birth Date	Left/Comments
						Age	Gr.		
Curtis	Mable		15 Spring St.	PK	1920			1 Nov. 1915	
Curtis	Norman	Eric Curtis	339 Keller St.	LN	1921-1922		4B	9 Mar. 1911	left
Curtis	Norman	A. J. Curtis	121 Webster St.	LN	1920-1921			21 Oct. 1911	
Curtis	Norris	A. J. Curtis	121 Webster St.	LN	1920-1921	6	1B	5 May 1914	
Curtis	Roy	Robert Curtis	821 E. Washington St.	ML	1919-1920		3A	29 Mar. 1909	
Cushing	Alvord	H. A. Cushing	Country	BS	1905-1907	9			
Cuslidge	Eva	Mrs. B. Cuslidge	617 Kent St.	CH	7 Aug. 1922	14		28 Nov. 1908	
Cussins	Billie	Wm. Cussins	Bay	BY	1929-1930			15 Sept. 1919	
Cussins	Darrel	Wm. Cussins	Bay	BY	1929-1930			11 June 1915	
Cussins	Dorothy	Wm. Cussins	Bay	BY	1929-1930			29 Jan. 1921	
Cussins	Roy	Wm. Cussins	Bay	BY	1929-1930			15 Nov. 1917	
Cyzbawska	Warren			FL	13 Aug. 1917	8	3		
Cyzbowsha	Waczan	G. Garoni	Agua Caliente	FL	1915-1916	7	2		
Cyzbowska	Maczan			FL	5 Feb. 1917				

Surname	Given Name	Parent	Address	SD	Date/Date Range	Age	Gr.	Birth Date	Left/Comments
Dabner	Frank	T. D. Dabner	553 Bremen St.	BS	Fall 1905	12			
Dabner	Frank	Mr. & Mrs. Tony Dabner (Mary)	553 Bremen St.	BS	1907		4		
Dabner	Jesse	N. Dabner	909 5th St.	BS	14 Aug. 1905	8			
Dabner	Joe	Tony Dabner	732 Washington St.	BS	1909	9			
Dabner	Joe	Tony Dabner	732 Washington St.	ML	Jan. 1912				
DaCastella	Lily	Joseppi Castella	622 E. D St.	ML	1914				
DaCastella	Paul	Joseppi Castella	622 E. D St.	ML	1914				
Dado	Walter			LJ	June 1908-1913				
Dahl	Gladys	A. Dahl	806 B St.	LN	Aug. 1921	8	3		
Dahlmann	Clara	R. Dahlmann	909 6th St.	BS	1905-1907		3B		
Dahlmann	Clara	Fred Dahlmann	112 3rd St.	CH	1908-1909	13			
Dahlmann	Eugene	Henry Dahlmann	515 Main St.	BS	1905-1907	10			
Dahlmann	Eunice	H. Dahlmann	575 Main St.	BS	1906	10			
Dahlmann	Gladys	Henry Dahlmann	617 Main St.	BS	1905-1907	11			
Dahlmann	Mariam	H. Dahlmann	617 Main St.	BS	Jan. 1908				
Dahlmann	Mariam	H. Dahlmann	471 Main St.	BS	1908-1909	6			
Dahlmann	Meriam	H. Dahlmann	471 Main St.	BS	18 Jan. 1909				
Dahlmann	Ruth	Fred Dahlmann	909 6th St.	BS	20 Aug. 1906	6	1		
Dahlmann	Ruth	Mrs. Agnes Dahlman	112 5th St.	BS	1909	9			
Dahlmann	Wadsworth	H. Dahlmann	3rd St.	BS	Spring 1907		5		
Dahlmann	Alba	H. Dahlmann	515 Main St.	BS	1905-1908	14			
Dahlmann	Clara	Fred Dahlmann	1063 3rd St.	BS	1906-1908	12	8B		
Dahlmann	Clara	T. Dahlmann	112 3rd St.	CH	1907-1909	13			
Dahlmann	Eugene	Henry Dahlmann	515 Main St.	BS	1905-1907	11			
Dahlmann	Eunice	H. Dahlmann	515 Main St.	BS	1905-1907	10			
Dahlmann	Eunice	Henry Dahlmann	617 Main St.	CH	1908-1909	11			
Dahlmann	Freda	Fred Dahlmann	112 3rd St.	CH	1908-1909	10			
Dahlmann	Frieda	F. Dahlmann	1067 3rd St.	BS	1905-1907	8			
Dahlmann	Gladys	H. Dahlmann	515 Main St.	BS	Jan. 1907	7	2		
Dahlmann	Gladys	Henry Dahlmann	617 Main St.	CH	1908-1909	8			
Dahlmann	Meriam	H. Dahlmann	617 Main St.	BS	1909-1911	7	1A		
Dahlmann	Miriam			BS	19 Aug. 1918		1		
Dahlmann	Ruth	F. Dahlmann	909 6th St.	BS	Jan. 1907	6			
Dahlmann	Ruth	F. Dahlmann	112 3rd St.	CH	1908-1909	8			
Dahlmann	Wads.	H. Dahlman	Main St. & Bridge	BS	1905-1907	15	5		

Surname	Given Name	Parent	Address	SD	Date/ Date Range	Within Date Range Age	Gr.	Birth Date	Left/Comments
Dahlmann	Wilma		St.	CH	8 Aug. 1910				
Dahlmann	Wilma	H. Dahlmann	515 Main St.	BS	1906-1908	14			
Dailey	Juanita	Joseph Dailey		MV	1928-1931		7A	20 May 1923	
Dalessi	Lena	Mrs. P. Dalessi	210 Post St.	BS	1911?	13			
Dalessi	Lena	Mrs. P. H. Dalessi	565 Broadway	BS	1905-1909	11	4A		
Dalessi	Lena	Mrs. P. Dalessi	210 Post St.	BS	1908-1909	12			
Dalessi	Stella	Peter Dalessi	210 Post St.	BS	1909-1911	7			
Dalessi	Stella			BS	1917-1918		1A		
Dalessi	Walter	Mrs. P. Dalessi	210 Post St.	BS	1911	14			
Dalessi	Walter	P. H. Dalessi	565 Broadway	BS	1905-1907	11			
Dalessi	Walter	Peter Dalessi	210 Post St.	BS	1908-1909	12			
Daley	Chas. H.	Mrs. Hazel Daley	R 3	MV	1929-1930			2 July 1923	
Dalton	Wayne	Mrs. Dalton	Sebastopol	MV	1920-1921	7		22 Sept. 1913	left
Daly	Chas. Henry	Mrs. Hazel Daly	R 3	MV	1928-1929			2 July 1923	
Daniel	Bernice	J. M. Daniel	Bassett St.	BS	1905	7	2		
Daniels	Bernice	M. G. Daniels	617 Bassett St.	BS	1905-1907	8			
Daniels	Josie	George Daniels	221 Upham St.	BS	1909	12			
Daniels	Josie	George Daniels	301 E. Washington St.	ML	Aug. 1912				
Daniels	Lois	Wm. Kirch	230 Edith St.	ML	1915				
Daniels	Robert Lee	Wm. Kirch	230 Edith St.	ML	1915				
Danman	Charlie			PK	2 Sept. 1895				
Danzat	Martha	L. Danzat	523 4th St.	LN	1920-1921	7	1B	2 Nov. 1913	
Darat	Martha	Mrs. L. Davat	706 6th St.	LN	21 Aug. 1921		2B	2 Nov. 1913	left to Redwood City
Dardin	Earl	Rev. Wm. Dardin	6th St.	BS	21 Aug. 1899	9			
Darring	Ed	Henry Ventura	348 Bremen St.	ML	1918				
Daubin	Maurice	Maurice M. Daubin	Boyes Springs	FL	1924			24 Nov. 1917	
Daunt	Dorotha	G. G. Daunt	670 Western Ave.	BS	20 Aug. 1906	6			
Daunt	Dorotha	Geo. Daunt	8 Bodega Ave.	CH	1908-1909	8			
Daunt	Dorothea			BS	19 Aug. 1918				
Daunt	Dorothy		Howard St.	PK	1903	4			
Daunt	Dorothy	Geo. Daunt	610 Western Ave.	BS	Jan. 1907	6			
Davenport	Elizabeth June		15 Stanley St.	PK	Spring 1923			23 July 1918	
Davidson	Cecelia			FL	13 Aug. 1917	8	3		
Davidson	Chas.	H. C. Davidson	Sebastopol	EC	1929-1931			17 June 1923	
Davidson	Ethel	A. Davidson		BS		16			
Davidson	Robert	H. C. Davidson	Sebastopol	EC	1927-1931			17 Sept. 1921	

Surname	Given Name	Parent	Address	SD	Date/Date Range	Age	Gr.	Birth Date	Left/Comments
Davidson	Vivian			BS	1894-1895				
Davies	Addie	A. H. M. Davies	Western Ave.	BS	1906-1908	15	11		
Davies	Elva	A. H. M. Davies	Western Ave.	BS	20 Aug. 1906	6	8B		
Davies	Elva	A. Davies	Church's Hill	BS	1907-1909	7	1		
Davies	Elva	Albert Davies	11 F St.	CH	1908-1909	9	1A		
Davies	Harold	Mrs. A. Davies	Western Ave.	BS	18 Jan. 1904	9	2		
Davies	Harold	A. H. Davies	Churches Hill	BS	Fall 1905	10			
Davies	Harold	A. M. Davies	Western Ave.	BS	Spring 1906	11			
Davies	Harold	A. H. M. Davies	Western Ave.	BS	Jan. 1908	13			
Davies	Harold	A. H. M. Davies	Santa Rosa Road	CH	1901-1903	6			
Davies	Harold	A. H. M. Davies	Country	BS	1905-1907	10			
Davies	Harold	A. H. M. Davies	Western Ave.	CH	1908-1909	13			
Davies	Horatio	A. H. M. Davies	West Ave.	CH		15			
Davies	Horatio	Albert Davies	Western Ave.	BS	1905-1907	12	4		
Davies	Horatio	Mrs. A. H. Davies	Churches Hill	BS	1905-1907	14			
Davies	Thomas	A. H. Davies	F & 11th Sts.	BS	1909	11			
Davies	Tommie	A. H. M. Davies	Churches	BS	1905-1907	7	1		
Davies	Tommie	A. H. M. Davies	Western Ave.	CH	1908-1909	11			
Davies	Tommy	H. M. Davies	Western Ave.	BS	1906-1907	8			
Davis	Alfred			BS	19 Aug. 1918		1		
Davis	Clifford	Geo. J. A. Davis	1126 F St.	CH	7 Aug. 1922	14		24 Mar. 1909	
Davis	Dorothy	Lee Davis	Sebastopol	EC	1925-1926	12		16 July 1914	
Davis	Elizabeth	Lee Davis	Sebastopol	EC	1925-1926			19 Sept. 1918	
Davis	Elva	A. Davis	Bodega Ave.	BS	19 Aug. 1907	7	4		
Davis	Harold			BS	1907	10			
Davis	Isabella	F. S. Davis	403 BS	BS	1911?	11 1/2			
Davis	Kenneth	Lee Davis	Sebastopol	EC	1925-1926	12		4 July 1916	
Davis	Leland	Mrs. E. Davis		OL	1 June 1917		L3		
Davis	Leland	E. G. Davis		OL	1919-1920		4		
Davis	Nita	J. H. Davis	1007 4th St.	PK	1903	5			
Davis	Thomas	Mrs. A. H. M. Davis	Church's Hill	BS	1905-1907	7			
Davison	Erma	Mrs. C. N. Stone	125 Upham St.	BS	1909	10			
Davison	Stephen	Mrs. F. S. Davison	1204 4th St.	CH	7 Aug. 1922	11		29 Oct. 1910	
Davison	Stephen	Mrs. F. S. Davison	100 Liberty St.	LN	1919-1920				
Dawson	Felicia	Mrs. A. Dawson	Rt. 3, Sebastopol	EC	1929-1931			6 Sept. 1916	
Day	Constance	Mrs. Laura Day	775 Keller St.	BS	1908-1909	12			
Day	Frances			PE	26 Aug. 1895		1		

Surname	Given Name	Parent	Address	SD	Date/Date Range	Within Date Range		Birth Date	Left/Comments
						Age	Gr.		
Day	Frances		Keller St.	CH	1895	8			
Dayton	Dorothy			MV	1916-1919	10	5		
Dazat	Martha	Mrs. L. Dazat	523 4th St.	LN	1920-1921	7	1B	2 Nov. 1913	
Dazatt	Martha	Mrs. E. Dazat	700 6th St.	LN	1921		1A	2 Nov. 1913	
DeAlberts	Jacqueline	A. DeAlberts	110 1/2 Bodega Ave.	CH	7 Aug. 1922	13		24 Dec. 1909	
Dean	Bessie	H. G. Dean	586 Post St.	BS	Jan. 1907	8	2		
Dean	Bessie	H. G. Dean	704 West St.	BS	1909	8			
Dean	Bessie	Mrs. M. Dean	704 West St.	BS	1905-1907	6			
Dean	Bessie	H. G. Dean	28 West St.	BS	1908-1909	10			
Dean	Bessie	H. G. Dean	215 Sunny Slope Ave.	BS	1908-1909	9			
Dean	Dorothy			PK	1914	5		23 May 1910	
Dean	Dorothy	Leslie Dean	325 Walnut St.	CH	7 Aug. 1922	12		23 May 1910	
Dean	Eleanor	Leslie Dean	325 Walnut St.	LN	1919-1922		4B	26 July 1913	
Dean	Eva	C. T. Dean	674 Fair St.	BS	1897	15			
Dean	Fred	H. G. Dean	704 West St.	BS	1905-1907	11			
Dean	Fred	Mrs. H. G. Dean	28 West St.	CH	1908-1909	12			
Dean	Grace			BS	1898				
Dean	Herbert	Jas. B. Dean	Country	BS	1905-1907	11			
Dean	Herbert	Mrs. J. B. Dean	Petaluma	CH	1908-1910	14			
Dean	Marian	Leslie Dean	325 Walnut St.	LN	1921-1922		1A	7 Feb. 1915	
Dean	Minnie	Mrs. J. B. Dean	Petaluma	CH	1908	15			
Dean	Minnie	J. B. Dean	Country	BS	1905-1907	13			
Dean	Ruth	Mrs. J. B. Dean	Petaluma	CH	1908	14			
Dean	Ruth	Jas. B. Dean	Country	BS	1905-1907	11			
Deane	Bessie	Mrs. Deane	453 8th St.	BS	1905-1907	6	1		
Deane	Grace			BS					
DeBernardi	Tillie	E. DeBernardi	910 5th St.	CH	1901-1903	6		17 June 1911	
DeBruycker	John	Hugo DeBruycker	210 5th St.	LN	1920-1921			10 Feb. 1910	
DeBruycker	Martha	H. C. DeBruycker	RFD 4	CH	7 Aug. 1922	12			
DeCarlo	James	Domenico DeCarlo	308 Vallejo	BS	1909	13			
Decature	Isabell	A. E. Decature	19 Hinman St.	CH	7 Aug. 1922	14		10 Dec. 1908	
Decature	Lucile	A. E. Decature	19 Hinman St.	CH	7 Aug. 1922	16		25 Dec. 1905	
Decker	Darlene	T. A. Decker	15 Spring St.	BS	1908-1910	6			
Degman	Leona	Anna Degman	501 Bassett St.	LN	1919-1920	9	4B		
Degman	Leona	Anna Degman	28 Main St.	LN	1920-1921			14 Apr. 1910	
Degnan	Leona	Mrs. A. Degnan	24 Park Ave.	LN	1919-1920				

Surname	Given Name	Parent	Address	SD	Date/Date Range	Within Date Range Age	Within Date Range Gr.	Birth Date	Left/Comments
DeGroot	Henry	Mrs. P. C. Anderson	Rt. 4	CH	1908-1909	12			
Dei	Henry	Mr. Piezzi	Bodega Bay	BY	1893-1901	11			guardian
Dei	Johnny	Mr. Possi	Bodega Bay	BY	1893-1895	14			
Dei	Peter	Mr. Mazzoni	Bodega Bay	BY	1893-1901	10			
Dei	Willie	Mr. Mazzoni	Bodega Bay	BY	1896-1901	14			
DeKleva	Joseph	Joseph DeKleva	R 3	MV	1930-1931			25 May 1924	
Del Curto	Donino	Mrs. C. Del Curto	Bodega	BY	1922		3	24 Oct. 1910	
Del Curto	Donino	D. Martinucci	Bay District	BY	1919-1921		H2		
Del Curto	Donnino	Mrs. C. Del Curto	Bodega	BY	1925-1926		6	24 Oct. 1909	
Del Curto	Donnino	Mrs. C. Del Curto	Bodega	BY	1922		3	24 Oct. 1910	
Del Curto	Epie	D. Martinucci	Bay District	BY	1919-1921		H2		
Del Curto	Epie	Mrs. C. Del Curto	Bodega	BY	1925-1926		5	24 Oct. 1909	
Del Carlo	Jeannie	Joe Del Carlo	308 Vallejo St.	ML	Jan. 1912				
Del Carlo	Julio	D. Del Carlo	308 Vallejo St.	ML	1916		Rec.		
Del Carlo	Louis	Joe Del Carlo	308 Vallejo St.	ML	Jan. 1912				
Del Bianco	Norma	Attilio Del Bianco	Windsor	OL	1926-1928			21 Aug. 1918	
Del Bianco	Rose	A. Del Bianco	Windsor	OL	1921-1925		2	16 Jan. 1914	
Delagne	Lorraine		Continental Hotel	PK	Spring 1924			3 Oct. 1918	
Delagne	Raymond		Continental Hotel	PK	Spring 1924			13 July 1920	
Delagnes	Lorraine		Continental Hotel	PK	Spring 1923			3 Oct. 1918	
Delagnes	Raymond		Continental Hotel	PK	Spring 1923			13 July 1920	
Delagney	Raymond		Continental Hotel	PK	Fall 1924				
Delassi	Lena	Peter Delassi	Broadway	BS	14 Aug. 1905	8			
DelBiaggio	William	Mrs. J. DelBiaggio	625 I St.	LN	Aug. 1922		1A	23 Feb. 1916	
DelCarlo	Emma	Joe DelCarlo	308 Vallejo St.	BS	1909	10			
DelCarlo	Louis	J. DelCarlo	308 Vallejo St.	BS	1909	10			
DelCarlo	Nene	L. DelCarlo	308 Vallejo St.	ML	Aug. 1922			12 Sept. 1916	
DelCarlo	Victor	L. DelCarlo	308 Vallejo St.	ML	Aug. 1922			12 Sept. 1916	
DelCarlos	James	D. DelCarlos	308 Vallejo St.	CH	1908-1909	13			
Della Maggiora	Nene	E. Della Maggiora	606 E. D St.	ML	1920			14 Dec. 1910	
Della Maggoria	Nene	E. Della Maggiora	110 Wilson St.	ML	Aug. 1921			14 Dec. 1910	
Della Moggiora	Peter	Emilio Della Moggiora	606 E. D St.	ML	1919-1920	6	1B		
Della Maggoria	Peter	E. Della Maggoria	110 Wilson St.	ML	1921-1922			24 Jan. 1913	
Delmaestra	Laura	A. Delmaestra	714 I St.	CH	1908-1909	11			

Surname	Given Name	Parent	Address	SD	Date/Date Range	Within Date Range Age	Gr.	Birth Date	Left/Comments
Delmaestro	Billie			PK	1927-1928				
Delmaestro	Fred	A. Delmaestro	714 I St.	BS	1908-1910	6			
Delmaestro	Laura	A. Delmaestro	474 I St.	BS	Jan. 1908	9			
Delmaestro	Laura	Nancy Delmaestro	714 I St.	BS	1909	11			
Delmaestro	Willie	A. Delmaestro	474 I St.	BS	Jan. 1908	7			
Delmaestro	Willie	Al Delmaestro	714 I St.	BS	1908-1909	10			
DelMaestro	Helen	Mrs. Al DelMaestro	519 6th St.	CH	7 Aug. 1922	15		2 Apr. 1907	
DelMaestro	Ralph	A. DelMaestro	6th St.	LN	1920-1921	6	1B	16 Mar. 1915	
DelMaestro	Ralph	Al DelMaestro	214 5th St.	LN	1920-1921		1B	16 Mar. 1915	
Demairais	Roland	Mrs. W. DeMaries	Fetters Springs	FL	29 Feb. 1932	9	5	26 Aug. 1922	
Demarais	Nanette	Mrs. W. B. Demaris	Boyes Springs	FL	14 Sept. 1931	6	1	10 Sept. 1925	
Demarais	Roland	Mrs. W. B. Demaris	Boyes Springs	FL	14 Sept. 1931	9	4	26 Aug. 1922	
Demarco	Camela	J. Demarco	822 Main St.	CH	1908-1909	11			
DeMarco	Rosy	Jos. DeMarco	822 Main St.	BS	1908-1910	6			
DeMartin	Eva	M. DeMartin	740 3rd St.	CH	7 Aug. 1922	13		15 Jan. 1909	
Demartini	Deno	E. DeMartini	123 Kentucky St.	BS	Aug. 1908	6			
Demartini	Mabel	R. Demartini	330 Kentucky St.	LN	1920-1921	6	1B	22 May 1914	
DeMartini	Emma	Louis DeMartini	330 Kentucky St.	BS	1909-1911	6			
DeMartini	Evelyn	Mrs. L. DeMartini	330 Kentucky St.	CH	7 Aug. 1922	15		19 July 1907	
DeMartini	Florence	V. DeMartini	556 8th St.	BS	1905-1907	10			
DeMartini	Florence	Vic DeMartini	307 8th St.	CH	1908-1909	14			
DeMartini	Florence	V. DeMartini	307 8th St.	BS	1908-1909	11			
DeMartini	L.			BS	5 Sept. 1892				
DeMartini	Laura	L. DeMartini	336 Kentucky St.	BS	Aug. 1908	8	1A		
DeMartini	Laura	L. DeMartini	330 Kentucky St.	BS	1909	10			
DeMartini	Laura	Louis DeMartini	557 Main St.	BS	1906-1908	6			
DeMartini	Mabel		Kentucky St.	PK	Fall 1919			22 May 1914	
DeMartini	Ruth	Mrs. V. DeMartini	556 8th St.	BS	1906-1909	6			
DeMartini	Ruth	Mrs. N. DeMartini	556 8th St.	BS	1908-1909	7	1B		
DeMartini	Ruth	V. DeMartini	307 8th St.	BS	1908-1909	7	1A		
DeMartini	Victor	V. DeMartini	307 8th St.	BS	1908-1911	7			
Demhardt	Curtis		18 Webster St.	PK	1921			2 Feb. 1916	
Demhardt	Emma L.		18 Webster St.	PK	1921			23 Apr. 1917	
Demick	Ernest Manley	Mrs. S. H. Demick	505 Kentucky St.	BS	1917	15			
Dempsey	Cassius			MV	1916-1917	11	6		
Dempsey	Mary			MV	1916-1917	13	7		
Dempsey	Walter			MV	1916-1917	15	8		
Dempsey	Willie			MV	1916-1917	16	7		

Surname	Given Name	Parent	Address	SD	Date/Date Range	Within Date Range Age	Gr.	Birth Date	Left/Comments
Dench	Eugene		120 Howard St.	PK	18 Feb. 1918			15 Mar. 1913	
Denman	Charley	John Denman	Penns Grove	BS	1899-1900	8			
Denman	Chas. E.	John R. Denman	RFD 1	CH	1908-1909	17	Sr.		
Denman	Nellie	John R. Denman	RFD 1	BS		11			
Denman	Nellie	John Denman	Ely Station	BS	1907-1909	8	1A		
Denman	Nellie	John R. Denman	400 6th St.	CH	1908-1909	9			
Denner	Russell			OL	1926-1927				
Denner	Stanley	Russell Denner	Santa Rosa	OL	1926-1930			7 Sept. 1920	
Denney	Bessie	Mrs. C. W. Denney	214 5th St.	CH		12			
Denney	Bessie	C. W. Denney	1015 5th St.	BS	1909	8			
Denney	Bessie	C. W. Denney	214 5th St.	BS	1908-1909	10			
Denney	Emma	C. W. Denney	214 5th St.	BS	Spring 1908	11	5A		
Denney	Emma	C. W. Denney	214 5th St.	CH	1908-1909	11			
Denney	Helen C.	Mrs. C. W. Denney	214 5th St.	CH		11			
Denney	Katie	C. W. Denney	5th St.	CH	1908-1909	8			
Denny	Edith	A. Denny	D St. bet 5th & 6th Sts.	BS	5 Sept. 1892	13			
Densmore	C.			BS	5 Sept. 1892				
Densmore	Ruth		317 Bodega	PK	1910	4			
Denton	Dickie	J. E. Denton	715 D St.	BS	Sch Yr 1906	6			
Denton	Elbert	J. E. Denton	715 D St.	BS	1906-1907	7			
Denton	Everet	J. E. Denton	715 D St.	BS	1906-1907	7			
Denton	Robin	J. E. Denton	715 D St.	BS	Sch Yr 1906	6			
Denton	Vera	J. E. Denton	715 D St.	BS	1905-1907	12			
Depew	Palestine	Howard Depew	501 Madison St.	ML	Aug. 1922			29 Dec. 1916	
DePue	Aloha	Mrs. S. H. DePue	D St.	BS		9			
DePue	John	Samuel DePue	Country	BS	21 Aug. 1899	9			
Derossa	Omes	Riziers Derossa		OL	1929-1930			28 Apr. 1921	
Derosso	Ines	Riziera Derosso	Santa Rosa	OL	1926-1928			28 Apr. 1921	
Derosso	Norma	Rizieri Derosso	Santa Rosa	OL	1926-1928			20 Mar. 1918	
Dias	Roy			PK	23 Nov. 1896				
Dias	Roy			PK	1 Aug. 1898	6			
Dickson	Bates	J. B. Dickson	Cherry St. Valley	BS	1905-1908	8	2		
Dickson	Bates	J. B. Dixon		CH	1908-1909	12			
Dickson	Esther	J. B. Dickson	Cherry St.	PK	1903	5			
Dickson	Esther	J. Dickson	West St.	BS	20 Aug. 1906	7	2		
Dickson	Esther	Mrs. A. B. Dickson	Cherry St.	BS	1905-1909	6			
Dickson	Esther	J. B. Dickson	Cherry Valley	CH	1908-1909	10			

Surname	Given Name	Parent	Address	SD	Date/Date Range	Within Date Range Age	Gr.	Birth Date	Left/Comments
Dickson	Marjorie			BS	19 Aug. 1918		3		
Dickson	Marjorie	J. B. Dickson	Cherry St. Hill	BS	1907-1909	6	1A		
Dickson	Rena	Wm. Dickson	Kentucky St.	BS	1908-1909	13			
Dickson	Ruth	Mrs. W. Dickson	1217 3rd St.	CH	1901-1903	6			
Dickson	Ruth	W. M. Dickson	508 Kentucky St.	CH	1908-1909	14			
Dickson	Ruth	Wm. Dickson	516 Kentucky St.	CH	1908-1909	14			
Dickson	Ruth	W. M. Dickson	610 Main St.	BS	1908-1909	13			
Dietrich	Freddy			FL	13 Aug. 1917	9	3		
Diggis	Leslie	D. Diggis	Washington St.	BS	17 Aug. 1908	9			
Dillaha	Charles		R 3, Sebastopol	MV	1923-1924		5		
Dillaha	Lucille		R 3, Sebastopol	MV	1923-1924		4		
Dillaha	Rodman		R 3, Sebastopol	MV	1909-1910				
Dillon	George			TM	1915		7		
Dini	Mary	G. Dini	156 Bremen St.	ML			2		
Dinie	Carl			BS	19 Aug. 1918		1		
Dinie	Edward			BS	19 Aug. 1918				
Dinmore	Mary Margaret			PK	1895-1896	3			
Dinwiddie	Keith	J. L. Dinwiddie	708 Keokuk St.	LN	1919-1920	7	2B		
Dinwiddie	Keith	J. L. Dinwiddie	408 Keokuk St.	LN	1919-1921	7	1B		
Dirk	Gladys	R. Dirk	Mt. View Ave.	BS	1910	7			
Dirk	Gladys	Mr. R. Dirk	3rd St.	BS	10 Jan. 1910	7			
Dittman	Jennie	H. F. Dittman	667 H St.	BS	1909	9			
Dittman	Jennie	Mrs. M. Dittman	205 3rd St.	BS	1908-1909	10			
Dittman	Marie			BS	19 Aug. 1918				
Dittman	Marie	B. Dittman	1394 3rd St.	BS	1907-1909	6	1B		
Dittman	Marie	Wm. Dittman	719 3rd St.	BS	1908-1909	7	1A		
Dittman	William	Wm. Dittman	719 3rd St.	BS	1908-1910	6			
Dittman	Willie	Wm. Dittman	713 3rd St.	BS	1911	7			
Dittmann	Jennie	Mrs. M. Dittmann	205 H St.	BS	1911?	12			
Ditto	E. M. Jacqueline	Chas. Ditto	217 Hopper St.	ML	Aug. 1922			22 May 1917	
Ditto	Mary	Chas. Ditto	217 Hopper St.	ML	Aug. 1922			30 Dec. 1914	
Dixon	Florence	Mrs. J. F. Dixon	426 Cherry St.	CH		13			
Dixon	Florence	J. F. Dixon	426 Cherry St.	BS	1909	12			
Dixon	Florence	J. F. Dixon	426 Cherry St.	BS	1905-1907	12			
Dixon	June		511 Keokuk St.	PK	1921			15 June 1917	
Dobyns	Jean	Mrs. A. Hutchinson		BS	1900	10			
Dodenhoff	Burt		414 7th St.	MV	1916-1917	12	5		
Dodenhoff	Mildred	Chas. W. Dodenhoff		MV	1918-1919		4		

Surname	Given Name	Parent	Address	SD	Date/Date Range	Within Date Range Age	Within Date Range Gr.	Birth Date	Left/Comments
Dodenhoff	Mildred	C. W. Dodenhoff		CN	1924-1925			29 July 1910	grad.
Dodenhoff	Thelma			MV	20 Dec. 1916	11	5		
Dodenhoff	Thelma			MV	1918-1919	11	7		
Dodinhoff	Viola			MV	1916-1917	15	8		
Dogett	William			MV	1918-1919	11	5		
Doggett	Kane	Mrs. W. H. Burgess	RFD	CH	7 Aug. 1922	15		22 Nov. 1907	
Dollar	Betty	Ernest Dollar	Windsor	OL	1926-1930			22 Mar. 1920	
Dollar	Ernest			OL	1926-1928				
Dollar	Frank	Ernest Dollar		OL	1928-1930			21 Jan. 1922	
Dolman	Ruth	1067 3rd St.		PK	1903	4			
Donahue	James	Mr. Donahue		TM	1895-1897	14			
Donahue	Massami	Mr. Donahue		TM	1895-1897	12			
Donati	Julia			OL	1928-1929				
Donati	Perry			OL	1928-1929			1 Feb. 1919	
Doney	Vincent		Howard St.	PK	1921				
Donogh	Andrew			BS	19 Aug. 1918		2		
Donohue	Agnes			TM	20 Feb. 1899		1A		
Donohue	Agnes			TM	27 Dec. 1905		8		
Donohue	Emmett			TM	20 Feb. 1899		1B		
Donohue	Emmett			TM	27 Dec. 1905		8		
Donohue	Florence			TM	1909-1910		5		
Donohue	Frank			TM	16 Aug. 1896				
Donohue	Genevieve			TM	2 Sept. 1902				
Donohue	Genevieve			TM	1909-1910		7		
Donohue	Katie			TM	16 Aug. 1896				
Donohue	Mamie			TM	16 Aug. 1896				
Donohue	Maud			TM	20 Feb. 1899				
Donohue	Maud			TM	11 Aug. 1902		Rec.		
Donohue	Maud			TM	15 Jan. 1906		7		
Dooley	Earl			PK	1 Aug. 1898	5			
Dooley	Earl			PK	1895-1896				
Dooley	Jean		215 5th St.	PK	1922			6 Nov. 1917	
Dooley	Myrtle			PK	1895-1896				
Doolittle	Helen	O. Doolittle	Sebastopol	EC	1925-1926			8 July 1918	
Dooly	Myrtle	N. Dooley	Kentucky St.	CH	1897-1899	8			
Doose	Doris Helen	J. A. Doose	Sebastopol	MV	1925-1931			19 May 1919	
Doose	Lynn	J. A. Doose	R 3, Sebastopol	MV	1922-1928	8		5 Feb. 1915	
Dorio	Annie			OL	29 July 1901		2		

-87-

Surname	Given Name	Parent	Address	SD	Date/Date Range	Age	Gr.	Birth Date	Left/Comments
Doris	Berthal	Mrs. Mable Wolverton	505 Kentucky St.	CH	7 Aug. 1922	15		22 Jan. 1907	
Dormetta	Andrena	George Dormetta	140 Wilson St.	ML	Aug. 1922			2 July 1916	
Dorsett	Estella			BS	19 Aug. 1918		3		
Doss	Alvin			BS	19 Aug. 1918		2		
Doss	Alvin	John Doss	413 Oak St.	BS	1909-1910	7			
Doss	Calvin	Joel A. Doss	335 Howard St.	CH	1908-1909	15			
Doss	Earl			PK	1896				
Doss	Floyd			CH	8 Aug. 1910				
Doss	Hazel	Joel A. Doss	335 Howard St.	CH	1907-1910	17			
Doss	Karl	Fred Doss	Keokuk St.	BS	19 Aug. 1907	7			
Doss	Oliver	Joe Doss	335 Howard St.	CH	1908-1909	15			
Doss	Oliver	Joel Doss	335 Howard St.	BS	1908-1909	12			
Doss	Pearl			PK	17 Mar. 1896				
Doss	Pearl	Elizabeth Potter	223 Keller St.	CH	8 Aug. 1910	18			
Doss	Pearl	Jos. Doss	Washington St. East	CH	1896-1899	6			
Doss	Pearl	Joseph Potter	970 Washington St.	BS	1906-1908	15	8A		
Dougherty	Chas.	Charles Dougherty	Kentucky St.	CH	1898	8	2		
Dougherty	Jas.	Charles Dougherty	Kentucky St.	CH	1898	10	3		
Dougherty	Sherman			MV	20 Dec. 1916	11	5		
Douglas	Jean	R. A. Douglas	17 Bodega Ave.	LN	1920-1921		1B	2 May 1915	
Douglas	Jeanne		Bodega Ave.	PK	1920			2 May 1915	
Douglas	Louise	R. Douglas	17 Bodega Ave.	LN	1920-1921			22 Feb. 1911	
Douglas	Louise	Robert Douglas	811 Western Ave.	LN	1920-1921		4B	22 Feb. 1911	
Douglass	Ila	D. Hindman	Cotati, RFD, Box 182	BS	1917	15			
Dove	Wilma	W. E. Dove	Sebastopol	EC	1927-1929			28 June 1921	
Dow	Mary	A. W. Dow	419 Upham St.	PK	1903	5			
Dowdall	Alice	Edward Dowdall	R 3	MV	1930-1931			23 Dec. 1923	
Dowler	Ellanora	Mrs. Allan Dowler	720 D St.	BS	1905-1907	6			
Downie	William	George Downie		LN	Aug. 1922		1A	8 Dec. 1915	
Downing	Elaine	Mrs. Olive Downing	Boyes Springs	FL	1928-1929	10	6	10 Jan. 1918	
Drake	Edith	Mrs. T. Drake	Agua Caliente	FL	9 Sept. 1929	6	2	4 Apr. 1923	
Drake	Harry			CH	3 Sept. 1894				
Drake	Jacob			OL	29 July 1901		3A		
Drake	Louis			CH	3 Sept. 1894				
Drake	Mildred		5th St.	PK	1914	4		1 Apr. 1910	

Surname	Given Name	Parent	Address	SD	Date/Date Range	Within Date Range Age	Gr.	Birth Date	Left/Comments
Drake	Mildred		615 D St.	PK	Fall 1924			14 June 1919	
Drake	Mildred		523 4th St.	PK	1923-1924			14 June 1919	
Drake	Thompson	Mrs. T. S. Drake	Agua Caliente	FL	1928-1929	9	4	25 Sept. 1919	
Dray	Dalton	Mrs. Meinecke	516 6th St.	LN	Jan. 1922			28 June 1913	
Dray	Gladys	Harry Dray	808 6th St.	LN	Jan. 1922		4B	14 Jan. 1912	
Drazdoff	Billy			MV	1930-1931			6 May 1924	
Drees	Alden	Mrs. Lucy Drees	201 Bassett St.	LN	1919-1921	7	2A		
Drees	Alvin	E. E. Drees	855 Liberty St.	BS	1909	10			
Drees	Alvin	E. E. Drees	A & Liberty Sts.	CH	1901-1903	6			
Drees	Alvin	E. E. Drees	800 Liberty St.	BS	1905-1907	11			
Drees	Alvin	E. E. Drees	2 Liberty St.	CH	1907-1909	13			
Drees	Darrell	A. Drees	850 Liberty St.	BS	Jan. 1907	6			
Drees	Darrell	E. E. Drees	2 Liberty St.	BS	1909	9			
Drees	Darrell			BS	19 Aug. 1918		4		
Drees	Darrell	E. E. Drees	Liberty St.	BS	1905-1907	6			
Drees	Darrell	E. E. Drees	850 A St.	BS	1907-1909	7	1A		
Drees	Darrell	Emil Drees	A & Liberty St.	CH	1908-1909	8			
Drees	Evalyn	Mrs. M. A. Drees	340 Kentucky St.	CH	1908-1909	15	Fr.		
Drees	Evelyn	Mrs. Gus Drees	1068 4th St.	BS	1905-1909	14	8B		
Drees	Evelyn	Mrs. G. A. Drees	340 Kentucky St.	CH	1907-1909	14			
Drees	Lawler	Adolph Drees	Upham St.	BS	Jan. 1908				
Drees	Lawler	H. A. Drees	210 Bassett St.	BS	1909	9			
Drees	Lawler			BS	19 Aug. 1918		4		
Drees	Lawler	H. A. Drees	619 Upham St.	BS	1906-1907	6			
Drees	Sybil			CH	8 Aug. 1910				
Drees	Sybil	G. A. Drees	1068 4th St.	BS	1905-1908	13			
Dreese	Eveline			PK	1 Feb. 1898				
Dreese	Sybil			PK	1898				
Drennon	Lizzie	Mrs. W. M. Drennon	Country	BS		12			
Dresbach	B.		17 Bodega Ave.	LN	1920-1921		4B		
Dresbach	Billy	William Dresbach	131 Liberty St.	LN	1920-1921		4B		
Dresbach	William	Wm. Dresbach	131 Liberty St.	CH	7 Aug. 1922	12			
Dresbach	Willie	W. Dresbach	131 Liberty St.	PK	3 Aug. 1914				
Dresser	Julian	P. O. Dresser		HC	1884-1885	9			
Dreyer	Edwin		414 Prospect St.	PK	Spring 1923			16 Feb. 1919	
Dreyer	Edwin		519 F St.	PK	Spring 1924			16 Feb. 1919	
Dreyer	Palmer	H. A. Dreyer	806 B St.	LN	Aug. 1922		1A		
Driscoll	Austen	Mrs. John Driscoll	778 Liberty St.	PK	1903			18 July 1915	

-89-

Surname	Given Name	Parent	Address	SD	Date/Date Range	Within Date Range Age	Within Date Range Gr.	Birth Date	Left/Comments
Driscoll	Austin	J. Driscoll	1059 5th St.	BS	1907-1909	7	1B		
Driscoll	Austin	Mrs. Driscoll	Cor. 4th St. & C Sts.	BS	1908-1909	7	1A		
Driver	Marian	L. E. Driver	Sebastopol	MV	1922-1923	8		24 Nov. 1914	
Driver	Maud	Mrs. Abbie Treadwell	563 C St.	BS	1903-1905	7	2		
Driver	Norman	Wm. W. Driver	R 3, Sebastopol	CN	Aug. 1926			25 Nov. 1916	
Drouin	Arthur	A. W. Drouin	Glen Ellen	FL	5 Jan. 1931	11	5	7 Mar. 1919	
Drouin	Emil	A. W. Drouin	Agua Caliente	FL	5 Jan. 1931	8	2	9 Oct. 1922	
Drum	Loraine	G. E. Drum	Cor. 11th & G Sts.	BS	1905-1907	6	1		
Drum	Lorraine	George Drum	G & 11th Sts.	CH	1908-1909	10			
Drum	Lorrance	Geo. Drum	Sunny Slope Ave.	BS	Sch Yr 1906	6			
Dubois	William	Mrs. Dubois	Brown House Wash.	BS	1908-1909	7			
Ducker	Laura		417 Fair St.	LN	1922	9	4A	22 Oct. 1909	
Dudley	Ida	Ida J. Dudley	Fair St.	BS	Fall 1906				
Dudley	Philo	Mrs. Ida J. Dudley	Fair St.	BS	1906	12	5		
Dudley	Philo	W. E. Vandecarr	813 F St.	BS	Jan. 1908	13			
Duerson	Cleary	Robert Duerson	122 Webster St.	LN	1919-1922	6	1B	22 Feb. 1913	
Duerson	Lorenz	Robt. Duerson	122 Webster St.	LN	1919-1921	8	2A	25 July 1909	
Dugan	Myrtle	Mr. Hamilton	757 BS	BS	1906-1908	14	8B		
Dumas	Lloyd	Mrs. Dumas	300 4th St.	BS	1908-1910	6			
Dunbar	Delwin	J. Dunbar	4th & D Sts.	LN	1920-1921		3B	15 Oct. 1911	left
Duncan	Anna	J. H. Nisson	418 Kentucky St.	BS	Jan. 1908	12			
Duncan	Anna	J. Duncan	418 Kentucky St.	CH	1908-1909	13			
Duncan	George	John Duncan	7th St. & G Sts.	BS	1909-1911	8	1A		
Duncan	John	John Duncan	500 7th St.	BS	1909	10			
Duncan	Nellie	John Duncan		CH	1908-1909	12			
Duncan	Sarah	John Duncan	Bremen St.	ML	1914				
Duncan	Tillie	John Duncan	Bremen St.	ML	1914				
Dunn	Jack	Mrs. T. Dunn	Agua Caliente	FL	Feb. 1919		3		
Dunn	Stella			FL	13 Aug. 1917	7	2		
Dunn	W.			BS	5 Sept. 1892				
Dunning	Donald	E. D. Dunning	635 D St.	LN	1921		1B	28 March 1905	
Dunning	Donald	E. D. Dunning	634 D St.	LN	1920-1921	6	1B	20 Aug. 1914	
Dunning	Donald	E. D. Dunning	630 E St.	LN	1920-1921	6	1B	20 Aug. 1914	
Dunning	Henry	Elmer Dunning	635 D St.	LN	1920-1922		3B	14 Sept. 1912	
Dunning	Shirley	Elmer Dunning		CH	7 Aug. 1922	12			
Dunton	Arthur	Oscar Dunton	D & 6th Sts.	BS		14	6	26 Mar. 1910	

Surname	Given Name	Parent	Address	SD	Date/Date Range	Within Date Range Age	Within Date Range Gr.	Birth Date	Left/Comments
Dunton	Rosa	Oscar Dunton	753 D St.	BS		12	6		
Dunton	Tassie	Oscar Dunton	753 D St.	BS	1897	14	7		
Durando	Aniesina	Philip Durando	348 Bremen St.	ML	Aug. 1912				
Durando	Aniesina	Philip Durando	235 Palmer St.	ML	1915-1917				
Durando	Anisiena	Philip Durando	348 Bremen St.	ML	1914				
Durando	Imogene	Philip Durando	225 Palmer St.	ML	1916		1A		
Durando	Imogenia	Philip Durando	235 Palmer St.	ML	1915				
Durando	Josephine	P. Durando	316 Vallejo St.	ML	Aug. 1922			14 Nov. 1916	
Durando	Louise	Mrs. M. Durando	316 Vallejo St.	CH	7 Aug. 1922	12		28 Oct. 1909	
Durando	Peter	A. Durando	316 Vallejo St.	ML	1921		1B	6 Feb. 1915	
Durando	Sebastiano	Philip Durando	348 Bremen St.	ML	Aug. 1912				
Durando	Sebastiano	Philip Durando	348 Bremen St.	ML	1914				
Durando	Sebastiano	Philip Durando	225 Palmer St.	ML	1916		2A		
Durando	Sebastiano			ML	15 Jan. 1917	9	3B		
Durando	Sebastiano	Mrs. M. Durando	316 Vallejo St.	CH	7 Aug. 1922	15		19 Nov. 1907	
Durando	Sebastiano	Philip Durando	235 Palmer St.	ML	1915-1916				
Durando	Theresa	Philip Durando	235 Palmer St.	ML	1920			7 Oct. 1914	
Durando	Theresa	Phillip Durando	316 Vallejo St.	ML	1921-1922			7 Oct. 1914	
Duranto	Frank	Mrs. D. C. Casella	Boyes Springs	FL	9 Sept. 1929	8	4	29 Dec. 1919	
Durants	Frank	Mrs. Durants	Boyes Springs	FL	11 Sept. 1928	8	3	29 Dec. 1920	
Durie	Robert	Mrs. F. E. Durie	865 Howard St.	BS		11			
Durviage	Ethel	J. L. Durviage	Main St.	CH	1898	13	5		
Durkoff	Peter	Sam Durkoff	Sebastopol	EC	1927-1928				
Durr	Edwin	H. S. Durr	Country	BS	1905-1909	9			
Durr	Edwin	H. Schneider	Cherry Valley	CH	1908-1909	12			
Durr	Edwina	H. Schneider	Cherry St. Valley	BS	Jan. 1908	11			
Durst	Leslie	W. B. Durst	West Ave.	CH	1907-1909	14			
Durviage	Harold	J. L. Durviage	Main St.	CH	1898	12	5		
Duss	Wiletta			MV	1923-1924		16	20 Dec. 1907	
Dutton	Sadie	Mrs. N. Dutton	Glen Ellen	FL	7 Sept. 1926	12	5	6 Dec. 1913	
Duval	Reynold	Jess Duval	154 Bremen St.	ML	1915				
Dwight	Robert	Chas. Dwight	323 Hopper St.	ML	Aug. 1922			24 June 1914	
Dwyer	Catherine	J. Ed Dwyer	Mt. View Ave.	LN	1920-1921		2B	23 Apr. 1914	
Dye	Alice	Joe Dye	E. Washington St.	PK	1914	5		9 Nov. 1909	
Dye	Alice	Josie Dye	167 Bremen St.	ML	1915				
Dye	Alyce	J. J. Dye	13 E. Washington St.	CH	7 Aug. 1922	12		9 Nov. 1909	
Dye	Billie		505 3rd St.	PK	1927-1928			3 Dec. 1922	

Surname	Given Name	Parent	Address	SD	Date/Date Range	Within Date Range Age	Within Date Range Gr.	Birth Date	Left/Comments
Dye	Edison	Fred Dye	RFD 2	CH		14			
Dye	Edison	Fred Dye	Western Ave.	CH	1908-1909	13			
Dye	Jean		E. Washington St.	PK	1922			11 Sept. 1918	
Dye	Jean		E. Washington St.	PK	Spring 1924			11 Sept. 1918	
Dye	John	Josie Dye	107 Bremen St.	ML	1915				
Dykes	Blanche	E. B. Dykes	644 E St.	BS	1911	11			
Dykes	Blanche	E. B. Dykes	7th St. & E Sts.	BS	1908-1909	10			
Dykes	Hebe	E. B. Dykes	Hinman St.	CH		12			
Dykes	Leland	E. B. Dykes	644 E St.	ML	1916		6A		

-92-

Surname	Given Name	Parent	Address	SD	Date/Date Range	Age	Gr.	Birth Date	Left/Comments
Eagan	Beatrice		200 Prospect St.	PK	Fall 1919			13 June 1914	
Earhart	Evelyn	Wm. Earhart	12 Post St.	LN	1920-1921	6	1B	10 Oct. 1914	
Earhart	Mildred	Wm. H. Earhart	12 Post St.	LN	1919-1922	8	2B	10 Sept. 1911	
Early	Frank	James Early	774 Keller St.	BS	1 Aug. 1898	17			
Early	Warren			PK	1 Aug. 1898	6			
Early	Warren	James Early	707 Kentucky St.	BS	1905-1908	13			
Early	Warren			PK	26 Oct. 1896				
Early	Will	Jas. Early	774 Keller St.	BS		16	7		
Earnshaw	Clifford	C. E. Earnshaw	Bloomfield	BL	1926-1931			6 Oct. 1919	
Eatherton	Francis		542 Howard St.	PK	1920			27 Mar. 1916	
Eatherton	Jack		Kentucky St.	PK	Spring 1923			9 Oct. 1918	
Eby	Edith	Aaron Eby	231 Kentucky St.	LN	1919	7	1B		
Eby	Edith	Aaron Eby	801 Main St.	LN	1919-1922		1A	16 June 1915	
Eckman	Alberta	A. Eckman	134 Howard St.	LN	Aug. 1922		1A	16 Dec. 1915	
Eckmann	Donald	Fred Eckmann	I St. Ext.	LN	1921-1922		1A		
Eddy	Frank	G. A. Eddy	763 Liberty St.	BS		11			
Edlind	Evelyn		308 5th St.	LN	9 Aug. 1920	8	2A	11 Jan. 1912	
Edlunds	Evelyn	E. Saleen		LN	1 Apr. 1920	9	4	11 Jan. 1912	from Fresno, CA
Edmunds	Warren	Julia Edmunds	Keller St.	CH	1898	14			
Edwardes	Vance P.	W. P. Edwardes	Sunny Slope Ave.	BS		13		1 Feb. 1909	
Edwards	Angela	H. S. Edwards	717 H St.	CH	7 Aug. 1922				
Edwards	Angela	Mrs. H. S. Edwards	717 H St.	LN	1919-1920	10	2		
Edwards	Bessie	J. Edwards	760 Keller St.	BS	1905	11			
Edwards	Bessie	A. Horstman	760 Keller St.	BS	1905-1907	12			
Edwards	Bessie	Mrs. A. Horstman	146 Keller St.	BS	1908-1909	13			
Edwards	Bessie	Mrs. Sutton	6th St.	BS		6			
Edwards	Clinton	Mrs. C. Wyatt	655 Keokuk St.	BS	20 Aug. 1906	7	1A		
Edwards	Clinton	Mrs. S. Edwards	344 Keokuk St.	BS	Aug. 1908	7	1B		
Edwards	Clinton	Mr. Edwards	655 Keokuk St.	BS	1907-1909	10			
Edwards	Clinton	Sarah Edwards	341 Keokuk St.	BS	1909	11			
Edwards	E. Vance	W. P. Edwards	Sunny Slope Ave.	CH	1895-1896				
Edwards	Eleanor		18 Liberty St.	PK	19 Aug. 1929			6 May 1925	
Edwards	Ethel Mary	H. H. Edwards	717 H St.	LN	Jan. 1922			2 Oct. 1910	

Surname	Given Name	Parent	Address	SD	Date/Date Range	Within Date Range Age	Gr.	Birth Date	Left/Comments
Edwards	Fred	T. Edwards	Post St.	BS	Fall 1905	13			
Edwards	Harry	H. S. Edwards	717 H St.	CH	7 Aug. 1922	16		11 Dec. 1906	
Edwards	June		717 8th St.	LN	1922		4A	13 June 1909	
Edwards	June	Harry Edwards	700 8th St.	LN	1921		4B	13 June 1909	
Edwards	June	Harry Edwards	616 3rd St.	LN	1920-1921			13 June 1909	
Edwards	June	H. Edwards	717 H St.	LN	1919-1921			13 June 1909	
Edwards	Lyda	Mrs. Edwards	520 Post St.	BS	1905-1907	8	1		
Edwards	Lyda	Thos. Edwards	Dana St.	BS	1905-1907	8	1		
Edwards	Lydia	L. Edwards	420 Nannan	BS	Sch Yr 1906	9	1		
Edwards	Lyle	Mrs. T. Edwards	520 Post St.	BS	1905-1907	9	1		
Edwards	Lyle	Thos. Edwards	Dana St.	BS	1905-1907	9	1		
Edwards	Lyle	L. Edwards	420 Nannan	BS	Sch Yr 1906	10			
Edwards	Mary	H. H. Fuller	717 H St.	LN	1919		1B		
Edwards	Mary Ethel	H. H. Edwards	717 H St.	LN	1919-1921			2 Oct. 1910	
Edwards	Ralph			BS	1905-1907				Left
Edwards	Rob.	Thomas Edwards	460 Dana St.	BS	1905-1907	6	1		
Edwards	Robert	Thos. Edwards	460 Davis	BS	1905-1907	6			
Edwards	V.			BS	1897				
Egan	Beatrice	D. F. Egan	200 Prospect St.	LN	1920-1921	6	1B	16 July 1914	
Egan	Earl	Daniel Egan	200 Prospect St.	LN	1919-1922	8	2A	13 Aug. 1911	
Eggers	Christian	Mrs. A. Heintz	Agua Caliente	FL	1914-1915	12	6		
Eggers	Maude	J. H. Eggers	Cor. 3rd St. & H Sts.	BS	1892-1893	11			
Ehler	Walden	P. Ehler	Bodega Ave.	LN	9 Aug. 1920		3B	10 May 1912	
Ehler	Waldon	Peter Ehler	Bodega Ave.	LN	1919-1922	8	2B		
Ehret	Edna			BY	7 Aug. 1916	11	5		left 21 Aug. 1916
Elahn	Florence	Mrs. M. Elahn	612 Oak St.	BS	1905-1909	10			
Elbeck	Andreas	P. A. Elbeck	Rt. 4	CH	7 Aug. 1922	12		1 June 1910	
Elder	Barbara	J. L. Elder		CN	1924-1925				
Elder	Bruce	Henry Elder		CN	1923-1925		6	29 Apr. 1911	
Elder	Elaine	H. Elder	R 3, Sebastopol	CN	Aug. 1929			25 Dec. 1922	
Elder	Howard		R 3, Sebastopol	CN	1923-1926		5	8 Apr. 1913	
Elder	Laurel	H. E. Elder	R 3, Sebastopol	CN	1924-1929		1	9 May 1917	left 10 Dec. 1926 to Forestville

Surname	Given Name	Parent	Address	SD	Date/Date Range	Within Date Range Age	Within Date Range Gr.	Birth Date	Left/Comments
Elder	Marjorie	J. L. Elder	R 3, Sebastopol	CN	Aug. 1924			19 Mar. 1916	left 15 Jan. 1925 to Forestville
Elder	June	J. L. Elder	R 3, Sebastopol	CN	Aug. 1924			9 June 1914	left 16 Jan. 1925 to Forestville
Elias	Carman	Joseph Elias	Agua Caliente	FL	1924			3 Oct. 1916	
Elias	Delfina	Joseph Elias	Agua Caliente	FL	1924			7 May 1918	
Elias	Louis	Joseph Elias	Agua Caliente	FL	1925			4 July 1911	
Elias	Mary	Joseph Elias	Agua Caliente	FL	1923			6 Feb. 1909	
Elias	Mary	Joseph Elias	Agua Caliente	FL	1925			6 Feb. 1909	
Elias	Sammy	Joseph Elias	Agua Caliente	FL	1925			18 Mar. 1913	
Ellena	Belle	Louis Ellena	420 D St.	ML	1920			24 Mar. 1915	
Ellena	Mary	Louis Ellena	420 D St.	ML	1920			12 Jan. 1912	
Elliott	John	C. E. Elliott		CH	7 Aug. 1922	12		15 Feb. 1910	
Elliott	Maxine	E. W. Elliott	19 Howard St.	LN	Jan. 1923		L1	14 June 1916	
Ellis	Elaine	A. C. Ellis	215 6th St.	LN	Jan. 1923		L1	27 Nov. 1916	
Ellis	Robert George		160 West St.	PK	Spring 1923			17 Aug. 1918	
Ellis	Tom		160 Webster St.	PK	1922			31 Mar. 1917	
Ellsworth	Arthur			PK	3 Aug. 1896	6			26 Aug. to public sch.
Ellsworth	Arthur	Henry Ellsworth	Liberty St.	CH	17 Aug. 1896	7			
Ellsworth	Arthur			PE	1895-1896		Chart		
Ellsworth	Ollie	Henry L. Ellsworth	Liberty St.	CH	1894-1895	7			
Ellsworth	Rena			PK	1895-1896				
Elmore	Mildred	O. Elmore		BS	1897	10			
Elmore	Orvis	Orvis Elmore	country	BS	1907-1908	13	6		
Elphick	Charles	Clarence Elphick	1169 5th St.	BS	1907-1908	6			
Elphick	Charles	C. Elphick	516 F St.	BS	Aug. 1908	7	1A		
Elphick	Charles	Mrs. A. C. Schlener	518 5th St.	BS	1909	9			
Elphick	Doris	H. Elphick	Rt. 4	LN	1921-1922		1B	1 Sept. 1915	
Elphick	Evelyn		21 West St.	PK	5 Aug. 1918			17 June 1914	
Elphick	Norma	H. Elphick	R 4	LN	1921-1922		1A	31 Jan. 1914	
Ellsworth	Arthur			PK	1895				
Elton	Beatrice			MV	27 Dec. 1916	15	8		
Elu	Joe	A. Elu	209 Western Ave.	LN	1919-1921		1A		

-95-

Surname	Given Name	Parent	Address	SD	Date/Date Range	Within Date Range Age	Gr.	Birth Date	Left/Comments
Elu	Joe	A. Elu	Bodega Ave.	LN	Aug. 1921		2A	6 Feb. 1912	
Elu	Mary	A. Elu	209 Western Ave.	LN	1921	6	1B	20 May 1915	
Elu	Mary	Peter Elu	209 Western Ave.	LN	21 Aug. 1921		2B	20 May 1915	
Elvin	Gertrude	Mrs. Elvin	Agua Caliente	FL	1923			22 Feb. 1913	
Elvin	Gertrude	Mrs. E. Elvin	Agua Caliente	FL	1925			22 Feb. 1913	
Elzi	Clarence	John Elzi	295 B St.	LN	1919-1920	9	4B		
Elzi	Clarence	A. J. Elzi	522 5th St.	CH	7 Aug. 1922	11		8 Sept. 1910	
Emery	Dorothy	Vernon Emery	R 3, Sebastopol	CN	Aug. 1929		Rec.	5 Nov. 1923	
Emmert	Gladys	T. H. Emmert	311 Hopper St.	ML	Aug. 1912				
Emmert	Gladys	T. H. Emmert	311 Hopper St.	ML	1914				
Emmert	Gladys	Harry Emmert	313 Hopper St.	ML	1914				
Emmons	Chauncey	Mrs. Carter	666 Walnut St.	BS	14 Aug. 1905	7			
Emmons	Chauncey	Mrs. I. G. Carter	515 B St.	CH	1908-1909	11			left
Emmons	Ruby			BS	1905-1907				
Emry	Rob			PK	1895	5			
Endicott	Charles	Perry Endicott	410 Martha St.	BS	1905-1907	16			
Endicott	Charlie	Perry Endicott	Main St.	CH	1898	10	3		
Endicott	Juanita	Perry Endicott	Main St.	CH	1898	7	2		
Endicott	Juanita	P. A. Endicott	410 Martha St.	BS	1905-1907	14			
Endicott	Juanita	P. A. Endicott	8 Martha St.	CH	1907-1909	15			
Engel	Annie	Antone Engel	Sebastopol	EC	1925-1926	13		11 June 1914	
Engel	Frank	A. Engel	Sebastopol	EC	1925-1926			17 July 1916	
Engel	Kathryn	Mr. Engel	R 3, Sebastopol	CN	1925-1926			18 July 1912	
Engel	Katie	Anton Engel	Sebastopol	EC	1925-1926			18 July 1912	
Engel	Stephen	A. Engel	Sebastopol	EC	1925-1926			5 May 1918	
Engel	Tony	A. Engel	Sebastopol	EC	1925-1926			14 Jan. 1920	
Engelberg	Isabell	L. E. Engelberg	Glen Ellen	FL	1925			27 May 1911	
Engellhardt	Fred	J. Englehardt	2nd St.	CH	1901-1903	6			
Engelland	Daphne June		48 6th St.	PK	5 Aug. 1918			1 June 1913	
England	Daphne	Dave England	48 6th St.	LN	1920-1921		2B	1 June 1913	
Engleberg	Nathan	L. E. Engleberg		FL	1924			15 July 1915	
Englehardt	Alice	J. Englehardt	666 2nd St.	BS	1900	11			
Englehardt	Fred	Mrs. Englehardt	666 2nd St.	BS	1903-1905	8	2		

Surname	Given Name	Parent	Address	SD	Date/Date Range	Within Date Range		Birth Date	Left/Comments
						Age	Gr.		
Englehart	Mary	J. A. Englehart	2nd St. bet G & H	BS	5 Sept. 1892	12			
Engler	Warren	J. B. Engler	Sebastopol	MV	1925-1926			15 Apr. 1917	
English	Betty Ann	Robert English	RR 3, Box 164	MV	1924-1925			14 Dec. 1916	
Ennis	James	Manuel Ennis	Webster St.	CH	7 Aug. 1922	14		8 Nov. 1908	
Enzler	Ralph	J. B.Enzler	356 Bodega Ave.	LN	1920-1921			16 Mar. 1911	
Epstein	Abe	H. E. Epstein	Rt. 2	CH	7 Aug. 1922	10		5 Sept. 1912	
Epstein	Nathan	H. E. Epstein	Rt. 2	CH	7 Aug. 1922	12		1 Jan. 1910	
Ericksen	Martha	Martin Ericksen	Washington St.	BS	Fall 1906	9			
Ericksen	Martha	Martin Erickson	314 Howard St.	BS	1908-1909	11			
Ericksen	Walter	H. Ericksen	31-33 Main St.	CH	1908-1909	12			
Ericksen	Walter	H. E. Ericksen	Main St.	BS	1905-1908	12			
Ericksen	Walter	H. Ericksen	Cosmopolitan Hotel	CH		13			
Erickson	Christina	M. Ericksen	512 Washington St.	BS	19 Aug. 1907	6			
Erickson	Christine	M. Erickson	682 Howard St.	BS	1908-1909	6	1B		
Erickson	Martha	C. G. Erickson	Rt. 1	CH	7 Aug. 1922	12		3 Apr. 1910	
Erickson	Walter	H. Erickson	917 Main St.	BS	1905-1906	10			
Eriksen	Katie	Martin Eriksen	314 Howard St.	CH	1908-1909	13			
Eriksen	Mary	Martin Eriksen	314 Howard St.	CH	1908-1909	15			
Eriksen	Martha	M. Eriksen		BS	1908-1909	10			
Ermakoff	Victor		Del Mar	SA	2 Dec. 1912	6	A1		
Erskine	Opal	Herbert Erskine	223 6th St.	LN	9 Aug. 1920		2A	13 Oct. 1911	
Erskine	Opal	F. Erskine	731 3rd St.	LN	Jan. 1921		3A	13 Oct. 1911	
Erskine	Opal	Herbert Erskine	731 3rd St.	LN	1921-1922		4B	13 Oct. 1911	
Ervin	May	Joseph Ervin	Washington St.	CH	17 Aug. 1896	8			
Ervin	Rhea	Joseph Ervin	Washington St.	CH	17 Aug. 1896	6			
Esler	Bertie	Mrs. L. Esler	Shelton St.	CH	1901-1903	7			
Esler	Raymond	Mrs. E. L. Esler	412 C St.	CH	1908-1909	12			
Esler	Raymond	E. L. Esler	718 F St.	CH	1908-1909	12			
Etherton	Jack		Kentucky St.	PK	Spring 1924			9 Oct. 1918	
Eudey	Lois		32 4th St.	PK	Fall 1924			1 Nov. 1919	
Euldager	Ethel	G. M. Euldager	909 6th St.	BS	1905-1907	12			
Evans	Ada	Mrs. A. Hemenway	473 C St.	BS	1905-1907	6			
Evans	Ada	Mrs. S. C. Evans	473 C St.	BS	1905-1907	6			

Surname	Given Name	Parent	Address	SD	Date/Date Range	Within Date Range		Birth Date	Left/Comments
						Age	Gr.		
Evans	Ada	Sam Evans	815 B St.	CH	1908-1909	9			
Evans	Adele	T. E. Evans	Star Route	CH	7 Aug. 1922	11		24 May 1911	
Evans	Adele	Tipton Evans	Star Rt.	LN	1920-1921		4B	24 May 1911	
Evans	Adele	T. E. Evans	Cinnabar Ave.	LN	1919-1920				
Evans	Alma	E. W. Evans	606 West St.	BS	1905-1908	12			
Evans	Alma	E. W. M. Evans	210 West	CH	1907-1910	14			
Evans	Arthur	E. W. M. Evans	Liberty St.	CH	3 Sept. 1894	7			
Evans	Arthur	Mervyn Evans	Liberty St.	CH	Aug. 1895	7			
Evans	Arthur	E. W. Evans	Liberty St.	CH	1898	10			
Evans	Berneri	T. E. Evans	Star Route	CH	7 Aug. 1922	13	5	18 Nov. 1909	
Evans	Elmer			HC	19 Aug. 1918		L1		
Evans	Elmer	Merle Evans	Annapolis	HC	1921-1923		L4	3 May 1912	
Evans	Elmer	Merle L. Evans	Annapolis	HC	1925-1928			3 May 1912	
Evans	Evelyn	Merle L. Evans	Annapolis	HC	1925-1927			20 Mar. 1914	
Evans	Evelyn	Merle L. Evans	Annapolis	HC	1927-1929			20 Mar. 1919	
Evans	Floyd	Mrs. K. Tighe	Rt. 3, Box 90	BS	1908-1909	12			
Evans	George	Merle Evans	Annapolis	HC	1921		L4	18 Feb. 1912	
Evans	George	Merle L. Evans	Annapolis	HC	1922-1923			18 Feb. 1914	
Evans	George	Merle L. Evans	Annapolis	HC	1925-1927			18 Feb. 1914	
Evans	Lorena	Merle L. Evans	Annapolis	HC	1922-1923	6	H1	15 Mar. 1917	
Evans	Lorena	Merle L. Evans	Annapolis	HC	1925-1927			15 Mar. 1917	
Evans	Louise	A. Evans	211 Cherry St.	LN	1921-1922		1A	14 May 1915	
Evans	Mervyn	A. B. Evens	210 Cherry St.	LN	1919-1921	7	2B		
Evans	Mervyn	Arthur Evans	211 Cherry St.	LN	June 1921		3	4 Apr. 1912	
Evans	Mervyn	Arthur Evans	211 Cherry St.	LN	Aug. 1921		L4	9 Apr. 1912	
Evans	Roscoe	E. W. M. Evans	606 West St.	BS	1905-1907	6	1		
Evans	Roscoe	M. Evans	606 Keokuk St.	BS	Sch Yr 1906	7			
Evans	Roscoe	E. W. M. Evans	210 West St.	CH	1908-1909	9			
Evans	Roscoe	E. W. M. Evans	210 West St.	BS	1908-1909	9			
Evans	Roy			PK	3 Aug. 1896	6			
Evans	Roy	E. W. M. Evans	Liberty St.	CH	17 Aug. 1896	7			26 Aug to public sch.
Evans	Roy	Myron Evans	Liberty St.	CH	1897-1899	8			
Evans	Roy	Edward Evans	West St.	CH	1897-1899	9			

Surname	Given Name	Parent	Address	SD	Date/ Date Range	Within Date Range Age	Within Date Range Gr.	Birth Date	Left/Comments
Evans	Roy	E. W. M. Evans	606 West St.	CH	1908	18	Sr.		
Evans	Roy			PE	1895-1896		Chart		
Evans	Theodore	Arthur Evans	211 Cherry St.	LN	1920-1922		2B	24 Sept. 1913	
Evans	Theodore	Arthur Evans		LN	Aug. 1921		3A	25 Jan. 1913	
Evans	Virginia	E. W. M. Evans	210 West St.	CH	1908-1909	12			
Evans	Virginia	E. W. Evans	606 West St.	BS	1905-1908	12			
Evans	William	Chas. E. Evans	501 2nd	LN	1920-1922	7	1B	25 Apr. 1913	
Evens	Mervyn	Mrs. A. B. Evens	210 Cherry St.	LN	1919-1920		1A		
Evens	Roy			PK	1895	5			
Evens	William	Chas. E. Evens	501 2nd St.	LN	1920-1921	6	1A	25 Apr. 1913	
Evenson	Richard	Mrs. Evenson	Fetters Springs	FL	4 Jan. 1932		1		
Everill	Frank John	L. B. Washillie	Bloomfield	BL	1922 (?)			14 Nov. 1914	
Everill	John	Fred Everill	R 3, Sebastopol	CN	Aug. 1926			14 Nov. 1914	

Surname	Given Name	Parent	Address	SD	Date/Date Range	Within Date Range Age	Within Date Range Gr.	Birth Date	Left/Comments
Fabbri	Mabel			FL	13 Aug. 1917	6	1		
Fabbri	Mabel	Mrs. L. Fabbri		FL	Feb. 1919		2		
Faber	Gussie	J. Faber	608 D St.	BS	19 Aug. 1907	6			
Faber	Gussie	Mrs. S. Faber	642 B St.	BS	20 Aug. 1906	6			
Faber	Gussie		D St.	BS	1909	10			
Faber	Joaquin		Agua Caliente	FL	1923			7 Jan. 1907	
Faccini	Joe	John F. Faccini	Santa Rosa	OL	1921-1925		3	25 May 1911	
Faccini	Linda	J. F. Faccini	Santa Rosa	OL	1921-1925		3	27 June 1912	
Faccini	Linda	Mrs. M. Faccini	Santa Rosa	OL	1924-1925			26 June 1912	
Faccini	Paul	J. F. Faccini	Santa Rosa	OL	1921-1922		1	26 Dec. 1914	
Faccini	Pauli	John Faccini		OL	15 June 1923		L2	26 Dec. 1914	
Facini	Joe	Mrs. J. Facini		OL	29 May 1919		Rec.		
Facini	Linda	Mrs. J. Facini		OL	29 May 1919		Rec.		
Fadeli	Frank	A. Fadeli	323 English St.	LN	9 Aug. 1921		1B	7 Mar. 1914	
Fadelli	Angelina		323 English St.	PK	1922			18 Oct. 1917	
Fadelli	Frank	A. Fadoni	323 English St.	LN	Aug. 1922		1A	7 Mar. 1914	
Fahrenkrog	Thelma			BS	19 Aug. 1918		2		
Fair St.banks	Fred	H. Fair St.banks	23 Post St.	BS	1909-1911	9	1A		
Fair St.banks	M.	J. F. Fair St.banks	Liberty St.	CH	1894-1895	7			
Fair St.banks	Maynard	Frank Fair St.banks	Post St.	BS	1892-1893	11			
Fair St.banks	Ruby	A. J. Fair St.banks	Cor. 4th St. & D Sts.	BS	1895-1896	11			
Fair St.banks	Ruby	A. J. Fair St.banks	4th & D Sts.	CH	1895-1896	14			
Fair St.banks	Ruby	Augustus John Fair St.banks	Cor. 6th & I Sts. #1220	BS	1899-1900				
Fairbank	Fanny	J. Fairbank		HC	1884	13			
Fairbanks	Bert			TM	4 Aug. 1913	9	5		
Fairbanks	Loretta			TM	27 Dec. 1905		8		
Fairbanks	Mark			TM	1921-1924			23 Oct. 1908	
Fairbanks	Mercie			TM	1909-1910		6		
Fairbanks	Roy			TM	1917-1919		5		
Fairbanks	Truman			TM	1909-1910		6		
Falck	Billy	A. Falck	Sebastopol	EC	1929-1930			12 Aug. 1923	
Falck	Jack	A. Falck	Sebastopol	EC	1928-1931			15 Dec. 1921	

Surname	Given Name	Parent	Address	SD	Date/Date Range	Within Date Range		Birth Date	Left/Comments
						Age	Gr.		
Fallon	Laura	James Fallon	19 6th St.	LN	1920-1921		4B	23 Aug. 1911	
Fallon	Lawrence	L. Fallon	312 3rd St.	CH	7 Aug. 1922	14		21 July 1906	
Fallon	Lawrence	Lawrence Fallon	1121 F St.	LN	1920-1921			21 July 1908	
Fallon	Ruby			BS	19 Aug. 1918		2		
Fallon	Sarah	L. Fallon	312 3rd St.	CH	7 Aug. 1922	14		21 July 1906	
Fallon	Sarah	Lawrence Fallon	1121 F St.	LN	1920-1921			21 July 1908	
Fancher	Grace	Sylvester Fancher	928 B St.		1908-1909	9			
Fancher	Mark	Mrs. H. Fancher	928 B St.	BS	1908-1909	12			
Fantunmica	Louise		1 Prospect St.	PK	1920			8 Nov. 1914	
Fanucchi	Elita	R. B. Fanucchi	Santa Rosa	OL	15 June 1923		L1	24 July 1916	
Fanucchi	Elita			OL	1926-1927				
Fanucchi	Jennie	Angelo Fanucchi	Santa Rosa	OL	1926-1930			3 Aug. 1920	
Farber	Gussie	J. Farber	822 D St.	BS	Aug. 1908	7	1A		
Farber	Harold	Joseph Farber	822 E St.	BS	1908-1910	6			
Farber	Harold	Jos. Farber	822 D St.	BS	1909-1911	7	1A		
Farell	Genevieve			PK	1895				
Fari	Marion	A. Feri	Sebastopol	EC	1925-1926			27 Mar. 1920	
Farner	Helen	David Farner	R 3	MV	1929-1931			17 Nov. 1922	
Farnochi	Emma			BS	1910				
Farnone	Frank		522 Cherry St.	PK	1922			6 July 1917	
Farnsworth	Earl	W. S. Farnsworth	330 Keller St.	BS	1908-1909	12			
Farnsworth	Earl	Wm. Farnsworth	330 Keller St.	CH	1908-1909	14			
Farquar	Fred Stuart	C. S. Farquar	Cor. 7th St.& C Sts.	BS		17			
Farrel	Gertrude	Mrs. M. Farrell		FL	1 Jan. 1914?	14	7		
Farrel	Tom	Mrs. M. Farrell		FL	1 Jan. 1914?	15	7		
Farrel	Walter	Mrs. M. Farrell		FL	1 Jan. 1914?	11	4		
Farrell	Genevieve			PK	1895				
Farrell	Genevieve	Wm. Farrell	Keller St.	CH	1895-1899	8			
Farrell	Genevieve	W. F. Farrell	210 Keller St.	CH	1908-1909	18	Sr.		
Farrell	Genevieve			PE	25 May 1896		Rec.		
Farrell	M.			BS	5 Sept. 1892				
Farrell	Willie	Wm. Farrell	Keller St.	CH	3 Sept. 1894	6			
Farrell	Willie	Wm. Farrell	Keller St.	CH	1897-1899	9			

Surname	Given Name	Parent	Address	SD	Date/Date Range	Age	Gr.	Birth Date	Left/Comments
Farrell	Willie			PE	26 Aug. 1895		1		
Farrington	Miriam	Rev. F. F. Farrington	Mt. View Ave.	LN	1919-1920				left
Farrington	Miriam	Rev. T. F. Farrington	Mt. View Ave.	LN	25 Aug. 1919				
Farro	Willie	Frank Allen	210 Vallejo St.	CH	7 Aug. 1922	15		21 Aug. 1906	
Farro	Willie	Mrs. Allen	210 Vallejo St.	ML	1914-1917				
Farro	Willie	M. Farro	510 Washington St.	ML	Aug. 1912				
Faught	Hazel			OL	1901-1903		6		
Faught	Roy	Roy K. Faught	Vine St, Sebastopol	MV	1929-1931			19 Sept. 1923	
Faught	Roy Kingdon	Mrs. Norma Faught	R 3	MV	1928-1929			19 Sept. 1923	
Faulkner	Stella			BS	1894-1895				Junior Year
Faure	James	T. C. Faure	217 8th St.	CH	7 Aug. 1922	13		1 July 1909	
Faure	Mary			BS	19 Aug. 1918		2		
Faure	Merle	Frank Faure	732 Keokuk St.	PK	1914			1 July 1909	
Faust	Edna	John Faust	125 Upham St.	CH	1908-1909	12			
Faust	Edna	Mrs. Mary Faust	125 Upham St.	BS	1909	12			
Fay	Annie	L. J. Fay	475 Fair St.	BS	Fall 1905	13			
Fay	Bertha		Bodega	PO	14 July 1874				
Fay	Charley	Mrs. L. Fay	475 Fair St.	BS	1905-1907	11			
Fay	Constance	Mrs. L. Fay	475 Fair St.	BS	1905-1907	10			
Fay	Emery	Mrs. Fay	743 Kentucky St.	BS	1903-1905	9	2		
Fay	Emery	Mrs. L. Fay	1027 5th St.	BS	18 Jan. 1904	10	2		
Fay	Flora			PO	26 Apr. 1875				
Fay	Floral			PO	8 Nov. 1875		7		school closed 19 Nov. 1875
Fay	Mattie		Bodega	PO	14 July 1874				
Fay	Maud			PO	8 Nov. 1875		7		school closed 19 Nov. 1875
Fay	Robert Ches.	M. Ches. Fay	Santa Rosa	OL	1921-1922		Rec.	2 Nov. 1915	
Fayle	Walter	Thomas Fayle	223 Howard St.	LN	Aug. 1921		L4	Nov. 1912	
Fazzi	Inez	D. Fazzi	Santa Rosa	OL	1921-1923		Rec.	24 Apr. 1915	
Fazzi	Margarite	D. Fazzi	Santa Rosa	OL	15 June 1923		Rec.		
Feddersen	Fred	Fedder Feddersen	Rt. 4	CH	7 Aug. 1922	13		10 Aug. 1908	
Feddersen	Otto	Martin Feddersen	669 H St.	CH	1895-1896	13			
Fedderson	Melvin	Otto Fedderson	525 E. D St.	ML	1914				

Surname	Given Name	Parent	Address	SD	Date/Date Range	Age	Gr.	Birth Date	Left/Comments
Federson	Otto	M. G. Federson	H St.	BS	1892-1893	10			
Feeney	Chris			HC	17 July 1916	15	3		
Fees	Dick	H. Fees	412 A St.	LN	1920-1921		1B	10 July 1914	
Fees	Elbridge	Mrs. Isola Fees	212 Post St.	ML	1916		6A		
Fees	Roy	Harry Fees	412 A	LN	1921	7	1B	10 July 1914	
Fees	Ruby	Harry Fees	412 A St.	LN	1920-1921	7	1B	26 Aug. 1913	
Feese	Dick Roy	Harry Fees	412 A St.	LN	21 Aug. 1921		2B	10 July 1914	left to Oakland
Feldstein	Harvey		Upham St.	PK	3 Aug. 1914				
Feldstein	Irving	Hyman Feldstein	Rt. 2	CH	7 Aug. 1922	12		17 Dec. 1909	
Feliz	Aletha	Mrs. Emma Feliz	415 Walnut St.	LN	1919-1921	8	4B	17 Dec. 1909	
Feliz	Aletha	C. J. Feliz	415 Walnut St.	CH	7 Aug. 1922	11		24 Jan. 1911	
Feliz	Evelyn	Chas. Feliz	415 Walnut St.	BS	1911	7			
Feliz	Evelyn			BS	19 Aug. 1918		1		
Feliz	Genevieve	C. J. Feliz	415 Walnut St.	CH	7 Aug. 1922	13		15 Nov. 1908	
Feliz	LaVerne	Chas. Feliz	Walnut St.	BS	1909-1911	6			
Feliz	LaVerne	Chas. Feliz	415 Walnut St.	ML	1916		6A		
Feliz	Russel	C. J. Feliz	415 Walnut St.	LN	1919-1921		3A	24 Sept. 1913	
Feliz	Russel	Charles Feliz	415 Walnut St.	LN	Jan. 1922		4B	25 Feb. 1913	
Feliz	Russell	Chas. Feliz	415 Walnut St.	LN	1919-1921		3B	23 Feb. 1913	
Felton	Clarence			CH	8 Aug. 1910				
Femland	Oscar	Mrs. Minnie Femland	Oak St.	BS	1905-1907	12			
Fenimore	Stella	Nancy Fenimore		CH	1898	9	2		
Fennikoh	John	F. Fennikoh	Rt. 1	CH	1908	15			
Ferbach	Frederick	Chas. Ferbach	415 C St.	BS	1911	7			
Ferell	Walter	Mrs. Farrell	Boyes Springs+D337	FL	7 Aug. 1916	12	6		
Fergusen	Sadie	Mrs. Fergusen	5th St.	BS	Aug. 1908	9	1A		
Ferguson	Daisy			PK	12 Oct. 1896				
Ferguson	Lorraine		227 Howard St.	LN	1922		4A	10 July 1907	
Ferguson	Sadie	Mrs. J. D. Ferguson	409 B St.	BS	17 Aug. 1908	9			
Ferguson	Sadie	J. D. Ferguson	409 B St.	CH	1908-1909	10			
Feri	Frank	Mrs. Victoria Holst	Sebastopol	EC	1927-1928			1 July 1921	
Fernando	Edward	Mrs. P. Fernando	Agua Caliente	FL	14 Sept. 1931	9	4	8 Apr. 1922	
Fernback	Frederick	Mrs. A. Fernback	415 C St.	BS	1908-1910	6			

Surname	Given Name	Parent	Address	SD	Date/Date Range	Within Date Range Age	Within Date Range Gr.	Birth Date	Left/Comments
Fernback	Frederick	Chas. Fernback	415 C St.	ML	1916		6A		
Fernlund	Esther	E. Fernlund	Oak St.	BS	1906-1908	16	8A		
Fernlund	Lulu	E. Fernlund	Oak St.	BS	1905-1907	13			
Fernlund	Oscar	E. Fernlund	Oak near Howard St.	BS	1905-1907	12	5		
Fernlund	Ruth	Manuel Fernlund	487 Gallant St.	BS	1903-1905	8	2		
Fernlund	Ruth	E. Fernlund	Oak St.	BS	1905-1907	10			
Ferrando	Edward	Mrs. P. Fernando	Agua Caliente	FL	1928-1930	6	1	8 Apr. 1922	
Ferrell	Clare	Mrs. M. Farrell	Boyes Springs	FL	16 Aug. 1915	15	8		
Ferrell	David		Bodega	PO	14 July 1874				
Ferrell	Johnnie		Bodega	PO	14 July 1874				
Ferrell	Mary			PO	14 July 1874				
Ferrell	Walter	Mrs. M. Farrell	Boyes Springs	FL	16 Aug. 1915	12	5		
Ferrell	Willie		Bodega	PO	14 July 1874				
Fetters	Albert	Geo. Fetters	Fetters Springs	FL	1927-1929	12	7	14 Jan. 1915	
Fetters	Jessie	James Fetters	634 D St.	LN	25 Aug. 1919	9	3		
Fettes	David	James Fettes	106 7th St.	LN	1920-1921		1A	20 Mar. 1914	
Fettes	David	James Fettes	634 D St.	LN	1920-1921		2B	20 Mar. 1914	
Fettes	David	James Fettes	407 4th St.	LN	1921			20 Mar. 1914	
Fettes	David	Mrs. J. Fettes	601 7th St.	LN	Jan. 1922			20 Mar. 1914	
Fettes	Grace	James Fettes	601 7th St.	CH	7 Aug. 1922	12		23 Jan. 1910	
Fettes	Grace	James Fettes	634 D St.	LN	1919-1920				
Fettes	Jessie	B. F. Fettes	634 D St.	LN	1919-1920				
Fettes	Jessie	James Fettes	634 D St.	LN	1920-1921			1 July 1912	
Fettis	David	Jas. Fettis	634 D St.	LN	5 Jan. 1920		1B		
Fickin	Grace	Mrs. Walsh		FL	3 May 1926	11	5	21 Apr. 1915	
Field	Helen Louise	H. T. Field	406 Upham St.	CH	7 Aug. 1922	13		21 Mar. 1909	
Field	Raymond		327 Kentucky St.	PK	1927-1928			15 Sept. 1922	
Fields	Alvin		110 Upham St.	PK	Fall 1924			27 Nov. 1919	
Fife	Benjamin	D. Fife	Walnut St. & Galland Sts.	BS	1906-1907	7			
Figoni	Anita	John Figoni	339 Wilson St.	ML	Aug. 1922			3 May 1916	
Filhis	Lorraine		29 Keller St.	PK	20 Aug. 1928			7 June 1923	
Filippini	Emily	Charles Filippini	765 D St.	BS	1909	10			

Surname	Given Name	Parent	Address	SD	Date/ Date Range	Within Date Range		Birth Date	Left/Comments
						Age	Gr.		
Filippini	Emily	Mrs. E. Filippini	765 D St.	BS	1905-1907	11			
Filippini	Emily	Chas. Filippini	51 6th St.	CH	1907-1909	13			
Filippini	Emily	Chas. Filippini	57 6th St.	CH	1908-1909	14	Fr.		
Filippini	Louise	Chas. Filippini	765 D	BS	1906-1908	13	8A		
Filippini	Louise	Chas. Filippini		CH	8 Aug. 1910				
Filippini	Selia		B St.	LN	1920-1921		1B	22 Oct. 1914	
Filippini	Stella	C. Filippini	765 D St.	BS	1906	7	2		
Filippini	Stella	Chas. Filippini	51 6th St.	BS	1908-1909	10			
Filippini	Stella	Chas. Filippini	51 6th St.	CH	1908-1909	11			
Fillippini	Jessie			BS	19 Aug. 1918		4		
Fincher	Beulah		Walnut St.	PK	1920			24 July 1917	
Fincher	Helen	Mrs. E. Penry	243 Howard St.	LN	9 Aug. 1921		1B	16 Nov. 1915	left
Fincher	Lottie	Jos. Fincher	460 Dana St.	LN	1920-1921		4B	11 Oct. 1908	
Fincher	Nellie		201 Webster St.	LN	1922		4A	2 Dec. 1909	
Fincher	Nellie		201 Hill St.	LN	1921				
Fincher	Nellie	Mrs. Joe Fincher	460 Dana St.	LN	1920-1921			2 Dec. 1909	
Fincher	Nora	Jos. Fincher	460 Dana St.	LN	1920-1921		2A	4 Apr. 1912	
Fincher	Nora	Jos. Fincher	201 Hayes St.	LN	Aug. 1921		3B	4 Apr. 1912	
Fincher	Pearl	Jos. Fincher	201 Webster St.	LN	1922		4A	14 Feb. 1907	
Fincher	Pearl		21 Broadway	LN	1921		4B	14 Feb. 1907	
Fincher	Pearl		201 Hill St.	LN	1921				
Fincher	Pearl	Mrs. Fincher	460 Dana St.	LN	1920-1921				
Fine	Charles	Fred Fine	20 Hinman St.	LN	1920-1921		3B	3 Jan. 1911	
Fine	Charles	Fred Fine	20 Hinman St.	LN	1921		4B	6 Jan. 1911	
Fine	Charlie		14 West St.	LN	1922		4A	3 Jan. 1911	
Finisterbusch	Albert	Louis Finisterbusch	460 Dana St.	BS	1908-1910	7			
Fink	Frances			TM	1917-1918				
Fink	Holdie	E. Fink	Mt. View Ave.	CH	1908-1909	12	6		
Fink	Joe			TM	5 Aug. 1918		5		
Fink	Mary			TM	1917-1918		6		
Fink	Otto			BS	19 Aug. 1918		1		
Finley	Alice	S. E. Finley	510 Sheldon St.	BS	1905-1907	15			
Finley	Allie	John Finley	Bodega	PO		6			

-105-

Surname	Given Name	Parent	Address	SD	Date/Date Range	Within Date Range Age	Gr.	Birth Date	Left/Comments
Finley	Charlie	Saml. Finley	Sheldon St.	BS	1905	11	2		
Finley	Grace	S. E. Finley	453 8th St.	BS	1905-1907	13			
Finley	Jackson		Bodega	PO	14 July 1874				
Finley	Jefferson		Bodega	PO	14 July 1874				8 Nov. 1876
Finley	Willie	John Finley	Bodega	PO	17 July 1876	10			
Finley	Willie		Bodega	PO	14 July 1874				
Finnerty	Ruth	J. F. Finnerty	219 English St.	CH	7 Aug. 1922	12		21 Sept. 1909	
Finnety	Gertie			PK	1895	5			
Finnety	John			PK	1895	7			
Finsterbusch	Albert	L. Finsterbusch	460 Dana St.	BS	18 Jan. 1909	7			
Finsterbusch	Albert	L. Finsterbusch	Fair St.	BS	1909-1911	7			
Finsterbusch	Edith	E. Finsterbusch	428 Fair St.	BS	1908-1909	10			
Finsterbusch	Theresa	Mrs. C. L. Finsterbusch	460 Dana St.	CH		12			
Fiscus	Charles	Mrs. Mollie Fiscus	Annapolis	HC	11 Feb. 1901	7			
Fiscus	Charles	Mrs. Mollie Fiscus	Tan Bark	HC	June 1904	8			
Fiscus	Charles	Geo. Fiscus		HC	1907	10			
Fiscus	Charles	G. Fiscus	Annapolis	HC	1909-1910	14			
Fiscus	Fred			HC	.1895-1896				
Fiscus	Geo.		Annapolis	HC	4 Nov. 1877				
Fiscus	Grace			HC	1895-1896				
Fiscus	Lois	Mrs. Mollie Fiscus	Annapolis	HC	17 July 1916	7	2		
Fiscus	Lois	Mrs. Mollie Fiscus		HC	1901-1902	11			
Fiscus	Lois		Tan Bark	HC	June 1904	12			
Fiscus	Lois	Geo. Fiscus		HC	1907	14			
Fisher	Edith			TM	27 Dec. 1905		5		
Fisher	Lizzie	A. L. Fisher		TM	1887-1889	11			
Fisher	Lizzie	A. S. Fisher		TM	1887-1890	12			
Fisher	Lucinda	A. L. Fisher		TM	1887-1889	15			
Fisher	Lucinda			TM	13 July 1885				
Fisher	Maria			TM	3 Aug. 1885				
Fisher	Marion			TM	27 Dec. 1905		5		
Fisher	Nellie	A. S. Fisher		TM	1887-1890	10			

Surname	Given Name	Parent	Address	SD	Date/Date Range	Within Date Range		Birth Date	Left/Comments
						Age	Gr.		
Fisher	Velma	Mrs. F. F. Pelka		MV	1927-1930		7	21 Sept. 1916	
Fisher	Vilma	Mrs. F. F. Pelka		EC	1928-1929			21 Sept. 1916	left
Fisk	Cloyd	F. Fisk	R 3	MV	1926-1927			14 Mar. 1917	
Fisk	Frank	Mrs. May Fisk	R 3, Sebastopol	MV	1920-1923	8	3	3 Aug. 1914	
Fisk	Frank	F. Fisk	R 3, Sebastopol	MV	1924-1927			3 Aug. 1914	
Fisk	John	F. F. Fisk		MV	1918-1919		2		
Fisk	John	F. F. Fisk	R 3, Box 252	MV	1921-1925		5	3 Aug. 1912	
Fisk	Lloyd	Frank Fisk	R 3, Sebastopol	MV	1922-1925			14 Mar. 1917	
Fisk	Lloyd	F. Fisk	R 3, Sebastopol	MV	1927-1930			14 Mar. 1917	
Fisk	Ruth	Mrs. May Fisk	R 3, Sebastopol	MV	1920-1921	7	2		
Fisk	Ruth	F. Fisk	R 3, Sebastopol	MV	1926-1928		8	16 Sept. 1915	
Fisk	Ruth	F. Fisk	R 3, Sebastopol	MV	1924-1927			16 Sept. 1916	
Fiske	Frank	Frank Fisk	RR 3, Box 251	MV	1924-1925			3 Aug. 1914	
Fiske	George		415 Keokuk St.	PK	1921			16 Feb. 1917	
Fiske	George	George Fiske	415 Keokuk St.	LN	9 Aug. 1921		1B	16 Feb. 1916	
Fiske	Lloyd	Frank F. Fiske	R 3, Sebastopol	MV	1923-1924		1	14 Mar. 1917	
Fiske	Ruth	Frank F. Fiske	R 3, Sebastopol	MV	1923-1924		3	5 Feb. 1915	
Fitzolram	Charlotte	M. A. Fitzolram	R 3, Sebastopol	MV	1921-1922		4	11 Apr. 1911	
Fitzolram	Hilda	Anton Fitzolram	R 3, Sebastopol	MV	1921-1922		7	2 Apr. 1907	
Fitzpatrick	Francis			PO	14 July 1874				
Fitzpatrick	Frank			PO	1875-1877				
Fitzpatrick	P. L.			PO	8 Nov. 1875		5		school closed 19 Nov. 1875
Fitzpatrick	Peter		Bodega	PO	1874-1875				
Flanagin	Edith	Rev. Flanagin	217 Western Ave.	PK	1914				
Flanagin	Zelma			BS	21 Jan. 1918	15			
Flancher	Grace	Mr. Flancher	Cor. B & Hinman Sts.	BS	1905-1907	8			
Fleisher	Paul	O. E. Fleisher	343 Keller St.	LN	Aug. 1922	1A	L1	29 Mar. 1916	
Fletcher	Annie		Annapolis	HC	26 Nov. 1877				
Fletcher	Annie	Duncan Fletcher	Annapolis	HC	1880-1882				
Fletcher	Archie	Duncan Fletcher	Annapolis	HC	1880-1882	15			
Fletcher	Archy		Annapolis	HC	26 Nov. 1877				
Fletcher	Johnie		Annapolis	HC	26 Nov. 1877				

Surname	Given Name	Parent	Address	SD	Date/Date Range	Within Date Range Age	Gr.	Birth Date	Left/Comments
Fletcher	Johnnie	Duncan Fletcher		HC	1881-1882	12			
Fletcher	Sandy		Annapolis	HC	26 Nov. 1877				
Fletcher	Sandy		Annapolis	HC	Sept. 1880				
Fletcher	Thomas	J. F. Fletcher	Chapman Lane	CH	7 Aug. 1922	13		19 Jan. 1909	
Flint	Francis	Mrs. S. Flint	Fettesr Springs	FL	Feb. 1919		3		
Flohr	Anita	M. Flohr	673 Upham St.	BS	20 Aug. 1906	7	1		
Flohr	Anita	M. Flohr	Fair St.	BS	1907-1909	8	1A		
Flohr	Anita	M. Flohr	22 Fair St.	CH	1908-1909	9			
Flohr	Edna	Marcus Flohr	22 Fair St.	BS	1908-1910	6			
Flohr	Edna	Marcus Flohr	22 Tenth St.	BS	1909	8			
Flohr	Edna			BS	19 Aug. 1918		4		
Flohr	Maxine	Marcus Flohr	22 10th St.	CH	7 Aug. 1922	17		17 Sept. 1905	
Flohr	Melvin	W. C. Flohr	110 G St.	CH	7 Aug. 1922	13		21 Apr. 1909	
Flood	Charles C.	Chas. Flood	38 4th St.	CH	7 Aug. 1922	15		24 Mar. 1907	
Flood	Lillian	Mrs. Lena Flood	11 Hinman St.	BS	1909	10			
Flournoy	Hoy			HC	1895-1896				
Flournoy	Leo			HC	1895-1896				
Flower	Willie	Jas. Flower	Main St.	CH	3 Sept. 1894	6			
Flower	Willie			PE	23 Sept. 1895		Chart		
Flynn	Edward	Frank Flynn	Western Ave.	LN	1919-1920	8	4B		
Flynn	Marguerite			TM	4 Aug. 1913	15	7		
Fober	Arthur	L. Fober	Agua Caliente	FL	1915-1916	12	1		
Fober	Joaquin	L. Fober	Agua Caliente	FL	16 Aug. 1915	10	1		
Fober	Joaquin	Mrs. L. Tober	Agua Caliente	FL	13 Aug. 1917	11	3		
Fober	Joaquin			FL	Feb. 1919		3		
Focha	Leo	A. F. Focha	Rt. 3, Sebastopol	EC	1930-1931			29 Sept. 1919	
Focha	Lloyd	A. F. Focha	Sebastopol	EC	1930-1931			6 Nov. 1921	
Focha	Louise	C. J. Focha	137 Keokuk St.	CH	1907-1909	14			
Folks	Charlie		Bodega	PO	1874-1875				
Folks	Minnie			PO	3 Aug. 1874				
Folks	Nellie			PO	1874-1875				
Foot	Robert			PK	Spring 1923			29 May 1918	

Surname	Given Name	Parent	Address	SD	Date/Date Range	Within Date Range Age	Within Date Range Gr.	Birth Date	Left/Comments
Fopiano	Eleanor			FL	13 Aug. 1917	6	1		
Forest	Edith	Geo. Forrest	Walnut St.	BS	Aug. 1908	7	1A		
Forman	Lawrence		7 E. Washington	PK	20 Aug. 1928			7 July 1924	
Forrest	Harry	G. T. Forrest	326 Walnut St.	BS	1908-1910	6			
Forrest	Harry	G. Forrest	Howard St.	BS	18 Jan. 1909	6	1A		
Forrest	Robert	Mrs. Anderson	I St. Ext.	LN	Jan. 1923		L1	6 Dec. 1916	left
Foss	Genevieve	Mrs. Lillian Foss	841 B St.	LN	1919-1920				
Foss	Willie			TM	20 Feb. 1899		4		
Foster	Bessie	I. Foster	Upham St.	BS	1906-1907	7			
Foster	Bessie	S. D. Foster	Upham St.	BS	1907-1909	8	1A		
Foster	Bessie	Clara Foster	535 Upham St.	CH	1908-1909	9			
Foster	David	Steve Foster	Upham St.	CH	Aug. 1895	8			
Foster	Elaine		Rt. 4	PK	1927-1928			17 Sept. 1921	
Foster	Eleanor	Hill Foster	305 3rd St.	LN	1921-1922		3B	21 Jan. 1913	
Foster	Evelyn	Chas. Foster	Rt. 4	CH	7 Aug. 1922	13		30 Jan. 1909	
Foster	Fred	S. D. Foster	525 Upham St.	CH	1908-1909	12			
Foster	Fred	S. D. Foster	403 Upham St.	BS	1905-1907	12			
Foster	Helen	Chas. Foster	Bodega Ave.	LN	25 Aug. 1919	7	2A		
Foster	Helen	Mrs. Charles Foster	Bodega Ave.	PK	18 Feb. 1918			16 Mar. 1912	
Foster	Helen		Rt. 4	LN	1920-1921			16 Mar. 1912	
Foster	Henry	S. D. Foster	403 Upham St.	BS	1906-1908	14	8B		
Foster	Hill	S. D. Foster	403 Upham St.	BS	1905-1907	9			
Foster	Leland	S. Foster	535 Upham St.	BS	18 Jan. 1909	6	1A		
Foster	Leland	David Foster	535 Upham St.	BS	1908-1910	6			
Foster	Lois		Rt. 4	PK	1927-1928			18 Sept. 1922	
Foster	Lucile		535 Upham St.	PK	18 Feb. 1918			1 Apr. 1912	
Foster	Lucille	Dave Foster	415 Prospect St.	LN	1919-1920	7	2B		
Foster	Lucille	David Foster	227 Howard St.	LN	1920-1922		2A	1 Apr. 1913	
Foster	Martin David		511 6th St.	PK	Fall 1924			17 May 1920	
Foster	Paul	J. Walter Foster	Rt. 4	CH	7 Aug. 1922	12		26 Feb. 1910	
Foster	Raymond	Charles Foster	Bodega Ave.	LN	1919-1921		4B	13 Dec. 1910	
Foster	Wm.			CH	8 Aug. 1910				
Foucrault	Bernice			TM	6 Aug. 1917		6		

-109-

Surname	Given Name	Parent	Address	SD	Date/Date Range	Age	Gr.	Birth Date	Left/Comments
Foucrault	Gladys			TM	31 July 1922		8		
Foucrault	Melvin			TM	1918-1917		6		
Foucrault	Robert			TM	1922-1924			15 Sept. 1911	
Foucrault	Rosella	Mrs. Ethel Foucrault	Tomales	TM	13 June 1924		H1	15 Mar. 1918	
Foucrault	Gladys			TM	1 Aug. 1921		7		
Foucrault	Gladys			TM	4 Aug. 1919		5		
Foucrault	Melvin			TM	4 Aug. 1919		8		
Foucrault	Robert			TM	1 Aug. 1921		5		
Fournoy	Hoy			HC	Apr. 1893				
Fournoy	Leo			HC	Apr. 1893				
Fourtillott	Grace	H. H. Fourtillott	501 Keokuk St.	CH	1908-1909	10			
Foutch	Lloyd	F. G. Foutch	16 Webster St.	LN	1921-1922		3A	21 Oct. 1912	
Fouts	Daryl	Lee Fouts	433 E. Washington St.	ML	1915				
Fouts	Daryl	Lee Fouts	Bremen St.	ML	1916				
Fowler	Earl	Henry Fowler	315 E. Washington St.	ML	1914-1917				
Fowler	Earl	H. Fowler	315 E. Washington St.	ML	Aug. 1912				
Fowler	Henry	H. Fowler	Fair St.	BS	Spring 1906	9			
Fowler	Henry	H. Fowler	227 Edith St.	BS	Spring 1908	10	5B		
Fowler	Henry	H. P. Fowler	525 Adams St.	BS	Jan. 1908	11			
Fowler	Henry	Henry Fowler	525 Adams St.	CH	1908-1909	12			
Fowler	Raymond	Mrs. Fowler	Fair St.	BS	20 Aug. 1906	7	1		
Fowler	Raymond	H. Fowler	Western Ave.	BS	1906-1907	7			
Fowler	Raymond	Mrs. Henry Fowler	525 Adams St.	BS	1909	10			
Fowler	Raymond	H. Fowler	525 Adams St.	CH	1908-1909	11			
Fox	Charlie			PK	9 Feb. 1898				
Fox	Clarence	G. S. Fox	Sunny Slope Ave.	BS	1905-1907	7	1		
Fox	Harold	G. S. Fox		BS	20 Aug. 1906	6			
Fozer	Ray	A. B. Fozer	Cherry St.	LN	1919-1921		1B		
Frahm	Hertha	J. H. Frahm	429 Baker St.	BS	1905-1907	13			
Frahm	Marjorie	J. H. Frahm	Rt. 4	CH	7 Aug. 1922	12		21 Oct. 1910	
Frahm	Marjorie	L. H. Frahm	Mt. View Ave.	LN	1919-1920				
Frahm	Marjorie	John Frahm	Rt. 4	LN	1920-1921			21 Oct. 1910	
Frame	Arthur	A. Frame	806 6th St.	LN	9 Aug. 1921		1B	25 Aug. 1915	left

Surname	Given Name	Parent	Address	SD	Date/Date Range	Within Date Range Age	Gr.	Birth Date	Left/Comments
Frame	Stanley	Arthur Frame	806 6th St.	LN	Aug. 1921		2A	27 July 19...	
Francher	Grace	S. Francher	B & Hinley Sts.E3120	BS	1906-1907	8			
Francher	Mark	Mrs. Francher	528 BS	BS	Sch Yr 1906	9			
Franchini	Julia	Mrs. Ben Franchini	Dorigo	HC	1907	9			
Franchini	Julia	Mrs. B. Franchini	Annapolis	HC	1909-1910	11			
Franchuna	James			HC	Apr. 1893				
Franklin	Blandine	Mrs. Franklin	1908 D St.	BS	17 Aug. 1908	8			
Franklin	Blandine	Ben Franklin	208 G St.	BS	18 Jan. 1909	9	1A		
Franklin	Blendieu	Benj. Franklin	902 G St.	BS	Jan. 1908	9			
Franklin	Blendun	B. Franklin	1005 3rd St.	BS	20 Aug. 1906	6			
Franklin	Francis	L. Barthalmew	Santa Rosa	OL	1921-1922			10 July 1915	
Franklin	Myrtle	Mrs. W. Franklin	1168 6th St.	CH	1895-1896	13			
Franklin	Rose	Mrs. B. Franklin	508 G St.	BS	1908-1909	8	1B		
Franklin	Rosy	B. Franklin	1005 3rd St.	BS	20 Aug. 1906	7			
Franoli	Alice	Mrs. M. Franoli	212 Baker St.	CH	7 Aug. 1922	16		26 Mar. 1906	
Frary	Edward	Ed Frary	10 Bassett St.	LN	1919	6	1B		
Fraser	Marian	B. E. Fraser	Pleasant St.	CH	3 Sept. 1894	7			
Fraser	Russell	B. E. Fraser	Pleasant St.	CH	3 Sept. 1894	9			
Frasier	Amy			BS	19 Aug. 1918		3		
Frasier	Elizabeth		3rd St.	PK	Spring 1919				left
Frasier	Elizabeth	Mrs. B. Frasier	711 3rd St.	LN	1920-1921		1B	31 May 1914	
Frasier	Elwood	Frank Frasier	522 5th St.	PK	1914	4		14 July 1910	
Frasier	Lawrence		Bodega	PO	14 July 1874				
Frasier	Margaret	Mrs. V. L. Frasier	711 3rd St.	CH	7 Aug. 1922	13		10 Nov. 1909	
Frasier	Mary		Bodega	PO	14 July 1874				
Frasier	Wesley	Mrs. M. L. Frasier	474 C St.	BS	19 Aug. 1918	13			
Frates	Henry			BS	7 Aug. 1922		1		
Frates	Lillian	F. Frates	917 B St.	CH	Jan. 1914	14		23 Jan. 1908	
Fratini	Brena	C. Fratini	12 Vallejo St.	ML	1915				
Fratini	Brena	Casimiro Fratini	533 Vallejo St.	ML	Aug. 1912				
Fratini	Brena		624 E. D St.	ML	1916-1917		1B		
Fratini	Brena	Casimiro Fratini	702 E. D St.	ML	Aug. 1912				
Fratini	Etola	C. Fratini	624 E. D St.	ML					

Surname	Given Name	Parent	Address	SD	Date/Date Range	Within Date Range Age	Within Date Range Gr.	Birth Date	Left/Comments
Fratini	Guistiana		624 E. D St.	ML	Aug. 1912		1A		
Fratini	Gustiana	C. Fratini	12 Vallejo St.	ML	Jan. 1914				
Fratini	Gustiana	C. Fratini	12 Vallejo St.	ML	Aug. 1912				
Fratini	Gustiana	Casimiro Fratini	533 Vallejo St.	ML	1915				
Fratini	Gustiana	Casimiro Fratini	702 E. D St.	ML	1916				
Fratini	John	C. Fratini	12 Vallejo St.	ML	Aug. 1912				
Fratini	John	C. Fratini	12 Vallejo St.	ML	Jan. 1914				
Fratini	John		624 E. D St.	ML	Aug. 1912				
Fratini	Leno	C. Fratini	12 Vallejo St.	ML	1914				
Fratini	Leno	Casimiro Fratini	533 Vallejo St.	ML	1915				
Fratini	Leno	Casimiro Fratini	702 E. D St.	ML	1916-1917				
Fratini	Leno	Casimiro Fratini	702 E. D St.	ML	Aug. 1912				
Fratini	Lino	C. Fratini	702 E. D St.	CH	7 Aug. 1922	14		26 June 1908	
Fratini	Nella	Mr. Fratini	702 E. D St.	ML	1916		1B		
Fratis	Francis	Manuel Fratis	Bodega Ave.	PK	1903	4			
Frazier	J. A.			PO	8 Nov. 1875		7		school closed 19 Nov. 1875
Frazier	Julius	Wiley Frazier	Bodega	PO	1875-1877				
Frazier	Lawrence			PO	26 Apr. 1875				
Frazier	Ralph	Wiley Frazier	Bodega	PO	1876-1877	6			16 Nov. 1876
Fredericks	Alma	J. C. Fredericks	Box 3, RFD	BS	Jan. 1908	12			
Fredericks	Alma	J. C. Fredericks	RFD 2	CH	1908-1909	13			
Fredericks	Alma	Mrs. J. C. Fredericks	RFD 2	BS	1911?	13			
Fredericks	Annie May	Adolph Fredericks	Western Ave.	LN	1919-1921	9	2B	11 Aug. 1910	
Fredericks	George	Geo. Fredericks	505 Main St.	LN	1921			22 Sept. 1914	left 24 Oct. 1921
Fredericks	George	Ray Fredericks	501 Main St.	LN	1920-1921		2B	22 Sept. 1913	
Fredericks	Henry	M. H. Fredericks	672 7th St.	CH	1895-1896	12			
Fredericks	Martin	M. H. Fredericks	672 7th St.	BS	1905-1908	13			
Fredericks	Mary	Adolph Fredericks	Western Ave.	LN	1919-1921	9	2B	11 Aug. 1910	
Fredericks	Minnie	Morris Fredericks	672 7th St.	BS	1897	12	7		
Fredericks	Tillie	M. H. Fredericks	672 7th St.	BS		11	6		
Fredrecksen	Thelma			BS	21 Jan. 1918	15	1B		
Fredrichsen	Cornelius			LJ	18 June 1920	6	2		accelerated

Surname	Given Name	Parent	Address	SD	Date/Date Range	Within Date Range Age	Within Date Range Gr.	Birth Date	Left/Comments
Fredricks	Anne	Adolph Fredricks	218 Western Ave.	LN	Aug. 1921		L4	11 Aug. 1910	
Fredricks	Bince		Western Ave.	PK	1920				
Fredricks	Bruce	Jas. Fredricks	R 2	LN	Aug. 1922	1A	L1	23 Sept. 1916	
Fredricks	George	Ray Fredricks	501 Main St.	LN	1920-1921		1A	22 Sept. 1912	
Fredricks	Ida	M. H. Fredricks	7th St. bet H & G Sts.E2970	BS	5 Sept. 1892	11			
Fredricks	Nyra		Western Ave.	PK	1919-1920			16 Dec. 1914	
Fredricks	Nyra	Jas. Fredricks	Western Ave.	LN	21 Aug. 1921		2B	16 Dec. 1914	
Fredrickson	Elma	Jas. Frederickson	Main St.	CH	1897-1899	9			
Fredrickson	Elmor	J. Fredrickson	556 8th St.	BS	1900	12			
Fredrickson	Elmore	J. Fredrickson	F St.	BS	21 Aug. 1899	11			
Freeman	Edna	Charles Freeman	Rt. 2	CH	7 Aug. 1922	12		1 Apr. 1910	
Freeman	Ethel	Charles Freeman	Country	CH	1908-1909	8			
Freeman	Ethel	Charles Freeman	233 Rural Dr.	BS	1909	9			
Freeman	Ethel			BS	19 Aug. 1918		3		
Freeman	Mabel	M. L. Freeman	420 Prospect St.	BS	1905-1908	14			
Freeman	Mildred	Chas. Freeman	Spring Hill	BS	1909-1911	7	1A		
Freeman	Mildred			BS	21 Jan. 1918	14	1B		
Frehe	Alfred	A. Frehe	521 E. D St.	ML	1914				
Frehe	Alfred	Al Frehe	521 E. D St.	ML	Aug. 1912				
Frehe	Evalyne	A. Frehe	521 Adams St.	ML	1914				
Frehe	Evalyne	A. Frehe	521 E. D St.	ML	1914				
Frehe	Evelyne	A. Frehe	521 Adams St.	ML	Aug. 1912				
Frehe	Francis	Alfred Frehe	422 Washington St.	PK	1914			29 Dec. 1910	
Frey	Albert	John Frey	Windsor	OL	1927-1928			27 Oct. 1920	
Frey	Albert	John Frey		OL	1928-1930			27 Sept. 1920	
Frey	Charles	C. C. Frey	617 G St.	CH	7 Aug. 1922	12		4 June 1910	
Frey	Elizabeth	Claude Frey	617 G St.	LN	1920-1922		3A	9 June 1913	
Frey	Freda			OL	1928-1930			9 Oct. 1922	
Friedricksen	Carl	P. Friedricksen	Rt. 2	CH	7 Aug. 1922	12		6 May 1910	
Friggens	Etta LaRue	J. F. Friggens	Cor. Liberty+E3390 & Washington Sts.	BS	1899-1900				
Friske	George		415 Keokuk St.	PK	1920			16 Feb. 1917	
Fritch	Nellie			PK	1 Aug. 1898	5			

-113-

Surname	Given Name	Parent	Address	SD	Date/Date Range	Within Date Range Age	Within Date Range Gr.	Birth Date	Left/Comments
Fritsch	Bud	John Raymond Fritsch	869 6th St.	BS	1909	11			
Fritsch	Bud	J. R. Fritsch	869 6th St.	BS	1905-1907	11			
Fritsch	Bud	Raymond Fritsch	22 6th St.	CH	1908-1909	13			
Fritsch	Meacham	Mrs. E. Cantel	RFD 3	CH	1907-1909	13			
Fritsch	Mecham	W. S. Fritsch	773 Liberty St.	BS	1903-1907	8	2		
Fritsch	Mecham	Mrs. A. Cautel	RFD 3	CH		12			mother
Fritsch	Nellie			PK	3 Aug. 1896	4			
Fritsch	Nellie	J. R. Fritsch	869 6th St.	BS	1905-1907	12			
Fritsch	Nellie	J. R. Fritsch	22 6th St.	CH	1908-1910	15			
Fritz	Eddie		Washington St.	PK	1903	5			
Fritz	Glenna		Oak St.	PK	1903	4			
Fritz	Leon		Liberty St.	PK	18 Feb. 1918			14 Mar. 1912	
Fritz	Nellie	J. R. Fritsch	869 6th St.	BS	1906-1908	13	7A		
Froines	Elmer George	S. Prany	Rt. 4	CH	7 Aug. 1922	12		17 June 1910	
Frondsen	Norman	T. Frondsen	403 Washington St.	BS	1905-1907	13			
Frondson	Barbara		Fair St.	PK	20 Aug. 1928			13 Feb. 1923	
Frost	Eva	S. Frost	412 Bridge St.	BS	1904-1907	8			
Frost	Eva	Mrs. Clara Frost	412 Bridge St.	BS	1906	9	5		
Frost	Lillie	Mr. S. Frost	412 Bridge St.	BS	1904-1907	8	2		
Frost	Lillie	Mrs. Clara Frost	414 Bridge St.	BS			4		
Frost	Lily	S. Frost	412 Bridge St.	BS	Fall 1905	10			
Frost	Merrick	L. Frost	1257 3rd St.	BS		11			
Frost	Nina	S. Frost	412 Bridge St.	BS	1905-1907	14			
Frost	Phyllis	Mrs. Frost	Star Rt., Petaluma	BL	1927				left
Fuchs	Herman			LN	1919		1B		
Fugii	Hedeak	T. Fugii	Windsor	OL	1927-1928			25 Dec. 1920	
Fugii	Tamea			OL	1926-1927				
Fuiji	Menora	T. Fuiji	Windsor	OL	1921-1922		Rec.	7 Jan. 1915	
Fujie	Menora	T. Fujie	Windsor	OL	15 June 1923		1	7 Jan. 1915	
Fulkerson	Frances			TM	31 July 1922		5		
Fuller	Doris	F. L. Fuller	Hill Blvd.	LN	1921		1B	25 July 1914	
Fuller	Doris	F. L. Fuller	1020 B St.	LN	1920-1921		1B	25 July 1914	

Surname	Given Name	Parent	Address	SD	Date/Date Range	Within Date Range Age	Within Date Range Gr.	Birth Date	Left/Comments
Fuller	Dorothy	C. E. Fuller		CH	7 Aug. 1922	11		17 Nov. 1912	
Fuller	Edith	T. L. Fuller	Sunny Slope Ave.	LN	1920-1921		2A	18 Nov. 1909	
Fuller	Edith	F. L. Fuller	1020 B St.	LN	1919-1921		2B	18 Nov. 1909	
Fuller	Edith	Les Fuller	165 Webster St.	LN	Aug. 1921		L4	18 Nov. 1909	
Fuller	Lila			PK	1910			31 Aug. 1905	
Fuller	Percy	F. T. Fuller	602 D St.	BS	18 Jan. 1904	10	2		
Fuller	Percy	Mrs. Frank Fuller	Pierce St.	BS	1903-1905	10	2		
Fuller	Percy	F. L. Fuller	785 Keller St.	BS	1905-1907	12			
Fuller	Percy	F. T. Fuller	785 Keller St.	BS	1905-1907	12			
Fuller	Percy	P. Fuller	163 Webster St.	LN	Aug. 1922		L1	7 Aug. 1916	
Fuller	Thomas	Mrs. F. Fuller	785 Keller St.	BS	1905-1907	14			
Fuller	Viola	Mrs. R. F. Fuller	Sunnyslope Ave.	LN	1919-1920			16 Aug. 1908	
Fuller	Viola	L. Fuller	1020 B St.	LN	1920-1921				
Fumasoli	Charles	B. Fumasoli	514 I St.	BS	18 Jan. 1904	8	2		
Fumasoli	Charles	B. Fumasoli	674 I St.	BS	1905-1907	10			
Fumasoli	Charley	B. Fumasoli	614 I St.	BS	Spring 1908	12	5B		
Fumasoli	Lena	Chas. Fumasoli	514 I St.	BS	1907-1909	7	1A		
Fumasoli	Lina	Bernard Fumasoli	514 I St.	BS	20 Aug. 1906	6			
Fumasoli	Mario	Mr. Fumasoli	I St.	BS	1905-1907	7	1		
Fumasoli	Sylvia	B. Fumasoli	514 I St.	BS	1909	13			
Fumasoli	Sylvia	B. Fumasoli	514 I St.	BS	1905-1907	13			
Funey	Louis			HC	19 Aug. 1918		L1		
Funstill	Fillmore			LN	1921		1B		
Furia	Delfo	Mrs. R. Bianchi	Santa Rosa	OL	1924-1925			24 Aug. 1911	
Furia	Mary			OL	1928-1930			16 Oct. 1922	
Fury	Carl	Chas. F. Fury	617 Bassett St.	BS	1905-1908	15	8B		
Futterman	William			BS	19 Aug. 1918		1		
Fyfe	Benjamin	D. H. Fyfe	609 Walnut St.	CH	1908-1909	9			
Fyfe	Benjamin	David Fyfe	609 Walnut St.	BS	1908-1909	9			
Fyfe	David		Walnut & Galland Sts.	PK	1910	4			
Fyfe	Marie	D. H. Fyfe	Walnut St.	BS	1905-1908	9		22 Mar. 1906	
Fyfe	Marie	David H. Fyfe	609 Walnut St.	CH	1908-1909	12			

Surname	Given Name	Parent	Address	SD	Date/ Date Range	Within Date Range		Birth Date	Left/Comments
						Age	Gr.		
Gabel	Leslie	Mr. Gabel		BY	1926		L2	1 May 1917	
Gabel	Leslie	Mr. Gabel	Bay	BY	1926-1927			10 May 1917	
Gabel	Leslie	Mr. Gabel	Bay	BY	1927-1928			31 March 1917	
Gabel	Norma	Mr. Gabel	Bay	BY	1926-1928			12 Sept. 1915	
Gaffney	Andrew	Miles Gaffney	Bodega Bay	BY	1886-1889	16			
Gaffney	Andrew			PO	1876-1877				
Gaffney	C. M.			PO	8 Nov. 1875		6		school closed 19 Nov. 1875
Gaffney	J. S.			PO	8 Nov. 1875		7		
Gaffney	Joe	Miles Gaffney	Bodega Bay	BY	1886-1889	14			
Gaffney	John	Miles Gaffney	Bodega	PO	1875-1877				
Gaffney	Katie	Miles Gaffney	Bodega	PO	1875-1877				
Gaffney	M. T.			PO	8 Nov. 1875		7		school closed 19 Nov. 1875
Gaffney	Martin	Miles Gaffney	Bodega	PO	1875-1877				
Gaffney	Mike			PO	26 Apr. 1875				
Gaffney	Miles	Miles Gaffney	Bodega	PO	1876-1877	6			26 Sept. 1876
Gaffney	Willie			PO	1875-1877				
Gail	Irene	E. C. LaPorte	1069 5th St.	BS	Jan. 1908	7			
Gains	Mary Virginia	Mrs. E. Gains	Boyes Springs	FL	15 Sept. 1930	6	1	6 Apr. 1924	
Gale	Carrie	Minnie L. Gale	855 Howard St.	BS	1905-1907	12			
Gale	Carrie	Carrie Limbaugh	Howard St.	BS	1905-1907	14	4		
Gale	Carrie	Mrs. M. Gale	119 Howard St.	BS	Jan. 1908	15			
Gale	Earleen		406 Western Ave.	PK	19 Aug. 1929			14 Apr. 1924	
Gale	Edith	Mrs. M. C. Gale	855 Howard St.	BS	1905	8	2		
Gale	Edith	M. A. Gale	855 Howard St.	BS	1905-1907	9			
Gale	Edith	Mrs. M. S. Gale	855 Howard St.	BS	Fall 1906	9			
Gale	Edith	Mrs. M. L. Gale	119 Howard St.	BS	Jan. 1908	11			
Gale	Edith	Mrs. M. L. Gale	119 Howard St.	CH	1908-1909	12			
Gale	Francis	Rev. Gale	Howard St.	PK	1914	4		10 Nov. 1910	
Gale	Frank			BS					
Gale	Frank C.	O. S. Gale	District	BY	1886-1889	5			
Gale	Fred A.	O. S. Gale	District	BY	1886-1889	8			
Gale	Geneva	Mrs. M. L. Gale	119 Howard St.	BS	Jan. 1908	13			

Surname	Given Name	Parent	Address	SD	Date/Date Range	Within Date Range Age	Gr.	Birth Date	Left/Comments
Gale	Geneva	Mrs. M. L. Gale	119 Howard St.	CH	1908-1909	14			
Gale	George McNear	W. S. Gale	710 BS	BS	1917-1918	15			
Gale	Leland	W. S. Gale	710 B St.	CH	1908-1909	10			
Gale	Leland	W. S. Gale	Denman St.	BS		12			
Gale	Louey	Mrs. Gale	855 Howard St.	PK	1903	5			
Gale	Louise	Mrs. Gale	855 Howard St.	BS	1907-1909	8	1A		
Gale	Lovie	Mrs. M. Gale	855 Howard St.	BS	1905-1907	6			
Gale	Maria Isabel	Mrs. W. S. Gale	636 D St.	PK	1914			26 Sept. 1909	
Gale	Maud			BS	1898				
Gale	Neva	Mrs. M. L. Gale	855 Howard St.	BS	1905-1907	10			
Gale	Wallace		408 Kentucky St.	PK	1921-1922	4		17 Mar. 1917	
Gallage	Mabel Clare		664 Howard St.	PK	1903	5			
Gallagher	Bessie	J. P. Gallagher	718 E St.	PK	1903				
Gallagher	Clare			BS	21 Jan. 1918	18	3B		
Gallagher	Genevieve	J. P. Gallagher	328 Howard St.	CH	1908	13			
Gallagher	Loretta	J. P. Gallagher	328 Howard St.	CH	1908	15			
Gallaher	Betty	R. Gallaher	Sebastopol	EC	1929-1931			17 Feb. 1924	
Gallaher	Grace	Robt. Gallaher	Sebastopol	EC	1925-1930			17 Nov. 1914	
Gallaher	Grace	Robert Gallaher	Sebastopol	EC	1927-1928			14 Nov. 1914	
Gallaher	Leonard	Robt. Gallaher	Rt. 3, Sebastopol	EC	1925-1931			19 May 1918	
Gallaher	Marguerite	Robt. Gallaher	Sebastopol	EC	1925-1927			18 Apr. 1913	
Galle	Margaret			ES	1914	10	6		
Galle	Margaret			ES	1917	13			grad.
Gallo	Domingo	D. Gallo	Glen Ellen	FL	1925-1926			19 Nov. 1911	
Gallo	Enricco	D. Gallo	Glen Ellen	FL	1926-1928	12	6	20 May 1914	
Gallo	Enricco	D. Gallo	Glen Ellen	FL	1925			21 May 1914	
Gallo	Flora	Mrs. Gallo	Agua Caliente	FL	11 Sept. 1928	9	3	17 Mar. 1920	
Gallo	Flora	Mrs. Gallo	Madrone	FL	9 Sept. 1929	9	4	12 Mar. 1920	
Gallo	Flora	D. Gallo	Glen Ellen	FL	4 Sept. 1931	11	6	17 Mar. 1920	
Gallo	Florence	D. Gallo	Glen Ellen	FL	15 Sept. 1930	10	5	27 Mar. 1920	
Gallo	Guido	Duilo Gallo	Glen Ellen	FL	4 Jan. 1926	10	5	20 Mar. 1916	
Gallo	Guido	Santina Gallo	Glen Ellen	FL	1927-1929	12	8	20 Mar. 1916	

-117-

Surname	Given Name	Parent	Address	SD	Date/Date Range	Within Date Range		Birth Date	Left/Comments
						Age	Gr.		
Gallo	Guido	Druillo	Agua Caliente	FL	1924			20 Mar. 1916	
Gallo	William	Mrs. Gallo	Agua Caliente	FL	14 Sept. 1931	5	1	22 Dec. 1925	
Gamage	Gwyneth	Mrs. L. Gamage	955 6th St.	BS	20 Aug. 1906	7	2		
Gamage	Gwyneth	Mrs. Lilian Gamage	955 6th St.	BS	1909	8			
Gamage	Gwyneth	Mrs. L. L. Gamage	100 6th St.	BS	1908-1909	9			
Gamage	Gwyneth	Mrs. L. L. Gamage	100 6th St.	BS	1911?	11			
Gambini	Rosie	J. Mazzoni	Bodega Bay	BY	1896-1901	12			
Gandola	Ambrose	Antoni Gandola	Tomales	TM	21 Apr. 1930			17 Apr. 1923	
Gandolfi	Katherine	Edward Gandolfi	601 English St.	BS	1906-1907	10	1		
Gandolfi	Victorine	Edward Gandolfi	601 English St.	BS	20 Aug. 1906	7	1		
Gandy	Betty	Mrs. A. M. Nelson	R 3	MV	1928-1929			29 July 1921	
Ganos	Chris	Sam Ganos	Boyes Springs	FL	1926-1929	11	5	9 June 1915	
Ganos	Chris	Sam Ganos	Boyes Springs	FL	1927-1928	12	7	7 June 1915	
Ganos	Chris	Sam Ganos	Boyes Springs	FL	1924			8 June 1915	
Garayalde	Beatrice	J. Garayalde	Santa Rosa	OL	1921-1923		2	17 July 1913	
Garayalde	Beatrice	Joseph Garayalde	Santa Rosa	OL	1924-1925			17 July 1914	
Garayalde	Chas.			OL	1926-1928				
Garayalde	Joe	Mrs. A. Garayalde	Santa Rosa	OL	1921-1923		L2	15 Sept. 1914	
Garcia	Ben	B. Garcia	Sebastopol	EC	1928-1931			17 Dec. 1922	
Garcia	Benito Garcia		Vallejo & E.D Sts.	ML	1915				
Garcia	Frank	Ben Garcia	R 3, Sebastopol	MV	1922-1925			6 May 1915	
Garcia	Frank	Ben Garcia	Sebastopol	EC	1925-1931			6 May 1915	
Garcia	Frank	Ben Garcia	R 3, Sebastopol	MV	1923-1925		1		
Garcia	John	B. Garcia	Sebastopol	EC	1925-1931			12 June 1917	
Garcia	Lester	M. Garcia	220 Stanley St.	LN	Aug. 1922		L1	14 Sept. 1914	left
Garcia	Theodore	Ben Garcia	Sebastopol	EC	1925-1931			10 Dec. 1919	left
Garcia	Burdetta	M. Garcia	220 Stanley St.	LN	Aug. 1922		L1	25 Apr. 1916	
Gardener	Gaston	Bert Gardener	5th St.	CH	1901-1903	8			
Gardner	Dorothy	William N. Gardner	Sunny Slope Ave.	BS	1909	11			
Gardner	Dorothy	Mrs. Rose Gardner	Sunny Slope Ave.	BS	1905-1907	12			
Gardner	Dorothy	Mrs. R. M. Gardner	Sunny Slope Ave.	CH	1908-1909	14			
Gardner	Gaston	B. Gardner	1023 5th St.	BS	18 Jan. 1904	11	2		
Gardner	Willie	Mrs. W. N. Gardner	Sunny Slope Ave.	BS	1905-1909	14			

Surname	Given Name	Parent	Address	SD	Date/Date Range	Within Date Range Age	Within Date Range Gr.	Birth Date	Left/Comments
Garloff	Donald	Wm. Garloff	R 3, Sebastopol	MV	1918-1922	9	4		
Garloff	Donald	W. F. Garloff	Rt. 2, Box 245	MV	1924-1925		6	4 Apr. 1913	
Garloff	Donald	W. F. Garloff	R 3, Sebastopol	MV	1925-1926			4 Apr. 1913	
Garloff	Donald	W. Garloff	Cunningham	MV	1926-1927			4 Apr. 1913	
Garloff	Earnest	W. F. Garloff	R 3, Sebastopol	MV	1923-1924		4	13 Sept. 1914	
Garloff	Edward	Edward Garloff	R 3	MV	1929-1930			19 June 1923	
Garloff	Edward	Edward Garloff	R 3	MV	1930-1931			21 June 1923	
Garloff	Ernest	William Garloff	R 3, Sebastopol	MV	1920-1923	7	3		
Garloff	Ernest	Wm. Garloff		MV	1922-1923	8		13 Sept. 1914	
Garloff	Ernest	W. F. Garloff	R 3, Sebastopol	MV	1925-1927			13 Sept. 1915	
Garloff	Ernest	W. F. Garloff	Cunningham P. O.	MV	1926-1927			13 Sept. 1914	
Garloff	Francis	Fred Garloff	Sebastopol	MV	1925-1926				
Garloff	Franklin	Carl Garloff	R 3, Sebastopol	MV	1920-1931	7	1	19 Dec. 1914	
Garloff	Harriet	Carl Garloff	Sebastopol	MV	1920-1927	8	3		
Garloff	Janet	Edward Garloff	R 3, Sebastopol	MV	1926-1931			19 Aug. 1920	
Garloff	Kathryn	F. Garloff	R 3, Sebastopol	MV	1924-1925			29 Sept. 1914	
Garloff	Lawrence	W. Garloff	Sebastopol	MV	1922-1928	8		13 Apr. 1917	
Garloff	Lawrence	Mrs. Jessie Garloff	R 3	MV	1929-1931			13 Apr. 1917	
Garloff	Marvin	Ben Garloff	R 3	MV	1929-1930			25 Dec. 1923	
Garloff	Marvin	Ben Garloff	R 3	MV	1930-1931			2 Dec. 1923	
Garloff	Ronald	Wm. Garloff	Sebastopol	MV	1918-1927		1		
Garloff	Ronald	W. Garloff	Cunningham P. O.	MV	1921-1927		4	4 Apr. 1913	
Garloff	Virginia	F. Garloff	R 3, Sebastopol	MV	1924-1925			24 Mar. 1915	
Garloff	Vivian	Ben Garloff	R 3	MV	1928-1931			29 Aug. 1922	
Garloff	W. Garloff		R 3, Sebastopol	MV	1923-1924		5	4 Apr. 1913	
Garloff	William	Wm. Garloff		MV	1918-1919		2		
Garloff	William	W. Garloff	R 3, Sebastopol	MV	1921-1922		4	29 Sept. 1912	
Garloff	William	W. Garloff	Cunningham	MV	1926-1927			29 Oct. 1911	
Garloff	Wm.			MV	1921-1922		5	29 Oct. 1911	
Garloff	Wm.	W. F. Garloff	Rt. 2, Box 245	MV	1923-1925		7	29 Oct. 1912	
Garoni	Charley	Mrs. Eva Johnson	Agua Caliente	FL	11 Sept. 1928	14	8	13 Apr. 1915	
Garoni	Charley	Mrs. Eva Garoni	Agua Caliente	FL	1924			13 Apr. 1915	
Garoni	Charlie	Mrs. Eva Johnson	Agua Caliente	FL	1926-1928	11	5	13 Apr. 1914	

Surname	Given Name	Parent	Address	SD	Date/Date Range	Within Date Range Age	Gr.	Birth Date	Left/Comments
Garrety	Lena		127 Keller St.	PK	3 Aug. 1914			29 June 1910	
Garrison	Irene	Charles Garrison	414 Howard St.	LN	1920-1921		4B	16 Feb. 1911	
Garrison	Samuel	Chas. Garrison	Two Rock	LN	1921-1922		3A	9 Feb. 1913	
Garrison	Samuel	Chas. Garrison	414 Howard St.	LN	1920-1921		3B	9 Feb. 1913	
Garside	George	T. Garside	615 Main St.	LN	Aug. 1922	1A	L1	19 Dec. 1915	
Garth	Rena			PK	1895				
Gaudy	Harry	H. Gaudy		TM	1895-1897	14			
Gaudy	Sarah	H. Gaudy		TM	1895-1897	12			
Gaver	Poe	A. P. Gaver	23 Keller St.	CH		14			
Gay	Leroy	F. Gay	416 Walnut St.	BS	18 Jan. 1909	7			
Gay	Leroy	F. Gay	800 F St.	BS	17 Aug. 1908	7			
Gay	Leroy	Thos. Gay	Cor. Kent & Walnut Sts.	BS	18 Jan. 1909	8	1A		
Gay	Leroy	Thomas Gay	10 Laurel Ave.	BS	1909	9			
Gay	Paul		137 Keokuk St.	PK	1914			10 Feb. 1910	
Gaylord	Bertha		Bodega	PO	14 July 1874				
Geahart	E. B.	Edwin Geahart	334 Bodega Ave.	BS	1909	8			
Gearhart	S. B.	E. B. Gearhart	27 Bodega Ave.	BS	1908-1910	6			
Geary	Marjorie	W. F. Geary	216 A Walnut St.	ML	1916		6A		
Gebhardt	Elsie	Chris Gebhardt	1169 5th St.	BS	1903-1905	8	2		
Gebhardt	Elsie	C. Gebhardt	786 Keller St.	BS	1905-1906	11			
Gebhardt	Elsie	C. Gebhardt	112 Keller St.	CH	1908-1909	13			
Gebhardt	Elsie	C. Gebhardt	112 Keller St.	BS	Jan. 1908	13			
Gebhardt	Hazel	C. Gebhardt	786 Keller St.	BS	1905-1907	9			
Gebhardt	Hazel	Mrs. D. Gebhardt	786 Keller St.	BS	Fall 1906	9			
Gebhardt	Hazel	C. J. Gebhardt	1121 Keller St.	BS	1908-1909	10			
Gebhardt	Henry	C. J. Gebhardt	112 Keller St.	BS	17 Aug. 1908	6			
Gebhardt	John	Chris Gebhardt	786 Keller St.	BS	1905-1908	14			
Gebhardt	Lidia	C. Gebhardt	786 Keller St.	BS	1905-1907	13			
Gebhardt	Lydia	C. Gebhardt	112 Keller St.	CH	1907-1909	15			
Gebhardt	Lydia	Mrs. C. Gebhardt	112 Keller St.	BS	1906-1908	15	8B		
Geils	Charlie			LJ	1914-1920	6	1		
Geils	Dorothy			ES	1905	6	1		
Geils	Dorothy			LJ	1908-1913	8	3		

Surname	Given Name	Parent	Address	SD	Date/Date Range	Within Date Range Age	Gr.	Birth Date	Left/Comments
Geils	Elsie			ES	1904	11	6		
Geils	Elsie			LJ	June 1908	14	8		
Geils	George			LJ	1909-1915	7	2		
Geils	Rosa			ES	1904	8	4		
Geils	Rose			LJ	11 June 1910	8	13		graduating
Geils	Rose			LJ	June 1908	11	7		
Geils	Walter			LJ	1911-1917	6	1		
Gekkeler	Esther			BS	21 Jan. 1918	16	3B		
Gelchen	Dewey	Mrs. Mann	831 Western Ave.	BS	Jan. 1908	8			
Genelli	Marie			ML	Jan. 1912		2A		
George	Daisy	Mrs. A. O. George	716 F St.	BS	1905-1907	8			
George	Daisy	A. O. George	Mt. View R. 3	BS	1907-1909	11			
George	Daisy	A. O. George	Mt. View Ave., RFD	BS	1911?	12			
George	Jaime Evangeline		Grant Ave.	PK	1920			31 July 1915	
George	Jeanne	A. C. George	Rt. 5	LN	1921-1922		1B	30 July 1915	
George	Mabel	Mrs. A. O. George	716 F St.	BS	1905-1907	6			
George	Mabel	A. George	Mountain	BS	Jan. 1907	7			
George	Mabel	A. O. George	Mt. View Ave.	CH	1908-1909	9			
George	Mable	Mr. George	Tuition	BS	20 Aug. 1906	6	1		
George	Mary Evelyn		Sonoma House	PK	Spring 1924			23 Oct. 1918	
Geotz	Elmer	H. Geotz	807 BS	BS	1905-1907	7	1		
Gerckens	Fritz	Henry Gerckens	Washington St.	CH	1898	10	2		
Gerhardt	Lydia	Mr. Gerhardt		BS	1906-1908	15	8B		
Gerle	Archie	Mrs. A. Luckey	Cedar Grove	BS	1905-1907	7	1		
Gerle	Archie	Mrs. Gerle	1069 5th St.	BS	1906-1907	9			
Geroni	Charley	Mrs. Eva Johnson	Agua Caliente	FL	2 Jan. 1929	14	8	13 Apr. 1915	
Gerstenberg	Helen	F. Gerstenberg	Rt. 2	BS	1911?	11			
Gervasoni	Annie	C. Gervasoni	104 3rd St.	BS	1909-1911	7	1A		
Gervasoni	Frank	C. Gervasoni	1043 3rd St.	BS	Aug. 1908	9	1A		
Getchel	Cora	Mrs. Marm	Fair St.	BS	1906	8			
Getchell	Cora	Mr. Mann	427 Western Ave.	BS	Jan. 1907	9	2		
Getchell	Cora	Mrs. E. H. Minn	Western Ave.	CH	1908-1909	10			

Surname	Given Name	Parent	Address	SD	Date/Date Range	Within Date Range Age	Within Date Range Gr.	Birth Date	Left/Comments
Getchell	Dewey	Mrs. Mann	472 Western Ave.	BS	19 Aug. 1907	8			
Getchell	Harry	E. Getchell	409 Fair St.	BS	1905-1907	12			
Getchell	Harry	Mrs. E. Mann	427 Western Ave.	BS	Fall 1905	13			
Geucke	Gladys			FL	13 Aug. 1917	6	1		
Geucke	Gladys	Mrs. Geucke	Fetters Springs	FL	1923			29 Nov. 1911	
Geucke	Gladys	Mrs. A. Debold	Fetters Springs	FL	1925			29 Nov. 1911	
Geus	Rosie			ES	1905	9	5		
Gherkins	Fritz		Washington St.	CH	1897-1899	9			
Giacomini	Berfred	T. Giacomini	Ellis St.	ML	1919	7	1B		
Giacomini	Waldo	T. Giacomini	Ellis St.	ML	1919	6	1B		
Giampaoli	Anita			BS	21 Jan. 1918	15	1B		
Gianella	Maria	Carl Gianelli	245 Bremen St.	ML	Jan. 1914				
Gianelli	Joe	Chas. Gianelli	135 Bremen St.	ML	1916				
Gianelli	Joe	Chas. Gianelli	135 Wilson St.	ML	1919-1920				from Convent
Gianelli	Marie	Carl Gianelli	245 Bremen St.	ML	Aug. 1912				
Gianoni	Peter			CH	1901-1903				
Gianoni	Peter		Main St.	BS	1906	7	2		
Gibbs	Ada	Ed Gibbs	Howard St.	CH	1898	7	2		
Gibbs	Fred	F. H. Gibbs	511 Kentucky St.	CH	1908-1909	11			
Gibbs	Freddie	F. Gibbs	570 Kentucky St.	BS	1905-1907	6	1		
Gibbs	Tessie	Fred. Gibbs	Cedar Grove	CH	1897-1899	8			
Gibbs	Tessie	F. H. Gibbs	570 Kentucky St.	BS	1906-1908	14	8A		
Gibbs	Zoie	F. H. Gibbs	570 Kentucky St.	BS	1905-1906	10			
Gibbs	Zoie	F. H. Gibbs	511 Kentucky St.	CH	1908-1909	12			
Gibbs	Zoie	F. H. Gibbs	511 Kentucky St.	BS	Jan. 1908	12			
Gibby	Clyde	Mrs. E. Gibby	18 Liberty St.	LN	Aug. 1922		L1	6 June 1915	
Giberson	Wallace	I. Giberson	711 G St.	BS	1906-1908	15	7A		
Gibson	Eva			BS	1898				
Gibson	Leona	J. D. Gibson	719 I St.	BS	1908-1909	11			
Gibson	Leona	J. D. Gibson	505 2nd St.	CH	1908-1909	12			
Gibson	Thelma	J. D. Gibson	5th St.	CH	1908-1909	9			
Gibson	Thelma			BS	21 Jan. 1918	18	3A		
Gibson	Valerie	J. D. Gibson	505 2nd St.	BS	1908-1909	12			

Surname	Given Name	Parent	Address	SD	Date/Date Range	Within Date Range Age	Within Date Range Gr.	Birth Date	Left/Comments
Gibson	Valerie	J. D. Gibson	719 I St.	BS	1908-1909	12			
Gibson	Valerie	J. D. Gibson	Petaluma	BS	1911?	14			
Gibson	Wilburn	Mr. Gibson	119 3rd St.	BS	1908-1910	7			
Gibson	Wilburn	Mrs. Jeff. Gibson	5th St.	BS	1909-1911	8	1A		
Gibson	Wilburn	Jefferson Gibson	416 4th St.	BS	1909	10			
Gibson	Wilburn	Jeff Gibson	15 Fair St.	BS	Jan. 1917		1A		
Gibson	Wilburn Wyatt			BS		16			
Gienini	Zelma	J. Gienini	420 Fair St.	LN	1920-1921		1A	25 June 1912	left
Gikkeler	Esther			BS	19 Aug. 1918		4		
Gilardi	Frank	Frank Gilardi	423 E. Washington St.	ML	1919		2A		
Gilardi	Frank	Frank Gilardi	423 E. Washington St.	ML	1916		Rec.		
Gilardi	Frank	Frank Gilardi	610 E. Washington St.	ML	1920			4 May 1911	
Gilardonio	Albino	John Gilardonio	District	BY	1918-1919		4		
Gilbert	Earl	Mrs. A. B. Gilbert	Prospect St.	BS	1905-1907	7	1		
Gilbert	Howard	H. G. Gilbert	D St.	BS	1892-1893	11			
Gilbert	Isabel	Mrs. Hattie Gilbert	814 D St.	CH	1908-1909	17	Sr.		
Gilbert	Myrtle	H. G. Gilbert	D St.	BS	1892-1893	12			
Gilbert	Platt	Mrs. Hattie Gilbert	618 D	BS	1906-1908	16	8B		
Gilchrist	Leona	D. D. Gilchrist	414 G St.	LN	1921		1B	3 Dec. 1914	
Gilger	Carl	C. T. Gilger	111 6th St.	CH	1908-1909	15	Fr.		
Gill	Nicholas			PO	26 Mar. 1875				
Gill	Warren			BS	1906-1908		8A		
Gilmon	Avesta	Henry Gilmon	6th St.	BS	21 Aug. 1899	10			
Gilmore	Avesta	Henry C. Gilmore	Main St.	CH	1896-1899	7			
Gilmore	Avesta			PK	1896				
Gilmore	Mary			PK	1895				
Gilmore	May		Main St.	PK	3 Aug. 1896	6			
Gini	Fidelma	Polin Gini		CH	17 Aug. 1896	11			
Gintea	James M.		14 Liberty St.	PK	Spring 1923			16 Apr. 1918	
Ginter	James		Howard St.	PK	Spring 1924			16 Apr. 1918	
Giononi	Peter	P. Giononi	Country	BS	1905-1907				
Giorsetta	Alba	Steve Giorsetta	R 3, Sebastopol	CN	1927-1928			8 Jan. 1916	
Giovanette	Emily			OL	1929-1930			8 Oct. 1923	

Surname	Given Name	Parent	Address	SD	Date/Date Range	Within Date Range Age	Gr.	Birth Date	Left/Comments
Giovanetti	Chas.	M. Giovanetti	Santa Rosa	OL	1927-1929			14 June 1921	
Girard	Albert	Mrs. Girard	Fetters Springs	FL	4 Jan. 1926	10	5	14 Jan. 1915	
Girard	Albert	George Fetters	Fetters Springs	FL	3 Feb. 1927	12	6	4 Jan. 1915	
Giraud	Eugenia			BS	21 Jan. 1918	16	2A		
Giraud	Lucile			BS	19 Aug. 1918		1		
Gist	Fannie	J. Gist	5th & G Sts.	CH	1895-1896	14			
Gist	Fanny	J. L. Gist	Cor. 5th St. & G Sts.	BS	5 Sept. 1892	11			
Gist	Louis	J. S. Gist	7th St.& G Sts.	BS		13	6		
Giuberson	Wallace	I. Giuberson	617 G St.	CH	1908-1909	16			
Givens	Elmer		140 Howard St.	PK	19 Aug. 1929			3 June 1925	
Glahn	Florence	Mrs. S. Glahn	612 Oak St.	BS	Fall 1906	10			
Glahn	Florence	F. Glahn	200 Oak St.	BS	1908-1909	12			
Glahn	Florence	Mrs. F. Glahn	200 Oak St.	CH	1908-1909	13			
Glahn	Grace	Oscar Glahn	404 4th St.	LN	1919-1921			7 May 1912	
Glahn	Wallace	Oscar Glahn	404 4th St.	LN	1919-1921		1A	31 Jan. 1914	
Glahn	Wallace	Oscar Glahn	404 4th St.	LN	1921-1922		3A	31 Jan. 1914	
Glahn	Wallace E.		404 4th St.	PK	1918-1919				
Gland	Florence	Mrs. F. Glahn	200 Oak St.	BS	Jan. 1908	12			
Glantz	Kenneth	George Glantz	Sebastopol	EC	1927-1929			31 July 1921	
Glazier	Alice		426 Upham St.	PK	Fall 1919			8 Jan. 1913	
Glazier	Billy	Walter Glazier	108 3rd St.	LN	9 Aug. 1921		1B	26 Feb. 1916	
Glazier	Sammy		426 Upham St.	PK	Fall 1919			8 Mar. 1914	
Glazier	Walter	Walter Glazier	316 3rd St.	LN	1921		1A	10 July 1914	
Glazier	Walter	Walter Glazier	104 3rd St.	LN	1920-1921		1B	10 July 1914	
Glickbarg	Manuel	Abraham Glickbarg	1151 6th St.	BS	1905-1907	12			
Glickbarg	Sam	A. Glikbarg	504 6th St.	CH	1908-1909	11			
Glickbarg	Sam	A. Glickbarg	504 6th St.	BS	Jan. 1908	11			
Glickbarg	Sammy	A. Glickbarg	516 Post St.	PK	1903	5			
Glikbarg	Joseph	A. Glikbarg	500 6th St.	CH	1908-1909	17	Sr.		
Glikbarg	Manuel	A. Glikbarg	500 6th St.	CH	1907-1909	15			
Glikbarg	Sam	A. Glikbarg	500 6th St.	BS	1908	10	5B		
Glover	Etta			TM	20 Feb. 1899		Rec.		
Glover	Nettie			TM	20 Feb. 1899		1B		

Surname	Given Name	Parent	Address	SD	Date/Date Range	Within Date Range		Birth Date	Left/Comments
						Age	Gr.		
Gobba	Mary	Peter Gobba	Fallon	ES	1920-1921		5	1 Jan. 1911	
Gobba	Mary	P. Gobba	Fallon	ES	1921-1922		5	4 Jan. 1911	
Gobbi	James			ES	1909-1912	13	5		
Gobbi	James			ES	1904-1905	19	5		
Gobbi	John			ES	1909-1913	11	3		
Gobbi	Johnnie			ES	1904-1905	9			
Gobbi	Maggie	Joe Gobbi	Valley Ford	ES	1912-1920	7	1		
Gobbi	Mary			ES	1912-1920	6	1		
Gobbi	Pete	Joe Gobbi	Valley Ford	ES	1915-1920		1		
Gobbi	Peter	Joseph Gobbi	Tomales	TM	1921-1926			16 May 1909	
Goble	Colman		224 Walnut St.	PK	Fall 1919			26 Feb. 1914	
Goetz	Elmer	H. Goetz	807 BS	BS	Sch Yr 1906	7			
Goffstein	Isadore	Leon Goffstein	606 6th St.	LN	1920-1921			15 Sept. 1911	
Goffstein	Pauline	Leon Goffstein	606 6th St.	LN	1920-1922			15 Sept. 1911	
Gold	Annie	John Gold	Cherry Valley	CH	1908-1909	7			
Gold	Annie	John Gold	Cherry Valley	BS	1909	8			
Gold	John	John Gold	Cherry Valley	CH	1908-1909	11			
Gold	John	John Gold	Cherry Valley	BS	Jan. 1908	11			
Gold	Rachel	John Gold	Cherry Valley	BS	1908-1910	6			
Goldman	Stanley		16 Kent St.	PK	1921			28 Feb. 1916	
Goldman	Stanley	M. Goldman	16 Kent St.	LN	Aug. 1922		L1	28 Feb. 1916	
Goldstein				BS	1899-1900				
Gomez	Isabel	L. Gomez	Valley Ford	ES	1921-1922		2	26 Apr. 1911	
Gomez	Isabel			ES	1924-1925			26 Apr. 1911	
Gomez	Joe			ES	1924-1925			12 Sept. 1916	
Gomez	Mitchell	L. Gomez	Valley Ford	ES	1921-1922		2		
Gomez	Mitchell			ES	1924-1925				
Gondolfi	Katherine	Mrs. Elizabeth Gondolfi	223 English St.	BS	1909	13		30 Dec. 1913	
Gondolphi	Victorine	E. Gondolphi	601 English St.	BS	19 Aug. 1907	7			
Gonella	Victor	August Gonella	126 Kentucky St.	LN	1919-1920				
Gonsalves	Frances	Mrs. John Gonsalves	1059 3rd St.	BS	1905-1907	10			
Gonsalves	Frances L.	John S. Gonsalves	137 Keokuk St.	CH	1907-1910	12			

-125-

Surname	Given Name	Parent	Address	SD	Date/Date Range	Within Date Range		Birth Date	Left/Comments
						Age	Gr.		
Gonsalves	Frances	John S. Gonsalves	144 Liberty St.	CH	1907-1909	13			
Gonsalves	George	J. S. Gonsalves	1011 3rd St.	BS	1909	12			
Gonsalves	George	J. S. Gonsalves	137 Keokuk St.	CH	1908-1909	13			
Gonsalves	George	John S. Gonsalves	144 Liberty St.	CH	1908-1909	14			
Gonsalves	George	J. S. Gonsalves	1059 3rd St.	BS	1905-1907				
Gonzales	Lewis		Howard St.	PK	3 Aug. 1914			5 Mar. 1910	
Good	Charles	Dick Good	Mt. View Ave.	LN	1919-1921		1A	10 Sept. 1912	
Good	Charles	Dick Good	80 Mt. View Ave.	LN	Aug. 1921		L4	10 Feb. 1912	
Good	Richard	Richard Good	Mt. View Ave.	LN	1920-1921		4B	13 Jan. 1911	
Goodwin	Alice	Wm. Goodwin	Upham St.	CH	Aug. 1895	10			
Goodwin	Alice	Wm. Goodwin	1266 Adams St.	BS		13			
Goodwin	Bertie			PE	26 Aug. 1895		1		
Goodwin	Carrie	Wm. Goodwin	Adams St.	BS	1892-1893	11			
Goodwin	Florence	C. A. Goodwin	I St.	BS	1909	13			
Goodwin	Florence	C. A. Goodwin	I St. RFD	BS	1905-1907	13			
Goodwin	Grace			BS	21 Jan. 1918	17	3B		
Goodwin	Jennie	W. Goodwin	Adam St.	BS	5 Sept. 1892	13			
Goodwin	Linwood	C. A. Goodwin	I St.	BS	1905-1907	11			
Goodwin	Linwood	Charles A. Goodwin	I St.	BS	1909	12			
Goodwin	Linwood	C. A. Goodwin	Rural	CH		14			
Goodwin	Sam	Wm. Goodwin	Upham St.	CH	Aug. 1895	8			
Goodwin	Sam	Wm. Goodwin	1266 Adams St.	BS	1892-1893	11			
Goodwin	Will	Wm. Goodwin	Adams St.	BS	1905-1907	9			
Gordon	Arthur	Mrs. W. L. Gordon	465 F St.	BS	1905-1907	6			
Gordon	Edna		Bay District	BY	1919-1920		H1		
Gordon	Ethel	W. L. Gordon	465 F St.	BS	1906-1908	14	8B		
Gordon	Manuel	I. Gordon	614 Main St.	BS	1905	8			
Gordon	Martha		Bay District	BY	1919-1920				
Gordon	Meyer	I. G. Gordon	614 Main St.	BS	1905-1907	10			
Gordon	Russell		Bay District	BY	1919-1920		4		
Gordon	Ruth	W. S. Gordon	465 F St.	BS	1905-1907	11			
Gordon	Ruth	Mrs. L. R. Gordon	465 F St.	BS	1905-1907	11			
Goree	Lorin			PK	20 Aug. 1928			8 Dec. 1922	

Surname	Given Name	Parent	Address	SD	Date/ Date Range	Within Date Range		Birth Date	Left/Comments
						Age	Gr.		
Goreham	Alvena	M. L. Goreham	154 Bremen St.	ML	1915				
Goreham	Marlin	M. L. Goreham	154 Bremen St.	ML	1915				
Goreham	Myron	M. L. Goreham	154 Bremen St.	ML	1915				
Gorll	Louis		25 Park Ave.	PK	1927-1928			8 Dec. 1922	
Goshen	Chas.			BS	1894-1895		Jr.		
Goshen	Lizzie			BS	1898				
Gossage	Harry	Dr. H. Gossage	6 & B St.	PK	1903	4			
Gossage	Harry	Dr. H. S. Gossage	278 B St.	CH	1908-1909	9			
Gossage	Marjorie	Dr. H. Gossage	6 & B St	PK	1903	5			
Gossage	Marjorie	Dr. H. S. Gossage	827 B St.	CH	1908-1909	10			
Gossage	Marjorie	Dr. H. S. Gossage	827 B St.	BS	Jan. 1908	10			
Gossage	Mary Edna	Dr. H. Gossage	621 B St.	BS	1907-1909	6	1A		
Gossage	Mary Edna	Dr. H. S. Gossage	837 B St.	CH	1908-1909	8			
Gossage	Ray	J. B. Gossage	1 Liberty St.	BS	Jan. 1909	7			
Gossage	William S.			BS	21 Jan. 1918	14	1B		
Gossage	Willie	Dr. H. S. Gossage	728 B St.	BS	1909-1910	6			
Goudy	Sarah			TM	16 Aug. 1896				
Gough	Lorene	George Gough	222 Vallejo St.	ML	1915				
Gould	Gladys	Mrs. H. A. Campbell	323 Kentucky St.	CH	1908-1909	17	Sr.		
Gould	Stanley	J. C. Gould	605 3rd St.	LN	Jan. 1923		L1	16 Jan. 1916	left
Goulder	Alice			PK	1895-1896	4			
Gow	Gladys	A. Gow	504 B St.	BS	1905-1907	9			
Gow	Gladys	Mrs. E. B. Gow	635 Baker St.	BS	Spring 1908	11	5A		
Gow	Gladys	A. W. Gow	421 Upham St.	CH	1908-1909	12			
Gow	Gladys	A. W. Gow	635 Baker St.	CH	1908-1909	12			
Gow	Lorene	Geo Gow	222 Vallejo St.	ML	1916		1A		
Gow	Murray	Mrs. Gow	506 B St.	BS	1906	8			
Gow	Murray	A. W. Gow	504 B St.	BS	1909	9			
Gow	Murray	A. W. Gow	635 Baker St.	BS	1908-1909	10			
Gow	Murray	A. W. Gow	412 Upham St.	BS	1911?	12			
Gowan	Allen	A. R. Gowan	300 3rd St.	CH	1908-1909	8			
Gowan	Allen	Mrs. Marie Gowan	301 3rd St.	BS	1909	9			
Gozzale	Jane		516 Keokuk St.	PK	1922			10 Aug. 1918	

Surname	Given Name	Parent	Address	SD	Date/Date Range	Age	Gr.	Birth Date	Left/Comments
Grace	Walter			MV	1916-1917	14	8		
Graham	Eunice			MV	1918-1919	12	7		
Graham	George	R. Graham	Sebastopol	EC	1929-1931			8 Aug. 1923	
Graham	Max			PE			1A		
Graham	Max			PK	1895-1896				
Grandi	Enio	Louis Grandi	2 Sunny Slope Ave.	CH		16			
Grandi	Lydia	L. & A. Grandi	Sunny Slope Ave.	BS	1908-1909	10	4A		
Grandi	Lydia	L. Grandi	D & Sunny Slope Ave.	BS	1911?	13			
Grandi	Lydia			BS	Fall 1906				
Grandi	Oliver	Mr. Grandi	Sunny Slope Ave.	BS	1908-1911	7			
Grandi	Oliver	Louis Grandi	D St.	BS	1909	10			
Granini	Irene	Mary Granini	Valley Ford	ES	1928-1929			18 Mar. 1922	
Grannechini	Peter	S. Benelli		OL	1 June 1917		3		
Grant	Delbert	Joseph Grant	Bloomfield	BL	1920			9 Sept. 1912	
Grant	Delbert Joseph	Joseph Grant	Bloomfield	BL	1925			9 Sept. 1912	
Grant	Delbert Joseph	Joseph Grant	Bloomfield	BL	1922 (?)			9 Sept. 1912	
Grant	Edna	Joe Grant	Bloomfield	BL	1925		2	26 Sept. 1916	
Grant	Edna	Joe Grant	Bloomfield	BL	1927			26 Sept. 1916	left
Grant	Edna	Joe Grant	Bloomfield	BL	1921			26 Sept. 1916	
Grant	Evelyn			ML	1920			6 Sept. 1909	trans. to Lincoln
Grant	Evelyn	John Grant	319 Baker St.	LN	1920-1921		4B	6 Sept. 1909	
Grant	Joseph	Joe Grant	Bloomfield	BL	1927			19 Nov. 1920	left
Grant	Josephine	Joe Grant	Bloomfield	BL	1925		1	18 Aug. 1918	
Grant	Josephine	Joe Grant	Bloomfield	BL	1927			18 Aug. 1918	left
Grant	Josephine	Joe Grant	Bloomfield	BL	1921			18 Aug. 1918	
Grant	Leona	John Grant	319 Baker St.	LN	1920-1921		1A	9 Jan. 1913	
Grant	Leona	John Grant	213 3rd St.	LN	1921			7 Jan. 1913	
Grant	Leona	John Grant	213 3rd St.	LN	Jan. 1922			9 Jan. 1913	
Grant	Leroy	J. Grant	347 Keokuk St.	LN	1921	6	1B	1 Sept. 1915	
Grant	Leroy	J. Grant	213 3rd St.	LN	1921-1922		1B	1 Sept. 1915	
Grant	Maggie			BS	1899-1900				
Grant	Marian	Joe Grant	Bloomfield	BL	1927			5 Dec. 1915	left
Grant	Marian	Joe Grant	Bloomfield	BL	1921			5 Dec. 1915	

Surname	Given Name	Parent	Address	SD	Date/Date Range	Age	Gr.	Birth Date	Left/Comments
Grant	Marion	Joe Grant	Bloomfield	BL	1925		2	5 Dec. 1915	
Grant	Milton	Joe Grant	Bloomfield	BL	1925		3	13 May 1913	
Grant	Milton	Joseph Grant	Bloomfield	BL	1920-1921			13 May 1913	
Grant	Roxie Irene	Joseph Grant	Bloomfield	BL	1920			11 Sept, 1910	
Grant	Roxie Irene	Joseph Grant	Bloomfield	BL	1925			11 Sept. 1910	
Grant	Roxie Irene	Joseph Grant	Bloomfield	BL	1925			11 Sept. 1910	
Gray	Corinne		616 B St.	PK	Spring 1924			12 June 1919	
Gray	Denton	G. Gray	69 Kentucky St.	BS	1905-1907	8	1		
Gray	Denton	Geo. Gray	Fair St.	BS	1905-1907	8	1		
Gray	Dolly	W. J. Gray	415 2nd St.	LN	1920-1921		2A	6 Sept. 1911	
Gray	Earl	Henry C. Gray	409 Washington St.	BS	1909-1911	7	1A		
Gray	Earl H.			BS	21 Jan. 1918	14	2B		
Gray	Ethel	Wm. Gray	415 2nd	LN	1920-1921		2A	6 Nov. 1912	
Gray	Ethel	W. J. Gray, Jr.	475 2nd	LN	1920-1921		2B	6 Nov. 1912	
Gray	Frank			MV	1918-1919	9	5		
Gray	Grace		Prospect & Kentucky Sts.	CH	1908-1909	11			
Gray	Grace	W. F. Gray	111 Prospect St.	BS	1908-1909	11			
Gray	Pearl	G. A. Gray	Fair St.	BS	1905-1907	11			
Gray	Vernon	F. Gray		MV	1923-1924			21 July 1916	
Gray	William	William Gray	415 2nd St.	LN	1920-1921		1A	10 Nov. 1914	
Graziani	Robert	A. Graziani	Fetters Springs	FL	17 Aug. 1915	6	1		
Grazzinini	Vincent		Keokuk St.	PK	1910	4		18 Feb. 1906	
Green	Agnes			OL	11 July 1906		1		
Green	Chas. H.	E. W. Green	RFD	CH	1908-1909	17	Sr.		
Green	Eloise	G. D. Green	240 Keokuk St.	BS	1909-1911	6	1A		
Green	Elsie			OL	9 July 1906		7		
Green	Florence			OL	11 July 1906		1		
Green	George			OL	9 July 1906		1		
Green	Georgie			OL	29 July 1901		2		
Green	Guy			OL	9 July 1906		5		
Green	Harold			OL	9 July 1906		3		
Green	Homer	Geo. D. Green	Western Ave.	BS	1905-1908	11			
Green	Homer	Geo. D. Green	Western Ave.	CH	1908-1909	12			

Surname	Given Name	Parent	Address	SD	Date/Date Range	Within Date Range Age	Gr.	Birth Date	Left/Comments
Green	Jessie			PK	17 Feb. 1896	3			
Green	Josephine	Lyman Green	306 6th St.	LN	25 Aug. 1919	7	2A		
Green	Josephine	Lyman Green	23 B St.	LN	1920-1921			15 Nov. 1912	
Green	Josephine	Lyman Green	723 B St.	LN	1920-1921			15 Nov. 1912	
Green	Julian			PK	1895-1896	3			
Green	Maude			BS	1899-1900				
Green	Mildred	Manuel Green		ML	1920			13 June 1912	
Green	Myra	Geo. D. Green	RFD 2	CH	1908	17	Sr.		
Green	Nellie	A. S. Green	Washington St.	BS		12			
Green	Shirley	Mrs. Green	East Petaluma	CH	1901-1903	7			
Green	Shirley	William Green	4th St.	BS	1905-1907	10	4		
Greene	Olive L.			BS	21 Jan. 1918	16	3B		
Greene	Walter E.			BS	21 Jan. 1918	16	1B		
Greenleaf	Genevieve	R. B. Greenleaf	1023 6th St.	BS	1909	11			
Greenleaf	Genevieve	Mrs. T. Greenleaf	1059 6th St.	BS	1905-1907	12			
Greenleaf	Genevieve	Mrs. H. W. Hansen	22 7th St.	CH	1908-1909	13			
Greenleaf	Helen	Mrs. H. W. Hansen	22 7th St.	BS	Feb. 1908	6			
Greenleaf	Helen	Wm. Hansen	7th St.	BS	18 Jan. 1909	7	1A		
Greenleaf	Mildred	R. B. Greenleaf	1023 6th St.	BS	1904-1907	10			
Greenleaf	Mildred	H. W. Hansen	22 7th St.	BS	Spring 1908	11	5B		
Greenleaf	Mildred	Mrs. W. H. Hansen	15 7th St.	CH	1908-1909	13			
Greenleaf	Mildred			CH	1901-1903				
Greenleaf	Willie	R. B. Greenleaf	1023 6th St.	BS	1905-1907	6	1		
Greenleaf	Wm.	Mrs. H. W. Hansen	15 7th St.	BS	1908-1909	10			
Greenwood	Grace			PK	1895	6			
Greenwood	May	L. W. Greenwood	Sunny Slope Ave.	BS	1905-1907	10			
Greenwood	May	L. W. Greenwood	401 8th St.	BS	1908-1909	11			
Greenwood	May	L. W. Greenwood	100 Stanley St.	CH	1908-1909	12			
Greenwood	May	L. W. Greenwood	406 8th St.	CH	1908-1909	12			
Greenwood	May	L. W. Greenwood	100 Stanley St.	BS	Jan. 1908	12			
Gregario	Lenora	Frank Ventura	Payran St.	ML	Aug. 1922			25 July 1913	
Gregg	Cleona	C. W. Gregg	421 Fair St.	LN	1919-1921		1B		
Gregg	Cleona	C. W. Gregg	800 Main St.	LN	1920-1921		2B	24 June 1913	

Surname	Given Name	Parent	Address	SD	Date/Date Range	Within Date Range Age	Within Date Range Gr.	Birth Date	Left/Comments
Gregg	Cleona	Chas. Gregg	711 Main St.	LN	Aug. 1921		3B	24 June 1913	
Gregg	Harold			ML	Aug. 1912				
Gregg	Lyle	John Gregg	715 3rd St.	BS	1908-1910	6			
Gregg	Lyle	Jack Gregg	525 E. D St.	ML	Aug. 1912				
Greggs	Everett			MV	1916	13	6		
Gregory	Ethel	D. Gregory	507 Dana St.	BS	1905-1907	7			
Gregory	Ida Mae	Mrs. E. Gregory	Sobre Vista	FL	1930-1931	8	3	7 May 1922	
Gregory	Ida May	Mrs. E. R. Gregory	Spreckels Farm	FL	9 Sept. 1929	7	2	7 May 1922	
Gregory	Jane	Edward Gregory	Agua Caliente	FL	3 Feb. 1920	10	5	20 Aug. 1919	
Gregory	Jane	Ed. R. Gregory	Agua Caliente	FL	4 Sept. 1931	12	6	20 Aug. 1919	
Gregory	June	Edward Gregory	Agua Caliente	FL	15 Sept. 1930	11	5	20 Aug. 1919	
Gregory	Lane	Mrs. E. R. Gregory	Spreckels Farm	FL	9 Sept. 1929	10	4	20 Aug. 1929	
Gregory	Stanley			BS	21 Jan. 1918	16	4B		
Grenache	Gladys	D. M. Grenache	332 Post St.	CH	1908-1909	13			
Grenini	Zelma	J. Grenini	420 Fair St.	LN	1919	7	1B		
Grennan	Anna Lee			FL	13 Aug. 1917	8	2		
Greppi	Margaret	Louis Greppi	Valley Ford	ES	1928-1931				
Greppi	Marie	Mr. Greppi	Valley Ford	ES	1930-1931			5 Dec. 1920	
Gribben	E.			PO	8 Nov. 1875		6		school closed 19 Nov. 1875
Gribben	Lizzie			PO	1875-1876				
Gribben	Mary A.			PO	1875-1876				
Gribben	Sarah			PO	1875-1876				
Gribben	Thos.	Thos. Gribbgen	Bodega	PO		5			
Gribbin	Lizzie	Thomas Gribbin	Bodega	PO	17 July 1876	10			3 Nov. 1876
Gribbin	Mary	Thomas Gribbin	Bodega	PO	17 July 1876	14			29 Sept. 1876
Gribbin	Sarah	Thos. Gribbin	Bodega	PO	17 July 1876	8			3 Nov. 1876
Gribbin	Thos.			PO	11 Sept. 1876				left 12 Sept. 1876
Griffin	Aileen			TM	11 Aug. 1902				
Griffin	Aileen			TM	27 Dec. 1905		5		
Griffin	Aileen			TM	30 Aug. 1909		8		
Griffiths	Everette	Dr. A. C. Griffiths	706 D	BS	1905-1907				
Griggs	Elmer	A. S. Griggs	R 3, Sebastopol	MV	1921-1924	12	4	11 Jan. 1911	

Surname	Given Name	Parent	Address	SD	Date/Date Range	Within Date Range Age	Gr.	Birth Date	Left/Comments
Grimes	Howard	Mrs. Claude T. Grimes	R 3, Sebastopol	CN	1922-1924			18 July 1915	
Grimes	Kenneth	C. T. Grimes	R 3, Sebastopol	CN	Aug. 1924		1	26 June 1918	
Grimm	Dorothy	Mrs. J. M. Grimm	401 8th St.	LN	1919-1920				
Grimm	Kenneth	Mrs. James Murphy	339 Howard St.	LN	Aug. 1921		2A	20 May 1913	left 31 Oct. 1921
Grimm	Kenneth	Mrs. Grimm	340 Bodega Ave.	LN	1920-1921		1A	20 May 1913	
Grimm	Kenneth	Mrs. Grimm	401 8th St.	LN	1919		1B		
Grindle	Anita	Henry Grindle	220 Fair St.	LN	1921		2B	11 Mar. 1913	
Grosch	Phebe	Chas. Grosch	Walnut St.	PK	5 Aug. 1918			2 Mar. 1915	
Grosch	Pheobe	Chas. Grosch	7th & I Sts.	LN	1921		1B	3 Mar. 1915	
Grosch	Phobe	Chas. Grosch	309 Upham St.	LN	1920-1921		1B	3 Mar. 1915	
Grosch	Phoebe	Charles Grosch	309 Upham St.	PK	1919-1920			2 Mar. 1915	
Grosch	Sammy		Walnut St.	PK	18 Feb. 1918			20 Aug. 1913	
Grosch	Sammy	Charles Grosch	309 Upham St.	LN	1919-1922		4B	20 Aug. 1913	
Groser	Katherine	J. Grouser	Sebastopol	EC	1930-1931			21 Nov. 1922	
Grosjean	Antoinette	Mrs. C. Grosjean	678 Keokuk St.	BS	1905-1907	7	1		
Grosjean	Leon	Mrs. C. Grosjean	678 Keokuk St.	BS	1905-1907	6	1		
Gross	Clara	Fred Gross	D St.	BS	21 Aug. 1899	10			
Gross	Elza	L. L. Gross	609 Main St.	CH	1901-1903	6			
Gross	Elza	L. L. Gross	709 Main St.	BS	1903-1905	7	2		
Gross	Elzada	L. L. Gross	501 D St.	BS	1909	10			
Gross	Elzada	L. L. Gross	501 D St.	BS	1905-1907	11			
Gross	Elzada	L. L. Gross	915 D St.	CH	1908-1909	12			
Gross	Elzoda			BS	21 Jan. 1918	20	PS		
Gross	Elzoda	Mrs. H. Gross	915 D St.	CH		12			
Grossi	Alda	J. Grossi	605 E. Washington St.	ML	Aug. 1922			4 Dec. 1914	
Grossi	Melvin	J. Grossi	605 E. Washington St.	ML	Aug. 1922			31 July 1916	
Grover	Nellie			BS	1898				
Guay	Edith	J. Guay		TM	1895-1897	14			
Guder	Cecil	Wm. Guder	636 F St.	LN	1920-1921	7	1B	3 Feb. 1913	
Guder	Cecil	Wm. Guder	636 F St.	LN	1921	8	1B	13 Feb. 1913	
Guder	Cecil	Wm. Guder	636 4th St.	LN	1920-1921		1B	3 Feb. 1913	
Guder	Helene	Wm. Guder	626 5th St.	LN	1921		1A	28 Jan. 1915	

Surname	Given Name	Parent	Address	SD	Date/Date Range	Within Date Range Age	Gr.	Birth Date	Left/Comments
Guder	Helene	Wm. Guder	643 F St.	LN	1920-1921		1B	28 Jan. 1915	
Guder	Helene	William Guder	636 F St.	LN	21 Aug. 1921		2B	28 Jan. 1915	
Guerki	Gladys	Mrs. L. Guerke	Fettesr Springs	FL	Feb. 1919		1		
Guernsey	Lewis	H. B. Guernsey	113 Howard St.	CH	1908-1909	14			
Guernsey	Lloyd	H. Guernsey	Fair St.	BS	1907-1909	8	1A		
Guernsey	Lloyd	Peter Guernsey	327 Kentucky St.	CH	1908-1909	10			
Guernsey	Lloyd	Jose Guernsey	10 Cherry St.	BS	1909	10			
Guernsey	Louis			CH	8 Aug. 1910				
Guiberson	Madge	Idell Guiberson	1268 3rd St.	BS	1905-1907	12			
Guiberson	Madge	Mrs. Idell Guiberson	711 G	BS	1906-1908	14	8B		
Guiberson	Madge	I. Guiberson	617 G St.	CH	1908-1910	15			
Guiberson	Wallace			BS	1906-1908		8B		
Guido	Teresa	S. Arrighi	Keokuk & Galland Sts.	BS	19 Aug. 1907	7			
Guilbert	Ella	Louis Guilbert	Sonoma R. F. D.	FL	1924			14 Feb. 1917	
Guilbert	Frank	Mr. Guilbert	Boyes Springs	FL	1923	8		2 Sept. 1908	
Guilbert	George	L. B. Guilbert	Sonoma	FL	1925			20 Sept. 1910	
Guilbert	Marguerite	L. B. Guilbert	Sonoma	FL	1925			25 June 1913	
Guischwitz	Paul	Emil Guischwitz	Boyes Springs	FL	1924			14 May 1918	
Guldager	Albert	L. Guldager		TM	1887-1889	13			
Guldager	Annie			TM	13 July 1885				
Guldager	Carrie	L. Guldager		TM	1887-1890	12			
Guldager	Carroll			TM	1921-1924		6	3 May 1909	
Guldager	Gertie			TM	4 Aug. 1913	11	6		
Guldager	Hazel			TM	1917-1919		6		
Guldager	Lois			TM	6 Aug. 1917		6		
Guldager	Marie	Louis Guldager	Tomales	TM	1921-1925		5	12 Sept. 1911	
Guldager	Mary	H. Guldager		TM	1887-1889	14			
Guldager	Mary			TM	13 July 1885				
Guldager	Patsy	Louis Guldager	Tomales	TM	1921-1927			1 Aug. 1914	
Guldager	Patsy	Louis Guldager	Fallon	TM	1925-1926			1 Aug. 1914	
Guldager	William	L. Guldager		TM	1887-1890	10			
Gumm	Carrie	W. Gumm	605 English St.	BS	1906-1907	8			
Gunderson	Elsie	G. Gunderson	Sebastopol	EC	1925-1928			28 Oct. 1918	

Surname	Given Name	Parent	Address	SD	Date/Date Range	Within Date Range Age	Gr.	Birth Date	Left/Comments
Gunderson	Julia	G. Gunderson	Sebastopol	EC	1925-1928			27 June 1916	
Gustafson	Emma			PK	1910	3			
Gustafson	Louisa			PK	1910	4			
Gutermute	Bertha	Henry Gutermute	Bodega Ave.	BS	1908-1910	7			
Gutermute	Carlisle	John Gutermute	Payran District	ML	1914-1917				
Gutermute	Carlisle	John Gutermute	Vallejo Township	ML	Aug. 1912				
Gutermute	Carlisle	John Gutermute	Vallejo Township	ML	Jan. 1914				
Gutermute	Cherwin	H. S. Gutermute	412 Bodega Ave.	CH	1908-1909	14			
Gutermute	Earl			PK	1 Aug. 1898	6			
Gutermute	Earl			PK	26 Oct. 1896				
Gutermute	Eunice	Henry Gutermute	Bodega Ave.	BS	1906-1909	6	1		
Gutermute	Eunice	Henry Gutermute	340 Bodega Ave.	CH	1908-1909	9			
Gutermute	Frank	David Gutermute	Baker St.	CH	Aug. 1895	9			
Gutermute	Grace			PK	3 Aug. 1896	7			26 Aug to public sch.
Gutermute	Grace			PE	26 Aug. 1895		1		
Gutermute	Harriet	Henry Gutermute	340 Bodega Ave.	BS	1908-1911	6			
Gutermute	Helen	D. N. Gutermute	467 Fair St.	BS		13			
Gutermute	Sherwin	H. S. Gutermute	412 Bodega Ave.	BS	1905-1907	12			
Gutermute	Sherwin	H. S. Gutermute	The Image	CH	1908	14			
Guzzi	Alice	Herman Berta	311 Hopper St.	ML	1915				
Guzzi	Dante	Herman Berta	311 Hopper St.	ML	1915				
Guzzi	Victor	Herman Berta	311 Hopper St.	ML	1915				
Gygii	Hedcak			OL	1926-1927				

Surname	Given Name	Parent	Address	SD	Date/Date Range	Within Date Range		Birth Date	Left/Comments
						Age	Gr.		
Hackman	Helen		616 B St.	PK	Spring 1924			29 Jan. 1918	
Hackman	Laverne	Dr. J. C. Hackman	Penngrove	LN	1921		1B	9 Feb. 1914	
Hackman	Leverne		22 6th St.	PK	5 Aug. 1918			9 Feb. 1914	
Hackman	Luverne	Dr. J. C. Hackman	Corona Rd.	LN	1920-1921	7	1B	9 Feb. 1914	
Hackney	Mary			PK	1910	4			
Hadermann	Carl		F St.	PK	Fall 1924			16 Apr. 1921	
Haensch	Alice	Oscar Haensch	R 3, Sebastopol	CN	1921-1926		3	11 Apr. 1913	
Haensch	Martha	Oscar Haensch	R 3, Sebastopol	CN	1923-1929		1	7 May 1917	
Haerle	Ralph	George Hearle	Tomales	TM	1928-1929			20 Oct. 1920	
Haerle	Ralph	George Haerle	Tomales	TM	21 Apr. 1930			20 Oct. 1922	
Haerle	Reinhild	George Hulbert	Tomales	TM	1924-1925	9		20 Aug. 1916	
Haerle	Reinhild	Geo. Haerle	Tomales	TM	13 June 1924		H3	20 Aug. 1916	
Haerle	Reinhild	George Haerle	Tomales	TM	1925-1928			20 Aug. 1915	
Haerle	Serena	George F. Haerle	Tomales	TM	1924-1925			5 Aug. 1912	
Hagedohm	Dorothy	W. Hagedohm	BS	BS	1908-1909	7			
Hagedohn	Walter			BS	21 Jan. 1918	16	3B		
Hagedom	Dorothy	Mr. Hagedohm	BS	BS	19 Aug. 1907	6			
Hahn	Bertha	Hugo Hahn	Rt. 2, Petaluma	BS	1911?	12			
Hahn	Florence	J. Hahn	Fetters Springs	FL	15 Sept. 1930	10	5	14 Apr. 1920	
Hahn	Lolita	Mrs. Victoria Hahn	Fetters Springs	FL	1928-1929	13	7	12 Mar. 1917	
Hahn	Lolita Marie	Mr. Hahn	Fetters Springs	FL	26 Sept. 1927	12	6	12 Mar. 1917	
Hahn	Lolita Marie		Fetters Springs	FL	9 May 1927		5	18 Mar. 1915	
Hahn	Mercedes	Mrs. Hahn	Agua Caliente	FL	11 Sept. 1928	7	1	22 Feb. 1922	
Hahn	Mercedes	Mrs. V. G. Hahn	Fetters Springs	FL	1929-1931	7	2	24 Feb. 1922	
Hahn	Mercedes	John Hahn	Fetters Springs	FL	29 Feb. 1932	10	5	24 Feb. 1922	
Hahn	Vernon	Mrs. Hahn	Fetters Springs	FL	11 Sept. 1928	8	3	16 Apr. 1920	
Hahn	Vernon	Mrs. V. G. Hahn	Fetters Springs	FL	9 Sept. 1929	9	4	14 Apr. 1920	
Hahn	Vernon	John A. Hahn	Fetters Springs	FL	4 Sept. 1931	11	6	14 Apr. 1923	
Hahn	Willie	Hugo Hahn	18 R.R. 2	BS		10			
Hail	William	Mrs. W. Kalish	210 2nd St.	LN	Aug. 1922	1A	L1	2 Sept. 1916	
Hail	William		210 2nd St.	PK	1920-1921			2 Sept. 1916	
Haines	Vernon			BS	1905-1907				left
Haines	Wayne	M. M. Haines	775 Keller St.	BS	Fall 1905	10			

-135-

Surname	Given Name	Parent	Address	SD	Date/Date Range	Within Date Range		Birth Date	Left/Comments
						Age	Gr.		
Hainline	Dudley	J. Hainline	6th & I Sts.	BS	1905-1907	15			
Hakes	Leland			PO	26 Mar. 1875				
Hakes	May			PO	26 Mar. 1875				
Halbe	George	G. C. Halbe	327 Hopper St.	ML	1919	8	1A		
Haley	Alvin	Robt. Haley	Hill Tract	ML	1919-1921	8	2B	7 June 1911	
Haley	Cordelia May		Agua Caliente	FL	10 Nov. 1930	14	8	7 May 1916	left 12 Dec.
Haley	Grace	Robt. Haley	342 Bremen St.	ML	1915-1916				
Haley	Grace	Robert Haley	Hill Tract	ML	1919		4A		
Haley	Louis	Robert Haley	342 Bremen St.	ML	Aug. 1912		Rec.		
Haley	Louis	Robert Haley	342 Bremen St.	ML	1914-1917				
Haley	Marjorie	Robert Haley	RFD 3	ML	Aug. 1922			15 July 1916	
Haley	Richard	Robt. Haley	Hill Tract	ML	1919-1921	6	Rec.	19 Nov. 1913	
Haley	Richard	Rob. Haley	RFD 3	ML	Aug. 1922			19 Nov. 1914	
Haley	Ruby	Robt. Haley	342 Bremen St.	ML	1914-1917				
Hall	Albert	A. S. Hall	D St.	BS	1892-1893	9			
Hall	Albert	A. S. Hall	Sunny Slope Ave.	CH	1895-1896	12			
Hall	Alma	Albert S. Hall	D St.	BS	1909	13			
Hall	Alma	A. S. Hall	D & Sunny Slope Ave.	BS	1905-1907	15			
Hall	Alma	Albert Hall	Rural	CH	1908-1909	16			
Hall	Arthur		D St.	PK	28 Sept. 1896				
Hall	Christina	Albert Hall	D St.	BS	1899-1900	11			
Hall	Christina	A. W. Hall	214 Broadway	BS	1908-1909	11			
Hall	Dorothy	A. W. Hall	214 Broadway St.	CH	1908-1909	12			
Hall	Dorothy	G. P. Hall	407 Post St.	BS	1905-1907	6	1		
Hall	Dorothy	A. P. Hall	704 Post St.	BS	1905-1907	6	1		
Hall	Dorothy	G. P. Hall		BS	1908-1909	8			
Hall	Ed	G. P. Hall	325 Post St.	CH	1908-1909	10			
Hall	Elaine	Wm. Lewis	6th St.	CH	1908-1909	17			
Hall	Elaine	Mrs. Theo Hall	Bodega	BY	1925-1926		1	8 May 1919	
Hall	Ernest	Aileen T. Hall	Bay	BY	1928-1930			8 May 1919	
Hall	Ethel	Mrs. Hall	Kentucky St.	BS	20 Aug. 1906	6			
Hall	Evelyn	Mrs. L. A. Hall	137 Upham St.	CH	8 Aug. 1910	15			
Hall		G. P. Hall	C & 5th Sts.	BS		13	6		

Surname	Given Name	Parent	Address	SD	Date/Date Range	Within Date Range Age	Gr.	Birth Date	Left/Comments
Hall	Florence		46 Harris St.	PK	1920-1921	6		15 Jan.	
Hall	Florence	Chas. Hall	564 BS	BS		12			
Hall	Florence		Liberty St.	PK	Spring 1923			15 June 1918	
Hall	G.	G. P. Hall	407 Post St.	BS	1908-1910	12			
Hall	Georgia	L. A. Hall	137 Upham St.	CH	1908-1909	11			
Hall	Geraldine	G. P. Hall	407 Post St.	BS	1905-1907	10			
Hall	Geraldine	G. P. Hall	407 Post St.	CH	1907-1909	12			
Hall	Geraldine	Gil P. Hall	325 Post St.	CH	1908-1909	13			
Hall	Geraldine	Parker Hall	Bloomfield	BL	1926			12 Jan. 1923	
Hall	Geraldine	Parker Hall	Bloomfield	BL	1929-1930			12 Jan. 1923	
Hall	Grace	Mrs. Hall	Broadway	BS	Jan. 1908	6			
Hall	Grace	O. Hall		BS	17 Aug. 1908	6			
Hall	Grace	R. Hall	20 Broadway St.	BS	18 Jan. 1909	7	1A		
Hall	Grace	A. Hall	214 Broadway	BS	1909-1911	7	1A		
Hall	H. C.			BS	1898				
Hall	Henry Jr.	Henry Hall	Bloomfield	BL	1920			17 Jan. 1915	
Hall	Josephine	Henry Hall	Bloomfield	BL	1927		4	6 Jan. 1917	
Hall	Josephine	H. Hall	Bloomfield	BL	1923-1925		K	6 Jan. 1917	
Hall	Josephine	Henry Hall	Bloomfield	BL	1921			6 Jan. 1917	
Hall	Josephine	Henry Hall	Bloomfield	BL	1929-1930			6 Jan. 1917	
Hall	Junior	H. Hall	Bloomfield	BL	1923-1925		2	17 Jan. 1915	
Hall	Junior	Henry Hall	Bloomfield	BL	1921			17 Jan. 1915	
Hall	Katherine	Robert Hall	703 Liberty St.	PK	1903	5			
Hall	Kathleen	G. P. Hall	Cor. 5th St. & C Sts.	BS		9			
Hall	Kathleen		303 Post St.	PK	5 Aug. 1918			5 Jan. 1914	
Hall	Kathryn	R. L. Hall	412 Harris St.	BS	1905	8	2		
Hall	Kathryn	Lillian Hall	1073 6th St.	BS	Fall 1906	9			
Hall	Kathryn	R. Hall	27 Harris St.	BS	1905-1907	9			
Hall	Kathryn	Mrs. L. Hall	19 Harris St.	BS	Spring 1908	10	5B		
Hall	Lynwood	A. S. Hall	D St.	BS	1905-1908	12			
Hall	Lynwood	A. S. Hall	D St.	CH	1908	15			
Hall	Maitland	M. Hall	Santa Rosa	HC	1907	10			
Hall	Malcolm	Henry Hall		BL	1927-1930		3	8 Mar. 1919	

Surname	Given Name	Parent	Address	SD	Date/Date Range	Within Date Range Age	Within Date Range Gr.	Birth Date	Left/Comments
Hall	Malcolm	Henry Hall	Bloomfield	BL	1921			8 Mar. 1919	
Hall	Marguerite	Mrs. Hall	Kentucky St.	BS	20 Aug. 1906	7			
Hall	Maude			BS	1899-1900				
Hall	Melva	Frank Hall	Sebastopol	EC	1925-1928				
Hall	Nellie	A. S. Hall	D. St.	BS	1892-1893	10			
Hall	Nellie	A. S. Hall	Sunny Slope Ave.	CH	1895-1896	14			
Hall	Nellie McDougall	A. S. Hall		BS	1899-1900				
Hall	Pansy	Aileen T. Hall	Bay	BY	1928-1929			7 Jan. 1922	
Hall	Pansy	Theo. Hall	Bay	BY	1929-1930			7 Jan. 1922	
Hall	R.	Lillian R. Hall	1073 6th St.	BS	1908-1910	15			
Hall	Rae	Frank Hall	Rt. 3	EC	1925-1928			17 Nov. 1916	
Hall	Roberta	Mrs. Lillian Hall	28 Harris St.	BS	1905-1907	13			
Hall	Roberta	Mrs. Lillian Hall	787 Harris St.	BS	1907	13			
Hall	Roberta			PE	22 Aug. 1898		1B		
Hall	Walter C.	W. Hall	Howard St.	BS	1905-1907	14			
Hall	Walter R.	C. H. Hall	564 BS	BS		16			
Hall	Weston	Mrs. W. P. Hall	961 Howard St.	BS	1906-1908	14	8A		
Hall	Weston	W. P. Hall	7 Howard St.	CH	1908	15			
Hall	Wilbur			PK	3 Aug. 1896				17 Aug to public sch
Hall	Will	A. S. Hall	Rural	CH	1907-1909	14			
Hall	Willie	A. S. Hall	D St.	BS	1909	11			
Hall	Willie	A. S. Hall	D St.	BS	1905-1907	12			
Hall, Jr.	Henry	Henry Hall	Bloomfield	BL	1922		2	17 Jan. 1915	
Halley	Wanda	R. L. Halley	Cotati	CH	1908	16			
Halling	George	Frank Halling	623 Upham St.	BS	1905-1907	11			
Halling	George	Frank Halling	633 Upham St.	BS	1905-1907	11			
Halversen	Eva	Frank Halversen	R 3, Sebastopol	CN	1921-1923		6	28 Dec. 1907	
Hames	Ella Marie	F. O. Hames	121 Webster St.	LN	13 Dec. 1920		2A	19 July 1912	from El Paso, TX
Hames	Glee	F. Hames	121 Webster St.	LN	1920-1921			3 Oct. 1910	
Hames	Lola	F. Hames	121 Webster St.	LN	1921		1A	18 Aug. 1914	
Hames	Lola	F. O. Hames	121 Webster St.	LN	1921		1B	11 Aug. 1915	
Hames	Marie	F. O. Hames	121 Webster St.	LN	June 1921		3	19 July 1911	

Surname	Given Name	Parent	Address	SD	Date/Date Range	Age	Gr.	Birth Date	Left/Comments
Hames	Marie	Fred Hames	121 Webster St.	LN	Jan. 1922		4B	19 July 1912	
Hames	Nita	F. O. Hames	121 Webster St.	LN	1920-1921		4A	16 Aug. 1909	
Hamilton	J.			BS	12 Sept. 1892				
Hamilton	Lloyd	Mrs. Henry Hamilton	308 Kentucky St.	LN	1919-1921	7	2A	2 Aug. 1912	
Hamilton	Lloyd	W. C. Hamilton	Cor. B & Post Sts.	BS	1905-1907	14			
Hamilton	Louie C.			BS	21 Jan. 1918	16	4B		
Hamilton	Louis	G. M. Hamilton	624 D St.	BS	20 Aug. 1906	6			
Hamilton	Louis	Jas. Hamilton	D St.	BS	1907-1909	6	1A		
Hamilton	Louis	J. W. Hamilton	800 D St.	CH	1908-1909	7			
Hamilton	Russel	W. J. Hamilton	4th St. bet E & F	BS	5 Sept. 1892	12			
Hamilton	Ruth			MV	1916-1919	11	5		
Hamilton	Walter	F. W. Hamilton		CH		12			
Hamilton	Willie	J. T. Hamilton	507 2nd St.	BS	1908-1910	6			
Hamilton	Willis			MV	1916-1919	9	5		
Hamm	Albert			PK	17 Feb. 1896	5			
Hamm	Louise	Mrs. Kate Hamm	617 Upham St.	PK	1903	5			
Hamm	Nellie			TM	1887-1890	16			
Hammell	Doris			BS	21 Jan. 1918	14	1B		
Hammermann	Elsie	Henry Hammermann	329 Upham St.	BS	1906-1909	11			
Hammermann	Elsie	H. Hammermann	329 Upham St.	CH		12			
Hamner	Isbelle	Mrs. G. Hamner	806 B St.	CH	1907-1909	15			
Hampton	June Adelle	Charles Hampton	Tomales	TM	1924-1925	7		15 Jan. 1918	
Hanamura	Masa	T. Hanamura	Sebastopol	MV	1920-1923	7	2	9 Dec. 1913	
Hanamura	Nobuo			MV	1922-1923	5		7 Dec. 1917	
Hanamura	Tatsuo	T. Hanamura	R 3, Sebastopol	MV	1920-1923	7		26 Aug. 1915	
Handelsman	Sol	Sara Handelsman	Agua Caliente	FL	3 May 1926	11	6	23 Oct. 1915	
Haney	Grace	Mrs. Haney	615 F St.	BS	1905-1907	8			
Hanger	Lena	Wm. H. Hanger	1076 6th St.	CH	1895-1896	14			
Hanger	Willie Lena	Wm. H. Hanger	Cor. Prospect & Keller Sts.	BS	1899-1900				
Hanley	Ione	E. G. Hanley	630 F St.	LN	5 Jan. 1920		1B		
Hanna	Genevieve	Dan Hanna	Keokuk St.	BS		12	4		
Hannaly	Gordon	Wm. Hannaly	Glen Ellen	FL	26 Sept. 1927	14	7	2 Aug. 1914	left 7 Nov.

Surname	Given Name	Parent	Address	SD	Date/Date Range	Within Date Range Age	Gr.	Birth Date	Left/Comments
Hannaly	Kenneth	Wm. Hannaly	Glen Ellen	FL	19 Oct. 1927	14	5	21 July 1913	left 7 Nov.
Hannan	Albert	Ed. Hannan	500 West St.	BS	1909-1911	7	1A		
Hannan	Dan	Mrs. M. Hannan	665 Keokuk St.	BS	1905-1907	8			
Hannan	Dan	Dan Hannan	615 Keokuk St.	BS	1906	10			
Hannan	Dan	D. Hannan	665 Keokuk St.	BS	1906-1907	10			
Hannan	Dan'l.	Mrs. M. H. Hannan	333 Keokuk St.	CH	1908-1909	12			
Hannan	Genevieve	Mrs. Hannon	665 Keokuck	BS	1904-1907	9	2		
Hannan	Genevieve	Mrs. Mary Hannan	333 Keokuk St.	BS	Jan. 1908	14			
Hannan	Genevieve	Mrs. Mary Hannan	333 Keokuk St.	CH	1908-1909	15			
Hannigan	Dorothy	Mrs. J. Hannigan	519 Upham St.	BS	1908-1909	11			
Hannon	Dan	Mrs. Hannon	665 Keokuk St.	BS	Jan. 1907	10	2		
Hannon	Genevieve	Mrs. Mary Hannon	333 Keokuk St.	BS	1908-1909	13			
Hansen	Aileen	Michael Hansen	Fetters Springs	FL	1924			16 Feb. 1916	
Hansen	Antone	H. Hansen	Mt. View Ave.	BS	18 Jan. 1904	9	2		
Hansen	Doris	J. E. Hansen	Boyes Springs	FL	1927-1928	14	7	5 Aug. 1912	
Hansen	Elton	J. E. Hansen	Boyes Springs	FL	1927-1928	11	6	11 July 1915	
Hansen	Elton	J. E. Hansen	Boyes Springs	FL	16 Jan. 1928	12	7	1 July 1915	
Hansen	Eva		242 Bremen St.	MV	1916-1919	10	6		
Hansen	Everett	James Hansen	243 Wilson St.	ML	1915-1916				
Hansen	Everett	James Hansen		ML	1919		4B		
Hansen	George	E. P. Hansen	1163 3rd St.	CH	1895-1896	14			
Hansen	Gervin	W. Hanson	412 8th St.	BS	20 Aug. 1906	6			
Hansen	Gervyn	W. H. Hansen	8th St.	BS	1907-1909	7	1A		
Hansen	Harold			FL	13 Aug. 1917	6	1		
Hansen	Harold	Mrs. H. Hansen	Fetters Springs	FL	Feb. 1919	6	L2		
Hansen	Henry	A. P. Hansen	664 Keokuk St.	BS	1905-1907	11			
Hansen	Henry	A. P. Hansen	320 Keokuk St.	BS	1908-1909	13			
Hansen	Henry	A. P. Hansen	319 Keokuk St.	BS	1911	14			
Hansen	Henry P.	Mrs. E. Hansen	674 D St.	CH	1901-1903	6			
Hansen	James	Mr. Hansen	Grant Ave.	LN	1919-1920				left
Hansen	Jessie	Capt. A. Hansen	D St.	BS	1892-1893	13			
Hansen	Kate	Hans Hansen	Mt. View Ave.	BS	1905	9	2		
Hansen	Merita	Mrs. C. Hansen	701 Main St.	LN	1919-1920				

Surname	Given Name	Parent	Address	SD	Date/Date Range	Within Date Range Age	Gr.	Birth Date	Left/Comments
Hansen	Nellie	Christian Hansen	Sunny Slope Ave.	BS	1916-1917	13	7		
Hansen	Ruth			MV		12	7		
Hansen	Ruth Mary	Mrs. Hansen	Boyes Springs	FL	11 Sept. 1928	6	1	20 May 1922	left 26 Oct.
Hansen	Thelma	J. E. Hansen	Boyes Springs	FL	1927-1928	13	7	6 Feb. 1914	
Hansen	Waunama	Wm. Hansen	D. St. Extention	BS		11			
Hansen	Waunoma	Mrs. F. E. Hansen	BS	BS	1905-1907	6			
Hansen	Waunoma	W. Hansen	412 8th St.	BS	Jan. 1907	7	2		
Hansen	Waunoma	N. Hansen	511 BS	BS	1906-1907	7			
Hansen	Waunoma	William Hansen	412 8th St.	CH	1908-1909	8			
Hansen	Winifred	Mrs. Hansen	Boyes Springs	FL	11 Sept. 1928		3	11 Mar. 1919	
Hanson	Aggie	C. Hanson	Sunny Slope Ave.	BS		9			
Hanson	Edwin	Alvin Hanson	Grant Ave.	LN	25 Aug. 1919	8	2A		left 3 Sept. 1919
Hanson	Ethel	Edmund Hanson	1163 3rd St.	BS	1905-1907	10	4		
Hanson	Gertrude			PK	1910	5		1 Oct. 1906	
Hanson	Hans			EC	1929-1930			8 Dec. 1917	
Hanson	Harold	Mr. Hanson	Fetters Springs	FL	1923			10 Sept. 1911	
Hanson	Harold	M. Y. Hanson	Fetters Springs	FL	1925			10 Sept. 1911	
Hanson	Marinus	H. Hanson		BS	20 Aug. 1906	7			
Hanson	Nellie	Christen Hansen	Sunny Slope Ave.	BS	1897	13	6		
Hanson	Pearl			PK	1895-1896	5			
Hanson	Pearl	E. Hanson	1163 3rd St.	BS		10			
Hantzsche	Katie	P. Hantzsche	670 D St.	LN	1920-1921	6	1A	5 Jan. 1913	
Har_is	Mattie	William Har_is	240 Liberty St.	LN	1920-1921	6	1B	6 June 1914	
Harbine	Edna	Mrs. M. W. Harbine		BS	1908-1909	10			
Harbine	Ella	Jan. Harbine	Country	CH	1908-1909	9			
Harderman	Carl	Carl Harderman	1006 D St.	BS	1909	9			
Hardin	Bernice	Geo. Hardin	Washington St.	CH	1898	10	4		
Hardin	Chester	M. Hardin	515 D St.	LN	Jan. 1923		L1	11 Aug. 1916	
Hardin	Clyde			PK	1910			19 Feb. 1906	
Hardin	Grace	Dr. Hardin	414 7th St.	BS	1907-1909	6	1A		
Hardin	Lewis	G. M. Hardin	1072 3rd St.	BS	1905-1907	15			
Hardin	Lucinda	George Hardin	1072 3rd St.	BS	1909	11			
Hardin	Lucinda	G. M. Hardin	1072 3rd St.	BS	1905-1907	11			

Surname	Given Name	Parent	Address	SD	Date/Date Range	Within Date Range Age	Within Date Range Gr.	Birth Date	Left/Comments
Hardin	Milton	Geo. Hardin	Washington St.	CH	1897-1899	10			
Hardin	Paul	Thomas Hardin	Lakeville Rd.	LN	1920-1921		1A	29 Feb. 1912	left
Hardin	Pearl	P. H. Hardin	107 7th St.	CH		15			
Hardin	Pearl	P. H. Hardin	456 7th St.	CH		15			
Hardin	Pearl			LJ	18 June 1909	15	7		
Hardin	Ray	J. M. Hardin	515 D St.	LN	1919-1920				
Hardin	Ray	J. Rolla Hardin	515 D St.	LN	1920-1921			15 Feb. 1911	
Hardin	Ruth	P. H. Hardin	105 7th St.	CH	1908-1909	12			
Hardin	Ruth			LJ	18 June 1909	13	7		
Hardin	Willie	L. A. Hardin	Country	BS		14	6		
Hardisty	Elwin	L. O. Hardisty	Box 177	MV	1923-1925		14	28 Aug. 1909	
Hardy	Arnold	A. H. Arnold	Mt. View & I Sts.	CH	1908-1909	12			
Hardy	Robert	A. Hardy	Mt. View & I Sts.	BS	1908-1909	8			
Harford	Crystal	Mrs. M. E. Harford		BS		14			
Harford	Ethyl			BS					
Hargens	John	Chas. Hargens	4th St.	BS	1905-1907	7	1		
Harmes	Edith	Laura & Fred Harmes	404 Oak St.	LN	1920-1921	6	1B	2 Feb. 1914	
Harmes	Marie			LN	1920-1921		2A	30 Nov. 1911	
Harmon	Dorothy	Robert Harmon	Bay	BY	21 June 1912	6	1		
Harmon	Dorothy	R. A. Harmon	District	BY	1918-1920		7		
Harmonsen	Anna	Thos. Harmonsen	507 Baker St.	BS	Jan. 1907	10	2		
Harmonsen	Margaret	Gus Harmonsen	Fair St.	BS	1907-1909	7	1A		
Harmonson	Annie	Mrs. J. A. Harmonsen	507 Baker St.	BS	1905-1907	10			
Harmonson	Hilda	Mrs. J. A. Harmonsen	507 Baker St.	BS	1905-1907	8			
Harmonson	John	G. Harmonson	Fair St. & Bassett Sts.	BS	Jan. 1908	6			
Harmonson	Margaret	Mrs. J. A. Harmonsen	507 Baker St.	BS	1905-1907	6			
Harms	Clarence	Mrs. C. D. Harms	16 Fair St.	CH	1908-1909	12			
Harms	Clarence	Mrs. C. D. Harms	16 Fair St.	BS	Jan. 1908	12			
Harms	Edith	F. K. Harms	400 Upham St.	LN	1921		2B	2 Feb. 1914	
Harms	Edyth	F. K. Harms	400 Upham St.	LN	1920-1921		1A	2 Feb. 1914	
Harms	Elizabeth		Sebastopol	MV	1929-1931			24 Aug. 1921	
Harms	Leland	D. Harms		BS	1908-1909	10	4A		
Harms	Lorane		16 Fair St.	LN	1920-1921		1A		left

Surname	Given Name	Parent	Address	SD	Date/Date Range	Age	Gr.	Birth Date	Left/Comments
Harms	Marie	F. Harms	404 Oak St.	LN	Aug. 1922	1A	L1	12 Sept. 1916	
Harriman	Betsy	M. A. Harriman	R 5	LN	Aug. 1922		L1	11 Aug. 1916	
Harriman	Cary	A. H. Harriman	I St.	LN	1920-1921			24 May 1910	
Harrington	Alfred	Huldah Harrington	465 Oak St.	BS	1905-1907	13			
Harrington	Alfred	Mrs. H. Harrington	452 Oak St.	CH	1909	15			
Harrington	Florence	Mrs. B. Harrington	465 Oak St.	BS	1905-1907	11			
Harrington	Florence	Mrs. H. Harrington	465 Oak St.	BS	1905-1908	12			
Harrington	Florence	Mrs. H. Harrington	529 Oak	CH	1907-1910	14			
Harrington	Mabel			BS	21 Jan. 1918	16	2A		
Harrington	Mable	Mrs. H. Harrington	529 Oak St.	BS	1908-1910	7			
Harrington	Ralph	Mr. Harrington	465 Oak St.	BS	1905-1906	7			
Harrington	Ralph	P. Harrington	465 Oak St.	BS	20 Aug. 1906	9	2		
Harrington	Ralph	B. Harrington	465 Oak St.	BS	Jan. 1907	9	2		
Harrington	Ralph	Mrs. H. Harrington	529 Oak St.	BS	1911?	12			
Harrington	Will	Mrs. B. Harrington	465 Oak St.	BS	1905-1907	16			
Harris	Clarence		220 Fair St.	PK	1919			11 Feb. 1915	
Harris	Clarence		Bodega Ave.	PK	1919			11 Feb. 1915	
Harris	Clarence		Prospect & Walnut Sts.	PK	1920			11 Feb. 1915	
Harris	Clarence	D. J. Harris	209 Fair St.	LN	1921-1922		1B	6 Feb. 1915	
Harris	Dora	Mrs. Chas. Harris	Main St.	BS	1905-1907	7	1		
Harris	Dora	Mrs. Chas. Harris	Dana St.	BS	1905-1907	8	1		
Harris	Dora	C. Harris	Post St.	BS	1905-1907	8	1		
Harris	Eva	Wm. Harris	700 West St.	BS	1911	7			
Harris	Frank	Charles Harris	505 Kentucky St.	BS	1909	12			
Harris	Mabel		Liberty St.	PK	1910	3 1/2		1 Oct. 1906	
Harris	Melvyn	Phillip Harris	411 F St.	LN	1920-1921		4B	11 Aug. 1911	
Harris	Myrtle	A. M. Harris	413 Prospect St.	LN	25 Aug. 1919				
Harris	Wesley	Mrs. Chas. Harris	Main St.	BS	1905-1907	6			
Harris	Zella	C. Harris	Main St.	BS	1905-1907	6	1		
Harris	Zella	Mrs. Chas. Harris	Dana St.	BS	1905-1907	7	1		
Harris	Zella	C. Harris	Post St.	BS	1905-1907	7	1		
Harrison	Gerald	M. C. Harrison	829 Keller St.	BS	1905-1907	6	1		
Harrison	Norma	Mrs. M. Harrison	829 Keller St.	BS	1905-1907	12			

-143-

Surname	Given Name	Parent	Address	SD	Date/Date Range	Age	Gr.	Birth Date	Left/Comments
Harrower	Elizabeth	Ruth Harrower	Rt. 3	ML	1921			4 May 1915	
Harrower	Elizabeth	Keith Harrower	Rt. 3	ML	Aug. 1922			4 May 1915	
Hart	Ruth	Blair Hart	Lakeville	CH	8 Aug. 1910				
Harvey	Billy	Wm. H. Harvey	Boyes Springs	FL	4 Sept. 1931	12	7	9 Oct. 1918	
Harvey	Colby	C. L. Harvey	408 Oak St.	BS	9 Aug. 1909	6			
Harvey	Colby	C. S. Harvey	416 3rd St.	BS	1909	6			
Harvey	Colby	LeRoy Harvey	408 Oak St.	BS	1909-1911	7	1A		
Harvey	Ethel	Roy Harvey	1217 1st St.	BS	Jan. 1907	7			
Harvey	Ethel	Mrs. L. Harvey	1217 3rd St.	BS	20 Aug. 1906	7	1		
Harvey	Ethel	Roy Harvey	1217 3rd St.	BS	1907-1909	8	1A		
Harvey	Ethel	Roy Harvey	416 3rd St.	CH	1908-1909	9			
Harvey	Ethel	C. L. Harvey	416 3rd St.	BS	1909	9			
Harvey	Harold	Strattons	Cor. 4th St. & F	BS	1906-1908	16	8B		
Harvey	Lane Alice			BS	21 Jan. 1918				
Harvey	Lawrence	L. P. Harvey	R 3	MV	1929-1930			29 June 1916	
Harvey	Paul		Madrone	FL	23 Sept. 1929	8	2	31 May 1921	
Harvey	Roy	J. C. Harvey	Stony Point	BS	1922	17			
Harvey	Viola	H. Harvey	San Francisco	BL			6		
Harvey	Viola Elaine	Roy Harvey	Bloomfield	BL	1923-1924		7	30 July 1910	
Harvey	Wm. Henry	Wm. Henry Harvey		FL	1924			9 Oct. 1918	
Haskell	Earnestine		Boyes Springs	PK	3 Aug. 1896	5			
Haskell	Euna			BS	1894-1895		Jr.		
Haskell	Mervyn			BS	21 Jan. 1918	16	2B		
Haskell	Stacia			PK	2 Sept. 1895				
Haskell	Stacy			PK	17 Mar. 1896				
Haskins	Lillie			BS	1899-1900				
Haskins	Marjorie	W. R. Haskins	18 Fair St.	BS	1908-1910	6			
Haskins	Marjorie	R. Haskins	BS	BS	18 Jan. 1909	7	1A		
Haskins	Marjorie	Wilson Haskin	615 B St.	BS	1909	9			
Haskins	Marjorie			BS	21 Jan. 1918	16	2A		
Hastings	Myrtle			MV	1916-1917	14	8		
Hastings	Violet			MV	1916-1917	12	8		
Hauger	Lena	W. H. Hauger	F St.	BS	1892-1893	11			

Surname	Given Name	Parent	Address	SD	Date/Date Range	Within Date Range Age	Within Date Range Gr.	Birth Date	Left/Comments
Haugh	Dorothy	Ernest Haugh	207 E. Washington St.	ML	1916		Rec.		
Haugh	Dorothy	Ernest Haugh	207 E. Washington St.	ML	1919-1921		4B	24 Sept. 1909	
Haugh	Ernest	Ernest Haugh	207 Washington St.	BS	1909	10			
Haugh	Ernest	Ernest Haugh	207 E. Washington St.	ML	Jan. 1912				
Haugh	Freida	Ernest Haugh	207 E. Washington St.	ML	Aug. 1912				
Haugh	Louise	Ernest Haugh	207 E. Washington St.	ML	1914				
Haugh	Louise	Ernest Haugh	207 Washington St.	ML	Aug. 1912				
Haugh	Marguerite	Ernest Haugh	207 Washington St.	BS	1909	11			
Haugh	Marguerite	Ernest Haugh	207 Washington St.	ML	Jan. 1912				
Haussermann	Earnest	C. H. Haussermann	Cherry St.	BS	1906	9	2		
Haussermann	Karl	K. Haussermann	426 Cherry St.	BS	1905-1907	14			
Haussermann	Klara	Karl Haussermann	426 Cherry St.	BS	1905-1907	12			
Hautshe	Paul		670 D St.	PK	1920			5 Oct. 1915	
Hautzsche	Katie	P. Hautzsche	607 D St.	LN	1920-1921		2B	5 Jan. 1913	
Haverty	Eugene	Thomas Haverty		OL	1 June 1917		6		
Haverty	Margaret	Thos. Haverty		OL	1 June 1917		L3		
Haverty	Thomas	Thomas Haverty		OL	1 June 1917		6		
Haverty	Wm.	Thos. Haverty		OL	1 June 1917		1		
Hawkins	Helen	J. T. Merritt	407 Kentucky St.	LN	1919-1922		1A	29 Sept. 1913	
Hawkins	Helen A.		Kentucky St.	PK	Spring 1919			29 Sept. 1914	
Hawthorn	Sadee			PK	1896				
Hawthorne	Ada Lee			PK	1895	4			
Hawthorne	Eleanor	Walter B. Hawthorne	Sunny Slope & F Sts.	LN	1920-1922		2A	13 Dec. 1913	
Hawthorne	Laidee	John Hawthorne	Baker St.	CH	1898	9	3		
Hawthorne	Sadee	Thomas Haverty		PK	1895-1896				
Hawthorne	Sadie			PK	1895				
Hawthorne	Stanley	Walter Hawthorne	F St.	LN	1920-1921			21 Oct. 1910	
Hawthorne	William	Walter B. Hawthorne	F & Sunny Slope Ave.	LN	1919-1922	7	2B	12 Sept. 1912	
Hayden	Helen	Mrs. Hayden Block		MV	1918-1919		3		
Hayes	Lloyd	Mr. Hayes		OL	1 June 1917		3		
Hayes	Margaret	Mr. Hayes		OL	1 June 1917		7		
Haylar	Betta		146 Keller St.	PK	1921			9 Oct. 1917	
Hays	Bertha	G. W. Hays	BS	BS	1897	16			

Surname	Given Name	Parent	Address	SD	Date/Date Range	Within Date Range Age	Gr.	Birth Date	Left/Comments
Hays	Fred	G. W. Hays		TM	1887-1890	16			
Hays	George	G. W. Hays		TM	1887-1890	19			
Hays	George			BS	1894-1895		10		
Hays	Mabel	G. W. Hays		TM	1887-1890	10			
Hays	Mildred	Rev. E. B. Hays	10 7th St.	BS	Jan. 1908	10			
Hays	Mildred	Rev. E. B. Hays	107 7th St.	CH	1908-1909	11			
Hays	Mildred			BS	Fall 1906				
Hays	Ruth	E. B. Hays	10 7th St.	BS	1908-1909	9	4A		
Hays	Ruth	Rev. E. B. Hays	500 D St.	CH	1908-1909	10			
Haywards	Leonard	Mrs. Haywards	Main St. Extension	BS	1908-1910	8			
Hazard	Alice	H. M. Hazard	Rt. 3, Sebastopol	EC	1930-1931			9 July 1916	
Hazard	Alice	Mrs. H. M. Hazard		EC	1929-1930			9 July 1919	
Hazard	Edna	H. Hazard	Sebastopol	EC	1929-1931			1 Mar. 1923	
Hazard	Robt.	H. Hazard	Sebastopol	EC	1930-1931			10 Apr. 1924	
Hazen	Nora	Alec Hazen	Sebastopol	EC	1925-1926			24 June 1918	
Hazen	Nora	Alec Hazen	Sebastopol	EC	1927-1928			24 Mar. 1918	
Hazen	Walter	Mrs. Mary Hazen	Sebastopol	EC	1929-1930			7 July 1930	
Hazlett	James		G & 6th Sts.	PK	3 Aug. 1914			15 Apr. 1909	
Hazlett	Ruby	Miles Hazlett	806 6th St.	LN	1919-1920		1A		
Heald	Mervin	Mrs. Heald	920 Kentucky St.	BS	1905-1907	7	1		
Healy	Clyde E.	E. R. Healy	785 Keller St.	BS	1897	14			
Healy	John	R. Healy	Bodega Ave., Box 15	BS	1909	10			
Healy	Richard	Mrs. R. Healy	Bodega Ave.	CH		13			
Hearle	Serena			TM	1923-1924			15 Aug. 1912	
Heasell	Herbert	B. Heasell	R 3, Sebastopol	CN	1928-1929			13 Mar. 1921	
Heasell	Hubert	H. Heasell	R 3, Sebastopol	CN	Aug. 1927			13 Mar. 1921	
Heatley	Edna	Jas. Heatley	Prospect St.	CH	3 Sept. 1894	7			
Hebb	Edith		608 3rd St.	PK	1920			6 Dec. 1914	
Heckert	Mabel	J. D. Heckert	1072 6th St.	BS	1906-1908	15	8B		
Heden	Paul	Thomas Heden	205 E St.	LN	1919		1B		
Hedin	Ella	Alfred Hedin	575 I St.	LN	1920-1921		1A	29 July 1914	
Hedin	Paul	Thomas Hedin	205 E St.	LN	1919-1920				left
Hedin	Paul	Thomas Hedin	R 3	LN	1920-1921		2B	29 Feb. 1912	

Surname	Given Name	Parent	Address	SD	Date/Date Range	Within Date Range Age	Within Date Range Gr.	Birth Date	Left/Comments
Hedrick	Richard Wayne		327 J St.	PK	Spring 1923			16 May 1918	
Heffron	Fred	A. H. Heffron	Bodega Bay	BY	1886-1889	16			
Heinrickson	Helen	H. R. Heinrickson	I St.	CH	1908-1909	9			
Heinsen	George	Mrs. M. Heinsen	756 Howard St.	BS	1905-1907	13			
Heinsen	George	Mrs. M. Heinsen	222 Howard St.	CH		15			
Heinsen	George	M. Heinsen	220 Howard St.	CH	Feb. 1909	16			
Heinsen	Letitia	Mrs. M. Heinsen	756 Howard St.	PK	1903	4			
Heinsen	Letitia	Emil Heinsen	220 Howard St.	CH	1908-1909	9			
Heinsen	Letitia	Mrs. M. Heinsen	220 Howard St.	BS	1906-1909	9			
Heinsen	Letitia	Margaret Heinsen	221 Liberty St.	BS		11			
Heinsen	Lillian	Mrs. M. Heinsen	563 Fair St.	CH	1901-1903	6			
Heinsen	Lillian	Mrs. M. Heinsen	756 Howard St.	BS	1905-1909	10			
Heinsen	Lillian	Mrs. M. Heinesen	220 Howard St.	BS	Spring 1908	12	5B		
Heinsen	Lillian	Mrs. M. Heinsen	220 Howard St.	CH	1908-1909	13			
Heinsen	Pauline	Mrs. M. Heinsen	563 Fair St.	CH	1901-1903	5			
Heinsen	Pauline	Mrs. M. Heinsen	756 Howard St.	BS	1905-1907	9			
Heinz	Oscar Billie		15 Spring St.	PK	Fall 1919			30 May 1916	
Helm	Frances	L. Helm	App. Cedar Gr.	BS	1905-1907	13			
Helm	Frances	Mrs. M. Helm	17 Fair St.	CH		14			
Helm	Francis	Louis Helm	Capt. Bell's place	BS	1909	12			
Helm	Louisa	Mrs. M. Helm	near Cedar Grove	BS	1906	10			
Helm	Louisa	L. Helm	App. Cedar Gr.	BS	1905-1907	11			
Helm	Louisa	Louis Helm	Capt. Bell's place	BS	1909	11			
Helm	Louisa	Mrs. M. Helm	17 Fair St.	CH		12			
Helman	Sidna	Grant Helman	Rural	CH	1907-1909	13			
Helman	Sidna	W. G. Helman		CH	1908-1909	14	Fr.		
Helms	Olive		3rd St.	PK	Spring 1919			31 Aug. 1913	
Helms	Winnie		3rd St.	PK	Spring 1919			24 Mar. 1915	
Helton	Leoleon M.		1011 B St.	PK	Fall 1924				
Helton	Mary Alvyse		B St.	PK	20 Aug. 1928				
Hemphill	Gertrude	Oliva Gorden	658 Keller St.	CH	1897-1899	10			
Hemphill	Gertrude	W. Hemphill	Keller St.	CH	1898	10	3		
Hemphill	Lillias	Oliva Gorden	658 Keller St.	CH	1897-1899	8			

Surname	Given Name	Parent	Address	SD	Date/Date Range	Within Date Range Age	Within Date Range Gr.	Birth Date	Left/Comments
Hemphill	Lillias	Wm. Hemphill	Keller St.	CH	1898	9	3		
Hemphill	Lillis	Robt. Gordon	311 Keller St.	CH	1908-1909	18	Sr.		
Hemsen	Letitia	Mrs. M. Hemsen	756 Howard St.	BS	1905-1907	6			
Hemsley	Alvin		119 Upham St.	PK	Fall 1924			24 Mar. 1920	
Henderson	Edward			BS	21 Jan. 1918	14	1B		
Henderson	Gordon	J. Gordon Henderson	564 C St.	PK	1903	5			
Hendricks	Pearl	Frank Hendricks	508 Post	PK	1903	6			
Hendrickson	Elsie			PK	2 Feb. 1898				
Hendrickson	Henry	H. R. Hendrickson	Country	BS		12	7		
Hendrickson	Kenneth		137 Keokuk St.	PK	1927-1928			8 June 1921	
Hendrickson	Lizzie			PK	2 Feb. 1898				
Hendrickson	Lizzie			PK	26 Oct. 1896				
Hendrickson	Walter		137 Keokuk St.	PK	1927-1928			3 Aug. 1924	
Heniston	Frank			PO	12 Mar. 1877		7		
Heniston	Ida			PO	12 Mar. 1877		7		
Henley	Ethel	Mrs. O. J. Henley	1211 4th St.	BS	1909	11			
Henley	Geo. W.			BS		17			
Henley	Mary Katherine		101 Post St.	PK	1920			1 May 1915	
Hennard	Bessie			LJ	1915-1920	7	2		
Hennard	Ralph			LJ	1915-1917	14	7		
Hennard	Ralph			BS	21 Jan. 1918	16	1B		
Hennig	Alfred	A. F. B. Hennig	754 Main St.	BS	1905-1907	9			
Hennigan	Dorothy	Mrs. J. Hennigan	519 Upham St.	BS	1908-1909	11			
Henningsen	Anna	Jens Henningsen	R 3, Sebastopol	CN	1921-1927		2	6 Nov. 1913	
Henningsen	Christian	Neils Henningsen	R 3, Sebastopol	CN	Aug. 1921		7	13 Dec. 1908	
Henningsen	Christian	Neils Henningsen		CN	1922-1923		7	3 Dec. 1908	
Henningsen	Ejner	Jens Henningsen	R 3, Sebastopol	CN	Aug. 1921			25 Apr. 1909	grad.
Henningsen	Ellen	Neils Henningsen	R 3, Sebastopol	CN	Aug. 1921		4	30 Apr. 1911	
Henningsen	Ellen	Neils Henningsen		CN	1922-1926		5	30 Apr. 1912	
Henningsen	Viola	Mrs. Niels Henningsen	R 3, Sebastopol	CN	1922-1929		K	16 Apr. 1916	
Henningsen	Wilburth	Jens Henningsen	R 3, Sebastopol	CN	1924-1926			24 Oct. 1911	
Henningsen	Wilburth	Jens Henningsen	R 3, Sebastopol	CN	1921-1923		4	10 Oct. 1911	

Surname	Given Name	Parent	Address	SD	Date/ Date Range	Within Date Range Age	Gr.	Birth Date	Left/Comments
Henrichsen	Helen	H. K. Henrichsen	I St.	PK	1903	5			
Henrichsen	Josie			BS	Fall 1906				
Henrichson	Clara	John Henrichson	1263 3rd St.	BS		11			
Henrichson	Harry	Herman Dickman	122 3rd St.	BS	1908-1909	12			
Henrichson	Josie	Mr. Dickman	122 3rd St.	BS	1908-1909	13			
Henricksen	Alma	Henry Henricksen	I St. Extension	CH	1908-1909	12			
Henrickson	Alma	H. R. Henrickson	I St.	BS	1904-1907	8	2		
Henrickson	Anton	H. Henrickson	1414 G St.	BS	1907-1909	7	1B		
Henrickson	Anton	Hans Henrickson	920 BS	BS	1909	10			
Henrickson	Antone	H. P. Henrickson	810 A St.	BS	20 Aug. 1906	6			
Henrickson	Hans	H. P. Henrickson	810 G St.	BS	1906-1907	8			
Henrickson	Hans	Hans Peter Henrickson	414 G St.	CH	1908-1909	10			
Henrickson	Helen	H. R. Henrickson	I St. extension	BS	1905-1907	6	1		
Henrickson	Henry	Mrs. Dickman	122 3rd St.	BS	1911?	13			
Henrickson	Josie	F. Dickmann	3rd St.	BS	18 Jan. 1904	9	2		
Henrickson	Josie	Mrs. D. Henrickson	122 3rd St.	BS	1908-1909	13			
Henrickson	Peter	Mrs. Henrickson	763 G St.	BS	1905-1907	7	1		
Henrickson	Peter	Mr. Henrickson	806 G St.	BS	1905-1907	7	1		
Henry	Jimmie		Madrone	FL	23 Sept. 1929	7	2		
Henthorne	Isabelle	Mrs. Lena Henthorne	Agua Caliente	FL	1929-1930	12	6		
Herbert	Daisy			BY	7 Aug. 1916	13	7		
Herbert	Rose			BY	7 Aug. 1916	12	6		
Herbert	Tommy			BY	7 Aug. 1916	10	5		
Herbert	Tommy	T. Herbert	District	BY	1918-1919		7		
Herges	George	Mrs. C. Herges	G bet 5th+E3721 & 6th Sts.	BS	5 Sept. 1892	14		5 Oct. 1922	
Hermansen	Catherine	A. Hermansen	518 F St.	BS	1905-1909	11		21 Dec. 1916	
Hermansen	Catherine	Mrs. A. Hermansen	518 8th St.	CH	1908-1909	12			
Hermanson	Annie	G. Hermanson	229 Fair St.	CH	1908-1909	12			
Hermanson	Herman	Mrs. A. Hermanson		CH	1907-1909	15			
Hermanson	Hilda	J. A. Hermanson	229 Fair St.	CH	1908-1909	11			
Hermanson	Hilda	Augusta Hermanson	229 Fair St.	BS	1909	11			
Hermanson	John	G. Hermanson	229 Fair St.	BS	1908-1909	6			

Surname	Given Name	Parent	Address	SD	Date/Date Range	Within Date Range Age	Within Date Range Gr.	Birth Date	Left/Comments
Hermanson	Margaret	G. Hermanson	229 Bassett St.	CH	1908-1909	9			
Hermanson	Margaret	G. Hermanson	229 Fair St.	BS	1909	10			
Herrerias	Robert	Max Herrerias	R 3, Sebastopol	CN	Aug. 1929			11 Jan. 1924	
Herring	Edgar	E. Herring	Sebastopol	EC	1928-1931			20 Aug. 1920	
Herring	Robt.	E. Herring	Sebastopol	EC	1929-1931			14 Apr. 1923	
Heselswerd	Bernice	Harry Heselswerd	Santa Rosa	OL	1927-1928			20 Sept. 1921	
Heselswerd	Mary	Harry Heselswerd	Santa Rosa	OL	1927-1928			1 May 1920	
Hessel	Andrew	A. C. Hessel	Sebastopol	EC	1925-1931			Jan. 1918	
Hessel	Esther	Andrew Hessel	Sebastopol	EC	1928-1931			1 Nov. 1922	
Hessel	Evelyn	J. Hessel	Sebastopol	EC	1927-1931			1 Aug. 1919	
Hessel	Evelyn	J. Hessel		EC	1929-1930			1 Aug. 1916	
Hesseltine	Grace			MV	1916-1917	14	8		
Hewett	Charles	C. A. Hewett	315 E. Washington St.	BS	1911	14			
Hewitt	Chas.	Mr. C. A. Hewitt	313 Washington St.	BS	1908-1909	12	4A		
Hibbard	Ralph	S. C. Hibbard	Walnut St.	BS	1905-1909	11			
Hibbard	Ralph	S. C. Hibbard	407 Walnut St.	BS	1908-1909	14			
Hicken	Lester			CH	13 Aug. 1917	10	3		
Hickey	Dolores	Maurice J. Hickey	500 Western Ave.	BS	1909-1910	6			
Hickey	Dolores	M. J. Hickey	528 Western Ave.	BS	1910	7			
Hickey	Lorraine		605 Keokuk St.	PK	1921-1922			26 Jan. 1918	
Hickey	Samuel	Mrs. M. J. Hickey	528 Western Ave.	PK	1910	4			
Hicki	Archie			HC	Apr. 1893				
Hickin	Beatrice	Mrs. R. Hickin	Agua Caliente	FL	1914-1915	15	8		
Hickin	Charlie	Mrs. R. Hickin		FL	1914-1917	7	1		
Hickin	Harry	Mrs. R. Hickin	Agua Caliente	FL	1914-1916	8	2		
Hickin	Lester	Mrs. R. Hickin	Agua Caliente	FL	1915-1917	8	1		
Hickin	Watson	Mrs. R. Hickin		FL	1 Jan. 1914?	14	7		
Hickins	Beatrice	Mrs. R. Hickin		FL	3 Aug. 1914	14	7		
Hickman	Clarence	J E. Hickman		HC	1881-1882	6			
Hickman	Horace			HC	Apr. 1896				
Hickman	Horace			HC	Apr. 1893				
Hickman	Ivan	John Hickman		HC	1884-1885	7			
Hickman	Ivan	J. E. Hickman		HC	1888-1890	11			

Surname	Given Name	Parent	Address	SD	Date/Date Range	Within Date Range Age	Gr.	Birth Date	Left/Comments
Hickman	Minnie	J E. Hickman		HC	1881-1882	9			
Hickman	Minnie	John Hickman		HC	1884-1885	11			
Hickman	Minnie	J. E. Hickman		HC	1888-1890	15			
Hickman	Minnie		Annapolis	HC	26 Feb. 1878				
Hicks	Boyer	W. E. Hicks	415 E. Washington St.	ML	1914				
Hicks	Boyer	W. E. Hicks	415 E. Washington St.	ML	Aug. 1912				
Hicks	Cassius	J. Hicks	Keller St.	BS	1907-1909	9	1A		
Hicks	Elsie			BS	1908-1909				
Hicks	Frederick	Jas. Hicks	13 Keller St.	BS	Jan. 1908	6			
Hicks	Goldie	J. M. Hicks	31 Keller St.	CH	1908-1909	16			
Higgins	Elgin	Mrs. E. A. Keller St.	816 Keller St.	BS	Jan. 1907	9			
Higgins	Ethel	Mr. Higgins	1427 3rd St.	BS	1905-1907	6			
Higgins	Ethel	Henry Higgins	1427 3rd St.	BS	20 Aug. 1906	8	1		
Higgins	Ethel	Ed. Higgins	1427 3rd St.	BS	Jan. 1907	8	2		
Higgins	Laura	Ed. Higgins	1427 3rd St.	BS	1906-1907	11	2		
Hilbranch	Grace	J. A. Hilbranch	1066 5th St.	BS	1908-1909	11			
Hill	Alice	L. Hill	10 8th St.	LN	Aug. 1921		3A	10 Sept. 1912	
Hill	Alice	Leonard Hill	8th St.	LN	1920-1921		3B	6 Sept. 1912	
Hill	Anna	L. H. Hill	10 8th St.	LN	9 Aug. 1921		1B	23 June 1915	
Hill	Blake	A. B. Hill	658 D St.	BS	1905	9	2		
Hill	Blake	A. B. Hill	758 D St.	CH	1908-1909	12			
Hill	Blake	A. B. Hill	758 D St.	BS	Jan. 1908	12			
Hill	Bobbie			MV	1923-1924		1		
Hill	Dalph B.	A. B. Hill	758 D St.	CH	1908	14			
Hill	Dolf	A. B. Hill	658 D St.	BS	1905-1908	11			
Hill	Foster	Mrs. Clara Foster	Upham St.	CH	1901-1903	6			
Hill	Fred	Mrs. R. York	625 E. D St.	ML	1914				
Hill	Fred	Mrs. York	E. D St.	ML	Aug. 1912		1A		
Hill	Leonard	Leonard Hill	10 8th St.	LN	1920-1921		4B	10 Feb. 1911	
Hill	Leonard	Leonard Hill	10 A St.	LN	1920-1921			10 Feb. 1911	
Hill	Lois			MV	1923-1924		12	23 Nov. 1911	
Hill	Margarett	Leonard Hill	10 8th St.	LN	1920-1921			21 Sept. 1910	
Hillard	June	Chas. Hillard	R 3	MV	1928-1929			6 Dec. 1921	

-151-

Surname	Given Name	Parent	Address	SD	Date/Date Range	Within Date Range Age	Gr.	Birth Date	Left/Comments
Hillbranch	Arthur	Mr. Hillbranch	Tuition	BS	20 Aug. 1906	6	1		
Hillbranch	Arthur	A. Hillbranch	1066 5th St.	BS	1905-1909	7	1A		
Hillbranch	Arthur	A. Hillbranch	325 5th St.	BS	1909	10			
Hillbranch	Clarence	Mr. Hillbranch	509 C St.	BS	1905-1907	6	1		
Hillbranch	Clarence	Mrs. I. Hillbranch	1166 5th St.	BS	Sch Yr 1906	8			
Hillbranch	Clarence	A. F. Hillbranch	766 5th St.	BS	1909	9			
Hillbranch	Clarence	Axel Hillbranch	325 5th St.	BS	1908-1909	11			
Hillbranch	Clarence	A. F. Hillbranch	325 5th St.	CH		13			
Hillbranch	Gauce	J. Hillbranch	325 F St.	BS	1911?	14			
Hillbranch	Grace	A. S. Hillbranch	1066 5th St.	BS	1905	9	2		
Hillbranch	Hilma	A. F. Hillbranch	1066 5th St.	BS	1905-1907	13			
Hillbranch	Leslie	Asel Hillbranch	1066 5th St.	BS	1909	12			
Hillbranch	Leslie	A. F. Hillbranch	1066 5th St.	BS	1905-1907	13			
Hillis	Alice	John Hillis	723 BS	BS		10			
Hillis	Eldred B.			BS	21 Jan. 1918	14	1B		
Hillis	Elred	W. F. Hillis	407 4th St.	BS	1909	8			
Hillis	Harry		723 BS	BS		14	6		
Hilmer	Alma	Louis Hilmer	I St.	BS	1905-1908	13	7A		
Hilmer	Alma			CH	8 Aug. 1910				
Hinckley	Acors			OL	29 July 1901		7		
Hinrichsen	Josie	J. W. Hinrichsen	465 Western Ave.	CH	1901-1903	6			
Hinrickson	Hans	Mrs. Anna Hinrickson	414 G St.	BS	1909	11			
Hinshaw	Walter		517 Keokuk St.	PK	18 Feb. 1918			22 Jan. 1911	
Hinshaw	Walter	Arthur Hinshaw	517 Keokuk St.	LN	1920-1921		4B	19 Jan. 1911	
Hinson	Herbert	Mrs. Belle Hinson	R 3, Sebastopol	MV	1925-1926			23 Nov. 1911	
Hirst	Lavida		21 7th St.	PK	Fall 1919			14 Mar. 1915	
Hirst	Leveda	J. K. Hirst	628 D St.	LN	9 Aug. 1921		1B	14 May 1915	
Hirst	Vincent	K. Hirst	628 D St.	LN	1920-1921	8	1B	20 Oct. 1912	
Hirst	Vincent	J. R. Hirst	628 D St.	LN	1921		1A	20 Oct. 1912	
Hirst	Vincent	J. K. Hirst	628 D St.	LN	21 Aug. 1921		2B	20 Oct. 1912	
Hittell	Elgin	Mrs. E. A. Hittell	126 Liberty St.	BS	1908-1909	11			
Hiura	Anna	Joe Hiura	R 3, Sebastopol	MV	1925-1926			12 Apr. 1912	

Surname	Given Name	Parent	Address	SD	Date/Date Range	Within Date Range Age	Within Date Range Gr.	Birth Date	Left/Comments
Hiura	Anna	Joe Hiura	R 3, Sebastopol	MV	1926-1927			18 Sept. 1912	
Hiura	Pansy	Joe S. Hiura	R 3, Sebastopol	MV	1925-1926			10 Mar. 1911	
Hiura	Percy	Joe Hiura	R 3, Sebastopol	MV	1924-1931			1 Nov. 1918	
Hiura	Thomas	Joe Hiura	R 3, Sebastopol	MV	1924-1931			26 Jan. 1917	
Hiura	Wilfred	Joe Hiura	R 3, Sebastopol	MV	1926-1930			7 Apr. 1920	
Hiura	William	Joe Hiura		MV	1926-1927			29 Nov. 1914	
Hiura	Wm.	Joe Hiura	R 3, Sebastopol	MV	1925-1926			29 Sept. 1915	
Hiura/Huira	Anna	Joe S. Hiura/Huira	R 3, Sebastopol	MV	1923-1924		5	12 Sept. 1913	
Hiura/Huira	Anna	J. S. Hiura/Huira		MV	1920-1921	9	3	16 Aug. 1912	
Hiura/Huira	Anna	Mrs. A. Hiura/Huira		MV	1918-1919		1		
Hiura/Huira	Anna	Joe S. Hiura/Huira	R 3, Sebastopol	MV	1921-1922		3	18 Sept. 1912	
Hiura/Huira	Anna			MV	1921-1922		5	13 Aug. 1913	
Hiura/Huira	Anna	J. S. Hiura/Huira	Box 311	MV	1924-1925		6	12 Sept. 1912	
Hiura/Huira	George			MV	1918-1919	9	4		
Hiura/Huira	George	Joe S. Hiura/Huira	R 3, Sebastopol	MV	1921-1923		7	3 Mar. 1909	
Hiura/Huira	Pansy	Mrs. A. Hiura/Huira		MV	1918-1919		2		
Hiura/Huira	Pansy	Joe S. Hiura/Huira	R 3, Sebastopol	MV	1921-1922		4	11 Mar. 1911	
Hiura/Huira	Pansy			MV	1921-1922		5	28 Jan. 1911	
Hiura/Huira	Pansy	Joe S. Hiura/Huira	R 3, Sebastopol	MV	1923-1925		6	10 Mar. 1911	
Hiura/Huira	Thomas			MV	1922-1924				
Hiura/Huira	William	J. S. Hiura/Huira		MV	1920-1921	6	1	29 Oct. ????	
Hiura/Huira	William	J. S. Hiura/Huira	R 3, Sebastopol	MV	1920-1925	7	3	30 Nov. 1914	
Hixson	Herbert			MV	1924-1925				
Hjort	Helen	Hans Hjort	226 Bremen St.	ML	1914-1917				
Hjort	Helen	H. P. Hjort	226 Bremen St.	ML	Aug. 1912				
Hjort	Martha	Hans Hjort	226 Bremen St.	ML	Aug. 1912		1A		
Hjort	Martha	Hans Hjort	226 Bremen St.	ML	1916-1917		2A		
Hoadley	Elsie	Mrs. C. E. Burke	Windsor	OL	1921-1922		Rec.	20 Oct. 1916	
Hoadley	Esther	Mrs. C. E. Burke	Windsor	OL	1921-1922		3	10 Sept. 1913	
Hoag	Mabel	Jas. W. Hoag	864 6th St.	BS	1905-1907	7	2		
Hobby	Hattie			PK	1910	4			
Hoeg	Walter	Peter Hoeg	Cor. 5th St. & I Sts.	BS	1905	13	2		
Hoerl	Jack			MV	1922-1923				

-153-

Surname	Given Name	Parent	Address	SD	Date/Date Range	Age	Gr.	Birth Date	Left/Comments
Hoerl	Martha		27 Fair St.	MV	1922-1923				
Hoffman	Clifford	Ed. Hoffman		BS	1911	7			
Hoffman	Emily	Mr. Hoffman	108 West St.	BS	1909-1910	7			
Hoffman	Lois	A. Hoffman	718 F St.	BS	18 Jan. 1904	7	2		
Hoffman	Lois	A. M. Hoffman	1103 6th St.	BS	1909	10			
Hoffman	Lois	A. M. Hoffman	28 Laurel Ave.	CH	1908-1909	11			
Hoffman	Lois	A. M. Hoffman	1103 6th St.	BS	1905-1907	11			
Hoffman	Marian	Edward Hoffman	107 Galland St.	LN	1919-1920	9	4B		
Hoffman	Marie	J. V. Hoffman	Park Ave.	BS	1905-1907	12	4		
Hoffman	Marion	Edward Hoffman	107 Galland St.	LN	1920-1921			28 Apr. 1910	
Hoffman	Paul	Frank Hoffman		CN	Sept. 1922		7	15 Sept. 1909	
Hoffman	Ruth	J. E. Hoffman	725 Kentucky St.	BS	1905-1907	10			
Hoffman	Ruth	Dr. R. Hoffman	Kentucky St.	CH	1901-1903				
Hoffman	Willie	A. M. Hoffman	1103 6th St.	BS	1905-1907	12			
Hoffmann	Johanna	John V. Hoffmann	24 Park Ave.	BS	1905-1907	14			
Hoffmann	Johanna	J. V. Hoffmann	24 Park Ave.	CH	1908-1909	16			
Hoffmann	Marie	J. W. Hoffmann	24 Park Ave.	BS	1909	13			
Hoffmann	Marie	J. V. Hoffmann	24 Park Ave.	CH	1908-1909	14			
Hoffmann	Paul	Franz Hoffmann	R 3, Sebastopol	CN	Aug. 1921		6	15 Sept. 1909	
Hofmann	Paul	Frank Hoffmann		CN	Aug. 1923			15 Sept. 1909	
Hofmann	Wendell	Wendel Hofmann	509 Upham St.	CH	1908-1909	13			
Hogan	Mildred	Walter Hogan	761 BS	BS	20 Aug. 1906	6			
Hogg	Clyde	Claude Hogg	Rt. 3, Sebastopol	EC	1925-1931			27 May 1919	
Hogg	Floyd	Claude Hogg	Sebastopol	EC	1925-1928	14		18 Nov. 1913	
Hogg	Norman	Claude Hogg	Sebastopol	EC	1925-1931			14 Aug. 1916	
Hogg	Stanley	C. Hogg	Sebastopol	EC	1928-1929			5 Mar. 1922	
Hogg	Stanley	C. Hogg	Sebastopol	EC	1929-1931			25 Mar. 1922	
Hohn	Jake	J. F. Hohn	115 Keller St.	BS	1906-1908	14	8B		
Hohn	Phillis		111 Liberty St.	PK	1927-1928			16 July 1922	
Holland	Evelyn		Keokuk St.	PK	Spring 1919			12 June 1914	
Holland	Evelyn	L. R. Holland	946 B St.	LN	1920-1921		1A	12 June 1914	
Holland	Florence			TM	20 Feb. 1899		Rec.		
Holland	Gertrude	Fred Holland		TM	1895-1897	16			

Surname	Given Name	Parent	Address	SD	Date/Date Range	Within Date Range		Birth Date	Left/Comments
						Age	Gr.		
Holland	Henry	Mrs. S. Cassiday	3rd St.	BS	1899-1900	10			
Holland	Leland	Lester Holland	946 B St.	LN	1919-1921	9	2B	26 Jan. 1911	
Holland	Marie	J. Holland	Cherry St.	BS	17 Aug. 1908	7			
Holland	Mary	F. W. Holland		TM	1887-1889	13			
Holland	Mary			TM	13 July 1885				
Holland	May	F. W. Holland		TM	1887-1890	16			
Hollinger	Dollie	Mrs. Nell Hollinger	7 English St.	LN	1920-1921			11 Jan. 1912	
Hollinger	Dolly	Robert Hollinger	7 English St.	LN	1919-1920	7	2A		
Hollis	Edith	George Hollis	D St. Ext.	LN	9 Aug. 1920			19 Sept. 1912	
Hollis	Edyth	Lester Hollis	D St. Ext.	LN	25 Aug. 1919	7	2A		
Hollis	Edythe	Mrs. E. Hollis	B St. Ext.	LN	1920-1921			19 Sept. 1912	
Hollister	Charles	Neal Hollister	219 Bremen St.	ML	Aug. 1912				
Hollister	Charles	Neal Hollister	243 Bremen St.	ML	Jan. 1914				
Hollister	Charles	Mrs. E. Hollister	433 E. Washington St.	ML	1916		6A		
Hollister	Josephine	Neal Hollister	219 Bremen St.	ML	1914				
Hollister	Josephine	Neal Hollister	219 Bremen St.	ML	Aug. 1912				
Hollister	Josephine	Ed Hollister	433 E. Washington St.	ML	1915				
Hollister	Josephine	Neal Hollister	433 E. Washington St.	ML	1916-1917				
Holloway	Claude	N. Holloway	Adams St.	BS	1892-1893	13			
Holm	Jake	J. F. Holm	115 Keller St.	CH	1907-1909	14			
Holm	Jakie	J. F. Holm	783 Keller St.	BS	1905-1907	12			
Holman	Beverly		209 Baker St.	PK	Fall 1924				
Holman	Isabella	A. Holman	627 Baker St.	LN	1921		1B	4 Oct. 1914	
Holman	Jack	A. Holman	219 Baker St.	LN	Aug. 1922		1A	26 Jan. 1916	
Holman	Jack	A. Holman	621 Baker St.	LN	9 Aug. 1921		1B	26 Jan. 1916	
Holman	John	A. Holman	627 Baker St.	PK	1921			15 Dec. 1916	
Holman	Percy	A. Holman	504 Keokuk St.	BS	10 Jan. 1910	7			
Holman	Russell	Albert Holman	627 Baker St.	LN	1921		4B	24 Sept. 1911	
Holmes	Alta May	Frank Holmes	618 6th St.	LN	1919-1921		3B	18 May 1913	
Holmes	Colin		503 Main St.	PK	Spring 1924			17 Aug. 1919	
Holmes	Everett Lee	Frank Holmes	618 6th St.	LN	1919-1921		3B	6 Nov. 1910	
Holmes	Harper			PK	1910	4			
Holmes	Helen	Frank Holmes	1219 6th St.	CH	1908-1909	10			

-155-

Surname	Given Name	Parent	Address	SD	Date/Date Range	Within Date Range		Birth Date	Left/Comments
						Age	Gr.		
Holmes	Josie	F. A. Holmes	816 6th St.	ES	1924-1925			8 July 1914	
Holmes	Leslie	F. A. Holmes	816 6th St.	LN	1919-1920				
Holmes	Leslie	Frank Holmes	618 6th St.	LN	1920-1921			31 Aug. 1908	
Holmes	Lester	Frank Holmes	618 6th St.	LN	1920-1921		4B	31 Aug. 1908	
Holmes	Lester	F. A. Holmes	816 6th St.	LN	1919-1920				
Holmes	Lillie			ES	1924-1925				
Holmes	Lom		201 Kent St.	PK	1920			24 June 1915	
Holmes	Myron	F. Holmes	118 6th St.	BS	18 Jan. 1909	6	1A		
Holmes	Myron	Frank Holmes	1219 6th St.	BS	Jan. 1908	6			
Holmes	Myron	F. Holmes	618 3rd St.	BS	17 Aug. 1908	6			
Holmes	Myron			BS	21 Jan. 1918		2B		
Holmes	Nathan	F. A. Holmes	1219 6th St.	BS	Jan. 1907	8			
Holmes	Nathan	Frank Holmes	618 6th St.	CH	1908-1909	10			
Holmes	Nathan	Mrs. F. Holmes	618 6th St.	BS	1909	10			
Holmes	Pearl	Frank Holmes	Cor. 6th & I Sts.	BS	1911	7			
Holmes	Pearl	Frank Holmes	618 6th St.	ML	1916		6A		
Holmes	Thomas	Geo. Holmes	521 Keller St.	LN	1921-1922		1A	24 June 1915	
Holmes	Violet			ES	1924-1925				
Holmon	Russell	Albert Holman	627 Baker St.	LN	Aug. 1921		L4	24 Sept. 1911	
Holt	Betty Lee		730 B St.	PK	1921			31 July 1918	
Holt	Betty Lee		730 B. St.	PK	1922			3 July 1918	
Holt	Leila		730 B. St.	PK	1920-1922			15 Nov. 1916	
Holt	Lelia	H. Holt	730 B St.	LN	Jan. 1923		L1	15 Nov. 1916	left
Homan	Percy	Alfred Homan	504 Keokuk St.	BS	9 Aug. 1909	6			
Homann	Alfred	A. Homann	Keokuk St.	BS	1907-1909	7	2		
Homann	Isabel	A. Homann	570 Keokuk St.	BS	1907-1909	7	1A		
Homann	Isabel	Alfred Homann	504 Keokuk St.	CH	1908-1909	8			
Homer	Harold	Henry Homer	100 B St.	LN	1920-1921		2A	3 Dec. 1909	
Homes	Myron	Frank Homes	618 6th St.	BS	1909	8			
Hood	Gertrude	L. E. Hood	670 Hopper St.	BS	Fall 1906	10			
Hood	Gertrude	L. E. Hood	319 Hopper St.	BS	Jan. 1908	12			
Hood	Gertrude	L. E. Hood	319 Hopper St.	CH	1908-1909	13			
Hoover	George			PK	1910	5			

Surname	Given Name	Parent	Address	SD	Date/Date Range	Within Date Range Age	Within Date Range Gr.	Birth Date	Left/Comments
Hoover	Ira	J. R. Hoover	131 Howard St.	BS	1909	12			
Hoover	Ruth	Jas. Hoover	310 I St.	BS	1911	9			
Hoover	Wilda	Jas. Hoover	310 I St.	BS	1911	7			
Hoowege	Myrtle	A. W. Hoowege	721 BS	BS	1906-1908	14	8B		
Hopkins	Alice	H. Hopkins	734 B St.	LN	Jan. 1923		L1	20 July 1916	
Hopkins	Allyce	O. C. Hopkins	7th St.	BS	1907-1909	6	1A		
Hopkins	Allyce	O. C. Hopkins		BS	21 Jan. 1918	16	1B		
Hopkins	Alyce	Mrs. O. C. Hopkins		BS	20 Aug. 1906				
Hopkins	Lyman		7th St.	BS	21 Jan. 1918	15	2B		
Hopkins	Virginia	Oliver Hopkins	24 7th St.	CH	1908-1909	10			
Hopkins	Virginia	Ollie O. C. Hopkins	24 7th St.	BS	1905-1909	10			
Hopner	Ernest	Horner Hopner		LN	1920-1921	8	1B	1 Apr. 1912	
Hoppe	Frances		Kentucky St.	PK	18 Feb. 1918			18 May 1912	
Hopper	Nadia	H. B. Hopper	11 Stanley St.	LN	5 Jan. 1920		1B	23 Jan. 1906	
Hoppi	Josephine			PK	1910	4			
Horivege	Millie			BS	1905-1907				
Horn	Azalene	J. W. Horn	905 6th St.	BS	1909	9			
Horn	Azalene	J. W. Horn	36 6th St.	CH	1908-1909	11			
Horn	Azalene	J. W. Horn	905 6th St.	BS	1904-1907	11			
Horn	Edith		36 6th St.	PK	1918-1919			11 May 1914	
Horn	Edith	Mrs. J. W. Horn	36 6th St.	LN	1920-1922		1A	11 May 1914	
Horn	Herbert	J. W. Horn	36 6th St.	BS	1908-1911	6			
Horn	Marjorie	Louise Horn	36 6th St.	LN	1920-1921		4B	15 June 1911	
Horner	Arthur		219 Bodega Ave.	PK	Fall 1924			13 Apr. 1919	
Horner	Ernest	H. Horner	910 D St.	LN	1919-1921		1A	1 Apr. 1912	
Horner	Ernest	H. Horner	1000 B St.	LN	1919-1921				
Horner	Harold	Henry Horner	1000 B St.	LN	1919-1921	10	2B		
Horner	Harold	Henry Horner	910 D St.	LN	Aug. 1921		3B	3 Dec. 1909	
Horowitz	Sylvia	Joseph Horovitz	315 7th St.	LN	1920-1921		4B	2 Feb. 1911	
Horowitz	Bessie	J. Horowitz	315 7th St.	LN	1920-1921		1B	5 Apr. 1914	
Horowitz	Louis	Joseph Horowitz	Mt. View Ave.	LN	1919-1920		1A		
Horowitz	Louis	J. Horowitz	315 7th St.	LN	Aug. 1921		3A	23 Oct. 1912	
Horwege	Alvin	Aug. Horwege	B St.	CH	1898	10	4		

Surname	Given Name	Parent	Address	SD	Date/Date Range	Within Date Range Age	Gr.	Birth Date	Left/Comments
Horwege	Eddie	Henry J. Horwege	619 D St.	CH	1895-1896	12			
Horwege	Loretta			PK	2 Sept. 1895				
Horwege	Millie	A. W. Horwege	721 B	BS	1905-1907	13			
Horwege	Myrtle			PK	30 Sept. 1895				
Horwege	Walter	H. J. Horwege	414 7th St.	BS	1905-1907	13			
Hott	Betty Lee		730 B St.	PK	1920	3		3 July	
Houchin	Roy		711 Main St.	LN	1922		4A	4 Dec. 1910	
Houchin	Roy	Henry Houchin	28 Main St.	LN	1921		4B	4 Dec. 1910	
Houck	Robert	Frederick Houck	211 Hopper St.	ML	1915				
Houssan	Freddie		Annapolis	HC	Sept. 1880				
Houssan	Walter		Annapolis	HC	14 Oct. 1880				
Houx	Joyce			BS					
Houx	Neyda	W. D. Houx	703 Liberty St.	BS	1905-1907	15			
Houx	Neyda	W. D. Houx	702 Liberty St.	BS	1905-1907	16			
Houx	Pearl	W. D. Houx	Two Rock	BS	1897	15			
Howard	Annette	Levi Howard	Sebastopol	EC	1927-1929			12 Sept. 1919	
Howard	Arthur	A. W. Howard	200 4th St.	BS	1906-1909	9			
Howard	Easton	Mrs. A. Howard	Cor. D & 4th Sts.	BS	1906-1907	7			
Howard	Easton	A. H. Howard	200 4th St.	CH	1908-1909	8			18 Oct. 1880
Howard	Edna		Annapolis	HC	Sept. 1880				
Howard	Edwin	A. W. Howard	200 4th St.	BS	1909-1910	6			
Howard	Elizabeth	Mrs. M. J. Hickey	1063 3rd St.	CH	1901-1903	6			
Howard	Elizabeth	Mrs. M. Hickey	Western Ave.	BS	1905-1907	12			
Howard	Ellis	Mrs. Cora Howard	216 Post St.	LN	1919-1920	4			
Howard	Franklin			PK	1910				
Howard	Harold	L. Howard	Sebastopol	EC	1928-1929			13 Sept. 1921	
Howard	John Wm.	Emmett Howard	Payran St.	ML	1915-1916				
Howard	Paul	Emmett Howard	Payran St.	ML	Aug. 1912		1B		
Howard	Paul	Emmet Howard	Payran St.	ML	1914-1915				
Howard	Winifred	Levi Howard		EC	1926-1929			8 Sept. 1915	
Howe	Dan	Mrs. Francis Howe	1st St.	BS	1905-1907	7	1		
Howe	Margarite	James Howe	114 2nd St.	LN	1920-1921		4B	28 Feb. 1910	
Howe	Margarite	Mrs. Frances Howe		LN	1919-1920				

Surname	Given Name	Parent	Address	SD	Date/Date Range	Within Date Range Age	Gr.	Birth Date	Left/Comments
Howe	Richard	Mrs. S. L. Howe	Boyes Springs	FL	13 Oct. 1930	7	2	19 May 1923	
Howe	Samuel	C. J. Howe		BS	1908-1909	16			
Howege	Myrtle			PK	28 Sept. 1896				
Howege	Millie	A. W. Howege	619 B St.	CH	1908	15			
Howege	Millie			PK	1896				
Howege	Myrtle			PK	1896				
Howege	Willie			PK	17 Feb. 1896	5			
Howege	Willie			PK	2 Feb. 1898				
Howell	Louise		102 7th St.	PK	1921			4 Dec. 1915	
Howell	Louise		16 Kent St.	PK	Fall 1919			4 Dec. 1914	
Howell	Louise	F. Howell	824 B St.	LN	9 Aug. 1921		1B	4 Dec. 1915	
Howell	Marie		16 Kent St.	PK	Fall 1919			17 July 1914	
Howell	Marie		Kentucky St.	PK	5 Aug. 1918			17 July 1913	
Howell	Marie	Fred S. Howell	102 7th St.	LN	1920-1921		2B	17 July 1914	
Howells	Marie	Fred Howells	824 B St.	LN	1921-1922			17 July 1914	
Hoyt	Frank			FL	3 Aug. 1914	8	3		
Hoyt	Louise			FL	3 Aug. 1914	6	1		
Hozin	Anna		Del Mar	SA	2 Dec. 1912	6	A1		
Hriot	Lavida		21 7th St.	PK	1920			14 Mar. 1915	
Hudnall	Katie	Mrs. Hudnall	Oak St.	BS	1905-1907	10	5		
Hudnall	Katie	M. Hudnall	609 B St.	BS	8 Jan. 1906		5		
Hudnull	Ruth	Mrs. Hudnull	622 B St.	BS	Sch Yr 1906	8			
Hudson	Berndette			FL	4 Oct. 1926	12	8		
Hudson	Thelma	J. Tunstall	301 8th St.	CH	1908-1909	10			
Huff	Emily	Mrs. Gert Huff	El Verano	FL	15 Sept. 1930	13	8	27 Feb. 1917	
Huff	Louie			TM	13 July 1885				
Huffman	Frances			PK	18951896				
Huffman	Ruth	Mrs. Ruth Huffman	4th St.	BS	1903-1905	8	2		
Huffman	Ruth	Dr. Huffman	725 Kentucky St.	BS	1905-1907	12			
Huffman	Ruth	Dr. Ruth P. Huffman	227 Kentucky St.	CH	1907-1909	13			
Huffman	Ruth	R. Huffman	Liberty St.	BS	8 Jan. 1906		5		
Hughes	Bertie			PK	3 Aug. 1896	5			
Hughes	Clarence	W. J. Hughes	Fetters Springs	FL	1914-1915	12	7		

-159-

Surname	Given Name	Parent	Address	SD	Date/Date Range	Within Date Range Age	Gr.	Birth Date	Left/Comments
Hughes	Clarence	Mrs. E. Hughes	Fetters Springs	FL	7 Aug. 1916	13	8		
Hughes	Edith	W. J. Hughes		FL	1 Jan. 1914?	13	7		
Hughes	Elsie		215 Keller St.	PK	1914	5		15 Apr. 1910	
Hughes	Ruth	R. F. Hughes	701 Western Ave.	ML	1916		6A		
Hughes	Wanda	Lois Hughes	Tomales	TM	1926-1927			25 Aug. 1918	
Hughs	Elsie	J. R. Hughs	21 Bassett St.	BS	1908-1909	9			
Huitt	John	Ralph Huitt	806 6th St.	LN	1920-1921		1B	21 June 1912	
Hulbe	George			TM	20 Feb. 1899		3		
Hulbe	Lena J.			TM	1895-1897	13			
Hulbert	Evelyn	Elmer Hulbert	Tomales	TM	1921-1927			15 May 1913	
Hulbert	Lester	Elmer Hulbert	Tomales	TM	1921-1925		5		
Hulbert	Loria	Elmer Hulbert	Tomales	TM	1926-1929			16 June 1920	
Hulbert	Maxine	Elmer Hulbert	Tomales	TM	1922-1928				
Hulbert	Wesley	Elmer Hulbert	Tomales	TM	1921-1926			30 May 1911	
Hull	Geraldine	G. P. Hull	407 Post St.	BS	1906-1908	12	8B		
Hull	Harold	L. B. Hull	Mt. View Ave.	CH	1908-1909	13			
Hull	Harold	Mrs. L. B. Hull	Mt. View Ave.	BS	Jan. 1908	13		6 Feb. 1917	
Hull	Marland		Rt. 5	PK	1921				
Hultgren	Melvin			MV	1916-1919	10	5		
Hultman	Anna	A. G. Hultman	520 Galland St.	LN	1920-1921	6	1B	17 Nov. 1914	
Hultman	Anna	August Hultman	414 Howard St.	LN	1921-1922			17 Nov. 1914	
Humphreys	Alma	W. H. Humphreys	Cor. 6th & F Sts.	BS	5 Sept. 1892	13			
Humphreys	Francis	W. H. Humphreys	Cor. 6th & F Sts.	BS	5 Sept. 1892	12			
Humphreys	Walter	Wm. Humphreys	1170 4th St.	BS		14	7		
Hunakov	Dunia		Del Mar	SA	2 Dec. 1912	11	A3		
Hunakov	Peter		Del Mar	SA	2 Dec. 1912	10	B3		
Hunt	Alice	E. J. Hunt	852 Howard St.	BS	Fall 1905	10			
Hunt	Alice	E. J. Hunt	120 Howard St.	CH	1908-1910	13			
Hunt	Donald			PK	1910	5			
Hunt	Edith	Mrs. E. G. Hunt	852 Howard St.	BS	1906-1908	15	8A		
Hunt	Fannie	E. J. Hunt	852 Howard St.	BS	2905-1908	13			
Hunt	Grace	E. J. Hunt		BS	1906-1908	16	8B		
Hunt	Harold		B St.	PK	1910	5			

Surname	Given Name	Parent	Address	SD	Date/Date Range	Age	Gr.	Birth Date	Left/Comments
Hunt	Hester	Marvin Hunt	660 Prospect St.	BS		17			
Hunt	Lena	Marvin Hunt	660 Prospect St.	BS	1897	15			
Hunt	Margaret	E. J. Hunt	120 Howard St.	BS	1908-1909	11			
Hunt	Margarette	Edward Hunt	852 Howard St.	BS	Fall 1906	9			
Hunt	Margarette	E. J. Hunt	120 Howard St.	CH	1908-1909	12			
Hunt	Milton	F. W. Hunt	Fair St.	BS	21 Aug. 1899	11			
Hunt	Nadine	Marvin L. Hunt	847 B St.	LN	1919-1922		1A	29 Apr. 1913	
Hunt	William	A. G. Hunt	330 Bodega Ave.	LN	9 Aug. 1921		1B	1 Apr. 1915	left
Hunter	Charlotte	R. V. Hunter	Rt. 3	ML	1921-1922			28 Sept. 1915	
Hunter	Charlotte	R. V. Hunter	200 West St.	LN	1921-1922		1A	8 Nov. 1915	trans.
Hunter	Robert		300 West St.	LN	1922		4A	17 Mar. 1913	
Hunter	Robert	R. V. Hunter	200 West St.	LN	1921		4B	17 Mar. 1913	
Huntington	Harry	H. H. Huntington	774 D St.	BS	1905-1908	14			
Huntley	Delia	W. Huntley		TM	1887-1889	12			
Hurd	Helen	Thomas Hurd	R 3, Sebastopol	MV	1926-1927			23 July 1919	
Hurd	Lee	Thomas Hurd	R 3	MV	1929-1930			19 Sept. 1921	
Hurd	Lyle			MV	1924-1925			3 Apr. 1916	
Hurd	Lyle	Tom Hurd	R 3, Sebastopol	MV	1926-1927			30 Apr. 1916	
Hurd	Lyle	Thomas Hurd	R 3	MV	1929-1930			30 Mar. 1916	
Hurd	Ray	Tom Hurd	R 3	MV	1925-1927			28 Aug. 1914	
Husler	Dorothy	Ed Husler	1160 4th St.	BS	20 Aug. 1906	6			
Husler	Dorothy	Ed. Husler	1116 4th St.	BS	1907-1909	7	1A		
Husler	Dorothy	E. A. Husler	634 D St.	BS	1909	9			
Husler	Elwyn	E. A. Husler	4th St.	CH	1901-1903	6			
Husler	Elwyn	Elwyn A. Husler	1166 4th St.	BS	1903-1907	11			
Husler	Elwyn	E. A. Husler	634 D St.	CH	1907-1909	13			
Husler	Elwyn	E. A. Husler	1160 4th St.	BS	1905-1907				
Hussey	Eddie Otis	Walter R. Hussey	680 Kentucky St.	BS	1899-1900				
Hussey	Helen		Walnut St.	PK	1910			May 1906	
Hutatalia	Impi			HC	19 Aug. 1918		H2		
Hutchins	Sanra			BS	1894-1895		Jr.		
Hutchinson	Louis	E. Hutchison	Keokuk St.	BS	1905-1907	7	1		
Huttgren	Melvin			MV	20 Dec. 1916	11	6		

Surname	Given Name	Parent	Address	SD	Date/Date Range	Within Date Range		Birth Date	Left/Comments
						Age	Gr.		
Hyatt	Robt. Roy	R. M. Hyatt	Two Rock	CH	8 Aug. 1910	16			
Hynes	W.			BS	5 Sept. 1892				

Surname	Given Name	Parent	Address	SD	Date/Date Range	Within Date Range Age	Gr.	Birth Date	Left/Comments
Ichtertz	Claire	Teddy Ichtertz	Bay	BY	1926-1927			18 Aug. 1919	
Ichtertz	Claire	Theo Ichtertz	Bay	BY	1928-1930			17 Aug. 1920	
Idemoto	Charlie			OL	29 May 1919		Rec.		
Ikeda	Yoe	Mrs. H. A. Brown	523 D St.	BS	1905-1908	18			
Illig	Carl	Henry Illig	406 Main St.	LN	1920-1921		4B	26 May 1910	
Illige	Isabelle	Mrs. Illige	722 I St.	LN	1919-1920				left
Illige	Isabelle	Mrs. Illege	718 9thSt.	LN	25 Aug. 1919				
Illige	Margaret	Mrs. Clara Illige	I St.	LN	1919-1920	8	2B		
Imfeld	Agnes	Joe Iimfeld	Boyes Springs	FL	15 Sept. 1930	13	5	27 Mar. 1917	
Imfeld	John	Joe Iimfeld	Boyes Springs	FL	15 Sept. 1930	12	5	8 Sept. 1918	
Ingelsoll	Floyd			PK	1903				
Ingerham	Teddy	Milton Ingerham	A St.	LN	1919-1920	8	2B		
Ingersen	Melvin	N. B. Ingersen	655 Walnut St.	BS	1905-1907				
Ingerson	Floyd	N. Ingerson	655 Main St.	BS	Sch Yr 1906	8			
Ingerson	Floyd	Ingerson	655 Walnut St.	BS	20 Aug. 1906	9			
Ingerson	Floyd	N. B. Ingerson	347 Walnut St.	CH	1908-1909	10			
Ingerson	Floyd	Mrs. Ella Ingerson	347 Walnut St.	BS	1905 -1909	10			
Ingerson	Floyd	N. B. Ingerson	327 Walnut St.	BS	1911?	13			
Ingerson	Grace	N. B. Ingerson	655 Walnut St.	BS	1905-1908	13			
Ingerson	Grace	N. B. Ingerson	347 Walnut St.	CH	1907-1910	15			
Ingerson	Lewis	W. B. Ingerson	650 Walnut St.	BS	1905-1907	13			
Ingerson	Lewis	N. B. Ingerson	655 Walnut St.	BS	1905-1907	14			
Ingerson	Lewis	N. B. Ingerson	347 Walnut St.	CH	1907-1910	17			
Ingerson	Lewis	K. B. Ingerson	655 Oak St.	BS	1906-1908	17	8B		
Ingerson	Mehelle?	N. B. Ingerson	655 Walnut St.	BS	1905-1907	11			
Ingerson	Melvin	N. Ingerson	Oak & Walnut Sts.	BS	1903-1905	8	2		
Ingerson	Melvin	Nelson Ingerson	655 Walnut St.	BS	1906-1907	12	5		
Ingerson	Melvin	Mrs. N. B. Ingerson	347 Walnut St.	CH	1908-1909	14			
Ingham	Ama	E. Ingham	515 Western Ave.	BS	1905-1907	7	1		
Ingham	Ama	E. Ingham	H St.	BS	1905-1907	7	1		
Ingham	Ama	E. Ingham	461 Hinman St.	BS	1906	8	2		
Ingham	Esther	F. E. Ingham	503 H St.	BS	1907	11			
Ingham	Rubin	T. E. Ingham	461 Hinman St.	BS	1905-1907	7	1		

-163-

Surname	Given Name	Parent	Address	SD	Date/ Date Range	Within Date Range		Birth Date	Left/Comments
						Age	Gr.		
Ingham	Rubin	Mrs. F. E. Ingham	H bet. 5th & 6th Sts.	BS	1905-1907	7			
Ingman	Eva	Mrs. E. Kucinovich	Annapolis	HC	1921-1923		1	16 Mar. 1915	
Ingman	Eva	Mrs. Katie Vucinovich		HC	1925-1927			16 Mar. 1915	
Ingraham	Teddy	E. M. Ingraham	503 E. Washington St.	LN	1919-1921		3B	28 June 1912	
Ingraham	Theodore	Milton Ingraham	305 E. Washington St.	ML	1921-1922			28 June 1912	
Ingraham	Wilma	E. M. Ingraham	Washington St.	LN	1920-1921	5	1B	11 Nov. 1914	
Ingraham	Wilma	Milton Ingraham	305 Washington St.	ML	1921-1922			11 Nov. 1914	left
Ingraham	Wilma	E. M. Ingraham	315 E. Washington St.	ML	1920			11 Nov. 1914	
Ingram	Everett	Mrs. A. Ingram	724 H St.	LN	1920-1921		1A	20 Jan. 1913	left
Inman	Fred		582 Fair St.	BS	Fall 1905				
Inman	Fred			BS	Spring 1907		5		
Intemann	Alice	D. H. Intemann	308 Galleon St.	LN	1919-1920	15	2B		
Intemann	Alvena			BS	21 Jan. 1918	11			
Intemann	Carl	D. H. Intemann	Mt. View Ave.	CH	1908-1909	5			
Irion	Armene	Mr. Irion		PK	1903	6			
Irion	Armin	Rev. Irion	415 Upham St.	BS	20 Aug. 1906	7	1A		
Irion	Armin	Rev. Irion	815 Keller St.	BS	1907-1909	14			
Irion	Edmond	J. Irion	19 Keller St.	BS	Jan. 1908	13	5		
Irion	Edmund	Rev. J. I. Irion	415 Upham St.	BS	1905-1907	13			
Irion	Julius	J. Irion	19 Keller St.	BS	1908-1909				
Irion	Julius	J. Irion	415 Upham St.	BS	1905-1907	8			
Irion	Urmin	Rev. J. Irion	19 Keller St.	CH	1908-1909		5		
Irvin	Clarice			TM	1909-1910				
Irvin	Clifton			TM	1923-1924	14		17 Mar. 1908	
Irvin	James	J. Irvin		TM	1887-1890	16			
Irvin	Maggie	J. Irvin		TM	1887-1890				
Irving	Robt.	J. J. Irving	Sebastopol	EC	1930-1931			12 May 1923	
Irwin	Clifton			TM	4 Aug. 1919		6		
Irwin	Clifton			TM	6 Aug. 1917		5		

Surname	Given Name	Parent	Address	SD	Date/Date Range	Age	Gr.	Birth Date	Left/Comments
Irwin	Eleanor	R. H. Irwin	Sebastopol	EC	1925-1931			5 June 1919	
Irwin	Sheridan	W. S. Irwin	Cherry St. Valley	BS	1905-1907	9			
Irwin	Sheridan	Wm. S. Irwin	Petaluma	CH	1908-1909	12			
Irwin	Sheridan	W. S. Irwin	P. O. Box 316	BS	Jan. 1908	12			
Irwin	Wertie	W. S. Irwin	Cherry St. Valley	BS	1905-1907	14			
Irwin	Wertie	W. S. Irwin	Cherry Valley	CH	1908-1909	15			
Isaacs	Josephine			LN	1919-1920				left
Isaacson	Ralph	Andrew Isaacson	Howard St.	PK	1903	5			
Iserman	Anita	Robt. Iserman	112 Keller St.	LN	1920-1921		1B	7 Nov. 1910	
Iserman	Anna	Robert Iserman	112 Keller St.	LN	1920-1921	6		7 Mar. 1914	
Iserman	Anna	Robt. Iserman	614 E St.	LN	Aug. 1921		2A	7 Mar. 1914	
Ishtertz	Claire	Mrs. Ishtertz	Bay	BY	1927-1928			17 Aug. 1920	
Iversen	Marion	Mr. Iverson	Star Rt., Petaluma	BL	1924-1925		1	7 Dec. 1916	
Iverson	Marion	Martin Iverson	Petaluma Two Rock	BL	1927		4	7 Dec. 1916	
Ivy	Edith	Edith M. Ivy	27 Keller St.	BS	1908-1909	10			
Jack	Clifford	F. Siemer	Sebastopol	CN	Aug. 1923			7 Feb. 1912	left 21 Dec. 1924
Jackman	David	Mrs. Mansfield	220 7th St.	PK	1914			7 Dec. 1909	
Jackson	Lois		West St.	PK	20 Aug. 1928			16 Dec. 1924	
Jackson	Wendall			MV	1918-1919	11	6		
Jacobs	Carl	C. Jacobs	39 5th St.	LN	9 Aug. 1921		1B	13 Apr. 1916	
Jacobs	Carl	Carl Jacobs	39 5th St.	LN	Aug. 1922		1A	7 Apr. 1916	
Jacobs	Ilma	Carl Jacobs	39 5th St.	LN	Aug. 1921		L4	14 Apr. 1911	
Jacobs	Philena	Carl Jacobs	619 B St.	LN	5 Jan. 1920		1A		
Jacobs	Philena	Carl Jacobs	39 5th St.	LN	1921		1B	7 Aug. 1913	
Jacobs	Philena	Carl Jacobs	35 5th St.	LN	21 Aug. 1921		2B	7 July 1912	
Jacobsen	Alice	Mrs. Jacobsen	Sebastopol	MV	1920-1921	7			left
Jacobsen	Alma		Upham St.	PK	3 Aug. 1914			Dec. 1909	
Jacobsen	Clarence	Mrs. Chris Jacobsen	Howard St.	BS	1905-1907	7			
Jacobsen	Clarence	C. A. Jacobsen	Cherry St. Hill	BS	1909	12			
Jacobsen	Dena	Chris Jacobsen	Howard St.	BS	1909-1911	8			
Jacobsen	Dina	Chris. Jacobsen	Howard St.	BS	9 Aug. 1909	7			
Jacobsen	Edith	Mrs. C. Jacobsen	410 Upham St.	PK	1910	4	1A		

Surname	Given Name	Parent	Address	SD	Date/Date Range	Within Date Range Age	Gr.	Birth Date	Left/Comments
Jacobsen	Emmet	Chris. Jacobsen	Howard St.	BS	1911	7			
Jacobsen	Emmett	Chris. Jacobsen	Howard St.	BS	9 Aug. 1909	6			
Jacobsen	Esther	A. G. Jacobsen	Bodega Ave.	CH	1908-1909	12			
Jacobsen	Frances	Chris Jacobsen	Howard St.	CH	1897-1899	8			
Jacobsen	Frances	C. A. Jacobsen	Howard St.	BS	1906-1908	16	8B		
Jacobsen	Frank	Chris Jacobsen	410 Upham St.	LN	1919-1921	7	2B	26 June 1912	
Jacobsen	Frank	Chris Jacobsen	410 Upham St.	PK	18 Feb. 1918			27 May 1911	
Jacobsen	Gladys	Carl Jacobsen		LN	1920-1921		4B		
Jacobsen	Hans	Chris Jacobsen	410 Upham St.	LN	1919-1921	8	2A	19 July 1911	
Jacobsen	Hans		410 Upham St.	PK	18 Feb. 1918			15 Sept. 1910	
Jacobsen	Harold	J. E. Jacobsen	Bodega Ave.	PK	1914				
Jacobsen	Helen	A. J. Jacobsen	Bodega Ave.	BS	Jan. 1909	7			
Jacobsen	Helen	A. G. Jacobsen	Box 15, Bodega Ave.	BS	17 Aug. 1908	7			
Jacobsen	Henry	Chris Jacobsen	Howard St.	CH	1897-1899	9			
Jacobsen	Ruth	A. G. Jacobsen	Bodega Ave.	CH	1908-1909	10			
Jacobson	Anna	Chris Jacobson		CH	Aug. 1895	9			
Jacobson	Frances	Chris Jacobson	Howard St.	CH	17 Aug. 1896	7			
Jacobson	Frances			PE	1895-1896		Chart		
Jacobson	Henry	Chris Jacobson	Howard St.	CH	17 Aug. 1896	8			
Jacobson	Henry			PE	1895-1896		1		
Jacobson	Mae			OL	1926-1927				
Jacobson	Raymond	Elmer Jacobson	Windsor	OL	1926-1928			18 July 1918	
Jacobson	Tillie		4th & F Sts.	FL	16 Aug. 1915	12	5		
Jahn	Andrew	Chris Jahn	4th & F Sts.	BS		13	7		
Jahn	Chris	Chris Jahn	1201 4th St.	BS		11	6		
James	Janice	Geo. James	Rt. 1	LN	9 Aug. 1921		1B	23 Nov. 1915	
James	Louis E.	Mrs. M. James	671 Liberty St.	BS		16			
James	Marilyn		634 D St.	PK	Spring 1923			25 July 1918	
James	Stanley		135 Howard St.	PK	1921				
Jamieson	Daniel J.	D. J. Jamieson	410 3rd St.	LN	1919-1921		1B		
Jamieson	Hale	D. Jamieson	410 3rd St.	LN	Jan. 1923		L1	25 May 1916	
Jamison	Haley	D. Jamison	410 3rd St.	LN	9 Aug. 1921		1B	25 May 1915	

Surname	Given Name	Parent	Address	SD	Date/Date Range	Within Date Range Age	Within Date Range Gr.	Birth Date	Left/Comments
Janelli	Carl	Chas. Janelli	245 Bremen St.	ML	Aug. 1912				
Janelli	Carl	Chas. Janelli	245 Bremen St.	ML	Jan. 1914				
Janelli	Carlo	Chas. Janelli	135 Bremen St.	ML	1915				
Janelli	Joe	Chas. Janelli	135 Bremen St.	ML	1915				
Janelli	Joe	Chas. Janelli	245 Bremen St.	ML	1914				
Janelli	Joe	Chas. Janelli	245 Bremen St.	ML	Aug. 1912				
Janes	Nina		135 Howard St.	PK	1921			20 May 1918	
Janes	Nina		135 Howard St.	PK	1922			29 May 1918	
Janis	Nina		100 Post St.	PK	Spring 1924			20 May 1918	
Jansen	Elsie	Henry Jansen	300 Cherry St.	BS	1906	8	2		
Janson	Evelyn	Mrs. Wirtane	Sebastopol	EC	1925-1928			25 Feb. 1915	
Janson	William	Mrs. Fannie Wirtane	Sebastopol	EC	1925-1926			6 June 1916	
Janson	William	Mrs. C. N. Wirtane		EC	1927-1928			6 June 1916	
Janssen	Oliver	F. Janssen	7068 4th St.	BS	18 Jan. 1904	7	2		
Jarrett	George	Mrs. Lola Jarrett	454 Sheldon St.	BS	1909	13			
Jarrett	George	Mrs. Lola Jarrett	454 Sheldon St.	BS	1905-1907	14			
Jason	Edith	Thomas Jason	RFD 3	ML	Aug. 1912				
Jason	Edith	Thomas Jason	RFD 3	ML	Jan. 1914				
Jason	Elmer		1004 B St.	PK	Fall 1919				
Jason	Theodore	Thomas Jason	RFD 3	ML	Aug. 1912				
Jason	Theodore	Thomas Jason	RFD 3	ML	Jan. 1914				
Jaublonsky	Charles	A. Jaublonsky	401 Upham St.	LN	1920-1921		1B	25 Nov. 1913	
Jaublonsky	Morris	M. Jaublonsky	39 5th St.	LN	9 Aug. 1921		1B	13 Sept. 1915	left
Jeffery	Ethelyn	Ernest M. Jeffery	Tomales	TM	21 Apr. 1930			3 June 1923	
Jenkins	Jack			TM	1 Aug. 1921		8		
Jennings	Fred	Chas. L. Jennings	Bell Park	CH	1908-1909	11			
Jennings	Fred	Mrs. E. I. Jennings	Bell Park	BS	Spring 1908	11	5A		
Jennings	Fred	Mrs. C. L. Jennings	Cedar Grove Park	CH	1908-1909	12			
Jennings	Marguerite	Mrs. Chas. Jennings	Bell	BS	1905-1907	12			
Jennings	Marguerite	C. L. Jennings	Bell Park	CH	1908-1909	13			
Jensen	Achille			TM	20 Feb. 1899		3		
Jensen	Albert	Edward V. Jensen	47 Mountain View Ave.	BS	1909	12			

Surname	Given Name	Parent	Address	SD	Date/Date Range	Within Date Range Age	Gr.	Birth Date	Left/Comments
Jensen	Albert	Edward Jensen	West Ave.	CH		13			
Jensen	Alta	Theo. Jensen	511 B St.	LN	1919-1921			25 July 1912	
Jensen	Annie	P. Jensen		TM	1887-1890	10			
Jensen	Arnold			TM	11 Aug. 1902				
Jensen	Arnold			TM	1909-1910		7		
Jensen	Atta		511 B St.	LN	1921				
Jensen	Bobby	V. Jensen	311 7th St.	LN	Aug. 1922	1B	L1	23 Apr. 1916	
Jensen	Carrie	P. Jensen		TM	1887-1889	14			
Jensen	Carrie			TM	11 Aug. 1902				
Jensen	Carrie			TM	27 Dec. 1905		6		
Jensen	Ella	P. Jensen		TM	1887-1890	13			
Jensen	Ellie	P. Jensen		TM	1887-1889	11			
Jensen	Elsie	H. M. Jensen	300 Cherry St.	BS	1905-1907	9			
Jensen	Elvin			TM	4 Aug. 1913		7		
Jensen	Emil	E. V. Jensen	Mt. View Ave.	BS	1905-1907	12			
Jensen	Emil	E. V. Jensen	Rural 2	CH	1908-1909	15			
Jensen	Ernie	E. V. Jensen	Mt. View Ave.	BS	1905-1907	12			
Jensen	Esther	Mrs. D. C. Cameron		OL	1909-1911	8			
Jensen	Frank			TM	11 Aug. 1902				
Jensen	Frank			TM	15 Jan. 1906		6		
Jensen	George	Peter Jensen	678 Keokuk St.	BS	1909	12			
Jensen	George			TM	20 Feb. 1899		2		
Jensen	George			TM	27 Dec. 1905		7		
Jensen	Juel	Juel Jensen	R 3, Sebastopol	MV	1926-1928			July 1920	
Jensen	Juel	N. J. Jensen	R 3	MV	1928-1931			23 July 1920	
Jensen	Katie			TM	20 Feb. 1899		2		
Jensen	Marie			OL	12 July 1909	10			
Jensen	Marie			OL	1911	12			
Jensen	Mary			OL	9 July 1906		1		
Jensen	Mary	Mrs. A. Wood		OL	1910				
Jensen	Mattie			TM	11 Aug. 1902				
Jensen	Mattie			TM	15 Jan. 1906		6		
Jensen	Mattie			TM	20 Feb. 1899		1A		

Surname	Given Name	Parent	Address	SD	Date/Date Range	Within Date Range Age	Within Date Range Gr.	Birth Date	Left/Comments
Jensen	Mervin	Victor Jensen		LN	1920-1922		1A	3 Nov. 1913	
Jensen	Mervin	Victor Jensen	311 7th St.	LN	1921			3 Oct. 1913	
Jensen	Percy		125 Webster St.	PK	18 Feb. 1918			27 Apr. 1913	
Jensen	Robert			MV	1916-1917	11	6		
Jensen	Walter			TM	11 Aug. 1902				
Jensen	Walter			TM	1909-1910		7		
Jensen	Walter	Jens Jensen	220 Edith St.	ML	1918-1919				
Jensen	Wilber		Fair St.	PK	1914	4		1 Oct. 1910	
Jensen	Wilma	Nels Jensen	Lakeville	BS	1910	7			
Jessen	Chris. F.	Paul C. Jessen	1213 6th St.	BS	1892	16			
Jessen	David			PK	19 Aug. 1929				
Jessen	Dora	Julius Jessen	1123 F St.	BS	1909-1911	9			
Jessen	Dora Henrietta	Julius Jessen	1123 F St.	BS	1917-1918	15			
Jessen	Eleanor	E. Jessen	921 G St.	LN	1920-1921		1B	2 Feb. 1915	
Jessen	Frances	Paul F. Jessen	128 Howard St.	LN	1921-1922		4B	27 Apr. 1913	
Jessen	Grace	Chris Jessen	101 Laurel Ave.	LN	1921		1A	5 May 1914	
Jessen	Grace	C. Jessen	100 Laurel Ave.	LN	1920-1921		1B	5 May 1914	
Jessen	Julia	J. Jessen	F St.	BS	1911	8			
Jessen	Julia	J. Jessen	1123 F St.	ML	1916		6A		
Jessen	Mabel	J. Jessen	1123 F St.	ML	1916		6A		
Jewell	Jack	E. Jewell	D St.	BS	Sch Yr 1906	8			
Joaquin	Cecil	J. Joaquin	Sebastopol	BY	1896-1904	7			
Johanneson	Dorothy	N. Johanneson	Rt. 5	LN	1921	6	1B	22 June 1915	
Johannsen	Harold	N. Johannsen	Mt. View Ave.	LN	Jan. 1921		3A	22 Dec. 1911	
Johannsen	Harold	Nels Johannsen	Mt. View Ave.	LN	9 Aug. 1920		3B	21 Nov. 1911	
Johannsen	Harold	Niels Johannsen	Mt. View Ave.	LN	1919-1921		4B	20 Dec. 1911	
Johansenn	Dorothy	N. Johansenn	R 5	LN	1921-1922		1A	22 June 1915	
Johnson	Alice	F. Johnson	112 Keller St.	BS	1909-1911	7	1A		
Johnson	Alice	S. W. Johnson	502 Kent	BS	1905-1907	11			
Johnson	Alice	S. W. Johnson	524 Main St.	BS	1909	11			
Johnson	Anna			FL	13 Aug. 1917	6	1		
Johnson	Arthur	Herman Johnson	Annapolis	HC	11 Feb. 1901	7			
Johnson	Arthur	Mrs. H. Johnson	Tan Bark	HC	June 1904	7			

Surname	Given Name	Parent	Address	SD	Date/Date Range	Within Date Range Age	Gr.	Birth Date	Left/Comments
Johnson	Arthur	Herman Johnson		HC	1907	10			
Johnson	Arthur	H. Johnson	Annapolis	HC	1909-1910	14			
Johnson	Arthur	Frank Johnson	108 Fair St.	LN	1919-1921		1A	25 Jun 1913	
Johnson	Arthur	Frank Johnson	700 B St.	LN	25 Aug. 1919				
Johnson	Buford	Tom Johnson	R 3, Sebastopol	MV	1926-1930			27 July 1913	
Johnson	Carol		Upham St.	PK	Fall 1924			14 Feb. 1920	
Johnson	Clara B.	Henry Johnson	Cherry St. Valley	BS	1899-1900				
Johnson	Clarence	Thos. Johnson	R 3, Sebastopol	MV	1927-1931			5 Apr. 1916	
Johnson	David	B. C. Johnson	Country	BS		14	6		
Johnson	Earl	Al Johnson	328 Post St.	LN	1919-1920	9	2B		
Johnson	Earl	E. Johnson	611 G St.	LN	1920-1921		1A	9 May 1912	
Johnson	Edgar	Mrs. Mary Kimmel	622 BS	BS	1906	12	5		
Johnson	Edna		15 Harris St.	PK	1922			23 Apr. 1918	
Johnson	Edna		15 Harris St.	PK	Spring 1924			23 Apr. 1918	
Johnson	Eleen	A. Johnson	136 Hayes Ave.	LN	1921-1922		1A	25 Oct. 1915	
Johnson	Ella			BS	1899-1900				
Johnson	Elma	E. A. Johnson		OL	29 May 1919	6	6		
Johnson	Emma	Mrs. O. Johnson	Agua Calients	FL	1915-1917	6	1		
Johnson	Ethel	J. Johnson		CH	8 Aug. 1910	16			
Johnson	Eugene	Frank Johnson	800 Fair St.	LN	1919-1920	8	2B		
Johnson	Eugene	Frank Johnson	837 B St.	LN	1919-1920		1A		
Johnson	Eugene	Frank Johnson	108 Fair St.	LN	1920-1921		2A	21 Feb. 1912	
Johnson	Florence	H. Johnson		FL	5 Aug. 1914	10	3		
Johnson	Florence	Mrs. O. Johnson	Agua Calients	FL	16 Aug. 1915	11	3		
Johnson	Frank	J. E. Johnson	Sunny Slope Ave.	BS		13			
Johnson	Fred	O. Johnson	Agua Caliente	FL	1914-1916	12	6		
Johnson	Fred	B. B. Johnson	123 Keller St.	LN	4 Oct. 1920		2A	12 Dec. 1909	from Humboldt Co., CA
Johnson	Fred	M. Johnson	410 Kent St.	LN	1920-1922		4A	12 Dec. 1909	
Johnson	George	P. F. Johnson	Bodega Bay	BY	1893-1895	6			
Johnson	Georgia	P. Johnson	Bay	BY	1901-1904	13			
Johnson	Georgie	P. F. Johnson	Bodega Bay	BY	1893-1901	8			
Johnson	Geraldine			TM	4 Aug. 1913	12	5		
Johnson	Grace	P. F. Johnson	Bodega Bay	BY	1896-1904	7			

Surname	Given Name	Parent	Address	SD	Date/ Date Range	Within Date Range Age	Within Date Range Gr.	Birth Date	Left/Comments
Johnson	Harold	Bert Johnson	127 Keller St.	LN	1919-1920			2 Oct. 1911	left
Johnson	Harry		300 2nd St.	LN	1919	7	1B		
Johnson	Harry	H. Johnson	Annapolis	HC	1909-1910	11			
Johnson	Harry	C. V. Johnson	300 2nd St.	LN	1920-1921		2B	6 Mar. 1913	
Johnson	Harry	Chas. Johnson	123 3rd St.	LN	1921			21 May 1912	
Johnson	Harry	Herman Johnson		HC	1907				
Johnson	Herman	Mrs. O. Johnson	Agua Caliente	FL	1914-1916	7	1		
Johnson	Hilda	H. Johnson		HC	1907	7			
Johnson	Hilda	H. Johnson	Annapolis	HC	1909	9			
Johnson	Inez	J. E. Johnson	581 Fair St.	BS	1906-1909	7	1		
Johnson	Inez	John Johnson	101 Fair St.	CH	1908-1909	10			
Johnson	Irene	Mrs. Julia Johnson	Stage Point	HC	1901-1902	10			
Johnson	Irene	D. A. Johnson	Dirigo	HC	June 1904	12			
Johnson	Irl			CH	1907-1909				
Johnson	Jewel	Fay Johnson	Ellis St.	ML	1918-1922		6	14 June 1912	
Johnson	John			TM	6 Aug. 1917				
Johnson	Kathryn	E. D. Johnson	Bloomfield	BL	1925			19 Apr. 1915	
Johnson	Kathryn Ann	E. D. Johnson	Bloomfield	BL	1922 (?)			19 Apr. 1915	
Johnson	Lawrence			MV	1916-1917	13	8		
Johnson	Leroy		518 Keokuk St.	PK	Spring 1923			27 Dec. 1918	
Johnson	Lillian			BS	21 Jan. 1918	14	1B		
Johnson	Lloyd	E. Johnson	611 G St.	LN	1920-1921		1A	24 Jan. 1915	
Johnson	Mabel			BS	21 Jan. 1918	15	1B		
Johnson	Margaret	Wm. T. Johnson	241 Edith St.	ML	1915-1917				
Johnson	Margaret	G. G. Johnson	Bloomfield	BL	1921			4 Nov. 1919	
Johnson	Marvin	B. Johnson	127 Keller St.	LN	1920-1921		1B	13 Dec. 1913	
Johnson	Mildred	E. A. Johnson		OL	29 May 1919		7		
Johnson	Muriel	Mrs. G. G. Johnson	Bloomfield	BL	1921			10 July 1917	
Johnson	Myrtle	Mrs. Julia Johnson	Stage Point	HC	1901-1902	12			
Johnson	Myrtle	D. A. Johnson	Dirigo	HC	June 1904	13			
Johnson	Nita	P. Johnson	Bodega Bay	BY	1896-1904	7			
Johnson	Norma	A. C. Johnosn	Boyes Springs	FL	14 Sept. 1931	8	2	12 Mar. 1923	left 23 Oct.
Johnson	Richard	Mrs. Johnson	Sonoma	FL	25 Feb. 1929	11	2	11 Nov. 1917	

Surname	Given Name	Parent	Address	SD	Date/Date Range	Within Date Range Age	Gr.	Birth Date	Left/Comments
Johnson	Richard	Ida Johnson	Agua Caliente	FL	19 Sept. 1929	14	3	11 Nov. 1914	
Johnson	Rolph	Capt. Sundborg		HC	1888-1890	14			
Johnson	Roy	A. C. Johnsn	Boyes Springs	FL	14 Sept. 1931	6	1	11 Mar. 1924	left 23 Oct.
Johnson	Rudolph	Mrs. O. Johnson	Agua Caliente	FL	1914-1915	12	7		
Johnson	Sidney	Tom J. Johnson	R 3, Sebastopol	MV	1927-1928			15 Mar. 1921	
Johnson	Walter	P. F. Johnson	Bodega Bay	BY	1893-1901	7			
Johnson	Walter	Henry Johnson	Keokuk St.	CH	1894-1895	8			
Johnston	Doris	J. A. Johnston	313 Hopper St.	ML	1919				from Scotia, Humboldt Co.
Johnston	Jack			TM	5 Aug. 1918	13	8		
Johnston	Kathern	Mrs. E. Johnson	Bloomfield	BL	1925		4	19 Apr. 1915	
Johnston	Louise		Mt. View Ave.	LN	1921				
Johnston	Muriel	Mrs. E. Johnson	Bloomfield	BL	1925		2	10 July 1917	
Johnston	Ralph		R 3, Sebastopol	MV	1923-1924		4	22 Aug. 1913	
Johnstone	David	Henry Johnstone	Mt. View Ave.	LN	1919-1922	7	2B	15 Oct. 1910	
Johnstone	David	Harry S. Johnson	Mt. View Ave.	LN	9 Aug. 1920		3B	18 Oct. 1910	
Johnstone	Frances	Richard Johnstone	R 3, Sebastopol	MV	1926-1927			Apr. 1920	
Johnstone	Hazel	Richard Johnstone	Sebastopol	MV	1925-1927			26 Dec. 1917	
Johnstone	Louise	Henry Johnstone	Mt. View Ave.	LN	1919-1922	7	2B	22 Nov. 1912	
Johnstone	Mable	Harry E. Johnstone	R 3, Sebastopol	MV	1921-1924		6	17 Nov. 1910	
Johnstone	Ralph	Mrs. H. E. Johnstone	Sebastopol	MV	1920-1922		4	22 Aug. 1913	
Johnstone	Ralph	Mrs. H. E. Johnstone	RR 3, Box 299	MV	1924-1925			22 Aug. 1913	
Joliff	Helen	Robert Joliff	Sebastopol	EC	1927-1928			1919	
Joly	Erwin	J. G. Joly	714 F St.	BS	1909	10			
Jones	Agnes			BS	1899-1900				
Jones	Cecile			MV	1916-1917	15	7		
Jones	Clair	N. H. Jones	16 Cherry St.	LN	1920-1921		4A	14 Sept. 1910	
Jones	Clair	Nathan H. Jones	801 Main St.	LN	1919-1920				
Jones	Claude	J. F. Jones	478 Gallant St.	BS	1905-1907	14			
Jones	Claude	J. F. Jones	610 Galland St.	CH	1907-1909	16			
Jones	Claude	J. G. Jones	610 Galland St.	CH		16			
Jones	Clora May	M. H. Jones	16 Cherry St.	LN	1920-1921		1B	22 Nov. 1914	
Jones	Dick	George Jones	Bloomfield	BL	1922		8	2 June 1909	
Jones	Doris	Mrs. Laverne Jones	R 3, Sebastopol	MV	1921-1922		5	1 Aug. 1910	

Surname	Given Name	Parent	Address	SD	Date/Date Range	Within Date Range Age	Within Date Range Gr.	Birth Date	Left/Comments
Jones	Florene	Mrs. Laverne Jones	R 3, Sebastopol	MV	1921-1922		4	9 July 1912	
Jones	Grace	Robert L. Jones	Valley Ford	ES	1922-1925		5	31 July 1913	
Jones	Harry	Jones	Galland St.	BS	20 Aug. 1906	9	2		
Jones	Harry	J. F. Jones	478 Galland St.	BS	1905-1907	10			
Jones	Harry	Mrs. Bertha Jones	610 Galland St.	BS	1908-1909	11			
Jones	Harry	Joseph Jones	610 Galland St.	CH	1908-1909	12			
Jones	Helen	Marguerite W. Jones	Bloomfield	BL	1927			17 Oct. 1919	left
Jones	Herman	Robert L. Jones	Valley Ford	ES	1922-1925		6	13 Dec. 1909	
Jones	Ida	John Jones	515 West Ave.	BS	1905-1907	11			
Jones	Ida	Mrs. L. James	424 Fair St.	BS	1906-1908	13	8B		
Jones	Ida	Mrs. J. W. Jones	424 Fair St.	CH	1907-1909	14			
Jones	Jean			BS	1894-1895		Jr.		
Jones	Leland	Louie Jones	Main St.	BS	1907-1908				
Jones	Margaret	Mrs. Stuart Jones	1 Prospect St.	LN	Nov. 1921		3B	12 Nov. 1912	from Oak Grove
Jones	Margaret Louise		504 D St.	PK	Fall 1924				
Jones	Marie		109 Post St.	PK	1920			18 May 1916	
Jones	Marion	Robert Jones		EC	1928-1931		1	30 Mar. 1917	not promoted
Jones	Marion	Robert L. Jones	Valley Ford	ES	1922-1925			30 Mar. 1917	
Jones	Martha	George Jones	Bloomfield	BL	1922		8	1 Nov. 1907	
Jones	Olive			MV	1916-1917	14	5		
Jones	Paul	Mrs. Jones	478 Galland St.	BS	1906-1909	7			
Jones	Paul	J. F. Jones	610 Galland St.	BS	1909	10			
Jones	Paul	George Jones	Bloomfield	BL	1922-1925		3	2 June 1913	
Jones	Paul Davidson	George Jones	Bloomfield	BL	1920			12 June 1913	
Jones	Ruth	Mrs. Jones	1 Prospect St.	LN	1921-1922		1A	28 Mar. 1914	left
Jones	Ruth	George Jones	Bloomfield	BL	1922-1925		5	2 Sept. 1911	
Jones	Ruth Mildred	George Jones	Bloomfield	BL	1922 (?)			2 Sept. 1912	
Jones	Seth	T. C. Jones		BS	1905-1907	13			
Jones	Seth	T. C. Jones	12 Post St.	CH	1908	16			
Jones	Theresa	Robert L. Jones	Sebastopol	EC	1928-1931			4 Mar. 1920	
Jones	Virgil	F. C. Jones	Mt. View Ave.	BS	1906-1908	15	8B		
Jones	Virgil	T. C. Jones	624 F St.	BS	1906-1908		8A		
Jones	Vita	J. C. Jones	12 Post St.	CH	1908-1909	20	Sr.		

Surname	Given Name	Parent	Address	SD	Date/Date Range	Age	Gr.	Birth Date	Left/Comments
Jones	Walter	J. W. Jones	424 Fair St.	BS	1907-1909	8			
Jones	Walter			LN	Aug. 1921		L4		
Jordan	Georgie			TM	27 Dec. 1905		5		
Jorgensen	Beverly	Mrs. Mabel Jorgensen	R 3, Sebastopol	MV	1928-1929			14 July 1918	
Jorgensen	Jacob			TM	1918-1919	9	5		
Jorgensen	Jacob			TM	1 Aug. 1921		8		
Jorgensen	Johanna	Chris Jorgensen	606 E. D St.	ML	Aug. 1912				
Joseph	Claire		13 Park Ave.	PK	5 Aug. 1918				
Joseph	Claire	Joe Joseph		LN	1919-1921		2A	28 Apr. 1913	
Joseph	Evelyn	Wm. Joseph	19 Harris St.	LN	9 Aug. 1921		1B	29 July 1915	
Joseph	Frances	Tony Joseph	100 Prospect St.	LN	1919-1920	8	2B		
Joseph	Frances	A. Joseph	319 Kentucky St.	LN	1921-1922		3A	10 Oct. 1911	
Joseph	Frances	A. B. Joseph	309 Kentucky St.	LN	1921		4B	8 Oct. 1911	
Joseph	Frances	A. Joseph	100 Prospect St.	LN	9 Aug. 1920		3B	10 Oct. 1911	
Jublonsky	Abe	Max Jublonsky	407 Upham St.	LN	1920-1921		4A	11 Jan. 1909	
Jublonsky	Charles	A. Jublonsky	39 5th St.	LN	1921		1A	25 Nov. 1913	
Jublonsky	Rose	Max Jublonsky	407 Upham St.	LN	1920-1921		4B	12 Jan. 1910	
Jublousky	Abe	Max Jublousky	344 Kentucky St.	LN	1919-1920				
Jucker	Henry	Mr. H. Jucker	Keokuk St.	BS	1903-1905	8	2		
Judd	Orcan		412 H St.	PK	Fall 1924			21 June 1919	
Judson	Rebecca			TM	4 Aug. 1913	11	5		left 12 Aug. 1913
Julian	Clara	J. Julian	616 Bremen St.	BS	1905-1907	9			
Julian	Clara	Mrs. A. A. Julian	219 Bremen St.	BS	1908-1909	11			
Julian	Julius	J. Julian	219 Bremen St.	BS	1908-1909	13			
Julian	Leo	Julius Julian	646 Bremen St.	BS	1905-1908	14			
Junkins	Larry	Mrs. E. Briggs	R 3, Sebastopol	CN	Aug. 1926			22 Mar. 1917	left 21 Jan. 1927 to Todd Sch.
Jurgensen	Dora	H. Jurgensen	RR 2	BS	1908-1909	11			
Jurgensen	Dora	Mrs. E. Jurgensen	RFD 12	BS	1908-1909	12			
Jurgensen	Fred	Mrs. Lizzie Jurgensen	Rt. 2	CH	1908-1909	14			
Jurgensen	Fred	Herman Jurgensen	Western Ave.	BS	1908-1909	14			
Jurgensen	Hermina	Mrs. H. Jurgensen	Western Ave.	CH	1907-1910	15			
Jurgensen	Sirmina	Mrs. L. Jurgensen	Rt. 2	CH	Feb. 1909	16			

-174-

Surname	Given Name	Parent	Address	SD	Date/ Date Range	Within Date Range		Birth Date	Left/Comments
						Age	Gr.		
Jurgenson	Dora	Mrs. E. Jurgensen	RFD 2, Box 183	BS	1911?	13			
Juza	John	J. F. Juza	Washington St.	BS		10			

Surname	Given Name	Parent	Address	SD	Date/Date Range	Age	Gr.	Birth Date	Left/Comments
Kaaten	Rose		221 Fair St.	LN	1922		4A	6 Aug. 1908	
Kael	Rose	Isaac Kael	221 3rd St.	LN	7 Nov. 1921		3B	30 Nov. 1913	trans from Wilson, 7 Nov. 1921
Kaeller	Carl	Emil Kaeller	R 3	MV	1927-1928			30 May 1920	
Kaeller	Dale	Emil Kaeller	R 3	MV	1927-1928			2 Nov. 1917	
Kahn	Aline	A. Kahn		TM	1887-1890	10			
Kahn	Esther	A. Kahn		TM	1887-1889	11			
Kaiser	Louis		36 4th St.	LN	1922		4A	19 Oct. 1912	
Kaiser	Louis	Mrs. Laura Kaiser	36 4th St.	LN	1920-1921			8 Nov. 1912	
Kalish	Helen	Wm. Kalish	Liberty St. Dist.	BS	1906	9	2		
Kalish	Helen W.	W. G. Kalish	Liberty St.	CH	1908-1909	14			
Kalish	Howard	Howard Kalish	418 8th St.	BS	1907-1909	7	1A		
Kalish	Howard	Howard Kalish	23 8th St.	CH	1908-1909	8			
Kalish	Howard	Howard Kalish	23 8th St.	BS	1909	9			
Kalish	Howard	Howard Kalish	238 8th St.	BS	21 Jan. 1918	16	4B		
Kalish	Maxine	Howard Kalish	23 8th St.	BS	Jan. 1909	6	1A		
Kalish	Maxine	M. Kalish		BS	1909-1911	7	1B		
Kalish	Maxine			BS	21 Jan. 1918	15	11		
Kamp	George			BS	1894-1895				
Kamp	Nellie N.	N. Kamp	472 C St.	BS	1899-1900				
Kanae	John	Mrs. Kanae	Agua Caliente	FL	11 Sept. 1928		3		left 19 Sept.
Kanaga	Neva			PK	1895				
Kanai	John	Mrs. J. Kanai	Agua Caliente	FL	21 Apr. 1930	11	4	18 Apr. 1919	
Kann	Grace	W. Kann	1010 3rd St.	BS	1907-1909	6			
Kann	Grace	W. Kann	11 3rd St.	BS	Aug. 1908	7	1A		
Kaplan	Dorothy	Mrs. S. Kaplan	Boyes Springs	FL	Feb. 1919		2		
Kaplan	Sidney	Mrs. S. Kaplan	Boyes Springs	FL	Feb. 1919		K		
Kappelmann	Fred	F. Stoffregen	464 Main St.	BS	1905-1909	11			
Kartum	Karl		514 Kentucky St.	PK	Spring 1923			17 Aug. 1917	
Kato	Alfred	I. Kato	R 3, Sebastopol	CN	Aug. 1928				
Kato	Helen	I. Kato	Windsor	OL	1927-1928			8 Oct. 1922	
Kato	Helen	I. Kato	R 3, Sebastopol	CN	Aug. 1928			8 Oct. 1922	
Kato	Lee	I. Kato	Windsor	OL	1926-1929			29 July 1919	
Kato	Lee	I. Kato	R 3, Sebastopol	CN	Aug. 1928			29 July 1919	
Kato	May		Windsor	OL	15 June 1923		Rec.		
Kato	May			OL	1926-1927				
Kato	May	I. Kato	R 3, Sebastopol	CN	Aug. 1928			1 Feb. 1917	
Kato	Roy		Windsor	OL	15 June 1923		L2	4 July 1915	

Surname	Given Name	Parent	Address	SD	Date/Date Range	Age	Gr.	Birth Date	Left/Comments
Kato	Roy			OL	1926-1927				
Kato	Roy	I. Kato	R 3, Sebastopol	CN	Aug. 1928			4 July 1915	
Katzakian	Diran		Madrone	FL	6 Apr. 1931	6	1	7 May 1924	
Katzakian	Harry	G. S. Katzakian	Glen Ellen	FL	4 Sept. 1931	14	8	13 Apr. 1917	
Katzakian	Oscar	Mrs. G. S. Katzakian	Glen Ellen	FL	12 Mar. 1931	12	6	16 Jan. 1919	
Katzakian	Pearl	Mrs. G. S. Katzakian	Glen Ellen	FL	2 Mar. 1931	10	5	9 Apr. 1920	
Katzakian	Ralph			FL	14 Sept. 1931	9	2	10 Jan. 1921	
Kauaga	Neva			PK	1895				
Kausek	Evelyn	Joe Kausek	Sebastopol	MV	1925-1928			29 Oct. 1918	
Kausek	Evelyn	Joe Kausek	R 3, Sebastopol	MV	1928-1930			29 Sept. 1919	
Kauson	Perl			PK	1895				
Kauv?	Emma			BS	1898				
Keane	Jack	Mrs. Geo. C. Keane	Boyes Springs	FL	14 Sept. 1931	11	4	4 Dec. 1919	
Kenneally	Helene	James Kenneally	401 4th St	LN	1920-1921		2A	7 May 1913	
Keating	Mary			TM	13 July 1885				
Keer	Goldie	Mrs. Cora Wilson	223 Keller St.	LN	6 Apr. 1921		3A	29 Aug. 1907	from Litton
Keer	Goldie		413 1/2 Prospect St.	LN	1922		4A	29 Aug. 1907	
Kehoe	Bobby	James Kehoe	Tomales	TM	1926-1928			10 Aug. 1921	
Kehoe	Robert	Ed Bean	Tomales	TM	1928-1929			10 Aug. 1921	
Keig	Alice Lyle		342 Howard St.	PK	5 Aug. 1918			22 Jan. 1913	
Keiser	Leela			PK	23 Nov. 1896				
Keiser	Louis	L. Keiser	36 4th St.	LN	1919-1920	6			
Kellam	Dorothy			BS	21 Jan. 1918	17	2B		
Keller	Lillian			PK	3 Aug. 1896		2B		
Keller	Philip			CH	8 Aug. 1910				
Keller	Tillie			PK	26 Oct. 1896				
Keller	Charles	Mr. Keller	707 B St.	BS	1908-1909	8	1B		
Keller	Freda	F. Keller	Continental Hotel	BS	9 Aug. 1909	7			
Keller	Freda	Fred Keller	Liberty St.	BS	1909-1911	7	1A		
Keller	Freda			BS	21 Jan. 1918	15	1B		
Keller	Frida	Fred Keller	Continental Hotel	BS	Jan. 1909	6			
Keller	John	J. Keller	732 Keokuk St.	LN	9 Aug. 1921		1B	26 Nov. 1915	
Keller	Kenneth	Ed Keller	221 3rd St.	LN	Aug. 1921		L4		
Keller	Lillian	M. Keller	758 Keokuk St.	BS	1906-1908	13	8B		
Keller	Mervyn	J. Keller	732 Keokuk St.	LN	9 Aug. 1921		1B	2 Jan. 1915	
Keller	Mildred	A. H. Keller	160 Webster St.	LN	1921		2B	25 Mar. 1914	left
Keller	Philip	M. J. Keller	758 Keokuk St.	BS	1906-1908	15	8B		

-177-

Surname	Given Name	Parent	Address	SD	Date/Date Range	Within Date Range Age	Gr.	Birth Date	Left/Comments
Kelley	Frederick	Chas. Kelley	3rd St.	BS	1908-1910	7			
Kelley	Frederick			BS	1917-1918		1A		
Kelley	Frederick Charles	Charles A. Kelley	701 3rd St.	BS		15			
Kelley	Hazel	Mrs. L. Kelley	Cherry St. Valley	LN	1920-1921		2B	3 July 1914	left
Kelly	Alice			PK	1910	4		Sept. 1906	
Kelly	Dorothy	Rob Kelly	Bay	BY	1926		1	11 Oct. 1918	
Kelly	Frances			PK	1910	5		12 Apr. 1904	
Kelly	Frederick	Chas. Kelly	1013 3rd St.	BS	19 Aug. 1907	6			
Kelly	Frederick	Mrs. Chas. Kelly	14 3rd St.	BS	1909-1911	8	1A		
Kelsey	Edwin Joe	Mrs. M. Kelsey		BS	1899-1900				
Kemp	Hazel	S. E. Kemp	400 Oak St.	CH	1908-1909	10			
Kemp	Ralph	R. Kemp	817 West St.	BS	17 Aug. 1908	7			
Kemp	Ralph	Mr. Kemp	Oak & Keokuk Sts.	BS	18 Jan. 1909	8	1A		
Kendall	Edna	Mrs. J. L. Dinwiddie	Mendocino Dr.	CH	8 Aug. 1910	16			
Kendall	Thelma	Mrs. J. L. Dinwiddie	Manchester	CH	1908-1909	14	Fr.		
Kenealley	Helene	James Kenealley	401 4th St.	LN	1919	6	1B		
Kenealley	Hellene		401 4th St.	PK	5 Aug. 1918			7 May 1913	
Kenedy	Freda	Mrs. W. A. Kenedy	1102 6th St.	PK	1903	7			
Kenedy	Margery	Mrs. W. A. Kenedy	1102 6th St.	PK	1903	9			
Kenell	Charles			PK	1895				
Kennealley	Helene	James Kennealley	401 4th St.	LN	1921-1922		3A	7 May 1913	
Kennealley	Edward	James Kennealley	320 Bremen St.	ML	1914-1916				
Kennealley	Edward	Edward Kennealley	320 Bremen St.	ML	Aug. 1912				
Kennealley	Helene	James Kennealley	401 4th St.	LN	1919-1921		1A		
Kennealley	Robert	Jas. Kennealley	401 4th St.	LN	1919-1920	9	4B		
Kennealley	Robert	James Kennealley	320 Bremen St.	ML	1915-1916				
Kennedy	Betty	J. W. Kennedy	R 3, Sebastopol	CN	Aug. 1927			8 Sept. 1921	
Kennedy	Clarice	C. A. Kennedy	803 Bassett St.	CH	1908	14			
Kennedy	Elbert	C. A. Kennedy	Windsor	CH	1908-1909	13	Fr.		
Kennedy	Freda	W. Kennedy	468 I St.	BS	20 Aug. 1906	9			
Kennedy	John			MV	20 Dec. 1916	11	6		
Kennedy	Lorene	Mrs. Kennedy	Boyes Springs	FL	7 Aug. 1916	9	4		
Kennedy	Louise	J. W. Kennedy	R 3, Sebastopol	CN	Aug. 1927			7 May 1920	
Kennedy	Margie	Mrs. Kennedy	F St.	BS	1905-1907	10	1		
Kennedy	Marjory	W. A. Kennedy	I St.	BS	1905-1907	9	1		
Kennedy	Romeldo	D. J. Kennedy	200 Prospect St.	BS	9 Aug. 1909	6			
Kenney	Gladys	Prof. J. Kenney	4th St.	BS	1909-1911	7	1A		

Surname	Given Name	Parent	Address	SD	Date/Date Range	Within Date Range Age	Within Date Range Gr.	Birth Date	Left/Comments
Kenoyer	Martin	H. B. Hoskinson	313 Hopper St.	ML	1915				
Kenyon	James		415 A St.	PK	Fall 1924			26 Oct. 1919	
Kenyon	Philip		415 A St.	PK	Fall 1924			26 Oct. 1919	
Keppel	Albert	J. Van Keppel		TM	1895-1897	13			
Keppel	Everett			HC	2 Mar. 1914		L5		
Keppel	Fred	Mrs. Keppel		TM	1887-1890	10			
Keppelmann	Fred	F. Stoffregen		CH		12			guardian
Kerbey	Phebe			TM	13 July 1885				
Kerbey	Phoebe	E. W. Kerbey		TM	1887-1889	15			
Kercheval	Arthur	H. H. Kercheval	619 Walnut St.	BS	1905-1907	13			
Kercheval	Arthur	H. H. Kercheval	411 Walnut St.	CH	1908-1909	14			
Kerchival	Irene	H. H. Kerchival		CH	Feb. 1909	18			
Kerkes	L. C.	Mrs. D. E. Kerkes	R 3, Sebastopol	MV	1923-1924			23 July 1915	
Kernan	Laura			FL	7 Aug. 1916	12	5		
Kerr	Goldie	Mrs. Cora Wilson	216 Post St.	LN	25 Aug. 1919	12	2A		
Kerr	Goldie	Mrs. Cora Wilson	423 Keller St.	LN	1921		4B	29 Aug. 1909	
Kerr	James D.	Thos. Kerr	District	BY	1886-1889	11			
Kerr	Josie M.	Thos. Kerr	District	BY	1886-1889	12			
Kerr	Lucy M.	Mr. Kerr	District	BY	1886-1889	10			
Kerr	Mary R.	Thos. Kerr	District	BY	1886-1889	14			
Kerrigan	Herleon	H. W. Kerrigan	619 B St.	LN	9 Aug. 1921		1B	12 June 1914	
Ketcham	Cecil	Lona I. Ketcham	R 3, Sebastopol	MV	1921-1922			16 Jan. 1905	grad.
Ketcham	Donald	L. I. Ketcham		MV	1924-1925		7	28 Dec. 1910	
Ketcham	Paul	L. I. Ketcham	R 3, Sebastopol	MV	1920-1927		3	15 Apr. 1913	
Ketcham	Richard	Lona I. Ketcham	R 3, Sebastopol	MV	1921-1923		7	27 Jan. 1909	
Ketcham	Ronald	L. I. Ketcham	R 3, Sebastopol	MV	1921-1926		4	28 Dec. 1911	
Ketels	Della		430 Upham St.	PK	3 Aug. 1914			16 Jan. 1909	
Ketels	Harold	Gus Ketels	430 Upham St.	LN	1920-1921	6	1B	8 Dec. 1913	
Ketels	John	Gus Ketels	515 I St.	BS	1908-1911	6			
Ketels	John	Gus Ketels	424 Upham St.	BS	1909	9			
Kettels	Harold		430 Upham St.	PK	Spring 1919			8 Dec. 1914	
Kettles	Raymond		420 Upham St.	PK	1921			19 Feb. 1917	
Keyes	Anna Adliza	J. E. Keyes	Petaluma, Box 623	BS	1917-1918	13			
Keyes	Bessie	James Keyes	14 Liberty St.	LN	1919-1920	9	4B		
Keyes	Maybelle	Mrs. Bell Keys	Boyes Springs	FL	11 Apr. 1929	11	4		
Keys	Addie			TM	13 July 1885				
Keys	Minnie			TM	13 July 1885				
Kief	Joseph O.	M. Callen		TM	1887-1889	16			

Surname	Given Name	Parent	Address	SD	Date/Date Range	Within Date Range Age	Gr.	Birth Date	Left/Comments
Kimball	E.			BS	5 Sept. 1892				
Kimball	Evelyn		414 Howard St.	LN	1919	6	1B		
Kimball	I.			BS	5 Sept. 1892				
Kimble	Clarence	Mrs. H. E. Kimble	773 Keller St.	BS	1905-1907	13			
Kimble	Evelyn	Freda Kimble	414 Howard St.	LN	1919-1921		1A	9 Oct. 1912	
Kimble	Evelyn	Freda Kimble	516 Galland St.	LN	1920-1921		2B	9 Oct. 1912	
Kimble	Evelyn	Erastus Kimble	414 Howard St.	LN	1921-1922		4B		
Kimble	Ray	Arthur Kimble	414 Howard St.	LN	25 Aug. 1919	10	2A		
Kimble	Ray	Mrs. Freda Kimble	516 Galland St.	LN	1920-1921			20 May 1909	
Kimes	Phyllis	Edward Kimes	Santa Rosa	OL	1926-1928			7 Oct. 1919	
Kincade	Wesley	A. H. Bremmer		EC	1929-1930			10 Mar. 1917	
Kindig	Edwin	T. H. Kindig	Rt. 5	LN	1920-1921	6	1B	22 Nov. 1914	
Kindig	Edwin	T. H. Kindig	Grant Ave.	LN	21 Aug. 1921		2B	22 Nov. 1914	
Kindig	Vera	T. H. Kindig	I St. Ext.	LN	1920-1921			30 May 1910	
King	Donald	P. King	211 English St.	BS	1908-1909	8			
King	Dorothea			BS	1894-1895		Junior Year		
King	Earl	Wm. A. King	Country	BS	1905-1907	10	7		
King	Edna			ES	1905	12	2		
King	Elvus			LJ	1910-1913	7	1		
King	Gertrude			ES		7	2		
King	Gertrude			LJ	1908-1913	8			
King	Harold	J. E. King	821 Western Ave.	CH	Oct. 1909	8 1/2			
King	Hubert	Peter King	English St.	BS	1903-1905	12	2		
King	Ithel	Mrs. King	East Petaluma	BS	21 Jan. 1918	15	2B		
King	James V.			BS	21 Jan. 1918				
King	Joyce		917 D St.	PK	1927-1928			26 Feb. 1924	
King	Kenneth			ES	1904-1905	9	2		
King	Kenneth			LJ	1908-1912	12	5		
King	Leona	Mrs. W. King	309 E St.	LN	1920-1921	6	1B	19 Dec. 1913	
King	Mary	Mrs. W. King	Boyes Springs	FL	Feb. 1919		L3	4 Apr. 1912	
King	Mary	W. King	Boyes Springs	FL	1923				
King	Nellie	Mrs. Irene King		BS	21 Jan. 1918	17	3B		
King	Raymond			FL	7 Sept. 1926	10	5	13 June 1916	
King	Rhoda			ES	1905	15	7		
King	Ruby	Mrs. J. E. King	666 Brennan St.	BS	1900	12			
King	Waldemar			BS	21 Jan. 1918	17	2A		
King	William	Mrs. W. King	Boyes Springs	FL	Feb. 1919		L2		

Surname	Given Name	Parent	Address	SD	Date/ Date Range	Within Date Range Age	Within Date Range Gr.	Birth Date	Left/Comments
King	Willis			ES	1905	9	2		
Kingman	Tay			CH	1908-1909				
Kinney	Gladys			BS	21 Jan. 1918	15	2A		
Kinnicutt	Benny	Ralph Kinnicutt	Sebastopol	MV	1925-1927			23 Sept. 1916	
Kinzie	Harry	T. R. Smith	412 C St.	LN	1919-1920				
Kinzie	Harry	Thomas Smith	Keller St.	LN	1920-1921			17 Oct. 1910	
Kirby	Arthur	Mrs. A. G. Kirby	Brown	BS	20 Aug. 1906	7	1		
Kirby	Russell	S. Kirby	304 5th St.	LN	Aug. 1922		L1	19 May 1916	
Kirkland	Ada	Dave Kirkland	Bloomfield	BL	1922		5	14 Aug. 1910	
Kirkland	Ada Marie	D. J. Kirkland	Bloomfield	BL	1922-1925		5	14 Aug. 1912	
Kirkland	Billie	Dave Kirkland	Bloomfield	BL	1926				
Kirkland	Clarence Lee	Dave J. Kirkland	Bloomfield	BL	1922-1925		5	9 June 1910	
Kirkland	Dave	Dave Kirkland	Bloomfield	BL	1921			1 Dec. 1914	
Kirkland	Dave	Dave Kirkland	Bloomfield	BL	1929-1930			31 Dec. 1914	
Kirkland	David James	J. Kirkland		TM	1895-1897				
Kirkland	David	D. J. Kirkland	Bloomfield	BL	1922-1924		2	31 Dec. 1915	
Kirkland	David	D. Kirkland	Bloomfield	BL	1923-1925		2	31 Dec. 1916	
Kirkland	John	D. Kirkland	Bloomfield	BL	1924-1925		1	1 June 1917	
Kirkland	John	Dave Kirkland	Bloomfield	BL	1927		4	1 June 1917	
Kirkland	John	D. Kirkland	Bloomfield	BL	1923		K	11 June 1918	
Kirkland	John	Dave Kirkland	Bloomfield	BL	1921			1 June 1917	
Kirkland	Johnnie	D. J. Kirkland	Bloomfield	BL	1929-1930			1 June 1917	
Kirkland	William	Dave Kirkland	Bloomfield	BL	1929-1930			20 Oct. 1921	
Kiser	Lela			PK	8 Feb. 1898				
Kitta	Mary Elizabeth		15 Spring St.	PK	1920			21 Oct. 1915	
Kittell	Elgin	Mrs. E. A. Keller St.	210 Keller St.	BS	1911?	13			
Kitts	James	Jos. Kitts	15 Spring St.	LN	1920-1921		1B	27 July 1914	
Kjnibul	Anne Marie		517 Webster St.	PK	19 Aug. 1929			6 Sept. 1924	
Klein	Freda	Ernest Klein	485 Kent St.	BS	1906	12	5		
Klein	Freda	Mrs. M. Klein	520 Kent St.	BS	Spring 1908	12	5A		
Klein	Freda	Mrs. Marie Klein	520 Kent St.	CH	1908-1909	13			
Klein	Frieda	Mrs. M. Klein	45 Kent St.	BS	1905-1907	10			
Klein	Frieda	Mrs. M. Klein	45 Kentucky St.	BS	1905-1907	10			
Klein	Otto	E. Klein	490 West St.	BS	1906-1908	16	8B		
Klein	Paul	John Klein	Tomales	TM	21 Apr. 1930			22 Feb. 1923	
Klein	Rudolph	Mrs. M. Klein	485 Kent St.	BS	1906-1908	14	7A		
Klokmeyer	Irving	H. F. Klokmeyer	424 Upham St.	CH	1908-1909	12			
Knego	George	Jas. S. Knego	Eldridge	FL	14 Sept. 1931	7	1	24 July 1924	

Surname	Given Name	Parent	Address	SD	Date/Date Range	Within Date Range Age	Gr.	Birth Date	Left/Comments
Knego	Lillian			FL	14 Sept. 1931	8	1	5 July 1923	
Knego	Peter	Jas. S. Knego	Eldridge	FL	14 Sept. 1931	7	1	24 July 1924	
Knott	Harold	H. W. Heasel	R 3, Sebastopol	CN	1926-1927			4 Jan. 1919	
Knott	Harold	B. Heasell	R 3, Sebastopol	CN	Aug. 1928			4 Jan. 1919	
Knott	Winifred	Mrs. Lucy Hensell	R 3, Sebastopol	CN	Aug. 1921		1	14 Apr. 1914	
Knowles	Nellie C.	Mrs. D. Tibbetts	Cor. Post & Harris Sts.	BS	1899-1900				
Knudsen	Martin	C. Knudsen	3rd St.	BS	1895-1896	13	6		
Knudsen	Minnie	Chas. Knudsen	3rd St.	CH	1895-1896	12			
Knudson	Edward	N. T. Knudson		FL	1914-1915	11	6		
Knudson	Elmer	N. T. Knudson		FL	1 Jan. 1914?	15	8		
Kobler	Arnold			OL	1901-1904		2		
Kobler	Arnold			OL	9 July 1906		7		
Kobler	Rose			OL	1901-1903	15			
Koch	Alice O.			BS	21 Jan. 1918	17	1B	2 Nov. 1917	
Koeller	Dale	Emil Koeller	Sebastopol	EC	1927-1928				
Kohlen	Lillian			MV	1918-1919	9	5		
Kolberg	Annie	H. Kolberg	433 Upham St.	BS	1905-1907	12			
Kolen	Lillian	Ole Kolen	R 3, Sebastopol	MV	1921-1922			9 Mar. 1909	grad.
Kolkmeyer	Freda	H. Kolkmeyer	424 Upham St.	BS	1905-1907	13	4		
Kolkmeyer	Irving	H. F. Kolkmeyer	424 Upham St.	BS	1905-1908	11			
Kolkmeyer	Irving	H. F. Kolkmeyer	432 Upham St.	CH	1908-1909	13			
Kolkmeyer	Raymond	H. J. Kolkmeyer	Howard & Walnut Sts.	PK	1903	4			
Kolkmeyer	Raymond	Charles Kolkmeyer	424 Upham St.	BS	19 Aug. 1907	6			
Kolkmeyer	Raymond	H. F. Kolkmeyer	424 Upham St.	BS	1906-1908	6			
Kolkmeyer	Raymond	Mr. Kolkmeyer	432 Upham St.	BS	Aug. 1908	6	1A		
Kolkmeyer	Raymond	F. Kolkmeyer	424 Upham St.	BS	1908-1909	7	1B		
Kolkmeyer	Theodore	Mrs. H. F. Kolkmeyer	511 Howard St.	BS	1909	9			
Kolkmeyer	Theodore	Herman Kolkmeyer	432 Upham St.	BS	Jan. 1909	6			
Kolkmeyer	Theodore	Herman Kolkmeyer	511 Howard St.	BS	1909-1910	7			
Kolkmeyer	Walter	H. F. Kolkmeyer	424 Upham St.	BS	1905-1907	9			
Kolkmeyer	Walter	H. F. Kolkmeyer	432 Upham St.	BS	1908-1909	11			
Kolkmier	Walter	F. Kolkmier	Kent St.	BS	14 Aug. 1905	7			
Kopf	Lula Alberta	Mrs. Alice Kopf	794 Liberty St.	BS	1899-1900				
Koster	Alvin	James Koster	5th St. & I Sts.		1909	6			
Koster	Alvin			LJ	1910-1916	7	2		
Koster	Edna			LJ	1915-1916	8	2		

Surname	Given Name	Parent	Address	SD	Date/Date Range	Within Date Range Age	Within Date Range Gr.	Birth Date	Left/Comments
Koster	James	James Koster	320 7th St.	LN	1919-1921		2A	16 Sept. 1912	
Koster	James	James Koster	421 2nd St.	LN	1920-1921		2B	16 Sept. 1912	
Kowalsky	Jakie			PO	12 Mar. 1877		8		
Kowalsky	Rachel	Isaac Kowalsky	Bodega	PO	1875-1877	6			
Kramer	Dwight	Albert E. Kramer	Bodega Ave.	BS	1905-1907	8			
Kramer	Earl	J. Kramer	Kent & Central Ave.	LN	1921	6	1B	21 Apr. 1915	
Krauss	Beatrice	F. G. Krauss	I St. Extension	BS	9 Aug. 1909	6			
Krauss	Dorothea	Frederic Krauss	I St. Extension	CH	1908-1909	9			
Krego	George	Jas. S. Krego	Eldridge	FL	15 Sept. 1930	6	1	24 July 1924	
Krego	Lillian	Jas. S. Krego	Eldridge	FL	15 Sept. 1930	7	1	5 July 1923	
Krego	Pete	Jas. S. Krego	Eldridge	FL	15 Sept. 1930	6	1	24 July 1924	
Kreps	Minnie	John Kreps	Bodega Ave.	CH	1897-1899	9			
Kreps	Minnie	Mr. Stanley	Bodega Ave.	CH	1898	10	4		
Kresky	Charles L.	Jesse E. Kresky		ML	1920-1922	11		1 Aug. 1914	
Kresky	Lowell	N. H. Kresky	403 I St.	BS	1908-1909		4B		
Kressin	Ruth	Rudolph Kressin	140 Olive St.	LN	1920-1921			6 Dec. 1910	
Kressin	Ruth	R. Kessin	140 Howard St.	LN	1920-1921			6 Dec. 1910	
Krisky	Lowell	N. H. Krisky	403 I St.	BS	1908-1909	12			
Krohn	Christian	C. Krohn	677 Howard St.	BS	1905-1907	9	4		
Krohn	Christian	J. Krohn	656 Kentucky St.	BS	1909	11			
Krohn	Christian	Mrs. J. Krohn	212 Baker St.	CH	1908-1909	12			
Krohn	Christian	Mrs. J. Krohn	656 Kentucky St.	BS	1905-1907	12			
Krohn	Christian	J. Krohn	Bodega Ave.	CH		13			
Krohn	Ella	Mrs. Gregg	3rd St.	BS	1905-1907	12			
Krohn	Joeliene	Jos. Krohn	212 Baker St.	CH	1907-1909	15			
Krohn	Joeliene	Joe Krohn	Bodega Ave.	CH	1907-1909	15			
Krohn	Joliene	Joe Krohn	677 Howard St.	BS	1905-1907	11			
Krohn	Sofa	Mrs. D. J. Green	1252 4th St.	BS	1905-1907	8			
Krueger	Evelyn	Louis Krueger	711 Main St.	LN	1920-1921			31 July 1910	
Kruschwitz	Freda	E. Kruschwitz	Boyes Springs	FL	1925-1926	12	7	14 Feb. 1913	
Kruschwitz	Freda	E. Kruschwitz	Boyes Springs	FL	17 Jan. 1927	13	8	12 Feb. 1913	grad.
Kruschwitz	Paul	E. Kruschwitz	Boyes Springs	FL	1929-1930	11	5	14 May 1918	
Kruse	James	Charles Kruse	136 Liberty St.	BS	1909	9			
Kuffel	Elsie	I. Kuffel	G St.	BS	1892-1893	10			
Kuffel	Elsie Brownlie	J. Kuffel	Western Ave.	BS	1899-1900				
Kuhl	Joseph	Mrs. E. Kuhl	R 3, Sebastopol	CN	Aug. 1925			28 Apr. 1919	
Kuhl	Max	Mrs. E. Kuhl	R 3, Sebastopol	CN	1924-1925		1	30 Nov. 1917	

-183-

Surname	Given Name	Parent	Address	SD	Date/Date Range	Within Date Range Age	Gr.	Birth Date	Left/Comments
Kuhlberg	Oscar	Mrs. H. A. Kuhlberg	Cherry St.	BS	1905-1907	7			
Kuhlberg	Victor	Mrs. H. A. Kuhlberg	Cherry St.	BS	1905-1907	6			
Kulberg	Engre	A. J. Kulberg	566 Cherry St.	BS	1905-1908	9			
Kulberg	Engre	S. J. Kulberg	Cherry St. Valley	BS	Spring 1906	9			
Kulberg	Engre	A. J. Kulberg	Cherry St.	CH	1908-1909	11			
Kulberg	Eug.			CH	1908-1909				
Kulberg	Oscar	Mr. Kulberg	Cherry St.	BS	20 Aug. 1906	7	1		
Kulberg	Oscar	John Kulberg	J St.	BS	Jan. 1907	8			
Kulberg	Oscar	Andrew J. Kulberg	Cherry St.	CH	1908-1909	10			
Kulberg	Oscar			BS	21 Jan. 1918	19	4B		
Kulberg	Victor	Mr. Kulberg	Cherry St.	BS	20 Aug. 1906	6	1		
Kulberg	Victor	John Kulberg	J St.	BS	Jan. 1907	6			
Kulberg	Victor	A. J. Kulberg	Cherry St.	CH	1908-1909	8			
Kulper	Carl	C. Kulper	627 E St.	CH	1908-1909	12			
Kurokawa	Fred			OL	1926-1927				
Kurokawa	Yoshiye			OL	1926-1927				
Kurschurtz	Paul	Mrs. Kurschurtz	Boyes Springs	FL	11 Sept. 1928	10	4	14 May 1918	
Kuwahara	John	F. K. Kuwahara		OL	1926-1929			27 Dec. 1917	
Kyle	Douglass		522 5th St.	PK	1914				
Kyle	Fred	Tom Kyle	Keller St.	CH	Aug. 1895	10			
Kyle	Fred	T. Kyle		CH	1898	13	5		
Kyle	John			PK	1895-1896				
Kyle	Johnie			PK	8 Feb. 1898				
Kyle	Johnnie			PE	22 Aug. 1898		1B		
Kynoch	Ray	R. Kynoch	Country	BS	1905-1908	16	8B		
Kynoch	Russell Ray		218 English St.	PK	Fall 1924			22 Mar. 1920	

Surname	Given Name	Parent	Address	SD	Date/Date Range	Within Date Range		Birth Date	Left/Comments
						Age	Gr.		
Labiaux	Alvin	A. Labiaux	Bay	BY	1928-1929			5 Oct. 1912	
LeBlanc	T.			BS					
Lachman	Gertrude	A. Lachman	681 Howard St.	BS	1906-1908	6	1		
Lachman	Gertrude	A. B. Lachman	315 Howard St.	BS	1908-1909	9			
Lack	Lois	Mrs. Jean McDougal	210 Keller St.	CH	1908-1909	10			
Lackey	Hazel	Alex. Lackey	Bodega Ave.	CH	Aug. 1895	8			
Lacque	Neva			CH	1898		5		
Lacy	Lena	Peter Lacy	Bassett St.	PK	1903	6			
Ladara	Annie			ES	1904-1905	7			
Ladara	Frank			ES	1904	10			
Ladara	Maggie			ES	1905	12	6		
Ladara	Rosie			ES	1904-1905	11	3		
Ladara	Tony			ES	1904-1905	15	3		
Ladera	Maggie			ES	1904	11	4		
Laffranchi	John			BL	1922		1	5 Nov. 1914	
Laffranchi	John	P. Laffranchi	Star Rt., Petaluma	BL	1923-1924		K	5 Nov. 1915	
Laffranchi	Mary			BL	1922		1	11 Nov. 1915	
Laffranchi	Mary	P. Laffranchi	Star Rt., Petaluma	BL	1923-1924		K	30 Nov. 1916	
Laffranchi	Rosie	P. Laffranchi	Star Rt., Petaluma	BL	1924		K	1 Apr. 1918	
LaFranchi	Dale Darrow	Edward LaFranchi	Bloomfield	BL	1922		2	2 Sept. 1914	
LaFranchi	Dale	Mr. LaFranchi	Bloomfield	BL	1923-1924		2	2 Nov. 1915	
LaFranchi	Dale	Edw. LaFranchi	Bloomfield	BL	1925			2 Sept. 1914	
LaFranchi	Paul Edison	Edward LaFranchi	Bloomfield	BL	1922-1925		1	23 Mar. 1912	
LaFranchi	Romelia	Mr. J. Mazzoni	Bay	BY	1891-1904	12			
Lafranky	Linden	J. Lafranky	19 6th St.	BS	1911?	14			
Lamance	Marjorie		24 Park Ave.	PK	1921-1922			23 Sept. 1916	
Lambert	Elizabeth	James Lambert		LN	1921		1A		
Lamkins	Frank	John Lamkins	211 English St.	BS	1907-1909	8	1A		
Lampkin	Evelyn		R 3, Sebastopol	MV	1926-1927				
Lampkin	James	W. Lmpkin	to Gualala	HC	June 1904	11			
Lampkin	James	W. Lampkin		HC	1907	13			
Lampkin	Mina	W. Lampkin	to Gualala	HC	June 1904	9			
Lampkin	Mina	W. Lampkin		HC	1907	11			
Lampkin	Willie	W. Lampkin	to Gualala	HC	June 1904	8			

-185-

Surname	Given Name	Parent	Address	SD	Date/Date Range	Within Date Range		Birth Date	Left/Comments
						Age	Gr.		
Lampkin	Willie	W. Lampkin		HC	1907				
Lampkins	Evelyn	W. N. Lampkins	R 3, Sebastopol	MV	1927-1928		8	14 Feb. 1914	
Landgren	Freda	Mrs. L. Landgren	Cor. of 7th & H Sts.	BS	1899-1900	10			
Landgren	Hattie	Mrs. L. Landgren	701 7th St.	BS		11			
Landgren	Hilfred	Mrs. L. Landgren	7th St.& H Sts.	BS	1897	14	7		
Landrus	Faye	Grace Landrus	211 Hopper St.	ML	Aug. 1912				
Landrus	Harold	Mrs. G. Landrus	211 Hopper St.	ML	Aug. 1912		1A		
Landrus	Mary	Mrs. G. Landrus	211 Hopper St.	ML	Aug. 1912		Rec.		
Landrus	Mary	Mrs. McFadden	211 Hopper St.	ML	1914				
Landrus	Mary	Mrs. G. Landrus	211 Hopper St.	ML	Jan. 1914				
Landrus	Raymond	Mrs. G. Landrus	211 Hopper St.	ML	Aug. 1912		2B		
Lane	Earl	John Johnson	117 Hopper St.	ML	Aug. 1912				
Lane	Helena	John Johnson	117 Hopper St.	ML	Aug. 1912				
Lang	Henry	O. M. Lange	519 Keokuk St.	LN	1919-1921		L4	7 July 1911	
Langan	Chester	Chester Langan	512 Walnut St.	LN	Jan. 1922		4B	30 Aug. 1912	
Lange	Henry	O. M. Lange	519 Keokuk St.	LN	June 1921		3	1 July 1911	
Lange	Henry	O. M. Lange	625 I St.	LN	1920-1921		3B	7 July 1912	
Langerin	Ruby			FL	26 Aug. 1915	10	5		left 30 Aug.
Languet	Clemence	G. S. Languet	813 F St.	BS	1905-1907	7	1		
LaPort	Willie	A. C. LaPort	1102 6th St.	BS	1906-1907	8	1		
LaPort	Willie	Jos. LaPort	G St.	BS	1907-1909	9	1A		
LaPorte	Laurette	Mrs. E. C. LaPorte	221 Liberty St.	CH	1908-1909	13			
LaPorte	Laurette	Mrs. E. C. LaPorte	318 5th St.	BS	Jan. 1908	13			
LaPorte	Willie	Eli LaPorte	221 Liberty St.	CH	1908-1909	10			
LaPorte	Willie	Mrs. E. C. LaPorte	221 Liberty St.	BS	1909	10			
Large	Birdie	Arthur Large	434 Bridge St.	BS	1905-1908	11			
Large	Birdie	A. R. Large	12 Bridge St.	CH	1908-1910	14			
Large	Reggie	Mrs. A. R. Large	434 Bridge St.	BS	1905-1907	11			
Large	Reggie	Mrs. A. R. Large	12 Bridge St.	CH	1908-1909	12			
Larsen	Addie	R. F. Larsen	Mt. View Ave.	BS	1905	10	2		
Larsen	Addie	Alfred Larsen	318 Liberty St.	BS	1908-1909	13			
Larsen	Edward	F. Larsen	208 Sheldon St.	BS	17 Aug. 1908	6			
Larsen	Edward	Fred Larsen	822 Main St.	BS	1908-1911	6			
Larsen	Henry	F. Larsen	208 Sheldon St.	BS	1908-1909	7			

Surname	Given Name	Parent	Address	SD	Date/Date Range	Age	Gr.	Birth Date	Left/Comments
Larsen	Henry	Fred Larsen	822 Main St.	BS	1909-1911	7	1A		
Larsen	Henry	G. Larsen	560 Broadway	BS	1905-1907	14			
Larsen	Henry	G. Larsen	460 Kent St.	BS	1905-1907	15			
Larsen	Henry	G. Larson	10 Galland St.	BS	Spring 1907	16	5		
Larsen	Laura	Geo. Larsen	560 Broadway St.	BS	1905	11	2		
Larsen	Laura	Mrs. Larsen	Galland St.	BS	Fall 1906	12			
Larsen	Lillie	L. J. Larsen	Country	BS	1906-1908	13	8B		
Larsen	Myrtle	Mrs. S. P. Larsen	Kentucky St.	BS	Fall 1906	10			
Larsen	Paul		217 Fair St.	LN	1921		1B		
Larsen	Royel	Fred Larsen	Mt. View Ave.	CH	1908-1909	12			
Larsen	Royel	F. Larsen	Box 36	BS	Jan. 1908	12			
Larsen	Tillie			BS	1906-1908		8B		
Larsen	Toby	Geo. Larsen	Galland St.	BS	20 Aug. 1906	9	1		
Larsen	Toby	Mrs. Larsen	Kent & Howard Sts.	BS	1905-1907	9			
Larsen	Toby	Geo. Larsen	417 Union St.	BS	1907-1909	10	1A		
Larsen	Toby	Gia Larsen	427 Union	CH	1908-1909	11			
Larsin	Addie	A. Larsin	Mt. View Ave.	CH	1901-1903	6			
Larson	Addie	A. R. Larson	Mt. View Ave.	BS	18 Jan. 1904	8	2		
Larson	Henry	G. Larson	Gallant St.	BS	1906	15	4		
Larson	Paul	Louis Larsen	221 Fair St.	LN	9 Aug. 1921		1B	17 Feb. 1915	
Larson	Toby	G. Larson	Galland St.	BS	Jan. 1907	9			
Larsson	Olive	O. L. Larsson	619 Upham St.	BS	1905-1907	10			
Lasher	Amial	Geo. Lasher	Kent & Kentucky Sts.	BS	20 Aug. 1906	8	2		
Lasher	Amial	Geo. A. Lasher	422 Kentucky St.	BS	1911?	12			
Lasher	Amiel	F. L. Lasher	602 Kentucky St.	BS	1905-1907	9			
Lasher	Charley	Geo. Lasher	422 Kentucky St.	BS	9 Aug. 1909	6			
Lasher	Charlie	Geo. Lasher	Kentucky St.	BS	1911	8			
Lasher	Clara	Geo. A. Lasher	602 Kent St.	BS	1909	11			
Lasher	Cora	Geo. A. Lasher	602 Kentucky St.	BS	1906-1908	14	8B		
Lasher	Cora			PK	1895-1896				
Lasher	Emial	Geo. Lasher	Kentucky St.	BS	14 Aug. 1905	8			
Lasher	Florence	George Lasher	422 Kentucky St.	LN	1919-1922		1A	30 Nov. 1912	
Lasher	Florence	A. Lasher	422 Kentucky St.	LN	Aug. 1921		3A	30 Nov. 1912	

Surname	Given Name	Parent	Address	SD	Date/Date Range	Within Date Range		Birth Date	Left/Comments
						Age	Gr.		
Lasher	George Amial	G. F. Lasher	566 Kentucky St.	PK	1903	5			
Lasher	Lanora			BS	21 Jan. 1918	17	3A		
Lasher	Lela	Geo. A. Lasher	422 Kentucky St.	BS	1906-1910	14	8B		
Lasher	Lela			PK	15 Feb. 1898				
Lasher	Lela			PK	26 Oct. 1896				
Lasher	Lelia	G. A. Lasher	602 Kent St.	BS	1907	12			
Lasher	Lelia	G. A. Lasher	602 Kent St.	BS	1905-1907	12			
Lasher	Lenora	Geo. A. Lasher	Kent & Kentucky Sts.	BS	1907-1909	7	1A		
Lasher	Lianora	Geo. A. Lasher	422 Kentucky St.	BS	1909	8			
Lasher	Nora	Geo. Lasher	Kentucky St.	BS	1906-1907	6			
Latsen	Geneva	E. V. Latsen	1024 3rd St.	BS	1905	9	2		
Latson	Charley	E. V. Latson	D St. bet 8th & 9th Sts.	BS	5 Sept. 1892	15			
Latson	Dayton	Mrs. E. Latson	1024 3rd St.	BS	1905-1907	13			
Latson	Dayton	E. V. Latson	1024 C St.	BS	1906-1908	14	7A		
Latson	Dayton			PK	28 Sept. 1896				
Latson	Geneva	E. V. Latson	774 Keller St.	BS	1905-1907	11			
Latson	Geneva	Mrs. C. Latson	126 Keller St.	BS	1908-1909	12			
Latson	Geneva	Mrs. E. Latson	126 Keller St.	BS	1908-1909	12			
Latson	Geneva	Mrs. E. Latson	126 Keller St.	CH	1908-1909	13			
Latson	Hazel	E. V. Latson	Keokuk St.	CH	17 Aug. 1896	8			
Latson	Hazel	Mrs. C. V. Latson	Cor. 3rd St. & C Sts.	BS	1906-1908	16	8B		
Latson	Mervyn	Mrs. Latson	1024 3rd St.	BS	1905-1907	6	1		
Latson	Mervyn	E. V. Latson	126 Keller St.	CH	1908-1909	9			
Latson	Mervyn	Mrs. E. Latson	516 Kentucky St.	CH		12			
Latson	Myrvin	Mrs. E. V. Latson	1024 3rd St.	PK	1903	5			
Laumance	Marjorie Mary		24 Park Ave.	PK	1920	4		23 Sept.	
Laurendini	Frank			OL	1910				
Laurendini	Louie			OL	1910				
Lauritzen	Geraldine		San Rafael Rd.	LN	1919	5	1B		
Lauritzen	Geraldine	Carl Lauritzen	3rd St.	LN	1920-1922		2B	13 Jan. 1914	
Lauritzen	Gussie	Clara Lauritzen	465 7th St.	BS	1905-1907	16			
Lauritzen	Johannes	Julius P. Brodersen	Mt. View Ave.	BS	1909	14			

Surname	Given Name	Parent	Address	SD	Date/Date Range	Within Date Range Age	Gr.	Birth Date	Left/Comments
Lauritzen	Johannes	J. B. Brodersen	Mt. View Ave.	BS	1905-1907	15			
Lauritzen	LaMar		219 Kentucky St.	PK	1918-1919			9 Mar. 1914	
Lauritzen	LeMar	Louis Lauritzen	219 Kentucky St.	LN	1920-1921		1A	9 Mar. 1914	not promoted
Lauritzen	Lewis	May Lauritzen	105 5th St.	BS	1905-1907	12			
Lauritzen	Lewis	Mrs. M. Lauritzen	1015 5th St.	BS	1906-1908	13	7A		
Lauritzen	Lucile	Carl Lauritzen	San Rafael Rd.	LN	25 Aug. 1919	7	2A		
Lauritzen	Lucile	Carl Lauritzen	San Rafael Rd.	LN	1921-1922		4B	2 Sept. 1912	
Lauritzen	Lucile	Margaret Lauritzen	San Rafael Rd.	LN	1920-1921			2 Sept. 1912	
Lavin	Mary	Mrs. Mary Lavin	Sunny Slope Ave.	BS		12	6		
LaViolette	Roy	F. LaViolette	514 Oak St.	LN	Aug. 1922		1A	20 May 1916	
Lavis	Lloyd			PK	1910				
Law	Eldwin	Mrs. R. Rodehaver		ML	1919		1A		
Law	Leola	Chas. Law		ML	1915				
Law	Leola	Mrs. M. Law	219 Bremen St.	ML	1916-1917				
Law	Lottie	Chas. Law	219 Bremen St.	ML	1915				
Law	Lottie	Mrs. M. Law	219 Bremen St.	ML	1916-1917				
Lawler	Georgie	Frank Lawler	Kenilworth Park	ML	Aug. 1922			18 Feb. 1911	
Lawler	Glenn		209 Bassett St.	PK	1920			18 May 1915	
Lawler	Glenn		209 Bassett St.	PK	Fall 1919			8 May 1915	
Lawler	Glenn	J. Lawler	209 Bassett St.	LN	1920-1921		1B	18 May 1915	
Lawler	John	John Lawler	613 Upham St.	BS		11			
Lawler	John	John Lawler	209 Bassett St.	LN	1920-1921		4B	16 Sept. 1911	
Lawler	Will	Mrs. R. Haskins	805 E St.	CH	1895-1896	15			
Lawler	Clara		411 Harris St.	BS	1907	11			
Lawrence	Edward	Mrs. Effie Lawrence		CH	8 Aug. 1910				
Lawrence	Lucy	Tony Lawrence	Opposite Ott's Tannery	ML	1916		Rec.		
Lawrence	Mary	Tony Lawrence	Opposite Ott's Tannery	ML	1916		Rec.		
Lawrence	Walter	E. Lawrence	RFD 2	CH	8 Aug. 1910	14			
Lawson	Ivan	B. B. Lawson	201 3rd St.	BS	Sept. 1909	6			
Lawson	Vernon	P. P. Lawson	201 E St.	BS	1908-1909	12			
Lawson	Vernon	Mrs. L. Lawson	411 F St.	CH		14			
Lawton	Isma			TM	20 Feb. 1899		3		

Surname	Given Name	Parent	Address	SD	Date/Date Range	Within Date Range Age	Gr.	Birth Date	Left/Comments
Lawton	Isma			TM	27 Dec. 1905				
Laynance	Eleanor	F. W. Laynance	34 Park Ave.	LN	Aug. 1922		1A	27 July 1915	
Laynance	Eleanor	F. W. Laynance	24 Park Ave.	LN	9 Aug. 1921		1B	27 July 1915	
Layton	Jane			PK	1914	4			
Lazarus	Bernard	Louis Lazarus	Boyes Springs	FL	1924			22 May 1918	
Leader	Ruth	A. Leader	Fetters Springs	FL	30 Sept. 1927	12	7	8 Aug. 1915	left 10 Oct.
Leary	Jack	Mrs. C. M. Leary	Boyes Springs	FL	3 Feb. 1929	8	3	9 June 1921	
Leatson	Dayton			PK	23 Nov. 1896				
Leavitt	Mabel	L. Leavitt	Washington St.	CH	Aug. 1895	7			
Leavitt	Maud			PK	3 Aug. 1896	6			
LeBaron	Emily			MV	1926-1927				
LeBaron	Margaret	Mrs. Scheilder		MV	1924-1925				
Leborgne	Lillian	Mrs. E. Leborgne	R 4	LN	Aug. 1922	1B	L1	12 Sept. 1916	
LeBreton	Jeanne	Mrs. A. LeBreton	Fetters Springs	FL	16 Aug. 1915	13	5		
LeCam	George	H. LeCam	1303 3rd St.	BS		11			
LeCam	Marcel	H. L. LeCam	1303 3rd St.	BS	1905-1907	13			
LeCam	Marcel			BS	1909				
Leck	Lois Margaret	Miss Jean Macdougall	522 B St.	BS	1909	10			
Leckenby	Harry	Mrs. E. S. Leckenby	Country	CH	1895-1896	15			
Lee	George	Manual Lee	303 Edith St.	ML	1921			1 Jan. 1916	
Lee	Henry	Manual Lee	303 Edith St.	ML	Aug. 1921			10 May 1911	
Lee	Herman	Manual Lee	303 Edith St.	ML	1921			10 Apr. 1913	
Lee	Horatio			CH	1901-1903				
Lee	Lois		215 Howard St.	PK	1920-1921			7 Aug. 1917	
Lee	Lois		524 Western Ave.	PK	Spring 1923				
Lee	Robert		524 Western Ave.	PK	1923-1924			18 Oct. 1919	
Leech	Alice			FL	13 Aug. 1917	8	2		
LeFebvre	Oliver	Eugene O. LeFebvre	RFD 2	BS	1907	11			
LeFebvre	Oliver			CH	8 Aug. 1910				
LeFebvre	Ruth	E. O. LeFebvre	Bodega Ave.	BS	1905	8	2		
Lefevre	Ruth	E. P. Lefèvre	675 Walnut St.	PK	1903	5			
Left	Antionette	Charles Cook		EC	1925	13		7 Apr. 1912	
Legand	Agnes	W. P. Legand	I St.	BS	1906-1908	14	8B		
Lehman	Emma	Mrs. Lizzie Lehman	201 Stanley St.	LN	9 Aug. 1920		2A	25 Apr.	

Surname	Given Name	Parent	Address	SD	Date/Date Range	Within Date Range Age	Within Date Range Gr.	Birth Date	Left/Comments
Lehman	Emma	Max Lehman	201 Stanley St.	LN	1920-1921		3B	25 Apr. 1912	
Lehman	Emma	Max Lehman	201 Stanley St.	LN	Aug. 1921		L4	26 Apr. 1911	
Lehman	Louis	Mrs. L. Lehman	201 Stanley St.	LN	1920-1921		1A	5 Jan. 1914	not promoted
Lehman	Sidney	Max D. Lehman	735 Western Ave.	BS	1911?	13			
Lehmann	Emma	D. Lehmann	201 Stanley St.	LN	Aug. 1921		3A	25 Apr. 1911	
Leiss	Albert	H. Leiss	429 Cherry St.	LN	Jan. 1921		3A	11 Mar. 1912	
Leiss	Albert	Chris Leiss	429 Cherry St.	LN	1919-1920		3B	11 Mar. 1910	
Leiss	William	C. Leiss	429 Cherry St.	LN	1919-1920				
Leiss	Willie	H. C. Leiss	429 Cherry St.	LN	1920-1921			15 Dec. 1910	
Lemos	Dewey	H. Lemos	Mt. View Ave.	CH	1908-1909	9			
Lenardi	Anna	Mrs. J. H. Osther	Boyes Springs	FL	1925			1 Aug. 1914	
Lenci	Thomas	Louis Lenci	6th St.	LN	1921-1922		1A	9 Nov. 1914	
Lenci	Victor			LN	Aug. 1922		L1	5 Sept. 1916	
Lendt	Jr.	N. Lendt	Paula Lane	LN	1919		1B		
Leno	Bartoni			OL	1910				
Lenzi	Eugene	C Rinaldi	Agua Caliente	FL	4 Sept. 1931	13	8	20 Dec. 1917	
Lenzi	Jennie	C. Rinaldi	Agua Caliente	FL	4 Sept. 1931	11	6	8 Apr. 1920	
Leon	Tillie	Isador Leon		LN	1920-1921	7	1B	11 Oct. 1913	
Leon	Tillie			PK	Fall 1919			15 June 1913	
Leonard	Carroll	Mrs. S. C. Leonard	553 Walnut St.	BS	1905-1907	6			
Leonard	Carroll	Sherman Leonard	521 Walnut St.	CH	1908-1909	9			
Leonard	Carroll			BS	21 Jan. 1918	17	4B		
Leonard	Leo	S. C. Leonard	521 Walnut St.	CH	1908-1909	12			
Leonard	Leo.	S. C. Leonard	553 Walnut St.	BS	1905-1907	10			
Leonard	Pearl			BS	21 Jan. 1918	19	3B		
Leonard	Pearle	S. C. Leonard	553 Walnut St.	BS	Fall 1906	9			
Leonard	Pearle	Sherman Leonard	521 Walnut St.	BS	1906-1909	10			
Leonard	Pearle C.	S. C. Leonard	521 Walnut St.	CH		13			
Leoni	Giulio	J. Leoni	413 Harris St.	BS	Fall 1906	13			
Lepley	Bessie	F. Lepley		BS	1906	9	2		
Lepley	Bessie	F. A. Lepley	23 6th St.	BS	1908-1909	11			
Lepley	Bessie	F. A. Lepley	506 A St.	BS	1908-1909	11			
Lepley	Bessie	F. A. Lepley	506 A St.	CH	1908-1909	12			
Lepley	Lela	Frank Lepley	415 8th St.	BS	Jan. 1908	6			

-191-

Surname	Given Name	Parent	Address	SD	Date/Date Range	Within Date Range Age	Within Date Range Gr.	Birth Date	Left/Comments
Lepley	Lela	F. Lepley	6th St.	BS	17 Aug. 1908	6			
Lepley	Lela	F. Lepley	A St.	BS	18 Jan. 1909	7	1A		
Lepley	Lela	Frank Lepley	511 B St.	BS	1909	9			
Lerer	Charles	Mrs. Lerer	309 Walnut St.	BS	1908-1909	7			
Lerer	Charlie	Mr. Lerer	4 Washington St.	BS	18 Jan. 1909	8	1A		
Lerer	David	Mayer Lerer	309 Walnut St.	BS	1908-1909	11	4A		
Lerer	David	Max Lerer	14 Washington St.	BS	1911?	13			
Lerer	Gertrude	Meyer Lerer	309 Walnut St.	CH	1908-1910	13			
Lerer	Lillie	Mr. Lerer	4 Washington St.	BS	1911	7			
Lertona	John	Mr. Lertona	780 Keller St.	BS	1905-1907	12	1		
Lertora	John	L. Solari		BS	1907		4		
Lesher	Florence		Kentucky St.	PK	5 Aug. 1918			30 Nov. 1912	
Lettle	Lloyd		513 3rd St.	PK	1921			1 May 1916	
Leubben	Harrison	H. Leubben	4th & I Sts.	BS	1906-1907	7	1		
Leuchars	Louise May		410 Washington St.	PK	Fall 1924				
Leuchars	Viola	T. Leuchars	509 3rd St.	LN	Jan. 1923		L1	21 June 1916	left
Levens	Fred			TM	4 Aug. 1913	13	7		
Leverne	Clyde			FL	4 Oct. 1926	13	7		
Lewis	Alletta	Mrs. M. E. Roper	Petaluma	CH	1908	15			
Lewis	Alletta	G. W. Roper	Rural 2	CH	1908-1910	15			
Lewis	Beth		R 3, Sebastopol	MV	1928-1929			3 Mar. 1919	
Lewis	Betty	William Lewis	Sebastopol	MV	1925-1926			5 Mar. 1919	
Lewis	Betty	William B. Lewis	R 3, Sebastopol	MV	1926-1930			4 Mar. 1919	
Lewis	Betty			MV	1930-1931			3 Mar. 1919	
Lewis	Dee Burbank		15 6th St.	PK	1910	4			
Lewis	Donald	W. E. Lewis	347 Keokuk St.	BS	Jan. 1908	12			
Lewis	Donald	W. E. Lewis	347 Keokuk St.	CH	1908-1909	13			
Lewis	Edith			BS	1894-1895		Junior Year		
Lewis	Ella	S. C. Lewis	3rd St. & I Sts.	BS	1892-1893	11			
Lewis	Ella	S. C. Lewis	734 Keller St.	BS		16			
Lewis	Fern		Main St.	PK	Spring 1924			26 July 1918	
Lewis	Frances			PK	Spring 1923			26 July 1918	
Lewis	Gaines	W. E. Lewis	15 6th St.	BS		13			

Surname	Given Name	Parent	Address	SD	Date/Date Range	Within Date Range		Birth Date	Left/Comments
						Age	Gr.		
Lewis	Louis	William Lewis	R 3	MV	1929-1931			28 Mar. 1923	
Lewis	Mabel C.	W. E. Lewis	347 Keokuk St.	CH	1909-1910	14			
Lewis	Melba	Wm. B. Lewis	Sebastopol	MV	1920-1922	7	3		
Lewis	Melba	Wm. B. Lewis	R 3, Sebastopol	MV	1921-1922		3	15 Nov. 1914	
Lewis	Melba	W. B. Lewis	R 3, Sebastopol	MV	1923-1924		5	22 Nov. 1913	
Lewis	Melba	W. B. Lewis	Box 319	MV	1924-1927		7	20 Nov. 1913	
Lewis	Melba	Wm. B. Lewis	R 3, Sebastopol	MV	1925-1926			20 Nov. 1914	
Lewis	Melda			MV	1921-1922		5	20 Nov. 1914	
Lewis	Searles	L. S. Lewis	R 3, Sebastopol	MV	1921-1922		7	18 June 1908	
Lewis	Tessie	Sam Lewis	Keller St.	CH	1897-1899	8			
Lewis	William	W. B. Lewis	R 3, Sebastopol	MV	1921-1922		4	15 July 1912	
Lewis	William	W. B. Lewis	R 3, Sebastopol	MV	1923-1924		6	18 July 1912	
Lewis	William			MV	1923-1924		10	15 Sept. 1913	
Lewis	Wm.			MV	1921-1922		5	15 July 1913	
Lewis	Wm.	W. B. Lewis	Box 319	MV	1924-1925		7	15 July 1912	
Lewis	Wm. Augustus	Wm. A. Lewis	Country	BS	1899-1900				
Lewis	Searles	L. S. Lewis	R 3, Sebastopol	MV	1922-1923			18 June 1908	
Libarle	Madeline		128 Liberty St.	PK	3 Aug. 1914			26 Sept. 1910	
Liddle	Carlton		908 6th St.	PK	1 Aug. 1898	6			
Liddle	Carlton	Mrs. Wm. Liddle	908 6th St.	BS	1905-1908	13			
Liddle	Carlton	W. I. Liddle	6th St.	CH	1908-1909	16			
Liddle	Christina	W. J. Liddle	634 E St.	CH		11			
Liddle	Christina			BS	21 Jan. 1918	17	4B		
Liddle	Christine	Wm. Liddle	908 6th St.	BS	20 Aug. 1906	6	1		
Liddle	Christine	J. W. Liddle	634 E St.	CH	1908-1909	8			
Liddle	Gladys	W. J. Liddle	908 6th St.	BS	1905-1907	11			
Liddle	Gladys	N. J. Liddle	908 6th St.	BS	1905-1908	12			
Liddle	Gladys	W. J. Liddle	39 6th St.	CH	1907-1909	14			
Liddle	Gladys	W. J. Liddle	634 E St.	CH	1908-1909	14			
Liddle	Ivan	Wm. Liddle	908 6th St.	PK	1903	5			
Liddle	Ivan	W. J. Liddle	906 6th St.	BS	1905-1907	9			
Liddle	Ivan	W. J. Liddle	634 E St.	BS	1908-1909	10			
Liddle	Ivan	W. J. Liddle	634 E St.	CH	1908-1909	12			
Liesse	Marie			PK	17 Feb. 1896	4			

-193-

Surname	Given Name	Parent	Address	SD	Date/Date Range	Within Date Range		Birth Date	Left/Comments
						Age	Gr.		
Lily	Marie	Mrs. Lily	Agua Caliente	FL	14 Sept. 1931	9	1	2 May 1923	
Lily	Rozella	Mrs. Lily	Agua Caliente	FL	14 Sept. 1931	6	1	2 Apr. 1925	
Limbaugh	Myrtle	Trank Limbaugh	R 3, Sebastopol	CN	Aug. 1921		1	5 July 1913	
Linahan	Robert			TM	1 Aug. 1910		8		
Lincoln	Darrell	Lorena Dalson	R 3, Sebastopol	CN	Aug. 1925			3 Mar. 1916	
Lincoln	Doris			OL	1911	11			
Lincoln	Harry			OL	1911	12			
Lincoln	Katie	F. Siemer	Sebastopol	CN	Aug. 1923			22 Feb. 1914	left 12 Mar. 1924
Lincoln	Katie	Lorena Dalson	R 3, Sebastopol	CN	Aug. 1925			22 Feb. 1914	
Lindeman	Fred			TM	16 Aug. 1896				
Linderman	Julia	Henry Linderman		TM	1895-1897	14			
Lindholm	Viola	A. P. Lundholm	200 West St.	CH	1908-1909	13			
Lindley	Rena	H. B. Lindley	Boyes Springs	FL	1924			29 Oct. 1918	
Lindsay	James		Bodega	PO	14 July 1874				
Lindsey	Hazel	Mrs. E. Lindsey	Bodega Ave.	BS	1906				
Lindsey	James		Bodega Ave.	PO	26 Mar. 1875				
Lindsten	Harry	A. Lindsten	1016 3rd St.	BS	18 Jan. 1904	8	2		
Lindt	Junior	N. Lindt	Keokuk St.	LN	25 Aug. 1919	10			
Lindt	Lily	N. L. Lindt	Bodega Ave.	LN	1919-1920	7	2B		
Linebaugh	Clifford	F. E. Linebaugh		CN	Aug. 1923			6 Mar.	
Linebaugh	Lucille	Frank E. Linebaugh	R 3, Sebastopol	CN	1921-1925		5	30 Dec. 1909	
Linebaugh	Myrtle	Mrs. Frank Linebaugh	R 3, Sebastopol	CN	1922-1926		2	5 July 1913	
Linn	Carl	Mrs. G. E. Linn	1102 3rd St.	BS	1906-1908	15	8B		
Linn	Olney	Mrs. E. E. Linn	1102 3rd St.	BS	1905-1907	12			
Linoberg	Everett	Mrs. Estelle Linoberg	767 Liberty St.	BS	1905-1907	8			
Linoberg	Everett	Mrs. E. Linoberg	131 Liberty St.	CH	1908-1909	10			
Linsay	Morne	E. Linsay	4th & E Sts.	BS	1903-1905	6	2		
Lippitt	Dorothy	F. K. Lippitt	504 D St.	CH	1908-1909	11			
Lippitt	Dorothy	Frank Lippitt	D St.	BS	1906		2		
Lisher	Howard	H. Lisher	344 Kentucky St.	LN	1920-1922		2B	1 Dec. 1913	
Lisher	Howard	Howard Lisher	44 Kentucky St.	LN	1921			1 Dec. 1914	
Lisignoli	Eupilio			ES	1904-1905	10			attended school in Italy
Lisignoli	Eupilio			ES	1909	14	6		

Surname	Given Name	Parent	Address	SD	Date/Date Range	Within Date Range Age	Within Date Range Gr.	Birth Date	Left/Comments
Lisignoli	Faustina			ES	1909-1911	8	3		
Lisignoli	John	Leo Lisignoli	Tomales	TM	21 Apr. 1930			5 Feb. 1921	
Lisignoli	Lena	Leo Lisignoli	Tomales	TM	1929-1930			22 Dec. 1918	
Lisignoli	Mary			ES	1905	7	1		
Lisignoli	Mary			ES	1909-1911	10	4		
Lisignoli	Rosie	Leo Lisignoli	Tomales	TM	1929-1930			15 Jan. 1917	
Litlau	Mildred		Liberty St.	PK	1927-1928			14 Aug. 1922	
Little	Ella			BS					
Little	Wilbert	W. J. Little	R 3, Sebastopol	MV	1925-1927			25 Dec. 1919	(guardian)
Livie	David		607 3rd St.	PK	Spring 1923			15 Sept. 1918	
Livie	William		607 3rd St.	PK	Spring 1923			15 Sept. 1918	
Lloyd	Helen	Rev. Wm. Lloyd	411 A St.	LN	10 Oct. 1921		2A	13 Oct. 1912	from San Jose
Lloyd	Henry		Madrone	FL	23 Sept. 1929	8	2	28 June 1921	
Lobbell	Frances	Geo. LN Lobbell	821 6th St.	LN	1920-1921		4B	23 Aug. 1910	
Lobdell	Robert	Rev. Lobdell	821 Sixth St.	PK	1919-1920			31 July 1915	
Lobdell	Robert		821 6th St.	LN	1921-1922		1A	31 July 1915	
Locatelli	Faust	Faust Locatelli	832 Main St.	BS	1909	11			
Locatelli	Faust	F. Locatelli	832 Main St.	BS	1905-1907	12			
Locatelli	Florence	F. Locatelli	832 Main St.	BS	1904-1907	10			
Lock	Leila			BS	21 Jan. 1918	17	3B		
Lockel	James		11 Harris St.	PK	Spring 1924			6 Jan. 1919	
Lockie	James		11 Harris St.	PK	Fall 1924			6 Jan. 1919	
Lockwood	Evelyn	Walter Lockwood	405 E. Washington St.	ML	1920-1921			12 Sept. 1912	
Loftus	Will	Wm. Loftus	720 Keller St.	BS	1905-1908	14			
Logan	Betty	Mrs. L. A. Logan	312 4th St.	LN	Aug. 1922		1A	7 July 1915	
Logan	Betty	Mrs. L. A Logan	312 4th St.	LN	1920-1921		1B	8 June 1915	
Lohrmann	Elsa	J. Lohrmann	Petaluma	CH	8 Aug. 1910	15			
Lond	Sydney	Mr. Lond	8th St.	BS	19 Aug. 1907	7			
Long	Charles		27 Post St.	LN	1921				
Long	Charlie	Chas. Long	301 E. Washington St.	ML	1919-1920			12 Sept. 1909	tans. to Lincoln
Long	Charlie	Chas. Long	Yosemite Hotel	ML	1919		2A		
Long	Chas.	C. H. Long	151 Hopper St.	ML	1916		Rec.		

Surname	Given Name	Parent	Address	SD	Date/Date Range	Within Date Range Age	Within Date Range Gr.	Birth Date	Left/Comments
Long	Chas.	Chas. Long	151 Hopper St.	ML	1918				
Long	Donald		220 Fair St.	PK	Fall 1919			26 Nov. 1914	
Long	Helen	M. H. Long	Boyes Springs	FL	4 Jan. 1926	15	8	8 May 1910	
Long	Helen	M. H. Long	Boyes Springs	FL	1923			8 May 1910	
Long	Helen	M. H. Long	Boyes Springs	FL	1925			8 May 1911	
Long	Lena		Bodega	PO	14 July 1874				
Long	Margaret	Chas. Long	151 Hopper St.	ML	1914-1917				
Long	Margaret	B. C. Long	220 Fair St.	ML	Aug. 1912		Rec.		left
Long	Melvin			LN	5 Jan. 1920				
Long	Mildred	Mrs. Mary Long	527 E. Washington St.	ML	1921-1922			27 Jan. 1912	grandmother
Longuet	Clemence		815 F St.	PK	1903	6			
Longuet	Clemence	G. P. Longuet	670 F St.	BS	1906-1907	8			
Longuet	Clemence	G. S. Longuet	813 F St.	BS	1905-1907	7			
Longuet	Clemence	J. P. Longuet	216 Baker St.	CH	1908-1909	10			
Longuet	Clemence	Mrs. J. P. Longuet	Keller St.	BS		13			
Longuet	Josephine	Mr. Longuet	510 Post St.	BS	20 Aug. 1906	6			
Longuet	Marie	Mrs. L. Longuet	516 Post St.	BS	1906-1907	8	2		
Longuet	Mary	Mrs. L. Longuet	Cor. 7th St.& F Sts.	BS	1906	8	2		
Loofbourrow	Elizabeth	Rev. L. L. Loofbourrow	411 A St.	PK	1914				
Loomis	Vernon	Mr. M. Dench		BS	1908-1909	13			
Loomis	Vernon			BS	Fall 1906				
Lopec	Antonia	Adeline Lopec	219 Bremen St.	ML	Aug. 1912				
Lopez	Antonia			ML	Jan. 1912		3B		
Lorentzen	Alice	Dr. H. L. Lorentzen	616 Western Ave.	BS	1909-1910	6			
Lorentzen	Esther	Dr. Lorentzen	Western Ave.	PK	1910	4			
Lorentzen	Nellie	Dr. Lorentzen	960 6th St.	BS	1906-1909	7	1		
Lorentzen	Nellie	H. Lorentzen, M.D.	Western Ave.	CH	1908-1909	8			
Lorentzen	Nellie			BS	21 Jan. 1918	17	4B	28 Oct. 1905	
Lortora	John	L. Solari	780 Keller St.	BS	Fall 1906	13			
Loud	Bernard	A. Loud	651 8th St.	CH	1908-1909	13			
Loud	Sidney	Arthur Loud	Tuition	BS	20 Aug. 1906	6	1		
Loud	Sydney	Mrs. Loud	651 8th St.	BS	1908-1909	7	1B		

Surname	Given Name	Parent	Address	SD	Date/Date Range	Within Date Range		Birth Date	Left/Comments
						Age	Gr.		
Louis	Henry	T. B. Louis	Country	BS	1905-1907	13			
Lovejoy	Frances	Dr. F. Lovejoy	686 Kentucky St.	BS	1906-1907	9	2		
Lovejoy	Frances	Dr. F. E. Lovejoy	304 Kentucky St.	CH	1908-1909	11			
Lovejoy	Frances	Frank Lovejoy	304 Kentucky St.	BS	1908-1909	11			
Lovejoy	Gladys	F. E. Lovejoy	686 Kentucky St.	BS	1905-1907	13			
Lovejoy	Gladys	Dr. T. E. Lovejoy	860 6th St.	BS	1905-1907	13			
Lovejoy	Gladys	Dr. F. E. Lovejoy	304 Kentucky St.	CH	1907-1909	16			
Lovell	Archie	William Lovell	R 3, Sebastopol	MV	1926-1927			22 Oct. 1920	
Lovell	Bernice	William Lovell	R 3, Sebastopol	MV	1926-1927			27 Dec. 1918	
Lovell	Elizabeth	Wm. Lovell	R 3, Sebastopol	MV	1926-1927			9 Nov. 1915	
Lovell	Irene	Wm. Lovell	R 3, Sebastopol	MV	1926-1927			12 June 1912	
Lovell	James			HC	Apr. 1893				
Lovell	Pearl			HC	Apr. 1893				
Lowe	Gordon			LN	1920-1921	6	1B		
Lowell	Claude	George Clark	714 Keokuk St.	LN	1919-1920	8	2B		
Lowell	Ethel		403 Hinman St.	BS	1906-1908	16	8B		
Lowenberg	Wilbur			FL	7 Aug. 1916	12	5		
Lowenburg	Harry			FL	5 Feb. 1917				
Lowrey	C.			PO	8 Nov. 1875		6		school closed 19 Nov. 1875
Lowrey	Rob.			PO	8 Nov. 1875		7		school closed 19 Nov. 1875
Lubben	Harry	Mrs. H. F. Lubben	1323 4th St.	BS	1905-1907	6			
Lucas	Bernardo	T. Lucas	Windsor	OL	1921-1922		4	1 Sept. 1909	
Lucas	Bessie	Frank S. Lucas	519 Keokuk St.	BS	1909-1911	7	1A		
Lucas	Pauline	John Lucas	Kentucky St.	CH	1897-1899	9			
Lucas	Rita	Frank B. Lucas	519 Keokuk St.	BS	1909	11			
Lucchesi	Angelo	Joe Lucchesi	610 E. D St.	ML	Aug. 1912				
Lucchesi	Angelo	Joe Lucchesi	610 E. D St.	ML	Jan. 1914				
Lucchesi	Angelo	Joseph Lucchesi	610 Edith St.	ML	Aug. 1912				
Lucchesi	Helinor		516 F St.	PK	5 Aug. 1918			27 Aug. 1914	
Lucchesi	J. Angelo	J. Lucchesi	610 E. D St.	ML	Aug. 1912				
Lucchesi	Mario	Joe Lucchesi	610 E. D St.	ML	Aug. 1912		Rec.		
Lucchesi	Mario	John Lucchesi	610 E. D St.	ML	1915-1917				

Surname	Given Name	Parent	Address	SD	Date/Date Range	Within Date Range		Birth Date	Left/Comments
						Age	Gr.		
Lucchesi	Maris			ML	Aug. 1912				
Lucchessi	Albert	G. Lucchessi	157 Wilson St.	ML	Aug. 1921			26 Jan. 1913	
Lucchessi	Albert	Joe Lucchessi	610 E. D St.	ML	1918-1920			26 Jan. 1912	
Lucchessi	Mario	Joe Lucchessi	610 E. D St.	ML	1914-1915				
Lucia	Eleanor	J. Lucia	Agua Caliente	FL	1929-1931	10	6	30 Apr. 1918	
Lucia	Eleanor	J. Lucia	Agua Caliente	FL	15 Sept. 1930	12	7	30 Apr. 1918	
Lucia	John	Mrs. J. B. Lucia	Agua Caliente	FL	1929-1931	8	3	29 Oct. 1920	
Lucia	Mary	J. Lucia	Agua Caliente	FL	4 Jan. 1926	11	5	23 May 1914	
Lucia	Mary	John Lucia	Agua Caliente	FL	1924			23 May 1914	
Lucia	Rose	J. Lucia	Agua Caliente	FL	1929-1931	13	6	16 Apr. 1916	
Lucia	Rose	John Lucia	Agua Caliente	FL	1924			30 Apr. 1916	
Luckenbell	Catharine	Mrs. J. Luckenbell	410 Fair St.	BS	1908-1909	15			
Luckenbill	Emilie	John Luckenbill	410 Fair St.	BS	1908-1909	11			
Luckenbill	Catharine	J. Luckenbill	410 Fair St.	BS	1908-1909	14			
Luckenbill	Catherine	Mrs. C. Luckenbill		BS	1908-1909	13			
Luckenbill	Emilie	J. Luckenbill	410 Fair St.	BS	1908-1909	11			
Luckenbill	Emily	Mrs. C. Luckenbill	410 Fair St.	BS	1908-1909	10			
Luckenbill	Fritz	J. Luckenbill		BS	1909-1910	7			
Ludden	Helen	Mrs. T. J. Ludden	RFD 4	BS	1917-1918		1A		
Ludy	Freda	H. Ludy	Upham St.	CH	1901-1903	7			
Ludy	Freda	Herman Ludy	413 Upham St.	BS	1909	11			
Ludy	Freda	Herman Ludy	413 Upham St.	BS	1905-1907	11	5		
Ludy	Selma	H. Ludy	413 Upham St.	BS	1905-1907	8			
Ludy	Zelma	H. Ludy	413 Upham St.	BS	18 Jan. 1904	8	2		
Luebben	Harrison	H. F. Luebben	1323 4th St.	BS	1905-1907	6	1		
Luebben	Harrison	H. L. Luebben	622 4th St.	CH	1908-1909	9			
Luebben	Lillian	H. F. Luebben	622 4th St.	CH	1908-1909	12			
Luff	Genevieve	Mrs. Eva Luff	409 7th St.	BS	1903-1907	8	2		
Luff	Genevieve	Mrs. C. B. Luff	12 7th St.	CH	1908-1909	12			
Luff	Genevieve	Mrs. Eva Luff		BS	1909				
Luff	Hale	Mrs. Eva Luff	409 7th St.	BS	1905-1907	9			
Luff	Hale	C. B. Luff	12 7th St.	BS	1908-1909	10			
Luff	Hale	Mrs. C. B. Luff	12 7th St.	CH	1908-1909	11			
Luff	Hale	Mrs. E. C. Luff	12 7th St.	CH	1908-1909	12			

Surname	Given Name	Parent	Address	SD	Date/Date Range	Within Date Range		Birth Date	Left/Comments
						Age	Gr.		
Luiz	Edward	John Luiz	422 Cherry St.	LN	1919-1921	8	2B	28 Sept. 1911	
Luiz	Fred	John Luiz	422 Cherry St.	LN	1919-1921			4 Dec. 1908	
Luiz	Manuel			ES	1904	15	4		attended school in Portugal
Lukas	Chris	J. Lukas	Kentucky St.	CH	1898	11	5		
Lukas	Emma	John Lukas	Kentucky St.	CH	1898	7	2		
Lukas	Emma			PE	22 Aug. 1898		1B		
Lukas	Pauline	John Lukas	Kentucky St.	CH	1898	10	2		
Lukenbill	Cath.			BS	Fall 1906				
Lukens	Marie	Chas. Lukens	521 E. D St.	ML	1918				
Lukianov	Anna		Del Mar	SA	2 Dec. 1912	13	B2		
Lukianov	Olga		Del Mar	SA	2 Dec. 1912	7	A1		
Lukianov	Tania		Del Mar	SA	2 Dec. 1912	11	B1		
Lumsden	Bessie	Al Lumsden	225 Bremen St.	ML	Aug. 1912				
Lumsden	Bessie	Mrs. Helen Lumsden	225 Bremen St.	ML	Aug. 1912				
Lumsden	Charley	Alec Lumsden	Olive St.	BS	21 Aug. 1899	12			
Lumsden	Olin	Alec Lumsden	Olive St.	BS	21 Aug. 1899	11			
Lumsden	Robert	A. H. Lumsden	624 Bremen St.	BS	1905-1907	10			
Lumsden	Robt.	A. H. Lumsden	225 Bremen St.	BS	1908-1909	11	4A		
Lunardi	Anna	H. J. Osther	Boyes Springs	FL	1926-1929		6	1 Aug. 1914	
Lundholm	Flossie			CH	1908		Sr.		
Lundholm	Mabel	A. P. Lundholm	612 West St.	BS	1905-1907	14			
Lundholm	Mabel	A. P. Lundholm	200 West St.	CH	1907-1909	17			
Lundholm	Mabel	A. P. Lundholm	202 West St.	CH	1907-1909	17			
Lundholm	Marion	Charlie Lundholm	Wester St.	PK	3 Aug. 1914	5		31 May 1909	
Lundholm	Merril	Charles Lundholm		PK	1910	5			
Lundholm	Ruth	A. P. Lundholm	612 West St.	BS	1905-1910	12			
Lundholm	Ruth	A. P. Lundholm	201 West St.	CH	1907-1909	15			
Lundholm	Ruth	A. P. Lundholm	203 West St.	CH	1907-1909	15			
Lundholm	Thelma	Charles Lundholm		PK	1910	4			
Lundholm	Viola	A. P. Lundholm	612 West St.	BS	1904-1907	8	2		
Lundholm	Viola	A. P. Lundholm	200 West St.	BS	1908-1909	12			
Lundholm	Viola	A. P. Lundholm	200 West St.	CH	1908-1909	14			
Luss	Albert		429 Cherry St.	LN	1922		4A	11 Mar. 1912	

Surname	Given Name	Parent	Address	SD	Date/Date Range	Within Date Range Age	Within Date Range Gr.	Birth Date	Left/Comments
Luttle	Lloyd		513 3rd St.	PK	1922			1 May 1916	
Luttle	Margaret		513 3rd St.	PK	1922			4 Oct. 1918	
Lyall	Thomas			BS	21 Jan. 1918	12	1B		
Lyle	Bradford		611 7th St.	PK	Spring 1924			1 Nov. 1919	
Lyle	Robert		611 7th St.	PK	1927-1928			8 June 1923	
Lyman	Edwin	Gene Lyman	R 3, Sebastopol	CN	1921-1923		2	8 Feb. 1914	
Lyman	George	Jay S. Lyman	806 B St.	LN	1920-1921		4A	25 July 1909	
Lyman	Leroy	J. S. Lyman	309 Broadway	LN	1920-1921	6	1B	3 July 1914	
Lyman	Robert	J. S. Lyman	419 3rd St.	LN	1920-1921		2A	24 Jan. 1911	
Lyman	Sabin	J. S. Lyman	309 Broadway	LN	1920-1921		1A	6 Aug. 1912	
Lynch	Arletta	Arletta Lynch	R 3	MV	1929-1931			16 Aug. 1916	
Lynch	Evelyn	Arlett Lynch		MV	1930-1931			9 Sept. 1924	
Lynch	G.			BS	5 Sept. 1892				
Lynch	Lizzie	P. L. Lynch	E St. bet 6th & 7th Sts.	BS	5 Sept. 1892	12			
Lynch	Margaret	Mrs. H. Lynch	517 Baker St.	LN	9 Aug. 1921		1B	20 Aug. 1914	
Lynch	Maria	Mrs. Rieley	104 8th St.	LN	28 Oct. 1919	7	2A		from Los Altos
Lynott	Francis			FL	13 Aug. 1917	6	1		
Lyon	Reynor	John Lyon	622 E. D St.	ML	Aug. 1921			8 Nov. 1912	
Lyons	John	Mrs. Lyons	Boyes Springs	FL	11 Sept. 1928	9	4	19 Dec. 1918	
Lysell	Esther			FL	16 Aug. 1915	7	1		left 24 Aug.

Surname	Given Name	Parent	Address	SD	Date/Date Range	Within Date Range		Birth Date	Left/Comments
						Age	Gr.		
Macchiarini	Doris	D. Macchiarini	Santa Rosa	OL	15 June 1923		2	23 Dec. 1914	
Macchiarini	Flora	D. Macchiarini	Santa Rosa	OL	15 June 1923		5	1 Jan. 1911	
Macchiarini	Lydia	D. Macchiarini	Santa Rosa	OL	15 June 1923		4	17 Apr. 1913	
Macchiarini	Peter	D. Macchiarini	Santa Rosa	OL	15 June 1923		6	27 Aug. 1909	
MacDonald	Anita	G. McDonald	614 C St.	LN	1921-1922		1B	3 Oct. 1915	
MacDonald	Ethel		23 Keller St.	BS	1908-1909	10			
MacDonald	Hazel	Wm. MacDonald	322 English St.	LN	1920-1921		4B	26 Feb. 1911	
Macedo	Alvin	V. Macedo	616 E. D St.	ML	1915				
Macedo	Louise	V. Macedo	606 D St.	ML	1915				
Macedo	Olinda	V. Macedo	616 E. D St.	ML	1915				
MacFarlane	Margaret	R. L. MacFarlane	201 2nd St.	LN	Aug. 1922		1A	22 Jan. 1915	
Mache	John	Angelo Mache	Bodega Bay	BY	1895-1901	17			
Mack	Mildred	Mrs. A. Campigli	771 G St.	BS	1907-1909	6			
Mackay	Irene	Rev. Allan Mackay	456 Main St.	CH	1908	17	Sr.		
Mackay	Seth	A. Mackay	RFD	CH	1908-1909	16	Sr.		
Macler	Leroy	Chas. Macler	R 3	MV	1930-1931			28 Oct. 1924	
Macler	Lillian	Chas. Macler	R 3, Sebastopol	MV	1924-1931			24 Aug. 1917	
Madalena	Edward	Fred Madalena	139 Wilson St.	ML	1920-1922		1B	26 Mar. 1914	
Maddalena	Emma	Fred Maddelena	139 Wilson St.	ML	Aug. 1922			23 Mar. 1916	
Madigan	Daniel			FL	3 Aug. 1914	10	4		
Madison	Clinton	Mrs. Madison	D St.	CH	1901-1903	6			
Madison	Clinton	H. M. Madison	D St.	BS	1903-1905	7	2		
Madison	Clinton	J. H. Madison	1319 3rd St.	BS	1905-1907	10			
Madison	Clinton	J. H. Madison	616 3rd St.	BS	Spring 1908	12	5B		
Madison	Clinton	J. H. Madison	711 D St.	CH	1908-1909	13			
Madison	Clinton	J. H. Madison	711 D St.	BS	1908-1909	13			
Madison	Dorothy	Harry Madison	Bodega Ave.	CH	1897-1899	7			
Madison	Dorothy	J. H. Madison	Bodega Ave.	CH	1898	8	3		
Madison	Dorothy	J. H. Madison	710 D St.	BS	1906-1908	14	8B		
Madison	Harold	J. H. Madison	1319 3rd St.	BS	1905-1907	12			
Madison	Harold	John Madison	710 D St.	BS	1909	12			
Madison	Harold	J. H. Madison	711 D St.	CH	1907-1909	15			

Surname	Given Name	Parent	Address	SD	Date/ Date Range	Within Date Range Age	Within Date Range Gr.	Birth Date	Left/Comments
Madonich	Albert			MV	1922-1923	8		13 Feb. 1915	
Madrana	Juanita	Joe Madrana	Tomales	TM	1924-1927	9		19 Feb. 1916	
Madronich	Albert	Paul Madronich	R 3, Sebastopol	MV	1920-1921	7	2	13 Feb. 1915	
Madronich	Albert	Paul Madronich	R 3, Sebastopol	MV	1923-1924		3	16 Sept. 1916	
Madronich	Albin	Mrs. P. Perc	RR 3, Box 191	MV	1924-1925			13 Feb. 1915	
Madronich	Albin	L. Perc	R 3	MV	1926-1928			13 Feb. 1915	
Madronich	Katie	Paul Madronich	Sebastopol	MV	1920-1921	7	3		
Madronich	Katie	J. Madronich	R 3, Sebastopol	MV	1921-1924		3	24 Dec. 1913	
Madronich	Katie	J. Madronich	R 3, Sebastopol	MV	1921-1924		5	24 Dec. 1914	
Madronich	Katie	Louis Pease	R 3, Sebastopol	MV	1925-1926			24 Dec. 1913	
Madronich	Paul	Paul M. Madronich	R 3, Sebastopol	MV	1923-1924		K		
Madronich	Paul	Pierce Madronich	R 3, Sebastopol	MV	1924-1925				
Madronich	Paul	Mrs. Mary Perc	R 3, Sebastopol	MV	1925-1928			25 Mar. 1918	
Madronich	Paul	L. P. Madronich	Sebastopol	MV	1929-1930			25 Mar. 1917	
Madronich	Paul	L. Perc	R 3	MV	1930-1931			25 Mar. 1917	
Madronich	Rudolph	Mrs. Mary Perc	R 3, Sebastopol	MV	1927-1931			12 Sept. 1921	
Maestreter	Peter	A. Maestreter	304 Stanley St.	BS	9 Aug. 1909				
Maffia	Alice	Emelio Maffia	Tomales	TM	1924-1926	9		20 Sept. 1916	
Maffia	Alphonso	Emelio Maffia	Tomales	TM	1924-1926	7		8 Mar. 1918	
Maffia	Alvenie	Emelio Maffia	Tomales	TM	1924-1925	8		1917	
Maffia	Alvenie	Emelio Maffia	Tomales	TM	1925-1926	9		12 Dec. 1916	
Maffia	Chas.	Emelio Maffia	Tomales	TM	1924-1926	11		18 Aug. 1915	
Maffia	Eda	G. Maffia	Bloomfield	BL	1922		4	6 Dec. 1910	
Maffia	Guritzia	Emelio Maffia	Tomales	TM	1925-1926	5		5 Apr. 1920	
Maffia	John	G. Maffia	Sebastopol	EC	1929-1931			18 Feb. 1919	
Maffia	Romeo		Bloomfield	BL	1922		1	9 May 1913	
Maffia	Stella	G. Maffia	Bloomfield	BL	1922		3	12 Sept. 1911	
Maggard	Jane		635 B St.	PK	Fall 1919			25 May 1915	
Maggard	Jane	E. H. Maggard	635 B St.	LN	1921-1922		1A	28 May 1915	
Magner	Joel			PO	11 Sept. 1876				
Magner	Josie			PO	12 Mar. 1877		8		
Magnuson	Esther	Mrs. E. R. Blaylock	4th St.	BS	1907-1909	8	1A		

-202-

Surname	Given Name	Parent	Address	SD	Date/Date Range	Within Date Range Age	Within Date Range Gr.	Birth Date	Left/Comments
Magoon	Hazel			ES	1904	11	6		
Magoon	Orrin	Mrs. Dickson	Cor. 6th & E Sts.	BS	1903-1905	7	2		
Maguiness	Edith	T. H. Maguiness	561 Main St.	BS	19 Aug. 1907	6			
Maguiness	Edith	Thos. Maguiness	415 Main St.	BS	1908-1909	7			
Maguiness	Mabel	Thos. H. Maguiness	561 Main St.	BS	1905-1907	11			
Maguiness	Mabel	Thos. Maguiness	415 Main St.	CH	1907-1910	14			
Mahegan	Nannie	D. W. Mahegan	Cor. 7th St.& F Sts.	BS	5 Sept. 1892	13			
Mahilovets	Fred.	C. Mahilovets	H St.	BS	Fall 1906	12			
Mahlen	Howard			PK	26 Oct. 1896				
Mahler	Charley	H. H. Mahler	510 C St.	BS	1909	11			
Mahler	Charley	H. H. Mahler	510 C St.	BS	1905-1907	12			
Mahler	Charley	H. K. Mahler	514 C St.	CH	1907-1909	14			
Mahler	Henry	Mrs. J. O'Neil	1023 5th St.	BS	1909	11			
Mahler	Henry	Mrs. E. O'Neil	27 Post St.	CH	1907-1909	12			mother
Mahler	Henry	Mrs. O'Neil	614 C St.	CH	1907-1909	13			
Main	Ben			HC	19 Aug. 1918		L6		
Main	Ben	Jas. A. Main	Annapolis	HC	1921-1922			20 Aug. 1907	Grad. 2 June 1922
Main	Bennie	James A. Main	Annapolis	HC	1914-1916	6	R		
Main	Docia			HC	17 July 1916	5	1		
Main	Docia			HC	1921-1922	12	L8	12 May 1911	
Main	Docia	Jas. A. Main	Annapolis	HC	19 Aug. 1918		L4		
Main	Olive	Jas. A. Main	Annapolis	HC	1914-1916	4	4	7 Sept. 1909	
Main	Olive	Jas. A. Main	Annapolis	HC	1921			7 Sept. 1909	Grad. 2 June 1922
Main St.eka	Lizzie			PK	26 Oct. 1896				
Main St.eke	Emma			PK	17 Aug. 1896	3			
Mainwaring	Lillian	Chas. Mainwaring	40 5th St.	LN	1920-1921		4B	31 Dec. 1911	
Malacrida	Lily	Pete Malacrida	Petaluma	ES	1920	6	1		
Malandra	Lester			MV	1916-1917	13	5		
Malandra	Pearl	M. Malandra	R 1, Santa Rosa	MV	1920-1921	9	3	12 Nov. 1912	
Malandra	Pearl	M. Malandra	RR 3, Box 410	MV	1924-1925			11 Nov. 1912	
Malarich	Annie	John Malarich	Sebastopol	EC	1925-1926			16 Mar. 1918	

-203-

Surname	Given Name	Parent	Address	SD	Date/Date Range	Within Date Range		Birth Date	Left/Comments
						Age	Gr.		
Malarich	John	John Malarich	Sebastopol	EC	1925-1926			14 Apr. 1914	
Malarich	Katie	John Malarich	Sebastopol	EC	1925-1926			18 July 1915	
Male	Alberta			PK	1927-1928			25 Sept. 1921	
Mallary	Ida			PO	12 Mar. 1877		5		left 3 Apr. 1877
Mallery	Ida	Charles Mallery	Bodega	PO	1875-1877	7			3 Nov. 1876
Mallet	Craig	Captain Mallet	582 Fair St.	BS	19 Aug. 1907	6			
Mallet	Craig	W. Mallet	582 Fair St.	BS	1908-1909	6	1B		
Mallet	Craig	Geo. Mallet	Fair St.	BS	1907-1909	6	1A		
Mallet	Craig	George Mallet	17 Post St.	BS	1909	8			
Mallet	George	George Mallet	17 Post St.	BS	1909	9			
Mallet	Wilfred	Geo. Mallet	Fair St.	BS	1907-1909	7	1A		
Mallett	Craig	George Mallett	17 Post St.	CH	1908-1909	8			
Mallett	George	George Mallett	17 Post St.	CH	1908-1909	9			
Mallett	Wilfield	Geo. Mallett	Fair St.	BS	20 Aug. 1906	6			
Mallett	Wilfred	W. Mallett	582 Fair St.	BS	19 Aug. 1907	7			
Mallory	Beatrice	Geo. Mallory	Hopper St.	BS	1905-1907	12	4		
Mallory	Beatrice	Geo. G. Mallory	Washington St.	BS	1906	13			
Mallory	Jesse	George Mallory	Hopper St.	BS	1909	14			
Mallory	Jesse	Geo. Mallory	Hopper St.	BS	1905-1907	14	5		
Mancini	Corinna	B. Mancini	Santa Rosa	OL	1921-1922		Rec.	27 Sept. 1911	
Mancini	Lorina	L. Mancini	Santa Rosa	OL	1924-1925			27 Sept. 1911	
Mancini	Rose	L. Mancini	Santa Rosa	OL	15 June 1923		4	26 May 1909	
Mancini	Rose	B. Mancini	Santa Rosa	OL	1921-1922		Rec.	26 May 1910	
Mancini	Rose	L. Mancini	Santa Rosa	OL	1924-1925			26 May 1910	
Mancini	Stella			OL	1928-1930			12 Apr. 1923	
Mane	August			BS	1908-1909				
Mane	Emile	Mrs. Anna Mane	607 Jefferson St.	ML	1915-1917				
Mane	Emile	James Mane	607 Jefferson St.	ML	Jan. 1914				
Mane	Emile	J. Mane	Jefferson St.	ML	Aug. 1912		1A		
Mane	Lotine	Anna Mane	607 Jefferson St.	ML	1914-1917				
Mane	Lotine	J. Mane	Jefferson St.	ML	Aug. 1912		Rec.		
Mane	Paul	J. Mane	607 Jefferson St.	BS	1908-1909	15			

Surname	Given Name	Parent	Address	SD	Date/ Date Range	Age	Gr.	Birth Date	Left/Comments
Mann	Cora	Mr. Mann	1904 Fair St.	BS	1905-1907	8	1		
Mann	Elsie	A. F. Mann	419 Upham St.	BS	1906-1908	15	8B		
Mann	Robert	A. F. Mann	419 Upham St.	BS	1905-1907	10			
Mann	Robert	A. S. Mann	419 Upham St.	BS	1905-1907	12			
Mann	Robert	A. F. Mann	509 Upham St.	CH	1908-1909	13			
Mann	Robert	A. F. Mann	509 Upham St.	BS	Jan. 1908	13			
Manning	Frank	Thos. Manning	703 Bassett St.	CH	1901-1903	6			
Manning	Hallie	Mrs. G. W. Manning	635 D St.	CH	1908-1909	14			
Manning	Hallie	Geo. H. Manning	Petaluma	CH	Feb. 1909	15			
Manning	Henry	Thos. Manning	417 Fair St.	BS	1905-1907	11			
Manning	Henry	Thomas Manning	467 Fair St.	BS	1905-1907	12			
Manning	Henry	Thos. Manning	413 Fair St.	CH		14			
Mansfield	Dawson	Phillip Dawson		LN	1921		4B	8 Apr. 1909	from Oregon
Mansfield	Dawson	Phillip Mansfield	Mt. View Ave.	LN	Aug. 1921		L4	7 Apr. 1909	
Mansfield	Eugene	Phillip Mansfield	811 Western Ave.	LN	1919-1920	7	2B		
Mansfield	Eugene	Philip Mansfield	Grant Ave.	LN	Aug. 1921		3A	7 May 1912	
Mansfield	Eugene	Philip Mansfield	Mt. View Ave.	LN	Jan. 1922		4B	7 May 1912	
Mantua	Agnes	James Mantua	Bay	BY	21 June 1912	5	1		
Mantua	Katie	James Mantua	Bay	BY	21 June 1912	7	2		
Mantua	Lawrence	James Mantua	Bay	BY	21 June 1912	8	3		
Manuel	Frank	Mr. Manuel	District	BY	1886-1889	13			
Manuel	Joseph	Mr. Manuel	District	BY	1886-1889	15			
Manuel	Martin	Mr. Manuel	District	BY	1886-1889	5			
Manuel	Peter	Mr. Manuel	Bodega Bay	BY	1893-1901	11			
Marall	Virtle	H. R. Marall		LN	1919-1920		2B		left
Marango	Thelma	Mrs. Tracy Snider	101 Upham St.	LN	9 Aug. 1920			31 Mar. 1912	grandmother
Marango	Thelma	Mrs. Tera Snider	101 Upham St.	LN	1920-1921			31 Mar. 1912	
Marc	Lucille			OL	1926-1927				
Mardendyke	June	E. L. Mardendyke	11 Stanley St.	LN	1919-1920				
Mardendyke	June	E. L. Mardendyke	Upham St.	LN	1919-1920				
Mardis	Lucy Ann		347 Keokuk St.	PK	1922			10 Oct. 1917	
Mardorf	Elsie	Martin Mardorf	219 Bremen	CH	1908-1909	8			

Surname	Given Name	Parent	Address	SD	Date/Date Range	Within Date Range Age	Gr.	Birth Date	Left/Comments
Mardorf	Elsie	Martin Mardorf	219 Bremen St.	BS	1909	10			
Marian	Raymond	Geo. Marian	3rd St.	BS	1908-1910	7			
Marino	Alfred	Chas. Marino	Tomales	TM	1922-1923				
Marino	Leo	Chas. Marino	Tomales	TM	1922-1923				
Marion	Gladys	Mrs. Wagner	225 Bremen St.	ML	1915				
Markel	Ila	M. Markel	800 Keokuk St.	LN	1921	6	1B	6 Oct. 1915	
Markel	Ila	Joseph Markel	525 E. D St.	ML	1921			6 Oct. 1915	
Market	Gertrude		509 2nd St.	LN	1920-1921			23 Sept. 1910	
Market	Ila	M. J. Market	509 2nd St.	PK	1920			6 Oct. 1915	
Markrhan	Elizabeth		Rt. 5	PK	Fall 1924			27 Oct. 1919	
Marlow	Anita	W. Marlow	205 Keller St.	LN	1920-1921		2A	11 Apr. 1913	
Marlow	Anita	W. Marlow	27 Fair St.	LN	1921-1922		3A	11 Apr. 1913	
Marrufo	Leonard	Clement Marrufo	Annapolis	HC	1927-1928			24 Mar. 1915	
Marrufo	Murline	Clement Marrufo	Annapolis	HC	1927-1928			24 May 1913	
Marsh	Ella	L. J. Marsh	Bodega	PO	1875-1876	12			17 Sept. 1876
Marsh	George	C. Marsh	34 Cherry St.	LN	9 Aug. 1921		1B	22 Feb. 1915	
Marsh	Zelda		8 Martha St.	PK	5 Aug. 1918			1 Apr. 1913	
Marsh	Zelda	Clarence Marsh	34 Cherry St.	LN	1919-1921		2A	1 Apr. 1913	
Marsh	Zelda	Clay Marsh	34 Cherry St.	LN	Jan. 1922		4B	1 Apr. 1913	
Marshall	Clarence	Antone Marshall	535 Vallejo St.	ML	1921-1922			20 Nov. 1913	left
Marshall	Clarence Edward	Antone F. Marshall	12 Vallejo St.	ML	1918-1919				
Marshall	Helen	Mr. Marshall	12 Vallejo St.	ML	1919	6	1B		
Marshall	Helen	Antone Marshall	535 Vallejo St.	ML	1921-1922		Rec.	21 Aug. 1914	
Marshall	Melvin	Antone Marshall	535 Vallejo St.	ML	1921-1922			8 Jan. 1916	
Marsof	Arik		113 Howard St.	PK	26 Oct. 1896				
Marten	June Dair			PK	1921			14 May 1918	
Martin	Alma	Oscar Martin	Upham St.	LN	1920-1921		1B	6 May 1915	
Martin	Cecil			LN	Aug. 1922		1A	27 Feb. 1916	
Martin	Charles	C. Martin	512 F St.	BS	Jan. 1907	7			
Martin	Charley	C. H. Martin	1014 F St.	CH	1908-1909	9			
Martin	Darrell	H. Martin	1014 F St.	BS	1909-1910	6			
Martin	Darrell	C. H. Martin	1014 F St.	BS	Oct. 1908	6			

Surname	Given Name	Parent	Address	SD	Date/Date Range	Within Date Range Age	Within Date Range Gr.	Birth Date	Left/Comments
Martin	Delmar	Frank F. Martin	R 3, Sebastopol	CN	1927-1929			30 Dec. 1915	
Martin	Emelina			LJ	18 June 1909	8	3		
Martin	Frank	Mrs. J. B. Martin	1000 B St.	BS	9 Aug. 1909	6			
Martin	Henry			BY	1926-1928			26 March 1912	
Martin	Ida B.	Alfred H. Martin	412 West St.	LN	1919-1921	10	4B		
Martin	Ida Nellie		West St.	PK	3 Aug. 1914			17 Feb. 1910	
Martin	Margaret	Jim Martin	Bloomfield	BL	1926-1930			7 Dec. 1920	
Martin	Marie			LJ	18 June 1909	10	4		
Martin	Marion		109 Upham St.	LN	1919-1921				
Martin	Nellie	Alfred H. Martin	412 West St.	LN	1919-1921	10	4B		
Martin	Oscar	Oscar Martin	109 Upham St.	LN	1919-1922	8	2B	27 Aug. 1911	
Martin	Shirley	Mrs. C. H. Martin	512 F St.	BS	1906-2909	6			
Martin	Shirley	Mrs. Martin	Sunny Slope Ave.	BS	19 Aug. 1907	6			
Martin	Shirley	Charles Martin	1014 F St.	CH	1908-1909	8			
Martin	Walter	Jas. Martin	Bloomfield	BL	1923-1924		1	1 May 1916	
Martin	Walter	Joe Martin	Bloomfield	BL	1925		3	14 May 1916	
Martin	Walter	James M. Martin	Bloomfield	BL	1920-1922			14 Feb. 1916	
Martin	Walter	James Martin	Bloomfield	BL	1929-1930			14 Feb. 1916	
Martin	Weston	Mrs. Eugene Martin	Bloomfield	BL	1921			3 Aug. 1917	
Martin	Wiley	C. H. Martin	512 F St.	BS	1906-1907	9	2		
Martin	Wiley R.	C. H. Martin	1014 F St.	BS	1908-1909	11			
Martin	Willie			PK	12 Aug. 1896	5			
Martin	Willie	O. Rudolph	5th St.	BS		10			
Martin	Zekiel	Mr. Gregory	407 Oak St.	BS	1909	10			
Martin	Zekiel	John Gregory	347 Keokuk St.	BS	1909	11			
Martinelli	Mabel	Mrs. Emma Martinelli	Valley Ford	ES	1920-1921		7	17 Nov. 1908	
Martinez	Elodie			FL	13 Aug. 1917	6	1		
Martinez	Elodie	Mrs. M. Martinez	Fetters Springs	FL	Feb. 1919		L3		
Martinez	Elodie		Boyes Springs	FL	1923			24 Jan. 1912	
Martinez	Elodie	Mrs. B. Cabanot	Boyes Springs	FL	1925			24 Jan. 1912	
Martini	Deno	Egilo Martini	Palmer St.	ML	Aug. 1912				

Surname	Given Name	Parent	Address	SD	Date/Date Range	Within Date Range Age	Within Date Range Gr.	Birth Date	Left/Comments
Martini	Mamola			ML	Aug. 1912				
Martini	Violet			ML	Aug. 1912		Rec.		
Martinoni	Emma	John Martinoni	Fallon	ES	1928-1929			20 Dec. 1913	
Martinoni	Rosie	John Martinoni	Fallon	ES	1930-1931			14 June 1923	
Martinucci	Asvalda	D. Martinucci	Bay District	BY	1919-1920		L1		
Martinucci	Lilly	D. Martinucci	District	BY	1918-1920		1		
Martinucci	Lily	D. Matinucci	Bodega	BY	1921		2	23 Jan. 1912	
Martinucci	Lily	D. Martinucci	Bodega	BY	1922-1924		3	23 Jan. 1911	
Martinucci	Lily	D. Martinucci	Valley Ford	ES	1924-1927			23 Jan. 1912	
Martinucci	Osvaldo	D. Martinucci	Bodega	BY	1921-1922		1	5 May 1913	
Martinucci	Stella	D. Martinucci	Bodega	BY	1921-1922		L4	11 July 1909	
Martinucci	Stella	D. Martinucci	Bodega	BY	1923-1924		L6	11 July 1910	
Martinucci	Stella	D. Martinucci	District	BY	1918-1920		1		
Martinucci	Stella	D. Martinucci	Valley Ford	ES	1924-1925			11 July 1910	
Marzolf	Charles	Mrs. A. Marzolf	401 4th St.	CH	1908-1909	14			
Marzolf	Charley	Mrs. A. Marzolf	Cor. 4th St. & F Sts.	BS	1909	12			
Marzolf	Charlie	Mrs. A. Marzolf	1204 4th St.	BS	1905-1907	13			
Marzolf	Dora	A. Marzolf	Cor. of 4th St. & F Sts.	BS	21 Aug. 1899	10			
Marzolf	Fred	Mrs. A. Marzolf	1204 4th St.	BS	1905-1907	14			
Masnada	Luce	M. Masnada	323 6th St.	LN	1920-1921		1A	19 Dec. 1913	left
Masnada	Lucy	M. Masnada	323 6th St.	LN	1919-1920		1B		
Masnada	Romeo	Ventura Masnada	323 6th St.	LN	1919-1921		1A		
Mason	George	J. Mason	I St., end of 7th St.	BS	5 Sept. 1892	14			
Massie	Orella	J. A. Massie	575 English St.	BS	1920-1921	11	5		
Massie	Orelle	J. A. Massie	412 Harris St.	BS	Fall 1905	9			
Massoria	Anita		132 Liberty St.	PK	1919-1920			13 Sept. 1916	
Masten	Aileen	Charles Masten	512 Washington	PK	1903	5			
Masten	Mary	A. Masten	66 2nd St.	BS	19 Aug. 1907	6			
Mastin	Mary	B. H. Mastin	666 2nd St.	BS	1906-1907	6			
Mastin	Mary	Bert Mastin	3rd St.	BS	1907-1909	7	1A		

Surname	Given Name	Parent	Address	SD	Date/Date Range	Within Date Range Age	Within Date Range Gr.	Birth Date	Left/Comments
Mastin	Mary	Burt H. Mastin	3rd St.	CH	1908-1909	9			
Mastrop	Andrew	A. Mastrop	Cor. of 6th & G Sts.	BS	21 Aug. 1899	10			
Mastrop	Anna	A. Mastrop	Cor. of 6th & G Sts.	BS	21 Aug. 1899	12			
Mastrup	Andrew			PK	12 Aug. 1896	6			
Mastrup	Anna	Mrs. M. Mastrup	6th & G Sts.	BS		13			
Mastrup	Ivan			PK	12 Aug. 1896	5			
Mastrup	James	Mrs. Mary Mastrup	515 G St.	CH	1907-1910	15			
Mastrup	Jimmie	Mrs. Mary Mastrup	759 G St.	BS	1905-1907	12			
Mastrup	Jimmie	Mrs. Mary Mastrup	739 G St.	BS	1906-1908	14	8B		
Mastrup	Jimmie	Mrs. Mary Mastrup	515 G St.	CH	1908-1909	15			
Mastrup	Louie	Neils Mastrup	Country	BS		12	7		
Mateiri	Americo			TM	4 Aug. 1913	11	6		
Materi	Eda			TM	1 Aug. 1921	5	5		
Matheson	Arthur	Mrs. Matheson	Tuition	BS	20 Aug. 1906	7	1		
Matheson	Isabel	Charles Matheson	D St. Ext.	LN	1921		1B	28 Feb. 1914	
Matheson	Isabel	Chas. Matheson	5th St.	LN	1920-1921		1B	28 Feb. 1914	
Matheson	Isabella	Charles Matheson	5th St.	LN	1920-1921	7	1B	28 Feb. 1914	
Mathews	Bessie	Henry Mathews	Keokuk St.	CH	1897-1899	12			
Mathews	Bessie			PK	1896				
Mathews	Myrtle	Henry Mathews	Keokuk St.	CH	1897-1899	8			
Mathews	Myrtle			PK	1896				
Mathis	Avis	F. Mathis	Keokuk St.	BS	14 Aug. 1905	7			
Mathis	Lois	Mrs. Mathis	668 Keokuk St.	BS	1905-1907	6			
Matson	Paul	Hjalmar Matson	230 Vallejo St.	ML	1919	6	2B		
Matsumoto	George	S. Matsumoto	R 3, Sebastopol	CN	Aug. 1926			13 Feb. 1920	ent. 3 Jan. 1927 from GoldRidge
Matsumoto	Grace	Sam Matsumoto	R 3, Sebastopol	CN	Aug. 1926			27 Aug. 1915	
Matsumoto	Mary	S. Matsumoto	R 3, Sebastopol	CN	Aug. 1926			17 Feb. 1918	ent. 3 Jan. 1927 from GoldRidge
Matsumoto	Sam	Sam Matsumoto	R 3, Sebastopol	CN	Aug. 1926			15 Mar. 1914	

-209-

Surname	Given Name	Parent	Address	SD	Date/Date Range	Within Date Range Age	Within Date Range Gr.	Birth Date	Left/Comments
Matteoni	Norma	Alfred Matteoni	Fetters Springs	FL	14 Sept. 1931	8	3	9 Mar. 1923	left 9 Oct.
Matteri	Adolph	Antonio Matteri	Tomales	TM	1922-1923				
Matteri	Adolph	Antone Matteri	Tomales	TM	1926-1929			2 Oct. 1916	
Matteri	Adolph	Antonio G. Matteri	Tomales	TM	1929-1930			12 Nov. 1916	
Matteri	Anita	Antone Matteri	Tomales	TM	1927-1928			3 Apr. 1922	
Matteri	Annie		R 1, Santa Rosa	MV	1923-1924		1		
Matteri	Annie	Tony Matteri	R 3, Sebastopol	MV	1924-1925			23 Apr. 1916	
Matteri	Annie	Tony Matteri	Sebastopol	MV	1925-1927			23 Apr. 1915	
Matteri	Annie	A. Matteri	Sebastopol	EC	1928-1931			23 Apr. 1916	not promoted
Matteri	Antoinette	Antone Matteri	Tomales	TM	1924-1930		K	22 Jan. 1918	
Matteri	Antoinette	Antonio G. Matteri	Tomales	TM	1929-1930			22 Jan. 1918	
Matteri	Augustina	Antone Matteri	Tomales	TM	1927-1930			18 Feb. 1917	
Matteri	Augustine	Antone Matteri	Tomales	TM	1924-1926	8		28 Feb. 1917	
Matteri	Augustino	Antone Matteri	Tomales	TM	1922-1924		L1	18 Feb. 1917	
Matteri	Augustino	Antone Matteri	Tomales	TM	1926-1930			18 Feb. 1917	
Matteri	Charlie	Antonia Matteri	Tomales	TM	1921-1923			12 Feb. 1911	
Matteri	Charlie	Antonio Matteri	Tomales	TM	1926-1928			12 Feb. 1912	
Matteri	Eda		Tomales	TM	31 July 1922		6		
Matteri	Elsie	Tony Matteri	R 3, Sebastopol	MV	1923-1925			25 Dec. 1917	
Matteri	Elsie	Tony Matteri	Sebastopol	MV	1925-1926			25 Dec. 1916	
Matteri	Elsie	Tony Matteri	R 3, Sebastopol	MV	1926-1927			25 Dec. 1911	
Matteri	Elsie	Mrs. A. Matteri	Sebastopol	EC	1928-1931			25 Dec. 1917	
Matteri	Ferindo	Antone Matteri	Tomales	TM	1927-1930			6 May 1920	
Matteri	James	A. Matteri	Sebastopol	EC	1928-1931			2 Apr. 1921	
Matteri	Rico		Tomales	TM	1921-1922		6		
Matteri	Rico	A. Matteri	Tomales	ES	1921-1922		6	19 July 1907	
Matteri	Romeo	Antone Matteri	Tomales	TM	1926-1930			1 May 1918	
Matteri	Romilda	Antonia Matteri	Tomales	TM	1921-1927			21 Apr. 1911	
Matteri	Romilda	Antonio Matteri	Tomales	TM	1922-1927				
Matteri	Romilda	T. Matteri	Fallon	TM	1925-1926			21 Apr. 1911	
Matteri	Ruby	Tony Matteri	R 3, Sebastopol	MV	1925-1927			4 Nov. 1919	
Matteri	Ruby	A. Matteri	Sebastopol	EC	1928-1931			4 Nov. 1919	

Surname	Given Name	Parent	Address	SD	Date/ Date Range	Within Date Range Age	Within Date Range Gr.	Birth Date	Left/Comments
Matteri	Rudolph			MV	1923-1924		3	2 July 1911	
Matteri	Rudolph	Tony Matteri	R 1, Sebastopol	MV	1924-1927			12 July 1912	
Matteri	Stella	Antone Matteri	Tomales	TM	21 Apr. 1930			17 Jan. 1924	
Matthews	Edna	James Matthews	Main St.	BS	1908-1911	6			
Matthews	Frank	R. M. Matthews	R 3	MV	1926-1927			4 Sept. 1912	
Matthews	George	Mrs. Martha Townsend	Bay	BY	1929-1930			14 Jan. 1918	
Matthews	Ira	James Matthews	Main St.	BS		13			
Matthews	Rena	Jas. Matthews	Main St.	CH	3 Sept. 1894	6			
Matthews	William	Mrs. Martha Townsend	Bay	BY	1929-1930			9 July 1916	
Matthias	Edward		Lakeville	PK	20 Aug. 1928			26 July 1923	
Mattoni	Norma	Alfred Mattoni	Fetters Springs	FL	15 Sept. 1930	7	1	9 Mar. 1923	
Mattos	Ida	E. Mattos	318 5th St.	BS	1909	6			
Mattos	Joe	E. Mattos	318 5th St.	BS	18 Jan. 1909	8			
Mattos	Joe	Mrs. M. Mattos	318 5th St.	BS	1909-1911	8	1A		
Matza	Gabrial		121 Upham St.	PK	5 Aug. 1918			23 May 1911	
Matzen	Charlotte	N. Matzen	520 E. D St.	ML	Aug. 1922			24 Apr. 1916	
Matzen	Charlotte	N. J. Matzen	612 B St.	LN	Jan. 1923		L1	24 Apr. 1916	
Matzen	Henry	T. Matzen	700 West St.	LN	1921-1922	6	1B	9 May 1915	
Matzen	Henry	L. Matzen	700 West St.	LN	1921-1922		1A	9 May 1915	
Matzen	Henry	P. Matzen	Cherry St. Valley	LN	1920-1921		1B	9 May 1915	
Matzen	Martin	T. Matzen	600 West St.	LN	1921-1922		L1	16 Apr. 1916	
Matzen	Peter	L. Matzen	700 West St.	LN	1921-1922		1A	21 Feb. 1914	
Matzen	Peter	T. Matzen	700 West St.	LN	Aug. 1922		1A	21 Feb. 1914	
Matzen	Peter	P. Matzen	Cherry St. Valley	LN	1920-1921		1B	21 Feb. 1914	
Matzenbach	L.			BS	1898				
Matzenbach	Mabel			BS					
Maussermann	Ernest	C. H. Maussermann	Cherry St.	BS	1905-1907	10			
Mawdsley	Eveline	Wm. Keller St.	707 B St.	BS	1909	13			
Maxon	Camilla			BY	21 June 1912	14			
Maxwell	Marjorie	Mrs. A. V. Irwin	Santa Rosa	MV	1929-1931		6	20 Feb. 1920	

Surname	Given Name	Parent	Address	SD	Date/Date Range	Age	Gr.	Birth Date	Left/Comments
Maxwell	Maurice	Mrs. Rodgers	312 4th St.	LN	1920-1921		4A	10 May 1909	
Maxwell	Maurice	Mrs. J. M. Maxwell	312 4th St.	LN	1919-1920				
Maxwell	Stanley	Mrs. Wm. Irwin	Santa Rosa	MV	1930-1931			20 June 1921	
Maxwell	Virginia A.		6 W. Washington St.	PK	1921			7 June 1918	
May	Ruth	Mrs. Arthur L. May	Rt. 3	CH	1908-1909	10			
Mayes	John Raymond	Mrs. Belle Mayes	Agua Caliente	FL	1928-1929	7	1	10 June 1921	
Mayfield	Ralph	Geo. Mayfield	Prospect St.	CH	3 Sept. 1894	7			
Mayfield	Ralph			PE	26 Aug. 1895		1		
Maynard	Grace			BS	1899-1900				
Mayne	John			FL	13 Aug. 1917	8	4		
Maza	James	Mrs. Theresa Franchini	Tan Bark	HC	June 1904	12			
Mazza	Maggie			HC	Apr. 1896				
Mazza	Eliner	J. H. Mazza	411 Keokuk St.	PK	3 Aug. 1914			6 May 1909	
Mazza	James	Mrs. Theresa Mazza	Annapolis	HC	1901-1902	11			
Mazza	James	B. Franchini		HC	1907				
Mazza	Maggie	Mrs. Theresa Mazza	Annapolis	HC	11 Feb. 1901	15			
Mazza	Maggie	Mrs. Theresa Mazza	Pepperwood	HC	Nov. 1902	15			
Mazza	Maggie	Mrs. Theresa Mazza	Tan Bark	HC	June 1904	15			
Mazza	Mary	Mrs. Theresa Mazza	Annapolis	HC	11 Feb. 1901	8			
Mazza	Mary	Mrs. Theresa Mazza	Pepperwood	HC	Nov. 1902	8			
Mazza	Mary	Mrs. Theresa Mazza	Tan Bark	HC	June 1904	8			
Mazza	Mary	Mrs. B. Franchini	Dorigo	HC	1907	12			
Mazza	Mary	Mrs. B. Franchini	Annapolis	HC	1909	15			
Mazzoni	Angelo	Mr. Mazzoni	Bay	BY	1901-1904	6			
Mazzoni	Madeo	Mr. Mazzoni	Bay	BY	1901-1904	5			
McAlister	Billy			PK	Spring 1923	13		26 Nov. 1918	
McAlister	Hall	J. McAlister	Kentucky St.	CH	1898		5		

Surname	Given Name	Parent	Address	SD	Date/Date Range	Age	Gr.	Birth Date	Left/Comments
McAlister	Lizzie			TM	13 July 1885				
McAllester	Marie		8 Bassett St.	PK	Spring 1923				
McAllister	Edith		27 Howard St.	PK	1910				
McAllister	Hall	John McAllister	Main St.	CH	3 Sept. 1894	9			
McAllister	Hall	J. McAllister	Kentucky St.	CH	Aug. 1895	10			
McAllister	Ida	John McAllister	Kentucky St.	CH	1896-1899	8			
McAllister	Ida	John McAllister	Main St.	CH	1898	11	3		
McAllister	Ida		Liberty St.	PE	1895-1896		Chart		
McAllister	Ivan	John McAllister	Liberty St.	CH	1898	8	2		
McAllister	Ivon	J. A. McAllister	558 7th St.	BS	1906-1908	14	8B		
McAskill	Robert	A. H. McAskill	843 B St.	LN	1920-1921		1A	24 Jan. 1914	
McCabe	William	Harry McCabe	515 West St.	LN	1920-1921		4B	16 Sept. 1910	
McCaffery	Helen	T. C. McCaffery	Rt. 5	LN	1920-1921	6	1B	2 Nov. 1914	
McCaffrey	Helen E.		Rt. 5	PK	1919-1920			2 Nov. 1914	
McCann	Elwood	F. A. McCann	R 1	LN	Aug. 1922		L1	20 Feb. 1916	left
McCargar	Doris	S. McCargar	Walnut St.	BS	1911	6			
McCargar	Doris	Hugh McCargar		ML	1916		6A		
McCargar	Ruth	H. S. McCargar	319 Walnut St.	PK	1903	4			
McCargar	Ruth	H. S. McCargar	671 Walnut St.	BS	1905-1907	6	1		
McCargar	Ruth	S. McCargar	601 Walnut St.	BS	20 Aug. 1906	7	2		
McCargar	Ruth	H. S. McCargar	319 Walnut St.	BS	1908-1909	9	4A		
McCargar	Ruth	H. S. McCargar	319 Walnut St.	CH	1908-1909	10			
McCarter	Jean		524 Western Ave.	PK	Spring 1923				
McCarthy	Billy	W. P. McCarthy	R 3, Sebastopol	MV	1924-1925			6 Feb. 1913	
McCarthy	Daniel	T. J. Smith	Mt. View Ave.	CH	1908-1909	14			
McCarthy	James	W. P. McCarthy	R 3, Sebastopol	MV	1924-1925			18 Mar. 1915	
McCaughey	Earnie			PO	12 Mar. 1877		8		
McCaughey	F. W.			PO	8 Nov. 1875		5		school closed 19 Nov. 1875
McCaughey	J. Walter		Bodega	PO	14 July 1874				
McCaughey	Walter			PO	26 Mar. 1875				
McCleod	Frederick	W. J. McCleod	325 Edith St.	ML	1914				

-213-

Surname	Given Name	Parent	Address	SD	Date/Date Range	Age	Gr.	Birth Date	Left/Comments
McCleod	Frederick	Wm. J. McCleod	325 Edith St.	ML	Aug. 1912				
McClintic	Raymond	Hugh McClintic	RR 2	BS	1909-1910	6			
McClintic	Stanley	Mr. Hugh McClintic	RFD Eastman's	BS	1908-1909	10	4A		
McClintock	Alice	Geo. McClintock	155 Wilson St.	ML	1919	7	1B		
McClintock	Alice	George McClintock	Hill Tract	ML	Aug. 1921			7 Apr. 1912	
McClintock	Alice	George McClintock	Rt. 3	ML	1920			7 Apr. 1912	
McClintock	George	George McClintock	Rt. 3	ML	1920-1921			31 Mar. 1915	left
McClintock	George	George McClintock	458 Dana	LN	Aug. 1922		1A	31 Mar. 1915	
McClintock	Ida	Geo. McClintock	155 Wilson St.	ML	1919	10	1A		
McClintock	Ida	George McClintock	Hill Tract	ML	1920-1921			26 July 1909	left
McClintock	Ida	George McClintock	606 6th St.	LN	1919-1920				
McClintock	Marie	Geo. McClintock	155 Wilson St.	ML	1919	8	1A		
McClintock	Marie	George McClintock	Hill Tract	ML	Aug. 1921			24 Jan. 1911	left
McClintock	Marie	George McClintock	606 6th St.	LN	1919-1920				
McCollagh	Bessie			PK	28 Sept. 1896				
McCollagh	Max			PK	28 Sept. 1896				
McCollough	Bessie			PK	23 Nov. 1896				
McCollough	Max			PK	23 Nov. 1896				
McCormack	Lucy	Philip McCormack	807 Keller St.	BS	1905-1907	14			
McCormick	Louise	P. McCormick	Keller St.	BS	1906-1907	7	1		
McCoulrey	Leslie	N. McCoulrey	RFD, Box 22	BS	1908-1909	12			
McCourt	Bobby			PK	1927-1928				
McCoy	Clyde	R. C. McCoy	Cedar Grove	BS	1905-1907	7	1		
McCoy	Clyde	R. McCoy	Cor. 7th St. & B St.	BS	Jan. 1907	8	2		
McCoy	Clyde	R. C. McCoy	119 4th St.	CH	1908-1909	10			
McCoy	Tommy	Frank McCoy	Baker & English Sts.	CH	1901-1903	6			
McCracken	Richard	J. W. McCracken	Walnut & Oak Sts.	PK	1903	4			
McCray	Eugene			LJ	15 June 1911	10	2		moved around a lot
McCray	Virginia	Mrs. N. McCray	511 B St.	LN	1920-1921		3B	11 July 1912	
McCray	Virginia	Nell McCray	152 Webster St.	LN	1921-1922		4B	11 July 1912	
McCray	Virginia Eva	Mrs. Nellie McCray	527 E. Washington	ML	1918				

Surname	Given Name	Parent	Address	SD	Date/ Date Range	Within Date Range		Birth Date	Left/Comments
						Age	Gr.		
McCready	Geo.	Samuel McCready	Bodega	PO	1875-1877		7		
McCready	Tillie	Samuel McCready	Bodega	PO	1876-1877		6		
McCulla	Beatrice	Jack McCulla	Tomales	TM	1926-1930			26 Mar. 1920	
McCulla	Bobby	Jack McCulla	Tomales	TM	1927-1930			6 June 1922	
McCulla	Evelyn	John McCulla	Tomales	TM	1925-1928	9		3 Jan. 1917	
McCulla	Evelyn	Mrs. Elizabeth McCulla	Tomales	TM	13 June 1924		H2	3 Jan. 1917	
McCulla	Evelyn		Tomales	TM	1921-1922			2 July 1914	
McCulla	Evelyn	John McCulla	Tomales	TM	1928-1929			4 Aug. 1917	
McCulla	Harry			TM	1921-1922		6		
McCulla	James			TM	1921-1924		6	15 Sept. 1909	
McCulla	Lucinda	Evelyn McCulla	Tomales	TM	1922-1927			11 Jan. 1912	
McCulla	Sadie	John McCulla	Tomales	TM	1921-1925				
McCulla	Sam			TM	1921-1922		7		
McCulla	Sam			TM	4 Aug. 1919		5		
McCullagh	Bessie			PK	3 Aug. 1896				
McCullagh	Mabel			PK	28 Sept. 1896				
McCullagh	Max			PK	28 Sept. 1896				
McDavid	Grace	J. R. McDavid	629 Upham St.	BS	1905-1907	13			
McDavid	Marion	J. R. McDavid	629 Upham St.	BS	1905-1907	14			
McDavitt	Vera May	Wm. McDavitt	10 Bassett St.	LN	1920-1921			23 Aug. 1911	
McDermott	James	Mrs. N. McDermott	461 B St.	BS	1905-1907	14			
McDermott	Jane	W. McDermott	461 B St.	BS	1905-1907	14			
McDewell	Franklin			MV	1922-1923	11			
McDonald	Anita	G. McDonald	614 C St.	LN	Aug. 1922		1A	3 Sept. 1915	
McDonald	Ellen	Geo. McDonald	1217 3rd St.	BS	20 Aug. 1906	7			
McDonald	Hazel	B. McDonald	322 English St.	LN	1920-1921			26 Feb. 1911	
McDonald	Katherine	Casey McDonald	321 Wilson St.	ML	1919		Rec.		
McDonald	Kathlyn	Casey McDonald	312 Wilson St.	ML	Aug. 1922			10 Jan. 1914	
McDonald	Kathryn	Casey McDonald	312 Wilson St.	ML	1920-1921			13 Jan. 1914	
McDonald	Lulu	Casey McDonald	312 Bremen St.	ML	1915-1916				

Surname	Given Name	Parent	Address	SD	Date/Date Range	Within Date Range Age	Within Date Range Gr.	Birth Date	Left/Comments
McDonald	Lulu	Casey McDonald	312 Wilson St.	ML	1919		4A		
McDonald	Patricia	Casey McDonald	312 Wilson St.	ML	1919-1920			7 Feb. 1911	
McDonald	Patritia	Casey McDonald	312 Bremen St.	ML	1916		Rec.		
McDonald	Patritia	Case McDonald	312 Bremen St.	ML	1918				
McDonell	Florence		R 3, Sebastopol	MV	1922-1923			13 Aug. 1909	
McDonnell	Alex	L. C. McDonnell	Valley Ford	ES	1930-1931				
McDonnell	Randall	L. C. McDonnell	Valley Ford	ES	1930-1931				
McDonnell	Ruth	L. C. McDonnell	Valley Ford	ES	1930-1931				
McDonough	Edna	Mrs. McDonough	Agua Caliente	FL	11 Sept. 1928	8	3	11 Mar. 1920	
McDonough	Edna	Mrs. T. Mullen	Agua Caliente	FL	1930-1931	10	5	11 Mar. 1920	
McDougall	Seymour	Mr. McDougall	562 Western Ave.	BS	1905-1907	9	1		
McDowel	Archie			PK	1895	5			
McDowell	Agnes	Will McDowell	Mt. View Ave.	LN	1919-1921		3B	23 Feb. 1912	
McDowell	Agnes	William McDowell	86 McNear Ave.	LN	1919-1921		L4	23 Feb. 1912	
McDowell	Albert	Wm. McDowell	Rt. 5	LN	1920-1921			7 Dec. 1911	
McDowell	Albert	Wm. McDowell	McNear Ave.	LN	1919-1920			7 Dec. 1910	
McDowell	Alice	Frank McDowell	R 3, Sebastopol	MV	1923-1925		2	27 May 1916	2
McDowell	Alice	F. McDowell	R 3, Sebastopol	MV	1927-1930		7	27 May 1916	
McDowell	Alice	F. McDowell	Gen. Del., Petaluma	MV	1924-1928			27 May 1916	
McDowell	Charles			MV	1922-1923	8		27 Sept. 1914	
McDowell	Charles	Frank McDowell	R 3, Sebastopol	MV	1923-1924		3	13 Feb. 1915	
McDowell	Charles	F. McDowell	R 3, Sebastopol	MV	1927-1928		8	27 Sept. 1915	
McDowell	Charles	F. McDowell	Gen. Del., Petaluma	MV	1924-1927			27 Sept. 1915	
McDowell	Charles	T. McDowell	Petaluma	MV	1924-1925			27 Sept. 1915	
McDowell	Edgar	Wm. McDowell	McNear Ave.	LN	Aug. 1922		L1	19 Oct. 1914	
McDowell	Franklin	McDowell	R 3	MV	1923-1925		8	10 May 1912	
McDowell	Marjorie	Frank McDowell	Gen. Del., Petaluma	MV	1927-1931			1 Mar. 1922	
McDowell	Mary	Frank McDowell	Gen. Del., Petaluma	MV	1925-1929			5 Dec. 1919	

-216-

Surname	Given Name	Parent	Address	SD	Date/ Date Range	Within Date Range Age	Within Date Range Gr.	Birth Date	Left/Comments
McDowell	Mary	F. B. McDowell	Sebastopol	MV	1929-1931			5 Dec. 1919	
McDowell	Pearl	Mrs. A. McDowell	Bodega Ave.	CH	1895	7			
McFadden	Dannie		Bodega Ave.	PK	1920			10 Mar. 1915	
McFadden	Danny	Mrs. McFadden	R 4	LN	1921-1922		1A	10 Mar. 1915	
McFadden	Dorothy	J. T. McFadden	916 B St.	LN	1919		1B	20 Sept. 1913	
McFadden	Dorothy	F. T. McFadden	161 B St.	LN	1920-1921		2B	26 Sept. 1913	
McFadden	Dorothy	T. McFadden	916 B St.	LN	Aug. 1921		3A		
McFadden	James	Jas. McFadden	Howard & Ham Sts.	CH	1901-1903	7			
McFadden	James	J. M. McFadden	715 Kentucky St.	BS	1905-1907	10			
McFadden	James	James McFadden	239 Kentucky St.	BS	1908-1909	14			
McFadden	James	James McFadden	239 Kentucky St.	BS	1911?	15			
McFadden	Jas.	Jas. McFadden	859 Howard St.	BS	1903-1907	8	2	3 Mar. 1912	
McFadden	Stoddard		RFD	PK	18 Feb. 1918			3 Mar. 1912	
McFadden	Stoddard	R. M. McFadden	25 Bodega Ave.	LN	1919-1922		4A	3 Mar. 1912	
McFadden	Stoddard	Rueben McFadden	Rt. 4	LN	1920-1921				
McFadden	Susie			PK	19 Feb. 1896	5			
McFadden	Susie	James McFadden	859 Howard St.	BS	1905-1907	14			
McFadden	Watson	Mrs. James McFadden	859 Howard St.	BS	1905-1907	7			
McFadden	Watson	James McFadden	239 Kentucky St.	CH	1908-1909	8			
McFadden	Watson	James McFadden	715 Kentucky St.	BS	1906-1907	8			
McFarlane	Margaret	R. L. McFarlane	201 2nd St.	LN	9 Aug. 1921		1B	22 Jan. 1915	
McFarling	Aleen	Mrs. Wm. Bryan	523 3rd St.	LN	1919-1921		1A		
McFarling	Harry	Mrs. Wm. Bryan	314 English St.	LN	25 Aug. 1919	7	2A		
McGah	James	Thos. McGah	Bodega	PO	1875-1877	10			3 Nov. 1876
McGah	John			PO	8 Nov. 1875		5		school closed 19 Nov. 1875
McGah	Thomas	Thos. McGah	Bodega	PO	1875-1877	7			
McGaha	Charles	Andrew McGaha	415 3rd St.	BS	1907-1909	6			
McGaha	Frances	A. McGaha	415 3rd St.	BS	1905-1909	7	1		
McGaha	Frances	A. J. McGaha	415 3rd St.	BS	1911?	11			

-217-

Surname	Given Name	Parent	Address	SD	Date/Date Range	Within Date Range Age	Within Date Range Gr.	Birth Date	Left/Comments
McGaha	Francis	Mrs. A. McGaha	1208 3rd St.	BS	1905-1907	6			
McGaha	Francis	A. J. McGaha	1216 3rd St.	BS	1909	8			
McGall	Geraldine		619 I St.	PK	19 Aug. 1929			11 Mar. 1926	
McGimsy	Virginia		504 D. St.	PK	18 Feb. 1918			7 Feb. 1913	
McGinness	Geo.			PE	22 Aug. 1898		1B		
McGlauflin	Douglas	Guy McGlauflin	428 Upham St.	LN	1919-1921	6	2B		
McGlauflin	Douglas	Inez McGlauflin	428 Upham St.	LN	June 1921		3	8 May 1913	
McGlauflin	Douglas	Inez McGlauflin	318 Kentucky St.	LN	Jan. 1922		4B	1 May 1913	
McGlauflin	Douglass		410 Kentucky St.	PK	5 Aug. 1918			1 May 1913	
McGlauflin	Stanley		410 Kentucky St.	PK	Spring 1919			28 June 1915	
McGlauflin	Stanley		428 Upham St.	PK	1920			20 June 1915	
McGlauflin	Stanley		428 Upham St.	PK	Fall 1919			28 June 1915	
McGlauflin	Stanley	G. McGlauflin	428 Upham St.	LN	1920-1921		1B	8 June 1915	
McGlauflin	Stanley	Mrs. G. McGlauflin	318 Kentucky St.	LN	21 Aug. 1921		2B	8 June 1915	
McGovern	Herbert	J. McGovern	708 Keller St.	BS	1905-1907	15			
McGovern	Josephine	J. M. McGovern	West St.	BS	1905	8	2		
McGovern	Josephine	J. McGovern	29 5th St.	BS	1908-1909	11			
McGovern	Josephine	Joseph McGovern	421 B St.	CH	1908-1909	13			
McGraffrey	Charlie		Rt. 5	PK	1920				
McGraw	Harry	Sofo McGraw	Upham St.	CH	1897-1899	9			
McGrew	Harry	Sophia McGrew	415 Upham St.	CH	1897-1899	10			
McGuiness	Mable	T. H. McGuiness	415 Main St.	CH	1908-1909	14			
McIntire	Elizabeth Ann		744 Western Ave.	PK	Fall 1924	7		29 Dec. 1919	
McIntosh	Jennie	John McIntosh	Walnut St.	CH	3 Sept. 1894				
McKay	Agnes	Robert McKay	Valley Ford	ES	1926-1927			19 Feb. 1919	
McKay	Donald			ES	1926-1927			2 Nov. 1917	
McKay	Edward	H. W. McKay	Bodega Ave.	BS	1909	9			
McKay	Florence	Frank McKay		CN	1924-1925			29 June 1912	left to Covelo (migratory)
McKay	Isabelle			ES	1926-1927			8 June 1914	
McKay	Lucile			ES	1926-1927			7 Mar. 1913	
McKay	Roderick			ES	1926-1927			22 Dec. 1915	

Surname	Given Name	Parent	Address	SD	Date/Date Range	Within Date Range		Birth Date	Left/Comments
						Age	Gr.		
McKay	Willie	Henry McKay	317 8th St.	BS	1911	7			
McKay	Willie	W. H. McKay	Bodega Ave.	BS	1908-1910	7			
McKee	Wilfred	A. McKee	414 7th St.	BS	1909	11			
McKena	Francis	Mrs. McKena	Agua Caliente	FL	11 Sept. 1928	7	2	21 Mar. 1921	
McKena	Margaret	Mrs. McKena	Agua Caliente	FL	11 Sept. 1928	10	4	19 Oct. 1917	
McKenna	Edna	Mrs. F. McKenna	Agua Caliente	FL	9 Sept. 1929	9	4		
McKenna	Francis	Mrs. F. McKenna	Agua Caliente	FL	1929-1932	8	3	21 Mar. 1921	
McKenna	James	Mrs. F. McKenna	Agua Caliente	FL	1929-1931	6	1	30 Apr. 1923	
McKenna	Margaret	F. McKenna	Sonoma	FL	1929-1931	11	5	19 Oct. 1917	
McKenna	Mary Alice			FL	21 Sept. 1931	5	1	29 Dec. 1925	
McKenzie	Clarence	Mrs. O. McKenzie	404 4th St.	LN	9 Aug. 1920		3B	2 Mar. 1912	
McKenzie	Clarence	John Ronald	214 Baker St.	LN	1920-1921		2A	2 Mar. 1912	
McKenzie	Enola		Sonoma House	PK	1922			11 Nov. 1918	from Portland, OR
McKenzie	Harry	T. R. Smith	348 Wilson St.	ML	1919				from Lincoln Primary
McKenzie	Waldo	Ernest McKenzie	205 Keller St.	LN	21 Aug. 1921		2B	22 May 1913	
McKenzie	Wayne	Ernest McKenzie	Sonoma House	LN	Jan. 1922		4B	13 Mar. 1912	
McKinney	Robert	Earl McKinney	220 Fair St.	LN	1919-1920	8	2B		
McKinney	Vernice	Mrs. L. E. McKinney	220 Fair St.	LN	1919-1920		1A		
McKinnon	Ethel	Mrs. A. McKinnon	1210 6th St.	BS		13			
McKinnon	Jessie	A. D. McKinnon	6th St.	BS	1892-1893	14			
McKinnon	John	A. McKinnon	6th & H Sts.	BS		12			
McLain	Geo.	Oliver Duval	Bodega Bay	BY	1886-1889	12			
McLain	George	Mr. McLain	District	BY	1886-1889	9			
McLaren	Dan	R. McLaren	taluma	HC	June 1904	10			
McLaren	Dan	D. McLaren	Upper Main St.	BS	1903-1905	10	2		
McLaren	John	R. McLaren	Petaluma	HC	June 1904	8			
McLauflin	Douglas	Guy McLauflin	428 Upham St.	LN	1919	6	1B		
McLaughlin	Eleanor	Mrs. M. McLaughlin	23 Keller St.	PK	1914			26 July 1910	
McLaughlin	Elvin	Marie McLaughlin	318 Bremen St.	ML	Aug. 1912				
McLaughlin	Elvin	Marie McLaughlin	318 Bremen St.	ML	Jan. 1914				
McLean	Cara	Mr. McLean	Bay	BY	1893-1895	6			

Surname	Given Name	Parent	Address	SD	Date/Date Range	Within Date Range		Birth Date	Left/Comments
						Age	Gr.		
McLean	Clara	D. McLean	Bodega Bay	BY	1893-1904	13			
McLean	Clara Belle	Daniel McLean	Bodega Bay	BY	1896-1901	8			
McLean	Jimmy	Mr. McLean	Bodega Bay	BY	1893-1895	12			
McLean	Martha	W. McLean	450 Main St.	BS	1905-1907	7	1		
McLean	Martha	W. M. McLean	415 Main St.	BS	20 Aug. 1906	8	2		
McLean	Martha	W. N. McLean	521 Keller St.	BS	1908-1909		4A		
McLean	Willie	Mr. McLean	Bodega Bay	BY	1893-1895	14			
McLees	Anna		Western Ave. & Fair St.	PK	Fall 1924			16 Mar. 1920	
McLennan	Frank			CH	8 Aug. 1910				
McLeod	Frances	Wm. McLeod	105 B St.	LN	1920-1921		4B	14 Aug. 1911	
McLeod	Fred	W. J. McLeod	Hayes & Pierce Sts.	LN	1919-1920	11	4B		
McLeod	George	John McLeod	Webster St.	LN	1919-1920	10	2B		
McLeod	George	Mrs. Alice McLeod	Hayes & Pierce Sts.	LN	June 1921		3	18 Oct. 1909	
McLeod	George	Wm. J. McLeod	Hayes & Pierce Sts.	LN	6 Sept. 1920		3B	18 Oct. 1909	
McLeod	George	A. M. Hahn	Hayes Ave. at Pierce	LN	1920-1921			18 Oct. 1909	
McLeod	Mary	Wm. McLeod	325 Edith St.	ML	Jan. 1914				
McLeod	Mary	Wm. McLeod	Bliss Dist.	ML	Aug. 1912				
McMahon	Annie	Mr. McMahon		TM	1887-1890	11			
McMahon	Wm.	Mr. McMahon		TM	1887-1890	9			
McMillan	Alfred	H. McMillan	Dorigo	HC	1907	13			
McMillan	Ewell	W. McMillan	Dorigo	HC	1907	8			
McMillan	Frankie	Wilson McMillan		HC	1884	9			
McMillan	June	W. McMillan	Dorigo	HC	1907	10			
McMillan	Maggie	Wilson McMillan		HC	1884-1885	9			
McMillen	Abie			HC	1895-1896				
McMillen	Abie			HC	Apr. 1893				
McMillen	Alfred	Mrs. Mary McMillen	Annapolis	HC	1901-1902	9			

Surname	Given Name	Parent	Address	SD	Date/Date Range	Within Date Range		Birth Date	Left/Comments
						Age	Gr.		
McMillen	Alfred	Mrs. Mary McMillen	District	HC	June 1904	9			
McMillen	Alfred	Henry McMillen		HC	1907				
McMillen	Belle			HC	Dec. 1895				
McMillen	Belle			HC	Apr. 1893				
McMillen	Bello	Henry McMillen		HC	1888-1890	8			
McMillen	Clara	Mrs. Mary McMillen	Annapolis	HC	1901-1902	11			
McMillen	Clara	Mrs. Mary McMillen	District	HC	June 1904	11			
McMillen	Clara	Henry McMillen		HC	1907	13			
McMillen	Cora	Henry McMillen		HC	1881-1882	9			
McMillen	Cora	Henry McMillen		HC	1884-1885	10			
McMillen	Cora	Henry McMillen		HC	1888-1890	14			
McMillen	Eddie			HC	1895-1896				
McMillen	Eddie			HC	Apr. 1893				
McMillen	Edward	Henry McMillen		HC	1888-1890	6			
McMillen	Frankie	Wilson McMillen		HC	1881-1882	7			
McMillen	Gertie	Henry McMillen		HC	1888-1890	9			
McMillen	Gertrude			HC	Apr. 1893				
McMillen	Gerty	Henry McMillen		HC	1885	6			
McMillen	Hiram	Henry McMillen		HC	1884-1885	15			
McMillen	Hiram	Henry McMillen		HC	1881-1882	13			
McMillen	John	Henry McMillen		HC	1884	13			
McMillen	Johnnie	Henry McMillen		HC	1881-1882	10			
McMillen	Maggi	Wilson McMillen		HC	1881-1882	9			
McMillen	Silas			HC	1895-1896				
McMillen	Vinnie	Henry McMillen		HC	1881-1885	6			
McMillen	Vinnie	Henry McMillen		HC	1888-1890	12			
McMullin	Juanita	Dr. S. McMullin	404 Washington St.	BS	Jan. 1908	6			
McMullin	Juanita	S. McMullin	418 Washington St.	BS	17 Aug. 1908	6			
McNally	Jeanne		B St.	PK	Fall 1919			18 Aug. 1915	
McNally	Mary Elizabeth	F. C. McNally	917 B St.	PK	1914				

-221-

Surname	Given Name	Parent	Address	SD	Date/Date Range	Within Date Range Age	Gr.	Birth Date	Left/Comments
McNally	Mervyn			PK	26 Oct. 1896				
McNally	Myrvin			PK	1896				
McNear	Clara	Geo. P. McNear		BS	1892-1893	11			
McNear	Clara	Geo. P. McNear	Mt. View Ave.	CH	1895-1896	14			
McNear	Louise	Geo. P. McNear	Belle View Ave.	BS	1905-1909	11			
McNear	Louise	G. P. McNear		CH	1907-1909	14			
McNeil	George	James McNeil	1112 5th St.	BS	1907-1909	7			
McNeil	George	Mrs. E. McNeil	1112 5th St.	BS	1908-1909	7	1B		
McNeil	George	J. McNeil	English & Upham Sts.	BS	17 Aug. 1908	8			
McNeil	Georgie	Jas. McNeil	657 F St.	BS	20 Aug. 1906	6			
McNeil	Lillie	Jas. McNeil	207 English St.	BS	1911	7			
McNeil	Myrtle	J. F. McNeil	207 English St.	BS	Jan. 1908	13			
McNeill	Erma	Charles McNeill	804 6th St.	LN	1919-1920	8	2B		
McNeill	George	J. F. McNeil	207 English St.	BS	1909	10			
McNeill	Myrtle	J. F. McNeill	1112 5th St.	BS	Jan. 1908	12			
McNeill	Myrtle	J. F. McNeill	207 English St.	CH	1908-1909	13			
McNulty	Valora	Mr. H. McNulty	32 Fair St.	BS	1909-1911	7	1A		
McNulty	Wayne	Mrs. H. McNulty	505 Fair St.	BS	20 Aug. 1906	6			
McNulty	Wayne	H. McNulty	606 Fair St.	BS	19 Aug. 1907	6			
McNulty	Wayne	Harry McNulty	32 Fair St.	CH	1908-1909	8			
McNulty	Wayne	Harry McNulty	32 Fair St.	BS	1909	8			
McPhilips	Tobias	T. McPhilips		TM	1887-1890	14			
McPhillips	Annie	F. McPhillips		TM	1895-1897	12			
McPhillips	Edith	F. McPhillips		TM	1895-1897	13			
McPhillips	Hugh M.	F. McPhillips		TM	1895-1897	14			
McPhillips	John	F. McPhillips		TM	1887-1889	12			
McPhillips	Nellie	F. McPhillips		TM	1895-1897	14			
McPhillips	Theresa			TM	14 July 1885				
McPhillips	Wm.	F. McPhillips		TM	1887-1889	13			
McQuillam	Jack	J. S. McQuillam	517 Western Ave.	LN	Jan. 1922		4B		
McReynolds	Lloyd	Bert Lee	143 Bremen St.	ML	1915-1916			13 Jan. 1910	

-222-

Surname	Given Name	Parent	Address	SD	Date/Date Range	Within Date Range Age	Within Date Range Gr.	Birth Date	Left/Comments
		McReynolds							
McVay	Ida	C. L. McVay	Windsor	OL	15 June 1923			9 Mar. 1908	grad.
McVay	Ida	C. L. McVay	Windsor	OL	1921-1922		6	8 Mar. 1908	
McVay	Marjorie	C. L. McVay	Windsor	OL	1921-1923		4	6 June 1912	
Meacham	Frances	Frank Meacham	Country	CH	1908-1909	8			
Meacham	Georgia			OL	29 July 1901		1		
Meacham	Gladys	F. A. Meacham	Tuition, Live Oaks	BS	1908-1910	6			
Meacham	Merritt			OL	29 July 1901		5		
Mead	Marie	C. W. Mead	804 Main St.	BS	Jan. 1908	12			
Mead	Marie	C. W. Mead	Cherry St.	BS	1908-1909	12			
Meade	Edith	C. W. Meade	Cherry St.	CH	1908	15			
Meadows	Harold	J. Meadows	838 Main St.	LN	Jan. 1923		L1	16 Sept. 1916	
Meadows	Lester	J. Meadows	838 Main St.	LN	1921-1922		1A	16 Feb. 1915	
Meadows	Mary	Peter Meadows	Main St.	CH	3 Sept. 1894	6			
Meadows	Mary	Peter Meadows	Main St.	CH	17 Aug. 1896	8			
Meadows	Mary	Mollie Meadows	Main St.	CH	1898	9	3		
Meadows	Mary	Mary Meadows	416 Main St.	CH	1897-1899	10			
Meadows	Mary			PE	1895-1896		Chart		
Meadows	Max	Peter Meadows	Main St.	CH	1894-1895	8			
Meadows	May	Mary Meadows	Main St.	CH	1897-1899	9			
Meadows	Thomas	Mrs. M. Meadows	838 Main St.	CH		15			
Meadows	Tommie	Mrs. M. Meadows	416 Main St.	BS	1905-1907	12			
Mecham	Corinne Gladys	Mrs. F. A. Mecham	Star Rt.	BS		15			
Mecham	Frances	Frank Mechan	Country	CH	1908-1909	9			
Mecham	Frances	Frank Mecham		BS	1909	9			
Mecham	Gladys	Frank Mecham	Mecham St.	BS	1909-1911	7	1A		
Mecham	Gladys			BS	Jan. 1917		1A		
Mecham	Harrison	F. A. Mecham	Liberty St. District	BS		12			
Medrano	Juanita	Joseph Medrano	Sebastopol	TM	1927-1928			19 Feb. 1916	
Medrano	Juanita	Joseph Medrano	Tomales	TM	1928-1929			19 Feb. 1916	
Meeker	Iola			OL	1902-1903	13			
Meeker	Maureen			OL	1904-1906		1B		

-223-

Surname	Given Name	Parent	Address	SD	Date/Date Range	Within Date Range		Birth Date	Left/Comments
						Age	Gr.		
Meeker	Valentine			OL	1902-1903	14			
Meeker	Winnie			OL	1902-1903	15			
Meeks	Case	M. S. Meeks	610 B	BS	1906-1908	15	8A		
Meeks	Clara	M. L. Meeks	Cherry St. Valley	BS	1905-1907	10			
Meeks	Clara	Mr. M. L. Meeks	610 B St.	BS	1905-1907	11			
Meeks	Clara	M. L. Meeks	824 B St.	CH	1907-1909	14			
Meeks	Ivan	L. M. Meeks	Cor. of B & Fair Sts.	BS	1905	8	2		
Meeks	Ivan	M. L. Meeks	824 B St.	BS	Spring 1908	11	5B		
Meeks	Ivan	M. L. Meeks	824 B St.	CH	1908-1909	12			
Meeks	Milo	M. L. Meeks	610 B St.	BS	19 Aug. 1907	6			
Meeks	Milo	Milo Meeks	824 B St.	CH	1908-1909	8			
Meeks	Milo	M. L. Meeks	824 B St.	BS	1909	8			
Mego	David	Louis P. Mego	Western Ave.	BS	1905-1907	8			
Mego	Eleanor	E. N. Mego	70 Washington St.	BS	1909	8			
Mego	Louis	Louis P. Mego	Western Ave.	BS	1905-1907	6			
Mehrman	Gladys	P. Mehrman	Bodega Ave.	BS	1906	7	2		
Meier	Alfred	Fred Meier	R 3, Sebastopol	MV	1922-1925			29 Apr. 1916	
Meier	Alfred	Fred Meier	Sebastopol	MV	1925-1931			26 Apr. 1916	
Meier	Alfred	Mrs. Fred Meier	R 3, Sebastopol	MV	1928-1929			26 Apr. 1917	
Meier	Edwin	Fred H. Meier	R 3, Sebastopol	MV	1921-1923		6	17 Dec. 1911	
Meiling	Bertha	Wm. Meiling	515 Cherry St.	BS	1908-1909	7	1A		
Meineche	Carl	Chas. Meineche	Post St.	BS	Aug. 1908	6			
Meineche	Francis	C. Meineche	315 4th St.	BS	1911?	14			
Meineche	Marie	Mrs. F. Meineche	574 Bassett St.	BS	1905-1907	7			
Meineck	Emma	Chas. Meineck	574 Basset St.	BS	8 Jan. 1906		5		
Meinecke	Carl	Chas. Meinecke	Post St.	BS	9 Aug. 1909	7			
Meinecke	Carl	Chas. Meinecke	315 4th St.	BS	1909-1911	8	1A		
Meinecke	Carl	Mrs. F. Meinecke	108 3rd St.	ML	1916	14	6A		
Meinecke	Emma	Chas. Meinecke	574 Bassett St.	BS	1906	12			
Meinecke	Emma	Mrs. C. Meinecke	1027 B St.	CH	1908-1909	14			
Meinecke	Emma	E. Meinecke	212 Post St.	CH		14			

-224-

Surname	Given Name	Parent	Address	SD	Date/Date Range	Within Date Range		Birth Date	Left/Comments
						Age	Gr.		
Meinecke	Emma	Mrs. C. Meinecke	729 Fair St.	BS	1905-1907	14			
Meinecke	Frances	Chas. Meinecke	574 Bassett St.	BS	20 Aug. 1906	10	2		
Meinecke	Francis	C. Meinecke	Fair St.	BS	1905-1907	11			
Meinecke	Francis	Mrs. Chas. Meinecke	212 Post St.	BS	1908-1909	12			
Meinecki	Emma	Chas. Meinecki	520 Post St.	BS	1903-1905	9	2		
Meinhardt	Eddie	Mrs. A. Meinhardt	Fetters Springs	FL	16 Aug. 1915	9	4		
Meinhardt	Eddie	P. C. Meinhardt	Fetters Springs	FL	7 Aug. 1916	10	5		
Meinicke	Francis	C. Meinicke		BS	1908-1909	11			
Meiss	Edwina	W. F. Cummings	659 Howard St.	BS	Fall 1906	13			
Meiss	Edwina	W. F. Cummings	526 Oak St.	CH	1908-1909	14			
Melehan	Mae			BS	1898				
Melehay	Dewitt James	Patrick Melehay	675 Keller St.	BS	1899-1900				
Mello	John	M. Mello	209 Sheldon St.	BS	1909	10			
Mellon	Louisa			TM	1921-1922				
Melo	Dulsie	Chas. Melo	512 F St.	LN	Jan. 1922			22 Oct. 1913	
Menary	John	Mrs. M. H. Gordon	Kelley St.	CH	1908	14			
Mendelson	Harry	Isadore Mendelson	612 B St.	LN	1920-1921			26 Mar. 1912	
Mendelson	Harry	Isadore Mendelson	16 Webster St.	LN	9 Aug. 1920			26 Mar. 1912	
Mendonca	George	J. P. Mendonca	Sebastopol	MV	1923-1925			18 May 1917	
Mendonca	George	John P. Mendonca	R 3, Sebastopol	MV	1926-1931			18 May 1918	
Mendonca	Isabel	Mrs. Marie Mendonca		MV	1918-1919		2		
Mendonca	Isabel	J. Mendonca	R 3, Sebastopol	MV	1921-1924		3	2 Feb. 1911	
Mendonca	Isabel	John Mendonca	R 3, Sebastopol	MV	1924-1925			2 Feb. 1913	
Mendonca	Isabel	John P. Mendonca	RR 3, Box 249	MV	1924-1925			13 Feb. 1913	
Mendonca	Isabel	J. P. Mendonca	R 3	MV	1926-1927			2 Feb. 1912	
Mendonca	John			MV	1922-1923	10		17 Feb. 1913	
Mendonca	John	John Mendonca	R 3, Sebastopol	MV	1923-1925			20 Feb. 1913	
Mendonca	John	John Mendonca	R 3, Sebastopol	MV	1924-1929			20 Feb. 1914	
Mendonca	Johnny	Mrs. Maria Mendonca		MV	1920-1921	8	1	18 Feb. 1913	
Mendonca	Johnny	Mrs. Marie		MV	1918-1919		1		

Surname	Given Name	Parent	Address	SD	Date/Date Range	Within Date Range Age	Gr.	Birth Date	Left/Comments
Mendonca	Julia	Mendonca			1918-1919	10	4		
Mendonca	Julia	John P. Mendonca	R 3, Sebastopol	MV	1921-1922		7	30 Sept. 1907	
Mendonca	Mabel	Mrs. Marie Mendonca		MV	1918-1919		4		
Mendonca	Mary			MV	1916-1917	13	7		
Mendonca	Minnie			MV	1916-1919	10	5		
Mendonca	Sofie Mabel	John P. Mendonca	R 3, Sebastopol	MV	1921-1922		6	13 Aug. 1909	
Mendonca	Virginia	Mrs. Marie Mendonca	R 3, Sebastopol	MV	1920-1921	7	3	18 Oct. 1914	
Mendonca	Virginia	Mrs. Maria Mendonca		MV	1922-1923	7		19 Oct. 1915	
Mendonca	Virginia	John P. Mendonca	R 3, Sebastopol	MV	1923-1924		3	27 Sept. 1914	
Mendonca	Virginia	John Mendonca	R 3	MV	1926-1928			19 Oct. 1915	
Mendonca	Virginia	J. P. Mendonca	R 3	MV	1926-1928			19 Oct. 1914	
Mendonco	Mabel Sofia	John Mendonco	R 3, Sebastopol	MV	1922-1923	13		13 Aug. 1909	
Merga	Ernest	Tony Merga	Bay	BY	1928-1929			4 Apr. 1914	
Merlin	Anna	Eugene Merlin	Boyes Springs	FL	7 Aug. 1916	13	8		
Merlin	Eugene	Eugene Merlin	Boyes Springs	FL	7 Aug. 1916	10	5		left 18 Aug.
Merlin	Katherine	Eugene Merlin	Boyes Springs	FL	7 Aug. 1916	9	4		
Merman	Bruce	Peter Merman	Western Ave.	BS	1905-1907	12	4		
Merman	George	P. Merman	Western Ave.	BS	Fall 1906	10			
Merman	Gladys	P. Merman	Non-Resident	BS	14 Aug. 1905	6			
Merman	Lester	P. Merman	Country	BS	1905-1908	14			
Mermann	Bruce		RFD 2	BS	1905-1907				
Mermann	George	P. Mermann	Country	BS	1905-1907	10			
Mermann	Gladys	P. Mermann	Western Ave.	BS	1905-1907	7			
Merril	Harry	Mr. Merril		BS	Spring 1907		5		
Merrill	George	J. T. Merrill	407 Kentucky St.	LN	25 Aug. 1919				
Merrill	Harry	Mrs. K. Merrill	Brown House	BS	1905-1907	12	5		
Merrithan	Florence	Mrs. Merrithan	461 Hinman St.	BS	20 Aug. 1906	8	1		
Merrithan	Florence	Mr. Merrithen	B St.	BS	1905-1907	8			

Surname	Given Name	Parent	Address	SD	Date/Date Range	Age	Gr.	Birth Date	Left/Comments
Merrithen	Geneva	Mrs. G. M. Lewis	461 Hinman St.	BS	1905-1907	12			
Merrithew	Geneva			BS	Fall 1906				
Merritt	George	J. T. Merritt	407 Kentucky St.	LN	1919		1B		
Merritt	Ruby	J. T. Merritt	621 Kentucky St.	BS	1905-1909	8			
Merritt	Ruby	J. Merritt	407 Kentucky St.	CH	1908-1909	11			
Merserean	Libbie	H. P. Merserean		HC	1881-1882	15			
Mertens	Herbert			MV	1918-1919	11	4		
Messersmith	Mabel	Clarence Messersmith	533 Main St.	PK	1903	4			
Metcalf	Anita		512 Kentucky St.	PK	1927-1928				
Metcalf	Genevieve	J. Metcalf	435 Upham St.	BS	1906	10	2		
Metcalf	John	J. Metcalf	435 Upham St.	BS	1906	13	2		
Metz	Helen	J. J. Metz	312 3rd St.	LN	1919		1B		
Metz	Helen	I. J. Metz	15 Kentucky St.	LN	25 Aug. 1919	11			
Meyer	Carleen	C. H. Meyer	1170 4th St.	BS	1905-1907				
Meyer	Edwin	Mrs. F. D. Meyer		OL	21 Sept. 1909				
Meyer	Henry	Mrs. F. D. Meyer		OL	21 Sept. 1909				
Meyer	Lucille			BS	21 Jan. 1918	15	2B		
Meyer	Marian	R. D. Meyer	1004 B St.	CH	1908-1909	8			
Meyer	Marion		620 B St.	PK	Spring 1924			9 Sept. 1919	
Meyerholtz	May	Henry Meyerholtz	Keokuk St.	CH	1898	11	5		
Meyers	Carleen	Mrs. Chas. Meyers		BS	1906-1908	13	8B		
Meyers	Carleen	C. H. Meyers	321 4th St.	CH	1908-1909	14			
Meyers	Dan			OL	1928-1930			8 Apr. 1923	
Meyers	Dorothy	Chas. Meyers	415 2nd St.	LN	1920-1921			9 Oct. 1911	
Meyers	Fred			PK	26 Oct. 1896				
Meyers	Fred	Fred Meyers	821 Western Ave.	LN	9 Aug. 1921		1B	20 Apr. 1915	
Meyers	Jean	Mrs. M. Meyers	Fetters Springs	FL	Feb. 1919		2		
Meyers	June	George Meyers	Santa Rosa	OL	1927-1930			29 Aug. 1921	
Meyers	Leileha	Wm. A. Meyers	Sunny Slope Ave.	LN	1920-1922	6	1B	9 May 1914	
Meyers	Leland	Henry Meyers	3rd St.	BS	20 Aug. 1906	6			
Meyers	Leonard	F. H. Meyers	1159 3rd St.	BS	Fall 1906	10			

Surname	Given Name	Parent	Address	SD	Date/Date Range	Within Date Range		Birth Date	Left/Comments
						Age	Gr.		
Meyers	Lorene	F. H. Meyers	1159 3rd St.	BS	1906-1908	12	8A		
Meyers	Marjorie	Wm. Meyers	Rt. 5	LN	1921-1922		1A	19 Apr. 1915	
Meyling	Rudolph B.	D. Meyling	Country	BS	1899-1900				
Mezger	Ethel			MV	1918-1919	15	7		
Mezger	Ethel			MV	20 Dec. 1916	15	7		
Miamoto	Alice	Mr. Miamoto	Sebastopol	CN	Aug. 1923				left to Sebastopol
Miamoto	George		R 3, Sebastopol	CN	Aug. 1923				
Middagh	Beverly		Hooper House	PK	1914	5		27 Nov. 1910	
Middagh	Beverly	Mrs. May Smith	Fair St.	LN	Aug. 1921		3B	27 Nov. 1910	
Middagh	Guy			PK	1895-1896				
Middleton	Alice	John Middleton	606 Kentucky St.	CH	1896-1899	6			
Middleton	Alice			PK	28 Sept. 1896				2 Oct. to public sch.
Middleton	Arthur	J. H. Middleton	801 Main St.	CH	1908-1909	14			
Middleton	Hazel	J. Middleton	4 Cherry St.	BS	1907-1909	7	1A		
Middleton	Hazel	J. Middleton	16 Cherry St.	BS	1908-1909	8	1B		
Middleton	Myrtle	John Middleton	606 Kentucky St.	CH	1896-1899	9			
Middleton	Will	J. Middleton	16 Cherry St.	BS	1908-1909	10	1B		
Middleton	Willie	J. Middleton	4 Cherry St.	BS	1907-1909	10	1A		
Middleton	Willie	H. Middleton	801 Main St.	BS	Aug. 1908	10	1A		
Mihailovits	Carl	Chas. Mihailovits	657 H St.	BS	1906-1908	15	8B		
Mihailovits	Fred			BS	1907		4		
Mihailovits	Fred	Chas. Mihailovits		BS	1903-1905	8	2		
Mihailovits	Ida	E. C. Mihailovits	657 H St.	BS	1905-1907	7	1		
Mihailovits	Mabel	Chas. Mihailovits	657 H St.	BS	1905-1907	12			
Mikkelsen	Herbert	Mrs. I. Mikkelsen	RFD 2, Box 21	BS	1917	16			
Mikkelson	Henrietta	Hans Mikkelsen	300 E. D St.	ML	Aug. 1912				
Mikkelson	Henrietta	Hans Mikkelsen	300 E. D St.	ML	Jan. 1914				
Mikkelson	Hubert			BS	21 Jan. 1918	17	1A		
Mikson	Nellie	T. Mikson	1116 6th St.	BS	19 Aug. 1907	7			
Miles	Joyce	Mrs. L. C. Miles	666 Western Ave.	BS	20 Aug. 1906	6			
Miles	Joyce	C. Miles	903 Howard St.	BS	19 Aug. 1907	6			

Surname	Given Name	Parent	Address	SD	Date/Date Range	Within Date Range Age	Within Date Range Gr.	Birth Date	Left/Comments
Miles	Joyce	C. S. Miles	709 Keller St.	BS	1908-1909	7	1B		
Miletin	Margaret	S. Miletin		MV	1925-1926			18 Aug. 1918	
Miletin	Margaret	Victoria Miletin	S. F.	MV	1926-1927			18 Aug. 1918	
Milhailvoits	Mabel	C. Milhailvorts	657 H St.	BS	1905-1907	12			
Miller	Buster	Clarence Miller	Annapolis	HC	23 July 1923			14 Aug. 1916	
Miller	Charles			FL	5 Feb. 1917				
Miller	Clinton	J. Semmons	Bodega Ave.	CH	1908-1909	13			
Miller	Clinton	D. E. Stockhouse	Bodega Ave.	BS		13			
Miller	Clinton	R. J. Miller	Western Ave.	BS	1905-1907	13			
Miller	Dorothy May	Clarence Miller	Annapolis	HC	23 July 1923			15 Nov. 1914	
Miller	Dorsie		Bodega Ave.	PK	1910	5			
Miller	Edna	Jos. Miller	Howard St.	CH	17 Aug. 1896	7			
Miller	Edna			PK	1895-1896				
Miller	Ella	Mrs. E. Miller	120 6th & D Sts	LN	1920-1921		3A	23 Nov. 1910	from Two Rock
Miller	Emerson	Mrs. E. P. Miller	Windsor	OL	15 June 1923		4	8 May 1914	
Miller	Eva	W. O. Miller	105 Upham St.	CH	1908-1909	10			
Miller	Fred	W. R. Miller	Cor. G & 2nd Sts.	BS	1892-1893	9			left 27 Aug.
Miller	Harry			FL	13 Aug. 1917	5	1		
Miller	Harry	H. P. Miller		BS	5 Sept. 1892	13			
Miller	Herbert		11 Stanley St.	PK	1922-1923			11 May 1918	
Miller	John		655 Kentucky St.	BS	1906	8	2		
Miller	Leslie	Mrs. S. Miller	Bodega Ave.	BS	1911	6			
Miller	Nellie			HC	Apr. 1893				
Miller	Pearl	H. E. Miller	Bodega Ave.	BS	1905-1907	15			
Miller	Ralph		11 Stanley St.	PK	Spring 1923			16 June 1918	
Miller	Reginald	W. G. Miller	519 7th St.	LN	1921		1B	27 Aug. 1913	
Miller	Reginold	W. G. Miller	601 7th St.	LN	1921		1A	27 Aug. 1914	
Miller	Theodore			FL	13 Aug. 1917	6	1		left 27 Aug.
Miller	Una	Mrs. Otto Miller	105 Upham St.	CH	1908-1909	13			
Miller	Una	W. O. Miller	105 Upham St.	CH	1908-1909	13			
Miller	Willie	Frank Miller	727 E St.	BS	20 Aug. 1906	6			
Millerick	Elwin	Jim Millerick	320 Wilson St.	ML	1919	8	1A		

Surname	Given Name	Parent	Address	SD	Date/Date Range	Within Date Range Age	Within Date Range Gr.	Birth Date	Left/Comments
Millerick	Elwin			LN	Aug. 1921		L4	25 Nov. 1911	
Millerick	Francis	Jim Millerick	320 Wilson St.	ML	1919	6	Rec.		
Millerick	Francis	Jas. Millerick	741 Main St.	LN	1921		1A	25 Dec. 1913	
Millerick	Francis			LN	1921			18 Jan. 1913	
Millerick	Gladys	Phil Millerick	222 English St.	LN	1919-1920	9	4B		
Millie	Willie			BS	Jan. 1907				
Milligan	Arthur	P. Milligan	Glen Ellen	FL	11 Sept. 1928	14	8	9 Oct. 1913	left 26 Oct.
Milligan	Owen	P. Milligan	Glen Ellen	FL	11 Sept. 1928	11	6	13 May 1917	left 26 Oct.
Milligan	Wayne	P. Milligan	Glen Ellen	FL	11 Sept. 1928	13	7	1 July 1915	left 26 Oct.
Millington	Vivian	Z. P. Millington	16 Park Ave.	BS	1911?	13			
Mills	Charley	D. H. Stewart	1270 5th St.	BS	20 Aug. 1906	6			
Mills	Ellen	John P. Mills	510 C St.	PK	1903	6			
Mills	George			CH	1908-1909	15			
Mills	Helen	Easton Mills	San Luis Obispo Co.	CH	17 Aug. 1896	7			
Mills	Helen		Adams St.	CH	1897-1899	8			
Mills	Ivy	Wm. Mills	1211 4th St.	BS	20 Aug. 1906	6			
Mills	L.			BS	5 Sept. 1892				
Mills	Mervyn	W. Mills	1211 4th St.	BS	14 Aug. 1905	8			
Mills	Pearl	Mrs. L. Mills	5th St.	BS	1905-1907	9			
Mills	Pearl	J. Mills	H & F Sts.	BS	14 Aug. 1905	9			
Mills	Rosa	Mrs. Laura Mills	1270 5th St.	BS	1905-1907	14			
Mills	Rosy	John P. Mills	510 C St.	PK	1903	4			
Mills	Veda	Mr. Mills	1009 5th St.	BS	Jan. 1908	12			
Milne	Betty Marie		515 Central Ave.	PK	Spring 1923			16 Oct. 1918	
Milne	Dorothy		Sonoma House	PK	Spring 1923			22 Mar. 1918	
Milton	Alice			PK	3 Aug. 1896				
Milton	Leonard			LJ	1915-1916	13	4		
Minetti	Charles	Charles Minetti	18 Post St.	LN	1919-1921		2A	4 Dec. 1913	
Minetti	Rose	Charles Minetti	18 Post St.	LN	1919-1921			19 Apr. 1911	
Miranda	Melvyn	Francisco Miranda	F St.	CH	1895-1896	14			
Mitchell	Alec			TM	4 Aug. 1913	14	8		

-230-

Surname	Given Name	Parent	Address	SD	Date/ Date Range	Within Date Range Age	Within Date Range Gr.	Birth Date	Left/Comments
Mitchell	Alec			TM	1 Aug. 1910		5		
Mitchell	Ancrim	J. Mitchell	Rt. 2	LN	1920-1921		1B	1 Aug. 1914	
Mitchell	Ancrum S.	J. Mitchell	Rt. 2	LN	1920-1921	6	1B	1 Aug. 1914	
Mitchell	Edna	John Mitchell	Western Ave.	LN	1919-1920	9	4B		
Mitchell	Edwin			TM	6 Aug. 1917		6		
Mitchell	Harold	Mr. Mitchell	510 D St.	BS	1907-1909	6			
Mitchell	Harold	Mrs. Mitchell	Mt. View Ave.	BS	20 Aug. 1906	6			
Mitchell	Harold	J. Mitchell	910 D St.	BS	Aug. 1908	7	1A		
Mitchell	Harold	J. E. Mitchell	417 B St.	BS	1909	9			
Mitchell	Harold	W. L. Mitchell	785 Keller St.	BS	1905-1907	9			
Mitchell	John			TM	4 Aug. 1913	12	6		
Mitchell	Lizzie	Jas. Mitchell	Walnut St.	CH	1898	12	5		
Mitchell	Marshall	J. Mitchell	R 2	LN	Aug. 1922		L1	25 Aug. 1916	
Mitchell	Mildred			TM	1917-1919		5		
Mitchell	Nelson			PK	1 Aug. 1898	6			Left 22 Aug. 1898
Mitchell	Nelson	James Mitchell	Kentucky St.	CH	1898	7	2		
Mitchell	Nelson			PE	22 Aug. 1898		1B		
Mitchell	Nelson			PK	1895-1896				
Mitchell	Paul	Mr. Mitchell	510 D St.	BS	1907-1909	7	1A		
Mitchell	Paul	Mrs. Mitchell	Mt. View Ave.	BS	20 Aug. 1906	7			
Mitchell	Paul	John Mitchell	910 D St.	CH	1908-1909	9			
Mitchell	Paul	Mrs. M. E. Mitchell	417 B St.	CH		12			
Mitchell	Robina			PK	3 Aug. 1896	7			
Mitchell	Robina	Jas. Mitchell	Walnut St.	CH	17 Aug. 1896	8			
Mitchell	Robina	James Mitchell		CH	3 Sept. 1894				
Mitchell	William	Mrs. M. Mitchell	417 B St.	BS	1910-1911	6			
Mitchell	William	Wm. Mitchell	731 Western Ave.	BS	1908-1911	6			
Mitchell	William	Mrs. M. Mitchell	910 D St.	BS	9 Aug. 1909	6			
Moeller	Eddie		668 Walnut St.	PK	1903	4			
Moeller	John		668 Walnut St.	PK	1903	6			
Mohn	Harry		Rural	PK	1922			24 Oct. 1917	
Mohn	Marjorie	E. Mohn	15 Keller St.	LN	Aug. 1922		L1	17 June 1916	

-231-

Surname	Given Name	Parent	Address	SD	Date/Date Range	Within Date Range Age	Gr.	Birth Date	Left/Comments
Mohr	Harold	M. Mohr	756 Liberty St.	BS	1905-1907	11			
Mohr	Harry		Rt. 5	PK	1920-1921			24 Oct. 1917	
Mohr	Marjorie		Rt. 5	PK	1920-1921			17 June 1916	
Moils	Henry		Bodega	PO	14 July 1874				
Mokranski	Michael	John Mokranski	Cherry St. Hill	BS	1905-1907	6	1		
Moller	Alfred	Mrs. D. Moller	668 Walnut St.	BS	1905-1907	11			
Moller	Alfred	Mrs. D. Moller	12 7th St.	BS	Jan. 1908	13			
Moller	Alfred	Mrs. Dagmer Moller	12 7th St.	CH	1908-1909	14			
Moller	Edward	Mrs. Moller	7th St.	BS	1908-1909	8	1B		
Moller	Edward	J. H. Moller	501 G & 5th St.	BS	1909	10			
Moller	Edward	Mrs. Dagmer Moller	501 G St.	BS	1909	10			
Moller	Edward	Mrs. D. Moller	668 Walnut St.	BS	1906-1907		1		
Moller	Frank	Mrs. D. Moller	668 Walnut St.	BS	1905-1907	12			
Moller	Frank	Mrs. D. Moller	12 7th St.	CH	1907-1909	15			
Moller	Frank	Mrs. D. Moller	409 7th St.	BS	1906-1908	15	8B		
Moller	Fred	N. R. Moller	G & 2nd Sts.	CH	1895-1896	13			
Moller	John	Mrs. D. Moller	668 Walnut St.	BS	1905-1907	7			
Moller	John	J. Moller	Upham St.	BS	Jan. 1907	7			
Moller	John	Mrs. D. Moller	12 7th St.	CH	1908-1909	9			
Moller	John	Mrs. D. Moller	501 G St.	CH		12			
Molseed	Alvin			BS	Jan. 1908				Left
Molter	Lillie	W. R. Molter	652 2nd St.	BS	1905-1909	13			
Moltzen	Clara	Mrs. C. Moltzen	708 Keller St.	BS	1905-1909	9			
Moltzen	Katie	Mrs. C. Moltzen	708 Keller St.	BS	1905-1909	9			
Momsen	Al	J. Momsen	1168 6th St.	BS	1903-1905	14	2		
Momsen	Julius	C. F. Momsen	Sunny Slope Ave.	BS	1905-1907	8	1		
Mondini	Arthur	Mrs. F. Quartaroli	R 3, Sebastopol	CN	Aug. 1924			6 Mar. 1918	left 1 Dec. 1924 to Santa Rosa
Monett	Don		241 Liberty St.	PK	1922			23 Mar. 1919	
Monett	Lyle		241 Liberty St.	PK	1922			30 Sept. 1917	
Moniz	Albert	Joe Moniz	608 E. D St.	ML	1920-1922			17 Nov. 1914	
Moniz	Anthony	Joe Moniz	608 E. D St.	ML	Aug. 1921			15 May 1912	

Surname	Given Name	Parent	Address	SD	Date/Date Range	Within Date Range Age	Within Date Range Gr.	Birth Date	Left/Comments
Moniz	Anthony	Joe Moniz	609 E. D St.	ML	Aug. 1922			15 May 1912	
Moniz	Anthony	Joe Moniz	622 E. D St.	ML	1920			15 May 1912	trans. to Oakland
Monroe	Jeanne		3rd St.	PK	1927-1928			Oct.	
Monsees	Arthur	H. J. Monsees	Sebastopol	MV	1924-1927			3 Feb. 1914	
Monsees	Edgar	H. J. Monsees	Sebastopol	MV	1925-1927			17 May 1919	
Monsees	Mildred	H. J. Monsees	Sebastopol	MV	1925-1927			8 Aug. 1916	
Montessoro	Catherine		416 Washington St.	PK	1914	4		20 Apr. 1911	
Montessors	Eugene	Peter Montessors	416 Washington St.	BS	1909-1911	7	1A		
Moody	Frances			MV	1916	15	8		
Moody	Josephine			MV	1916	12	7		
Moody	Josephine			MV	1918-1919	13	7		
Moody	Margaret			MV	1926-1927				
Moody	Margaret	Mrs. Bertha Peterson	Bloomfield	BL	1925			15 Oct. 1915	left
Moon	Edith	Claude Moon	410 Western Ave.	BS	1908-1909	10			
Moone	Edith	C. E. Moone	520 West St.	CH	1908-1909	9			
Mooney	Arthur	G. Mooney	Banral Ave.	BS	1906-1907	8			
Mooney	Birdie			BS					
Mooney	Willie			BS	1899-1900				
Moore	Charles	C. Henry	Glen Ellen	FL	23 Sept. 1929	14	8	15 Apr. 1915	left 25 Oct.
Moore	E.	L. Moore		TM	1895-1897	17			
Moore	Joseph	C. H. Henry	Glen Ellen	FL	10 Sept. 1929	11	5	10 Jan. 1918	left 25 Oct.
Moore	Max	R. Moore	218 Bodega Ave.	LN	1921	6	1B	19 Aug. 1915	
Moore	Max	Richard Moore	22 Bodega Ave.	LN	1921-1922		1A	19 Aug. 1915	
Moore	Ocha	L. Moore		TM	1895-1897	12			
Moore	Phocean		Bridge St.	PK	Spring 1923			7 Nov. 1917	
Moore	Thessius		Bridge St.	PK	Spring 1923			7 Oct. 1918	
Moore	Thomas	R. S. Moore	414 Howard St.	LN	1920-1921	7	1B	18 Sept. 1913	
Moore	Thomas	R. S. Moore	218 Bodega Ave.	LN	1921		1B	18 Sept. 1913	
Mora	Constance	P. Mora	Valley Ford	ES	1930-1931			5 Feb. 1924	
Moran	Doris	S. Moran	630 E. Washington	ML	Aug. 1922			15 June 1916	

Surname	Given Name	Parent	Address	SD	Date/ Date Range	Within Date Range		Birth Date	Left/Comments
						Age	Gr.		
Moran	Marion	S. Moran	630 E. Washington St.	ML	Aug. 1922			15 June 1916	
Moran	Sydney	S. Moran	630 E. Washington St.	ML	Aug. 1922			15 Jan. 1914	
Moreda	Frank			LJ	1918-1920	6	1		
Moreda	Julia			LJ	1918-1920	9	3		
Moreda	Manuel			LJ	21 June 1918	16	8		
Moreda	Mary			LJ	1918-1920	12	5		
Moren	Doris	Sydney Moren	630 E. Washington St.	ML	1921			15 June 1915	
Moren	Marion	Sydney Moren	630 E. Washington St.	ML	1921			15 June 1915	
Moren	Sydney	Sydney Moren	630 E. Washington St.	ML	1921			15 Jan. 1914	
Morenini	Garfield			TM	4 Aug. 1913	10	5		
Morenini	Willie			TM	4 Aug. 1913	12	6		
Moreno	Frank	Jose Mereno	San Francisco	FL	1924			21 June 1916	
Moreno	Albert	Mrs. A. J. Moreno	205 Western Ave.	BS	1908-1909	10		19 July 1913	
Moreno	Julius	Mrs. Nimpter	Fetters Springs	FL	4 Jan. 1926	12	7	19 July 1913	
Moreno	Julius	Mrs. Nimpfer	Fetters Springs	FL	1925			12 July 1913	
Moreno	Orman	A. J. Moreno	205 Western Ave.	CH	1908-1909	8			
Morgan	Edward		Madrone	FL	23 Sept. 1929	10	4	18 Oct. 1918	
Morgan	Lois	Samuel H. Morgan	R 3, Sebastopol	MV	1921-1923			24 Dec. 1906	
Morgantini	Marie	L. Morgantini	428 Fair St.	LN	1919-1920	10	4B		
Morphofolu	Goldie		American Hotel	PK	1921			25 Mar. 1917	
Morri	Masaye	Mrs. N. Morri	Fetters Springs	FL	Feb. 1919		1		
Morri	Tom	Mrs. N. Morri	Fetters Springs	FL	Feb. 1919		L1		
Morris	Alvin	Ernest Morris	14 Bridge St.	LN	Aug. 1922		1A	27 May 1913	
Morris	Alvin	E. Morris	44 Bridge St.	LN	9 Aug. 1921		1B	27 May 1913	
Morris	Charlotte	Dr. Morris	504 D St.	LN	1920-1922		L1	14 Sept. 1916	
Morris	Earl		Madrone	FL	23 Oct. 1929	7	1	9 Sept. 1922	

Surname	Given Name	Parent	Address	SD	Date/ Date Range	Within Date Range		Birth Date	Left/Comments
						Age	Gr.		
Morris	James		504 D St.	PK	Spring 1924			15 Mar. 1919	
Morris	James		504 H St.	PK	Fall 1924			15 Mar. 1919	
Morris	James Russell		504 D St.	PK	1922			15 Mar. 1919	
Morris	Juanita		824 Main St.	LN	1921		1A	25 June 1914	
Morris	Juanita	Mrs. Emenegger	712 G St.	LN	21 Aug. 1921		2B	25 June 1914	
Morris	Odele	Dr. J. R. Morris	504 D St.	LN	1920-1921		2A	24 Aug. 1913	
Morris	Odile	Dr. J. R. Morris	504 D St.	PK	18 Feb. 1918			24 Aug. 1913	
Morris	Odile	Dr. J. R. Morris	504 D St.	LN	1919-1921		1A		
Morris	Peter	John Morris	Kentucky St.	CH	3 Sept. 1894	9			
Morris	Peter	John Morris	Post St.	CH	Aug. 1895	10			
Morris	Richard	J. T. Morris	311 11th St.	CH	1908-1909	14			
Morris	Sammy		504 D St.	PK	Fall 1924				
Morse	Vernon	Mrs. C. K. Morse	219 Kentucky St.	BS	1911?	11			
Mortensen	Albert	P. Mortensen	666 F St.	BS	1905-1906	9	2		
Mortensen	Albert	Hans Peter Mortensen	710 F St.	BS	1908-1909	11			
Mortensen	Albert	Hans Mortensen	710 F St.	BS	1911	13			
Mortensen	Annie	Hans Mortensen	666 F St.	BS	1909	13			
Mortensen	Annie	H. P. Mortensen	666 F St.	BS	1905-1907				
Mortensen	Carl	Hans Mortensen	R 3, Sebastopol	CN	1921-1923		1	2 Mar. 1909	
Mortensen	Fred	Mrs. Mortensen		OL	1910				
Mortensen	Metha	Hans Mortensen	R 3, Sebastopol	CN	1921-1922		1	20 Aug. 1912	
Morton	Margaret	Mrs. T. Brazill	27 Post St.	CH	1908-1909	9			
Morton	Willie	W. A. Morton	Country	BS		14	7		
Mosberger	Margaret	F. W. Mosberger	700 West St.	LN	1922		4A	17 July 1912	
Moseley	James			TM	5 Aug. 1918	11	6		
Mosley	Gertie			TM	1917-1919		6		
Mosley	James			TM	4 Aug. 1919		7		
Mosley	James			TM	6 Aug. 1917		5		
Mosley	William	John Mosley	Tomales	TM	1921-1923				
Mosley	William	Jacob Mosley	Tomales	TM	1924-1925			19 Feb. 1915	
Mosley	William	John Mosley	Tomales	TM	1925-1927			19 Feb. 1915	

Surname	Given Name	Parent	Address	SD	Date/Date Range	Within Date Range Age	Within Date Range Gr.	Birth Date	Left/Comments
Mosley	Wm.	Jack Mosley	Tomales	TM	13 June 1924	4		19 Feb. 1914	
Mossburger	Evelyn	S. Mossburger	700 Western Ave.	LN	1921-1922		1A	24 Nov. 1915	
Mossford	Joseph			PE	1895-1896		Chart		
Mossi	Bennie			PK	1910	3		14 Oct. 1905	
Mossi	Josephine	Henry Mossi	1406 3rd St.	BS	1907-1908	6			
Mossi	Josephine	H. Mossi	345 3rd St.	BS	17 Aug. 1908	7			
Mossi	Josephine	H. Mossi	Main St.	BS	18 Jan. 1909	7			
Mossi	Josephine	H. Mossi	210 5th St.	BS	1909-1911	8	1A		
Mossi	Leo		Oak & Liberty St.	PK	1910	5		3 July 1905	
Mossi	Minnie	H. Mossi	210 5th St.	BS	1909-1911	6	1A		
Mossi	Minnie	Henry Mossi	3rd St.	BS	1908-1910	6			
Mossi	Minnie	H. Mossi	Main St.	BS	18 Jan. 1909	6			
Mossie	Theodore			LJ	1916-1920	7	1		
Mossler	Dorothy	Fred Mossler		OL	1 June 1917		6		
Mossler	Freddy	Fred Mossler		OL	1919-1923		2		
Mossler	Freddy	Fred Mossler		OL	1 June 1917		K		
Mossler	Wilbur	George Mossler	Santa Rosa	OL	1919-1923		7	12 Feb. 1911	
Mott	Dorothy	R. J. Mott	Box 10, Rt. 2	BS	1908-1909	6			
Mott	Dorothy	R. Mott	Cleveland Lane	BS	18 Jan. 1909	7	1A		
Mott	Florence	J. Mott	1060 Washington St.	BS	1905-1907	13			
Mott	Florence	Mrs. Frances Mott	1060 Washington St.	BS	1905-1907	13			
Mott	Genevieve	Richard J. Mott	RFD 2	BS	1905-1907	11			
Mott	Genevieve	R. J. Mott	Rural 2	CH	1908-1909	14			
Mott	Helen	Richard Mott	(outside)	BS	1905-1907	12	4		
Mott	Helen	R. J. Mott	West Ave.	CH	1908-1909	14			
Mott	Helen	R. J. Mott	RFD 2	CH	1907-1909	15 1/2			
Mountain	Floyd			OL	1902-1903				
Mouroux	Raymond	Charles Mouroux	18 Post St.	LN	1919	7	1B		
Moze	Alice	Frank Moze		EC	1925			26 June 1913	left

Surname	Given Name	Parent	Address	SD	Date/Date Range	Within Date Range		Birth Date	Left/Comments
						Age	Gr.		
Mozzetti	Almo	Bob Mozzetti	409 Jefferson St.	ML	Aug. 1922			4 June 1911	
Mozzetti	Olga	Bob Mozzetti	409 Jefferson St.	ML	Aug. 1922			5 Dec. 1913	
Mudd	Evelyn	V. C. Mudd	Sebastopol	EC	1925-1926			15 May 1914	
Mudd	Evelyn	Chester Mudd	R 3, Sebastopol	CN	1925-1929			15 May 1914	
Mudd	Frances	V. C. Mudd	Sebastopol	EC	1925-1927	14		20 Dec. 1911	
Mukaida	Matsumi	K. Mukaida		OL	1929-1930			23 Aug. 1923	
Mukaida	Tom			OL	1929-1930			23 Dec. 1919	
Muller	Alfred	Mrs. D. Muller	688 Walnut St.	BS	1905-1907	11			
Muller	Rosa	Mrs. M. Muller		BS		13	6		
Mulvenay	Genevieve			TM	11 Aug. 1902				
Mulvenay	John			TM	11 Aug. 1902				
Mulvenay	John			TM	27 Dec. 1905		5		
Munday	Jessie	Thos. Munday	Main St.	CH	3 Sept. 1894	7			
Munday	Jessie	Thos. Munday	Kentucky St.	CH	1898	11	5		
Murken	Adelina	A. H. Murken	426 Upham St.	BS	1909	9			
Murken	Adelina	Mrs. H. Hammermann	428 Upham St.	CH	1908-1909	12			aunt
Murken	Adeline	H. Hammermann	428 Upham St.	CH	1907-1909	13 1/2			
Murken	Henry	Mrs. Hammerman	424 Upham St.	BS	1907-1909	8	2		
Murken	Henry	H. Murken	West St.	BS	20 Aug. 1906	8	2		
Murken	Matilda	Alfred C. Murken	426 Upham St.	BS	Fall 1906	9			
Murken	Matilda	H. M. Murken	Upham St.	BS	1905-1909	9			
Murken	Matilda	Mrs. H. Hammermann	428 Upham St.	CH	1908-1909	13			
Murokami	Nuboka	S. Murokami	R 3, Sebastopol	CN	Aug. 1927				
Murphey	Georgia	H. Murphey	R 5	LN	Aug. 1922		L1	5 Apr. 1919	
Murphy	Anna		316 Keller	PK	1910	6		3 Sept. 1916	
Murphy	Calvin	E. M. Murphy	Gallant & Liberty Sts	BS	1905-1907	13		25 Feb. 1905	
Murphy	Charles	Henry Murphy	690 Fair St.	BS	20 Aug. 1906	6			
Murphy	Charles	Henry Murphy	619 Fair St.	BS	1907-1909	7			

Surname	Given Name	Parent	Address	SD	Date/Date Range	Within Date Range		Birth Date	Left/Comments
						Age	Gr.		
Murphy	Charles	Henry Murphy	19 Fair St.	BS	1908-1909	8	1A		
Murphy	Clara			PK	1895				
Murphy	Florence	H. J. Murphy	619 Fair St.	BS	1905-1907	11			
Murphy	Florence M.	Henry Murphy	19 Fair St.	CH	1907-1910	15			
Murphy	George	E. M. Murphy	Gallant & Liberty Sts	BS	1905-1907	12			
Murphy	Gerald	W. A. Murphy	727 Kentucky St.	PK	1903	4			
Murphy	Grace	James Murphy	113 Keller St.	LN	1919-1920	8	4B		
Murphy	Harry		3rd St.	PK	1914	4			
Murphy	Harry	Harry Murphy	904 I St.	LN	1919-1921			29 June 1911	
Murphy	James		306 Bassett St.	PK	5 Aug. 1918			28 Oct. 1912	
Murphy	James		227 6th St.	LN	1922		4A	28 Oct. 1912	
Murphy	James			PO	14 July 1874				left 30 July 1874
Murphy	Lillie			BS	1895-1896				
Murphy	Lola	Mr. Murphy	Bodega Bay	BY	1893-1895	11			
Murphy	Mary	Mrs. Mary Murphy	Galland St.	BS	Fall 1906	9			
Murphy	Mary	E. M. Murphy	Liberty St.	BS	1905-1907	9			
Murphy	Mary			PO	14 July 1874				left 29 July 1874
Murphy	Newton			PK	1895-1896				
Murphy	Raymond	W. A. Murphy		CH	1908-1909	14	Fr.		
Murphy	Robert	W. A. Murphy	315 Kentucky St.	CH	1908	15			
Murphy	Walter	H. J. Murphy	619 Fair St.	BS	1909	10			
Murphy	Walter	Henry Murphy	19 Fair St.	CH	1908-1909	11			
Murray	A. R.			PO	8 Nov. 1875		6		school closed 19 Nov. 1875
Murray	Annie	Thos. Murray	Bodega	PO	1874-1877				
Murray	C. E.			PO	8 Nov. 1875		7		school closed 19 Nov. 1875
Murray	Elmer	Mrs. Louise Zunino	R 3, Sebastopol	CN	Sept. 1922		2	9 Oct. 1913	
Murray	Emily	Thos. Murray	Bodega	PO		5			
Murray	F.			PO	8 Nov. 1875		6		school closed 19 Nov. 1875

Surname	Given Name	Parent	Address	SD	Date/Date Range	Within Date Range Age	Within Date Range Gr.	Birth Date	Left/Comments
Murray	Hattie		Bodega	PO	14 July 1874				
Murray	Johnnie	Thos. Murray	Bodega	PO	1874-1876				
Murray	Kittie	Thos. Murray	Bodega	PO	1874-1876	7			15 Nov. 1876
Musselman	Rob.		Santa Rosa	HC	Nov. 1902	14			
Musselman	Wm.		Santa Rosa	HC	Nov. 1902	6			
Myamota	George	Mr. Myamota	Windsor	OL	1924-1925				
Myer	Marion		620 B. St.	PK	1922			11 Sept. 1912	
Myers	Charles	Chas. B. Myers	R 3, Sebastopol	MV	1926-1930			19 Sept. 1918	
Myers	Clifford	Charles B. Myers	R 3, Sebastopol	MV	1927-1931			4 May 1916	
Myers	Delbert			PK	1927-1928			6 Dec. 1919	moved
Myers	Eugene	Chas. B. Myers	R 3	MV	1930-1931				
Myers	Evelyn	Chas. B. Myers	R 3, Sebastopol	MV	1926-1927			21 Jan. 1921	
Myers	Evelyn	Chas. Myers	R 3, Sebastopol	MV	1927-1931			15 Aug. 1917	
Myers	Fred	Fred Meyers	821 Western Ave.	LN	Aug. 1922		1A	20 Aug. 1917	
Myers	Kenneth	Chas. Myers	R 3, Sebastopol	MV	1926-1930			20 Apr. 1915	
Myers	Leonard	F. H. Myers	1159 3rd St.	BS	1904-1908	8	2	4 Mar. 1915	
Myers	Leonard	F. H. Myers	308 3rd St.	CH	1908-1909	11			
Myers	Leonard	F. H. Myers	308 3rd St.	BS	Spring 1908	11	5A		
Myers	Lorene	F. H. Myers	1159 3rd St.	BS	1905-1907	12			
Myers	Melvin	Chas. Myers	R 3	MV	1926-1927			23 July 1913	
Mynatt	Alta	V. D. Peek	524 Kent St.	BS	Spring 1908	12	5B		
Mynatt	Alta	V. D. Peek	11 7th St.	CH	1908-1909	13			
Mynatt	Alta	V. D. Peek	231 Keller St.	BS	Jan. 1908	13			
Mynatt	Carl	V. D. Peek	524 Kent St.	BS	Spring 1908	14	5B		
Mynatt	Carl	V. D. Peek	11 7th St.	CH	1908-1909	15			
Mynatt	Carl	V. D. Peek	231 Keller St.	BS	Jan. 1908	15			
Mynatt	Grace	D. R. Wilson	433 Keokuk St.	CH	1908-1909	10			
Mynatt	Grace	Mrs. V. D. Peck	517 Bassett St.	CH		13			
Mynatt	Grace			BS	1908-1909				
Mynatt	Lena	G. P. Mynatt	Baker St.	BS	1907-1909	8	1A		
Mynatt	Lena	Delland Peek	11 7th St.	CH	1908-1909	9			
Mynatt	Lena	Dillard Peek	11 7th St.	BS	1909	10			

Surname	Given Name	Parent	Address	SD	Date/Date Range	Within Date Range Age	Within Date Range Gr.	Birth Date	Left/Comments
Nagy	Margaret	Carl Nagy	R 3, Sebastopol	MV	1929-1931			25 Apr. 1921	
Nakagawa	Junie	Chas. Nakagawa	Santa Rosa	OL	1927-1929			1 Mar. 1921	
Nall	Ronald	Mrs. Florence Nall	Tomales	TM	1924-1925		4	24 Aug. 1915	
Nall	Ronald	Alfred Nall	Tomales	TM	1926-1927			24 Aug. 1915	
Nall	Ronald Herbert	Albert Nall	Bloomfield	BL	1922 (?)			24 Aug. 1915	
Nall	Wallace			TM	1923-1924			24 Jan. 1912	
Namba	Ruth	Mr. Namba	Windsor	OL	1926-1930			30 Nov. 1919	
Namba	Titsuo			OL	1926-1927				
Nambo	Titsue		Windsor	OL	15 June 1923		L2	25 Sept. 1914	
Nambo	Titsul	N. Nambo	Windsor	OL	1921-1922		L1	25 Sept. 1914	
Nash	Bill	Mrs. F. Nash	137 Liberty St.	LN	Jan. 1921		3B	21 Sept. 1911	
Nash	Bill	A. E. Nash	800 Keokuk St.	LN	9 Aug. 1920		2A	21 Sept. 1911	left 14 Mar. 1921
Nash	Helvey	Chas. Nash	Howard St.	CH	1897-1899	9			
Nash	Kelvie Brice	Brice Nash	Howard St.	CH	17 Aug. 1896	7			
Nash	Kelvie Brice	Charles Nash	Howard St.	CH	1898	10	2		
Nash	Kelvie Brice			PK	2 Sept. 1895				
Nathkemper	Herman	F. Nathkemper	1167 3rd St.	BS	1905-1907	10			
Nattkemper	Anita	F. Nattkemper	1059 3rd St.	BS	1905-1907	13			
Nattkemper	Anita	Herman Nauert	1167 3rd St.	BS	1906-1908	13	8B		
Nattkemper	Emil	F. Nattkemper	1059 3rd St.	BS	1906-1908	14	8B		
Nattkemper	Herman	Fred Nattkemper	316 3rd St.	BS	1908-1909	12			
Nauert	Allen	Herman Nauert	415 2nd St.	BS	1908-1911	7			
Nauert	Carl	H. F. Nauert	616 2nd St.	CH	1901-1903	7			
Nauert	Carl	Herman Nauert	616 2nd St.	BS	1909	11			
Nauert	Carl	H. F. Nauert	616 2nd St.	BS	1905-1907	12			
Nauert	Carl	H. F. Nauert	114 3rd St.	CH	1908-1909	14			
Nauert	Carol	H. F. Nauert	415 2nd St.	CH		14			
Nauert	Frank	Henry Nauert	622 2nd St.	BS	1909	10			
Nauert	Frank	Henry Nauert	421 2nd St.	CH	1908-1909	11			
Nauert	Frank	Henry Nauert	622 2nd St.	BS	1905-1907	11			
Nauert	Frank Light	Mrs. H. Nauert	622 2nd St.	CH	1901-1903	6			
Nauert	Fred	H. F. Nauert	2nd St.	BS	1892-1893	10			

Surname	Given Name	Parent	Address	SD	Date/Date Range	Age	Gr.	Birth Date	Left/Comments
Nauert	Fred	H. F. Nauert	616 2nd St.	CH	1895-1896	13			
Nauert	Freddie	Henry Nauert	622 2nd	BS	1903-1908	13	8B		
Nauert	Hattie	H. F. Nauert	2nd St.	BS	1897	14	7		
Nauert	Matilda	H. F. Nauert	616 2nd	BS	1906-1908	14	7A		
Nauert	Muriel		417 Fair St.	PK	Fall 1919			4 Nov. 1914	
Nauert	Verna	H. F. Nauert	415 2nd St.	BS	1908-1909	12			
Nauert	Viola	F. A. Nauert	2rd & G Sts.	CH	1901-1903	6			
Nauert	Viola	Fred Nauert	956 G St.	BS	1905-1908	10			
Nauert	Viola	Fred Nauert	110 G St.	CH	1907-1909	14			
Nauert	Willie	Herman Nauert	616 2nd St.	BS	1908-1909	12	6		
Nauert	Verna	H. F. Nauert	415 2nd St.	CH	1908-1909	12			
Neal	Norman	Mrs. Chris Nisson	RFD 4	CH	7 Aug. 1922	11		13 Oct. 1910	
Needham	Virginia	Rev. J. Needham	217 Western Ave.	BS	1909-1910	6			
Neil	Marie	D. G. Neil	320 Keokuk St.	CH	7 Aug. 1922	13		9 Sept. 1909	
Neill	Laura	Dan Brown	5th St.	BS	1892-1893	10			
Neilsen	Carl	L. W. Neilsen	Western Ave.	BS	9 Aug. 1909	8			
Neilsen	Carl	Louis Neilsen	Dana St.	BS	1909	11			
Neilsen	Elmer	Louis Neilsen	Western Ave.	LN	25 Aug. 1919	7	2A		
Neilsen	Elmer		Western Ave.	LN	1921				
Neilsen	Elmer	Will Neilsen	R 3, Sebastopol	CN	Aug. 1926			3 Nov. 1913	
Neilsen	Franklin	Will Neilsen	R 3, Sebastopol	CN	Aug. 1926			4 Aug. 1915	
Neilsen	Leo	L. W. Neilsen	Western Ave. Ext.	LN	1920-1921	6	1B	9 July 1914	
Neilsen	Melvin	L. W. Neilsen	Western Ave.	BS	9 Aug. 1909	6			
Neilsen	Melvin	Louis Neilsen	Dana St.	BS	1909	9			
Neilsen	Mildred	Will Neilsen	R 3, Sebastopol	CN	Aug. 1926			28 Feb. 1912	
Neilson	Elmer	Louis Neilson	Rt. 2	LN	1920-1921			18 Mar. 1912	
Neilson	Leo	L. W. Neilsen	Western Ave. Ext.	LN	1920-1921		1B	9 July 1914	
Neilson	Meta	P. Neilson	Mt. View Ave.	BS		11			
Neilson	Moddie	P. Neilson	Mt. View Ave.	BS	1900				
Neilson	Ruth	P. Neilson	560 F St.	BS	1905-1907	6			
Neinfeldt	Ruby	F. Neinfeldt	Sunny Slope Ave.	BS	Jan. 1909	6			
Neinfeldt	Ruby	Albert Neinfeldt	Sunny Slope Ave.	BS	1909-1911	7	1A		

-241-

Surname	Given Name	Parent	Address	SD	Date/Date Range	Age	Gr.	Birth Date	Left/Comments
Neles	Henry		Bodega	PO	1874-1875				
Neles	Johnnie			PO	11 Sept. 1876		8		
Neles	L.			PO	8 Nov. 1875		7		school closed 19 Nov. 1875
Neles	Lawrence			PO	1874-1877				
Nellis	Mary	G. Nellis	D & 4th Sts.	LN	1920-1921		1B	20 Oct. 1910	
Nelsen	Alfred	Ole Nelsen	1165 Washington St.	CH	1901-1903	6			
Nelsen	Alvin	A. Nelsen	R 3, Sebastopol	MV	1921-1924		3	22 Sept. 1909	
Nelsen	Everett	Mrs. H. J. Nelsen	Sebastopol	MV	1920-1921	10	2	2 July 1911	
Nelsen	Everett	H. G. Nelsen	R 3, Sebastopol	MV	1920-1922	11	3	2 July 1911	
Nelsen	Everett	H. J. Nelsen	RR 3, Box 199	MV	1924-1927			2 July 1911	
Nelsen	Leonard	Richard Nelsen	Penngrove	CH	9 Aug. 1922	13			
Nelsen	Vollman	H. J. Nelsen	R 3, Sebastopol	MV	1920-1927	10	3	10 Nov. 1910	
Nelson	Ada	John Nelson	19 Webster St.	CH	1908-1909	10		3 June 1912	
Nelson	Ada	J. N. Nelson	Cherry St.	CH	1908-1909	10			
Nelson	Amezy	Silas N. Sutten	501 Main St.	PK	1903	4			
Nelson	Anita			TM	4 Aug. 1919		5		
Nelson	Bengt James	Capt. N. M. Nelson	Sebastopol	EC	1927-1931			16 Sept. 1921	
Nelson	Clyde	Olif Nelson	Mt. View Ave.	CH	1908-1909	11			
Nelson	Emma	N. Nelson	Kent & Kentucky Sts.	BS	1906	10			
Nelson	Emma	N. Nelson	Main St.	BS	1906	11			
Nelson	Esther	Peter Nelson	Fair St.	BS	Jan. 1908	6			
Nelson	Everett	Mrs. Minnie Nelson	R 3, Sebastopol	MV	1923-1924		3	16 Dec. 1911	
Nelson	Francis			BS	1906-1908		8B		
Nelson	Harry			PK	23 Nov. 1896	6			
Nelson	Harry			PK	5 Feb. 1898				
Nelson	Harvey	N. Nelson	Kent & Kentucky Sts.	BS	Spring 1906	12			
Nelson	Hazel	Mrs. N. P. Nelson	Kent & Walnut Sts.	BS	1905-1907	6			
Nelson	Hazel	Mrs. Nelson	1217 3rd St.	BS	20 Aug. 1906	7	1		

Surname	Given Name	Parent	Address	SD	Date/Date Range	Within Date Range Age	Gr.	Birth Date	Left/Comments
Nelson	Lawrence	Silas N. Sutten	501 Main St.	PK	1903	5			
Nelson	LeRoy	Olif Nelson	Mt. View Ave.	CH	1908-1909	13			
Nelson	Marjorie	R. F. Nelson	4 1/2 5th St.	LN	1921	7	1B	13 Sept. 1914	
Nelson	Meta	Peter Nelson	Country	BS	21 Aug. 1899	10			
Nelson	Moddie	Nelson	Country	BS	21 Aug. 1899	9			
Nelson	Newman	Philip L. Nelson	Rt. 1	CH	7 Aug. 1922	12		16 Sept. 1910	
Nelson	Nora			PK	3 Aug. 1896	5			
Nelson	Oliver	John Nelson	19 Webster St.	CH	1908-1909	13			
Nelson	Oliver	Mr. Nelson	Cherry St.	CH		13			
Nelson	Ormond	Mrs. F. U. Nelson	5th St. & C Sts.	BS	1905-1907	6			
Nelson	Ruth	Peter Nelson	1068 6th St.	BS	1905-1907	7			
Nelson	Torn	T. Nelson	Country	CH	1908-1909	9			
Nennfeldt	Fred	A. L. Nennfeldt	RFD 3	BS	1908-1909	11			
Nesbit	Lizzie	Jas. Nesbit	8 Sheldon St.	BS	1908-1910	6			
Nesbit	Lizzie	Jas. Nesbit	220 Sheldon St.	BS	Mar. 1908	8			
Nesbit	Doris			PK	1910	3 1/2		1 Jan. 1906	
Nesbitt	Dorothy	James R. Nesbitt	321 5th St.	LN	1919-1921		1B	2 Sept. 1913	
Nesbitt	Dorothy	James Nesbitt	809 Main St.	LN	1919-1921		2A		
Nesbitt	Dorothy	Jas. Nesbitt	18 Cherry St.	LN	Aug. 1921		3B	2 Sept. 1913	
Nesbitt	Everett			PK	1910				
Nesbitt	Isabel	James R. Nesbitt	510 Sheldon St.	BS	1909	11			
Nesbitt	Isabella	J. R. Nesbitt	Sheldon St.	CH	1901-1903	8			
Nesbitt	Isabelle	J. R. Nesbitt	510 Sheldon St.	BS	1905-1907	12			
Nesbitt	Isabelle	J. R. Nesbitt	220 Sheldon St.	CH	1908-1909	14			
Nesbitt	John	J. R. Nesbitt	510 Sheldon St.	CH	1901-1903	6			
Nesbitt	John	J. Nesbitt	427 Shelton St.	BS	1905-1907	8	1		
Nesbitt	John	J. R. Nesbitt	220 Sheldon St.	CH	1908-1909	12			
Nesbitt	Lizzie	J. Nesbitt	8 Sheldon St.	BS	18 Jan. 1909	8			
Nesbitt	Lizzie	Jas. Nesbitt	Broadway	BS	1909-1911	9	1A		
Nesbitt	Sadie	Jas. Nesbitt	Sheldon St.	BS	1909-1910	6			
Nesbitt	Sadie	Jas. Nesbitt	Bassett St.	BS	1911	8			

Surname	Given Name	Parent	Address	SD	Date/Date Range	Within Date Range Age	Gr.	Birth Date	Left/Comments
Neuman	Leo	George Neuman	Tomales	CH		13			
Neunfeldt	Fred	L. Neunfeldt	Sunny Slope Ave.	BS	1906	8			
Neunfeldt	Fred	A. N. Neunfeldt	Country	BS	1909	9			
Neunfeldt	Fred	A. L. Neunfeldt	Sunny Slope Ave.	BS	1908-1909	11			
Neunfeldt	Fred	A. L. Neunfeldt	Sunny Slope Ave.	BS	1911	12			
Neuman	Ethel			TM	30 Aug. 1909		7		
Neuman	Leo			TM	30 Aug. 1909		8		
Newbegen	Violet	H. S. Newbegen		CH	7 Aug. 1922	12		19 Jan. 1910	
Newburgh	Stella			BS	1899-1900				
Newell	Bessie	E. C. Newell	R 3, Sebastopol	MV	1921-1923	13		11 Aug. 1909	
Newell	Lila	E. C. Newell	R 3, Sebastopol	MV	1921-1922			29 Nov. 1907	grad.
Newell	Vera	E. C. Newell	R 3, Sebastopol	MV	1921-1922		4	14 Mar. 1911	
Newman	Irwin	I. Newman	1108 B, Tomales	CH	1907-1909	14			
Newman	Irwin	Irwin Newman	608 Dist., Tomales	BS	1906-1908	14	8B		
Newman	Leo	Mrs. I. Newman	608 D St.	BS		12			
Nichol	Dudley			PK	1910	4			
Nichol	Jo. Custave			PK	1921			10 Sept. 1917	
Nicholas, Jr.	Gustave			PK	1922			10 Sept. 1917	
Nicholl	Dudley	Dr. Urban	6th St.	PK	3 Aug. 1914			18 July 1909	
Nichols	Mervyn		Liberty St.	BS	Spring 1907		5		
Nichols	Rodney			MV	20 Dec. 1916	14	8		
Nichols, Jr.	Custave		I St. Extension	PK	1920			10 Sept.	
Nicholson	Olga	Mrs. Nicholson	D St.	BS	1906-1908	14	7A		
Nicklas	Joe	M. E. Nicklas	604 7th St.	CH	7 Aug. 1922	13		21 Aug. 1908	
Nickson	Florence	Frank Nickson	1116 6th St.	BS	1905-1907	7	1		
Nickson	Flossie	Frank Nickson	415 6th St.	BS	1908-1909	10			
Nickson	Flossie	Frank Nickson	415 6th St.	CH	1908-1909	12			
Nickson	George	Frank Nickson	415 6th St.	CH	7 Aug. 1922	12		24 Sept. 1909	
Nickson	Nellie	Frank Nickson	1116 6th St.	BS	1907-1909	7			
Nickson	Nellie	F. Nickson	415 6th St.	CH	1908-1909	8			
Nielsen	Elmer	Lewis Nielsen	Western Ave.	LN	1921-1922		4B	18 Mar. 1912	
Nielson	Vaul	P. P. Neilson	Country	BS		13	7		

Surname	Given Name	Parent	Address	SD	Date/Date Range	Within Date Range Age	Within Date Range Gr.	Birth Date	Left/Comments
Niles	John	Owen Niles	Bodega	PO	17 July 1876	5			
Niles	Lawrence	Owen Niles	Bodega	PO		7			3 Nov. 1876
Nilson	Emil			HC	2 Mar. 1914	7	H2		
Nilson	Lenora	Mrs. West	Cor. 7th St.& C Sts.	BS		10			
Nilson	Nora	Mrs. West	Cor. 7th St.& C Sts.	BS	21 Aug. 1899	10			
Nissen	Andrew	Jake Nissen	241 Edith St.	ML	1915				
Nissen	Andrew		433 E. Washington St.	ML	Aug. 1912				
Nissen	Andrew	J. H. Nissen	433 E. Washington St.	ML	Jan. 1914				
Nissen	Annie	Anton Nissen	Rural 2	CH	1908-1909	14			
Nissen	Chas.		433 E. Washington St.	ML	Jan. 1914				
Nissen	Chas.			ML	Aug. 1912				
Nissen	Ella	Anton Nissen	Western Ave.	BS	1906-1908	15	8A		
Nissen	Mabelle			MV	1916-1917	10	7		
Nissen	Maybelle			MV	1916-1917	11	8		
Nissen	Thora	Viggo Nissen	233 Keokuk St.	LN	1919-1920	7	2B		
Nissen	Thora	Viggo Nissen	233 Keokuk St.	LN	Jan. 1922		4B	8 Feb. 1913	
Nissen	Willie	Jake Nissen	241 Edith St.	ML	1915				
Nissen	Willie		433 E. Washington St.	ML	Aug. 1912				
Nissen	Willie	J. H. Nissen	433 E. Washington St.	ML	Jan. 1914				
Nisson	Audrey		627 B St.	PK	Spring 1924			27 May 1919	
Nisson	Audrey		627 D St.	PK	Fall 1924			27 May 1919	
Nisson	Billy		418 6th St.	PK	Fall 1919			15 Oct. 1914	
Nisson	Billy	Jack Nisson	815 D St.	LN	1920-1921		1A	15 Oct. 1913	
Nisson	Edna		233 Keokuk St.	PK	1918-1920			25 Feb. 1915	
Nisson	Edna	Viggo Nisson	233 Keokuk St.	LN	1920-1921		2B	25 Feb. 1915	
Nisson	Elsbeth			PK	1927-1928				
Nisson	Ruth	Eric Nisson	627 B St.	LN	Aug. 1921		L4	20 Aug. 1912	

Surname	Given Name	Parent	Address	SD	Date/ Date Range	Within Date Range Age	Within Date Range Gr.	Birth Date	Left/Comments
Nisson	Thelma		233 Keokuk St.	PK	1919-1922			25 Oct. 1916	
Nisson	Thelma	V. Nisson	233 Keokuk St.	LN	Aug. 1922		L1	25 Oct. 1916	
Nisson	Thora		233 Keokuk St.	PK	18 Feb. 1918			8 Feb. 1913	
Nisson	Thora	A. Nisson	233 Keokuk St.	LN	June 1921		3	8 Feb. 1913	
Nisson	Thora	Viggo Nisson	233 Keokuk St.	LN	1919-1921		3B	10 Feb. 1913	
Noble	Isabel	George Noble	Keller St.	CH	17 Aug. 1896	6			
Nodi	Hanaye	Chi Yoka Nodi	Sebastopol	EC	1928-1929			9 Jan. 1923	
Nodi	Yuka	Chi Yoka Nodi	Sebastopol	EC	1928-1929			19 Dec. 1919	
Nolan	Ellis	W. C. Nolan	604 Adams St.	BS	1909	10			
Noland	Ellis	W. C. Noland	600 Adams St.	ML	Jan. 1912				
Noland	Jesse			ML	Jan. 1912		3B		
Noland	Mancel	Wm. C. Noland	604 East D St.	CH	1908-1909	13			
Nolen	Muriel	H. H. Nolen	Keokuk St.	BS	1905-1907	9			
Noll	Daisy	Mr. Noll	11 Hinman St.	BS	17 Aug. 1908	7			
Nonella	Annie	Mrs. M. G. Nonella	Boyes Springs	FL	16 Aug. 1915	11	6		
Nonella	Dora	Mrs. M. G. Nonella	Boyes Springs	FL	1914-1915	14	6		
Nonella	Eleanor	Mrs. M. G. Nonella	Boyes Springs	FL	16 Aug. 1915	13	7		
Nonella	Estella	Will Nonella	31 Fair St.	LN	1919-1921		3B	2 May 1912	
Nonella	Estelle		Cherry St.	PK	18 Feb. 1918			2 May 1912	
Nonella	Henrietta	M. Nonella		FL	1914-1916	7	2		
Nonella	Henrietta	N. Nonella	Boyes Springs	FL	7 Aug. 1916	10	4		
Nonella	James	M. Nonella		FL	1914-1916	14	2		
Nonella	James	Mrs. N. M. Nonella		FL	4 Aug. 1914	14	3		
Nonella	Livio	Guilio Nonella	I St.	BS	1905-1907	14			
Nonella	Mabel	W. J. Nonella	607 7th St.	CH	7 Aug. 1922	13		9 July 1909	
Nonella	Mable	M. Nonella		FL	1 Jan. 1914?	11	2		
Nonella	Margaret		Cherry St.	PK	18 Feb. 1918			23 June 1914	
Nonella	Margaret	W. J. Nonella	31 Fair St.	LN	1920-1921		1A	23 June 1914	

Surname	Given Name	Parent	Address	SD	Date/Date Range	Age	Gr.	Birth Date	Left/Comments
Nonella	Margaret	Wm. Nonella	607 7th St.	LN	1921-1922			23 June 1914	
Nonella	Marian	M. Nonella		FL	1 Jan. 1914?		2		
Norgan	Jimmie	Vic Norgan	Bodega Bay	BY	1896-1901	11			
Norgan	Tommie	Vic Norgan	Bodega Bay	BY	1896-1901	9			
Noriel	Roland	Joseph Noriel	225 Wilson St.	ML	1921		Rec.	15 Aug. 1915	
Noriel	Ronald	Joseph Noriel	225 Wilson St.	ML	1921-1922			15 Aug. 1915	
Noriel	Susie	J. C. Noriel	745 Bremen St.	CH	1908-1909	12			
Norman	Doris	J. Norman	820 B St.	LN	1919-1920	9	4B		
Norman	Doris	C. J. Norman	820 B St.	CH	9 Aug. 1922	12		23 June 1910	
Norman	Doris	Jesse Norman	820 B St.	PK	1914			23 June 1910	
Norman	Dorothy	A. Norman	Mt. View Ave.	BS	19 Aug. 1907	8			
Norman	Dorothy	Wm. J. Norman	Mt. View Ave.	BS	1906-1909	8	1A		
Norman	Earl		820 B St.	PK	1910	6		11 Feb. 1905	
Northern	Maude	S. G. Northern	1010 F St.D61	CH	7 Aug. 1922	14		24 Mar. 1908	
Northern	Norma	Sam Northern	525 E. D St.	ML	1918-1919		4A		
Northern	Norma	Sam Northern	525 Edith St.	ML	1919		2B		
Northern	Norma	S. G. Northern	511 Central Ave.	LN	1920-1921		3B	26 Feb. 1911	from Olive St. School
Northern	Norma	S. Northern	1010 A St.	LN	Aug. 1921		L4	26 Feb. 1911	
Northern	Norma	S. G. Northern	R. 3, Box 186 1/2	MV	1924-1925		6	26 Feb. 1911	
Northern	Sam	S. G. Northern	511 Central Ave.	LN	1920-1921		1B	11 May 1914	
Northern	Tammy	S. G. Northern	RR 3, Box 86 1/2	MV	1924-1925			11 May 1915	
Northern	Maud	Sam Northern	525 E. D St.	ML	1919		4A		
Northrup	Lenna	Charles Northrup	Liberty St.	CH	1898	7	2		
Northrup	Lenna	C. F. Northrup	733 Liberty St.	BS	1905-1908	14			Left 22 Aug. 1898
Northrup	Lunna			PK	1 Aug. 1898	6			
Northway	Martha			PK	1910	4			
Norton	Carrie		Annapolis	HC	29 Oct. 1877				
Norton	Eldridge		Annapolis	HC	29 Oct. 1877				
Norton	Harold	J. Norton	219 Keller St.	LN	1920-1921			3 Jan. 1912	
Norton	Harold	Mrs. B. Norton	304 Galland St.	LN	1920-1921			3 Jan. 1910	
Norton	Jas.		Annapolis	HC	29 Oct. 1877				

Surname	Given Name	Parent	Address	SD	Date/Date Range	Age	Gr.	Birth Date	Left/Comments
Norton	Jessie		Annapolis	HC	29 Oct. 1877				
Norton	Lennette			BS					
Norton	Lottie	Chas. Norton	412 Harris St.	BS	1906-1908	15	8B		
Norton	Mary		Annapolis	HC	29 Oct. 1877				
Norton	Maud			BS	1898				
Norton	Rosa		Annapolis	HC	29 Oct. 1877				
Noshkin	Alexander		Del Mar	SA	2 Dec. 1912	12	A1		
Noshkin	Katherine		Del Mar	SA	2 Dec. 1912	13	B1		
Noshkin	Love		Del Mar	SA	2 Dec. 1912	7	A1		
Noshkin	Nadia		Del Mar	SA	2 Dec. 1912	11	A3		
Noshkin	Vena		Del Mar	SA	2 Dec. 1912	10	A1		
Noshkin	Victor		Del Mar	SA	2 Dec. 1912	6	A1		
Nowag	Ethlyn	Rev. G. B. Nowag	English St.	CH	7 Aug. 1922	13		29 Oct. 1908	
Nowag	Mary	Rev. G. B. Nowag	English St.	CH	7 Aug. 1922	11		10 Dec. 1910	
Nowell	Wesley		217 Fair St.	PK	20 Aug. 1928			Feb. 1924	
Nuenfeldt	Freddie	Mr. Nuenfeldt	Sunny Slope Ave.	BS	1905-1907	8	1		
Nuggleston	Ernest Bayleee		514 Liberty St.	PK	19 Aug. 1929			4 Aug. 1925	
Null	Joyce		511 Main St.	PK	1928-1929			29 Jan. 1923	
Null	Joyce		571 Main St.	PK	20 Aug. 1928			29 Jan. 1923	
Nullmeyer	Fred	Fred Nullmeyer	636 F St.	BS	1909				
Nunan	Dan Ray	Mrs. Florence Nunan		CH	7 Aug. 1922	16		8 Mar. 1906	
Nunes	Manuel			ES	1905	13	2		
Nunfeldt	Ruby	F. Nunfeldt	Sunny Slope Ave.	BS	9 Aug. 1909	6	2		
Nydeggar	Annie			OL	29 July 1901		5		
Nydeggar	Emil			OL	5 Aug. 1901		6		
Nydeggar	Fred			OL	5 Aug. 1901		1		
Nydeggar	Ruth			OL	29 July 1901				
Nydegger	Annie			OL	1902-1903	11			
Nydegger	Ruth			OL	1902-1904	9			
Nygad	Oliver			HC	19 Aug. 1918		H2		
Oakes	Lena	F. T. Oakes	573 Bremen St.	BS		13	5		

Surname	Given Name	Parent	Address	SD	Date/Date Range	Within Date Range		Birth Date	Left/Comments
						Age	Gr.		
Obanion	Leslie		Batchelder Office	PK	19 Aug. 1929			Nov. 1925	
O'Banion	Shirley		Batchelder Office	PK	20 Aug. 1928			1 Sept. 1923	
Oberg	David	David L. Oberg	346 Keokuk St.	LN	1921-1922		1A	19 Dec. 1914	
Oberg	David	D. Oberg	222 Walnut St.	LN	1920-1921		1B	19 Dec. 1914	
Oberg	Ethel	Andrew Oberg	519 6th St.	BS	9 Aug. 1909	6			
Oberg	Hazel	Andrew Oberg	Cor. 6th & H Sts.	BS	1907-1909	8			
Oberg	Hazel	Andrew Oberg	519 6th St.	CH	1908-1909	9	1A		
O'Brien	Willie	J. O'Brien	6th St. bet F & E	BS	5 Sept. 1892	12			
Ochsner	Arthur	A. Ochsner	Liberty St.	BS	Spring 1907		5		
O'Connor	August	Ed O'Connor	Boyes Springs	FL	1914-1915	13	7		
O'Donnell	Anna			FL	13 Aug. 1917	12	4		
Oeljen	Helen	Wm. Oeljen	501 Prospect St.	LN	9 Aug. 1920			14 Apr. 1912	
Oellig	Ruth	Howard Oellig	805 D St.	BS	1906-1908	13	8B		
Oellig	Ruth	H. Oellig	419 D St.	CH	1908-1909	14			
Oeltjen	Clarice	Will Oeltjen	501 Prospect St.	LN	1919-1921	10	4B		
Oeltjen	Clarice	W. T. Oeltjen	501 Prospect St.	CH	7 Aug. 1922	12		14 Aug. 1909	
Oeltjen	Georgetta		503 Prospect St.	PK	Spring 1923			13 Jan. 1919	
Oeltjen	Helen	Will Oeltjen	501 Prospect St.	LN	1919-1922		4B	14 Apr. 1912	
Oeltjen	Jeanice	Will Oeltjen	501 Prospect St.	LN	1919-1921	10	4B		
Oeltjen	Jeanice	W. T. Oeltjen	501 Prospect St.	CH	7 Aug. 1922	12		14 Aug. 1909	
Oeltjen	Tillie	John Oeltjen	501 Prospect St.	BS	1905-1908	13	8B		
Oeltjen	Tillie	J. H. Oeltjen	252 Howard St.	CH	1908	14			
Oeltjin	Lillie	J. H. Oeltjen	252 Howard St.	CH	1908-1909	14			
Offut	Jennie	Mrs. Chas. Offut	533 Main St.	BS	1906-1908	15	8B		
Offutt	Bobbie		509 Main St.	PK	Spring 1924			2 May 1919	
Offutt	Charles	Chas. Offutt	Main St.	BS	1905-1907	7	1		
Offutt	Charles	C. A. Offutt	509 Main St.	BS	1911	12			
Offutt	Charlie	Chas. Offutt	533 Main St.	BS	1906-1907	8	2		
Offutt	Charlie	Chas. Offutt	509 Main St.	BS	1908-1909	11			
Offutt	Charlie R.		509 Main St.	PK	Fall 1924			2 May 1919	
Offutt	Dorothy	A. L. Offutt	Kenilworth Dr.	CH	7 Aug. 1922	11		6 Feb. 1911	
Offutt	Dorothy	John Offutt	Kenilworth Park	ML	1919		4B		

-249-

Surname	Given Name	Parent	Address	SD	Date/ Date Range	Within Date Range		Birth Date	Left/Comments
						Age	Gr.		
Offutt	Ella	J. W. Offutt	26 Bassett St.	CH	1907-1910				
O'Hara	Bernard			PK	1895-1896				
O'Hara	Bernard Edward	B. E. O'Hara	Penngrove	CH	7 Aug. 1922	11		22 Mar. 1911	
O'Hara	Jewl			PK	1895-1896				
O'Hara	Jule			PK	16 Nov. 1896				
Ohler	Eleanor	Clinton Ohler	402 3rd St.	LN	1921		4B	15 Mar. 1911	left
Ohler	George	Clinton Ohler	3rd & F Sts.	LN	1921			7 Oct. 1912	left 9 Nov. 1921
O'Keefe	Joseph	M. Callan		TM	1887-1889	15			
Olberg	Jeanne		411 C St.	PK	Fall 1924			15 May 1920	
Olberg	Jeanne		700 West St.	PK	Spring 1924			11 May 1920	
Olberg	Stirling		411 C St.	PK	Fall 1924			24 Mar. 1919	
Olberg	Stirling		700 West St.	PK	Spring 1924			24 Mar. 1919	
Oleson	Dora	Ed. Oleson	Fettesr Springs	FL	7 Aug. 1916	11	4		
Olis	Stanley			HC				21 Nov. 1907	
Ollis	Kenneth			BS	1909				
Olmstead	Dorothy	Mrs. J. E. Olmstead	732 Liberty St.	BS	1905-1907	6			
Olmstead	Dorothy	Mr. Olmstead	1132 Liberty St.	BS	1906-1907	7			
Olmsted	Aletha	J. A. Olmstead	320 6th St.	CH	7 Aug. 1922	14		6 May 1908	
Olmsted	Clay	John A. Olmsted	318 Liberty St.	PK	1914	5		21 July 1909	
Olmsted	Clay	John Olmsted	320 6th St.	LN	1919-1921			21 July 1909	
Olmsted	Dorothy	James E. Olmsted	823 D St.	CH	1908-1909	8			
Olmsted	Geneva	John Olmsted	203 6th St.	LN	1919-1921		1A	9 Sept. 1911	
Olmsted	Geneva	John Olmsted	302 6th St.	LN	1920-1921		1A	9 Sept. 1911	
Olmsted	Geneva	John Olmsted	624 F St.	LN	1921		1B	9 Sept. 1911	
Olmsted	Geneva	John Olmsted	318 Liberty St.	LN	1921		2B	9 Sept. 1911	
Olmsted	Helen	J. E. Olmsted	840 Liberty St.	BS	1903-1905	8	2		
Olmsted	Helen	J. E. Olmsted	732 Liberty St.	BS	1905-1907	10			
Olmsted	Helen	J. E. Olmsted	732 Liberty St.	BS	1909	12			
Olmsted	Helen	J. E. Olmsted	823 D St.	CH	1908-1909	13			
Olmsted	Junior	John A. Olmsted	Liberty St.	PK	1914	4		2 Aug. 1910	
Olmsted	Junior	John A. Olmsted	318 Liberty St.	LN	1919-1921	9	4B		

-250-

Surname	Given Name	Parent	Address	SD	Date/Date Range	Within Date Range		Birth Date	Left/Comments
						Age	Gr.		
Olmsted	Junior	J. A. Olmsted	320 6th St.	CH	7 Aug. 1922	12		2 Aug. 1910	
Olmsted	Pearl	J. A. Olmsted	Liberty St.	PK	1910	4			
Oloen	Jennie	John H. West	Annapolis	HC	11 Feb. 1901				
Olsen	Alvin	Hans Olsen	807 F St.	LN	1921	6	1B	15 July 1915	
Olsen	Alvin	Iner Olsen	807 F St.	LN	1921-1922		1A	15 July 1915	
Olsen	Bertha	Mrs. E. D. Olsen	Fetters Springs	FL	1914-1915	15	8		
Olsen	Dora	Mrs. E. D. Olsen	Fetters Springs	FL	1914-1915	10	3		
Olsen	Elmer	B. Olson	Post St.	BS	1907-1909	8	1A		
Olsen	Elsie		McNear Ave.	PK	Fall 1924			15 June 1919	
Olsen	Elvin	B. Olson	Post St.	BS	1907-1909	8	1A		
Olsen	Gordon	J. Olsen	Marshall Ave.	CH	7 Aug. 1922	13		21 Dec. 1908	
Olsen	Jennie	J. H. West		HC	1907	11			
Olsen	Keith	Mrs. Emma Olsen	Fetters Springs	FL	15 Sept. 1930	14	8	31 Aug. 1916	left 12 Dec.
Olsen	Louis	G. Olsen	8th & F Sts.	BS	14 Aug. 1905	9			
Olsen	Lulu	Hans Olsen	807 F St.	LN	1920-1921			2 Nov. 1910	
Olsen	Ruth	Mrs. Emma Olsen	Fetters Springs	FL	1917-1929	12	6	31 Aug. 1916	
Olsen	Ruth	Mrs. E. Olsen	Agua Caliente	FL	1924			31 Aug. 1916	
Olson	Clara	J. Olson	Bay	BY	1928-1929			29 Apr. 1924	
Olson	Ethel	J. Olson	Bay	BY	1928-1929			12 Apr. 1916	
Olson	Jennie	John H. West	District	HC	Nov. 1902	9			
Olson	Jennie	John H. West	District	HC	June 1904	10			
Olson	Joe	J. Olson	Bay	BY	1928-1929			5 Apr. 1919	
Olson	Victor	J. Olson	Bay	BY	1928-1929			3 Apr. 1922	
Olson	Wedwin	Mrs. Peter Olson	Rt. 3, Sebastopol	EC	1930-1931			26 Jan. 1920	
O'Neil	Dorothy		Keokuk St.	PK	5 Aug. 1918				
O'Neill	Catherine	Mrs. C. F. Sperry	R 3	MV	1926-1927			19 Jan. 1914	
O'Neill	Frank			CH	1898		5		
Onell	Emmie	E. Onell	433 Upham St.	BS	Jan. 1907	8	2		
Orcott	Joe		415 Upham St.	PK	1927-1928			16 Nov. 1924	
Orcutt	Joe		415 Upham St.	PK	20 Aug. 1928			16 Nov. 1924	
Ore	Leroy	C. C. Boysen	Rt. 4	CH	7 Aug. 1922	16		2 Aug. 1906	
Orloff	Esther	M. E. Orloff	Rt. 4	CH	7 Aug. 1922	11		3 Sept. 1911	

Surname	Given Name	Parent	Address	SD	Date/ Date Range	Within Date Range Age	Gr.	Birth Date	Left/Comments
Ormsby	Ernestine	E. Ormsby	I St.	BS	18 Jan. 1909	8			
Ormsby	Whitney	Ernest Ormsby	Mt.View Ave.	BS	9 Aug. 1909	6			
Ormsby	Whitney	E. W. Ormsby	I St.	BS	Feb. 1909	7			
Orogeniete	Andrea			LN	Aug. 1921		3A	12 Nov. 1909	
Ortega	George	Ralph Ortega	Sebastopol	EC	1930-1931			3 Aug. 1924	
Orth	Louis	Mrs. H. Orth	474 I St.	BS		11			
Orth	Willie	N. Orth	I St.	BS	21 Aug. 1899	9			
Orth	Willie	Mrs. H. Orth	4th St.	BS	1900	10			
Orth	Willie	Mrs. Helen Orth	1273 4th St.	BS	1906-1908	14	8B		
Ortman	Doris	Avill Ortman	873 Post St.	BS	1906-1909	7			
Ortman	Doris	Wm. Ortman	8 Post St.	CH	1908-1909	10			
Ortman	Norman			PK	1 Aug. 1898	6			Left 26 Aug. 1898
Ortman	Norman			PE	22 Aug. 1898		1B		
Ortman	Norman			PK	1896				
Ortman	Willie	George Ortman	Liberty St.	CH	1898	9	2		
Ortman	Willie			PE			1A		
Ortman	Willie			PK	1896				
Ortmann	Wm.	George Ortmann	Washington St.	CH	17 Aug. 1896	6			
Osborn	Arabell	Wood Osborn		OL	29 May 1919	7			
Osborn	Esslea			CH		2			
Osborn	Ethel	Will Osborn	10 Laurel Ave.	LN	1919-1920	7	2B		
Osborn	Gloria	Mr. L. Osborn	128 Keller St.	BS	1909	8			
Osborn	Laurence	Wm. G. Osborn	10 Laurel Ave.	LN	1920-1921			25 Aug. 1909	
Osborn	Lawrence	Wm. G. Osborn	10 Laurel Ave.	LN	1920-1921		4B	25 Aug. 1910	
Osborn	Neoma	Wood Osborn		OL	29 May 1919		7		
Osborn	Olive	Mrs. C. Osborn	11 Hinman St.	CH	7 Aug. 1922	14		7 Oct. 1907	
Osborn	Ethel	Will Osborn	10 Laurel St.	LN	1919-1921		1A	25 Apr. 1912	
Osborne	Ethel	Wilbur Osborne	111 Hemlin St.	LN	Aug. 1921		L4	25 Apr. 1912	
Osborne	Gloria	Mrs. Lelia Osborn	128 Keller St.	BS	1909	8			
Osborne	Lawrence	Wm. Osborne	10 Laurel Ave.	LN	1919-1920				
Osborne	Lulu	Mrs. Osborne		TM	1887-1890	11			
Osborne	Minnie	Mrs. Osborne	6th St.	BS	Sch Yr 1906	7			

-252-

Surname	Given Name	Parent	Address	SD	Date/ Date Range	Within Date Range		Birth Date	Left/Comments
						Age	Gr.		
Osbourne	Minnie	Mrs. Osborne	1017 3rd St.	BS	1905-1907	8	1		
Osgood	Coral	F. W. Osgood	223 6th St.	BS	17 Aug. 1908	8			
Osgood	Elmer	F. W. Osgood	223 6th St.	BS	1908-1910	7			
Oster	Carl	Henry Oster	27 Bodega Ave.	BS	1908-1910	7			
Oster	Lizzie	Henry Oster	Washington St.	CH	3 Sept. 1894	7			
Oster	Lizzie	Henry Oster	Bodega Ave.	CH	Aug. 1895	8			
Oster	Lizzie	Henry Oster	Bodega Ave.	CH	1897-1899	11			
Oster	Oswald	Henry Oster	575 Bodega Ave.	PK	1903	6			
Oster	Oswald	Mrs. H. Oster	27 Bodega Ave.	BS	1906-1909	10			
Oster	Ottamar	H. Oster	Bodega Ave.	BS		12			
Oster	Otto			PE	25 May 1896		Rec.		
Oster	Ottomar	Henry Oster	575 Bodega Ave.	CH	1896-1899	9			
Oster	Ottomar			PE	23 Sept. 1895		Chart		
Oster	Walter	Henry Oster	575 Bodega Ave.	BS	1905-1907	12			
Oster	Walter	Henry Oster	27 Bodega Ave.	CH	Feb. 1909	15			
Oster	Walter		27 Bodega Ave.	PK	1922			27 Feb. 1918	
Otara	Bernard			PK	1895				
Otis	Elmer			OL	9 July 1906		4		
Otis	Joseph			OL	9 July 1906		1		
Otis	Stanley			HC	19 Aug. 1918		L7		
Otsuka	Charles	K. Otsuka	Rt. 1	OL	1929-1930			21 Jan. 1923	
Otsuka	George	K. Otsuka	Rt. 1	OL	1929-1930			3 Apr. 1922	
Otsuka	Jimmy	K. Otsuka	Rt. 1	OL	1929-1930			10 Feb. 1924	
Ott	Dorothy	Ray Ott	28 West St.	LN	1921-1922		4B	11 Jan. 1912	
Ott	Dorothy	Raymond Ott	404 Main St.	LN	1920-1921			11 Jan. 1912	
Ott	Dorothy	Raymond Ott	804 Main St.	LN	1919-1921			11 Jan. 1912	
Ott	Harry	Ray L. Ott	28 West St.	CH	7 Aug. 1922	13		17 Apr. 1909	
Ott	Harry Raymond	Mrs. Ray Ott	804 North Main St.	LN	1919-1921	10	4B		
Ott	Marian	Raymond Ott	28 West St.	LN	1921-1922			15 Jan. 1915	
Ott	Marion	Ray Ott	804 Main St.	LN	1920-1921		1A	15 Jan. 1914	
Overholtzer	Dorothy	Mrs. C. Overholtzer	Fetters Springs	FL	1926-1927	11	5	27 Apr. 1914	

-253-

Surname	Given Name	Parent	Address	SD	Date/Date Range	Within Date Range		Birth Date	Left/Comments
						Age	Gr.		
Overholtzer	Dorothy	Charles E. Overholtzer	Boyes Springs	FL	1924			27 Apr. 1914	
Overholtzer	James	Mrs. C. Overholtzer	Fetters Springs	FL	1926-1927	12	6	19 Nov. 1912	
Overholtzer	James	Mrs. C. Overholtzer	Fetters Springs	FL	1925			19 Nov. 1913	
Overton	Hazel	W. M. Overton	1164 Washington St.	BS	1905-1907	13			
Overton	Hazel	W. M. Overton	557 Walnut St.	BS	1905-1907	13			
Overton	Hazel			PE	22 Aug. 1898		1B		
Owen	Arthur	Arthur Owen		PK	1910	4		21 Mar. 1905	
Owen	Elwood	Arthur Owen		PK	1910	3			
Owen	Vernon	Mrs. Arthur E. Owen	621 D St.	CH	7 Aug. 1922	12		16 Aug. 1909	
Owens	Frank	George Owens	225 Wilson St.	ML	1918-1919				
Owens	Laddie	Mrs. Jas. Owens	Bodega Bay	BY	1893-1901	13			
Owens	Laddie	Mrs. F. Owens	Bodega Bay	BY	1896-1901	15			
Owens	Lowell	H. E. Owens		MV	1918-1919		3		
Owens	Walter	Mrs. F. Owens	Bodega Bay	BY	1893-1895	12			
Owens	Willie	Mrs. F. Owens	Bodega Bay	BY	1893-1901	14			
Owens	Willie	Mrs. James Owens	Bodega Bay	BY	1896-1901	16			

Surname	Given Name	Parent	Address	SD	Date/Date Range	Within Date Range Age	Within Date Range Gr.	Birth Date	Left/Comments
Paaskesen	Thomas	Meller Passkesen	Windsor	OL	15 June 1923			2 July 1908	grad.
Paaskesen	Thos.	Mr. Paaskesen		OL	1 June 1917		L3		
Pacciarini	Albert	Camella Pacciarini	Tomales	TM	1926-1927			11 Apr. 1920	
Pacciarini	Henry	Camella Pacciarini	Tomales	TM	1926-1927			4 Apr. 1918	
Paccioni	Florence	Camillo Pacciorini	Tomales	TM	1925-1926	9		12 Oct. 1917	
Paccioni	Henry	Camillo Pacciorini	Tomales	TM	1925-1926	7		4 Apr. 1918	
Pacelorini	Florence	Camilo Pacelorini	Tomales	TM	1926-1927			12 Oct. 1916	
Pacheco	Ange			TM	4 Aug. 1913	10	5		
Pacheco	Anna			TM	4 Aug. 1913	12	7		
Pacheco	Frank			TM	1917-1918		6		
Pacheco	Joe	Josephine Pacheco	Tomales	TM	1921-1927			11 June 1912	
Pacheco	Joe	Josephine Pacheco	Fallon	TM	1925-1927			11 June 1912	
Pacheco	Marie			TM	4 Aug. 1913	14	7		
Pacheco	Rose			TM	1921-1922		7		
Pacheco	Rose			TM	4 Aug. 1919		5		
Pacheco	Rose			TM	6 Aug. 1917		5		
Pacheco	Tulita	Mrs. I. Clark	Liberty St.	CH	1898	9	3		
Pacheco	Virginia			TM	1917-1918		6		
Pack	Van Marter		Western Ave.	PK	1914			30 Jan. 1910	
Paganetti	Enrico			ES	1916	5	Rec.		
Paganetti	Tessie			ES	1916	5	1		
Page	Clifford		11 Stanley St.	PK	Spring 1924			10 Apr. 1919	
Page	Gladys	W. J. Page	237 Bremen St.	BS	Jan. 1908	13			
Page	Gladys	W. J. Page	237 Bremen St.	CH	1908-1909	14			
Page	Glen	Walter J. Page	237 Bremen	CH	1907-1909	18			
Page	Glenn	W. J. Page	634 Bremen St.	BS	1909	15			
Page	Glenn		634 Bremen St.	BS	1905-1907				
Page	Hazel	W. J. Page	634 Bremen St.	BS	1909	14			
Page	Hazel	W. J. Page	635 Bremen St.	BS	1905-1907	14			
Page	Hazel	Walter J. Page	237 Bremen	CH	1907-1910	16			
Page	LeRoy	W. J. Page	37 Bremen St.	ML	Aug. 1912				
Page	Lyle	W. J. Page	237 Bremen St.	CH		12			

Surname	Given Name	Parent	Address	SD	Date/Date Range	Within Date Range Age	Within Date Range Gr.	Birth Date	Left/Comments
Page	Vera	W. J. Page	237 Bremen St.	BS	1908-1909	11			
Page	Vera	Mrs. L. Page	237 Bremen St.	BS	1908-1909	12			
Page	Vera	Walter J. Page	237 Bremen St.	BS	1911?	13			
Paiana	Velalina	Pete Paiana	Tomales	TM	1927-1928			23 Mar. 1922	
Paiani	Oliva	Pete Paiani	Tomales	TM	1927-1928			19 Nov. 1920	
Painter	Barbara	Bruce Painter	214 English St.	LN	1919-1921			1 Dec. 1911	
Painter	Billy	B. H. Painter	214 English St.	LN	9 Aug. 1921		1B	3 Nov. 1915	
Palla	Karina	Mrs. Howe	3rd & C Sts.	BS	20 Aug. 1906	7			
Palla	Vicky	Mrs. Howe	2nd & C Sts.	BS	20 Aug. 1906	8			
Pallascio	Donald			ES	1916	11	6		
Pallisini	Dominica	Mr. Pallisini	Bay	BY	Aug. 1912	11	4		
Pallo	Corrime	J. Pallo	561 Upham St.	BS	19 Aug. 1907	7			
Pallo	Corrinie	Mrs. Pallo	Baker St.	BS	1907-1909	7	1A		
Pallo	Dan	Mrs. Pallo	2nd St.	BS	20 Aug. 1906	12	2		
Pallo	Dan	W. Pallo	615 Upham St.	BS	1909	12			
Pallo	Matilda	Mrs. F. Howe	1st St. St.	BS	1906	13	2		
Pallo	Susie	Mr. Jas. Howe	Baker St.	BS	Jan. 1908	6			
Pallo	Victor	Mrs. J. Howe	Upham St.	BS	19 Aug. 1907	7			
Pallo	Victor	Mrs. F. Pallo	516 Baker St.	BS	1908-1909	9	1B		
Palmer	Laurethse			BS					
Palmer	Leona	Nellie Palmer	Hillsborough, San Mateo	ES	1928-1930			15 Mar. 1915	
Palmer	Mae			EC	1925	15		17 Nov. 1909	left
Pametta	Charles		211 6th St.	PK	Fall 1919			2 Dec. 1914	
Panamoroff	Mary		Del Mar	SA	2 Dec. 1912	10	B1		
Panamoroff	Nicholas		Del Mar	SA	2 Dec. 1912	12	A3		
Pape	Chester	Mr. Pape	Country	BS	1906-1908	13	7A		
Pape	Ernest	J. F. Pape	R 3, Box 235	MV	1923-1925		8	25 May 1911	
Pape	Marie	Fred Pape	R 3, Sebastopol	MV	1923-1926			28 Jan. 1913	
Parent	Junior	Mrs. H. Brown	501 D St.	LN	25 Aug. 1919	8	2A		
Parent	Junior	Mrs. H. A. Brown	901 B St.	LN	1920-1921			21 May 1911	
Parent	Junior	Mrs. Harriet Brown	901 D St.	LN	1920-1921			21 May 1911	

Surname	Given Name	Parent	Address	SD	Date/Date Range	Within Date Range Age	Within Date Range Gr.	Birth Date	Left/Comments
Parez	Don	Mrs. I. E. Rackerby	625 I St.	LN	1920-1921	7	2B		left
Parez	Frances	Mrs. I. E. Rackerby	625 I St.	LN	1920-1921		2B		left
Park	Marjorie Leona	A. M. Park	RFD 1, Box 10	BS	1917	15			
Park	Orlean			PK	1895-1896				
Park	Orlean			CH	1898		3		
Park	Wayne	W. T. Park	506 Oak St.	BS	19 Aug. 1907	6			
Park	Wayne	N. Park	506 Oak St.	BS	1908-1909	6	1B		
Park	Wayne	W. P. Park	804 Oak St.	BS	1907-1909	7	1A		
Park	Wayne	Will Park	617 Keokuk St.	BS	1909	8			
Park	Roy			BS	1897				
Parker	Lulu Maude	Mrs. M. J. Parker	Healdsburg	BS	1899-1900				
Parker	Mary		128 Howard St.	PK	18 Feb. 1918			30 Dec. 1913	
Parker	Melville	T. N. Parker	142 Keller St.	BS	1909	9			
Parkisan	Ivan		123 Bodega Ave.	PK	Fall 1924			11 July 1921	
Parkison	Robert	F. E. Parkison	301 Edith St.	ML	Aug. 1922			11 Nov. 1914	
Parks	Carmelita	Harry Parks	Stewarts Point	HC	1927-1928			24 Nov. 1921	
Parks	Ethel	Harry Parks	Stewarts Point	HC	1927-1928			11 June 1918	
Parks	Jack		Western Ave.	PK	1903	4			
Parks	Louis		Bay	BY	1926		1	5 Feb. 1916	
Parks	Mildred	Harry Parks	Stewarts Point	HC	1927-1928			1 Oct. 1915	
Parks	Roy	William Parks	Tomales	TM	1924-1930	6		2 Apr. 1918	
Parks	Wilbur	William E. Parks	Tomales	TM	1921-1926		7	6 Oct. 1913	
Parmeter	Alfred	Mrs. Hadlock	Blevel Lane	CH		13			
Parmeter	John	John Parmeter	District	BY	1886-1889				
Parry	Frank	Elias Parry	611 Kentucky St.	CH		13			
Parsons	Alvena	H. Parsons	208 Bassett St.	LN	1921	6	1B	26 Mar. 1915	
Parsons	G. Lucile	Geo. Parsons	Bloomfield	BL	1923		6	26 Aug. 1911	
Parsons	Grace Lucile	George Parsons	Bloomfield	BL	1924		7	22 Aug. 1911	
Parsons	Lillian	Mrs. L. Parsons	Agua Caliente	FL	15 Sept. 1930	9	1	11 Feb. 1922	
Parsons	Mabel	Herbert Parsons	208 Bassett St.	LN	Aug. 1921		L4	11 May 1911	
Partridge	Alma		917 5th St.	BS		12			
Partridge	Elmer	Rev. John Partridge		CH	8 Aug. 1910				left 7 Oct.

Surname	Given Name	Parent	Address	SD	Date/Date Range	Within Date Range Age	Gr.	Birth Date	Left/Comments
Partridge	Frank	Rev. J. Partridge	917 5th St.	BS	1905-1908	11			
Partridge	Marian	John Partridge	917 5th St.	BS	1906-1908	14	8B		
Partridge	Marion	Rev. Partridge	917 5th St.	BS	1906-1908	14	8A		
Partridge	Roy	F. L. Partridge	RFD 2	CH	8 Aug. 1910	15			
Pasini	Katie	Arnold Pasini	Tomales	TM	1925-1927	5		31 May 1920	
Pasini	Laura	Arnold Pasini	Tomales	TM	1924-1926	9		3 Feb. 1916	
Pasini	Laura	Arnold Pasini	320 Wilson St.	ML	Aug. 1922			3 Feb. 1915	
Patchell	John	Mrs. M. Patchett		HC	1907	18			
Patchell	Roy	Mrs. Mary Patchett	District	HC	Nov. 1902	12			
Patchell	Roy	Mrs. M. Patchett		HC	1907	17			
Patchell	Ulyssus	Mrs. M. Patchett		HC	1907	7			
Patchell	Walter	Mrs. M. Patchett		HC	1907	13			
Patchett	Albert			HC	Apr. 1893				
Patchett	Arthur	John A. Patchett		HC	1888-1890	7			
Patchett	Arthur			HC	1895-1896				
Patchett	Arthur	J. A. Patchett		HC	Apr. 1893				
Patchett	Bertie			HC	1888-1890	5			
Patchett	Bertie			HC	1895-1896				
Patchett	Docia	Mrs. Mary Patchett	District	HC	1907	13			
Patchett	Dosha	Mrs. Mary Patchett	District	HC	Nov. 1902	11			
Patchett	Dosha	Mrs. Mary Patchett		HC	June 1904	11			
Patchett	Doshad	Mrs. Mary Patchett	Annapolis	HC	11 Feb. 1901	17			
Patchett	Frances	Mrs. J. Patchett	Annapolis	HC				7 Feb. 1924	
Patchett	Irene			HC	1895-1896				
Patchett	Irene			HC	Apr. 1893				
Patchett	Jack	John M. Patchett	Annapolis	HC	1925-1929			8 Nov. 1916	
Patchett	Jackie	John M. Patchett	Annapolis	HC	1922-1923			8 Nov. 1916	
Patchett	John	Mrs. Mary Patchell	to Petaluma	HC	June 1904	15			
Patchett	John			HC	1895-1896				
Patchett	John	Mrs. Mary Patchett		HC	1907				
Patchett	John	Mrs. J. Patchett	Annapolis	HC				8 Nov. 1916	
Patchett	Mamie			HC	1895-1896				

-258-

Surname	Given Name	Parent	Address	SD	Date/ Date Range	Within Date Range		Birth Date	Left/Comments
						Age	Gr.		
Patchett	Mamie			HC	Apr. 1893				
Patchett	Marian	John M. Patchett	Annapolis	HC	1927-1929			10 Jan. 1921	
Patchett	Marion	J. M. Patchett	Annapolis	HC	1926-1927			10 Jan. 1921	
Patchett	Marion	Mrs. J. Patchett	Annapolis	HC				11 June 1921	
Patchett	Mary	Mrs. Mary Patchett	Annapolis	HC	1901-1902	17			
Patchett	Olive			HC	1895-1896				
Patchett	Olive			HC	Apr. 1893				
Patchett	Olive	John A. Patchett		HC	1888-1890	6			
Patchett	Robert	R. C. Patchett	Annapolis	HC	23 July 1923			11 Dec. 1917	
Patchett	Robert	R. C. Patchett	Annapolis	HC	12 June 1925			11 Dec. 1917	
Patchett	Robert	J. M. Patchett	Annapolis	HC	1926-1927			11 Dec. 1917	
Patchett	Roy	Mrs. Mary Patchett	Annapolis	HC	11 Feb. 1901	12			
Patchett	Roy	Mrs. Mary Patchett	District	HC	June 1904	13			
Patchett	Roy			HC	Apr. 1896				
Patchett	Roy	Mrs. Mary Patchett		HC	1907				
Patchett	Ruth	John M. Patchett	Annapolis	HC	1925-1929			13 July 1918	
Patchett	Ulyssus	Mrs. M. O. Patchett	Annapolis	HC	1909-1910				
Patchett	Walter	Mrs. Mary Patchett	Annapolis	HC	1901-1902	8			
Patchett	Walter	Mrs. Mary Patchett	District	HC	June 1904	9			
Patchett	Walter	Mrs. M. Patchett	Annapolis	HC	1909	15			
Patchett	Walter	Mrs. Mary Patchett		HC	1907				
Patik	Leo	Mrs. Patik	Revere House	BS	1905-1907	6			
Patrick	Mabel	Mrs. Emma Patrick	913 Howard St.	BS	1905-1907	12			
Patrick	Mabel	Geo. W. Patrick	27 Howard St.	CH	1907-1909	14			
Patrick	Mabel	G. W. Patrick	913 Howard St.	BS	1906-1910	14	8B		
Patt	Faith Ray			HC	Apr. 1896				
Patt	Geo. Ray			HC	Apr. 1896				
Patt	George Way			HC	Dec. 1895				
Patt	Leo			HC	Apr. 1896				
Patten	Chester	J. Patten		TM	1895-1897	17			
Patten	David			TM	1887-1890	13			
Patten	Geo.	Mrs. J. Patten		TM	1887-1889	14			

Surname	Given Name	Parent	Address	SD	Date/Date Range	Within Date Range Age	Gr.	Birth Date	Left/Comments
Patten	George	L. Guldager		TM	1887-1890	15			
Patten	Horatio	Mrs. J. Patten		TM	1887-1889	16			
Patten	Viola	J. Patten		TM	1895-1897	12			
Pattersen	Esther	Rev. Pattersen	Keig's House	BS	1905-1907	9			
Patterson	Dorothy	M. Patterson	Sebastopol	EC	1929-1930		1A	16 Dec. 1922	
Patterson	Edgar	R. Patterson	436 Upham St.	BS	1906-1909	6			
Patterson	Edgar	Roland Patterson	414 Upham St.	CH	1908-1909	8			
Patterson	Edgar	Rollin Patterson	414 Upham St.	BS	1909	9			
Patterson	Esther		Cor. Oakland & Howard Sts.	BS	1906	11			
Patterson	Fred	John Patterson	Bodega	PO	17 July 1876	8			14 Nov. 1876
Patterson	Martha		Bodega	PO	1874-1875				left 22 July 1874
Patterson	Mary		Bodega	PO	1874-1875				left 23 July 1874
Pattingill	Alice	Ira Pattingill	Sebastopol	EC	1925-1929	15		2 Apr. 1911	
Pattingill	Helen	Ira Pattingill	Sebastopol	EC	1925-1926			15 May 1915	
Pattingill	Pearl	Ira Pattingill	Sebastopol	EC	1925-1926			25 Apr. 1918	
Pattingill	Pearlee	Ira Pattingill	Sebastopol	EC	1927-1931			25 Apr. 1918	
Patton	Faith		I St. Extension	PK	Spring 1924			23 May 1919	
Patton	Betty		I St. Extension	PK	1922			3 July 1917	
Patton	Claire	Mrs. Petross	309 E St.	CH	1908-1909	14			
Patton	Faith		I St. Extension	PK	1922			23 May 1919	
Patton	Marvel	M. Patton	309 E St.	BS	1909-1911	8	1A		
Patton	Marvel	James Petross	12 Vallejo St.	ML	Jan. 1912				
Patty	Levi			BS					
Paula	Carl	John & Mary Paula	Bato Ave.	BS	1909	10			
Paula	Dan	Mrs. F. Paula	English & Upham Sts.	BS	Jan. 1907	12	2		
Paulsen	Anna	Paulsen	8th St.	BS	1903-1905	8	2		
Paulsen	Anna	C. Paulsen	602 8th St.	BS	1908-1909	13			
Paulsen	Anna	C. Paulsen	602 8th St.	CH	1908-1909	15			
Paulsen	Clifton	Mrs. Chris Paulsen	703 8th St.	BS	1905-1907	6			
Paulsen	Clifton	C. Paulsen	8th St.	CH	1908-1909	9			

-260-

Surname	Given Name	Parent	Address	SD	Date/Date Range	Within Date Range Age	Gr.	Birth Date	Left/Comments
Paulsen	Clifton	C. Paulsen	602 8th St.	BS	1909	10			
Paulsen	Ernest	Christ Paulsen	703 8th St.	BS	1909	12			
Paulsen	Ernest		703 8th St.	BS	1905-1907	13			
Paulsen	Ernest		602 8th St.	CH		14			
Paulsen	Leona	N. P. Paulsen	Rt. 2	CH	9 Aug. 1922	14		19 Aug. 1907	
Paulsen	Leonard A.	N. P. Paulsen	Rt. 2	CH	9 Aug. 1922	13		14 Sept. 1908	
Paulson	Clifton	Mrs. Paulson	8th St.	BS	1906-1907	7	1		
Paulucci	Adelena	C. Paulucci	316 Vale	BS	1908-1909	12			
Paulucci	Adelena	Andrew Paulucci	316 Vallejo	BS	1908-1909	13			
Paulucci	Allie	Marie Paulucci	110 Wilson St.	ML	Aug. 1921			22 Sept. 1913	
Paulucci	Allie	Marie Beffa	219 Wilson St.	ML	Aug. 1922			20 Sept. 1913	
Paulucci	Carrie	Roise Paulucci	316 Vallejo St.	BS	1909	9			
Paulucci	Frank	Andrew Paulucci	Main St.	CH	Aug. 1895	9			
Paulucci	Julia	Andrew Paulucci	Bremen St.	CH	17 Aug. 1896	7			
Paulucci	Lawrence	Marie Paulucci	110 Wilson St.	ML	1921			20 Apr. 1915	
Paulucci	Lawrence	Marie P. Beffa	110 Wilson St.	ML	Aug. 1922			20 Apr. 1915	
Paulucci	Lizzie			PE	26 Aug. 1895		1		
Paulucci	Lizzie	Andrew Paulucci	Bremen St.	CH	17 Aug. 1896	9			
Paulucci	Vincent	A. F. Paulucci	1171 Adams St.	BS	1905-1907	10			
Pauzi	Dennis	Dennis Pauzi	7th St. & B St.	BS	1908-1910	6			
Pauzi	Dennis	Mrs. John Pauzi	635 B St.	BS	1909-1911	7	1A		
Pauzi	Dennis	J. Pauzi	7th St. & B St.	BS	17 Aug. 1908	7			
Pauzi	Ivone	J. Pauzi	13 B St.	BS	18 Jan. 1909	8			
Pauzi	Ivone	J. Pauzi	635 B St.	BS	1909-1911	9	1A		
Pauzie	Ivone	Mrs. Pauzie	7th St.& B St.	BS	Mar. 1908	7			
Paxton	Margaret	G. C. Paxton	400 6th St.	CH	9 Aug. 1922	12		7 June 1910	
Payne	Cleo	P. Payne	Keller St.	BS	1907-1909	7	1B		
Payne	Cleo	Price Payne	115 West St.	CH	1908-1909	9			
Payne	Maude	S. P. Payne	515 C St.	CH	1908-1909	16			
Payne	Price	S. P. Payne	225 Liberty St.	CH	1908-1909	10			
Payne	Price	P. Payne		BS	1907-1909		1A		
Peabody	Louie	E. Peabody	E St. bet 6th &	BS	5 Sept. 1892	15			

Surname	Given Name	Parent	Address	SD	Date/Date Range	Within Date Range		Birth Date	Left/Comments
						Age	Gr.		
Pearce	Helen	Mrs. W. B. Smith	7th Sts.						
Pearman	Laura	Mrs. Pearman	500 D St.	BS	1909	11			
Pearson	Edith	Edward Pearson	775 Keller St.	CH	1901-1903	6			
Pearson	Edith	Edward Pearson	Box 85, R. R. 3	BS	1909	13			
Pearson	Edyth	Edward Pearson	549 7th St.	BS	1905-1907	14			
Pearson	Emma	E. K. Pearson	7th St.	CH	1908-1909	14			
Pearson	Hulda	E. K. Pearson	549 7th St.	BS	Jan. 1908	6			
			Sunny Slope Ave.	BS	20 Aug. 1906	8	1		
Pearson	Mabel	Ed. Pearson	Mt. View Ave.	BS	1906-1907	9	2		
Pearson	Mabel	E. K. Pearson	549 7th St.	CH	1908-1909	10			
Peck	Arthur	W. Peck	620 Upham St.	BS	1905-1907	9			
Peck	Artie	Mrs. S. S. Peck	620 Upham St.	BS	20 Aug. 1906	9	1		
Peck	Artie		119 Upham St.	CH	1908-1909	11			
Peck	Artie	W. E. Peck	119 Upham St.	BS	1909	12			
Peck	Clair	Herbert H. Peck	424 7th St.	BS	1905-1908	12			
Peck	Clair	H. H. Peck	21 7th St.	CH	1907-1910	15			
Peck	Elmer	W. E. Peck	620 Upham St.	BS	1905-1907	10	4		
Peck	Elmer	W. E. Peck	627 Upham St.	BS	1905-1907	12			
Peck	Elmer	W. E. Peck	119 Upham St.	CH	1908-1909	13			
Peck	Hallie	Herbert Peck	424 7th St.	BS	1909	10			
Peck	Hallie	H. H. Peck	424 7th St.	BS	1905-1907	12			
Peck	Hallie	H. H. Peck	21 7th St.	CH	1907-1909	13			
Peck	Harold	N. B. Peck	21 7th St.	CH	1908-1909	14	Fr.		
Peck	Hazel	W. E. Peck	620 Upham St.	BS	1905-1907	13			
Peck	Hazel	W. E. Peck	119 Upham St.	CH	1907-1909	15			
Peck	Hazel	Mrs. W. E. Peck	627 Upham St.	BS	1906-1908	15	8B		
Peck	Percy	Mrs. H. H. Peck	424 7th St.	BS	1905-1908	13			
Peck	Percy			PK	8 Feb. 1898				
Peck	St. Clair			PK	8 Feb. 1898				
Peck	Van Marter	W. P. Peck	14 Western Ave.	LN	1919-1921	9	4B		
Peck	Van Marter	S. W. Peck	14 Western Ave.	CH	9 Aug. 1922	12		30 Jan. 1910	

-262-

Surname	Given Name	Parent	Address	SD	Date/Date Range	Within Date Range Age	Within Date Range Gr.	Birth Date	Left/Comments
Peck	Van Marter		Western Ave.	PK	3 Aug. 1914			30 Jan. 1910	
Peck	Van Marter	S. Walter Peck	14 Western Ave.	LN	1919-1921		4A	30 Jan. 1910	
Pedersen	Louise	H. N. Pedersen	RFD 3, Box 8	BS	1917	14			
Pedigo	Retha			HC	1881-1882				
Pedrelli	Americo	G. Gerrasoni	104 3rd St.	CH	1908-1909	11			
Pedrelli	Americo	C. Gervasoni	104 3rd St.	BS	1908-1909	11			
Pedrelli	Americo	Mrs. M. Gervasoni	210 Stanley St.	CH	1908-1909	12			
Pedroni	Alfred	B. Pedroni	214 5th St.	LN	1920-1921		3A	25 Oct. 1910	
Pedrotti	Bernice	Carter Pedrotti	947 B St.	LN	1919-1921		2B	24 Oct. 1912	
Pedrotti	Bobbie		Rt. 4	PK	1927-1928			17 Aug. 1922	
Pedrotti	Elmer	Carter Pedrotti	947 B St.	LN	1919-1921			21 Apr. 1911	
Peek	Harold	H. H. Peek	21 7th St.	CH	Feb. 1909	14			
Peeples	Fay	J. A. Peeples	659 Howard St.	PK	1903				
Peersen	Margrete	P. Petersen	Annapolis	HC	29 Mar. 1915	10.5	3		
Pellascio	Donald			ES	1911	6	1		
Pellascio	Donald			ES	1913-1915	8	2		
Pellascio	Donald	S. H. Pellascio	Valley Ford	ES	1917-1919	12	7		
Pellascio	Frances			ES	1914-1917	10	6		
Pellascio	Kathleen	S. H. Pellascio	Valley Ford	ES	1912-1919	12			
Pelloux	Geanette	Ernest & Marie Pelloux	430 D St.	LN	1919	7	1B		grad.
Pelloux	Gunette	Earnest Pelloux	430 8th St.	LN	1919-1920		1A		
Pelloux	Jeannette	Ernest Pelloux	430 8th St.	LN	1920-1921		2A	5 Feb. 1912	
Pelloux	Louis	E. Pelloux	430 8th St.	LN	1920-1922		1B	7 Jan. 1915	
Pelloux	Louis Bobbie			PK	Fall 1919			7 Jan. 1915	
Peloquin	Alexander	Theo Peloquin	Mt. View Ave.	CH	8 Aug. 1910	15			
Peluso	Flora	John Peluso	Tomales	TM	1925-1926	9		26 Jan. 1916	
Pendelton	Edward	Chas. Pendelton	Payran St.	ML	1915				
Pendelton	Edwin	Chas. Pendelton	Payran St.	ML	1916				
Pendelton	Helen	Chas. Pendelton	Payran St.	ML	Aug. 1912				
Pendelton	Hubert	Chas. Pendelton	Payran St.	ML	1914-1915				
Pendleton	Aletha	Chas. Pendleton	204 Payran St.	ML	1921-1922			8 June 1914	
Pendleton	Aletha	Chas. Pendleton	214 Payran St.	ML	1920			8 June 1914	

Surname	Given Name	Parent	Address	SD	Date/Date Range	Within Date Range Age	Within Date Range Gr.	Birth Date	Left/Comments
Pendleton	Edwin	C. A. Pendleton	204 Payran St.	CH	9 Aug. 1922	12		21 Oct. 1909	
Pendleton	Edwin	Chas. Pendleton	204 Payran St.	ML	1919		4A		
Pendleton	Georgina	Chas. Pendleton	204 Payran St.	ML	1921-1922			25 Mar. 1916	
Pendleton	Helen	Chas. Pendleton	Payran St.	ML	1914-1915				tchr note: small pox
Penn	August	L. W. Penn	455 Main St.	BS	1906-1907	10			
Penn	August	L. W. Penn	802 Main St.	CH	1908-1909	11			
Penn	August	L. W. Penn	227 Edith St.	CH		12			
Penn	Irene	L. W. Penn	455 Main St.	BS	1909	11			
Penn	Irene	L. W. Penn	455 Main St.	BS	1905-1907	12			
Penn	Irene	L. W. Penn	802 Main St.	CH	1908-1909	13			
Penn	Irene	L. W. Penn	227 Edith	CH	1907-1909	14			
Penn	Irene	Mrs. L. W. Penn	427 E. Washington St.	CH	8 Aug. 1910	15			
Penn	Milton	Mrs. L. W. Penn	227 Edith St.	BS	1909-1911	6	1A		
Penn	Milton	Louis Penn	427 Washington St.	BS	1909	8			
Penn	Milton	Louis Penn	427 E. Washington St.	ML	Aug. 1912				
Penry	Helen	H. Pieper	Howard St.	PK	1920			16 Nov. 1915	
People	Marie	Jas. Peoples	Howard St.	BS	Fall 1906	11			
Peoples	Claire	Andrew Peoples	339 Howard St.	BS	1911	7			
Peoples	Edna	A. Peoples	1219 6th St.	CH	1895-1896	12			
Peoples	Edna Lillian	J. Peoples	1217 6th St.	BS	1899-1900				
Peoples	Fay	James People	803 Liberty St.	BS	20 Aug. 1906	8	1		
Peoples	Fay	S. Z. Peoples	339 Howard St.	BS	1909	9			
Peoples	Janet		320 Washington St.	CH	9 Aug. 1922	14		13 Jan. 1909	
Peoples	John			BS					
Peoples	Stuart	Mrs. Rackerby		BS	1894-1895		11		
Perez	Don	Mrs. Rackerby	625 I St.	LN	1920-1921		1B		
Perez	Frances	G. Perinone	625 I St.	LN	1920-1921		1B		
Perinone	Romeldo		466 Stanley St.	BS		17			

Surname	Given Name	Parent	Address	SD	Date/Date Range	Within Date Range Age	Gr.	Birth Date	Left/Comments
Perkins	Charles	Mrs. S. A. Perkins	Fetters Springs	FL	1928-1931	12	7	1 May 1919	
Perkins	Leslie	Mrs. C. A. Perkins	Fetters Springs	FL	1914-1915	14	6		
Perkins	Peggy	Mrs. Perkins	Fetters Springs	FL	14 Sept. 1931	6	1	6 Apr. 1925	
Perkins	Ralph			BS	1898				
Perottini	Katherine	Mrs. Mary Columbo	Bay	BY	1924		7	4 Mar. 1909	
Perry	Alfred	Mrs. A. Ameral	R 3, Sebastopol	CN	1926-1927			26 May 1913	
Perry	Annie	Geo. Perry	Rt. 2	CH	9 Aug. 1922	14		4 Sept. 1908	
Perry	Christine	Mrs. L. Perry	R 3, Sebastopol	CN	Aug. 1926			21 July 1915	
Perry	Christine	Mrs. T. P. Ameral	R 3, Sebastopol	CN	Aug. 1927			21 July 1915	
Perry	Edith	M. Perry	R 3, Sebastopol	CN	Aug. 1929				
Perry	Florence	M. F. Perry	Rt. 4	CH	9 Aug. 1922	14		21 June 1908	
Perry	Frank	J. Perry	Adams St.	CH	Aug. 1895	9			
Perry	Henrietta	Mrs. J. R. Ameral	R 3, Sebastopol	CN	Aug. 1926			13 Feb. 1912	
Perry	John	J. Perry	East Petaluma	BS		12	3		
Perry	John			CH	1898				
Perry	Lenora	J. M. Perry	Edith St.	BS	1906-1908	15	8A		
Perry	Lily	Joe Perry	316 Vallejo St.	ML	1918				
Perry	Linora	J. M. Perry	1203 Washington St.	BS	1906-1908	14	8B		
Perry	Lorraine	M. Perry	R 3, Sebastopol	CN	Aug. 1929				
Perry	Louisa	T. W. Perry	155 Bremen St.	ML	1914				
Perry	Louise	Tony Perry	155 Bremen St.	ML	1915				
Perry	Mabel			PE	23 Sept. 1895		Chart		guardian
Perry	Mary	W. Thompson	16 Webster St.	LN	25 Aug. 1919				left
Perry	Mary	J. Perry	25 Douglass St.	LN	1919-1921	16	1A	30 Jan. 1911	
Perry	Maybelle	M. F. Perry	Rt. 4	CH	9 Aug. 1922	5		28 July 1906	
Perry	Ralph			PK	1910				
Perry	Raymond	Manual Perry	R 3, Sebastopol	CN	Aug. 1929				
Perry	Vivian	M. Perry	R 3, Sebastopol	CN	Aug. 1929				
Perry	Wesley	Frank Perry	219 Bremen St.	ML	1918				
Perry	Wesley Frank	Frank Perry	155 Wilson St.	ML	1919	8	1A		
Person	Harry	J. Person	Box 40, Mt.	BS	1909	10			

Surname	Given Name	Parent	Address	SD	Date/Date Range	Within Date Range Age	Within Date Range Gr.	Birth Date	Left/Comments
Persons	Dorothy	Erastus Persons	View R 3, Sebastopol	MV	1926-1930			17 Dec. 1920	
Persons	Gladys	Mrs. E. Persons		MV	1926-1930			14 Sept. 1916	
Persons	Melvin			MV	1930-1931			17 Dec. 1920	
Pertersen	John			HC	19 Aug. 1918		L4		
Pete	Clarence	Jos. Pete		EC	1928-1929			2 Nov. 1916	promoted
Pete	F.			OL	1902-1903	14			
Pete	James			OL	10 July 1906		1		16 July 1906
Pete	Joseph			OL	1902-1906				grad.
Pete	Laurita	Jos. Pete		EC	1928-1929			23 Aug. 1914	
Pete	Peter			OL	10 July 1906		1		16 July 1906
Pete	Rafella			OL	1902-1904	11			
Peters	Arnold	O. K. Peters	619 Walnut St.	LN	1919-1921		1A	5 Apr. 1913	
Peters	Arnold	Peter Peters	619 Walnut St.	LN	1921			5 Apr. 1913	
Peters	Arnold	C. K. Peters	619 Walnut St.	LN	Jan. 1922			5 Apr. 1913	
Peters	Clarence	Oak W. Peters	619 Walnut St.	LN	1919-1921			16 July 1908	
Peters	Clifford	Mrs. F. W. Peters	561 Fair St.	CH	1901-1903	6			
Peters	Clifford	F. W. Peters	571 Fair St.	BS	1905-1908	10			
Peters	Clifford	Mr. T. W. Peters	571 Fair St.	BS	1906	11	4		
Peters	Clifford	Mrs. T. W. Peters	209 Fair St.	CH	1908-1909	13			
Peters	Clifford	F. W. Peters	209 Fair St.	CH	1908-1909	13			
Peters	Eda	S. Peters	807 B St.	ML	1916		6A		
Peters	Ernest	Toney Peters	563 Fair St.	BS	1909	12			
Peters	Ernest	John Peters	Fair St.	BS	1905-1907	12	5		
Peters	Ernest	T. Peters	B St.	BS	1905-1907	13			
Peters	Esther	H. J. Peters	505 3rd St.	CH	9 Aug. 1922	11		16 Apr. 1911	
Peters	Esther	Herman Peters	505 3rd St.	LN	1919-1920				
Peters	Frank	Henry Peters	1205 6th St.	BS	1905-1907	6	1		
Peters	Frank	Henry Peters	F & 7th Sts.	CH	1908-1909	8			
Peters	Frank	Henry Peters	644 F St.	BS	1908-1909	9			
Peters	Johnnie	John Peters	Keokuk St.	CH	1897-1899	10			
Peters	Julia			CH	8 Aug. 1910				

Surname	Given Name	Parent	Address	SD	Date/Date Range	Within Date Range		Birth Date	Left/Comments
						Age	Gr.		
Peters	Melvin	Joe Peters	508 West St.	LN	1919-1922	10	2A	24 May 1909	
Peters	Myrtle	Henry Peters	1205 6th St.	BS	1906	8	2		
Peters	Myrtle	Henry Peters	644 F St.	BS	1908-1909	11			
Peters	Myrtle	Henry Peters	644 F St.	CH	1908-1909	12			
Peters	Robert	N. Peters	F St.	BS		15	6		
Petersen	Anna	Nick Petersen	Rt. 4	CH	9 Aug. 1922	16		7 June 1906	
Petersen	Annie	Mrs. Mary Petersen	Annapolis	HC	1901-1902	7			
Petersen	Annie	J. Petersen	Main St.	LN	25 Aug. 1919				
Petersen	Annie	Richard Petersen	22 Bassett St.	LN	1919-1922			9 Apr. 1913	
Petersen	Annie	Peter Petersen	Annapolis	HC	23 July 1923			11 June 1917	
Petersen	Annie	Peter Petersen	Annapolis	HC	1925-1929			11 June 1917	
Petersen	Carl	J. J. Petersen	809 E. Washington St.	BS	1909	11			
Petersen	Carl	Julius Petersen	R 3, Sebastopol	CN	1923-1929		1	12 Mar. 1917	
Petersen	Cora	Julius Petersen	R 3, Sebastopol	CN	1921-1925		6	6 Dec. 1909	
Petersen	Dorothy			LJ	1908-1912	6	2		
Petersen	Dorothy			LJ	23 June 1916	14	7		
Petersen	Earl			OL	1901-1903		2		
Petersen	Elof			LJ	1914-1916	7	1		
Petersen	Elvira	A. Petersen	Harlow House	BS	1911	7			
Petersen	Emil			ES	1904-1905	9	1		
Petersen	Emil			LJ	1908-1910	12	4		
Petersen	George	Carl Petersen	24 Park Ave.	LN	Jan. 1922			21 Feb. 1914	left to Missouri
Petersen	George	Carl Petersen	542 Howard St.	LN	21 Aug. 1921		2B	21 Feb. 1914	
Petersen	George	Mrs. A. Petersen	831 Western Ave.	LN	Aug. 1922		L1	7 June 1916	
Petersen	George Carl		231 Kentucky St.	PK	1923-1924			13 May 1919	
Petersen	Goldie			LJ	June 1908	9	4		
Petersen	Goldie			LJ	11 June 1910	11	6		
Petersen	Goldie			BS	1909				
Petersen	Hedda			LJ	June 1908	12	5		
Petersen	Helen	J. Petersen	Main St.	LN	1919		1B		

Surname	Given Name	Parent	Address	SD	Date/Date Range	Within Date Range		Birth Date	Left/Comments
						Age	Gr.		
Petersen	Helen	Julius Petersen	R 3, Sebastopol	CN	19211926		3	26 June 1913	
Petersen	Henry			ES	1904	14	7		
Petersen	Hilda			LJ	1909-1912	5	1		
Petersen	Hilda	Miss Lydia Allen	RFD 2, Box 155	LJ	23 June 1916	12	8		
Petersen	Hilda	N. Petersen	Rt. 4	BS		13			
Petersen	Hilda			CH	7 Aug. 1922	14		17 Dec. 1908	
Petersen	Hilda			BS	Jan. 1917		1A		
Petersen	Irene	Julius Petersen	R 3, Sebastopol	CN	1921-1922		7	15 Aug. 1908	
Petersen	Jack			HC	1922	12	L8	10 Oct. 1910	
Petersen	Jacob	Julius Petersen	R 3, Sebastopol	CN	1921-1922		7	15 July 1907	
Petersen	Jake	Carl Petersen	N. Main St.	LN	1919-1920	9	4B	14 May 1910	
Petersen	Jake	C. J. Petersen	542 Howard St.	CH	9 Aug. 1922	12		6 Nov. 1909	
Petersen	James	Richard Petersen	22 Bassett St.	LN	1919-1921	10	2B		
Petersen	James	Dick Petersen	230 Edith St.	ML	1916		Rec.		
Petersen	Jeanette			OL	1911	8			
Petersen	John			HC	17 July 1916	6	1		
Petersen	John	Peter Petersen	Annapolis	HC	1921		L7	10 Oct. 1910	
Petersen	John	Peter Petersen	Annapolis	HC	23 July 1923			10 Oct. 1910	
Petersen	John			HC				11 Oct. 1910	
Petersen	Josephine	Nick Petersen	Rt. 4	CH	9 Aug. 1922	15		24 Nov. 1907	
Petersen	Lizzie	Mrs. Mary Petersen	Annapolis	HC	1901-1902	9			
Petersen	Louise		231 Kentucky St.	PK	Fall 1924			13 July 1920	
Petersen	Magnes			ES	1904-1905	13	7		
Petersen	Magretha	J. J. Petersen	809 Washington St.	CH		14			
Petersen	Margarete			HC	2 Mar. 1914	9	L3		
Petersen	Marie	Dick Petersen	22 Bassett St.	LN	1921	9	1B	25 Mar. 1912	
Petersen	Marie	Richard Peterson	22 Bassett St.	LN	1920-1921		2B	24 Feb. 1912	
Petersen	Mary	P. Petersen	Annapolis	HC	1914-1915	8.1	3	23 Mar. 1906	
Petersen	Mary			LJ	21 June 1915	12	4		
Petersen	Mary			HC	19 Aug. 1918		L7		
Petersen	Nannie			HC	1922	6	H1	11 June 1917	

Surname	Given Name	Parent	Address	SD	Date/Date Range	Within Date Range Age	Within Date Range Gr.	Birth Date	Left/Comments
Petersen	Norvin	B. Petersen	601 Kentucky St.	CH	9 Aug. 1922	12		9 Jan. 1910	
Petersen	Olive	Peter Petersen	Annapolis	HC	1929			28 May 1920	
Petersen	Peter	Peter Petersen	Annapolis	HC	1921-1923			19 Feb. 1915	
Petersen	Peter	Peter Petersen	Annapolis	HC	1925-1929			19 Feb. 1915	
Petersen	Peter	Peter Petersen	Annapolis	HC				28 May 1921	
Petersen	Robert			LJ	1915-1916	11	3		
Petersen	Ruth	C. E. Peterson	Rt. 4	CH	9 Aug. 1922	14		23 Aug. 1908	
Petersen	Sadie	Dick Petersen	230 Edith St.	ML	1916		Rec.		
Petersen	Sadie	Dick Petersen	22 Bassett St.	LN	9 Aug. 1920		3B	10 Nov. 1910	
Petersen	Sadie	Richard Petersen	22 Bassett St.	LN	1919-1921		4B	6 Dec. 1910	
Petersen	Velodie	Mrs. A. Petersen	831 Western Ave.	LN	1920-1921		1A	25 Dec. 1914	
Petersen	Velody	Mrs. A. Petersen	831 Western Ave.	LN	1920-1921		1B	25 Dec. 1914	
Petersen	Walter			OL	11 July 1904		2C		
Peterson	Alfred	F. W. Peterson	Boyes Springs	FL	1923			17 Nov. 1911	
Peterson	Alfred	F. W. Peterson	Boyes Springs	FL	1925			17 Nov. 1911	
Peterson	Bessie	Mrs. P. O'Brien		HC	1907				
Peterson	Beulah	L. J. Peterson	214 Walnut St.	ML	1916		6A		
Peterson	Earl			OL	9 July 1906		8		
Peterson	Elvira	Albert Peterson	160 Edith St.	ML	1914				
Peterson	Elvira	Albert Peterson	160 Edith St.	ML	Aug. 1912				
Peterson	Floy	C. W. Peterson	Walnut St.	PK	3 Aug. 1914			1 Feb. 1900	
Peterson	George		831 Western Ave.	PK	1921			27 Dec. 1918	
Peterson	Harold			OL	9 July 1906		1		
Peterson	Helen	Rich Peterson	22 Bassett St.	LN	25 Aug. 1919				
Peterson	Hulda	E. Peterson	I St.	BS	Jan. 1907	8			
Peterson	James	Richard Peterson	22 Bassett St.	LN	9 Aug. 1920	6		6 Nov. 1909	
Peterson	Leslie			LJ	15 June 1917		2		
Peterson	Louise L. M.		Kentucky St.	PK	Spring 1923			13 July 1920	
Peterson	Mabel	Mrs. A. Peterson	831 Western	CH	9 Aug. 1922	16		20 Apr. 1906	

Surname	Given Name	Parent	Address	SD	Date/Date Range	Within Date Range		Birth Date	Left/Comments
						Age	Gr.		
Peterson	Margrete		Ave.	HC	17 July 1916	11	5		
Peterson	Marie	D. Peterson	Bassett St.	LN	1921		1B	24 Feb. 1912	
Peterson	Martin	N. M. Peterson	Fetters Springs	FL	1926-1928	14	6	18 Apr. 1912	
Peterson	Martin	Mrs. M. Peterson	Fetters Springs	FL	Feb. 1919		L2		
Peterson	Martin	N. M. Peterson	Fetters Springs	FL	1925			18 Apr. 1911	
Peterson	Mary			HC	17 July 1916	10	4		
Peterson	Otto			PK	8 Feb. 1898				
Peterson	Per	F. W. Peterson	Boyes Springs	FL	1923			31 July 1913	
Peterson	Per	F. W. Peterson	Boyes Springs	FL	1925			31 July 1913	
Peterson	Peter	Mrs. A. Peterson	831 Western Ave.	CH	9 Aug. 1922	11		3 Apr. 1911	
Peterson	Peter	Anna Peterson	831 Western Ave.	LN	1919-1921			3 Apr. 1911	
Peterson	Russell		Magnolia Ave.	PK	1927-1928			14 Feb. 1922	
Peterson	Ruth			PK	1910	4			
Peterson	Ruth	Frank P. Peterson	622 E. Washington St.	ML	1914-1917				
Peterson	Ruth	F. P. Peterson	622 E. Washington St.	ML	Aug. 1912				
Peterson	Sadie	D. Peterson	22 Bassett St.	LN	Jan. 1921		3A	3 Dec. 1911	
Peterson	Valody		831 Western Ave.	PK	Fall 1919			25 Dec. 1913	
Peterson	Velodie	Mrs. A. Peterson	831 Western Ave.	LN	1921		1B	25 Dec. 1914	
Peterson	Walter			OL	1902-1903	6			
Peterson	Walter			OL	1905-1906		1A		
Pettit	Clarence	Louis W. Pettit	625 E. D St.	ML	1920-1922			23 Jan. 1915	
Pettit	Clarence Lee		Keokuk St.	PK	Spring 1919			23 Jan. 1915	
Pettit	Lawrence	Louis Pettit	625 E. D St.	ML	1919-1920				
Pettit	Lawrence	L. W. Pettit	515 Cherry St.	LN	1919-1920			10 May 1910	
Pfalzgraf	Elsie			CH	1908-1909				

Surname	Given Name	Parent	Address	SD	Date/Date Range	Within Date Range Age	Gr.	Birth Date	Left/Comments
Pfersching	Lena	Gus Pfersching	667 H St.	BS	1909	12			
Pfersching	Lena	G. Pfersching	667 H St.	BS	1905-1907	12			
Phair	Carter	Robt. Phair		CH	8 Aug. 1910				
Pharris	Alice	Sam Pharris	C St.	BS	1907-1909	7	1A		
Pharris	Alice	S. J. Pharris	315 6th St.	CH	1908-1909	9			
Pharris	Alice	Samuel Pharris	315 6th St.	BS	1909	9			
Pharris	Cecil	S. J. Pharris	621 C St.	CH	1908-1909	12			
Pharris	Cecil	S. J. Pharris	718 E St.	BS	1905-1907	12			
Pharris	Sam	S. J. Pharris	621 C St.	BS	1908-1909	11			
Pharris	Sam	Samuel Pharris	315 6th St.	BS	1911?	12			
Pharris	Sam.			BS	Fall 1906				
Philbrook	Oneita	Mrs. Rose Philbrook	Bodega	BY	1925-1928		5	30 Aug. 1914	
Philips	Dorothy		222 Walnut St.	PK	Fall 1924			16 Apr. 1919	
Phillipinni	Stella	C. Phillipinni		BS	1908-1909	9			
Phillips	Dorothy	R. B. Phillips	408 4th St.	LN	2 May 1921		3A	21 Feb. 1912	from Oakland
Phillips	Dorothy	R. B. Phillips	221 10th St.	LN	June 1921		3	11 Nov. 1911	
Phillips	George			BS	1894-1895		11		
Phillips	Helen	Dr. F. H. Phillips	710 D St.	BS	1905-1907	12			
Phillips	Robt.?	R. B. Phillips	410 Kent St.	LN	Aug. 1921		L4	11 Nov. 1911	
Piazza	Americo	Martin Piazzo	Tomales	TM	1929-1930			15 Feb. 1918	
Piazza	Freddy	Martin Piazzo	Tomales	TM	21 Apr. 1930			25 Aug. 1921	
Piazza	George	Martin Piazzo	Tomales	TM	1927-1929			23 Aug. 1916	
Piazza	Mary	Marin Piazzo	Tomales	TM	21 Apr. 1930			25 Oct. 1919	
Piazza	Norma	Martin Pizzza	Tomales	TM	21 Apr. 1930			11 Aug. 1923	
Piazza	Rosie			ES	1909-1910	6	1		
Piazzo	Americo	Martin Piazzo	Tomales	TM	1927-1928			15 Feb. 1918	
Piazzo	Freddy	Martin Piazzo	Tomales	TM	1927-1928			25 Aug. 1921	
Piazzo	George	Martin Piazzo	Tomales	TM	1927-1928			23 Aug. 1916	
Piazzo	Mary	Marin Piazzo	Tomales	TM	1927-1928			25 Oct. 1919	
Piccinini	Attlio	Frank Piccinini		OL	1919-1920		2		
Piccinini	Ernest	Frank Piccinini		OL	1919-1920		Rec.		
Piccinini	Lenora	Frank Piccinini		OL	1 June 1917		6		

Surname	Given Name	Parent	Address	SD	Date/Date Range	Within Date Range Age	Within Date Range Gr.	Birth Date	Left/Comments
Piccinini	Lenora	Frank Piccini		OL	29 May 1919		7		
Piccinini	Nicholas	Frank Piccinini		OL	1919-1920		5		
Piccinini	Nickolas	Frank Piccinini		OL	1 June 1917		L3		
Piccinini	Rosaline	Frank Piccinini		OL	1 June 1917		4		
Piccinini	Rosaline	Frank Piccinini		OL	1919-1920		7		
Picinini	Alfred	Mrs. A. Picinini	Santa Rosa	OL	1927-1930			23 Aug. 1921	
Picinini	Attilio	Frank Picinini	Santa Rosa	OL	1921-1925		4	11 July 1912	
Picinini	Ernest	F. Picinini	Santa Rosa	OL	1921-1922		1	11 Jan. 1909	
Picinini	Ernest	F. Picinini	Santa Rosa	OL	15 June 1923		L2	11 Jan. 1910	
Picinini	Florence	Frank Picinini	Santa Rosa	OL	1921-1923		2	15 Sept. 1915	
Picinini	Florence	Mrs. A. Picinini	Santa Rosa	OL	1924-1925			15 Sept. 1915	
Picinini	Frank	F. Picinini		OL	1910-1911				
Picinini	Fred	F. Picinini		OL	1904-1906		1B		
Picinini	George	F. Picinini		OL	1904-1906		Rec.		
Picinini	George	F. Picinini		OL	1910-1911				
Picinini	Nickolas	Frank Picinini	Santa Rosa	OL	15 June 1923		6	9 Oct. 1908	grad.
Picinini	Nickolas	L. Picinini	Santa Rosa	OL	1921-1922			9 Oct. 1908	
Picinini	Nora	F. Picinini		OL	1910-1911				
Picinini	Rosalie	F. Picinini		OL	1910-1911				
Pickerell	Elwood	James Pickerell	Annapolis	HC	11 Feb. 1901	6			
Pickerell	Homer	James Pickerell	Annapolis	HC	11 Feb. 1901	9			
Pickrell	Elwood	James Pickrell	District	HC	Nov. 1902	6			
Pickrell	Elwood	James Pickrell	to Stewarts Pt.	HC	June 1904	7			
Pickrell	Elwood	James Pickrell	to Stewarts Pt.	HC	June 1904	14			
Pickrell	Frank	James Pickrell	District	HC	Nov. 1902				
Pickrell	Frank	James Pickrell	District	HC	Nov. 1902	9			
Pickrell	Homer	James Pickrell	District	HC	Nov. 1902	9			
Pickrell	Homer	James Pickrell	to Stewarts Pt.	HC	June 1904	9			
Piehl	Lillian	Mrs. Ed. H. Piehl	851 D St.	CH	1901-1903	6			
Pieper	Grace	Harry Pieper	1409 3rd St.	BS	19 Aug. 1907	6			
Pieper	Grace	Mrs. H. Pieper	1309 3rd St.	BS	1908-1909	7	1B		
Pieper	Grace	H. C. Pieper	710 3rd St.	BS	1907-1909	7	1A		
Pieper	Marie	H. Pieper	Cherry St.	CH	1908-1909	13			

Surname	Given Name	Parent	Address	SD	Date/Date Range	Within Date Range Age	Gr.	Birth Date	Left/Comments
Pieper	Marie	H. Pieper	Main St.	CH	1908-1909	13			
Pierce	Clarissa	Mr. & Mrs. E. I. Pierce	4 Cherry St.	BS	1906	10			
Pierce	Clarissa	Eugene I. Pierce	668 Fair St.	BS		11			
Pierce	Frances	F. E. Pierce	300 English St.	LN	1920-1921	6	1B	5 Sept. 1914	
Pierce	James			TM	1917-1918		6		
Piezzi	Americo	Martin Piezzi	Tomales	TM	1925-1929	8		15 Feb. 1918	
Piezzi	Freddy	Martin Piezzi	Tomales	TM	1928-1929			25 Aug. 1921	
Piezzi	George	Martin Piezzi	Tomales	TM	1925-1927	10		23 Aug. 1916	
Piezzi	John	Piezzi	6th St.	BS	1903-1905	11	2		
Piezzi	Mary	Martin Piezzi	Tomales	TM	1925-1929	6		25 Oct. 1919	
Piezzi	Rose	Piezzi	6th St.	BS	1903-1905	9	2		
Pillette	Duane	Mrs. H. Pillette		FL	26 Oct. 1931	9	4	24 July 1922	left 22 Apr.
Pillin	Israel		125 Upham St.	PK	1920			25 Aug. 1916	
Pilling	Elmer			ML	Jan. 1912		1A		
Pilloux	Jeanette	Earnest Pilloux	430 8th St.	LN	1920-1921		2B	5 Feb. 1912	
Pilloux	Jeannette	Ernest Pilloux	430 8th St.	LN	1921-1922		4B	5 Feb. 1912	
Pimm	Elmer		420 Post St.	PK	1903	5			
Pimm	Raymond			PK	1 Feb. 1898				
Pincini	Frank	F. Pinicini		OL	12 July 1909				
Pincini	Fred	F. Pinicini		OL	21 July 1909				
Pincini	George	F. Pinicini		OL	12 July 1909				
Pincini	Rosalie	F. Pinicini		OL	12 July 1909				
Pinger	Leola	H. A. Pinger	Petaluma	CH	1908	14			
Pingree	Frank	Frank Pingree	Bodega Ave.	PK	1914	4			
Pingree	Frank	Frank Pingree	Payran St.	ML	1916		Rec.		
Pingree	Frank	Mrs. Mary Pingree	412 3rd St.	LN	1920-1921			13 Jan. 1910	
Pingree	Robert	Frank Pingree	Bodega Ave.	PK	1914	4		13 Jan. 1911	
Pingree	Robert	Frank Pingree	Payran St.	ML	1916		Rec.		
Pingree	Robert	Mrs. Mary Pingree	412 3rd St.	LN	1920-1921		1A	13 Jan. 1911	
Pinoli	Eddie			HC	17 July 1916		1		
Piona	Buck	Gus Piono	Santa Rosa	OL	1927-1928			13 Feb. 1916	
Piona	Pete	Gus Piano	Santa Rosa	OL	1927-1928				

Surname	Given Name	Parent	Address	SD	Date/Date Range	Age	Gr.	Birth Date	Left/Comments
Piper	Grace	Harry Piper	710 3rd St.	BS	1909	9			
Piper	Lillian	W. W. Piper	618 Washington St.	CH	1908-1909	12			
Piper	Lillian	Piper		BS	1903-1905		2		
Pistolecci	Frank			TM	4 Aug. 1919		5		
Pistolesi	Frank			TM	31 July 1922		8		
Pitner	Orin	Mrs. Flynn	Tomales	TM	1927-1928			17 Jan. 1922	
Pitner	Orin	Mrs. Flynn	Tomales	TM	21 Apr. 1930			17 Jan. 1922	
Pitzner	Orin	Mrs. Flynn	Tomales	TM	1928-1929			17 Jan. 1911	
Piver	John	Mr. Piver	District	BY	1886-1889				
Plank	Freddie	Fred Plank	686 Upham St.	BS	1908-1909	6			
Plank	Freddie	F. F. Plank	774 Upham St.	BS	1909-1911	7	1A		
Plank	Fredrich Charles		312 Oak St.	PK	1927-1928			23 Mar. 1924	
Plank	Maxine		312 Oak St.	PK	1927-1928			31 Mar. 1922	
Plette	Louis	Louis Plette	745 Bremen St.	BS	1909	13			
Plow	Carl	Carl Plow	Sunny Slope Ave.	BS	1909-1911	10			
Plow	Carl			BS	Jan. 1917		1A		
Plow	Carl Thomas	Carl Plow, Sr.	Petaluma, Box 411	BS		15			
Plow	Norma	Carl Plow	Sunny Slope Ave.	BS	1911	7			
Plow	Norma	Carl Plow	Union District	ML	1916		6A		
Plummer	Emma	R. B. Plummer	43 5th St.	LN	1919-1920	9	4B		
Plummer	Emma	R. B. Plummer	8 Post St.	CH	9 Aug. 1922	11		19 Sept. 1910	
Plunkett	Billie	Mrs. Kate Plunkett	Tomales	TM	1922-1923				
Plunkett	Billie	Katherine Plunkett	Tomales	TM	1926-1927			18 Sept. 1914	
Pluth	Ancie	Mrs. F. Schubetz	Sebastopol	EC	1925-1926	11		15 Apr. 1915	
Pluth	Ancie	Mrs. F. Shubetz		EC	1926-1930			15 Apr. 1915	
Pluth	Antone	Mrs. F. Shubetz		EC	1925	15		24 Jan. 1910	
Pluth	Henry	Mrs. T. Schubetz	Sebastopol	EC	1925-1927	12		24 Apr. 1914	grad.
Pluth	Henry	Mrs. F. Shubetz		EC	1927-1928			24 Apr. 1913	

Surname	Given Name	Parent	Address	SD	Date/Date Range	Age	Gr.	Birth Date	Left/Comments
Podsekiov	Nicholas		Del Mar	SA	2 Dec. 1912	7	A1		
Podsekiov	Willie		Del Mar	SA	2 Dec. 1912	8	A1		
Poehlman	Helen	Henry Poehlman	E & 7th Sts.	BS		11	6		
Poehlman	Martin	Henry Poehlman	4th & E Sts.	BS		12	7		
Poehlman	Max	F. Poehlman	B St.	BS	1900	10			
Poehlman	Willie	F. Poehlman	B St.	BS	1900	8			
Poehlman	Wm.	F. Poehlman	763 B St.	BS	1906-1908	14	8B		
Poehlmann	Margaret		14 5th St.	PK	Spring 1924			8 Jan. 1919	
Poehlmann	Max	Frank Poehlmann	763 B St.	BS	1905-1907	15			
Poehlmann	Ruth	F. Poehlmann	744 B St.	BS	1911	6			
Poehlmann	Ruth	Frank Poehlmann	8th St.	ML	1916		6A		
Poehlmann	Willie	F. Poehlmann	Country	BS	1905-1907	13			
Pohley	Charlie	Benjamin Pohley	662 Hopper St.	PK	1903	5			
Poiana	Oliva	Peter Poiana	Tomales	TM	1928-1929			19 Nov. 1920	
Poiana	Oliva	Pete Poiana	Tomales	TM	21 Apr. 1930			19 Nov. 1922	
Poiana	Vetalena	Pete Poiana	Tomales	TM	21 Apr. 1930			23 Mar. 1920	
Poiana	Vetalina	Peter Poiana	Tomales	TM	1928-1929			23 Mar. 1922	
Poirier	Melvin		E St.	BS	1909	8			
Polk	Charles	Miss Josephine Polk	201 3rd St.	LN	1920-1921			14 June 1912	
Polk	Charley	C. E. Polk	Cor. of D & 3rd Sts.	BS	5 Sept. 1892	11			
Polk	Charlie	Charles Polk	201 3rd St.	LN	1919-1922	7	2B		
Polk	Chas.			BS	1898				
Polk	Chas. E.	Mrs. J. Beales	D. St. between 2nd & 3rd Sts.	BS		15			
Polk	Ella	Mrs. J. Polk	907 D St.	BS	1909	14			
Polk	Ella	Mrs. Polk	907 D St.	BS	1905-1907	15			
Polk	Ella			PK	1895-1896				
Polk	Ella	Mrs. Josephine Biele		CH					
Polk	John	Charles Polk	120 3rd St.	LN	1921		1A	5 Feb. 1915	
Polk	John	Chas. Polk	201 3rd St.	LN	1920-1921		1B	5 Feb. 1915	
Pollitt	Kenneth	Harry Pollitt		FL	30 Aug. 1926	11	6	13 Nov. 1914	left 15 Sept.

Surname	Given Name	Parent	Address	SD	Date/Date Range	Within Date Range		Birth Date	Left/Comments
						Age	Gr.		
Polloni	Adele	Mrs. S. Graziani	Agua Caliente	FL	16 Aug. 1915	12	7		
Polloni	Adele	G. Polloni	Agua Caliente	FL	7 Aug. 1916	13	8		
Polloni	Victoria	Mrs. S. Graziani	Agua Caliente	FL	1914-1915	8	2		
Polloni	Victoria	G. Polloni	Agua Caliente	FL	7 Aug. 1916	9	3		
Pollucci	Allie	Marie Pollucci	110 Wilson St.	ML	1919		Rec.		
Pollucci	Allie	Marie Polucci	111 Wilson St.	ML	1920			22 Sept. 1913	
Pollucci	Lawrence	Marie Pollucci	111 Wilson St.	ML	1920			20 Apr. 1915	
Polucci	Allie	Marie Pollucci	110 Wilson St.	ML	1921			22 Sept. 1913	left
Polucci	Lawrence	Marie Pollucci	110 Wilson St.	ML	1921		Rec.	20 Apr. 1915	
Pomeroy	Gertrude	Geo. Pomeroy	300 5th St.	BS	Jan. 1917	14			
Pomeroy	Henry	E. H. Pomeroy	3rd St. & D Sts.	BS	21 Aug. 1899	10			
Pometta	Florence	D. Pometta	1055 3rd St.	BS	1920	10			
Pometta	Florence	D. Pometta	100 3rd St.	CH	1908-1909	18	Sr.		
Pometta	Sylvan	D. Pometta	1055 3rd St.	BS	1921	11			
Poncetta	Rocco	Mrs. Flora Ponsetta	Valley Ford	ES	1928-1930			Aug. 1923	
Poncetta	Rocco	G. Poncetta	Valley Ford	ES	1930-1931				
Poncia	Carolina			ES	1909	6	1		
Poncia	Catherine			BY	7 Aug. 1916	8	2		
Poncia	Catherine	P. Poncia	Bay	BY	1918-1922		6	31 Oct. 1907	
Poncia	Elizabeth	A. Albini	Fallon	ES	1913-1919	9	2		
Poncia	Elsie	P. Poncia	Bay District	BY	1919-1922		L1		
Poncia	Elvin	P. Poncia	Bay	BY	1919-1922		4	3 Jan. 1910	
Poncia	Elwin			BY	7 Aug. 1916	6	1		
Poncia	Elwin	P. Poncia	District	BY	1918-1919		3		
Poncia	Mary			ES	1909	9	2		
Poncia	Mary			ES	1913-1914	14	5		
Poncia	Volante	P. Poncia	Bay	BY	1922		3	29 Mar. 1912	
Poncia	Volanti	P. Poncia	District	BY	1918-1919		1		
Pool	Stitl Welson	Charles Pool	R 5	LN	1920-1921			4 Feb. 1911	
Poole	Eddie	E. N. Poole	501 I St.	BS	1905-1907	7			
Poole	Slitt Wilson	Charles A. Poole	7th & I Sts.	LN	1920-1921		4A	4 Feb. 1911	
Porcher	Elizabeth		465 Oak St.	PK	1903	4			

-276-

Surname	Given Name	Parent	Address	SD	Date/Date Range	Within Date Range Age	Within Date Range Gr.	Birth Date	Left/Comments
Porcher	Elizabeth	Mrs. Porcher	1112 5th St.	BS	1905-1907	6			
Porcher	Elizabeth	Mrs. Porcher	6th & C Sts.	BS	1905-1907	6			
Porrier	Antionette	Jean Porrier	640 E St.	BS	1909-1911	6	1A		
Porrier	Antoinette	Mr. A. Porrier	640 E St.	BS	1 Oct. 1909	6			
Porter	Alice			HC	19 Aug. 1918		H2		
Porter	Alice	Mrs. K. Ingman	Annapolis	HC	1921-1922		H4	5 Aug. 1910	
Porter	Alice	Mrs. Katie Vucinovich	Annapolis	HC	23 July 1923			5 Aug. 1910	
Porter	Alice	Mrs. Katie Vucinovich	Annapolis	HC	1925-1927			5 Aug. 1910	
Porter	Edgar	E. B. Porter	605 B St.	BS	Apr. 1908	6			
Porter	Edgar	E. Porter	843 B St.	BS	Aug. 1908	6	1A		
Porter	Evelyn	E. B. Porter	312 Washington St.	BS	Jan. 1908	10			
Porter	Evelyn	E. B. Porter	843 B St.	BS	1908-1909	10			
Porter	Floyd	J. A. Porter	601 Walnut St.	BS	Jan. 1908	12			
Porter	George	Mrs. J. Porter	District	BY	1918-1919	16	5		
Porter	Jessie	Mrs. K. Ingman	Annapolis	HC	1921-1922		L4	11 Oct. 1912	
Porter	Jessie	Mrs. Katie Vucinovich	Annapolis	HC	23 July 1923			11 Oct. 1912	
Porter	Jessie	Mrs. Katie Vucinovich	Annapolis	HC	1925-1927			11 Oct. 1912	
Porter	Oscar	Mrs. R. Porter	27 Post St.	BS	1908-1911	6			
Portock	Ben	Mrs. Portock	Revere House	BS	1903-1905	10	2		
Possi	Charley	Jno. Cerini	Bodega	BY	1893-1895	16			
Potter	Alice	J. R. Potter		PK	1910	5			
Potter	Alvin	Mrs. F. C. Potter	Keokuk St.	BS	19 Aug. 1907	7			
Potter	Alvin	S. C. Potter	Keokuk St.	BS	Jan. 1908	7			
Potter	Alvin	C. Potter	Keokuk St.	BS	Aug. 1908	8	1A		
Potter	Alvin	A. L. Potter		BS	1909	10			
Potter	Beauford	John Potter	14 Hinman St.	BS	18 Jan. 1909	9	1A		
Potter	Beauford	Mr. Potter	462 Hinman St.	BS	17 Aug. 1908	9			
Potter	Beauford	John Potter	26 West St.	BS	1909	11			
Potter	Charlotte	Charles Potter		PK	1910	5			
Potter	Chester	Jas. A. Potter	623 Walnut St.	BS	Jan. 1908	6			
Potter	Chester	J. Potter	601 Walnut St.	BS	1908-1909	7			

Surname	Given Name	Parent	Address	SD	Date/Date Range	Within Date Range		Birth Date	Left/Comments
						Age	Gr.		
Potter	Clio	M. Potter	6th St.	BS	1903-1905	8	2		
Potter	Clio	E. A. Potter	14 Hinman St.	CH	1908-1909	12			
Potter	Clio	Mrs. E. A. Potter	462 Hinman St.	BS	1909	12			
Potter	Clio	E. A. Potter	462 Hinman St.	BS	1905-1907	12			
Potter	Elmer	J. Potter	Kentucky St.	CH	17 Aug. 1896	6			
Potter	Elmer	Jas. Potter	Walnut St.	CH	1897-1899	8			
Potter	Elmo			PK	1896				
Potter	Floyd	J. H. Potter	523 Walnut St.	BS	1905-1907	11			
Potter	Floyd	J. A. Potter	523 Walnut St.	BS	Fall 1906	12			
Potter	Floyd	J. A. Potter	532 Walnut St.	BS	Fall 1906	12			
Potter	Floyd	Mrs. J. A. Potter	601 Walnut St.	CH	1908-1909	14			
Potter	Floyd	Mrs. J. A. Potter	601 Walnut St.	BS	Spring 1908	14	5B		
Potter	Glen	Mattie Potter	603 Keokuk St.	BS	1905-1907				
Potter	Josephine	Charles Potter		PK	1910	5			
Potter	McKinley	J. Potter	523 Walnut St.	BS	1905-1907	8			
Potter	McKinley	Jas. Potter	523 Galland St.	BS	20 Aug. 1906	10	2		
Potter	McKinley	Mrs. Annie Potter	601 Walnut St.	BS	1908-1909	11			
Potter	McKinley	James Potter	601 Washington St.	BS	1908-1909	12			
Potter	Ruby	James Potter	Walnut St.	CH	1897-1899	9			
Potter	Will	Mrs. F. C. Potter	315 Walnut St.	CH	1908-1909	12			
Potter	William	Mrs. M. Potter	603 Keokuk St.	BS	1906-1907	9			
Potter	William	Mrs. F. C. Potter	654 Keokuk St.	BS	1905-1907	9			
Potter	William	F. Potter	651 Keokuk St.	BS		10			
Potter	Willie	Mrs. F. C. Potter	347 Keokuk St.	CH	1908-1909	11			
Potterton	Dorothy	M. Potterton	Sebastopol	EC	1930-1931			16 Dec. 1922	
Pound	Archie	E. G. Pound	690 Kentucky St.	BS	1905	9	2		
Pound	Archie	E. G. Pound	608 Kentucky St.	BS	Fall 1906	10			
Pound	Archie	E. G. Pound	680 Kentucky St.	BS	1905-1907	10			
Pound	Archie	E. G. Pound	318 Kentucky St.	CH	1908-1909	12			
Pound	Gurney	Edward Pound	680 Kentucky St.	BS	1909	14			
Pound	Gurney	E. G. Pound	680 Kentucky St.	BS	1905-1907	14			

Surname	Given Name	Parent	Address	SD	Date/Date Range	Within Date Range Age	Within Date Range Gr.	Birth Date	Left/Comments
Pound	Ruth	E. G. Pound	680 Kentucky St.	BS	1905-1907	13			
Pound	Ruth	E. G. Pound	318 Kentucky St.	CH	1907-1909	15			
Powell	Merle	C. Powell	R 3, Sebastopol	MV	1924-1925			29 Oct. 1914	
Powell	Merle	Chas. Powell	RR 3, Box 289	MV	1924-1925			29 Oct. 1913	
Powell	Ray			MV	1925-1926			15 Jan. 1919	
Powers	Ruth	H. W. Powers	705 Keokuk St.	PK	1903	6			
Pozzi	Amerigo	M. Pozzi	Bodega Bay	BY	1896-1901				
Pozzi	Dora			TM	6 Aug. 1917		6		
Pozzi	Elvetzia	Mr. Pozzi	Bodega Bay	BY	1896-1901	6			
Pozzi	Joseph	N. Pozzi	Bloomfield	BL	1922-1923		8	10 Aug. 1909	
Pozzi	Leo	N. Pozzi	Bloomfield	BL	1922		4	10 Aug. 1909	
Pozzi	Leo	N. Pozzi	Bloomfield	BL	1923		4	4 Aug. 1912	
Pozzi	Leo Albert	Nazarino Pozzi	Bloomfield	BL	1922-1925			4 Aug. 1911	
Pozzi	Lydia			TM	6 Aug. 1917		6		
Pracchia	Rose	A. Pracchia	155 Edith St.	ML	1921-1922			12 Dec. 1915	
Pracchia	Rosie		400 Kentucky St.	PK	1920			Jan. 1916	
Prast	Herbert	F. Prast	660 Prospect St.	BS	1906-1907	8	2		
Prato	Lawrence	G. Prato	332 Wilson St.	ML	1920			13 July 1912	
Pratt	Faith Ray			HC	Dec. 1895				
Prebelich	Albert	John Prebelich	R 3, Sebastopol	MV	1922-1924		2	25 Sept. 1916	
Prebelich	Joe	J. P. Prebelich	Box 155	MV	1924-1925		7	12 Aug. 1911	
Prebelich	John	J. P. Prebelich	Box 155	MV	1921-1925		7	30 May 1910	
Prebelich	Joseph			MV	1921-1922		5	2 Aug. 1912	
Prebelich	Joseph			MV	1923-1924		12	2 May 1911	
Prebelich	Paul	Mrs. Katie Prebelich	Sebastopol	MV	1920-1922	8	3	15 Feb. 1913	
Prebelich	Paul	J. P. Prebelich	Box 155	MV	1924-1925		7	15 Feb. 1913	
Prebelich	Rudolph	Mrs. Katie Prebelich	R 3, Sebastopol	MV	1920-1921	7	3	22 Sept. ????	
Prebelich	Rudolph	Mrs. Katie Prebelich		MV	1922-1923	8		24 Sept. 1914	
Prebelish	John	J. Prebelish	R 3, Sebastopol	MV	1921-1922		4	30 Mar. 1910	
Prebelish	Joseph	J. Prebelish	R 3, Sebastopol	MV	1921-1922		4	7 Aug. 1911	
Prebelish	Paul	J. Prebelish	R 3, Sebastopol	MV	1921-1922		3	15 Feb. 1913	
Prebilich	Albert	J. Prebilich	R 3, Sebastopol	MV	1927-1931		7	30 Aug. 1917	

Surname	Given Name	Parent	Address	SD	Date/ Date Range	Within Date Range		Birth Date	Left/Comments
						Age	Gr.		
Prebilich	Albert	John Prebilich	R 3, Sebastopol	MV	1927-1928			3 July 1917	
Prebilich	John	John Prebilich		MV	1918-1919		3		
Prebilich	Joseph	John Prebilich		MV	1918-1919		2		
Prebilich	Joseph	John Prebilich	R 3, Sebastopol	MV	1925-1926			2 Aug. 1910	
Prebilich	Mary	John Prebilich	R 3, Sebastopol	MV	1927-1931			27 Nov. 1920	
Prebilich	Paul	John Prebilich	R 3, Sebastopol	MV	1925-1926			15 Feb. 1913	
Prebilich	Rudolph	John Prebilich	R 3, Sebastopol	MV	1925-1926			22 Sept. 1914	
Preblich	Albert	John Preblich	R 3, Sebastopol	MV	1924-1927			3 July 1917	
Preblich	Mary	John Preblich	R 3, Sebastopol	MV	1926-1927			27 Nov. 1920	
Preblich	Paul	J. Preblich	R 3	MV	1923-1924		5	15 Feb. 1913	
Preblich	Rudolph	John Preblich	R 3, Sebastopol	MV	1926-1927			22 Sept. 1914	
Preblish	Albert	John Preblish	R 3, Sebastopol	MV	1924-1925				
Preblish	Rudolph	J. Preblish	R 3, Sebastopol	MV	1923-1924		4	22 Sept. 1914	
Preblish	Rudolph	John Preblish	RR 3, Box 155	MV	1924-1925			22 Sept. 1915	
Prein	Helen	G. A. Prein	R 3	MV	1926-1927			19 Nov. 1914	
Preper	Marie	Herman Preper		BS			5		
Preshaw	Ruth	Will Preshaw	682 Keller St.	BS	1903-1906	7	2		
Preshaw	Ruth	W. S. Preshaw	609 B St.	BS	1909	11			
Preshaw	Ruth	W. S. Preshaw	641 B St.	BS	1905-1907	11			
Preshaw	Ruth	W. S. Preshaw	15 Spring St.	CH		12			
Pressey	Chester	H. D. Pressey	7th St.	BS		12			
Pressey	Lottie Beatrice	Henry D. Pressey	Cor. 7th St.& C Sts.	BS	1899-1900				
Pressey	Lyle	H. D. Pressey	Corona Rd.	CH		14			
Pressy	Earl			PK	1 Aug. 1898	6			
Prest	John	Isaac Prest	to Petaluma	HC	June 1904	16			
Preston	Oak			BS	1894-1895		Junior Year		
Price	Billie		322 Kentucky St.	PK	1927-1928			18 Mar. 1922	
Price	Fred	F. Price	Sebastopol	EC	1929-1931			4 July 1923	
Price	Harry		322 Kentucky St.	PK	1927-1929				
Price	Wanda	Fred Price	Sebastopol	EC	1927-1931			17 Dec. 1921	

Surname	Given Name	Parent	Address	SD	Date/Date Range	Within Date Range Age	Within Date Range Gr.	Birth Date	Left/Comments
Pride	Grace	H. W. Pride	3rd St.	BS	1897	15	7		
Prien	Florentine	J. A. Prien	851 D St.	BS	1909	12			
Prien	Florentine	J. A. Prien	851 D St.	BS	1905-1907	13			
Prien	Florentine	John A. Prien	522 5th St.	CH	1907-1910	15			
Prien	Helen	G. A. Prien		MV	1926-1927			19 Nov. 1914	
Pries	Florence	Han Pries	12 Bridge St.	LN	Aug. 1921		L4	19 Aug. 1909	
Priest	Henry	Hans Priest	12 Bridge St.	LN	Jan. 1922			1 June 1914	
Primo				ML	1920			1 May 1915	
Pringle	Albert	Mrs. E. Pringle		FL	15 Sept. 1930	7	1	10 June 1923	left 17 Feb.
Provines	Donald	L. B. Provines	101 Laurel Ave.	BS	10 Jan. 1910	6			
Provines	Donald	L. B. Provines	322 English St.	BS	9 Aug. 1909	6			
Provines	Melville	L. Provines	101 Laurel Ave.	BS	1909-1911	7	1A		
Provines	Melville	L. Provines	311 6th St.	BS	9 Aug. 1909	7			
Provines	Melville	L. B. Provines	322 English St.	BS	9 Aug. 1909	7			
Puen	Alfred			MV	1925-1926			2 July 1912	
Puen	Helen			MV	1925-1926			19 Nov. 1914	
Purrington	Joe			OL	5 Aug. 1901		8		
Purvine	Arthur	T. B. Purvine	Petaluma RFD	BS	1906-1908	14	8B		
Purvine	J.			BS	1897				
Purvine	Jimmie	W. B. Purvine	Two Rock	BS		15			
Purvine	Lois	T. B. Purvine	Country	BS	1906-1908	14	8B		
Purvine	Lois	T. B. Purvine	Rural 4	CH	1908-1909	15			
Puterbaugh	Pearl	Claude Puterbaugh	Bloomfield	BL	1922-1925		4	12 Nov. 1914	
Puterbaugh	Pearl Adrogn	Claude Puterbaugh	Bloomfield	BL	1924		6	12 Mar. 1914	
Puterbaugh	Pearl Androgn	Claude Puterbaugh	Bloomfield	BL	1925			14 Mar. 1914	
Puterbaugh	Pearl Androyn	Claude Puterbaugh	Bloomfield	BL	1922 (?)			12 Mar. 1914	
Putnam	Gracie			PO	12 Mar. 1877		7		
Putnam	A.			BS	5 Sept. 1892				
Putnam	Howard	Mrs. K. Putnam	511 B St.	BS	1905-1907	6			
Putnam	Rodney			BS	1894-1895		Junior Year		
Putnam	Ruth	F. H. Putnam	B St.	BS	1905	8	2		

Surname	Given Name	Parent	Address	SD	Date/Date Range	Within Date Range Age	Within Date Range Gr.	Birth Date	Left/Comments
Putnam	Rutherford	Mrs. Mabel Putnam	900 B St.	CH	9 Aug. 1922	13		7 Apr. 1909	
Putnam	T.			BS	5 Sept. 1892				
Pyne	Edward	E. I. J. Pyne	Rt. 1	CH	9 Aug. 1922	14		9 Dec. 1908	
Pyne	Edward	Edward Pyne	Magnolia Ave.	LN	1920-1921			9 Dec. 1909	
Pyne	Neoma	E. I. J. Pyne	Rt. 1	CH	9 Aug. 1922	13		12 Aug. 1908	
Quartaroli	Florence	Frank Quartaroli	R 3, Sebastopol	CN	Aug. 1927			23 Aug. 1921	
Quartaroli	Harry	Frank Quartaroli		CN	1922-1923		7	12 Nov. 1908	
Quartoroli	Florence	Frank Quartoroli	R 3, Sebastopol	CN	1928-1929			23 Apr. 1921	
Quartoroli	Harry	Frank Quartoroli	R 3, Sebastopol	CN	Aug. 1921		6	12 Nov. 1908	
Quick	Edmund	C. Quick	Rt. 4	CH	9 Aug. 1922	14		5 Feb. 1908	
Quigley	Cecil	Arthur Quigley	147 Wilson St.	ML	1919-1920	6	Rec.		
Quigley	Harry	Ed Quigley	501 Keokuk St.	BS	1911	7			

Surname	Given Name	Parent	Address	SD	Date/Date Range	Within Date Range		Birth Date	Left/Comments
						Age	Gr.		
Radthe	Gertrude	Mrs. Hugo Radtke	Fetters Springs	FL	1925			4 Mar. 1912	
Radtke	Gertrude	Hugo Radtke	Agua Caliente	FL	4 Jan. 1926	13	8	4 Mar. 1912	
Rae	James	Wm. Rae	621 C St.	CH	1908-1909	12			
Rae	Verna	Mrs. Wm. Rae	621 C St.	BS	1909-1911	7	1A		
Rae	Verna	William Rae	136 Howard St.	BS	1909	9			
Rafael	J.			BS	5 Sept. 1892				
Rafael	Rena	M. E. Rafael		CH	3 Sept. 1894	6			
Rafael	Rena			PE	26 Aug. 1895		1		
Ragan	Robert	Mrs. Kinsey	1000 D St.	LN	Jan. 1923		L1	22 June 1915	
Ragori	Clara	Mr. Ragori	Bay	BY	1926		L1	Oct. 1919	
Rahuntz	Annie	John Rahuntz	Sebastopol	MV	1925-1926			28 Sept. 1919	
Rains	Elaine	William Rains	108 Prospect St.	BS	1909	10			
Ramos	Ellsworth	Manuel Ramos	219 E.D St.	ML	1914				
Ramos	Ellsworth		604 E. D St.	ML	Aug. 1912				
Ramos	Ellsworth		604 E. D St.	ML	Jan. 1914				
Ramos	Thelma	Manuel Ramos	619 E. D St.	ML	1918				
Ramos	Thelma	Manuel Ramos	619 E. D St.	ML	1920-1922			1 July 1913	
Rampendahl	Grace	A. C. Rampendahl	919 Howard St.	BS	1905-1907	12			
Rampendahl	Lillian	A. R. Rampendahl	919 Howard St.	BS	1905	8	2		
Rampmann	Tina		322 Kentucky St.	PK	Spring 1923			24 July 1917	
Ranaldi	Della	A. Rinaldi	Agua Caliente	FL	4 Jan. 1926	12	8	1 Aug. 1913	
Ranarde	Arthur	Mrs. B. Heinrich	Cor. of D & 6th Sts.	BS	5 Sept. 1892	14			
Raney	Francis	Gabe Raney	354 Main St.	LN	1919-1921	5		10 Apr. 1909	
Rankin	Belle			PK	3 Aug. 1896				
Rappmund	Paul	Mrs. Rappmund	806 6th St.	LN	1920-1921		1B	13 Aug. 1914	
Rasmussen	Arleen		3rd St.	PK	18 Feb. 1918			5 Nov. 1912	
Rasmussen	Arleen	Louis Rasmussen	718 3rd St.	LN	1921-1922		3	5 Nov. 1912	
Rasmussen	Arleen	Rasmus Rasmussen	718 3rd St.	LN	1919-1920		2A	5 Nov. 1912	
Rasmussen	Carl			ES	1904	16	8		
Rasmussen	Edna			ES	1904-1905	12	8		
Rasmussen	Myrtle		3rd St.	PK	18 Feb. 1918			23 Aug. 1914	

-283-

Surname	Given Name	Parent	Address	SD	Date/Date Range	Within Date Range Age	Within Date Range Gr.	Birth Date	Left/Comments
Rasmussen	Myrtle	R. Rasmussen	718 3rd St.	LN	1920-1922		1A	23 Aug. 1914	
Rasmussen	Ray			ES	1904-1905	14	6&7		
Rasmussen	Roy	R. L. Rasmussen	718 3rd St.	CH	9 Aug. 1922	13		3 July 1909	
Rasmussen	Ruby	R. L. Rasmussen	3rd St. & E Sts.	BS	1908-1909	6			
Rasmussen	Walter	R. D. Rasmussen	3rd & E Sts.	PK	1903	5			
Rasmussen	Walter	Mr. Rasmussen	3rd St.	BS	1905-1909	7	1		
Rasmussen	Walter	R. L. Rasmussen	3rd St.	BS	1907-1911	8	2		
Rassmussen	Myrtle		3rd St.	PK	Fall 1919			23 Aug. 1914	
Rasmussen	Ruby	R. L. Rassmussen	718 3rd St.	BS	17 Aug. 1908	6			
Rathbone	John	A. J. Rathbone	110 Webster St.	LN	Aug. 1922		L1	3 Dec. 1916	
Ravenscroft	Mary Ann	D. W. Ravenscroft	143 Howard St.	BS	1909-1910	7			
Raver	Delbert	Jas. Raver	Bloomfield	BL	1922		3	2 Apr. 1909	
Raver	Dwight	Jas. Raver	Bloomfield	BL	1922		2	29 Oct. 1913	
Raver	Marguerite	Jas. Raver	Bloomfield	BL	1922		3	16 Jan. 1909	
Rawding	Lottie			CH	8 Aug. 1910				
Ray	Clara			MV	1916-1917	14	8		
Ray	Primo	Mrs. J. Ray	Agua Caliente	FL	1930-1931	7	2	5 Aug. 1924	
Ray	Ralph			MV	1916-1917	11	6		
Ray	Verna	Mrs. L. Ray	621 6th St.	BS	9 Aug. 1909	7			
Raymond	Charles	H. J. Raymond	311 Liberty St.	CH	1908-1909	11			
Raymond	Chas.	H. J. Raymond	311 Liberty St.	BS	1905-1908	11			
Raymond	Edith	I. B. Raymond	6th St.	BS	1905-1907	6	1		
Raymond	Edith	I. B. Raymond	Kentucky St.	BS	Sch Yr 1906	7			
Raymond	Edith	I. B. Raymond	711 Keokuk St.	BS	1909	8			
Raymond	Edith	I. B. Raymond	245 Keokuk St.	BS	1906-1909	10			
Raymond	Edith	I. B. Raymond	245 Keokuk St.	CH	1908-1909	11			
Raymond	Edith	I. B. Raymond	245 Keokuk St.	BS	1911	11			
Raymond	Ethel	I. B. Raymond	Keokuk St.	BS	1905	8	2		
Raymond	Ethel	I. B. Raymond	711 Keokuk St.	BS	1905-1907	9			
Raymond	Ethel	I. B. Raymond	245 Keokuk St.	BS	Jan. 1908	11			
Raymond	Ethel	I. B. Raymond	245 Keokuk St.	CH	1908-1909	12			
Raymond	John			FL	7 Oct. 1929	7	1		

Surname	Given Name	Parent	Address	SD	Date/Date Range	Age	Gr.	Birth Date	Left/Comments
Raymond	Roy		Liberty St.	PK	1910	4			
Raymond	Vera	H. Raymond	311 Liberty St.	CH	9 Aug. 1922	13		26 Oct. 1909	
Rayner	Annie			OL	1901-1903	12			
Rayner	Burns	J. S. Rayner	RFD 1	CH	9 Aug. 1922	13		24 Jan. 1909	
Rayner	Clifford			OL	1901-1903	15			
Rayner	Hazel			OL	1901-1903	13			
Rayner	Irene M.			OL	1901-1903	15			
Rayner	James	J. Rayner	108 3rd St.	LN	1919-1920				
Rayner	James H.	J. S. Rayner	RFD 1	CH	9 Aug. 1922	11		16 Oct. 1910	
Rayner	Lawrence			OL	29 July 1901		5		
Rayner	Leslie			OL	1902-1903	10			
Rayner	Lester			OL	29 July 1901		2		
Rayner	Mabel	J. S. Rayner		OL	12 July 1909				grad.
Rayner	Mabel			OL	1901-1906				
Rayner	Maggie			OL	1901-1903	11			
Rayner	Margaret			OL	9 July 1906		8		
Rayner	Maud			OL	9 July 1906		7		
Rayner	Maude			OL	1901-1904	9			
Read	Abbey	Mrs. M. Read	511 B St.	BS	1905-1907	9			
Read	Abbey	Mrs. M. E. Read	943 B St.	BS	1908-1909	11			
Read	Abbey	Mrs. Mattie E. Read	943 B St.	BS	1911?	13			
Read	Perrin	H. P. Read	943 B St.	BS	Jan. 1908	11			
Read	Perrin	Mrs. Mattie Read	943 B St.	CH	1908-1909	13			
Rebber	Godfrey	G. Rebber	Broadway	BS	1907-1909	8	1A		
Reber	Oswald	Mr. Reber	Bassett St.	BS	1908-1909	12			
Record	Foster	W. Record	R 3, Sebastopol	MV	1921-1924		3	23 Sept. 1912	
Record	Willis	Mrs. L. W. Record	R 3, Sebastopol	MV	1920-1921	7	3	8 Apr. ????	
Record	Willis	Mrs. L. W. Record		MV	1922-1923			3 Apr. 1915	
Redding	Alice	Mr. Redding	Bodega Bay	BY	1893-1895	13			
Redding	Annie	Mr. Redding	Bodega Bay	BY	1893-1895	15			
Redding	Roy	Mr. Redding	Bodega Bay	BY	1893-1895	11			
Redfield	Robt.	Roy Redfield	Bloomfield	BL	1929-1930			19 Apr. 1922	left

Surname	Given Name	Parent	Address	SD	Date/Date Range	Within Date Range Age	Within Date Range Gr.	Birth Date	Left/Comments
Redpath	Jimmy		137 Keokuk St.	PK	Fall 1924			17 Feb. 1919	
Redpath	Margaret		Keokuk St.	PK	Fall 1924			5 Dec. 1920	
Reed	Armand		Liberty St.	PK	3 Aug. 1914			9 Sept. 1909	
Reed	Charles	Wm. Reed	166 D St.	BS	1907-1909	9	1A		
Reed	Frank	W. H. Reed	711 D St.	BS	Jan. 1908	6			
Reed	Frank	H. Reed	100 5th St.	BS	17 Aug. 1908	7			
Reed	Frank	Wm. Reed	100 5th St.	BS	18 Jan. 1909	8	1A		
Reed	Gertrude	W. H. Reed	661 D St.	BS					
Reed	Jean	J. S. Reed	621 Liberty St.	LN	9 Aug. 1921		1B	22 Nov. 1915	
Reed	Jeanne		Liberty St.	PK	1917-1920			21 Nov. 1915	
Reek	Cecil	H. H. Reek	21 7th St.	CH	1908-1909	15			
Reese	Arthur	Mrs. T. Emmert	311 Hopper St.	ML	1914				
Reese	Arthur	Mrs. Tiny Emmert	313 Hopper St.	ML	Aug. 1912				
Reese	Arthur	Mrs. T. Emmert	313 Hopper St.	ML	Jan. 1914				
Reese	George	I. D. Reese	Country	BS	1897	15			
Reese	Kenneth	Herman Reese		CH	1898	8	2		
Reeves	Barbara Jane		220 1/2 Walnut St.	PK	1921			10 Apr. 1918	
Reger	Elizabeth			CH	1908-1909				
Rego	Dolores	Jack Rego	R 3, Sebastopol	CN	Aug. 1926			15 Feb. 1913	
Rego	Jennesse	Jack Rego	R 3, Sebastopol	CN	Aug. 1926			6 Apr. 1914	
Regusci	Virginia	Mrs. L. J. Regusci	Glen Ellen	FL	16 Aug. 1915	10	4		
Reichardt	Edna	O. A. Reichardt	Mt. View Ave.	CH	1901-1903	7			
Reif	Louis		Fair St. & Western Ave.	PK	5 Aug. 1918			33 June 1913	
Reif	Walter	Harry Reif	525 E. D St.	ML	1920			21 July 1910	
Reif	Walter		205 Upham St.	PK	1914	4		22 July 1910	
Reinhold	Florence	A. P. Reinhold	722 Keller St.	BS	1906-1908	14	8B		
Reins	Edwin		240 Keokuk St.	PK	1927-1928			5 Feb. 1924	
Reischman	Marie	P. Reischman	Sunny Slope Ave.	BS	19 Aug. 1907	7			
Reischmann	Maria	Mrs. B. Reischmann	Sunny Slope Ave.	BS	20 Aug. 1906	7			
Reives	Barbara Jean		220 1/2 Walnut St.	PK	1920	3		10 Apr.	
Remesal	Beatrice	A. Remesal	Sebastopol	EC	1929-1931			19 June 1922	

Surname	Given Name	Parent	Address	SD	Date/Date Range	Within Date Range		Birth Date	Left/Comments
						Age	Gr.		
Remesal	Dan	A. Remesal	Sebastopol	EC	1929-1931			19 Dec. 1917	
Remesal	Dora	A. Remesal	Sebastopol	EC	1929-1931			5 June 1920	
Remisol	Beatrice	A. Remisol	Sebastopol	EC	1928-1929			19 June 1922	
Remisol	Dan	A. Remisol	Sebastopol	EC	1928-1929			19 Dec. 1917	
Remisol	Dora	A. Remisol	Sebastopol	EC	1928-1929			5 June 1920	
Remisole	Dan	Alfonso Remisole	Sebastopol	EC	1927-1928			13 Dec. 1917	
Remisole	Mercile	Alfonso Remisole	Sebastopol	EC	1927-1928			13 Feb.	
Remy	Richard	Mrs. Remy	Eldridge	FL	2 May 1932	7	1	28 Mar. 1925	
Renz	Laura		917 G St.	PK	1923-1923			4 Mar. 1918	
Respini	Alden		212 Bassett St.	PK	18 Feb. 1918			13 Nov. 1912	
Respini	Camillo G.	Mrs. M. Respini		BS	1919-1920	17			
Respini	Ellen Maria		343 Keller St.	PK	1920-1921	8	3	15 Apr. 1916	
Retcham	Paul	Mrs. L. G. Retcham	Sebastopol	MV	1920-1921	8	3		
Reynaud	Bertha	Mr. Reynaud	Fetters Springs	FL	7 Aug. 1916	10	3		left 18 Aug.
Reynaud	Leon	Henry Reynaud	837 B St.	BS	1909	9			
Reynaud	Margaret	Mr. Reynaud	Fetters Springs	FL	7 Aug. 1916	8	2		left 18 Aug.
Reynaud	Odette	Emanuel Reynaud	Fetters Springs	FL	1925-1927			21 Dec. 1912	
Reynolds	Georgie			HC	Dec.1895				
Reynolds	Morell			PK	1 Aug. 1898	5			
Rezendes	Angeline			ES	1909-1910	10	4		
Rezendes	Antone			ES	1909-1911	13	4		
Rezendes	Dora			ES	1909-1910	6	1		
Rezzuto	Louis	Joe Rezzuto	R 3	MV	1927-1928			24 Jan. 1922	
Rezzuto	Pedro	Joe Rezzuto	R 3	MV	1927-1928			13 May 1921	
Rheinhold	Flo	Mrs. A. P. Rheinhold	722 Keller St.	BS	1906-1908	15	8A		
Rhine	Herschel	F. B. Rhine	460 Dana St.	BS	1905-1907	13			
Rhine	Herschel	F. B. Rhine	620 Kent St.	CH	1908-1909	14			
Rhoades	William	J. E. Rhoades	Glen Ellen	FL	1925-1926			17 Aug. 1910	
Ria	Bruce		32 W St.	LN	1920-1921			14 Aug. 1909	
Ricci	Albert	S. Ricci	Bay	BY	1922-1926		4	2 Mar. 1915	
Ricci	Isadore	S. Ricci	Bay	BY	1925-1926		1	1 Jan. 1919	
Ricci	Johanna	P. Ricci	156 Bremen St.	ML	Aug. 1912		Rec.		

-287-

Surname	Given Name	Parent	Address	SD	Date/Date Range	Within Date Range Age	Within Date Range Gr.	Birth Date	Left/Comments
Ricci	Johanna	A. Ricci	156 Bremen St.	ML	1914				
Ricci	Johanna	Peter Ricci	604 E. Washington St.	ML	1915-1917				
Ricci	Josephine	S. Ricci	Bay	BY	1926		L1	2 Apr. 1920	
Ricci	Lewis	S. Ricci	Bay	BY	1926		3	19 June 1917	
Ricci	Louis	S. Ricci	Bay	BY	1925		2	19 June 1917	
Rice	Bryan	E. B. Rice	712 Bassett St.	CH	1908				
Rice	Portia		110 Keller St.	PK	20 Aug. 1928	16	Sr.	24 July 1924	
Rich	Bruce			CH	9 Aug. 1922				
Rich	Haskell	W. Rich	317 8th St.	LN	31 Jan. 1921		3B	21 Dec. 1911	from Los Angeles
Richardson	Charles	A. Richardson	1215 Baker St.	BS	1907-1909	7	1A		
Richardson	Charley	A. Richardson	410 Fair St.	CH	1908-1909	8			
Richardson	Chas.	Mrs. Richardson	415 Baker St.	BS	20 Aug. 1906	7			
Richardson	Jimmie		108 5th St.	LN	1919-1921		4A	1 Feb. 1911	
Richardson	Jimmie		100 5th St.	LN	1921				
Richardson	Jimmie	Fred C. Richardson	112 5th St.	LN	1917-1921			1 Feb. 1911	
Rickert	Charlie	Chas. Rickert	402 3rd St.	LN	Aug. 1921		3B		to 3A 15 Aug.
Rickerts	Helen	John Rickerts	575 Mt. View Ave.	LN	1919-1921			26 Nov. 1910	
Rickerts	Helen	J. Rickerts	Rt. 5	LN	1920-1921			26 Nov. 1910	
Rickett	Charlie	Charles Rickett	412 3rd St.	LN	Aug. 1921		3A	10 Oct. 1910	
Ricketts	Pearl	J. Ricketts	R 5	LN	Aug. 1922		L1	4 July 1916	
Rickner	Frank	Mrs. N. S. Wright	R 3	MV	1929-1930			10 Sept. 1922	
Riddell	Alice	Foster Riddell	Bay	BY	21 June 1912	9	4		
Riddell	Blanche	Foster Riddell	Bay	BY	21 June 1912	8	2		
Riddell	Blanche			BY	7 Aug. 1916	12	7		
Riddlo	Ludwig		127 Keller St.	PK	1921			10 Nov. 1917	
Riebli	Arnold	Christina Riebli	323 Kentucky St.	CH	9 Aug. 1922	14		17 Aug. 1907	
Riebli	Carl	F. Riebli	Penngrove	CH	9 Aug. 1922	12		11 Mar. 1910	
Riebli	Frank	R. J. Riebli		CH	9 Aug. 1922	14		24 Jan. 1908	
Riechmann	Marie	H. Riechmann	Sunny Slope Ave.	BS	1909	11			
Riedi	Harry	V. Riedi		BS	1892-1893	12			
Riedi	Harry	V. Riedi	Hay Stack	CH	1895-1896	14			

Surname	Given Name	Parent	Address	SD	Date/Date Range	Within Date Range		Birth Date	Left/Comments
						Age	Gr.		
Rief	Louis	Harry Rief	525 E. D St.	ML	1920			14 June 1913	
Rief	Louis	Harry Rief	3rd & F Sts.	LN	1921			14 June 1913	
Rief	Louis	Harry Rief	3rd & F Sts.	LN	Jan. 1922			14 June 1912	
Rieschman	Marie	Mr. Rieschman	Sunny Slope Ave.	BS	1908-1909	9	1B		
Riese	Kenneth			PK	1895-1896				
Riewarts	Arnold	G. R. Riewarts	1016 6th St.	BS	1905-1907	14			
Riewerts	Arnold	Charles Riewerts	1016 6th St.	BS	1909	13			
Riewerts	Blanch	Charles Riewerts	513 Main St.	PK	1903	4			
Riewerts	Blanch	Chas. Riewerts	1016 6th St.	BS	1905-1907	6	1		
Riewerts	Blanch	Charles Riewerts	Western Ave.	CH	1908-1909	9			
Riewerts	Blanch	C. R. Riewerts	Rt. 2, Box 72	BS	1909	10			
Riewerts	Chris	Charles Riewerts	6th St.	BS	21 Aug. 1899	10			
Riewerts	Elsie	Riewerts	Main St.	BS	1903-1905	7	2		
Riewerts	Elsie	C. R. Riewerts	1016 6th St.	BS	1905-1907	9			
Riewerts	Elsie	C. Riewerts	Box 172	BS	Spring 1908	11	5A		
Riewerts	Elsie	Mrs. C. R. Riewerts	Rt. 2	CH	1908-1909	13			
Riewerts	Lillie	C. Riewerts	1016 6th St.	BS	1909	11			
Riewerts	Lillie	C. R. Riewerts	1016 6th St.	BS	1905-1907	12			
Riewerts	Pearl	Charles Riewerts	513 Main St.	PK	1903	5			
Riewerts	Pearl	Mrs. Rose Riewerts	1016 6th St.	BS	1905-1906	8	2		
Riewerts	Pearl	Chas. Riewerts	RR 2, Box 172	BS	1908-1909	10			
Riewerts	Pearl	Chas. Riewerts	Rt. 2	CH	1908-1909	13			
Riewerts	Ruby	Charles Riewerts	6th St.	BS	1899-1900	8			
Riewerts	Ruby	C. R. Riewerts	1016 6th St.	BS	1906-1908	14	8B		
Righetti	Raymond	R. R. Righetti	631 B St.	LN	1921		2B	7 Aug. 1914	
Righetti	Raymond	R. R. Righetti	631 B St.	LN	Jan. 1922			7 Aug. 1915	
Rinaldi	Della	A. Rinaldi	Agua Caliente	FL	1925			1 Aug. 1913	
Rinaldi	Louie		Agua Caliente	FL	14 Sept. 1931	6	1	Apr. 1925	
Ring	Dean	Mr. Ring	504 2nd St.	BS	1908-1909	6	1B		
Ring	Dean	Dean Ring	908 G St.	BS	19 Aug. 1907	6			
Ring	Dean	D. Ring	Cor. 6th & F Sts.	BS	Aug. 1908	7	1A		
Ring	Dean	D. R. Ring	946 B St.	BS	1909	9			

Surname	Given Name	Parent	Address	SD	Date/Date Range	Within Date Range		Birth Date	Left/Comments
						Age	Gr.		
Ring	Leona	Mrs. W. Ring	309 E St.	LN	1920-1921	7	1B	9 Dec. 1913	
Ring	Leona	Mrs. W. Ring	208 Bodega Ave.	LN	Aug. 1922		1A	19 Dec. 1913	
Ring	Ruby	Mrs. D. R. Ring	908 G St.	BS	1905-1907	6			
Ring	Ruby	Mr. Ring	677 H St.	BS	1906-1907	7			
Ring	Ruby	D. R. Ring	401 6th St.	CH	1908-1909	9			
Ring	Ruby	D. R. Ring	946 B St.	CH		12			
Ringressy	Grace	A. P. Ringressy	Fetters Springs	FL	1915-1917	6	2		
Ristau	Melvin	L. V. Ristau	R 3, Sebastopol	MV	1927-1931			19 Nov. 1918	
Ritter	Mildred	C. E. Ritter	Sunny Slope Ave.	BS	1911?	12			
Rivers	Rose			MV	20 Dec. 1916	14	8		
Roach	Ludwig		Prospect St.	PK	18 Feb. 1918			11 Aug. 1913	
Robart	Margaret			LJ	1917-1920	10	5		
Robart	Theodore			LJ	1918-1920	12	6		retarded
Robart	Walter	Mrs. M. Robart	Sunny Slope Ave.	LN	1918-1921		3B	13 Dec. 1910	
Robert	Theodore			LJ	15 June 1917	9	3		
Robert	Walter			LJ	15 June 1917	6	1		
Roberts	Allen			PK	Spring 1923				
Roberts	Daisy		Prospect St.	PK	1910	5		22 July 1906	
Roberts	Earl	R. J. Roberts	Penngrove	CH	9 Aug. 1922	13		29 Mar. 1909	
Roberts	Geo.			BS	Fall 1906				
Roberts	Gertrude			BS	Fall 1906				
Roberts	Gladys		515 Western Ave.	PK	Spring 1924			15 Apr. 1919	
Roberts	Hubert	H. H. Roberts	Penngrove	CH	9 Aug. 1922	12		14 June 1910	
Roberts	Hubert	Hubert Roberts	Penngrove	LN	1919-1921			14 June 1910	
Roberts	Jennie	Henry J. Roberts	224 2nd St.	LN	1920-1922			3 May 1913	
Roberts	LeRoy	Geo. Roberts	G St.	BS	1905-1907	13			
Roberts	LeRoy	Rose Roberts		BS	1905-1907	13			
Roberts	Maire		Prospect St.	PK	1910	3 1/2		16 July 1905	
Roberts	Mervin	R. Roberts	24 Hinman St.	LN	21 Aug. 1921		2B	10 Aug. 1914	
Roberts	Mervin (Billie)	Marvin Roberts	24 Hinman St.	LN	1920-1921	6	1B	10 Aug. 1914	
Roberts	Mervyn	Mervin Roberts	24 Hinman St.	LN	1921-1922		1A	10 Aug. 1914	
Roberts	Willie	Roberts	Main St.	BS	1903-1905		2		

Surname	Given Name	Parent	Address	SD	Date/Date Range	Within Date Range		Birth Date	Left/Comments
						Age	Gr.		
Roberts	Gladys E.		515 Western Ave.	PK	Spring 1923			15 Apr. 1919	
Robertson	Archie	Mrs. A. Robertson	560 8th St.	BS		15			
Robertson	Billy	W. J. Robertson	Bodega	BY	1924-1929		1	18 Oct. 1916	
Robertson	Billy	W. J. Robertson	Bay	BY	1927-1928			18 Oct. 1917	
Robertson	Grace	J. J. Robertson	Valley Ford	ES	1921-1922		1	31 Mar. 1915	
Robertson	Ina	Mrs. M. Robertson	8th St.	BS	1899-1900	10			
Robertson	Jean	W. J. Robertson	Bay	BY	1921		5	10 Sept. 1912	
Robertson	Jeanne	W. J. Robertson	Bay	BY	1918-1923		7	10 Sept. 1911	
Robertson	Jessie	A. Robertson	E St. bet 7th.& 8th Sts.	BS	5 Sept. 1892	14			
Robertson	Mary	W. J. Robertson	Bay District	BY	1919-1928		Rec.	6 Oct. 1914	
Robertson	Zella	W. J. Robertson	Bay	BY	1921		5	14 Feb. 1911	
Robertson	Zella	W. J. Robertson	Bay	BY	1922-1923		6	14 Feb. 1910	
Robertson	Zella	W. J. Robertson	District	BY	1918-1920		3		
Robinson	Annie			PO	14 July 1874				
Robinson	Bruce	K. E. Fredler	Sunny Slope Ave.	CH	9 Aug. 1922	14		1 Jan. 1908	
Robinson	Harley		Annapolis	HC	Sept. 1880				
Robinson	Jessie		Annapolis	HC	Sept. 1880				
Robinson	Willie	Wm. Robinson	Bodega	PO	12 Mar. 1877	5			
Rocca	Annie	Frank Rocca	Bodega Bay	BY	1893-1904	5			
Rocca	Johnnie	F. Rocca	Bay	BY	1896-1904	8			
Rocca	Louise	F. Rocca	Bodega Bay	BY	1896-1901	5			
Rocca	Mary	Frank Rocca	Bodega Bay	BY	1893-1904	7			
Roclaire	Adel			PK	1896				
Roclaire	Charles	Chas. Roclaire	Keokuk St.	CH	3 Sept. 1894	9			
Roclaire	David	Chas. Roclaire	Keokuk St.	CH	3 Sept. 1894	8			
Roclaire	Lisabet			PK	19 Feb. 1896				
Roclaire	Lisbet			PK	1896				
Roclaire	Lisebet			PK	1896				
Roclaire	Rosa	Chas. Roclaire	Keokuk St.	CH	1894-1896	6			
Roclaire	Rosa			PE	1 Oct. 1895		Chart		
Rodehaver	Avis	G. W. Rodehaver	Sunny Slope Ave.	BS	1905-1909	11			

Surname	Given Name	Parent	Address	SD	Date/Date Range	Within Date Range Age	Gr.	Birth Date	Left/Comments
Rodehaver	Lela	Geo. W. Rodehaver	F & Sunny Slope Ave.	BS	1905-1908	14			
Rodehaver	Leola	R. Rodehaver	Rt. 3	CH	9 Aug. 1922	14		21 Aug. 1908	
Rodehaver	Myrtle	G. W. Rodehaver	Cor. F & Sunny Slope Ave.	BS	1905-1909	7			
Rodehaver	Myrtle	G. W. Rodehaver	F & Sunny	CH	1908-1909	11			
Rodenizer	Evelyn	Chas. R. Rodenizer	614 C St.	LN	1920-1921		3B	25 Mar. 1912	
Rodgers	Catherine	Mr. J. Rodgers	312 4th St.	BS	1908-1909	11	4A		
Rodgers	Clarence	J. Rodgers	312 4th St.	BS	17 Aug. 1908	6			
Rodgers	Edna	Joe Rodgers	Bodega Ave.	CH	1897-1899	9			
Rodgers	Edna	J. Rodgers	Washington St.	CH	1898	10	4		
Rodgers	Elaine	J. R. Rogers	1161 3rd St.	BS	1909	8			
Rodgers	Elaine	J. Rodgers	312 4th St.	BS	1908-1909	10			
Rodgers	Elsie			CH	1901-1903				
Rodgers	Evelyn	Mrs. M. A. Jennings		LN	1919-1920				
Rodgers	Genevieve	Jos. Rodgers	Bodega Ave.	CH	1896-1899	6			
Rodgers	Genevieve	Joseph Rodgers	466 Washington St.	CH	1897-1899	8			
Rodgers	Genevieve	J. Rodgers	Keokuk St.	CH	1898	8	3		
Rodgers	Genevieve			PE	25 May 1896		Rec.		
Rodgers	Hugh	J. P. Rodgers	D St. bet 5th & 6th Sts.	BS	5 Sept. 1892	12			
Rodgers	Hugh H.	J. P. Rodgers	760 D St.	BS	1899-1900				
Rodgers	Joe	Mrs. Lucy Rodgers	1155 3rd St.	CH	1901-1903	8			
Rodgers	Mabel	J. Rodgers	1161 4th St.	BS	1909	11			
Rodgers	Mabel	J. Rodgers	1161 4th St.	BS	1905-1907	12			
Rodgers	Marie	Mrs. Lucy Rodgers	1155 3rd St.	CH	1901-1903	7			
Rodgers	Ollie	Joe Rodgers	Bodega Ave.	CH	1897-1899	10			
Rodgers	Ollie	J. Rodgers	Washington St.	CH	1898	11	4		
Rodgers	Otillie	Jos. Rogers	460 Cherry St.	BS	18 Jan. 1909	8	1A		
Rodgers	Ottilie	J. Rodgers	518 Cherry St.	BS	17 Aug. 1908	7			
Rodin	Mania		Del Mar	SA	2 Dec. 1912	11	A2		

Surname	Given Name	Parent	Address	SD	Date/Date Range	Within Date Range Age	Gr.	Birth Date	Left/Comments
Roe	Lettie			PO	26 Apr. 1875				
Roe	Mary		Bodega	PO	14 July 1874				
Roe	Minnie			PO	26 Mar. 1875				
Roffoni	Freda		7 English St.	PK	5 Aug. 1918			9 Nov. 1913	
Rogers	Alex			PE	23 Aug. 1898		1B		12 Sept. 1898
Rogers	Alfred	Mrs. J. E. Rogers	Cherry St.	BS	1905-1907	6			
Rogers	Alfred	Geo. Rogers	460 Cherry St.	BS	Jan. 1907	7			
Rogers	Alfred	Joseph E. Rogers	318 Cherry St.	CH	1908-1909	10			
Rogers	Alfred	Joseph E. Rogers	518 Cherry St.	BS	1909	10			
Rogers	Catherine	J. Rogers	1161 4th St.	BS	1905	9	2		
Rogers	Catherine	Mrs. J. Rodgers	312 4th St.	BS	1911	13			
Rogers	Clarence	J. Rogers	312 4th St.	BS	1909	9			
Rogers	Edna	J. P. Rogers	D St.	CH	1895-1896	11			
Rogers	Edna			PE	26 Aug. 1895		1		
Rogers	Elaine	Jos. Rogers	1161 4th St.	BS	1905-1907	8	2		
Rogers	Elsie	Mrs. Offut	Cor. Oak & Liberty Sts.	BS	1903-1905		2		
Rogers	Evelyn	W. M. Rogers	Windsor	OL	1921-1922		2	28 Aug. 1912	
Rogers	Geneveve			PK	19 Aug. 1895	5			
Rogers	Harry	J. W. Rogers	Fair St.	BS		11			
Rogers	Jo	Mrs. Lucy Rogers	1155 3rd St.	BS	1903-1905	11	2		
Rogers	Leland	J. W. Rogers	Fair St.	BS	1900	9			
Rogers	Marie	Mrs. Lucy Rogers	1155 3rd St.	BS	1903-1905	9	2		
Rogers	Marie	Mrs. L. Carpenter	40 Washington St.	CH	1908-1909	14	Fr.		
Rogers	Mary	Julia Rogers	242 Wilson St.	ML	Aug. 1922			12 June 1916	
Rogers	Ollie			PE	26 Aug. 1895		1		
Rogers	Ottilie	Mrs. J. E. Rogers	460 Cherry St.	BS	20 Aug. 1906	6			
Rogers	Ottilie	J. Rogers	506 Cherry St.	BS	19 Aug. 1907	6			
Rogers	Ottilie	J. Rogers	460 J St.	BS	1908-1909	7	1B		
Rogers	Ottilie	J. Rogers	518 Cherry St.	BS	1909	10			
Rogina	Frank			MV	1916-1917	13	8		
Rogina	Helen			MV	1916-1917	9	5		

Surname	Given Name	Parent	Address	SD	Date/Date Range	Within Date Range Age	Within Date Range Gr.	Birth Date	Left/Comments
Rohrer	Elma	N. A. Rohrer	235 Edith St.	ML	1918				
Rohrer	Joe	N. A. Rohrer	235 Edith St.	ML	1918				
Roland	Edward	Mrs. A. Staton	427 E. Washington St.	ML	1916		Rec.		
Rolando	Guilda	Anthony Rolando	314 Edith St.	ML	Aug. 1922			14 Jan. 1917	
Rolfe	Lester	Chas. T. Rolf		CH	9 Aug. 1922	14		4 June 1908	
Rollins	Jack		309 Walnut St.	LN	1922		4A	8 Oct. 1912	
Rollins	Jack	Carlton Rollins	208 Bodega Ave.	LN	1921		4B	8 Oct. 1912	
Rollins	Marian	R. C. Rollins	309 Walnut St.	CH	9 Aug. 1922	13		31 Dec. 1909	
Romwall	Norman	Mrs. Mae Romwall	I St. Ext.	LN	1919-1920	7	2B		
Romwall	Norman	Mrs. B. M. Romwall	I St. Ext.	LN	Aug. 1921		3A	8 Dec. 1912	
Romwall	Oden	Mrs. May Romwall	I St. Ext.	LN	1919-1921			21 July 1911	
Romwall	Pearl	Mrs. Chas. Romwall		LN	1919	5	1B		
Romwall	Pearl	Bessie May Romwall	I St. Ext.	LN	1920-1922		4B	25 Feb. 1914	
Romwall	Thor	Mrs. May Romwall	I St. Ext.	LN	1919-1921			21 July 1911	
Romwall	Vera	Mrs. B. M. Romwall	I St. Extension	CH	9 Aug. 1922	12		6 Oct. 1910	
Romwell	Norman	Mae Romwall	I St. Ext.	LN	1920-1921		3B	8 Dec. 1912	
Romwell	Oden		I St. Ext.	LN	1921				
Romwell	Thor		I St. Ext.	LN	1921				
Ronald	Clyde	John Ronalds	214 Baker St.	LN	1919-1921		2A	28 July 1910	
Ronsheimer	Caryl	C. W. Ronsheimer		CH	9 Aug. 1922	12		13 Jan. 1910	
Ronsheimer	Ethel	H. S. Ronsheimer	Country	BS	1909	9			
Ronsheimer	Leland	H. Ronsheimer	407 7th St.	BS	1907-1909	6	1B		
Ronsheimer	Pearl	A. J. Ronsheimer	Penngrove	LN	1919-1920	12	4B		
Ronsheimer	Pearl	A. J. Ronsheimer	Penngrove	CH	9 Aug. 1922	15		15 Mar. 1908	
Ronsheimer	Ethel	Mrs. Ronsheimer	D St.	BS	14 Aug. 1905	8			
Roper	Ardith		Bodega Ave.	PK	1910	3 1/2		11 Aug. 1907	
Roper	Hazel	Fred L. Roper	Rt. 4	CH	9 Aug. 1922	10		21 Nov. 1911	
Roper	Hazel	Fred Roper	Bodega Ave.	LN	1919-1921		4B	21 Nov. 1911	
Roper	Virla		Bodega Ave.	PK	1910	5		23 Mar. 1905	
Rorden	Esther	G. Rorden		CH	9 Aug. 1922	13		13 Feb. 1909	
Rorden	Louis	R. J. Rorden	RFD 2	LN	1919-1920	9	4B		

Surname	Given Name	Parent	Address	SD	Date/Date Range	Within Date Range Age	Within Date Range Gr.	Birth Date	Left/Comments
Rorden	Louis	R. J. Rorden	Rt. 2	CH	9 Aug. 1922	12		18 Nov. 1910	
Rose	Albert	Manuel Rose	Vallejo St.	ML	Aug. 1912		Rec.		
Rose	Albert	Mrs. Mary Rose	214 Vallejo St.	ML	1914-1917				
Rose	Alice	Manuel Rose	214 Vallejo St.	ML	Aug. 1912				
Rose	Alice	Mary Rose	214 Vallejo St.	ML	Aug. 1912				
Rose	George			CH	8 Aug. 1910				
Rose	Howard	H. N. Burke		CN	Sept. 1922		7	10 Feb. 1907	
Rose	James	Mary Rose	214 Vallejo St.	ML	1918-1920			28 Sept. 1911	
Rose	Louis	Mrs. Rose	214 Vallejo St.	ML	1916		Rec.		
Rose	Louis	Mary Rose	214 Vallejo St.	ML	1918-1920			19 July 1910	
Rose	Mollie	Gilbert Rose	Mt. View Ave.	CH	1895-1896	15			
Roselli	Jennie	J. Rosselli	Mt. View & Olive Sts.	BS	1905-1907	7	1		
Roselli	Jimmie	J. Rosselli	6th St.	BS	14 Aug. 1905	7			
Roselli	Rosilda	Jas. Roselli	824 6th St.	LN	1920-1921		4B	14 Feb. 1911	
Roselli	Victoria	J. Roselli	129 6th St.	BS	18 Jan. 1904	8	2		
Roselli	Virginio	Jos. Roselli	6th St.	BS	1906-1909	6			
Rosen	Jacob	Morriss Rosen	Rt. 1	CH	9 Aug. 1922	12		1 Nov. 1909	
Rosen	Joel	I. Rosen	Rt.4	CH	9 Aug. 1922	12		16 June 1920	
Rosen	Solomon		Rt. 4	PK	Fall 1924				
Rosen	William		Rt. 4	PK	Fall 1924				
Rosenbloom	Hilda D.		Goosage Lane	PK	1920			13 Sept. 1916	
Rosenbloom	Hilda D.		Rural	PK	1922			13 Sept. 1917	
Rosenquist	Esther	E. J. A. Rosenquist		CH	1908-1909	12	Fr.		
Rosetti	Norma		407 Upham St.	PK	19 Aug. 1929			21 July 1924	
Rosini	Walter	John Rosini	Tomales	TM	1924-1925	8		1917	
Rosonoes	Ethel Latrana		Rt. 3	PK	20 Aug. 1928			23 Feb. 1925	
Ross	Alan	David Ross	Kentucky St.	CH	17 Aug. 1896	6			
Ross	Alan			PK	28 Sept. 1896				
Ross	Allen			PK	1896				
Ross	Betsy Jane		312 Galland St.	PK	5 Aug. 1918			1 July 1914	
Ross	Ella	G. Ross	Mt. View Avenue	BS	1892-1893	8			

Surname	Given Name	Parent	Address	SD	Date/Date Range	Within Date Range Age	Gr.	Birth Date	Left/Comments
Ross	Ella	Gilbert Ross	Mt. View Ave.	CH	1895-1896	11			
Ross	Ella	G. Mc. M. Lewis	Mt. View Ave.	BS	1897	13			
Ross	Ellen			PK	30 Sept. 1895				
Ross	George	Fred Kuhnle	687 Howard St.	BS	1905-1908	12			
Ross	George	Geo. Ross	867 Howard St.	BS	1905-1907	12			
Ross	George	Mrs. F. Kuhnle	311 Howard St.	CH	1907-1910	14			
Ross	Helen	F. H. Ross	Galland & Keokuk St.	PK	1910	4		27 May 1905	
Ross	Jane	Fred Ross	312 Galland St.	LN	1920-1921	6	1B	2 July 1914	
Ross	Jane		312 Galland St.	PK	Fall 1919			1 July 1914	
Ross	Joseph	J. Ross	I St. Extension	BS	9 Aug. 1909	7			
Ross	Joseph	J. L. Ross	D St.	BS	1909-1911	8	1A		
Ross	Junior		304 Galland St.	PK	1920				Left
Ross	Karl	Fred Ross	573 Bodega Ave.	BS	20 Aug. 1906	6	1		
Ross	Karl	Fred H. Ross	312 Galland St.	BS	1907-1909	9			
Ross	Leon	W. Ross	Sunny Slope Ave.	LN	1920-1921	7	1B	27 Sept. 1913	
Ross	Margaret			BS					
Ross	Mollie	G. Ross	Mt. View Avenue	BS	1892-1893	12			
Ross	Nei	David Ross	Kentucky St.	CH	3 Sept. 1894	7			
Ross	Paul	Fred H. Ross	812 Liberty St.	PK	1903	4			
Ross	Paul	Mrs. Fred Ross	Bodega Ave.	BS	1905-1907	6			
Ross	Paul	F. H. Ross	312 Gallant St.	CH	1908-1909	9			
Ross	Paul	F. H. Ross	312 Galland St.	BS	1907-1909	10			
Ross	Ray			PK	1896				
Rosselli	Henry	J. Rosselli	824 6th St.	CH	9 Aug. 1922	13		6 Dec. 1909	
Rosselli	Jennie	Mrs. Rosselli	Mt. View & Olive Sts.	BS	1905-1907	6	1		
Rosselli	Jennie	F. J. Rosselli	Olive St.	BS	1909	9			
Rosselli	Jennie	Joseph Rosselli	Olive St.	CH		13			
Rosselli	Sylvia			LJ	1917-1918	13	7		
Rosselli	Victorine	J. Rosselli	Olive & Mtn. View	CH	1908-1909	12			
Rosselli	Virgines	Joseph Rosselli	6th St.	CH	1908-1909	8			

Surname	Given Name	Parent	Address	SD	Date/Date Range	Within Date Range		Birth Date	Left/Comments
						Age	Gr.		
Rosselli	Virginio	Joe Rosselli	Mt. View Ave.	BS	1909	9			
Rossi	Anita	Joe Rossi	410 Fair St.	LN	1919-1922		4B	10 May 1911	
Rossi	Bruno	Mrs. Rossi	Agua Caliente	FL	1928-1931	7	1		
Rossi	Charlie	Mr. Rossi	Valley Ford	BL	1924-1925		1	25 Apr. 1916	
Rossi	Charlie	Jim Rossi	Valley Ford	BL	1927-1930		3	25 Apr. 1916	
Rossi	Charlie	Jim Rossi	Valley Ford	BL	1921			25 Apr. 1916	
Rossi	Dora	B. Rossi	Agua Caliente	FL	9 Sept. 1929	6	1	12 May 1923	
Rossi	Edward		410 Fair St.	PK	1922			26 Oct. 1917	
Rossi	Ermina	Silvio Rossi	12 Vallejo St.	ML	1920			17 Oct. 1909	left
Rossi	Ermina	D. Tony	626 F St.	LN	Aug. 1921		L4	17 Oct. 1908	
Rossi	Erminia	Silvio Rossi	Bodega Ave.	LN	6 Sept. 1920		2A	17 Oct.	to McKinley, 9 Sept.
Rossi	Erminia	Silvio Rossi	Chapman Lane	LN	12 Apr. 1921		3A	17 Oct. 1909	
Rossi	John	S. Rossi	229 Bodega Ave.	LN	1920-1921	8	1B	1 June 1912	
Rossi	John	S. Rossi	12 Vallejo St.	ML	1920			1 June 1912	
Rossi	Louis	S. Rossi	12 Vallejo St.	ML	1920-1921			24 Oct. 1914	left
Rossi	Louis	S. Rossi	229 Bodega Ave.	LN	1920-1921		1B		
Rossi	Olga	Gems Rossi	Valley Ford	BL	1926			13 Sept. 1922	
Rossi	Olga	Jim Rossi	Valley Ford	BL	1929-1930			13 Sept. 1922	
Rossi	Silvia	S. Rossi	229 Bodega Ave.	LN	1920-1921	7	1B	18 Apr. 1913	
Rossi	Silvio	S. Rossi	12 Vallejo St.	ML	1920-1921			18 Apr. 1913	left
Rossi	Virginia	Jim Rossi	Valley Ford	BL	1927-1930		3	25 July 1917	
Rossi	Virginia	Mr. Rossi	Valley Ford	BL	1924-1925		K	25 July 1917	
Rossi	Virginia	Jim Rossi	Valley Ford	BL	1921			25 July 1917	
Rossi	Walter	Joe Rossi	410 Fair St.	LN	1919-1921		2B	27 March 1905	
Rossi	Walter	Jos. Rossi	410 Fair St.	LN	1920-1921		3B	5 Apr. 1913	
Rossini	Steve	Mr. Rossini	Bodega	BY	1926				moved away
Rosvall	Dorothy			LJ	1914-1915	12	6		
Rothaus	Frieda	August Rothaus	Rt. 2	CH	9 Aug. 1922	12		29 Jan. 1910	
Rothaus	Gretchen	Mr. F. Rothaus	Chapman Lane	CH	9 Aug. 1922	12		16 Aug. 1910	
Rothmiller	Apart			FL	5 Feb. 1917				
Rothmiller	Victor			FL	16 Aug. 1915	6	1		
Rothmiller	Victor			FL	5 Feb. 1917				

Surname	Given Name	Parent	Address	SD	Date/Date Range	Within Date Range		Birth Date	Left/Comments
						Age	Gr.		
Rothmuller	Victor	Mrs. U. Rothmuller	Fetters Springs	FL	Feb. 1919		3		
Rothmuller	Arpat			FL	13 Aug. 1917	6	1		
Rothmuller	Arpat	Mrs. S. Rothmuller	Fetters Springs	FL	4 Jan. 1926	12	8	22 Dec. 1910	
Rothmuller	Arpat	Mrs. U. Rothmuller	Fetters Springs	FL	Feb. 1919		L3	22 Dec. 1910	
Rothmuller	Arpat	Mrs. S. Rothmuller	Fetters Springs	FL	1923			22 Dec. 1910	
Rothmuller	Arpat	Mrs. S. Rothmuller	Fetters Springs	FL	1925			22 Dec. 1912	
Rothmuller	Victor			FL	13 Aug. 1917	7	2		
Rothmuller	Victor	Mrs. F. Rothmuller	Fetters Springs	FL	1923			1 Nov. 1909	
Rothmuller	Victor	Mrs. S. K. Rothmuller	Fetters Springs	FL	1925			1 Nov. 1910	
Rotthaus	Gretchen	F. Rotthaus	Rt. 2	CH		12		16 Aug. 1910	
Roussan	Eugene	Mrs. Throop		HC	1888-1890	9			
Roux	Myrtle	Frank Roux		HC	1921-1922			17 Aug. 1908	Grad. 2 June 1922
Rowan	Harold			TM	6 Aug. 1917		6		
Rowen	Roger			LJ	19 June 1914	7	2		
Royce	Harry			PK	16 Nov. 1896				
Royce	Hazel			PK	16 Nov. 1896				
Roynolds	Clyde	J. Roynolds	214 Baker St.	LN	1919	9	1B		
Rozeboom	Gerrit	Andrew Rozeboom	Rt. 3, Sebastopol	EC	1927-1931			12 Nov. 1917	
Rozeboom	Johanna	A. Rozeboom	Rt. 3, Sebastopol	EC	1925-1931			21 Jan. 1919	
Rozeboom	Johanna	A. Rozeboom		EC	1928-1929			21 Jan. 1917	promoted to 8
Rozeboom	John	Andrew Rozeboom	Sebastopol	EC	1925-1930			23 Aug. 1916	
Rozeboom	Theodore	Mrs. A. Rozeboom	Rt. 3, Sebastopol	EC	1925-1931			2 June 1920	
Rozenboom	Garrett	Mrs. Rozenboom	Sebastopol	EC	1925-1926			12 Nov. 1917	
Rozenboom	John	Mrs. Rozenboom	Sebastopol	EC	1925-1926			23 Aug. 1916	
Rubend	Dorothy			MV	1925-1926			14 May 1919	
Ruby	Freeda	J. Ruby	Rt. 2	CH	9 Aug. 1922	13		14 May 1910	
Ruby	Maurice	J. Ruby	Rt. 2	CH	9 Aug. 1922	11		18 May 1912	
Rudeoud	Edmond	Mrs. Marie Rudeoud		MV	1920-1921	8	3	24 Nov. ????	
Rudolph	Bernard	Otto Rudolph	1014 5th St.	BS	20 Aug. 1906	6			
Rudolph	Bernard	Otto Rudolph	215 5th St.	CH	1908-1909	8			
Rudolph	Bernard	O. R. Rudolph	519 Upham St.	BS	1907-1909	9			
Rudolph	Bessie	E. R. Rudolph	519 Upham St.	BS	1909	13			

Surname	Given Name	Parent	Address	SD	Date/Date Range	Within Date Range Age	Gr.	Birth Date	Left/Comments
Rudolph	Eddie	Otto Rudolph	414 Upham St.	PK	1914	5			
Rudolph	Edward	Otto Rudolph	411 Upham St.	CH	9 Aug. 1922	13		1 Apr. 1909	
Rudolph	Maggie	Otto Rudolph	5th St.	BS	14 Aug. 1905	8			
Rudolph	Maggie	O. Rudolph	1014 5th St.	BS	1909	9			
Rudolph	Marguerite	Otto Rudolph	215 5th St.	BS	1908-1909	11			
Rudolph	Marguerite	O. Rudolph	414 Upham St.	CH		14			
Rudolph	Otto	Otto Rudolph	215 5th St.	BS	1908-1910	6			
Rudolph	Otto	O. Rudolph	Upham St.	BS	1910	8			
Rued	Emily			OL	1902-1906	7			
Rued	Hans			OL	1901-1903	11			
Rued	Hans			OL	22 July 1906				
Rued	Marguerite			OL	29 July 1901		7		
Rued	Paul	H. Rued		OL	12 July 1909				grad.
Rued	Paul			OL	9 July 1906		7		
Rued	Paul			OL	1901-1904		4B		
Ruedi	Christian	V. Ruedi	329 Post St.	CH	1908-1909	13	Fr.		
Ruiz	Philip	Phillip Ruiz	41 Western Ave.	LN	1919-1920	8	2B		
Ruiz	Phillip	Phillip Ruiz	Bodega Ave.	LN	1919-1921		L4	6 Dec. 1911	
Rukerts	Philip	John P. Rukerts	Mtn. View Ave.	CH	9 Aug. 1922	14		5 Aug. 1908	
Rukett	Marjorie	Mrs. C. A. Green	207 English St.	CH	9 Aug. 1922	14		13 Nov. 1907	
Rundall	Carol		615 Liberty St.	PK	1919-1921			1 Feb. 1916	
Rundall	Carol		Liberty St.	PK	1920			1 Feb. 1914	
Rundall	Carol	Dr. N. L. Rundall	530 Oak St.	LN	9 Aug. 1921		1B	2 Feb. 1915	
Rundall	Caroll		Liberty St.	PK	Fall 1919			1 Feb. 1916	
Rundall	Florence	Dr. N. B. Rundall	615 Liberty St.	PK	1914	4		11 Apr. 1911	
Rundall	Florence	Dr. N. B. Rundall	530 Oak St.	CH	9 Aug. 1922	11		12 Apr. 1911	
Rundall	Florence	Dr. N. B. Rundall	615 Liberty St.	LN	1919-1921				
Runge	William	L. H. Runge	RFD 4	CH	8 Aug. 1910	15			
Ruseoff	Peter			MV	1924-1925				
Russ	Allen			PK	1895				
Russ	Ray	W. Russ	Main St.	CH	1898	9	2		
Russ	Ray	W. H. Russ	553 Main St.	BS	1905-1907	16			

Surname	Given Name	Parent	Address	SD	Date/Date Range	Within Date Range		Birth Date	Left/Comments
						Age	Gr.		
Russ	Ray			PK	1895-1896				
Russ	Ray	Wm. Russ	Main St.	CH	17 Aug. 1896				
Russell	Echo			BS	1909				
Rutherford	Alice	Earnest Rutherford	R 3, Sebastopol	MV	1923-1925			15 Aug. 1917	
Rutherford	Geo. M.	Robert H. Rutherford	Bodega Ave., 2 miles out	BS		17			
Ruthkowski	Louisa	K. Ruthkowski	Sebastopol	EC	1925-1926	14		3 Aug. 1912	
Ruthkowski	Louisa	H. Ruthkowski	Sebastopol	EC	1925-1926			3 Aug. 1912	
Ryan	Alice			ES	1904-1905	9	5		
Ryan	Jane	John Ryan	Mt. View Ave.	BS	1905-1908	10			
Ryan	Jane	Mrs. Lucy Ryan	Mt. View Ave.	CH	1908-1909	13			
Ryan	Thomas			ES	1904-1905	7	3		

Surname	Given Name	Parent	Address	SD	Date/Date Range	Age	Gr.	Birth Date	Left/Comments
Saitone	Margaret	Mrs. J. Facina		OL	29 May 1919		6		
Saitone	Victor	J. Facini		OL	29 May 1919		7		
Sala	Bianca	Domenico Sala	Tomales	TM	1927-1930			22 Oct. 1920	
Sala	Ruby	Domenico Sala	Tomales	TM	1926-1930			17 Mar. 1916	
Sala	Ruby	Mr. Sala	Valley Ford	BL	1923-1926		K	17 Mar. 1916	
Sales	Dorothy	L. Sales	742 3rd St.	BS	Aug. 1908	8	1A		
Sales	Dorothy	W. L. Sales	722 3rd St.	BS	1909	10			
Sales	Martha Lee	W. L. Sales	722 3rd St.	LN	1920-1922		1A	11 Sept. 1913	
Sales	Martha Lee	Lee Sales	722 3rd St.	LN	1921			11 Sept. 1913	
Sales	Paul	W. L. Sales	Country	BS	1905-1908	8			
Sales	Paul	W. L. Sales	722 3rd St.	CH	1908-1909	11			
Saline	Martha	Charles Saline	Rural 2	CH	1908-1909	14			
Salvo	Lily	Mrs. Eliz. Salvo	Agua Caliente	FL	22 May 1931	7	2	23 Aug. 1923	
Salz	Josephine	J. W. Salz	Bloomfield	BL	1922		7	6 Nov. 1909	
San Diego	Joe	Mr. San Diego	Bodega Bay	BY	1893-1901	9			
San Diego	Nora	Mr. San Diego	District	BY	1886-1889	13			
San Diego	Ondelena	Mr. San Diego	Bodega Bay	BY	1886-1901	8			
Sanborn	Frances	G. O. S. Sanborn	Cor. G & 3rd Sts.	BS	1892-1893	9			
Sanborn	George	G. O. Sanborn	Cor. G & 3rd Sts.	BS	1892-1893	10			
Sanchez	Aurora	John Sanchez	Sebastopol	EC	1925-1926			15 June 1914	
Sanchez	Gloria	John Sanchez	Sebastopol	EC	1925-1926	12		22 Apr. 1912	
Sanders	Bennie			PE			1A		
Sanders	Tierman	A. Sanders	13 E. Washington St.	LN	1921-1922		1B	14 Aug. 1915	
Sanderson	Billie C.		514 Oak St.	PK	1920			4 May 1915	
Sanderson	Billy	Wm. Sanderson	213 Liberty St.	LN	9 Aug. 1921		1B	4 May 1915	
Sanderson	Gladys	M. Sanderson	137 Keokuk St.	BS	Jan. 1908	6			
Sanderson	Gladys	W. P. Sanderson	213 6th St.	BS	17 Aug. 1908	7			
Sanderson	Phyllis	Wm. Sanderson	514 Oak St.	LN	1919-1921	8	2A	14 Mar. 1900	
Sanderson	William	Wm. Sanderson	215 Liberty St.	LN	1921-1922		1A	4 May 1915	
Sandma	Tierman		23 E Washington St.	PK	1921			14 Aug. 1915	

Surname	Given Name	Parent	Address	SD	Date/Date Range	Age	Gr.	Birth Date	Left/Comments
Sannazzara	Alfred	Frank Sannazzara	Sebastopol	EC	1928-1931			6 Sept. 1921	
Santiniowca	Francis		1 Prospect St.	PK	Fall 1919			9 Nov. 1913	
Santiniowca	Louise		1 Prospect St.	PK	Fall 1919			8 Nov. 1914	
Santos	Aletha	F. F. Santos	Rt. 2	CH	9 Aug. 1922	14		16 Sept. 1907	
Santos	Marjorie	F. F. Santos	Rt. 2	CH	9 Aug. 1922	12		6 Oct. 1910	
Sarchet	Minnie	R. A. Sarchett	461 Hinman St.	BS	1909	12			
Sargent	E.			BS	1897				
Sargent	Earline	A. V. Sems	214 Broadway	LN	1920-1921			23 Apr. 1910	
Sargent	Edith	B. F. Sargent	Keller St.	BS		16			
Sargent	George	A. V. Sims	214 Broadway	LN	1920-1921		3B	3 Oct. 1911	
Sargent	Helen	Ben Sargent	Keller St.	CH	1898	11	5		
Sargent	Ralph			BS					
Sartain	Eldridge	Dave Sartain	623 Galland St.	BS	1909	11			
Sartain	Judson	Dave Sartain	623 Galland St.	BS	1909	12			
Sartone	Margaret	John Faccini		OL	1 June 1917		4		
Sartone	Victor	John Faccini		OL	1 June 1917		6		
Sartori	Loretta	P. G. Sartori	253 Kentucky St.	CH	1908	15			
Sather	Elaine	Mrs. I. Sather	802 6th St.	LN	1921	6	1B	11 Oct. 1915	
Sather	Elaine	Ole Sather	802 6th St.	LN	21 Aug. 1921		2B	11 Oct. 1915	
Satione	Flora			OL	1910-1911				
Satione	Victor			OL	1911	6			
Sato	Mario	H. Sato	Windsor	OL	1920-1922		1	13 Feb. 1914	
Sato	Mario	H. Sato	R 3, Sebastopol	CN	Aug. 1924			14 Dec. 1912	left 2 Mar 25 to Olivet
Sato	Morio	H. Sato	Windsor	OL	1923-1925		2	15 Dec. 1913	
Sato	Takeo	H. Sato	Windsor	OL	1921-1922		L1	26 Jan. 1916	
Sato	Tokia	H. Sato	Windsor	OL	15 June 1923		L2	14 July 1914	
Sato	Tokia	H. Sato	R 3, Sebastopol	CN	Aug. 1924			25 Jan. 1915	left 2 Mar. 1925 to Olivet
Sato	Uyatha	H. Sato	R 3, Sebastopol	CN	Aug. 1924			24 Sept. 1917	left 2 Mar. 1925 to Olivet
Sato	Yutaka			OL	1926-1927				
Satori	Florence			TM	4 Aug. 1913	13	7		

Surname	Given Name	Parent	Address	SD	Date/Date Range	Within Date Range		Birth Date	Left/Comments
						Age	Gr.		
Satori	Gladys			TM	4 Aug. 1913	14			
Satorii	Romeo			TM	4 Aug. 1913	10			
Satzke	Ernest	F. Satzke	631 B St.	BS	1908-1910	7			
Sauroni	Elvis	Mr. Sauroni	542 Main St.	BS	1905-1907	7	1		
Savage	Bennie			PE	29 Aug. 1898		1B		
Savage	Lloyd			PE	23 Aug. 1898		1B		
Savage	Millie	John Savage	Keokuk St.	CH	1894-1895	7			
Savage	Millie	J. Savage	Oak St.	CH	1898	11	5		
Savage	Wallace	John Savage	Oak St.	CH	1896-1899	8			
Savage	Wallace			PE	23 Sept. 1895		Chart		
Savory	Bernice	Mrs. R. C. Hollinger	7 English St.	LN	1919		1B		
Sawyer	Rose	Grover Sawyer	702 Hopper St.	ML	1915				
Scafani	Josie	J. S. Scoffine	Boyes Springs	FL	18 Aug. 1915	8	2		
Scafani	Michael	J. S. Scoffine	Boyes Springs	FL	17 Aug. 1915	6	1		
Scafani	Pasquale	J. S. Scoffine	Boyes Springs	FL	26 Aug. 1915	11	3		
Scafidi	Salvator	Joseph Scafidi	630 E. Washington St.	ML	1920-1921			3 Apr. 1914	
Scaporgno	Raymond			PK	1927-1928				
Schaad	Louise	Edward Schaad	Kent St.	BS	1906-1908	14	7A		
Schackman	Geo.	Peter Schackman	403 I St.	BS	1905-1907	11			
Schade	Arnold	John Shade	Sebastopol	EC	1930-1931			9 July 1922	
Schadt	Ethel	C. F. Schadt	Kent near Howe St.	BS	1905-1907	12			
Schadt	Ethel	C. F. Schadt	734 E St.	BS	1905-1907	13			
Schadt	Ethyl	C. F. Schadt	614 E St.	CH	1908-1909	13			
Schadt	Ethyl	C. F. Schadt	410 7th St.	CH		14			
Schadt	Genevieve	C. Frank Schadt	734 E St.	BS	1905-1907	15			
Schadt	Josephine	C. F. Schadt	410 7th St.	BS	1908-1909	12			
Schadt	Josephine	Mrs. C. F. Schadt	305 4th St.	CH	1908-1909	13			
Schaeffer	Anna	Mrs. Katherine Schaeffer	R 3, Sebastopol	CN	1921-1926		5	27 July 1910	

Surname	Given Name	Parent	Address	SD	Date/Date Range	Within Date Range Age	Within Date Range Gr.	Birth Date	Left/Comments
Schaeffer	Anton	Katherine Schaeffer	R 3, Sebastopol	CN	Aug. 1926			19 Nov. 1913	
Schaeffer	Antone	Katherine Schaeffer	Sebastopol	CN	1923-1927		4	19 Nov. 1913	
Schaeffer	Antonne	Mrs. R. Schaeffer	R 3, Sebastopol	CN	1921-1922		2	19 Nov. 1913	
Schaeffer	Katherine	Mrs. K. Schaeffer	R 3, Sebastopol	CN	1921-1922			25 Nov. 1907	
Schaeffer	Margaret	Mrs. Katherine Schaeffer	R 3, Sebastopol	CN	1924-1927			28 Nov. 1912	
Schaeffer	Margaret	Mrs. K. Schaeffer	R 3, Sebastopol	CN	1921-1923		3	28 Nov. 1911	
Schamber	John	Kurt Schamber	520 E. D St.	ML	Aug. 1922			31 May 1916	
Schapiro	Dorothy			PK	1927-1928				
Schiers	Wanda	J. Schiers	18 Bassett St.	LN	1921	6	1B	8 Jan. 1915	
Schilder	Albert			MV	1916-1917	17	7		
Schilder	Arthur			MV	20 Dec. 1916	10	5		
Schilder	Arthur			MV	1918-1919	11	7		
Schilder	Luesa			PK	1903	4			
Schindler	Alex	Richard Schindler	119 Upham St.	LN	9 Aug. 1920		2A	1 July 1912	
Schindler	Alex	R. Schindler	119 Upham St.	LN	1919-1921		3B	1 July 1911	
Schindler	Alex	Richard Schindler	119 Upham St.	LN	Jan. 1922		4B	1 July 1912	
Schindler	Anita		Western Ave.	PK	1910	4		20 Apr. 1907	
Schindler	Elizabeth		Western Ave.	PK	1910	4			
Schindler	Emma		114 Western Ave.	PK	1914			2 Feb. 1910	
Schindler	Emma		Western Ave.	PK	3 Aug. 1914			8 May 1909	
Schindler	Emma	Oskar Schindler	114 Western Ave.	LN	1920-1921		4B	3 Feb. 1910	
Schindler	Heinrich	H. Schlindler	Western Ave.	BS	1909-1910	7			
Schindler	Henry	R. Schindler	114 Western Ave.	ML	1916		6A		
Schindler	John			OL	9 July 1905		4B		
Schindler	Leo			OL	9 July 1905		4B		
Schindler	Louise	R. Schindler	627 Upham St.	BS	20 Aug. 1906	6			

Surname	Given Name	Parent	Address	SD	Date/Date Range	Within Date Range		Birth Date	Left/Comments
						Age	Gr.		
Schindler	Louise	R. A. Schindler	114 Western Ave.	CH	1908-1909	8			
Schindler	Oscar	R. Schindler	119 Upham St.	LN	1921	6	1B	6 Jan. 1915	
Schindler	Richard	R. Schindler	119 Upham St.	CH	9 Aug. 1922	13		8 May 1909	
Schindler	Richard	Richard Schindler	119 Upham St.	LN	1919-1921				
Schinkel	Alice	Mrs. I. C. Schinkel	574 B St.	BS	1905-1907	8			
Schinkel	Alma	Mrs. A. Schinkel	315 12th St.	LN	9 Aug. 1921		1B	28 June 1915	
Schinkel	Rudolf	Otto Schinkel	315 12th St.	LN	1920-1921		2B	27 March 1905	
Schinkel	Rudolf	Anna Schinkel	315 12th St.	LN	1919-1922		4B	11 Mar. 1912	
Schinkel	Walter	Mrs. A. Schinkel	315 12th St.	CH	9 Aug. 1922	13		5 Nov. 1909	
Schinn	Rowena	George Shinn	518 Madison St.	ML	1914				
Schirmacher	Carolina	Theoda Schirmacher	776 Keller St.	PK	1903	4			
Schlener	Carl	C. F. Schlener	16 West St.	CH	1908-1909	10			
Schlutter	Maud	F. Schlutter		TM	1887-1889	15			
Schlutter	Maud			TM	13 July 1885				
Schlutter	Nellie			TM	13 July 1885				
Schmidler	Louise	R. Schmidler	Western Ave.	BS	Jan. 1907	8			
Schmidt	Carl	J. A. Schmidt	Santa Rosa	OL	1921-1925		4	14 May 1913	
Schmidt	Dorothy	J. A. Schmidt	Santa Rosa	OL	1921-1922		7	1 Sept. 1909	
Schmidt	Elsie	J. H. Schmidt	Kent St.	BS	1905-1907	10			
Schmidt	Frances	J. H. Schmidt	Cor. Kent & Walnut Sts.	BS	1905-1907	8	1		
Schmidt	Laura	V. Schmidt	Sunny Slope Ave.	CH	1895-1896	16			
Schmidt	Lulu	L. Schmidt	662 Keokuk St.	BS	1905-1907	6	1		
Schmidt	Lulu	L. Schmidt	610 English St.	BS	20 Aug. 1906	7	2		
Schmidt	Lulu	Louis Schmidt	611 English St.	BS	Sch Yr 1906	7			
Schmidt	Robert	J. A. Schmidt	Santa Rosa	OL	1921-1922		5	16 Sept. 1911	
Schmidt	Robert	J. A. Schmidt	Santa Rosa	OL	15 June 1923		6	16 Sept. 1912	
Schmidt	Robert	J. A. Schmidt	Santa Rosa	OL	1924-1925			16 Sept. 1911	
Schneider	Coral	S. H. Schneider	408 Howard St.	LN	1921	6	1B	22 May 1915	

Surname	Given Name	Parent	Address	SD	Date/Date Range	Within Date Range Age	Within Date Range Gr.	Birth Date	Left/Comments
Schneider	Dorothea	Mrs. W. R. Schneider	33 W. Gossage Ave.	CH	9 Aug. 1922	13		23 July 1909	
Schneider	Karl	S. H. Schneider	603 West St.	LN	1921-1922		1A	22 May 1915	
Schoemaker	Albert	Peter Shoemaker	15 Harris St.	BS	1908-1910	6			
Schoemaker	Minnie	Peter Shoemaker	15 Harris St.	BS	1908-1910	7			
Schoeningh	Paula	Wm. Schoeningh	19 Howard St.	CH		11			
Schoeningh	Willie		1066 5th St.	PK	1903	5			
Schoeningh	Willie			CH	8 Aug. 1910				
Schuler	Alvina	Carl O. Schuler	913 D St.	BS	1897	10	6		
Schuler	Carl	C. O. Schuler	913 D St.	BS	1906-1908	14	8B		
Schuler	Leona	C. O. Schuler	913 D St.	BS	1897	12	7		
Schuler	Sophia	C. O. Schuler	913 D St.	CH	1908	18	Sr.		
Schuler	Will	C. O. Schuler	203 D St.	CH	1907-1909	15			
Schuler	Willie	Carl Schuler	913 D St.	BS	1909	12			
Schuler	Willie	Carl Schuler	913 D St.	BS	1905-1907	12			
Schuller	Carl			PK	26 Oct. 1896				
Schuller	Sophia			PK	1895				
Schultz	Florence			MV	1916-1917	12	7		
Schumacher	Albert	Mrs. Schumacher	15 Harris St.	BS	1911	7			
Schumacher	Albert	P. Schumacher	15 Harris St.	ML	1916		6A		
Schumacher	Augusta	Peter Schumacher	637 B St.	BS	1909	13			
Schumacher	Augusta	P. J. Schumacher	637 B St.	BS	1905-1907	14			
Schumacher	Earnestine	P. J. Schumacher	706 Bassett St.	BS	1906	8	2		
Schumacher	Earnestine	P. J. Schumacher	637 B St.	BS	1905-1907	10			
Schumacher	Earnestine	Peter J. Schumacher	15 Harris St.	BS	1908-1909	11			
Schumacher	Earnestine	Martha Schumacher	15 Harris St.	BS		13			
Schumacher	Ernestine	Peter J. Schumacher	756 Howard St.	PK	1903	6			
Schumacher	Estella	P. J. Schumacher	15 Harris	CH	1907-1909	14			
Schumacher	Godfried	P. Schumacher	706 Bassett St.	BS	Spring 1906	10			
Schumacher	Godfried	P. Schumacher	637 B St.	BS		11			
Schumacher	Godfried	P. Schumacher	15 Harris St.	BS	Spring 1908	12	5A		
Schumacher	Godfried	Peter Schumacher	15 Harris St.	CH	1908-1909	13			

Surname	Given Name	Parent	Address	SD	Date/Date Range	Within Date Range Age	Gr.	Birth Date	Left/Comments
Schumacher	Gussie			PK	1 Aug. 1898	5			
Schumacher	Minnie	Mrs. M. Shumacher	15 Harris St.	BS	1910	8			
Schumacher	Stella	Peter Schumacher	637 B St.	BS	1909	11			
Schumacher	Stella	P. J. Schumacher	637 B St.	BS	1905-1907	12			
Schumacher	Will	P. Schumacher	637 B St.	BS	1906-1907	7			
Schumacher	Willie	Peter J. Schumacher	756 Howard St.	PK	1903	4			
Schumacher	Willie	Peter Schumacher	15 Harris St.	CH	1908-1909	9			
Schumacker	Willie	Mrs. Peter Schumacker	706 Bassett St.	BS	1905-1909	6			
Schumann	Hugo Jos.	D. H. Schumann	450 West St.	BS		16			
Schumann	J.			BS	1898				
Schwarte	Jack		1100 F St.	PK	20 Aug. 1928			18 May 1923	
Schwartz	Oscar	Lawrence Schwartz	780 Kelley	PK	1903				
Schweers	Carlos	H. T. Schweers	524 Howard St.	CH	1908-1909	12			
Schweers	Carlos	H. T. Schweers	524 Howard St.	BS	Jan. 1909				
Schweers	Margaret	H. T. Schweers	524 Howard St.	CH	1907-1910	15			
Schweers	Margaret	H. T. Schweers	27 Howard St.	CH	1907-1909	16			
Schweichler	Ruth	Otto Schweichler		EC	1925-1927	13		15 Sept. 1913	
Schwobeda	Percy	J. L. Schwobeda	102 7th St.	BS	Jan. 1917		1A		
Schwobeda	Stella	J. L. Schwobeda		CH	9 Aug. 1922	13		26 Nov. 1908	
Sciarone	Elvus	Mrs. Sciaroni	542 Main St.	BS	20 Aug. 1906	8	2		
Sciaroni	Elvus	P. Sciaroni	Vallejo St.	BS	1908-1909		4A		
Sciaroni	Elvus	P. Sciaroni	Vallejo St.	BS	1911?	13			
Sciascia	Angelo	N. Leixner	Fetters Springs	FL	4 Jan. 1926	11	5	3 Aug. 1915	
Sciascia	Angelo	John Sciascia	San Francisco	FL	1924			3 Aug. 1915	
Sciascia	Joseph	Mrs. N. Leixner	Fetters Springs	FL	1925-1926			15 May 1914	
Scironi	Elvus	P. Scironi	Vallejo St.	CH	1908-1909	12			
Scoffani	Josie			FL	5 Feb. 1917				
Scoffani	Michael			FL	13 Aug. 1917	8	2		
Scoffani	Michel			FL	5 Feb. 1917				
Scolari	Charles	A. Scolari	230 Wilson St.	CH	9 Aug. 1922	13		3 Sept. 1908	
Scollare	Evelyn	Mrs. E. Spalleta	340 Bodega Ave.	LN	Aug. 1921		3B	12 Feb. 1912	

Surname	Given Name	Parent	Address	SD	Date/Date Range	Within Date Range		Birth Date	Left/Comments
						Age	Gr.		
Scollaro	Evelyn	Elvezia Scollaro	235 Edith St.	ML	1920			12 Feb. 1912	
Scott	Alger	A. D. Scott	Novato	CH	1908	17	Sr.		
Scott	Arnold	N. C. Scott	R 5	LN	1920-1921		1B	14 Nov. 1914	
Scott	Carmen	Christopher Scott	D St.	LN	1920-1921		4B	31 Mar. 1911	
Scott	Clifford	Wm. Jas. Scott	Mt. View Ave.	LN	Aug. 1921		2A	23 Jan. 1911	
Scott	Clifford	W. Scott	Rt. 5	LN	1920-1921		2B		
Scott	Edward	Mrs. V. B. Scott	125 Liberty St.	LN	1919-1920				
Scott	Esther	W. A. Scott	523 West St.	BS	Spring 1908	11	5A		
Scott	Esther	W. A. Scott	523 West St.	CH	1908-1909	12			
Scott	Garfield	W. J. Scott	Rt. 5	LN	1920-1921			7 May 1909	
Scott	George	W. Scott	113 Upham St.	BS	1908-1910	7			
Scott	Harold	Stewart Scott	326 English St.	BS	1909-1910	7			
Scott	Ida	J. A. Scott	444 Baker St.	PK	1903	4			
Scott	Ida	John Scott	44 Baker St.	BS	19 Aug. 1907	8			
Scott	Ida	John Scott	444 Baker St.	BS	1906-1909	8			
Scott	Ida	Mrs. Scott	404 Baker St.	BS	1908-1909	9	1B		
Scott	Ida	J. Scott	44 Baker St.	BS	18 Jan. 1909	10	1A		
Scott	Irene	Stewart Scott	326 English St.	LN	1920-1921	7	1B	27 Mar. 1914	
Scott	Irene	Stewart Scott	320 English St.	LN	21 Aug. 1921		2B	27 Mar. 1914	
Scott	Jessie	A. D. Scott	Novato	CH	1908-1909	16	Sr.		
Scott	John	J. A. Scott	D St. bet 5th & 6th Sts.	BS	5 Sept. 1892	13			
Scott	Lee	John Scott	444 Baker St.	BS	1905-1907	13			
Scott	Lee	J. A. Scott	444 Baker St.	CH	1907-1909	15			
Scott	Marie	Wm. Walter Scott	113 Upham St.	CH	8 Aug. 1910				
Scott	Rae	A. Scott	523 West St.	CH	9 Aug. 1922	11		4 May 1911	
Scott	Rae	Mrs. Annie Scott	523 West St.	LN	1919-1921				
Scott	Robert	Mrs. A. Scott	523 West St.	BS	1908-1910	6			
Scott	Ruth	W. A. Scott	523 West St.	BS	1908-1909	10			
Scott	Ruth	W. A. Scott	523 West St.	CH	1908-1909	11			
Scott	Stella	Mrs. W. A. Scott	615 English St.	BS	1906-1908	13			
Scott	Stella	W. A. Scott	523 West St.	CH	1908-1909	14	8B		

Surname	Given Name	Parent	Address	SD	Date/Date Range	Within Date Range		Birth Date	Left/Comments
						Age	Gr.		
Scott	Thelma	Lily H. Price		EC	1927-1928			25 June 1914	
Scott	Walter	W. Scott	113 Upham St.	BS	1908-1910	6			
Scott	Wilbur	S. H. Scott	326 English St.	CH	9 Aug. 1922	13		27 Jan. 1909	
Scott	Willie	Mr. Scott	523 West St.	BS	1908-1911	6			
Scott	Winfield	Mrs. V. B. Scott	125 Liberty St.	LN	1919-1920				
Scribner	David	Roy Scribner	616 3rd St.	LN	1919-1921		1A		
Scribner	David	Roy Scribner	515 Cherry St.	LN	1921-1922		3A	18 Oct. 1912	
Scribner	Edward	R. A. Scribner	616 3rd St.	LN	1919-1921				
Scribner	Ella	Roy Scribner	616 3rd St.	LN	9 Aug. 1920		2A	5 Sept. 1911	
Scribner	Ella	Roy Scribner	515 Cherry St.	LN	1921-1922		3B	2 Sept. 1911	
Scribner	Mary Ella		616 6th St.	LN	1919-1920	8	2B		
Scribner	Robert	M. L. Scribner	616 3rd St.	LN	1920-1921	6	1B	15 Sept. 1914	
Scribner	Robert		616 3rd St.	PK	Fall 1919			Sept. 1914	
Scrutton	Tom		Howard St.	PK	1910	4			
Scudder	Bradford	Wm. H. Scudder	Rural	CH	1907-1909	14			
Scudder	Celia	Mrs. W. H. Scudder	Mt. View Ave.	BS	Jan. 1908	9			
Scudder	Celia	W. H. Scudder	Olive St.	BS	1908-1909	9			
Scudder	Celia	Rev. Wm. H. Scudder	Fair St.	CH	1908-1909	10			
Scudder	Celia	Rev. Wm. H. Scudder	Olive St.	CH	1908-1909	10			
Scudder	Jared	Wm. Henry Scudder	Olive St.	CH	1907-1909	11			
Scudder	Kenneth	Rev. Wm. Henry Scudder	Olive St.	CH	1908-1909	13			
Seaman	Allen		712 Keokuk St.	PK	Spring 1923			26 Dec. 1917	
Seaman	Irene	M. B. Seaman	724 I St.	BS	1908-1911	8			
Seaman	Willie	M. B. Seaman	724 I St.	BS	1908-1910	6			
Seamen	Irene	M. B. Seamen	470 I St.	BS	20 Aug. 1906	6			
Seefeldt	Irma	Paul Seefeldt		MV	1918-1919		3		
Seefeldt	Irma	Paul Seefeldt	R 3, Sebastopol	MV	1921-1924		5	23 Aug. 1910	
Seefeldt	Lottie	Paul Seefeldt	R 3, Sebastopol	MV	1918-1921		1		
Seefeldt	Lotty	Mrs. P. Seefeldt	R 3, Sebastopol	MV	1921-1924		4	31 July 1914	

Surname	Given Name	Parent	Address	SD	Date/Date Range	Within Date Range Age	Gr.	Birth Date	Left/Comments
Seefeldt	Lotty	Paul Seefeldt	RR 3, Box 235	MV	1924-1927			31 July 1913	
Seefeldt	Margaret	Paul Seefeldt	R 3, Sebastopol	MV	1920-1930	7	2	16 Apr. 1915	
Seefeldt	Paul	Paul Seefeldt	R 3	MV	1928-1931			21 Feb. 1922	
Seefeldt	Pearl	Paul Seefeldt	Sebastopol	MV	1924-1931			23 Aug. 1918	
Seefeldt	Raymond	Paul Seefeldt		MV	1918-1926		2	5 May 1912	
Seemsen	Alice	Mrs. J. J. Cline	R 3, Sebastopol	MV	1923-1924		4		
Segard	Agnes	N. P. Segard	Country	BS	1909	12			
Segard	Agnes	N. P. Segard	I St.	BS	1905-1907	12			
Segard	Agnes	N. P. Segard	I St.	CH	1907-1909	15			
Segard	Elmer	N. P. Segard	I St. Extension	BS	1905-1908	13			
Segard	Jennie	N. P. Segard	I St.	BS	1909	11			
Segard	Jennie	N. P. Segard	I St.	BS	1905-1907	12			
Segard	Jennie	N. P. Segard	I St. Extension	CH		13			
Seguin	Waldeck	A. Seguin	100 5th St.	BS	1908-1910	6			
Seibb	Carl			PK	3 Aug. 1896	3			
Seibb	Edna			PK	3 Aug. 1896	4			
Seibel	Elaine		319 6th St.	PK	1922			10 Jan. 1918	
Seibel	Harold		319 Sixth St.	PK	1919-1920			24 Sept. 1915	
Seibel	Harold	Chas. Seibel	319 6th St.	LN	9 Aug. 1921		1B	24 Sept. 1915	
Seibt	Edna			PK	30 Sept. 1895	3			
Seimer	Fred	Fred Seimer	R 3, Sebastopol	CN	Aug. 1923		5	31 July 1913	
Seimsen	Myrtle	Henry Seimsen	Tomales	TM	1925-1926			2 Sept. 1915	
Seiss	Hulda	Mrs. C. M. Seiss	2 6th St.	BS	1911?	11			
Seldner	Eleanor	Henry Seldner	Grand Ave.	LN	1919-1921		2A	11 Feb. 1913	
Seldner	Henry	Henry Seldner	Grant Ave.	LN	1919-1920				
Seldner	Martha	Henry Seldner	Grant Ave.	LN	1919-1921			23 Dec. 1911	
Seligman	Frank	S. Seligman	630 Washington St.	BS	1909	13			
Seligman	Frank	A. Seligmann	631 Washington St.	BS	1909	13			
Sergant	George	Virgil Sergant	45 Pierce St.	LN	Aug. 1921		L4	13 Oct. 1911	
Sergent	Earline	Mr. Sargent	Fair St.	LN	1919-1920				

Surname	Given Name	Parent	Address	SD	Date/Date Range	Within Date Range Age	Gr.	Birth Date	Left/Comments
Sergent	Eleanor	A. V. Sims	45 Pierce	CH	9 Aug. 1922	13		16 Dec. 1908	
Serres	Franklin	J. P. Serres	Agua Caliente	FL	1925-1928			9 July 1914	
Serres	Luella	J. P. Serres	Agua Caliente	FL	1923	6		20 May 1911	
Serres	Luella			FL	13 Aug. 1917	6	1		
Serres	Luella	Mrs. J. Serres	Agua Caliente	FL	Feb. 1919		2		
Serres	Luella	J. P. Serres	Agua Caliente	FL	1925-1926			20 May 1911	
Sertora	John	Mr. Sertora	780 Keller St.	BS	1905-1907	12			
Setliff	Roland	M. V. Setliff		OL	27 Sept. 1909				
Sevyers	Alice		Rt. 2	PK	1920	4		25 June	
Sewaldsen	Irma	P. Sewaldsen	223 Keller St.	LN	Jan. 1923		L1	7 May 1916	
Sexton	Arthur	Arthur Sexton, Sr.	R 3, Sebastopol	CN	Aug. 1921			7 Jan. 1913	left Dec. 1921
Sexton	Reginald	George Sexton	Near Penngrove	CH	8 Aug. 1910	14			
Shader	Florence	Geo. Shader	666 F St.	BS	1905-1907	7			
Shader	Florence	Rebecca Shader	718 F St.	BS	1908-1909	10	4A		
Shader	Florence	Mrs. R. L. Shader	402 Kentucky St.	CH	1908-1909	12			
Shader	Geo.	G. C. Shader	San Antonio Dr.	BS	1900	10			
Shader	Geo.	Geo. C. Shader	F St.	BS	1906-1908	14	8B		
Shader	Gertrude	Rebecca Shader	F St.	BS	1905-1907	12			
Shader	Gertrude	Geo. C. Shader	718 F St.	CH	1907-1909	14			
Shader	Willie	Geo. Shader	764 F St.	BS	1906-1910	6			
Shader	Willie	Geo. C. Shader	402 Kentucky St.	BS	1908-1910	10			
Shafer	Hazel	George Shafer	Keokuk St.	CH	1897-1899	8			
Shafer	Hazel			PE	23 Sept. 1895		Chart		
Shainsky	Sarah	Sam Shainsky	Rt. 1	LN	1920-1921	6	1B	11 July 1914	
Shaper	Rudolph	John Shaper	Rt. 1	CH	9 Aug. 1922	12		22 Aug. 1910	
Shapiro	Sydney	I. Shapiro	Fetters Springs	FL	1914-1915	8	2		
Sharp	Mervian	Mrs. Coleman	Bloomfield	BL	1927			27 Dec. 1918	left
Sharp	Orville	Mrs. Ethel Colman	Two Rock	BL	1920			10 Feb. 1916	
Shaver	Bertha C.	Eli S. Shaver	468 C St.	BS		18			
Shaver	Hazel	George Shaver	Keokuk St.	CH	1896-1899	9			
Shaver	Hazel			PE	25 May 1896		Rec.		
Shaver	Hazel			PK	1895				

Surname	Given Name	Parent	Address	SD	Date/Date Range	Within Date Range			Birth Date	Left/Comments
						Age	Gr.			
Shaw	Jack	Mrs. R. E. Gennett	519 Oak St.	LN	1920-1921		2A		21 Nov. 1912	
Shaw	Jack	R. E. Genette	907 Western Ave.	LN	Aug. 1921		L4		21 Nov. 1911	
Shearer	Margaret		124 Washington St.	PK	1903	4				
Shenicka	Norma	A. J. Schenicka	920 Washington St.	BS	1905-1907	12				
Shepherd	Lillian	Mrs. Mary Shepherd	11 Webster St.	ML	1916		6A			
Sherman	Clyde			TM	1 Aug. 1921		8			
Sherman	Ella	Mrs. L. Sherman	510 2nd St.	BS	1911	10				
Sherman	Priscilla	Mrs. L. Sherman	510 2nd St.	BS	1911	10				
Shetka	John	Mrs. Shetka	Bloomfield	BL	1925		1		9 Oct. 1918	
Shetka	John	John Shetka	Bloomfield	BL	1927-1928		3		9 Oct. 1918	
Shetka	John	Jno. Shetka	Bloomfield	BL	1921				9 Oct. 1918	
Shetka	Leona	J. Shetka	Bloomfield	BL	1926				22 Jan. 1921	
Shetka	Leona	J. Shetka	Bloomfield	BL	1928				22 Jan. 1921	
Shetka	Ruth	John Shetka	Bloomfield	BL	1920-1925				2 Mar. 1916	
Shetka	Thomas Crayton	John Shetka	Bloomfield	BL	1920-1922				6 Apr. 1914	
Shetka	Thomas Crayton	John Shetka	Bloomfield	BL	1925				6 Apr. 1914	
Shetka	Tom	John Shetka	Bloomfield	BL	1923-1924		4		6 Apr. 1915	
Shideler	Frank			MV	1916	10	6			
Shideler	Kline	Q. N. Shideler	Rt. 3, Sebastopol	EC	1929-1931				2 Nov. 1918	
Shideler	Nathan	Q. N. Shideler		EC	1929-1930				30 Jan. 1917	
Shideler	Sadie			MV	1916	13	8			
Shideler	Troy	Q. N. Shideler	Rt. 3, Sebastopol	EC	1929-1931				4 June 1920	
Shigern	Sueoka	T. Shigern		CH	9 Aug. 1922	16			13 Mar. 1906	
Shilder	Albert			MV	20 Dec. 1916	12	8			
Shimian	Louise	Rev. Shimian	29 5th St.	LN	Aug. 1922		1A		7 Feb. 1916	
Shinn	George	G. E. Shinn	518 Madison St.	ML	1915-1916					
Shinn	George	George Shinn	518 Madison St.	ML	1919-1920					
Shinn	Rowena	George Shinn	518 Madison St.	ML	1914-1915					
Shinn	Rowena	G. E. Shinn	518 Madison St.	ML	Aug. 1912					

Surname	Given Name	Parent	Address	SD	Date/Date Range	Within Date Range		Birth Date	Left/Comments
						Age	Gr.		
Shipmann	Marguerite		3rd St.	CH	1908-1909	12			
Shippee	Pearl	R. Shippee	812 Liberty St.	BS	Spring 1906	10			
Shippee	Pearl	R. S. Shippe	903 Howard St.	BS	Fall 1905	10			
Shores	Edna		Country	BS	1906-1908		8B		
Showalter	Bertram	W. A. Showalter	420 Main St.	PK	1903				
Shriver	Jean	Mrs. V. S. Shriver	Madrone	FL	9 Sept. 1929	9	3	19 Apr. 1920	left 18 Nov.
Shriver	Jessie	Mrs. G. C. Shriver	Madrone	FL	9 Sept. 1929		2	12 Oct. 1922	left 18 Nov.
Shriver	Wendall	G. C. Shriver	Glen Ellen	FL	10 Sept. 1929	12	7	6 Feb. 1917	left 18 Nov.
Shubetz	Frank	F. S. Shubetz	Sebastopol	EC	1928-1931			9 Feb. 1921	
Shuhart	George	Mrs. Ponat	R 3, Sebastopol	CN	Aug. 1928				
Shuhart	James	Mrs. J. Ponat	R 3, Sebastopol	CN	Aug. 1925			24 Dec. 1918	
Shuhart	James	Mrs. Effa Ponat	R 3, Sebastopol	CN	1926-1928			24 Dec. 1918	
Shuhart	James	Mrs. Le Ponat	R 3, Sebastopol	CN	Aug. 1929			24 Dec. 1918	
Shull	Elaine	Raymond Shull	RR 3, Box 413	MV	1924-1925			3 Mar. 1913	
Shull	Ethel	Raymond Shull	R 3, Box 413	MV	1924-1925		8	3 Oct. 1910	
Shull	Ethel	R. Shull		EC	1925			3 Oct. 1909	left
Shull	Olive			MV	1925-1926				
Shuster	Raymond			OL	1926-1927				
Shuster	Wilbur			OL	1926-1927				
Shute	Forrest		Union St.	PK	1927-1928				
Shute	Lorraine D.		422 Washington St.	PK	1919-1920			15 Nov. 1914	
Sicco	Isabel	John Sicco	Rt. 1	CH	9 Aug. 1922	12			
Siegel	Chas.	Geo. Siegel	Sebastopol	EC	1930-1931			9 May 1921	
Siegert	Nannie			CH	1901-1903				
Siemer	Fred	Fred Siemer		CN	1924-1926			31 July 1913	left to Wright School
Siemer	Fred	Fred Siemer, Sr.	R 3, Sebastopol	CN	1921-1922		3	30 July 1913	
Siemsen	Alice	Mrs. Florence Siemsen	R 3, Sebastopol	MV	1920-1922		4	8 May 1914	
Siemsen	Alice	Mrs. F. S. Cline	RR 3, Box 257	MV	1924-1927			8 May 1914	
Siemsen	Avis	Mrs. Florence Siemsen	R 3, Sebastopol	MV	1920-1921	6	1	26 Oct. ????	
Siemsen	Avis	Mrs. Florence Kline	R 3, Sebastopol	MV	1922-1924	7		26 Oct. 1915	

Surname	Given Name	Parent	Address	SD	Date/Date Range	Within Date Range Age	Gr.	Birth Date	Left/Comments
Siemsen	Avis	Mrs. F. Cline	R 3, Sebastopol	MV	1924-1927			26 Oct. 1915	
Siemsen	Avis	Mrs. J. J. Cline	RR 3, Box 257	MV	1924-1927			26 Dec. 1915	
Siemsen	Clarence	Mrs. Florence Siemsen	R 3, Sebastopol	MV	1922-1923	12		28 Nov. 1910	
Siemsen	Clarence	W. J. Siemsen		MV	1918-1919		4		
Siemsen	Clarence	Mrs. Florence L. Siemsen	R 3, Sebastopol	MV	1921-1922		6	28 Nov. 1911	
Siemsen	Esther	Mrs. Florence Kline	Sebastopol	MV	1925-1926			20 Nov. 1918	
Siemsen	Esther	Florence Cline	R 3, Sebastopol	MV	1926-1928			20 Nov. 1918	
Siemsen	Evelyn	Henry Siemsen	Tomales	TM	1925-1930	6		15 May 1919	
Siemsen	Mary			MV	1922-1924	11		27 Feb. 1912	
Siemsen	Mary	W. J. Siemsen		MV	1918-1919		3		
Siemsen	Mary	Mrs. Florence Siemsen	R 3, Sebastopol	MV	1921-1922		5	12 Feb. 1912	
Siemsen	Myrtle	Mrs. Wm. Siemsen	Tomales	TM	13 June 1924		H3	2 Sept. 1915	
Siemsen	Myrtle	Henry Siemsen	Tomales	TM	1921-1923			Dec. 1915	
Siemsen	Myrtle	Henry Siemsen	Tomales	TM	1924-1928			2 Sept. 1915	
Siemsen	William	Henry Siemsen	Tomales	TM	1927-1930			13 Dec. 1921	
Siese	Marie			PK	26 Oct. 1896				
Siess	Hulda	Henry Siess	851 6th St.	BS	1905-1907	6			
Siess	Hulda	Mrs. H. Siess	2 6th St.	BS	1908-1909		4A		
Siess	Marie	H. Siess	4th St.	BS	21 Aug. 1899	8			
Siess	Marie	Henry Siess	851 6th St.	BS	1905-1908	14			
Siess	Marie	Mrs. C. Siess	851 5th St.	BS	1906-1908	15	8B		
Siess	Marie			PK	1895-1896				
Siess/Seiss	Henry		2 6th St.	PK	1910	6		25 May 1904	
Sigrist	Peter	Peter Sigrist	234 Wilson St.	ML	1919	7	1B		
Silberstein	Monroe	Mrs. Sam Silberstein	Fetters Springs	FL	11 Sept. 1928	12	5	6 June 1916	L
Sills	Lila	J. B. Sills	Cotati	CH	1908	16			
Silva	Alice	F. M. Silva		CH	1908	14			
Silva	Antone	Joe Silva	Bay	BY	21 June 1912	12	3		
Silva	Arthur	Mrs. M. Silva	Rt. 1	CH	9 Aug. 1922	17		1 Oct. 1905	

Surname	Given Name	Parent	Address	SD	Date/Date Range	Age	Gr.	Birth Date	Left/Comments
Silva	Byron	A. Silva	309 E St.	LN	1921-1922	6	1B	7 June 1915	
Silva	Charley	Charles Silva	1208 Washington St.	BS	1909	8			
Silva	Charley	C. Silva	1208 Washington St.	CH	1908-1909	9			
Silva	Earl	C. Silva	577 Hopper St.	BS	1905-1907	10			
Silva	Earl	Mrs. J. Silva	611 Washington St.	BS	1908-1909	11			
Silva	Frank			TM	11 Aug. 1902				
Silva	Hazel	J. W. Silva	319 11th St.	CH	9 Aug. 1922	14		5 Dec. 1907	
Silva	John	Mrs. Silva	512 Howard St.	BS	1905-1907	10	1		
Silva	John	John Silva	West St.	BS	1906	11	2		
Silva	John		Oak St.	BS	20 Aug. 1906		2		
Silva	Johnnie			BY	21 June 1912	9	1		
Silva	Lillian	Mrs. Chas. Silva	611 Washington St.	CH	1908-1909	14			
Silva	Lucy			BY	21 June 1912	10	2		
Silva	Mamie	John Silva	451 B St.	BS	19 Aug. 1907	8			
Silva	Mamie	John Silva	Baker St.	BS	Jan. 1908	9			
Silva	Mamie	J. Silva	220 Post St.	BS	1909-1911	10	1A		
Silva	Mamie	J. B. Silva	225 Fair St.	BS	1909	12			
Silva	Manuel	Joe Silva	Bay	BY	21 June 1912	15	3		
Silva	Mary	Manuel Silva	230 Edith St.	ML	1916		Rec.		
Silva	Minnie	A. T. Silva	Sebastopol	CH	8 Aug. 1910	17			
Silva	Robert		Bodega Ave.	PK	1920			10 June 1915	
Silva	Tony	J. S. Silva	West St.	BS	1905-1907	14			
Silva	Tony	John B. Silva	Oak St.	BS	1906	15	5		
Silva	Wanda Lee		515 B St.	PK	1919-1920			8 Jan. 1915	
Silveira	Lily			TM	20 Feb. 1899		3		
Silvelstien	Harold	Mrs. Silvelstien	Boyes Springs	FL	11 Sept. 1928	9	3	18 Apr. 1919	left 2 Nov.
Silvena	Nellie	L. W. Silvena	909 5th St.	BS	1905-1907	12			
Silver	Minnie			CH	8 Aug. 1910				
Silvers	Wanda Lee	Mrs. Jessie Silvers	18 Bassett St.	LN	21 Aug. 1921		2B	8 Jan. 1915	

Surname	Given Name	Parent	Address	SD	Date/Date Range	Within Date Range		Birth Date	Left/Comments
						Age	Gr.		
Simconcini	George	Emilio Simconcini		OL	1 June 1917		L2		
Simeon	Alice	Julius Simeon	Mt. View Ave.	LN	1919-1920	7	1B		
Simeons	Alice	Julius Simeons	Mt. View Ave.	LN	1920-1921		2A	15 Oct. 1912	
Simms	Horace	A. V. Simms	214 Broadway	LN	1920-1921		1B	13 Apr. 1915	
Simms	Leslie	H. C. Simms	617 Main St.	CH	9 Aug. 1922	12		6 Dec. 1909	
Simoen	Alice	Julius Simoen	Rt. 5	LN	Aug. 1921		L4	15 Oct. 1911	
Simolus	Lillian	Mrs. J. Simolus	Rt. 5	CH	9 Aug. 1922	13		17 Mar. 1909	
Simoncini	Emma			OL	1905-1906		2		
Simonsini	Emma	E. Simonsini		OL	12 July 1909				
Simoncini	Frank			OL	9 July 1906		1		
Simoncini	Frank	E. Simoncini		OL	1909-1911				
Simoncini	George	E. Simoncini	Windsor	OL	1919-1922		5	27 Apr. 1909	
Simoncini	George	M. Simoncini	Windsor	OL	15 June 1923		6	27 Dec. 1908	
Simonsini	Jennie	E. Simonsini		OL	1909-1911				
Simoncini	Jennie	E. Simoncini		OL	1 June 1917		1A		
Simoncini	Julia			OL	1905-1906				
Simoncini	Julia	E. Simoncini		OL	1909-1911		4		
Simoncini	Julio	Emilio Simoncini		OL	1 June 1917		6		
Simoncini	Julio	E. Simoncini		OL	1919-1920				
Simonet	Robert Bruce	Albert Simonet	403 E. Washington St.	ML	1915				
Simons	Myrtle		Keller St.	PK	Spring 1919			10 May 1915	
Simonton	Flora		R 3, Sebastopol	CN	Aug. 1928			27 Mar. 1918	
Simpson	Billy	Mrs. Simpson	Boyes Springs	FL	11 Sept. 1928	7	2	11 Feb. 1921	left 8 Mar.
Simpson	Jacqueline	Mrs. J. M. Simpson	R 3	MV	1928-1929			1 Sept. 1923	
Simpson	Reva			PK	1895-1896				
Simpson	Reva			PK	8 Feb. 1898				
Simpson	Robert	H. O. Simpson	Boyes Springs	FL	1928-1929	10	6	5 Dec. 1917	
Simpson	Thelma	Mrs. Simpson	Boyes Springs	FL	11 Sept. 1928	8	4	3 July 1919	
Sims	Horace	A. V. Sims	214 Broadway	LN	1921	6	1B	23 Apr. 1915	
Sinclair	Bruce	J. W. Sinclair	Mt. View Ave.	BS		11			
Sinclair	Harold	J. W. Sinclair		BS	1900	9			

Surname	Given Name	Parent	Address	SD	Date/Date Range	Within Date Range Age	Within Date Range Gr.	Birth Date	Left/Comments
Singer	Herman	M. Singer	Mt. View Ave.	BS	10 Jan. 1910	6			
Singer	Hermann	Martin Singer	Mt. View Ave.	BS	9 Aug. 1909	6			
Singleton	John William		500 6th St.	PK	Fall 1924				
Singley	Helen	F. B. Singley	4 5th St.	ML	1916		6A		
Singley	Helen	Frank Singley	517 E. D St.	ML	Aug. 1912				
Singley	Helen	Frank Singley	517 E. D St.	ML	Jan. 1914				
Singley	Temple	F. B. Singley	417 East D St.	BS		13			
Sirois	Adeline	Bert Sirois	157 Bremen St.	ML	1914-1915				
Sirois	Adeline	B. Sirois	157 Bremen St.	ML	Aug. 1912				
Sirois	Louis	Bert Sirois	Adams St.	BS	1909	9			
Sirois	Louis	Bert Sirois	175 Bremen St.	ML	Aug. 1912				
Sirois	Louis	Bert Sirois	625 E. D St.	ML	Jan. 1912				
Siskron	Ada			OL	30 July 1906		3		
Siskron	Harry			OL	30 July 1906		2		
Sivarts	Willie			TM	11 Aug. 1902				
Sjosten	Ruth	Mrs. J. Sjosten	23 Laurel Ave.	BS	1909-1910	6			
Sjosten	Vincent	Mrs. J. Sjosten	23 Laurel Ave	BS	1909-1910	8			
Sjosten	Vincent	A. H. Sjosten	23 Laurel Ave.	ML	1916		6A		
Skeen	Ernest			MV	1925-1926			7 Dec. 1913	
Skeen	Omer	O. R. Skeen	R 3	MV	1926-1927			28 Feb. 1914	
Skeen	Samuel	O. R. Skeen	Sebastopol	MV	1925-1927			29 Apr. 1920	
Sken	Omer			MV	1925-1926			28 Feb. 1914	
Skillman	Hazel	Ernest Skillman	Bremen St.	CH	1896-1899	7			
Skillman	Hazel			PE	1895-1896		Chart		
Skinner	A.			BS	5 Sept. 1892				
Skoff	Jennie	John Rahuntz	R 3, Sebastopol	MV	1924-1925			26 Feb. 1914	
Skoff	Jennie	J. Skoff	RR 3, Box 415	MV	1924-1925			26 Feb. 1914	
Skoff	Jennie	John Rahuntz		EC	1925			26 Feb. 1914	left
Skoff	Mary	John Rahuntz		EC	1925			22 Aug. 1910	left
Skov	Herman	C. Skov	Star Route	CH	9 Aug. 1922	15		8 June 1907	
Slater	Donald	A. R. Slater	409 C St.	BS	1909	10			
Slattery	Alice	Mrs. Louise Slattery	Bloomfield	BL	1924		2	16 Sept. 1916	

Surname	Given Name	Parent	Address	SD	Date/Date Range	Within Date Range Age	Within Date Range Gr.	Birth Date	Left/Comments
Slattery	Alice	Mrs. Louise Slattery	Bloomfield	BL	1925		3	13 Sept. 1916	
Slattery	Alice	Mrs. Louise Slattery	Bloomfield	BL	1920-1921			13 Sept. 1916	
Slattery	Alice	Mrs. Louise Slattery	Bloomfield	BL	1929-1930			13 Sept. 1916	
Slattery	Bill	Mrs. Louise Slattery	Bloomfield	BL	1925-1930			25 Nov. 1918	
Slattery	Billie	Mrs. Louise Slattery	Bloomfield	BL	1921			25 Nov. 1918	
Slattery	Clair Margaret	Mrs. Louise Slattery	Bloomfield	BL	1920			13 Nov. 1912	
Slattery	Clair Margaret	Mrs. Louise Slattery	Bloomfield	BL	1922 (?)			13 Nov. 1912	
Slattery	Clair Marie	Mrs. Louise Slattery	Bloomfield	BL	1924-1925			13 Nov. 1912	
Slattery	Eleanor	Mrs. Louise Slattery	Mendocino	BL	1922		5		
Slattery	Eleanor Delane	Mrs. Louise Slattery	Bloomfield	BL	1924		8	17 June 1909	
Slattery	George	Mrs. Louise Slattery	Bloomfield	BL	1924		4	13 Nov. 1914	
Slattery	George Clarence	Mrs. Louise Slattery	Bloomfield	BL	1920-1922			13 Nov. 1912	
Slattery	George Clarence	Mrs. Louise Slattery	Bloomfield	BL	1925			13 Nov. 1913	
Slattery	John Carroll	Mrs. Louise Slattery	Bloomfield	BL	1924		8	1 Nov. 1910	
Slattery	Susie	Mrs. Louise Slattery	Bloomfield	BL	1925		1	25 Nov. 1918	
Slattery	Susie	Mrs. Louise Slattery	Bloomfield	BL	1921			25 Nov. 1918	
Slattery	Susie	Mrs. Louise Slattery	Bloomfield	BL	1927-1930			25 Nov. 1918	
Slayton	Leland			FL	28 Mar. 1927	12	5		
Slayton	Maude	Charles Slayton	1209 6th St.	BS	1909	12			
Slayton	Maude	C. E. Slayton	1209 6th St.	BS	1905-1907	13			
Slayton	Maude	C. E. Slayton	610 6th St.	CH	1908-1909	15			
Sleaver	Hazel			PK	1895	5			
Sliokoff	Nudy			MV	1922-1923				
Sliokoff	Walter			MV	1922-1923				left 4 Apr.
Slivkoff	John	Wm. Slivkoff	R 3, Sebastopol	CN	Aug. 1921		4	27 May 1912	
Slivkoff	Michael			MV	1921-1922		5	5 Nov. 1908	
Slivkoff	Michael			MV	1923-1924		16	5 Sept. 1907	
Slivkoff	Nudy	J. Slivkoff	R 3, Sebastopol	CN	Aug. 1921		1	1 Apr. 1913	
Sloper	Ruth	Mrs. M. A. Sloper	679 Bremen St.	BS	1905-1908	12			
Slopes	Ruth	Mrs. M. A. Slopes	336 Bremen St.	CH	1908-1910	15			
Slusser	Clifton S.			OL	29 July 1901		7		
Slusser	Eugene			OL	1901-1903		6		

Surname	Given Name	Parent	Address	SD	Date/Date Range	Within Date Range Age	Within Date Range Gr.	Birth Date	Left/Comments
Slusser	Irma G.			OL	1901-1903		7		
Slusser	Melvin			OL	1901-1903		2		
Smart	Paxton	Wayne Smart	501 D St.	LN	5 Jan. 1920		1B		
Smart	Bernice	L. A. Smart	314 English St.	LN	Jan. 1923		L1	18 Oct. 1916	
Smart	Darol	Wayne Smart	314 English St.	LN	1921		1B	9 July 1915	
Smart	Darrell		D St.	PK	1918-1919			9 July 1915	
Smart	Darrol	Wayne Smart	415 English St.	LN	1920-1921		1A	9 July 1914	
Smart	Darrol	Wayne Smart	500 D St.	LN	1920-1921		1B	9 July 1914	
Smart	Laurain	Mrs. D. Guermute	500 D	LN	1921		2B	19 Aug. 1912	
Smart	Lorene		D St.	PK	5 Aug. 1918			1 Aug. 1913	
Smart	Lorene	Mrs. D. Gutermute	D & 5th Sts.	LN	1919-1921				
Smart	Paxton	Wayne Smart	501 D St.	LN	1920-1921	6	1B	6 Dec. 1913	
Smart	Paxton	Wayne Smart	14 English St.	LN	1920-1921	7	1B	6 Dec. 1913	
Smart	Paxton		D St.	PK	1918-1919			4 Dec. 1914	
Smart	Paxton	Wayne Smart	314 English St.	LN	1921		1B	6 Dec. 1913	
Smart	Paxton	Wayne Smart	500 D	LN	1921		2B	6 Dec. 1913	
Smart	Russell	Lee Smart	500 D St.	LN	1921			20 June 1914	
Smart	Russell	Lee Smart	314 English St.	LN	Jan. 1922			20 June 1914	left 31 Aug. 1921
Smith	Adele	William Smith	District	BY	1886-1889	9			
Smith	Adele	Abm. Smith	Bodega Bay	BY	1886-1889	11			
Smith	Aileen	Wm. Smith	Bay	BY	21 June 1912	14	8		
Smith	Aileen			OL	1904-1905		2C		
Smith	Aileen	Russell Smith	Bloomfield	BL	1922		4	20 Nov. 1913	
Smith	Aileen	R. L. Smith	Bloomfield	BL	1923		4	20 Nov. 1914	
Smith	Albert	F. H. Smith	Main St.	PK	1903	6			
Smith	Albert	Mr. Smith	609 English St.	BS	Sch Yr 1906	8			
Smith	Albert	A. M. Smith	661 Walnut St.	BS	1906-1908	14	7A		
Smith	Albert	A. M. Smith	728 Walnut St.	BS	1905-1907	14			
Smith	Albert Edison		612 A Keokuk St.	PK	Fall 1924				
Smith	Alex	N. E. Smith	Fetters Springs	FL	5 Jan. 1931	12	5	2 Oct. 1918	
Smith	Alfred	Ernest Smith	163 Bremen St.	ML	1915-1916				

Surname	Given Name	Parent	Address	SD	Date/Date Range	Within Date Range Age	Gr.	Birth Date	Left/Comments
Smith	Alice	Philip Smith	729 Fair St.	PK	1903	6			
Smith	Alice	Philip G. Smith	204 Bassett St.	CH		13			
Smith	Alice			PO	19 Mar. 1877		7		left 2 Apr. 1877
Smith	Alvin	Mrs. Henry Smith	609 English St.	BS	20 Aug. 1906	6			
Smith	Angel	William Smith	District	BY	1886-1889	5			
Smith	Angel	B. Smith	Bay	BY	1893-1895	13			
Smith	Angel	Wm. Smith	Bodega Bay	BY	1893-1895	13			
Smith	Angelina	Angelo Smith	District	BY	1918-1919		3		
Smith	Angeline	Angelo Smith	Bodega	BY	1919-1925		7	25 Dec. 1909	
Smith	Angeline			BY	7 Aug. 1916		1		
Smith	Angelo	William Smith	Bodega Bay	BY	1896-1901	17			
Smith	Angst	Wm. Smith	Bodega Bay	BY	1886-1889	9		26 Mar. 1912	
Smith	Ariel	Chester Smith	22 Keller St.	LN	1921				
Smith	Ariel	Chester Smith	213 3rd St.	LN	25 Aug. 1919				
Smith	Arthur	Harry Smith	100 Olive St.	LN	25 Aug. 1919	8	2A		
Smith	Arthur	Harry Smith	45 Pierce	LN	1920-1921	7	1B	1 May 1911	
Smith	Barbara	H. C. Smith	505 Howard St.	LN	1921			7 June 1914	
Smith	Barbara		100 Olive St.	PK	1919-1921			7 June 1914	
Smith	Barbara	H. C. Smith	515 Howard St.	LN	21 Aug. 1921		2B	7 June 1914	
Smith	Beatrice	Isaac A. Smith	609 D St.	CH	1901-1903	6			
Smith	Beatrice	I. Smith	B & Post Sts.	BS	1903-1905	8	2		
Smith	Beatrice	Geo. Smith	609 B St.	BS		11	1		
Smith	Bernard		Petaluma	FL	13 Aug. 1917	5			
Smith	Bernice H.	T. J. Smith	662 Kentucky St.	CH	8 Aug. 1910	15			
Smith	Charlotta	Mrs. Smith	510 Fair St.	BS	14 Aug. 1905	8			
Smith	Charlotte	Mrs. Smith	432 Fair St.	BS	1907-1909	7	1A		
Smith	Charlotte	Mrs. Rhoda Smith	432 Fair St.	BS	1908-1909	8			
Smith	Charlotte	Mrs. Rhoda Smith	Sunny Slope Ave.	CH	1909	9			
Smith	Charlotte	J. G. Smith		BS	1905-1909	9			
Smith	Clara			BS	1911?				
Smith	Clarence	Angelo Smith	Bay	BY	21 June 1912	7	2		

Surname	Given Name	Parent	Address	SD	Date/Date Range	Within Date Range		Birth Date	Left/Comments
						Age	Gr.		
Smith	Clarence	Thos. Smith	11th St.	BS	1907-1909	8	1A		
Smith	Clarence			BY	7 Aug. 1916	11	5		
Smith	Clarence	Angelo Smith	District	BY	1918-1920		7		
Smith	Clyde	Bert Smith	206 Washington St.	LN	1921		4B	3 Dec. 1910	
Smith	Dagmar	H. Smith	901 6th St.	BS	1905	8	2		
Smith	Dagmar	Mrs. H. F. Smith	641 D St.	CH	1908-1909	11			
Smith	Dean	John Smith	Sunny Slope Ave.	BS	1906-1909	8	1A		
Smith	Doris Marie	Sidney Smith	Bloomfield	BL	1922-1925			20 June 1912	
Smith	Earl	Ernest Smith	308 Washington St.	BS	1908-1910	6			
Smith	Edith	R. M. Smith	501 Walnut St.	BS	1905-1908	13			
Smith	Edith	R. M. Smith	623 Walnut St.	CH	1908-1910	15			
Smith	Edna	Ben Smith	Keokuk St.	CH	1894-1895	8			
Smith	Edna	B. C. Smith	Keokuk St.	CH	1898	11	5		
Smith	Edward	Wm. Smith	Bay	BY	21 June 1912	16	7		
Smith	Edward	J. Mantua	Bay	BY	Aug. 1912	17			
Smith	Edward			OL	8 Aug. 1904				
Smith	Eli	W. Smith	Bay	BY	1901-1904	10			
Smith	Elie	William Smith	Bodega Bay	BY	1896-1901	6			
Smith	Ella	John Smith	R 3, Sebastopol	CN	1922-1926		3	2 May 1913	
Smith	Elva	John Smith		CN	Sept. 1922			15 Dec. 1908	left
Smith	Elva	John Smith, Sr.	R 3, Sebastopol	CN	1925-1926			2 May 1913	left to Wright District
Smith	Emily	Jas. Smith	Kentucky St.	BS	1905-1907	9			
Smith	Ernest	Wm. Smith	Bay	BY	21 June 1912	12	5		
Smith	Ernest	C. Smith	163 Wilson St.	CH	9 Aug. 1922	16		1907	
Smith	Eugene	E. E. Smith	163 Bremen St.	ML	1915-1917				
Smith	Eva			TM	1887-1889	14			
Smith	Evelyn	Angelo Smith	Bay	BY	Aug. 1912	6	1B		
Smith	Evelyn			BY	7 Aug. 1916	9	3		
Smith	Evelyn	Mrs. A. Smith	Bodega	BY	1918-1921		7		
Smith	F. Thelma	Leila Smith	865 Howard St.	PK	1903	5		1 Feb. 1907	

Surname	Given Name	Parent	Address	SD	Date/Date Range	Within Date Range		Birth Date	Left/Comments
						Age	Gr.		
Smith	Flora	E. W. Smith		TM	1887-1890	15			
Smith	Frances	Angelo Smith	Bay	BY	21 June 1912	9	2		
Smith	Frances			BY	7 Aug. 1916	13	5		
Smith	Francis			BY		9	2		
Smith	Frank	William Smith	District	BY	1886-1889	14			
Smith	George	Joseph Smith	Baker St.	CH	1897-1899	8			
Smith	George		Annapolis	HC	29 Oct. 1877				
Smith	George	Harry Wright	Sebastopol	EC	1927-1928			17 Aug. 1918	
Smith	Georgiana	Mrs. Jessie Smith		CN	Aug. 1923		6	20 Nov. 1911	
Smith	Georgina	Mrs. Jessie Smith	R 3, Sebastopol	CN	1924-1926			20 Nov. 1911	
Smith	Georgina	Mrs. Jessie Smith	R 3, Sebastopol	CN	1921-1922		4	20 Nov. 1911	
Smith	Gerald	G. Smith	18 Bassett St.	LN	9 Aug. 1921		1B	2 Feb. 1915	
Smith	Gerald			CN	Aug. 1923			10 Mar. 1908	
Smith	Grace	M. P. Smith	1406 3rd St.	BS	1906	9	2		
Smith	Harold			ES		10	3		
Smith	Harold			LJ	1908-1909	11	4		
Smith	Harry	Harry Smith	641 D St.	BS	1908-1909	6	1A		
Smith	Harry	Harry F. Smith	705 D St.	BS	1907-1908	6			
Smith	Harry	B. Smith	724 H St.	ML	1916		6A		
Smith	Hattie			EC	1927-1928			5 Mar. 1913	
Smith	Helen M.	R. L. Smith	Bloomfield	BL	1922-1923		7	7 Sept. 1910	
Smith	Hilda			CH	1908-1909				
Smith	Hildreth Aileen	R. L. Smith	Bloomfield	BL	1925			20 Nov. 1913	
Smith	Hildrith Aileen	Russell Smith	Bloomfield	BL	1924		6	20 Nov. 1913	
Smith	Hildrith Aileen	Russell Smith	Bloomfield	BL	1922 (?)			20 Nov. 1913	
Smith	Irma Evelyn	Angelo Smith	Bay	BY	21 June 1912	6	1		
Smith	James	Wm. J. Smith	Annapolis	HC	1880-1882				
Smith	Jennings Faite	Mrs. Gere	Sebastopol	EC	1925-1926			20 July 1917	
Smith	Jimmie		Annapolis	HC	29 Oct. 1877				
Smith	John	Mary Smith	2nd & C Sts.	BS	1905-1907	9			
Smith	John	Tom Smith	2nd St.	BS	1906-1907	9			
Smith	John	Thomas Smith	District	BY	1886-1889	17			

Surname	Given Name	Parent	Address	SD	Date/Date Range	Within Date Range Age	Within Date Range Gr.	Birth Date	Left/Comments
Smith	Julius	James R. Smith	566 English St.	PK	1903	5			
Smith	Kenneth	Mrs. Gertrude Smith	219 Kentucky St.	PK	1914			25 Oct. 1910	
Smith	Leola	A. M. Smith	661 Walnut St.	BS	1904-1907	9			
Smith	Leola	A. M. Smith	339 Walnut St.	BS	Jan. 1908	11			
Smith	Leola Genevieve			CH	1908-1909				
Smith	Lola	Harry Wright	Sebastopol	EC	1927-1928			3 Mar. 1917	
Smith	Lorene	Ernest Smith	163 Bremen St.	ML	1918				
Smith	Lorene	Ernest Smith	163 Wilson St.	ML	1920			2 June 1911	
Smith	Lottie	Mrs. R. Smith	510 Fair St.	BS	19 Aug. 1907	7			
Smith	Lottie	Sidney Smith	Bloomfield	BL	1922		8	26 Aug. 1908	
Smith	Lucille	Angelo Smith	Bay	BY	1919-1929			2 Apr. 1914	
Smith	Lydia			ES		8	3		
Smith	Lydia			LJ	1908-1909	9	4		
Smith	Maggie	Abm. Smith	Bodega Bay	BY	1886-1889	5			
Smith	Maggie	B. Smith	Bay	BY	1893-1895	9			
Smith	Maggie	Wm. Smith	Bodega Bay	BY	1893-1901	10			
Smith	Margaret	William Smith	Bodega Bay	BY	1896-1901	14			
Smith	Marguierite	William Smith	District	BY	1886-1889	5			
Smith	Marion			MV	20 Dec. 1916	10	5		
Smith	Mary	William Smith	District	BY	1886-1889	15			
Smith	Mary		Annapolis	HC	29 Oct. 1877				
Smith	Mildred	H. Smith	Kentucky St.	CH	1898	11	3		
Smith	Mirtle	B. C. Smith	737 Liberty St.	BS	1905-1907	13			
Smith	Mirtle	B. C. Smith	213 Liberty St.	CH	1909-1910	16			
Smith	Myrtle			PE	22 Aug. 1898		1B		
Smith	Nait	N. Smith	San Francisco	FL	1924			20 July 1917	
Smith	Nellie	Mrs. Smith	1st St.	BS	1905-1907	10	1		
Smith	Nellie	L. Smith	2nd & C Sts.	BS	1906-1907	12			
Smith	Patricia		515 Howard St.	PK	Fall 1924			25 Aug. 1918	
Smith	Percy	Rufus Smith	627 Upham St.	BS		11			
Smith	Perry	S. V. Smith	Bloomfield	BL	1927		2	25 July 1919	

Surname	Given Name	Parent	Address	SD	Date/Date Range	Within Date Range		Birth Date	Left/Comments
						Age	Gr.		
Smith	Perry	S. V. Smith	Bloomfield	BL	1921			25 July 1919	
Smith	Perry	S. V. Smith	Star Rt., Petaluma	BL	1926			25 July 1919	
Smith	Perry	S. V. Smith	Star Rt., Petaluma	BL	1928-1930			25 July 1919	
Smith	Rhoda	J. A. Smith	Rt. 1	CH	9 Aug. 1922	14		8 May 1908	
Smith	Rosie	Wm. Smith	Bodega Bay	BY	1896-1904	6			
Smith	Roy	Mrs. Haubrick	616 Prospect St.	BS	1905-1907	8	2		
Smith	Russell	R. L. Smith	Bloomfield	BL	1926			24 Dec. 1919	
Smith	Russell	R. L. Smith	Bloomfield	BL	1928			24 Dec. 1920	
Smith	Russell	R. L. Smith	Bloomfield	BL	1929-1930			24 Dec. 1919	
Smith	Sam	R. Smith	208 Bassett St.	BS	1909				
Smith	Sammie	Mrs. R. Smith	432 Fair St.	CH	1908-1909	10			
Smith	Samuel	Mrs. Smith	432 Fair St.	BS	1907-1909	11			
Smith	Sarah	Abm. Smith	Bodega Bay	BY	1886-1889	6			
Smith	Sarah	William Smith	District	BY	1886-1889	6			
Smith	Sarah	B. Smith	Bay	BY	1893-1895	11			
Smith	Sarah	Wm. Smith	Bodega Bay	BY	1893-1901	12			
Smith	Shelby	A. C. Palmer	206 Washington St.	CH	9 Aug. 1922	13		27 July 1909	
Smith	Sidney	Mrs. R. Smith	20 Fair St.	BS	Jan. 1908	6			
Smith	Sidney	Mrs. R. Smith	432 Fair St.	BS	1909-1911	7			
Smith	Sidney	Mrs. R. Smith	208 Basset St.	ML	1916		6A		
Smith	Stephen	William Smith	District	BY	1886-1889	8			
Smith	Steve	Wm. Smith	Bodega Bay	BY	1886-1889	12			
Smith	Steve	Wm. Smith	Bodega Bay	BY	1893-1895	18			
Smith	Thelma	Mrs. J. A. Edmunds	13 Bodega Ave.	BS	1908-1909	11			
Smith	Thelma	Mrs. Smith	Howard St.	BS	1905-1907				
Smith	Tommie	Thos. Smith	2nd St.	BS	18 Jan. 1904	13	2		
Smith	Wesley	Mrs. A. Smith	Bodega	BY	1919-1921		3	5 Mar. 1912	
Smith	Wilber			PK	1895				
Smith	Willie			PO	19 Mar. 1877				left 2 Apr. 1877
Smith	Woodley	Woodley Smith	Cor. 5th St. & D	BS	1911	8	8		

-324-

Surname	Given Name	Parent	Address	SD	Date/Date Range	Within Date Range Age	Within Date Range Gr.	Birth Date	Left/Comments
Smith	Zada	Mrs. India Smith	E St. Sts.	CH	1895-1896				
Smith	Zada Ferris	J. T. Smith	811 E St.	BS	1899-1900				
Smithers	Elnore			OL	1928-1929			13 Nov. 1922	
Smithers	Floyd	Mrs. Emma Smithers	Santa Rosa	OL	1924-1925			2 Mar. 1910	
Smithers	Floyd	A. Smithers	Windsor	OL	1927-1929			9 Mar. 1921	
Smolensky	Dorothy	Joe Smolensky	Rt. 4	LN	1919-1921			5 Aug. 1913	
Snapp	Claudie			PK	16 Nov. 1896				
Snider	Claude	Claude Snider	127 Keller St.	LN	1919-1922			27 Feb. 1912	
Snider	Russell	C. R. Snider	127 Keller St.	CH	9 Aug. 1922	14		29 Nov. 1907	
Snider	Theodore	Claude Snider	127 Keller St.	LN	1920-1921	6	1B	16 Oct. 1914	
Snider	Theodore Eugene		312 3rd St.	PK	Spring 1919			16 Aug. 1914	
Snider	Verlie		743 Liberty St.	PK	1903				
Snider	Viola Mary	Claude Snider	127 Keller St.	LN	1920-1922		1A	8 May 1913	
Snider	Viola	Claude Snider	123 Keller St.	LN	1919		1B		
Snow	Claire	W. W. Snow	Bay District	BY	1919-1920		5		
Snyder	Albert	Mrs. Chase	Olive St.	BS	1909	15			
Snyder	Merle			PK	1896				
Snyder	Theodore	Claude Snider	127 Keller St.	LN	1921		1A	16 Oct. 1914	
Snyder	Verli	J. E. Snyder	27 Keller St.	BS	10 Jan. 1910	9			
Soare	Caroline	Jose Soare	R 3, Sebastopol	CN	1921-1923		6	10 Jan. 1908	
Soare	Enrique	Joseph Soare	R 3, Sebastopol	CN	1924-1925			17 Apr. 1910	
Soare	Enrique	Jose Soare	R 3, Sebastopol	CN	1921-1922		5	17 Apr. 1910	
Soare	Henry	Joseph Soare	R 3, Sebastopol	CN	1925-1926			17 Apr. 1910	
Soare	Henry	Jose Soare	R 3, Sebastopol	CN	Aug. 1923		6	17 Apr. 1910	
Soberanes	Margaret	Edward Soberanes	421 E. Washington St.	ML	1918-1920			20 July 1911	
Soberanes	Robert			ML	Jan. 1912		Rec.		
Soito	Mamie	M. A. Soito	Boyes Springs	FL	1925-1926			16 Mar. 1912	
Solari	Johnnie	J. Solari	Edith St.	CH	Aug. 1895	12			
Solari	Lena	J. Solari	229 Fair St.	LN	1921-1922		1A	4 Oct. 1914	

Surname	Given Name	Parent	Address	SD	Date/ Date Range	Within Date Range			Birth Date	Left/Comments
						Age	Gr.			
Solari	Rose			LN	1921		1B		Jan. 1911	
Solari	Rosie	J. Solari	229 Fair St.	LN	1921	8	1B		10 Jan. 1913	
Soldani	Annette	S. Soldano	630 E. Washington St.	ML	1921				18 Nov. 1914	left
Soldate	Chester		621 C St.	PK	1918-1919				15 Nov. 1913	
Soldate	Chester	Chester Soldate	621 C St.	LN	1920-1922		2B		15 Nov. 1913	
Soldate	Clifford	Chester Soldate	621 C St.	PK	1918-1919				15 Nov. 1913	
Soldate	Clifford	Chester Soldate	621 C St.	LN	1920-1922		1A		15 Nov. 1913	
Soldate	Earl	W. Soldate	137 Liberty St.	CH	9 Aug. 1922	14			7 Apr. 1908	
Soldate	Elva Nell		Liberty St.	PK	20 Aug. 1928				19 June 1924	
Soldate	Lauren	W. Soldate	137 Liberty St.	CH	9 Aug. 1922	12			29 May 1910	
Soldate	Lauren	Will Soldate	137 Liberty St.	LN	1920-1921				29 May 1910	
Soldate	Lorin		137 Liberty St.	PK	1914				29 May 1910	
Soldate	Marjorie	Chester Soldate	621 C St.	LN	1919-1921	8	2A		2 June 1910	
Soldate	Marjorie E.			PK	1914	4			9 Dec. 1918	
Soldate	Willeen		Liberty St.	PK	1922				9 Dec. 1918	
Soldate	Willeen		Liberty St.	PK	Fall 1924					
Somers	Jim	Wm. Somers	Valley Ford	ES	1930-1931					
Sommer	Ida	Frank Sommer	E. Washington St.	CH	1908-1909	11				
Sonnenschien	Walter	Elsa Sonnenschein	Fetters Springs	FL	26 Apr. 1926	12	6		21 Dec. 1913	
Sorenson	Richard	S. N. Sorenson	Penngrove	LN	Aug. 1921		L4		15 Oct. 1911	
Sorio	Greano			OL	9 July 1906		4			
Sorio	Greano	J. Sorio		OL	1909-1911					
Souetta	Harry	D. B. Spaletta	340 Bodega Ave.	LN	Aug. 1921		3B		15 Aug. 1910	
Soule	Florence	Chas. Soule	412 A St.	BS	1905-1907	7	1			
Soule	Florence	Mrs. C. F. Soule	424 Upham St.	BS	1905-1907	7				
Soule	Florence	Chas. Soule	508 B St.	BS	Jan. 1907	8	2			
Soule	Florence	C. Soule	825 Upham St.	CH	1908-1909	9				
Soule	Florence	C. F. Soule	425 Upham St.	BS	1908-1909	10				
Soule	Lewis	Chas. Soule	412 A St.	BS	1905-1907	6	1			
Soule	Lewis	Mrs. C. F. Soule	424 Upham St.	BS	1905-1907	6				

Surname	Given Name	Parent	Address	SD	Date/Date Range	Within Date Range Age	Within Date Range Gr.	Birth Date	Left/Comments
Soule	Lewis	Chas. Soule	508 B St.	BS	Jan. 1907	7	2		
Soule	Lewis	C. F. Soule	425 Upham St.	CH	1908-1909	8			
Soule	Lewis	C. F. Soule	425 Upham St.	BS	1908-1909	9			
Sousa	Johnnie			ES	1904	7			
Sousa	Mary			ES	1904	5			
Souza	Ida			ES	1905	5	1		
Souza	Johnnie			ES	1905	7	2		
Souza	Mamie			ES	1905	6	2		
Souza	Philip	J. P. Souza	403 E. Washington St.	ML	1915				
Soydel	Harold	H. S. Sydel	Glen Ellen	FL	16 Aug. 1915	11	5		
Spaich	Helene	John Spaich	707 Bassett St.	PK	1903	4			
Spaich	Julia	J. Spaich	6th St.	BS	18 Jan. 1904	7	2		
Spaich	Mary	John Spaich	707 Bassett St.	PK	1903	5			
Spaletta	Henry	D. B. Spaletta	6 5th St.	LN	1920-1921		3B	15 Aug. 1910	
Spanger	Anna		15 Stanley St.	PK	Fall 1924			2 Apr. 1901	
Spanger, Jr.	Arthur		15 Stanley St.	PK	Spring 1924			11 Jan. 1919	
Speir	Frank	E. Speir	Hayes Ave.	LN	1920-1921		4B	24 Dec. 1908	
Speker	Leo	John Speker	Wilson Dist.	CH	8 Aug. 1910	17			
Spencer	Bert	Mrs. Spencer	27 Harris St.	BS	1905-1907	6			
Spencer	Howard	Harry Spencer	616 B St.	BS	1909-1911	9	1A		
Spencer	Howard	H. Spencer	17 Webster St.	BS	1910				
Sperry	Mildred		Box 253	MV	1921-1922		5	14 Nov. 1911	
Sperry	Mildred	C. T. Sperry	Box 253	MV	1924-1925		7	14 Nov. 1911	
Sperry	Vernon	R. Sperry	Baker St.	BS	1907-1909	10	1A		
Spinelli	Annie	John Spinelli	RFD 3	ML	Aug. 1922			31 July 1916	
Spinelli	Batistina	G. Spinelli	114 Hopper St.	ML	1914				
Spinelli	Batistina	J. Spinelli	114 Hopper St.	ML	Jan. 1914				
Spinelli	Batistine	G. Spinelli	114 Hopper St.	ML	Aug. 1912				
Spinelli	Delfina	G. Spinelli	114 Hopper St.	ML	1914				
Spinelli	Delfina	G. Spinelli	114 Hopper St.	ML	Aug. 1912				
Spinelli	Mafalda	John Spinelli	RFD 3	ML	Aug. 1922			16 Apr. 1915	

Surname	Given Name	Parent	Address	SD	Date/Date Range	Within Date Range Age	Within Date Range Gr.	Birth Date	Left/Comments
Spittler	Ellen			OL	15 June 1923		L1	5 Oct. 1914	
Spittler	Ira	Mrs. Vera E. Spittler	Windsor	OL	15 June 1923		Rec.	16 Mar. 1917	
Spridgen	Austin	W. T. Spridgen	514 D St.	CH	1908-1909	11			
Spridgen	Austin	W. F. Spridgen	760 D St.	BS	Jan. 1908	11			
Springer	Caroline	Frank Springer	Liberty St.	BS	1911	7			
Squires	Adrian May		33 Walnut St.	PK	1923-1924			15 Mar. 1920	
Squires	Barbara Lee		33 Walnut St.	PK	Spring 1924			14 Feb. 1918	
Squires	Barbara Lee		333 Walnut St.	PK	1922			14 Feb. 1918	
Squires	Frank			BS					
Squires	Nina	Mrs. Taylor Squires	206 English St.	CH	1908-1909	12			
St. John	Ruby	W. St. John	223 English St.	BS	1909	10			
Stack	Joe	Joseph Stack	R 3, Sebastopol	MV	1923-1924		K		
Stackhouse	Alvin	Thomas Stackhouse	20 Inman St.	LN	1919-1920	9	2B		
Stackhouse	Alvin	Thomas Stackhouse	44 Western Ave.	LN	1919-1920		1A		
Stackhouse	Alvin	Thomas Stackhouse	18 10th St.	LN	1920-1921		3B	13 May 1910	
Stackhouse	Nonie	D. C. Stackhouse	Sunny Slope Ave.	BS	9 Aug. 1909	6			
Stackhouse	Nonnie	D. C. Stackhouse	Western Ave.	ML	1916		6A		
Stacy	Norman	Herman Stacy	600 Stanley St.	LN	Aug. 1921		2A	17 Apr. 1913	
Stacy	Norman	H. Stacy	605 Bassett St.	LN	1920-1921		2B	17 Apr. 1913	
Stacy	Norman	H. Stacy	16 Stanley St.	LN	Jan. 1922			17 Apr. 1913	
Staedler	Ethel	C. Staedler	1016 6th St.	BS	1899	10			
Staedler	Hazel	C. Staedler	1016 6th St.	BS	1899	12			
Stageman	Helena	Frank Stageman	Tuition	BS	Jan. 1908	6			
Stagemann	Katie	F. Stagemann	Sunny Slope Ave.	BS	1903-1905	8	2		
Stagg	Viola		727 Western Ave.	PK	1910	5			
Staggs	Geraldine	J. V. Staggs	Agua Caliente	FL	9 Mar. 1932	10	5	25 July 1905	
Stagnaro	John	Louis Stagnaro	332 Bremen St.	ML	1914-1917			19 May 1921	left 4 May
Stagnaro	John	M. Stagnaro	332 Bremen St.	ML	1914				
Stagnaro	John	M. Stagnaro	332 Bremen St.	ML	Aug. 1912				

Surname	Given Name	Parent	Address	SD	Date/Date Range	Within Date Range Age	Within Date Range Gr.	Birth Date	Left/Comments
Stagnaro	Mary	Louis Stagnaro	332 Bremen St.	ML	1914-1917				
Stagnaro	Mary	M. Stagnaro	332 Bremen St.	ML	Aug. 1912				
Staheli	Werner			OL	1 June 1917		K		
Staley	Werner	Mrs. E. Rued		OL	1919-1920		2		
Staley	Werner	H. Rued	Santa Rosa	OL	1921-1923		6	20 May 1911	
Stallings	Lily	J. M. Stallings	122 3rd St.	BS	Spring 1908	14	5B		
Stammbaugh	Gail	Mr. Stammbaugh	679 Walnut St.	BS	14 Aug. 1905	6			
Stampley	Grace	William Stampley	Kentucky St.	CH	1898	10	3		
Stanko	Geo.		Santa Rosa	OL	1927-1928				
Stanko	Mack		Santa Rosa	OL	1927-1928				
Star	Millie	F. J. Starr	714 F St.	CH	1908-1909	13			
Starck	Winonah			ML	1915				
Starck	Winoniah	Ernest Starck	525 E. Washington St.	ML	1914				
Stariha	Anna	M. Stariha	Fulton	OL	1921-1922		6	6 Mar. 1910	
Stark	Frances	Mrs. Margaret Stark	R 3, Sebastopol	MV	1926-1927			5 Dec. 1919	
Stark	Frances	Mrs. Margaret Stark	R 3, Sebastopol	MV	1927-1930			27 Aug. 1919	
Stark	Frances			MV	1930-1931			28 Sept. 1919	
Stark	Francis	Joe Stark	Sebastopol	MV	1925-1926			5 Dec. 1919	
Stark	Francis	Mrs. M. Stark	R 3	MV	1929-1930			27 Sept. 1919	
Stark	Joe	Joe Stark	Sebastopol	MV	1924-1925			25 Sept. 1917	
Stark	Joe	Joe Stark	Sebastopol	MV	1925-1926			5 Sept. 1917	
Stark	Joe	Margaret Stark	R 3, Sebastopol	MV	1926-1931			5 Sept. 1919	
Stark	Joe	Mrs. M. C. Kifner	Sebastopol	MV	1929-1930			5 Sept. 1917	
Stark	Leslie	Mrs. Stark		OL	1910				
Stark	Margaret	Mr. Stark	R 3, Sebastopol	MV	1920-1921	7	1	20 June 1915	
Stark	Margaret	Joe Stark	Sebastopol	MV	1922-1926			21 July 1915	
Stark	Margaret	Margaret Stark	R 3, Sebastopol	MV	1926-1929			7 July 1915	
Stark	Margaret	Mrs. Stark	R 3, Sebastopol	MV	1927-1928			27 July 1915	
Stark	Margaret	Mrs. M. C. Kifner	Sebastopol	MV	1929-1931			21 June 1915	
Starke	Earleen	Earl Starke	312 Washington St.	LN	1920-1921	6	1B	20 June 1914	

Surname	Given Name	Parent	Address	SD	Date/Date Range	Age	Gr.	Birth Date	Left/Comments
Starke	Earleen		Washington St.	PK	Fall 1919			20 June 1915	
Starke	Elmer	Elizabeth Starke	738 E St.	BS	19 Aug. 1907	7			
Starke	Elmer	Mrs. L. Starke	78 E St.	BS	1908-1909	7	1B		
Starke	Elmer	Mrs. Starke	610 E St.	BS	1908-1909	8	1A		
Starke	Isabel	Mrs. E. Starke	738 E St.	BS	1905-1908	12			
Starke	Marguerite	Mrs. E. Starke	738 E St.	BS	1909	11			
Starke	Marguerite	Mrs. E. Starke	738 E St.	BS	1905-1907	11			
Starke	Marguerite	Mrs. E. Starke	610 E St.	CH	1907-1910	13			
Starke	Muriel		314 Washington	PK	1922			10 July 1918	
Starke	Muriel		931 B St.	PK	Spring 1924			10 July 1918	
Starke	Stanford	Mrs. E. Starke	738 E St.	BS	1906-1908	13	8B		
Starr	Millie	F. J. Starr	660 F St.	BS	1905-1907	12			
Starr	Perllee	F. J. Starr	F St.	CH		14			
Starr	Willie	Fred Starr	660 F St.	BS	Jan. 1908	12			
Staumbaugh	Gwin	Chas. Staumbaugh	609 Keokuk St.	BS	1910	8			
Stearns	Dora	Mary Ida Stearns	R 3, Sebastopol	MV	1922-1927		1	21 June 1916	
Stearns	Elsie	Mary Ida Stearns	R 3, Sebastopol	MV	1923-1924		3	26 Oct. 1915	
Stearns	Elsie	Theo. Stearns	R 3, Sebastopol	MV	1924-1927			15 Feb. 1914	
Stearns	Elsie	T. E. Stearns	RR 3, Box 337	MV	1924-1925			15 Feb. 1915	
Stearns	Helen	Ernest Stearns	R 3, Sebastopol	MV	1921-1926			20 June 1911	
Stedman	Zalia	Mrs. J. S. Stedman	Boyes Springs	FL	21 Sept. 1931	6	1	21 Oct. 1924	
Stedman	Zalia	Mrs. J. S. Stedman	Fetters Springs	FL	28 Apr. 1931	6	1	21 Oct. 1924	
Steele	Ben			OL	1928-1930			1 Jan. 1922	
Steele	Ceone	Ben Steele		OL	1929-1930			28 Feb. 1920	
Steele	Charles	W. S. Steele	575 Post St.	BS	1905-1907	12			
Steele	Charles	Mary Steele	575 Post St.	BS	Spring 1906	12			
Steele	Katherine	Ben Steele	Windsor	OL	1928-1930			1 Jan. 1922	
Steele	Kenneth	Ben Steele		OL	1926-1928			19 Apr. 1918	
Steele	Leon			OL	1926-1927				
Steele	Leone	Ben Steele	Windsor	OL	1927-1929			28 Feb. 1920	
Steele	Thomas			TM	30 Aug. 1909		6		
Steele	Tommy			TM	11 Aug. 1902				

Surname	Given Name	Parent	Address	SD	Date/Date Range	Within Date Range Age	Within Date Range Gr.	Birth Date	Left/Comments
Steengraf	Wesley	Herman Steengraf	167 Bremen St.	ML	Jan. 1912				
Steengrafe	Ethel	Mrs. H. Steengrafe	167 Bremen St.	ML	Aug. 1912				
Steengrafe	Harry	H. J. Steengrafe	1211 Washington St.	BS	1905-1909	13			
Steengrafe	Harry	Mr. Steengrafe	Mary St.	BS	1908-1909	13			
Steengrafe	Milton	H. S. Steengrafe	Mary St.	BS	1909	9			
Steengrafe	Wesley	Herman Steengrafe	Mary & Madison Sts.	BS	1909	11			
Stefani	Louis	A. Stefani	R 3, Sebastopol	CN	Aug. 1926				
Steffes	Alfred			PK	18 Feb. 1896	4			left
Steffes	Alfred	Mrs. K. Steffes	512 English St.	BS	1906-1908	15	8B		
Steffes	Emma Annie	Mrs. K. Steffes	512 Baker St.	BS	1899-1900				
Steffes	May			PK	1895	5			
Steffis	Alfred			PK	23 Nov. 1896				
Stegeman	Dora	Frank Stegeman	11th & G Sts.	BS	20 Aug. 1906	6			
Stegeman	Dora	P. Stegeman	Sunny Slope Ave.	BS	1907-1909	7	1A		
Stegeman	Dora	Frank Stegeman	Sunny Slope Ave.	CH	1908-1909	8			
Stegeman	Dora	Mrs. Mary Stegeman	Sunny Slope Ave.	BS	1909	9			
Stegeman	Edna	F. Stegeman	Sunny Slope Ave.	CH	9 Aug. 1922	14		14 May 1908	
Stegeman	Gladys	F. Stegeman	Sunny Slope Ave.	LN	1919-1921			25 Aug. 1912	
Stegeman	Henry	Frank Stegeman	Sunny Slope Ave.	LN	1919-1920		3B	19 Feb. 1910	toSF 29 Oct. 1920
Stegeman	Henry	F. Stegeman	Sunny Slope Ave.	LN	Jan. 1921		3A	2 Dec. 1911	
Stegeman	Henry	Frank Stegeman	Sunny Slope Ave.	LN	1921		4B	2 Sept. 1910	
Stegeman	Katie	Frank Stegeman	Sunny Slope Ave.	CH	1907-1909	13			

Surname	Given Name	Parent	Address	SD	Date/Date Range	Within Date Range		Birth Date	Left/Comments
						Age	Gr.		
Stegeman	Lena	F. Stegeman	Cor. Sunny Slope Ave. & G St.	BS	17 Aug. 1908	7			
Stegeman	Lena	F. Stegeman	D St.	BS	18 Jan. 1909	7	1A		
Stegeman	Mary	Mrs. F. Stegeman	11th & G Sts.	BS	1905-1907	6			
Stegeman	Mary	F. Stegeman	G St.	BS	1906-1907	7			
Stegemann	Kate	F. Stegemann	11th & G Sts.	BS	1909	10			
Stegemann	Kate	F. Stegemann	Sunny Slope Ave.	BS	1909	10			
Stegemann	Katie	F. Stegemann	Sunny Slope Ave.	BS	1905-1907	11			
Stegemann	Katie	L. Stegemann	Sunny Slope Ave.	CH	1908-1909	12			
Stegemann	Katie	F. Stegemann	Sunny Slope Ave.	CH	8 Aug. 1910				
Stegemann	Mary	Mrs. F. Stegemann	11th & G Sts.	BS	1905-1907	6			
Stegemann	Mary	F. Stegemann	Sunny Slope Ave.	CH	1908-1909	9			
Steiger	Billy	Mrs. K. S. Steiger	Agua Caliente	FL	1929-1930	10	3	21 May 1919	
Steiger	Billy	Mrs. Andrew Steiger	Agua Caliente	FL	4 Sept. 1931	12	6	21 May 1911	left 2 Dec.
Steinbeck	Eugene	E. H. Steinbeck	Star Route, Petaluma	CN	Aug. 1925			16 July 1919	
Steinbis	Jessie			OL	29 July 1901	2			
Steingrafe	Ethel	Herman Steingrafe	328 Bremen St.	ML	1915				
Steingrafe	Ethel	H. Steingrafe	625 E. D St.	ML	1916		1A		
Steingrafe	Roy	Herman Steingrafe	328 Bremen St.	ML	1915				
Steingrafe	Roy	H. Steingrafe	625 E. D St.	ML	1916		1B		
Steinweg	Freda	Ernest Steinweg	R 2	LN	1919-1921		1A		
Steinweg	Freida	Ernest Steinweg	Western Ave.	LN	Aug. 1921		3B	2 May 1913	
Steinweg	Helen	Ernest Steinweg	Chapman Lane	LN	1919-1920	9	4B		
Steinweg	Helen	E. Steinweg	Rt. 2	CH	9 Aug. 1922	12		23 Feb. 1910	
Steinweg	Helen		271 Main St.	PK	3 Aug. 1914			23 Feb. 1910	

Surname	Given Name	Parent	Address	SD	Date/Date Range	Within Date Range Age	Within Date Range Gr.	Birth Date	Left/Comments
Steitz	Olive	R. R. Steitz	109 7th St.	CH	9 Aug. 1922	13		14 Aug. 1909	
Steitz	Roberta	Robert Steitz	109 7th St.	LN	1919-1921		3B	6 Apr. 1912	
Stelter	Marie	H. D. Stelter	604 3rd St.	LN	1921-1922		1A	17 Dec. 1915	
Stenek	Teresa	J. Stenek	Penngrove	CH	9 Aug. 1922	14		14 Feb. 1908	
Stenroos	Walter	T. H. Stenroos	Sebastopol	EC	1925-1926			20 Sept. 1917	
Stephani	Louis	L. Stephani	Sebastopol	EC	1925-1926			29 Mar. 1919	
Stephensen	Katherine	Josie Stephensen		CN	1924-1925			14 Aug. 1910	migratory
Stepp	Donald	C. Vallier	RR 3, Box 211	MV	1924-1925			8 Mar. 1915	
Sterns	Elsie			MV	1922-1923	9		15 Feb. 1914	
Sterns	Helen		R 3, Sebastopol	MV	1923-1924		6	20 June 1911	
Stettler	Paul	G. Stettler		BS	Fall 1905	11			
Stevens	George	J. L. Stevens	Boyes Springs	FL	30 Aug. 1915	10	4		
Stevens	Jack	J. L. Stevens	Boyes Springs	FL	30 Aug. 1915	12	5		
Stevens	Joe	Mrs. Enos	570 Sheldon St.	BS	Jan. 1908	6			
Stevens	Joe	Mrs. M. Stevens	803 F St.	BS	20 Aug. 1906	6			
Stevens	Nina	H. Huffmann	211 6th St.	CH	1908-1909	13			
Stewart	Alden	W. A. Stewart	818 Liberty St.	BS	1905-1907	9			
Stewart	Alden	W. A. Stewart	412 A St.	BS		11			
Stewart	Alden	W. Stewart	506 A St.	BS		11			
Stewart	Alden	W. A. Stewart	23 Bassett St.	CH	Jan. 1908	12			
Stewart	Alden	W. A. Stewart	506 A St.	CH	1908-1909	12			
Stewart	Bernice	W. A. Stewart	818 Liberty St.	BS	1905-1907	7			
Stewart	Bernice	L. H. Stewart	412 A St.	BS	Fall 1906	9			
Stewart	Bernice	Mrs. L. H. Stewart	26 Bassett St.	CH	1908-1909	11			
Stewart	Bernice	L. H. Stewart	26 Bassett St.	BS	Jan. 1908	11			
Stewart	Bessie	R. D. Stewart	421 Keller St.	BS	Spring 1908	14	5B		
Stewart	Elva			CH	1895-1896				
Stewart	Frank	D. H. Stewart	1270 5th St.	BS	20 Aug. 1906	6			
Stewart	Mary	D. H. Stewart	West St.	BS	Fall 1906	9			
Stewart	Merlon	W. Stewart	818 Liberty St.	BS	1909	11			
Stewart	Merton	Wm. Stewart	818 Liberty St.	BS	1905-1907	11			
Stewart	Merton	Mrs. Stewart	506 A St.D732	CH	1907-1909	14			

Surname	Given Name	Parent	Address	SD	Date/Date Range	Age	Gr.	Birth Date	Left/Comments
Stewart	Merton	L. H. Stewart	26 Basset	CH	1907-1909	15			
Stewart	Paul	Mr. Stewart	662 Keokuk St.	BS	1905-1907	6	1		
Stewart	Paul	Mr. Stewart	5th St.	BS	1906-1907	7			
Stewart	Paul	D. H. Stewart	Howard St.	BS	Jan. 1907	7	2		
Stewart	Rose			ES	1904	15	5		
Stibi	Albert	John P. Stibi	Annapolis	HC	1922-1923			13 Feb. 1916	
Stibi	Albert	John P. Stibi	Annapolis	HC	1925-1927			13 Feb. 1916	
Stibi	Alice	John P. Stibi	Annapolis	HC	1922-1923			19 Oct. 1914	
Stibi	Alice	John P. Stibi	Annapolis	HC	1925-1927			19 Oct. 1914	
Stibi	John	Paul Stibi	District	HC	1901-1902	8			
Stibi	John	Paul Stibi	to Stewarts Pt.	HC	June 1904	10			
Stibi	John	Paul Stibi		HC	1907	11			
Stibi	John	P. Stibi	Annapolis	HC	1909	15			
Stibi	Marg	John P. Stibi	Annapolis	HC	1926-1927			6 Sept. 1919	
Stice	Ivan	S. L. Stice	Two Rock	CH	8 Aug. 1910				
Stickel	Billie	Mrs. Geo. Stickel	Fetters Springs	FL	14 Sept. 1931	5	1	21 Dec. 1925	
Stickel	Jessie	Mrs. Stickel	Fetters Springs	FL	1928-1931	6	1	3 Feb. 1922	
Stickel	Margaret	Mrs. Geo. Stickel	Agua Caliente	FL	9 Sept. 1929	6	1	4 Mar. 1923	
Stickel	Peggy	Mrs. G. Stickel	Fetters Springs	FL	15 Sept. 1930	7	2	9 Mar. 1923	
Stickel	Peggy	Mrs. Geo. Stickel	Fetters Springs	FL	14 Sept. 1931	8	3	4 Mar. 1923	
Stiles	Gwendoland			PK	1927-1928				Moved
Stiles	Yoetta			PK	1927-1928				Moved
Stillwell	Macy	H. G. Stillwell	805 D St.	BS		12			
Stillwell	Louise	Herbert Stillwell	Washington St.	CH	17 Aug. 1896	7			
Stillwell	Louise	H. G. Stillwell	805 D St.	BS	1899-1900	10			
Stillwell	Macy	H. Stillwell	D St.	BS	21 Aug. 1899	11			
Stingley	Ravella	Harrison Fowler	Olive St.	BS	1909	12			
Stingley	Ravella	Mr. Fowler	Olive St.	BS	1905-1907	12	5		
Stipp	Donald	J. Stipp	R 3, Sebastopol	MV	1924-1925			8 Mar. 1915	
Stipp	Donald	J. N. Stipp	R 3	MV	1926-1928			8 Mar. 1915	
Stipp	Donald	C. Vallier	R 3	MV	1926-1927			8 Mar. 1915	
Stirewalt	Donald	J. F. Stirewalt	Rt 4, Petaluma	BL	1929-1930			2 May 1916	

Surname	Given Name	Parent	Address	SD	Date/Date Range	Within Date Range Age	Within Date Range Gr.	Birth Date	Left/Comments
Stirewalt	Jane	J. S. Stirewalt	Rt 4, Petaluma	BL	1929-1930			20 Sept. 1923	
Stirewalt	Lorene	J. S. Stirewalt	Rt 4, Petaluma	BL	1929-1930			18 Nov. 1919	
Stirewalt	Russell	J. S. Stirewalt	Petaluma	BL	1929-1930			10 Jan. 1918	
Stocker	Anita	Mrs. Helen Schrader	519 7th St.	LN	1920-1921		4A	19 June 1909	
Stocker	Anita	Sam Stocker	7th St.	LN	1920-1921			19 June 1909	
Stocker	Owen	S. F. Stocker		LN	1920-1921		2A	28 Nov. 1912	
Stocker	Ruth			FL	31 Oct. 1927	14	8		left 2 Dec.
Stockhouse	Verna	D. C. Stockhouse	727 Western Ave.	CH	9 Aug. 1922	14		21 Dec. 1908	
Stoddard	June	Mrs. Stoddard	741 B St.	LN	25 Aug. 1919				left
Stoddard	June Frances		308 Keller	PK	Spring 1919			26 Dec. 1913	
Stoffregen	Alice	Mrs. Jean Stoffregen	710 Main St.	LN	1919-1920	9	4B		
Stoffregen	Alice	F. J. Stoffregen	710 Main St.	CH	9 Aug. 1922	12		18 May 1910	
Stoffregen	Alice	Fred Stoffregen	710 Main St.	LN	1920-1921			18 May 1910	
Stolker	Carl	Chas. Stolker	517 Main St.	BS	1905-1907	12			
Stolker	Elton	Geo. Stolker	918 5th St.	BS	1906-1909	6			
Stolker	Elton	George Stolker	43 5th St.	CH	1908-1909	8			
Stolker	Elton	George Stolker	43 5th St.	BS	1907-1909	9			
Stolker	Willie	Charles W. Stolker	517 Main St.	BS	1905-1907	11			
Stone	Ada	W. S. Stone	3rd St.	BS	1897	12	7		
Stone	Alice	E. J. Stone	77 Mt. View Ave.	CH	9 Aug. 1922	12		8 Oct. 1911	
Stone	Alice	E. J. Stone	R 5	LN	1919-1921				
Stone	Bessie	John Stone	841 E. Washington St.	ML	Aug. 1912		1A	8 Oct. 1910	
Stone	Bessie	Ira John Stone	841 E. Washington St.	ML	1914-1915				
Stone	Eddie	J. H. Stone	1211 Washington St.	BS	1909	10			
Stone	Edna	Ira Stone	814 E. Washington St.	ML	1915				

Surname	Given Name	Parent	Address	SD	Date/Date Range	Age	Gr.	Birth Date	Left/Comments
Stone	Edna	John Stone	841 E. Washington St.	ML	1914				
Stone	Edna	John Stone	841 E. Washington St.	ML	1916-1917				
Stone	Edna	John Stone	841 E. Washington St.	ML	Aug. 1912				
Stone	Edward	J. H. Stone	601 3rd St.	BS	1911?	13			
Stone	Elsie			TM	20 Feb. 1899		3		
Stone	Emma Lou	Walter G. Stone	R 3, Sebastopol	MV	1922-1931		1	18 May 1916	
Stone	Francis	Charles Stone	R 3	MV	1930-1931			2 Mar. 1923	
Stone	Gladys	Mrs. L. Stone	602 8th St.	BS	20 Aug. 1906	6			
Stone	Gladys	L. Stone	English St.	BS	1907-1909	7	1A		
Stone	Harriet	J. Stone	1397 3rd St.	BS	1903-1905	8	2		
Stone	Harriet	W. S. Stone	426 3rd St.	CH	1908-1909	13			
Stone	Hattie	S. H. Stone	575 Hopper St.	BS	1905-1907	12			
Stone	Hattie	S. H. Stone	678 Keokuk St.	BS	1905-1907	13			
Stone	Helen	Mrs. Ira D. Stone	R 3, Sebastopol	MV	1927-1930			5 June 1916	
Stone	James	W. G. Stone	R 3, Sebastopol	MV	1927-1928		7	4 Nov. 1913	
Stone	James	Walter Stone	R 3, Sebastopol	MV	1924-1931			4 Nov. 1914	
Stone	Jimmie	Walter Stone	R 3, Sebastopol	MV	1920-1925			4 Nov. 1913	
Stone	Jimmie	Walter Stone	R 3	MV	1926-1927			18 May 1916	
Stone	John Raymond	Ira J. Stone	841 E. Washington St.	BS	1917	15			
Stone	Lois	John Stone	841 E. Washington St.	ML	Aug. 1912				
Stone	Lois	Ira John Stone	841 E. Washington St.	ML	Jan. 1914				
Stone	Pearl	L. Stone	44 English St.	BS	1908-1909	6	1A		
Stone	Pearl	Mrs. Louis Stone	215 English St.	BS	1909	9			16 Oct. 1911, went east
Stone	Pearl	Louis Stone	609 English St.	BS	Jan. 1908				
Stone	Ralph	Mr. Stone	426 3rd St.	CH	9 Aug. 1922	12		11 June 1910	
Stone	Ralph	G. C. Stone	404 Oak St.	PK	3 Aug. 1914			11 June 1910	
Stone	Ralph	C. C. Stone	Oak & Walnut	PK	1914			11 June 1910	

Surname	Given Name	Parent	Address	SD	Date/Date Range	Within Date Range		Birth Date	Left/Comments
						Age	Gr.		
Stone	Raymond	Ira J. Stone	841 E. Washington Sts.	BS	1909	9			
Stone	Richard	C. N. Stone	816 B St.	PK	1910	5		22 May 1905	
Stone	Ruth Mary	E. J. Stone	Rt. 5	CH	9 Aug. 1922	13		20 Nov. 1909	
Stone	Willie	Wm. S. Stone	3rd St.	CH	1895-1896	14			
Stone	Wm. S.	W. S. Stone		BS	1897				
Stonitsh	Gottfried	M. Stonitsch	RFD 3	ML	Aug. 1922	13		1 Mar. 1916	
Stony	Gladys	Walter F. Stony	427 E. Washington St.	CH					
Storey	Stella		312 Keller St.	LN	1921		4B	5 Feb. 1912	
Stornetta	Joseph			LJ	1915-1919	10	3		
Stornetta	Louis			LJ	1915-1920	6	1		
Stornetta	Mabel			LJ	21 June 1918	6	2		
Stornetta	Mabel			LJ	18 June 1920	8	4		accelerated
Stornetta	Mable			LJ	20 June 1919	8	3		
Stornetta	Theodore			LJ	1915-1920	9	3		
Story	Chas.	Elwin Story	Sebastopol	EC	1930-1931			13 June 1920	
Story	Elwin	W. F. Story	1124 Washington St.	BS	1905-1907	10			
Story	Elwin	S. N. Saltic	523 Keokuk St.	BS	1908-1909	11			
Story	Gladys	W. F. Story	1124 Washington St.	BS	1905-1907	11			
Story	Walter	Elwin Story	Sebastopol	EC	1930-1931			28 May 1922	
Stovey	Stella		946 B St.	LN	1922		4A	5 Jan. 1911	
Strait	Charlotte			LN	1921		1A	2 Oct. 1913	
Stratton	Harry	F. W. Stratton	1175 4th St.	BS	1905-1907	14			
Stratton	Helen	F. W. Stratton	Country	BS	1905-1907	11			
Stratton	Helen	F. W. Stratton	RFD 1	CH	1908-1909	13			
Strauss	Ruth	D. Strauss	1064 6th St.	BS	1905-1907	11			
Strauve	Robert	Klaus Strauve	3rd St.	CH	1901-1903	6			
Streeter	Alice	Ben Streeter	Sonoma	FL	25 Apr. 1932	10	5	17 July 1921	
Streeter	Floyd	Ben Streeter	Sonoma	FL	11 Apr. 1932	14	7	25 Aug. 1917	

Surname	Given Name	Parent	Address	SD	Date/Date Range	Within Date Range Age	Within Date Range Gr.	Birth Date	Left/Comments
Strode	Howard	Mrs. J. L. Strode	Washington & Keller St.	BS	2 Nov. 1909	7			
Stromer	Grace	Perry Stromer		EC	1925			7 Nov. 1912	left
Strother	Lois		19 Harris St.	PK	Fall 1919			24 Oct. 1916	
Strother	Lois		511 Central Ave.	PK	1920			24 Oct. 1916	
Strum	George	Mrs. H. Strum	Agua Caliente	FL	18 Aug. 1915	14	8		
Strune	Eddie		420 E. D St.	ML	Aug. 1912				
Struve	Bertha	C. Struve	119 4th St.	BS	1909	9			
Struve	Eddie	C. Struve	119 4th St.	BS	1911	7			
Struve	Eddie	Mr. Sturve	420 E. D St.	ML	Aug. 1912				
Struve	Edward	Mr. Sturve	119 4th St.	BS	9 Aug. 1909	6			
Struve	Martha	C. S. Struve	3rd St. near D	BS		12			
Stuambugh	Gwin	Chas. Stuambugh		BS	10 Jan. 1910	7			
Stuart	Lucille	Will Stuart	527 E. Washington St.	ML	1919	7	1A		
Stuart	Lucille	Wm. Stuart	527 E. Washington St.	ML	Aug. 1921			24 Oct. 1911	
Stuart	Lucille	Wm. A. Stuart	608 E. D St.	ML	1918				
Stuart	Lucille	Alvin Stuart		ML	1920			24 Oct. 1911	
Stuart	Mary	D. H. Stuart	5th St.	BS	14 Aug. 1905	8			
Stubbs	Harry		Sonoma House	PK	Fall 1924			5 Apr. 1919	
Studdert	Angie	P. Studdert	7th St.	BS	1892-1893	11			
Studdert	Angie	Burton Studdert	703 7th St.	BS	1897	16	7		
Studdert	Raymond	F. Studdert	515 C St.	CH	9 Aug. 1922	14		22 Mar. 1909	
Studdert	Raymond	F. Studdert	Sunny Slope Ave.	CH	9 Aug. 1922	14		27 Mar. 1908	
Stumbaugh	Gail	Mr. Stumbaugh	679 Walnut St.	BS	1905-1907	6	1		
Stumbaugh	Gail	C. W. Stumbaugh	609 Keokuk St.	CH		12			
Stump	A. V.			PO	8 Nov. 1875		7		school closed 19 Nov. 1875
Stump	Bernard	Mrs. B. B. Stump	Bodega	PO	1874-1877				
Stump	F. A.			PO	8 Nov. 1875		6		school closed 19 Nov. 1875

-338-

Surname	Given Name	Parent	Address	SD	Date/Date Range	Within Date Range Age	Within Date Range Gr.	Birth Date	Left/Comments
Stump	Fannie		Bodega	PO	1874-1875				
Stump	Georgie	James Stump	Bodega	PO	1875-1876	8			29 Sept. 1876
Stump	H. J.			PO	8 Nov. 1875		6		school closed 19 Nov. 1875
Stump	Jennie	Mrs. B. B. Stump	Bodega	PO	1875-1877				
Stump	Jimmie	James Stump	Bodega	PO	1876-1877	6			17 Nov. 1876
Stump	John	Andrew Stump	Pacific Coast	PO	21 Aug. 1876	10			28 Aug. 1876
Stump	Katie	Mrs. B. B. Stump	Bodega	PO	1874-1877				
Stump	L. M.			PO	8 Nov. 1875		7		school closed 19 Nov. 1875
Stump	Laura	Samuel Stump	Bodega	PO	1875-1877				
Stump	M. G.			PO	8 Nov. 1875		5		school closed 19 Nov. 1875
Stump	M. R.			PO	8 Nov. 1875		6		school closed 19 Nov. 1875
Stump	Mary	Samuel Stump	Bodega	PO	1874-1877				
Stump	R. I.			PO	8 Nov. 1875		7		school closed 19 Nov. 1875
Stump	Rosa	Andrew Stump	Pacific Coast	PO	1876	8			
Stump	Willie H.		Bodega	PO	1874-1875				
Sturm	August	L. Sturm	114 F St.	BS	1908-1909	12			
Sturm	Marie			BS	Aug. 1908	9	1A		
Sudy	Treda	Herman Sudy	413 Upham St.	BS	1905-1907	11			
Suesoff	Nicholas			MV	1922-1923	13			
Sugiyama	Alyce	S. Sugiyama	Sebastopol	EC	1929-1930			8 Feb. 1916	
Sugiyama	Arthur	S. Sugiyama	Sebastopol	EC	1929-1931			4 Apr. 1919	
Sugiyama	Eiche	Mrs. G. S. Sugiyama	R 3, Sebastopol	CN	1922-1923			24 July 1910	left 6 Mar. 1923 to Piner
Sugiyama	Eva	Mrs. S. Sugiyama	Sebastopol	EC	1929-1931			10 June 1922	
Sugiyama	Harry	Mrs. S. Sugiyama	Sebastopol	EC	1930-1931			15 Mar. 1924	
Sugker	Hana	Ida Sugker	301 Galland St.	BS	1909	10			
Sullivan	Agnes			PK	1 Aug. 1898	5			
Sullivan	Cecil	J. B. Sullivan	922 B St.	CH	1908-1909	8			

Surname	Given Name	Parent	Address	SD	Date/Date Range	Within Date Range Age	Gr.	Birth Date	Left/Comments
Sullivan	Elizabeth	O. E. Sullivan	Rt. 2	CH	9 Aug. 1922	14		9 Sept. 1908	
Sullivan	Eugene	O. E. Sullivan	Rt. 2	CH	9 Aug. 1922	12		14 Nov. 1909	
Sullivan	Gladys	James Sullivan	524 E. Washington St.	ML	Aug. 1912				
Sullivan	Gladys	James Sullivan	524 E. Washington St.	ML	Jan. 1914				
Sullivan	Mary	O. E. Sullivan	Rt. 2	CH	9 Aug. 1922	13		25 Sept. 1909	
Sullivan	Ruby		214 1st St.	PK	1920			28 Aug. 1916	
Sullivan	Ruby		Post St.	PK	1921			28 Aug. 1916	
Sullivan	Shirley	J. B. Sullivan	524 E. Washington St.	CH	9 Aug. 1922	15		8 May 1907	
Sullivan	Shirley	James Sullivan	524 E. Washington St.	ML	1914-1917				
Sullivan	Shirley	James Sullivan	Washington St.	ML	Aug. 1912		Rec.		
Sulton	Lawrence	Silas Sutton	Cor. Kent & Keokuk Sts.	BS	1905-1907	8	1		
Sumin, Jr.	Billie		330 Kentucky St.	PK	1927-1928			24 Dec. 1923	
Summ	Carrie	Wm. Summ	603 English St.	BS	1905-1907	7	1		
Summ	Carrie	Wm. Summ	219 English St.	BS	1908-1909	10			
Summ	Carrie	Mrs. Wm. Summ	219 English St.	BS	1911?	12			
Summ	Carrie			CH	1908-1909				
Summ	Eddie	Mrs. Wm. Summ	English St.	BS	1906-1909	6			
Summ	Erna	Wm. Summ	603 English St.	BS	1905-1907	10			
Summ	Erna	Wm. Summ	219 English St.	CH	1908-1909	13			
Summ	Gladys	Wm. Summ	219 English St.	BS	9 Aug. 1909	6			
Summ	Gladys	Wm. Summ	219 English St.	BS	1911	8			
Summ	Willie	W. S. Summ	903 English St.	BS	1905	9	2		
Summ	Willie	Wm. M. Summ	603 English St.	BS	1905-1907	10			
Summ	Willie	W. S. Summ	219 English St.	BS	Jan. 1908	12			
Summ	Willie	W. M. Summ	219 English St.	BS	Jan. 1908	12			
Summ	Willie	Wm. Summ	219 English St.	CH	1908-1909	13			
Summerfield	Charles	E. J. Summerfield	Main St.	PK	1903	5			
Sump	Georgie			PO	11 Sept. 1876				

Surname	Given Name	Parent	Address	SD	Date/Date Range	Within Date Range		Birth Date	Left/Comments
						Age	Gr.		
Sunda	Esther	T. Sunda	Sunny Slope Ave.	LN	1920-1921			20 Nov. 1912	
Sundborg	Arnold			HC	Apr. 1893				
Sundborg	Charlie			HC	Apr. 1893				
Sundborg	Nettie	Capt. Sundborg		HC	1888-1890	6			
Sundborg	Nettie			HC	Apr. 1893				
Sundborg	Walter	Capt. Sundborg		HC	1888-1890	8			
Sundborg	Walter			HC	Apr. 1893				
Sunde	Esther	T. Sunde	128 Webster St.	LN	1919-1920	7	2B		
Sunde	Esther	T. Sunde	108 Webster St.	LN	1919		1B		
Sunde	Esther	T. Sunde	Sunny Slope Ave.	LN	9 Aug. 1920		3B	20 Nov. 1912	
Sunde	Esther	T. E. Sunde	138 Webster St.	LN	1919-1920				
Surtman	Elsie	August Surtman	Rt. 5	CH	9 Aug. 1922	14		11 Mar. 1908	
Suseoff	Peter	Fred Suseoff	R 3, Sebastopol	MV	1923-1924		2		
Suskin	Bertha		Upham St.	PK	3 Aug. 1914			17 Mar. 1909	
Suslowitz	Bertha	Harry Suslowitz	670 D St.	LN	Aug. 1921		3B	2 July 1912	
Susoeff	Anna	F. Susoeff	R 3	MV	1928-1929			28 Feb. 1920	
Susoeff	Anna	Fred Susoeff	R 3	MV	1929-1930			27 Feb. 1920	
Susoeff	Minnie	Fred Susoeff		MV	1925-1926			7 Mar. 1911	
Susoeff	Nellie	Fred Susoeff	R 3, Sebastopol	MV	1928-1929			26 July 1918	
Susoeff	Peter	Fred Susoeff	R 3	MV	1927-1930			5 Feb. 1915	
Susoff	Anna	Fred Susoff	R 3, Sebastopol	MV	1926-1928			28 Feb. 1920	
Susoff	Anna			MV	1930-1931			27 Feb. 1919	
Susoff	Nellie	Fred K. Susoff	Sebastopol	MV	1925-1930			26 July 1918	
Susoff	Peter	Fred Susoff	R 3, Sebastopol	MV	1924-1927			5 Feb. 1915	
Sussoff	Jaimie			MV	1924-1925		7	7 Mar. 1911	
Sussoff	Minnie			MV	1923-1924		13	7 Mar. 1911	
Sussoff	Nicholas			MV	1924-1925		8	20 Apr. 1909	
Sussoff	Nicholas			MV	1923-1924		14	23 Apr. 1909	
Sustaich	Katie	John Sustaich	R 3, Sebastopol	MV	1921-1922		4	1 Aug. 1911	
Sustarich	Frances	John Sustarich	R 3	MV	1926-1931			23 Oct. 1916	

Surname	Given Name	Parent	Address	SD	Date/Date Range	Age	Gr.	Birth Date	Left/Comments
Sustarich	Francis	John Sustarich	R 3, Sebastopol	MV	1924-1925			23 Nov. 1916	
Sustarich	Francis	John Sustarich	Sebastopol	MV	1925-1926			23 Oct. 1916	
Sustarich	Frank	John Sustarich	R 3, Sebastopol	MV	1921-1922		4	29 Sept. 1912	
Sustarich	Frank	John Sustarich	R 3, Sebastopol	MV	1921-1926			29 Sept. 1913	
Sustarich	Joe	John Sustarich	Sebastopol	MV	1925-1927			23 Nov. 1918	
Sustarich	Joe	John Sustarich	R 3, Sebastopol	MV	1927-1928			23 Apr. 1919	
Sustarich	Joe	J. S. Sustarich	R 3	MV	1928-1930			29 Sept. 1919	
Sustarich	Joe			MV	1930-1931			19 Nov. 1917	
Sustarich	John	John Sustarich	R 3, Sebastopol	MV	1922-1927	8		19 July 1914	
Sustarich	Johnny	John Sustarich	R 3, Sebastopol	MV	1920-1921	8	3	14 July ????	
Sustarich	Juel		Sebastopol	MV	1929-1930				
Sustarich	Katie			MV	1921-1922		5	1 Aug. 1911	
Sustarich	Katie	J. Sustarich	Box 171	MV	1924-1925		7	1 Aug. 1911	
Sustarich	Katie			MV	1923-1924		12	11 Aug. 1911	
Sustarich	Rudolph	John Sustarich	R 3, Sebastopol	MV	1927-1928			9 Nov. 1921	
Sustarich	Rudolph	J. S. Sustarich	R 3	MV	1928-1931			9 Apr. 1921	
Susterich	John	John Susterich	RR 3, Box 171	MV	1924-1925			19 July 1914	
Sutten	Lawrence	Silas Sutten	701 Keokuk St.	BS	1906-1907	7	2		
Sutten	Lawrence	Si Sutten	Kentucky St. & Galland Sts.	BS	20 Aug. 1906	9	2		
Sutten	Lawrence	Mrs. M. E. Sutten	511 Keokuk St.	BS	1911?	12			
Sutter	Evelyn	O. Sutter	617 Main St.	LN	Jan. 1923		L1	14 Oct. 1916	
Sutter	James	Jack Sutter	410 Kent St.	CH	9 Aug. 1922	13		30 Sept. 1909	
Sutton	Clyde	Mrs. Mae Sutton		MV	1918-1919		3		
Sutton	Clyde	C. J. Sutton	R 3, Sebastopol	MV	1921-1924		5	2 Aug. 1911	
Sutton	Laurence	Mrs. Mary Sutten	523 Keokuk St.	BS	1908-1909	10			
Sutton	Lawrence	Mr. Sutton	Kent St.	BS	1905-1907	7	1		
Sutton	Lee	Emmet Sutton	567 Washington St.	BS	1903-1905	9	2		
Swafford	Paul			PK	1895	5			
Swan	Charles	C. V. Swan	712 Keokuk St.	CH	9 Aug. 1922	15		15 Aug. 1907	
Swan	Charlie			PK	1910	3			

-342-

Surname	Given Name	Parent	Address	SD	Date/Date Range	Within Date Range Age	Gr.	Birth Date	Left/Comments
Swan	Dorothy	C. V. Swan	712 Keokuk St.	CH	9 Aug. 1922	12		31 Oct. 1910	
Swan	Dorothy		Howard St.	PK	3 Aug. 1914			31 Oct. 1909	
Swarts	Frank			TM	11 Aug. 1902				
Sweed	Herbert	P. Sweed	Keokuk St.	CH	1894-1895	7			
Sweed	Herby	P. Sweed	Keokuk St.	CH	1898	11	5		
Sweed	Mabel			BS	1898				
Sweed	Tessie Bertha	Phillip Sweed	693 Keokuk St.	BS	1899-1900				
Sweeney	Marguis		700 West St.	PK	18 Feb. 1918			16 Oct. 1913	
Sweeney	Marquis	F. Sweeney	700 West St.	LN	1919-1921				
Sweeny	Jan	Wm. Sweeny	R 3, Sebastopol	CN	Aug. 1929			29 Dec. 1922	
Sweet	Delvin			PK	18 Feb. 1918			14 July 1913	
Sweetman	Geo.	G. R. L. Sweetman	Washington St.	BS		14			
Sweetman	George			PE	26 Aug. 1895		1		
Sweetman	Regis	Nellie Swetmann	510 E Washington St.	CH	9 Aug. 1922	14		17 Oct. 1908	
Swetmann	Regis	George Swetmann	510 Washington St.	ML	1915-1916				
Switzer	Dorothy	B. Switzer	522 Keokuk St.	LN	1919-1921			19 Oct. 1911	
Switzer	George		Keokuk St.	PK	1919-1920			11 June 1915	
Switzer	George Shirley	Albert J. Switzer	827 D St.	LN	1921-1922		2B	11 June 1915	
Swyers	Alice		Rt. 2	PK	1921			25 June 1917	
Sylva	Robert	Wm. Sylva	101 Bodega Ave.	LN	1921-1922		1A	10 June 1915	
Symons	William	P. Symons	RFD 2	CH	1908	15			

-343-

Surname	Given Name	Parent	Address	SD	Date/Date Range	Within Date Range Age	Gr.	Birth Date	Left/Comments
Tabor	John	Mrs. J. Tabor	R 3, Sebastopol	CN	1922-1923		K	21 Oct. 1916	
Taft	Nellie	Mrs. Taft	566 English St.	CH	1901-1903	5			
Taft	Nellie	Chas. Taft	765 Howard St.	BS	1906	11	4		
Taft	Nellie	Mrs. C. H. Taft	314 Howard St.	CH	1908-1909	12			
Taft	Nellie	Mrs. C. H. Taft	215 Howard St.	BS	Jan. 1908	12			
Tagliaferri	Charlie			ES	1904-1905	14	7		
Tagliaferri	Elvira	Mr. Tagliaferri		TM	1895-1897	12			
Tagliaferri	Marie			ES	1904-1905	11	5		
Tagliaferri	Marie	J. Tagliaferri		LJ	June 1908	12	8		
Tagliaferri	Marie			CH	1908-1909	14	Fr.		
Tagliaferri	Olivia	Mr. Tagliaferri		TM	1895-1897	13			
Tagliferri	Elvira			TM	16 Aug. 1896				
Tagnacco	Phyllis	Silva Tagnacco	112 5th St.	LN	1921			23 Mar. 1912	
Talamantes	Philip	A. Talamantes	315 Hopper St.	ML	1915-1917				
Talamantes	Philip	Pat Talamantes	315 Hopper St.	ML	1916				
Talamantes	Philip	Pat Talamantes	340 Bremen St.	ML	1914				
Talamantes	Philip	Pat Talamantes	341 Bremen St.	ML	Aug. 1912				
Talamantes	William	P. Talamantes	315 Hopper St.	ML	1919-1920		3A	13 June 1909	
Talamantes	William	Patrick Talamantes	315 Hopper St.	ML	1915-1916				
Talmadge	Edgar		Bay	BY	Aug. 1912	12			
Tamba	Sadie			TM	1 Aug. 1921		8		
Tanforan	Evelyn	Frank Tanforan	Boyes Springs	FL	1926-1928	9	5	12 July 1916	
Tanforan	Evelyn	Frank Tanforan	Boyes Springs	FL	1924			12 July 1916	
Tanforan	Frank	Frank C. Tanforan	Boyes Springs	FL	1925-1928	14	8	31 Oct. 1913	
Tanforan	Lee	T. Tanforan	Boyes Springs	FL	1926-1928	10	6	21 Dec. 1914	
Tanforan	Lee	F. C. Tanforan	Boyes Springs	FL	1925			21 Dec. 1915	
Tanfrans	Frankie	Mrs. T. Tanfrans	Boyes Springs	FL	Feb. 1919		K		
Tanington	Miriam		1 Keller St.	PK	5 Aug. 1918			14 Aug. 1913	
Tanner	Ralph	J. J. Tanner	911 Howard St.	BS	1909	11			
Tanner	Ralph	J. J. Tanner	31 Howard St.	CH	1908-1909	12			

Surname	Given Name	Parent	Address	SD	Date/Date Range	Age	Gr.	Birth Date	Left/Comments
Tanner	Ralph	J. J. Tanner	911 Howard St.	BS	1905-1907	12			
Tantamonica	Frances	Gabriel Tantamonica	617 Main St.	LN	1921-1922			9 Nov. 1913	
Tantimonaco	Frances	Libra Tantimonaco	1 Prospect St.	LN	1920-1921	6	1B	9 Nov. 1913	
Tantimonica	Albert	Libro Tantimonaco	1 Prospect St.	LN	1919-1920		1A		
Tantimonica	Albert	L. Tantimonica	Main St.	LN	Jan. 1921		3B	23 Aug. 1913	
Tantimonica	Albert	L. Tantimonica	617 N. Main St.	LN	Jan. 1922		4B	20 Aug. 1910	
Tantimonica	Frances	Libra Tantimonica	1 Prospect St.	LN	5 Jan. 1920		Rec.		
Tassano	Guido	Fred Veriddo	Glen Ellen	FL	5 Apr. 1926	16	7	24 Sept. 1910	
Tate	Grace	James Tate	500 West St.	LN	1920-1921		3B	24 Aug. 1912	
Tauzer	Georgia	Mrs. W. C. Tauzer		EC	1925			19 Oct. 1911	left
Taylor	Bruce	Mrs. J. E. Taylor	Rt 4, Petaluma	BL	1922		4	14 Nov. 1912	
Taylor	Helen	C. E. Taylor	100 4th St.	BS	1909-1911	9	1A		
Taylor	Hercules	Godfry Taylor	Bodega	PO	1876	7			
Taylor	Mary R.			PO	1874-1975				
Taylor	May	Godfry Taylor	Bodega	PO	17 July 1876	10			3 Nov. 1876
Taylor	Rachel	Godfry Taylor	Bodega	PO	1876	9			
Taylor	Simon			MV	1924-1925				
Taylor	Willie	A. T. Taylor	Cor. of 6th & G Sts.	BS	5 Sept. 1892	14			
Techara	Josephine	Joe Techara	626 E. D St.	ML	1919	5	Rec.		
Tennyson	Arthur	B. Tennyson	14 3rd St.	BS	20 Aug. 1906	6	1		
Tennyson	Johnnie	Ben Tennyson	1410 3rd St.	BS	1905-1907	12			
Tenter	June	Mrs. H. A. Tenter	Boyes Springs	FL	11 Apr. 1929	8	3	27 June 1920	
Terence	Lois		15 Harris St.	PK	Fall 1919				
Terrel	Ruth	A. B. Terrel	327 Bassett St.	BS	1908-1910	7		16 Oct. 1915	
Terrel	Ruth	Mrs. A. E. Terrel	123 Keller St.	ML	1916		6A		
Terrel	Wallis	Mrs. A. V.	917 Howard St.	BS	1905-1907	14			

Surname	Given Name	Parent	Address	SD	Date/Date Range	Within Date Range Age	Within Date Range Gr.	Birth Date	Left/Comments
Terrel		Terrel							
Terrel	Walter	James Terrel	917 Howard St.	BS	1905-1907	14			
Terrence	Francis	S. J. Terence	15 Harris St.	LN	5 Jan. 1920				left
Terribilini	George	B. Terribilini	Two Rock	BL	1926			24 Apr. 1917	
Terribilini	George	B. Terribilini	Two Rock	BL	1929-1930				
Terribilini	Lester		Bloomfield	BL	1929-1930			24 Jan. 1916	
Terribilini	Robert	J. Terribilini	Petaluma	BL	1920			10 July 1912	
Terrill	Ester		472 Rent St.	PK	1903				
Terrill	Mary	Chas. Terrill	472 Kent St.	BS	1905-1907	8	1		
Terrill	May	Chas. Terrill	472 Kent St.	BS	1905-1907	9	1		
Terry	Fred	Fred D. Terry	811 D St.	LN	1920-1921			15 Feb. 1911	
Terry	Peggy	Fred D. Terry	811 D St.	LN	1920-1921	6	1B	10 Sept. 1914	
Terry	Richard	Fred D. Terry	D St.	LN	1920-1921		2B	13 Jan. 1913	
Tesoriere	John	John Tesoriere	110 Bremen St.	ML	Aug. 1912				
Tesoriere	Rose	John Tesoriere	110 Bremen St.	ML	Aug. 1912				
Tesorieri	Rose	John Tesorieri	110 Bremen St.	ML	1914-1915				
Theasby	Doris	C. A. Goodwin	Grant Ave.	LN	5 Jan. 1920		1B		
Thnub?	Raymond	Mrs. Yeaman	Park Ave.	BS	14 Aug. 1905	7			
Thomas	Alan	Harry Thomas	150 Hill Blvd.	LN	Aug. 1921		L4	2 Nov. 1912	
Thomas	Alan	Harry Thomas	201 Hayes Ave.	LN	1919-1921			2 Nov. 1912	
Thomas	Albert	Capt. J. A. Thomas	Cinnabar Ave.	LN	1920-1921	6	1B	18 Apr. 1914	
Thomas	Albert	Capt. J. A. Thomas	10 Cherry St.	LN	1921		1B	18 Apr. 1914	
Thomas	Albert	Capt. J. A. Thomas	834 Main St.	LN	1921		2B	18 Apr. 1914	
Thomas	Alice		R 3, Sebastopol	MV	1927-1928		8		
Thomas	Alice			BS	1898				
Thomas	Allen		201 Hayes Ave.	LN	1921				
Thomas	Dewey	Joe Thomas	B St.	CH	1908-1909	9			
Thomas	Dorothy	J. H. Thomas	Sunnyslope Ave.	LN	1919-1920				
Thomas	Dorothy	Henry Thomas	Sunny Slope Ave.	LN	1920-1921			15 July 1910	

-346-

Surname	Given Name	Parent	Address	SD	Date/Date Range	Within Date Range Age	Within Date Range Gr.	Birth Date	Left/Comments
Thomas	Eleanor	Manuel Thomas	630 E St.	LN	1920-1921		2A	8 Dec. 1911	
Thomas	Eleanor	Manuel Thomas	430 E St.	LN	1920-1921		2B	8 Dec. 1911	
Thomas	Eleanor	M. W. Thomas	328 Keokuk St.	LN	Aug. 1921		3A	8 Dec. 1911	
Thomas	Emil	Henry Thomas	R 3	MV	1928-1929			11 Feb. 1920	
Thomas	Evelyn/Eleanor	Manuel Thomas	328 Keokuk St.	LN	Jan. 1922		4B	8 Dec. 1910	
Thomas	Florence	Manuel Thomas	411 5th St.	LN	1920-1921	6	1B	14 Oct. 1914	
Thomas	Florence		411 5th St.	PK	Fall 1919			14 Oct. 1914	
Thomas	Florence	Manual Thomas	328 Keokuk St.	LN	1921-1922		4B	26 Oct. 1907	from Modesto
Thomas	Harold	B. H. Thomas	201 Hayes Ave.	LN	1919-1920	10	4B		
Thomas	Harold B. Elmore	H. B. Thomas	Kenilworth Park	ML	1916		Rec.		
Thomas	Harry	Manuel Thomas	411 5th St.	PK	1914			8 Oct. 1911	
Thomas	Harry	Manuel Thomas	411 5th St.	LN	1919-1921		1A	8 Oct. 1911	
Thomas	Harry	Manual Thomas	401 5th St.	LN	1920-1921		3B	8 Oct. 1911	
Thomas	Howard	Elvin Tomasi	309 Broadway	LN	1920-1921		2B	1 Nov. 1913	
Thomas	Joseph	Joe Thomas	399 Howard St.	LN	1920-1921		4B	6 Sept. 1909	
Thomas	Josephine		411 5th St.	PK	18 Feb. 1918			13 Oct. 1913	
Thomas	Josephine	Manual Thomas	411 5th	LN	1919-1921		2B	13 Oct. 1912	
Thomas	Marie	W. Thomas	216 Keokuk St.	BS	1908-1909	7			
Thomas	Marie	W. Thomas	334 Kentucky St.	BS	1909	9			
Thomas	Marie	Manuel Thomas	411 5th St.	PK	1914			6 Aug. 1910	
Thomas	Marie			BY	1926-1927				
Thomas	Marie	Manuel Thomas	411 5th St.	LN	1919-1921			6 Aug. 1910	
Thomas	Philip	H. R. Thomas	218 Wilson St.	ML	1920			10 Dec. 1912	trans. to Cinnabar School
Thomas	Raymond	H. R. Thomas	218 Wilson St.	ML	1920			17 Dec. 1910	trans. to Cinnabar School
Thomas	Roy	C. Thomas	1120 6th St.	BS	1907-1909	8	1B		
Thomas	Roy	Chas. Thomas	Sunny Slope Ave.	BS	19 Aug. 1907	8			
Thomas	Violet	Henry Thomas	R 3, Sebastopol	MV	1928-1929			26 Feb. 1917	
Thomas	Wilma M.	A. B. Thomas	Bay	BY	1926-1930			4 Mar. 1915	
Thomas	Raymond	H. R. Thomas	400 Oak St.	PK	1914	4			

Surname	Given Name	Parent	Address	SD	Date/Date Range	Within Date Range Age	Within Date Range Gr.	Birth Date	Left/Comments
Thompsen	Charlie	P. Thompsen	Brennan St.	BS	13 July 1885	11			
Thompson	Carrie			TM	1919-1920				
Thompson	Charles			LN					left
Thompson	Charley	P. Thompson	6th St.	BS	21 Aug. 1899	10			
Thompson	Dorothy	Mrs. Mary Thompson	Agua Caliente	FL	6 Jan. 1930	11	5	3 Jan. 1918	left 25 Apr.
Thompson	Esther	T. Thompson	American Hotel	LN	1921	7	1B	25 Mar. 1914	
Thompson	Evelyn	Wesley Thompson	209 English St.	LN	1919-1921		3B	12 July 1910	
Thompson	Evelyn	Wesley Thompson	209 English St.	LN	1921-1922		4B	11 July 1910	
Thompson	Fletcher	Mrs. S. H. Thompson	224 7th St.	BS	Spring 1908	11	5B		
Thompson	Fletcher	Mrs. S. H. Thompson	224 7th St.	CH	1908-1909	12			
Thompson	Frank	Frank Thompson	203 7th St.	LN	9 Aug. 1921		1B	25 Apr. 1915	
Thompson	Frank	F. Thompson	213 7th St.	LN	21 Aug. 1921		2B	25 Apr. 1915	
Thompson	Herbert	Wesley Thompson	209 English St.	LN	1920-1922		1A	17 Aug. 1912	
Thompson	Herbert	W. Thompson	Upham St.	LN	1920-1921		1B	17 Aug. 1912	
Thompson	Herbert	W. Thompson	16 Webster St.	LN	25 Aug. 1919				
Thompson	John		413 1/2 Prospect St.	PK	Fall 1919			28 Jan. 1914	
Thompson	John	Richard R. Thompson	204 Bodega Ave.	LN	1920-1921		1A	29 Jan. 1914	
Thompson	John	R. B. Thompson	500 Keokuk St.	LN	1920-1922		1B	29 Jan. 1914	
Thompson	Josie	J. B. Thompson	7th St. bet E & F Sts.	BS	5 Sept. 1892	14			
Thompson	Lindsey			PK	3 Aug. 1896	6			
Thompson	Linsey			PK	1895-1896				
Thompson	Mabel	J. B. Thompson	Cor. 7th St.& D Sts.	BS	1892-1893	9			
Thompson	Marcella			TM	27 Dec. 1905		5		

Surname	Given Name	Parent	Address	SD	Date/Date Range	Within Date Range Age	Within Date Range Gr.	Birth Date	Left/Comments
Thompson	Marvin			TM	20 Feb. 1899		Rec.		
Thompson	Mervin			TM	27 Dec. 1905		8		
Thompson	Myrtle			BS	1894-1895		11		
Thompson	Sophie	J. C. Thompson	1164 6th St.	BS		11	6		
Thomson	J.			BS	5 Sept. 1892				
Thomson	V.			BS	5 Sept. 1892				
Thornton	Marguerite	E. E. Thornton	847 Kentucky St.	BS	Fall 1905	10			
Thornton	Marguerite	E. E. Thornton	1666 Washington St.	BS	Spring 1906	11			
Thorsen	Chester	P. Thorsen	Country	BS	1905-1907	12			
Throop	Emma		Annapolis	HC	29 Oct. 1877				
Throop	Harrie			HC	Dec. 1895				
Throop	Hervey			HC	Apr. 1896				
Throop	Lewis	Mrs. Throop		HC	1888-1890				
Throop	Tommy		Annapolis	HC	4 Dec. 1877				
Throop	Wm.		Annapolis	HC	29 Oct. 1877				
Tiary	Edward Verne		219 3rd St.	PK	5 Aug. 1918			1 Feb. 1913	
Tibbitts	Earl	Dr. Tibbitts	D St.	PK	1910	4		9 Feb. 1906	
Tickner	Frank	Mrs. N. L. Wright	R 3	MV	1928-1929			10 Sept. 1922	
Tickner	Frank	Mrs. N. S. Wright	R 3	MV	1930-1931			10 Sept. 1922	
Tillin	Israel	A. Tillin		LN	Jan. 1923		L1	25 Aug. 1916	
Timmens	Fred			HC	Apr. 1893				
Timmons	Ethel			HC	1895-1896				
Timmons	Fred			HC	1895-1896				
Timmons	Virgie			HC	1895-1896				
Timmras	Ethel			HC	Apr. 1893				
Timmras	Virgie			HC	Apr. 1893				
Tine	Charley	Fred Tine	630 E St.	LN	1919-1920	9	2B		
Tittes	Peter	John Tittes	Keller St.	BS	1907-1909	11	1A		
Tittis	Peter	John Tittis	Pleasant St.	CH	1908-1909	12			

Surname	Given Name	Parent	Address	SD	Date/Date Range	Within Date Range Age	Gr.	Birth Date	Left/Comments
Tobin	Arthur	E. Tobin	460 Dana St.	BS	1908-1911	6			
Tobin	Clarence	Ed Tobin	Western Ave.	BS	1905	9	2		
Tobin	Clarence	Edward Tobin	515 Western Ave.	BS	1905-1907	11			
Tobin	Clarence	Ed. Tobin	735 Western Ave.	BS	1908-1909	12			
Tobin	Clarence	Edward Tobin	460 Dana St.	CH	1908-1909	13			
Tobin	Clarence	E. Brown	730 Western Ave.	BS	Jan. 1908	13			
Tobin	Elmer	Edward Tobin	515 Western Ave.	BS	19 Aug. 1907	6			
Tobin	Elmer	Edward Tobin	735 Western Ave.	BS	Jan. 1908	6			
Tobin	Hazel	Edward D. Tobin	515 Western Ave.	BS	1905-1907	9			
Tobin	Hazel	Ed. Tobin	735 Western Ave.	BS	1908-1909	11			
Tobin	Hazel	E. Brown	730 Western Ave.	BS	Jan. 1908	12			
Tobin	Hazel	E. Tobin	460 Dana St.	CH	1908-1909	13			
Tobin	Myrtle	E. D. Tobin	515 Western Ave.	BS	1905-1907	9			
Tobin	Myrtle	Ed. Tobin	735 Western Ave.	BS	1908-1909	11			
Tobin	Myrtle	E. Brown	730 Western Ave.	BS	Jan. 1908	12			
Tobin	Myrtle	E. Tobin	460 Dana St.	CH	1908-1909	13			
Tocher	Gladys	C. Tocher	Cor. 6th & C Sts.	BS	21 Aug. 1899	11			
Todd	A.			BS	5 Sept. 1892				
Todd	Arthur	Calvin Todd	113 Upham St.	BS	1911?	11			
Todd	Francis	Wm. Todd	Boyes Springs	FL	1 Dec. 1931	6	1	Sept. 1925	
Todd	Jack		Liberty St. & Western Ave.	PK	Spring 1924			2 Oct. 1918	
Todd	Jack Walter			PK	Spring 1923			7 Oct. 1918	
Tognacca	Phyllis	S. C. Tognacca	Bloomfield	BL	1923		3	23 Mar. 1913	
Tognacco	Phyllis	S. C. Tognacco	21 Western Ave.	LN	1920-1921	8	1B	23 Mar. 1912	
Tognacco	Phyllis	Mrs. Juanita Tognacco	Bloomfield	BL	1922		3	23 Mar. 1912	
Tomasi	Elvin			TM	20 Feb. 1899		3		
Tomasi	Howard	Elvin Tomasi	314 Kentucky St.	LN	1920-1921		2A	1 Sept. 1913	
Tomasi	Howard	E. Tomasi	408 Oak St.	LN	Aug. 1921		2A	1 Sept. 1913	
Tomasi	Irene			TM	20 Feb. 1899		2		

Surname	Given Name	Parent	Address	SD	Date/Date Range	Age	Gr.	Birth Date	Left/Comments
Tomasi	Jennie			TM	20 Feb. 1899		1B		
Tomasini	Amer. F.	M. Tomasini		BS	1898	16			
Tomasini	Henry R.	M. Tomasini		BS		15			
Tomasini	Juliet	L. Tomasini	Kentucky St.	BS		16			
Tomasini	Leo			PK	8 Feb. 1898				
Tomasini	Waldo			PK	1895-1896				
Tomassi	Mildred		722 B St.	PK	Spring 1923			9 Nov. 1917	
Tompkins	Winifred	Mrs. Tompkins	A & 6th Sts.	LN	9 Aug. 1921		1B	1 Jan. 1916	
Toms	Stephen	Sam Toms	Kentucky St.	CH	Aug. 1895	9			
Tonelli	Rose	Mrs. R. LaFranchi	R 3	MV	1927-1928			28 Sept. 1915	
Tonningeen	Otto	Armus Tonningeen	721 Liberty St.	BS	1911?	11			
Torgelson	John	A. Torgelson	R 3	MV	1928-1929			21 Apr. 1923	
Torliatt	Adolph	P. Torliatt	550 8th St.	BS	Jan. 1908	6			
Torliatt	Adolph	P. Torliatt	227 8th St.	BS	1909-1911	8	1A		
Torliatt	Peter	Peter Torliatt	515 8th St.	BS	1905-1907	8	1		
Torliatt	Peter	P. Torliatt	550 8th St.	BS	1906-1907	10			
Torliatt	Peter	Mrs. A. Torliatt	227 8th St.	BS	1908-1909	12			
Torr	Catherine	Lee Torr	517 E. D St.	CH	1914				
Torr	Elmer	D. Torr	Main St.	CH	Aug. 1895	9			
Torr	Harry	Lee O. Torr	517 E. D St.	ML	Aug. 1912		2B		
Torr	Harry	L. O. Torr	517 E. D St.	ML	Jan. 1914				
Torr	Lee	Lee Torr	517 E. D St.	ML	Aug. 1912				
Torr	Leona	Lee Torr	517 E. D St.	CH		13			
Torr	Randall	Dudley Torr	Kentucky St.	CH	1897-1899	8			
Torr	Randall			PE	26 Aug. 1895				
Totten	Pearl	Mrs. S. Totten	31 Keller St.	LN	21 Aug. 1921		2B	8 Aug. 1912	
Totten	Pearl	Mrs. S. Totten	219 Baker St.	LN	25 Aug. 1919				
Tough	Dorothy	John Tough	R 3, Sebastopol	MV	1924-1925			6 July 1916	
Tough	Genevieve	John Tough	R 3, Sebastopol	MV	1924-1925			14 July 1914	
Tough	Hyla	John Tough	R 3, Sebastopol	MV	1924-1925		1	3 Jan. 1916	

Surname	Given Name	Parent	Address	SD	Date/Date Range	Within Date Range Age	Within Date Range Gr.	Birth Date	Left/Comments
Tough	Teddy	John Tough	R 3, Sebastopol	MV	1924-1925			13 Oct. 1918	
Tough	Vern	Rob Tough	R 3, Sebastopol	MV	1924-1925			20 July 1918	
Tourtillot	Raymond	H. A. Tourtillot	566 Liberty St.	BS	1905-1907	12			
Tourtillott	Grace	Mrs. Tourtillott	501 Keokuk St.	BS	1908-1909	11			
Tourtillott	Grace	H. H. Tourtillott	615 Liberty St.	BS		13			
Tourtillott	Irma	H. H. Tourtillott	566 Liberty St.	BS	Spring 1906	10			
Tourtillott	Irma	H. H. Tourtillott	566 Liberty St.	BS	1909	11			
Tourtillott	Irma	H. H. Tourtillott	610 Liberty St.	CH	1908-1909	12			
Tourtillott	Irma	Howard Tourtillott	501 Keokuk St.	CH		13			
Tourtillott	Raymond	H. H. Tourtillott	566 Liberty St.	BS	1905-1909	12			
Tourtillott	Raymond	H. H. Tourtillott	501 Keokuk St.	CH	1907-1909	14			
Tourtillott	Raymond	H. H. Tourtillott	615 Liberty St.	CH	1908-1909	15	Fr.		
Toutillott	Irma	A. K. Toutillott	566 Liberty St.	BS	Fall 1905	9			
Towne	B.			BS	5 Sept. 1892				
Towne	Loreen	Walter Towne	Cor. 5th St. & C Sts.	BS	1907-1909	6	1A		
Towner	Arthur	A. Towner	Oak St.	BS	18 Jan. 1904	8	2		
Towner	Arthur	Mrs. A. Towner	579 Bodega Ave.	BS	Spring 1906	10			
Towner	Arthur	Mrs. A. V. Towner	Hayes Ave.	BS	1905-1907	10			
Towner	Arthur	A. O. Towner	201 Hayes Ave.	CH		11			
Towner	Arthur	Mrs. A. O. Towner	Hayes Ave.	BS	1909	11			
Towner	Arthur	Agnes Towner	122 Hayes St.	CH	1907-1909	12			
Towner	Chester	A. Towner	654 H St.	BS	1909	14			
Towner	Chester	C. A. Towner	654 H St.	BS	1905-1907	15			
Towner	Leon	Finley Towner	706 7th St.	PK	1903	4			
Towner	Mabel	Mrs. C. A. Towner	654 H St.	BS	1905-1907	6			
Towner	Mabel	A. Towner	201 Hayes Ave.	CH	1908-1909	9			
Towner	Mable	Mrs. Towner	654 H St.	BS	1905-1907	6			

Surname	Given Name	Parent	Address	SD	Date/Date Range	Within Date Range Age	Within Date Range Gr.	Birth Date	Left/Comments
Towner	Myrtle	C. A. Towner	H & 8th Sts.	BS		13			
Towner	Myrtle	C. A. Towner	654 1st St.	BS	1906-1908	17	8B		
Towner	Waldo	A. Towner	Cor. 8th & H Sts.	BS	1909	14			
Towner	Waldo	C. A. Towner	Hayes Ave.	BS	1905-1907	14			
Towner	Waldo	C. A. Towner	201 Hayes Ave.	CH		15			
Towner	Waldo	C. A. Towner	222 Hayes Ave.	CH	Feb. 1909	16			
Townsend	Florence	Mrs. Martha Townsend	Bay	BY	1929-1930			11 Mar. 1922	
Toy	Henry		661 D St.	BS	1905-1907	17			
Tozer	Ray	A. B. Tozer	Cherry St.	LN	1919-1921		1A	1 June 1913	
Tozer	Ray	Albert Tozer	Cherry St.	LN	Aug. 1921		2A	20 June 1912	
Trainer	Mary A.			TM	1887-1890	12			
Trainor	James	Wm. Trainor		TM	1895-1897	10			
Trainor	Jane			TM	20 Feb. 1899		3		
Trainor	Jennie			TM	27 Dec. 1905		8		
Trainor	Katie	Wm. Trainor		TM	1895-1897	13			
Trainor	Nellie			TM	11 Aug. 1902				
Trainor	Nellie			TM	27 Dec. 1905		7		
Traversi	Josephine	G. Traversi	1308 3rd St.	BS	1905-1907	7			
Traversi	Josephine	J. Traversi	308 3rd St.	BS	1906-1907	7			
Treloar	Richard			PK	1895				
Trelsar	Richard			PK	1895				
Tremonti	Oren	Angelena Tremonti	Agua Caliente	FL	1926-1929	9	5	17 July 1914	
Tremonti	Orin			FL	1924			17 Aug. 1914	
Tremper	Cantine			OL	1902-1903	14			
Trezona	Merlin		226 5th St.	LN	1922		4A	28 Jan. 1911	
Triplett	Mary Lee	Henry Lee Triplett	518 7th St.	LN	1919-1921			9 Apr. 1911	
Trizona	Merlin	Elmer Trizona	226 5th St.	LN	1921		4B	28 Jan. 1910	
Trondsen	Emily	T. Trondsen	403 Washington St.	BS	1905-1907	9			

Surname	Given Name	Parent	Address	SD	Date/Date Range	Within Date Range Age	Within Date Range Gr.	Birth Date	Left/Comments
Trondsen	Emily	T. Trondsen	415 Washington St.	CH	1908-1909	12			
Trondsen	Norman	T. Trondsen	415 Washington St.	CH	1907-1909	15			
Trondsen	Norman	L. Trondsen	403 Washington St.	BS	1905-1908	15	8B		
Trondsen	Norman			PE	22 Aug. 1898		1B		
Trondsen	Ruth	Theo. Trondsen	Main St.	CH	1896-1899	7			
Trondsen	Ruth	H. Trondsen	Main St.	CH	1898	10	3		
Trondsen	Ruth	T. Trondsen	403 Washington St.	CH	1908	18	Sr.		
Trondsen	Ruth			PE	25 May 1896		Rec.		
Trondson	Barbara		1004 B St.	PK	1927-1928			13 Feb.	
Trondson	Ruth	Henry Trondson	Main St.	CH	1897-1899	9			
Troop	Grace	O. F. Troop	Liberty St.	CH	1898	13	5		
Troyak	Rawleigh	Anthony Troyak	Bay	BY	1927-1929			18 Feb. 1916	
Truax	Mary	K. C. Truax	R 3, Sebastopol	MV	1927-1928			4 Apr. 1922	
Truax	Mary	Kenneth Truax	R 3	MV	1928-1931			2 Apr. 1922	
True	Doris		10 Harris St.	PK	19 Aug. 1929			12 Sept. 1924	
True	Jean	J. A. True	356 Bodega Ave.	LN	1920-1921		2A	20 Aug. 1913	
True	Jean	John True	325 5th St.	LN	Aug. 1921		3B	30 Aug. 1914	
True	Wilson	Mrs. True	325 West St.	LN	Jan. 1923		L1	7 Nov. 1916	
Truelsen	Harry			OL	1910-1911				
Trumball	John	Trumbull	455 8th St.	BS	1905-1906	7	2		
Trumbull	Arthur	Linus Trumbull	104 8th St.	BS	1911?	1			
Trumbull	John	Mr. Trumbull	455 8th St.	BS	1905-1907	7	1		
Trumbull	John	L. W. Trumbull	455 8th St.	BS	1909	9			
Trumbull	John	L. W. Trumbull	104 8th St.	BS	1908-1909	11			
Trundsen	Ruth			PK	3 Aug. 1896	6			
Trussel	Howard			OL	29 July 1901				
Trussel	Ray	E. E. Force		OL	1901-1903	11			
Tuangen	Betty Jeanne		417 C St.	PK	Fall 1924			18 Apr. 1920	

Surname	Given Name	Parent	Address	SD	Date/Date Range	Within Date Range Age	Within Date Range Gr.	Birth Date	Left/Comments
Tucker	Catherine			PK	1895-1896				
Tucker	Harrison	J. D. Tucker	Upham St.	CH	17 Aug. 1896	7			
Tucker	Harrison	Carrie Tucker	407 Upham St.	CH	1897-1899	9			
Tucker	Harrison	Mrs. C. Tucker	Upham St.	CH	1898	10	3		
Tucker	Harrison			PE	1895-1896		Chart		
Tucker	Harrison			PK	1895				
Tucker	Katherine			PK	17 Feb. 1896	4			
Tucker	Kathryn			PE			1A		
Tulleners	Maria			PO	26 Apr. 1875				
Tullett	Sylvia	Capt. A. Tullett		OL	1 June 1917		7		
Tunstall	Dorothy		Webster St.	PK	1914	4			
Tuomey	H.			PO	8 Nov. 1875		5		school closed 19 Nov. 1875
Tuomey	Nora			PO	26 Mar. 1875				
Tuomey	Thomas B.			PO	3 Aug. 1874				
Turner	Arthur		943 B St.	PK	1920-1921			24 Oct. 1917	
Turner	Charles	424 Upham St.	1016 B St.	PK	Spring 1919			5 Jan. 1915	
Turner	Charles		4224 Upham St.	PK	Fall 1919			5 Jan. 1915	
Turner	Charles		7th St.	PK	1920			25 Jan. 1915	
Turner	Charlie	W. Turner	943 B St.	LN	1920-1921		1B	5 Jan. 1915	
Turner	Freddie	Fred Turner	R 1	LN	1919-1921			26 Oct. 1909	
Turner	George	G. W. Turner	R 3, Sebastopol	MV	1927-1929			30 Oct. 1920	
Turner	Geraldine	W. H. Turner	628 Prospect St.	LN	Aug. 1922		L1	9 Aug. 1916	left
Turner	Glenn	Mrs. Rachel Turner	R 3, Sebastopol	MV	1927-1928			25 June 1916	
Turner	Joy	Edmund Turner	Western Ave.	PK	1914	4		12 Feb. 1910	
Turner	Louis Arthur		41B Prospect St.	PK	Spring 1919			11 Nov. 1913	
Turner	Marie		943 B St.	PK	1927-1928			2 Nov. 1924	
Turner	Marie	Geo. Turner	R 3, Sebastopol	MV	1927-1929			7 May 1917	
Turner	Marie Janette	Edmund Turner	Western Ave.	PK	3 Aug. 1914			29 Dec. 1910	
Turner	Nellie			TM	20 Feb. 1899		1A		
Turner	Ray	C. F. Turner	508 Bodega Ave.	BS	1905-1907	15			

Surname	Given Name	Parent	Address	SD	Date/Date Range	Within Date Range		Birth Date	Left/Comments
						Age	Gr.		
Turner	Ray	C. F. Turner	508 Bodega Ave.	CH	1908-1909	16			
Turner	Ray	C. F. Turner	218 Bodega Ave.	CH	1908-1909	18			
Turner	Ray			TM	11 Aug. 1902				
Turner	Ray			TM	20 Feb. 1899		1A		
Turner	Robert	John Turner	Bay	BY	21 June 1912	11	1		
Turner	Will	C. F. Turner	218 Bodega Ave.	CH	1908-1909	14			
Turner	Willie	C. F. Turner	501 Bodega Ave.	BS	1905-1907	12			
Turner	Willie	C. F. Turner	508 Bodega Ave.	BS	1909	12			
Turner	Willie	C. F. Turner	508 Bodega Ave.	BS	1905-1907	13			
Turner	Willie			TM	11 Aug. 1902				
Turney	Cora	W. J. Turney	312 6th St.	LN	9 Aug. 1921		1B	28 June 1915	
Turney	Lee	Wm. G. Tourney	312 6th St.	LN	1920-1922		2B	7 Apr. 1912	
Turney	Mansfield	W. T. Turney	312 6th St.	LN	1920-1921			7 Oct. 1907	
Turney	Robert		312 6th St.	PK	Fall 1924			2 Oct. 1918	
Turney	Virginia	Wm. Turney	312 6th St.	LN	9 Aug. 1920		2A	30 Jan. 1911	
Turney	Virginia	Wm. J. Turney	312 6th St.	LN	1919-1921		3B	3 Jan. 1911	
Turney	Virginia	W. G. Turney	212 6th St.	LN	Aug. 1921		L4	3 Jan. 1911	
Turnwall	William	Wm. Turnwall	403 Washington St.	ML	1914-1915				
Turpel	Carrol	W. Turpel	6 Washington St.	LN	1920-1921			25 May 1909	
Turrell	Ruth Alice		214 Post St.	PK	19 Aug. 1929			21 June 1924	
Tuttle	Harry	Mr. Tuttle	8th St.	BS	Jan. 1908	6			
Tuttle	Lloyd	Jos. Tuttle	513 3rd St.	LN	Jan. 1923		L1	1 May 1916	
Twigg	Sylvia	Mrs. J. H. Twigg	127 Keller St.	BS	1908-1909	12	4A		
Twigg	Sylvia	Mr. Twigg	127 Keller St.	CH	1908-1909	13			
Twills	Violet	A. L. Twills	411 Harris St.	BS	Fall 1905	9			
Tyfe	Marie	D. H. Tyfe	609 Walnut St.	CH	1908-1909	13			
Tyler	Helen	C S. Tyler	672 English St.	BS	1905-1907	13			
Tyrrell	Vernon		19 Howard St.	PK	Spring 1923			11 Jan. 1919	

Surname	Given Name	Parent	Address	SD	Date/Date Range	Within Date Range Age	Within Date Range Gr.	Birth Date	Left/Comments
Udell	George	H. G. Udell	413 1/2 A Prospect St.	LN	1919-1920				
Uhlenberg	Anni	Peter Uhlenberg	Bay	BY	Aug. 1912	7	1		
Uhlenberg	Christian	Peter Uhlenberg	Bay	BY	Aug. 1912	15	6		
Uhlenberg	Katherine	Peter Uhlenberg	Bay	BY	Aug. 1912	14	4		
Uhlenberg	Marie	Peter Uhlenberg	Bay	BY	Aug. 1912	12	4		
Uland	Arthur	George Uland	Fallon	ES	1924-1929			14 Apr. 1917	
Uland	Evelyn	G. F. Uland	Fallon	ES	1926-1929			25 Mar. 1919	
Uland	Louis	George Uland	Fallon	ES	1920-1927		2	23 Jan. 1914	
Uland	Nadine	George Uland	Fallon	ES	1922-1925		2	21 Aug. 1915	
Uland	Nadine	G. F. Uland	Fallon	ES	1926-1929			14 Aug. 1915	
Uland	Vivienne	George Uland	Fallon	ES	1920-1925		4	26 May 1911	
Umberger	George	N. Umberger	421 2nd St.	PK	1914			13 Mar. 1910	
Unger	Carl	Carl Unger	805 Main St.	LN	1920-1921		2B	2 Feb. 1914	
Unger	Carl	Carl I. Unger	807 Main St.	LN	Jan. 1922			2 Feb. 1914	
Unger	Eleanor	C. Unger	605 Main St.	LN	Aug. 1922		L1	4 July 1916	
Ursenbach	Alfred	L. F. Ursenbach	514 I St.	CH	1901-1903				
Ursenbach	Roy	L. F. Ursenbach	514 I St.	CH	1901-1903	6			
Urton	James	John H. Urton	R 3	MV	1929-1931	12		20 Dec. 1914	
Urton	John	John H. Urton	R 3	MV	1929-1931	14		27 Nov. 1915	
Urton	Joline	J. H. Urton	Sebastopol	MV	1929-1930	11		27 Nov. 1915	
Urton	Luther	John H. Urton	R 3	MV	1929-1931	12		7 Mar. 1917	
Urton	Wyatt	John Urton	R 3	MV	1930-1931			Oct. 1924	
Uttley	Juanita	Fred V. Uttley	440 Cherry St.	BS	1905-1907				
Uttley	Juanita	F. V. Uttley	404 Cherry St.	CH	1907-1909				
Uttley	Leona	F. Uttley	440 Cherry St.	BS	1905-1907				
Uttley	Leona	F. W. Uttley	404 Cherry St.	CH	1908-1909				
Uttley	Leona	F. V. Uttley	801 Keokuk St.	CH	8 Aug. 1910				
Vail	Ira	A. H. Vail	724 BS	BS	1905-1907	6			
Vail	Mildred	B. Vail	616 BS	BS	1908-1909	6			
Valena	Emilio	Wm. Valena	Bay	BY	1923-1928		3	28 May 1914	
Valena	Victor	Wm. Valena	Bay	BY	1923-1927		4	4 Sept. 1911	
Valette	Albert		236 Main St.	PK	Fall 1919			8 Dec. 1914	

Surname	Given Name	Parent	Address	SD	Date/Date Range	Within Date Range Age	Within Date Range Gr.	Birth Date	Left/Comments
Valette	Albert	Mrs. H. Valette	146 Kentucky St.	LN	1921-1922		1A	8 Dec. 1914	left
Valetti	Ferdinand		236 Main St.	ML	Aug. 1912				
Valetti	Ferdinand		236 Main St.	ML	Jan. 1914				
Valetti	Henry		236 Main St.	ML	Aug. 1912				
Valetti	Henry		236 Main St.	ML	Jan. 1914				
Vallandigham	Cecil	A. E. Vallandigham	614 E. St.	ML	1916		6A		
Vallandigham	Virgil		605 3rd St.	PK	1910	5			
Vallette	Albert		236 Main St.	PK	Spring 1919			8 Dec. 1914	
Vallier	Irene	Henry S. Vallier	123 Howard St.	LN	1919-1921		4A	12 Apr. 1911	
Vallier	Jannette	Henry Vallier	English St.	BS	1911	8			
Vallier	Jennette	H. S. Vallier	331 Bassett St.	BS	9 Aug. 1909	6			
Vallier	Myron	John Vallier	207 Hopper St.	ML	Aug. 1912				
Vallier	Myron	John Vallier	207 Hopper St.	ML	Jan. 1914				
Van Marter	Bertha	W. H. Van Marter	Western Ave.	CH	1898	11	5		
VanAllen	Carl	V. I. VanAllen	Boyes Springs	FL	1925			17 Nov. 1914	
VanAllen	Muriel		Walnut St.	PK	1910	4			
VanAllen	Thelma	W. A. VanAllen	214 Walnut St.	BS	1911	8			
VanBebber	Alvin	Geo. VanBebber	21 Bassett St.	BS	1908-1909	6			
VanBebber	Norman	P. Van Bebber	15 Howard St.	LN	1920-1921			21 May 1911	
VanBebber	Norman	Park VanBebber	17 Fair St.	LN	1919-1921			21 May 1911	
VanBerg	Ameal	Mrs. H. VanBerg	433 Upham St.	BS	1905-1907	6			
Vance	Putnam	G. P. Vance	1225 3rd St.	BS	Spring 1906	10			
Vanderbilt	Nellie	Wm. Vanderbilt		TM	1887-1890	15			
Vanderbilt	Newell	Wm. Vanderbilt		TM	1887-1890	15			
Vanderkarr	Eva	A. Vanderkarr	Bodega Ave.	BS	1905-1907	14			
Vandress	Clarice	Mrs. D. Vandress	Bay	BY	1922		4	23 Oct. 1912	
VanMarten	Clara			PK	1895-1896				
VanMarter	Clara			PK	3 Aug. 1896	6			
VanMarter	Loretta			PK	8 Feb. 1898				
VanMarter	Norma			PK	1 Aug. 1898	5			
VanMarter	Norma	W. H. VanMarter	560 Western Ave.	BS	1905-1907	12			
VanMarter	Norma	W. VanMarter	550 Western Ave.	BS	1906-1908	13	7A		

Surname	Given Name	Parent	Address	SD	Date/Date Range	Within Date Range Age	Gr.	Birth Date	Left/Comments
VanMarter	Norma	W. H. VanMarter	612 Western Ave.	CH	1908-1909	14			
VanMarter	Rena			PK	17 Feb. 1896	4			
VanMarter	Rena			PK	1 Aug. 1898	7			Left 22 Aug. 1898
VanMarter	Rina	W. H. VanMarter	560 Western Ave.	BS	1906-1908	14	8B		
VanMartin	Clara			PK	1895				
VanMartin	Rena			PK	1895				
VanOsdel	Virginia	Daniel VanOsdel	Vallejo	BL	1920			19 Jan. 1913	
Vansen	Dorothy		D St.	PK	Spring 1924			4 Dec. 1918	
Varner	Russell	Mrs. Varner	5th St.	CH	1901-1903	6			
Vegas	Clara	Jos. Vegas	564 C St.	BS	1905-1907	7	1		
Vegas	Clara	J. A. Vegas	B St.	PK	1903				
Vegas	John	Joe Vegas	564 C St.	BS	18 Jan. 1904	14	2		
Vegas	Pauline	J. V. Vegas	564 C St.	BS	1905	8	2		
Vegas	Ralph	J. A. Vegas	B St.	PK	1903				
Vegas	Rosie	Joe Vegas	C St.	BS	1903-1905	10	2		
Ventura	John			MV	1918-1919	12	4		
Ventura	Laurence	M. Ventura		MV	1918-1919		2		
Ventura	Lawrence	Manuel Ventura	R 3, Sebastopol	MV	1923-1924		3	15 Feb. 1914	
Ventura	Lawrence			MV	1921-1922		4	16 Dec. 1912	
Ventura	Lawrence	M. Ventura	R 3, Sebastopol	MV	1924-1925			14 Dec. 1911	
Ventura	Lawrence	M. Ventura	RR 3, Box 221	MV	1924-1925			16 Dec. 1910	
Vernon	Earl	Henry Vernon	Sebastopol	EC	1927-1928			31 Oct. 1919	
Vestal	Eleanor	Thomas Vestal	252 Howard St.	LN	1920-1921			13 Dec. 1912	
Vestal	Genevieve	Thos. Vestal	608 Western Ave.	BS	1908-1911	8			
Vier	Ernest	W. J. Vier	Sebastopol	MV	1920-1921	7	3		
Vier/Vere	Lucille	W. Vier/Vere	R 3, Sebastopol	MV	1924-1930			14 Nov. 1918	
Vincent	Audrey	Thos. Vincent	236 Keller St.	CH	1908-1909	12			
Vincent	Audrey	Thomas Vincent	925 B St.	CH	1907-1909	13			
Vincent	Eric	Thomas Vincent	509 B St.	BS	1908-1909	7	1B		
Vincent	Eric	T. Vincent	925 B St.	BS	1908-1909	8	1A		
Vins	Isabell	Mrs. E. B. Vins	548 8th St.	BS	1905-1907	13			
Violetti	Ernest	Charles Violetti		CH	1908-1909	10			

Surname	Given Name	Parent	Address	SD	Date/Date Range	Within Date Range Age	Within Date Range Gr.	Birth Date	Left/Comments
Violetti	Ernest	Charles Violetti	Bremen St.	BS	1909	11			
Vivenzi	Americo			LJ	1916-1917	6	1		
Vivenzi	Jennie			LJ	1916-1917	7	1		
Vivenzi	Nanna?			LJ	15 June 1917	6	1		
Vogel	Caroline	Ernest Vogel	516 E. Washington St.	ML	1916-1917				
Vogensen	Clarence		415 D St.	PK	Fall 1919			14 Nov. 1914	
Vogensen	Clarence	Johansenn Vogensen	415 D St.	LN	1920-1921		1A	14 Nov. 1913	
Vogensen	Clarence	J. Vogensen	620 B St.	LN	1921			14 Nov. 1913	
Vogensen	Clarence	Johansenn Vogensen	616 3rd St.	LN	Jan. 1922			14 Nov. 1913	
Vogensen	Holger		5th St.	PK	Fall 1919				
Vogensen	Holger	H. P. Vogensen	600 5th St.	LN	1920-1922		1A	10 Feb. 1914	
Vogensen	Holger	H. P. Vogensen	600 5th St.	LN	1921			12 Feb. 1914	
Vogensen	Lester		415 D St.	PK	1919-1920			10 June 1915	
Vogensen	Lester	Jos. Vogensen	616 3rd St.	LN	1921-1922		1A	10 June 1915	
Vogensen	Lester	Jos. Vogensen	620 B St.	LN	1920-1921		1B	10 June 1915	
Vojvoda	June	Marion Vojvoda		MV	1930-1931			19 June 1924	
Vojvoda	Marian	M. Vojvoda	R 3, Sebastopol	MV	1929-1931			17 Apr. 1921	
Vojvoda	Marion	M. Vojvoda	R 3	MV	1928-1929			17 Apr. 1921	
Volkerts	Arthur	Arthur Volkerts	R 3, Sebastopol	CN	1925-1929			23 Feb. 1920	
Volkerts	Eric	Arthur J. Volkerts	R 3, Sebastopol	CN	1921-1928			25 Oct. 1913	
Volkerts	Eric	Mrs. A. J. Volkerts	R 3, Sebastopol	CN	1922-1923		2	25 Nov. 1913	
Volkerts	Evelyn	Frank Volkerts	24 Bodega Ave.	LN	1919-1921		3B	26 Mar. 1912	
Volkerts	Evelyn	Frank Volkerts	925 Bodega Ave.	LN	Aug. 1921		L4	26 Mar. 1912	
Volkerts	Jennie	Arthur Volkerts	R 3, Sebastopol	CN	1923-1927			29 July 1915	
Volkerts	Jennie	Mrs. A. J. Volkerts	R 3, Sebastopol	CN	Sept. 1922		2	24 July 1915	
Volkerts	Lorena	Arthur Volkerts	R 3, Sebastopol	CN	1921-1929			16 Dec. 1921	
von Emster	Ernest	H. von Emster	606 5th St.	PK	3 Aug. 1914				
Vonberg	Annie	H. Vonberg	433 Upham St.	BS	1905-1907			26 Jan. 1909	
VonPuella	Ocie			PK	17 Mar. 1896				
Vonsen	Dorothy		D St.	PK	Fall 1924			4 Dec. 1918	
Vonsen	Dorothy K.		510 Prospect St.	PK	Spring 1923			4 Dec. 1918	
vonTagen	Walter	Walter vonTagen	Sebastopol	EC	1927-1930			11 Jan. 1922	

Surname	Given Name	Parent	Address	SD	Date/Date Range	Within Date Range Age	Within Date Range Gr.	Birth Date	Left/Comments
vonTazen	Walter	Walter vonTazen	Sebastopol	EC	1928-1929			11 Jan. 1922	
Voorhies	Clyde	Mrs. L. A. Keys	Boyes Springs	FL	12 Mar. 1929	13	8	15 Feb. 1916	
Voria	Vivian		Washington St.	PK	Fall 1919			22 Mar. 1914	
Voris	Albert		Washington St.	PK	1914	4		23 Sept. 1911	
Voris	Arthur	E. B. Voris	562 7th St.	BS	1899-1900	10			
Voris	Arthur	Mrs. E. B. Voris	548 8th St.	BS	1905-1907	15			
Voris	Edith	E. B. Voris	562 7th St.	CH	1901-1903	7			
Voris	Edith	E. B. Voris	548 8th St.	BS	1909	11			
Voris	Edith	E. B. Voris	223 8th St.	CH	1908-1909	12			
Voris	Edith	E. B. Voris	548 8th St.	BS	1905-1907	12			
Voris	Isabell	E. B. Voris	5481 8th St.	BS	1905-1908	13			
Voris	Isabell	E. B. Voris	223 8th St.	CH	1908-1910	15			
Voris	Vivian		Washington St.	PK	18 Feb. 1918			22 Mar. 1914	
Voris	Vivian	Phillip Voris	312 Washington St.	LN	1920-1922		2A	22 Mar. 1914	
Voyar	William	Mrs. O. E. Voyar	221 3rd St.	LN	1920-1921	7	1B	1 Mar. 1914	
Voyer	William	O. E. Voyer	221 3rd St.	LN	1920-1921		1B	1 Mar. 1914	

Surname	Given Name	Parent	Address	SD	Date/Date Range	Within Date Range Age	Within Date Range Gr.	Birth Date	Left/Comments
Waage	Gladys	L. Arnold	RFD 4, Box 37	BS	1917	13			
Wagner	Annie	Fred Wagner	668 H St.	BS	1909	11			
Wagner	Bertha	F. W. Wagner	8th St.	BS	1905	9	2		
Wagner	Ella	C. C. Wagner	605 3rd St.	CH	1908-1909	13			
Wagner	Ella	C. Wagner	1308 3rd St.	BS	Jan. 1908	13			
Wagner	Ernest	Chas. Wagner	3rd St.	BS	Jan. 1907	10	2		
Wagner	Ernest	C. W. Wagner	605 3rd St.	CH	1908-1909	12			
Wagner	Hermann	Fred Wagner	668 H St.	BS	1909	13			
Wagner	Ida	C. W. Wagner	605 3rd St.	CH	1908-1909	10			
Wagner	Ida			BS	Jan. 1907				
Wagner	Joel	Mrs. Ophelia Wagner	Bodega	PO		5		9 Nov. 1917	
Wagner	John	Mrs. Frances Wagner	R 3, Sebastopol	CN	1925-1926				
Wagner	Louise	Mrs. Lena Wagner	668 H St.	BS	1905-1907	15			
Wagner	Louise	Fred Wagner	668 H St.	BS	1906-1908	16	8A		
Wagner	Minnie	Fred Wagner	667 H St.	PK	1903	5			
Wagner	Minnie	Fred Wagner	H St.	BS	1905-1907	6	1		
Wagner	Otto	Chas. Wagner	3rd St.	BS	Jan. 1907	10	2		
Wagner	Otto	C. W. Wagner	605 3rd St.	CH	1908-1909	12			
Wagner	Rosa	Fred Wagner	667 H St.	PK	1903	7			
Wagner	Rose	Fred Wagner	H St.	BS	1905-1907	8	1		
Wagoner	Pauline	R. Wagoner	411 Keokuk St.	LN	Aug. 1922		L1	30 Sept. 1916	
Walch	Elsie	C. Walsh	120 Howard St.	LN	1920-1921		2A	25 Sept. 1913	
Walden	Ethel	Frank Walden	Howard St.	CH	3 Sept. 1894	11			
Waldthaler	Helen	Wm. Waldthaler	806 6th St.	LN	1921-1922		1B	5 July 1915	
Waldthaler	Hilda	Wm. Waldthaler	806 6th St.	LN	1921-1922		1A	5 July 1915	
Waldthler	Hedwig	William Waldthler	806 6th St.	LN	Aug. 1921		L4	11 Jan. ????	
Walker	Fred	F. Walker	104 3rd St.	BS	1909	11			
Walker	Irene	B. Walker	309 E St.	BS	1908-1910	6			
Walker	Irene	H. Walker	4th St.	BS	1911	6			
Walker	Irene	B. Walker	309 4th St.	BS	1911	7			
Walker	Iris	Mrs. Bert Walker	309 4th St.	ML	1916		6A		
Walker	Regina	J. R. Walker	525 E. D St.	ML	1915				

Surname	Given Name	Parent	Address	SD	Date/Date Range	Within Date Range Age	Within Date Range Gr.	Birth Date	Left/Comments
Walker	Reginald	Joseph Walker	525 E. D St.	ML	1915				
Wall	Aileen	E. Hofeldt	Bodega Ave.	BS	1905-1907	9			
Wall	Aileen	Mrs. F. F. Wall	RFD 4, Box 20	BS	1908-1909	10			
Wall	Aileen	E. Hofeldt	Rural 4	CH	1908-1909	11			
Wallace	Edith	Emmel Wallace	Tomales	TM	1927-1930			27 July 1920	
Wallace	Edith	Rollie Wallace	Tomales	TM	1926-1927			27 July 1920	
Wallis	Allen	J. Allen Wallis		OL	29 May 1919		2		to Iowa
Walls	Cecil	J. L. Walls	Main St.	PK	1903	4			
Walls	Cecil	Bert Walls	619 Main St.	BS	1905-1906	7			
Walls	D. Burns	Mrs. Alma Walls		CH	1908-1909	18	Sr.		
Walls	Doris	Mrs. A. Walls	Mt. View Ave.	LN	1920-1922	7	1B	1 Aug. 1913	
Walls	Doris	David Walls	Mt. View Ave.	LN	1921			1 Aug. 1913	
Walls	Sidney	A. W. Walls	619 Main St.	BS	1905	10	2		
Walsh	Anna	J. Walsh	Boyes Springs	FL	17 Aug. 1915	9	2		
Walsh	Anna			FL	5 Feb. 1917				
Walsh	Elsie	Clyde Walsh		LN	1920-1921		3A	25 Sept. 1913	
Walsh	Elsie	Mrs. Boersing	14 Harris St.	LN	Jan. 1922		4B	25 Sept. 1913	
Walsh	Florence	W. G. Walsh	573 Keokuk St.	CH	1908	19	Sr.		
Walsh	Gertrude	Mrs. J. Walsch		FL	1 Jan. 1914?	15	7		
Walsh	Inez			PK	1895-1896				
Walsh	James	J. Walsh	Boyes Springs	FL	16 Aug. 1915	8	1		
Walsh	James			FL	13 Aug. 1917	10	3		
Walsh	James		Agua Caliente	FL	1923			13 Mar. 1907	
Walsh	Leila	Gus Walsh	669 8th St.	BS		12			
Walters	Ida	Mr. Walters	Petaluma	BS	1908-1909				
Walters	Martin	S. N. Sutton	101 Keokuk St.	BS	1905-1907	12			
Walters	Martin	Mrs. M. E. Sutten	701 Keokuk St.	BS	1905-1907	12			
Walters	Martin	Mrs. M. E. Sutten	523 Keokuk St.	CH	1907-1909	14			
Walters	Martin	S. N. Sutten	551 Keokuk St.	BS	1906-1908	14	8B		
Walton	Etta	Jay Walton	R 3, Sebastopol	CN	Aug. 1928			5 Feb. 1915	
Walton	Ruth	Jay Walton	R 3, Sebastopol	CN	Aug. 1928			5 Dec. 1921	
Walton	Ruth	A. J. Walton	R 3, Sebastopol	CN	Aug. 1929			5 Dec. 1921	

Surname	Given Name	Parent	Address	SD	Date/Date Range	Within Date Range Age	Within Date Range Gr.	Birth Date	Left/Comments
Ward	Ada	D. C. Ward	D St.	BS	1892-1893	12			
Ward	Ada	D. D. Hemenway	710 D St.	CH	1895-1896	15			
Ward	Birdie	Mrs. Henmenway	D St. bet 6th & 7th St.Sts.	BS	5 Sept. 1892	13			
Ward	Elma	Mrs. E. C. Ward	533 Vallejo St.	ML	Aug. 1912				
Ward	Elva	Mrs. Janet Ward	Fetters Springs	FL	28 Sept. 1931	14	7	22 Aug. 1917	
Ward	Elva	Jeanette Ward	Fetters Springs	FL	1924			2 Aug. 1917	
Ward	F.	D. D. Hemenway	714 D. St	BS					
Ward	Frank	D. D. Ward	D St.	BS	1892-1893	9			
Ward	Frank	D. D. Hemenway	710 D St.	CH	1895-1896	12			
Ward	Frank			TM	11 Aug. 1902				
Ward	Helen	Mrs. E. C. Ward	533 Vallejo St.	ML	Aug. 1912		2B		
Ward	James	Mrs. E. C. Ward	533 Vallejo St.	ML	Aug. 1912				
Ward	Paul	Chas. Carter	602 E. D St.	ML	Aug. 1921			11 Apr. 1913	
Wardell-Bosini	Joseph	Lillian Wardell	Tomales	TM	1926-1927			5 May 1919	
Warner	Howard	H. B. Warner	Fetters Springs	FL	1930-1931	13	7	3 June 1917	
Warner	Howard	H. B. Warner	Fetters Springs	FL	23 Apr. 1930	13	6	3 June 1916	
Warner	Kate			OL	1902-1903	13			
Warner	Philemon			OL	1902-1905	8			
Warren	Kenneth	J. B. Warren	Boyes Springs	FL	1925			8 Sept. 1913	
Wassilka	Wladimir	S. Wassilka	Cherry St. Valley	BS	1905-1907	8	1		
Wassilko	Wladimer	Mrs. Wassilko	Cherry St. Valley	BS	Sch Yr 1906	10			
Wasso	Mack		Santa Rosa	OL	1927-1928			8 Oct. 1917	
Waterhouse	Maxine	B. Waterhouse	434 E. Washington St.	ML	Aug. 1922			16 Nov. 1915	
Waters	Alvy	J. C. Waters	226 5th St.	BS	1908-1910	7			
Waterson	Alfred	Mrs. Ida Waterson	R 3, Sebastopol	MV	1920-1923	8		1 Sept. 1914	
Waterson	Alfred	Mrs. Ida Waterson	RR 3, Box 243	MV	1924-1925			1 Sept. 1915	
Waterson	Arthur			MV	1918-1919	12	5		
Waterson	Florence	Mrs. Ida Waterson		MV	1918-1919		3		
Waterson	Florence	Mrs. Ida Waterson	R 3, Sebastopol	MV	1921-1925		5	6 Jan. 1911	
Waterson	Willie			MV	1918-1919	11	4		

Surname	Given Name	Parent	Address	SD	Date/ Date Range	Within Date Range Age	Gr.	Birth Date	Left/Comments
Waterson	Willie	Mrs. Ida Waterson	R 3, Sebastopol	MV	1921-1922		7	16 July 1908	
Waterson	Wm.		R 3, Sebastopol	MV	1922-1923			19 July 1908	
Watkins	Norman		714 3rd St.	PK	19 Aug. 1929			27 Apr. 1926	
Watson	L. Etta	James Watson, Jr.	District	BY	1886-1889	15			
Watterson	Alfred	Mrs. Watterson	R 3, Sebastopol	MV	1923-1924		4	1 Sept. 1914	
Wauhaler	Hedwig	Wm. Wauhaler	806 6th St.	LN	Aug. 1921		3A	11 Jan. 1911	
Way	Louise	A. B. Way	826 D St.	PK	1914				
Waycott	Clark		10 Webster St.	PK	1927-1929			13 Oct. 1923	
Waycott	Earl	Earl Waycott	16 Webster St.	LN	1920-1921		3B	13 May 1913	
Waycott	Earl	Earl Waycott	509 2nd St.	LN	Jan. 1922		4B	13 May 1913	
Waycott	Joe		415 Upham St.	PK	20 Aug. 1928			16 Nov. 1924	
Waycott	Richard	Clark Waycott	519 7th St.	LN	1920-1921		4B	12 Feb. 1911	
Waycott	Richard	Mrs. P. Waycott	19 Park Ave.	LN	1920-1921			12 Feb. 1911	
Waylan	Georgia			PK	17 Aug. 1896	5			
Waylan	Howard			PK	17 Aug. 1896	6			
Wayland	Robison			BS	Fall 1906				
Wayne	Alvin	Mr. Wayne	Main St.	PK	1910	4			
Wayne	Eloie	Mr. Wayne	Main St.	PK	1910	3 1/2			
Wayne	Mabel	Jos. C. Hayne	406 Western Ave.	PK	3 Aug. 1914			14 Feb. 1909	
Weaver	Phillip	Mrs. L. A. Weaver	Washington St.	BS	1905-1907	6			
Webb	Edith		608 3rd St.	PK	Fall 1919			6 Dec. 1914	
Webb	Edith	W. E. Webb	608 3rd St.	LN	1920-1921		1B	6 Dec. 1914	
Webb	Margaret	William Webb	608 3rd St.	LN	1920-1921			18 Apr. 1910	
Weber	Emma	Mrs. E. Weber	Mt. View Ave.	BS	Jan. 1908	12			
Weber	Lisette	Hermann Weber	342 Keller St.	BS	1909-1910	7			
Weber	Willard	Mrs. Shadt	305 4th St.	BS	1909-1910	8			
Webster	Charles			TM	1909-1910		7		
Webster	Clarence			TM	1909-1910		5		
Webster	Daisy	S. Webster	Bloomfield	BL	1929-1930			7 Mar. 1923	
Webster	Hattie		Annapolis	HC	18 Oct. 1880				
Webster	Violet	S. Webster	Bloomfield	BL	1929-1930			21 June 1920	
Wedel	Charles		309 Bodega Ave.	PK	Fall 1924			18 Feb. 1919	

Surname	Given Name	Parent	Address	SD	Date/Date Range	Age	Gr.	Birth Date	Left/Comments
Wedel	Lillian	C. Wedel	Bodega Ave.	BS	1905-1907	13			
Weder	Fritz		Keller St.	PK	Fall 1924			14 June 1919	
Weder	Stewart		Keller St.	PK	Fall 1924			6 Nov. 1920	
Wedin	Paul	Thomas Wedin	Rt. 3	ML	1920			29 Feb. 1912	
Wedler	Arthur	Rudolph Wedler	209 3rd St.	LN	1920-1921			Jan. 1911	
Weeber	Lester	Harrison Weeber	206 D St.	LN	Jan. 1922		4B	25 Sept. 1913	
Wegesser	Betty	Mrs. Vier	R 3, Sebastopol	MV	1927-1928			2 Aug. 1917	
Wegesser	Lena	J. W. Vier	R 3, Sebastopol	MV	1927-1928			19 Feb. 1919	
Wehrspon	Lawrence	N. Barsi	Santa Rosa	OL	1920-1922		7	25 Feb. 1907	
Weigand	Irene	Mrs. J. Weigand	214 Bodega Ave.	BS	1917	15			
Weiman	Emma	Mrs. F. Weiman	West St.	CH	1908-1909	11			
Weinke	Leyton	Coral Weinke	426 Cherry St.	BS		12			
Weishand	Elsa	Wm. Weishand	407 4th St.	BS		13			
Weiss	Charles			FL	26 Feb. 1929	13	7		left 6 May
Weiss	Lena	Sam Weiss	624 E. D St.	ML	1921-1922			6 Dec. 1915	
Weiss	Rose	Samuel Weiss	402 3rd St.	LN	28 Nov. 1921		3B	22 Feb. 1913	from Wilson 11/28
Weiss	Rosie			LN	1919	6	1B		
Weiss	Rosie	Sam Weiss	624 E. D St.	ML	1921-1922			22 Feb. 1913	
Weitzman	Herbert	I. Weitzman	Cherry St.	LN	Aug. 1922		L1	4 Nov. 1916	
Welchert	Katherine	Albert Welchert	N. Main St.	PK	3 Aug. 1914			23 Dec. 1908	
Welchert	William	A. Welchert	800 Main St.	BS	1908-1911	6			
Welchert	William	Albert Welchert	N. Main St.	ML	1916		6A		
Wellnitz	Ethel	Mrs. E. A. Wellnitz	Kentucky St.	BS	1905-1907	7			
Wellnitz	Ray	Mrs. E. A. Wellnitz	Kentucky St.	BS	1905-1907				
Wells	Dorothy	A. Wells	425 3rd St.	LN	1919-1920				
Wells	Earl	J. W. Wells	8th St.	BS	1905-1907	13			
Wells	Earl	J. W. Wells	575 Fair St.	BS	1905-1907				
Wells	Gerald		318 Western Ave.	PK	19 Aug. 1929			4 May 1926	
Wells	Grace	J. A. Wells	8th St.	BS	1905-1907	14			
Wells	Leonard	A. Wells	425 3rd St.	LN	1919-1920				
Wells	Thomas	J. W. Wells	Douglas St.	CH		15			
Wells	Tom	Mrs. Jessie Wells	575 Fair St.	BS	1905-1907	11			

Surname	Given Name	Parent	Address	SD	Date/Date Range	Within Date Range Age	Gr.	Birth Date	Left/Comments
Wells	Tommie	Mrs. Jessie Wells	8th St.	BS	1905-1907	11			
Wells	Violet	A. L. Wells	27 Harris St.	BS	Spring 1906	10			
Wells	Violet	A. L. Wells	716 D St.	BS	1905-1907	11			
Wengen	Abe	J. Wengen	1008 B St.	BS	Spring 1908	12	5B		
Wengen	Abe	J. Wengen	1008 B St.	CH	1908-1909	13			
Wengen	Ansiel	J. Wengen	428 5th St.	LN	1919-1921		2B	27 Mar. 1912	
Wengen	Izzy	J. W. Wengen	462 B St.	BS	1909	9			
Wengen	Izzy	J. Wengen	1008 B St.	BS	1908-1909	11			
Wengen	Izzy	J. Wengen	428 5th St.	BS	1911?	12			
Wenger	Ansiel	J. Wenger	428 5th St.	LN	1919-1920		1B		
Wenger	Isadore	Julius Wenger	462 BS	BS	Jan. 1907	9	2		
Wernli	Carl	J. Wernli	702 F St.	BS	20 Aug. 1906	6			
Wernli	Norma	Jacob Wernli	English St.	CH	1901-1903	6			
Wernli	Norma	J. Wernli	F & 7th Sts.	BS	1903-1905	7	2		
Wernli	Norma	Jacob Wernli	702 F St.	BS	1909	10			
Wertz	James	James Wertz	Fair St. & Dana Sts.	BS	1905-1907	10	1		
Weslon	Martin	Mrs. Eugene Martin	Bloomfield	BL	1925		1	3 Aug. 1917	
West	Faith	Fred West	17 Bodega Ave.	BS	1909-1910	6			
West	Faith	F. West	31 Post St.	BS	1910	7			
West	Harry	W. W. West		BS	1906-1908	16	8A		
West	Minnie			BS	1899-1900				
Weston	Douglas R.		1 Howard St.	PK	19 Aug. 1929			7 Oct. 1924	
Weston	Hall			PK	1 Aug. 1898	5			
Weston	Hall	Mrs. Hattie Weston	961 Howard St.	BS	1906-1908	13	7A		
Weston	Hall			PK	16 Nov. 1896				
Westphall	Elmer	Elmer Westphall	R 3, Sebastopol	CN	1928-1929			20 Nov. 1921	
Westphall	Helene	Elmer F. Westphall	R 3, Sebastopol	EC	1927-1928			15 Jan. 1918	
Westphall	Helene	Mrs. Una Westphall	R 3, Sebastopol	CN	1924-1929		1	15 Jan. 1918	
Wetmore	Paul	Harry Wetmore	Annapolis	HC	12 June 1925				
Whaley	Francis		512 Kentucky St.	PK	1927-1928				
Whaley	M.			PO	8 Nov. 1875		6		school closed 19

Surname	Given Name	Parent	Address	SD	Date/Date Range	Within Date Range Age	Within Date Range Gr.	Birth Date	Left/Comments
Wheaton	Boby			PK	16 Nov. 1896				
Wheaton	Perry			PK	16 Nov. 1896				Nov. 1875
Wheeler	Blowden	Wm. Wheeler	Cherry St.	BS	1911	7			
Wheeler	Edna	Mrs. A. Wheeler		HC	1907	8			
Wheeler	James	H. Wheeler		HC	1907	10			
Wheeler	Jim	Mrs. A. Wheeler		HC	1907	12			
Wheeler	Nellie	H. Wheeler		HC	1907	9			
Wheeler	Nellie	Mrs. A. Wheeler		HC	1907	10			
Wheeler	Winnie	W. Wheeler	Cherry St.	BS	1909	9			
Wherespon	Lawrence	Mrs. N. Barsi		OL	29 May 1919		5		
Whershon	Lawrence	Nickolas Barsi		OL	1 June 1917		3		
Whitaker	Evelyn	J. Whitaker	411 A St.	BS	Fall 1906	10			
Whitaker	Evelyn	Rev. James Whitaker	411 A St.	CH	1908-1909	12			
Whitaker	Evelyn	Mrs. L. E. Whitaker	411 A St.	BS	Jan. 1908	12			
Whitaker	Hazel	J. B. Whitaker	Kentucky St.	CH	17 Aug. 1896	7			
Whitaker	Hazel	J. Whitaker	Kentucky St.	CH	1898	10	3		
Whitaker	Leslie	Rev. James Whitaker	411 A St.	BS	1906-1909	7			
Whitaker	Leslie	Rev. James Whitaker	411 A St.	CH	1908-1909	9			
Whitaker	May Ella	Rev. Jas. Whitaker	411 A St.	BS	1909-1910	7			
Whitaker	Phillips	Rev. Jas. Whitaker	411 A St.	BS	1909-1910	6			
Whitcomb	Hattie	Mr. & Mrs. P. O. Whitcomb	203 E. Washington St.	ML	1919	6	Rec.		
White	Araminta	Wm. F. White	Agua Caliente	FL	1926-1929	11	5	1 Sept. 1914	
White	Aranintta	Wm. F. White	Fetters Springs	FL	1924			1 Sept. 1914	
White	Barbara		100 6th St.	LN	1922		4A	22 Mar. 1913	
White	Bernard	Percy White	304 Galland St.	PK	3 Aug. 1914			14 Feb. 1909	
White	Claire		304 Galland St.	PK	1918-1919			16 Mar. 1914	
White	Claire	Percy White	304 Galland St.	LN	1920-1922		2B	16 Mar. 1914	
White	Elmer		410 Kentucky St.	PK	18 Feb. 1918			25 Dec. 1911	
White	Eric	Arthur White	Bodega Ave.	PK	3 Aug. 1914			5 May 1909	
White	Gordon	Mr. White	Boyes Springs	FL	1923	7		29 July 1910	

Surname	Given Name	Parent	Address	SD	Date/ Date Range	Within Date Range		Birth Date	Left/Comments
						Age	Gr.		
White	Hazel	Mrs. Elsie White	801 Keokuk St.	LN	1920-1921			23 Sept. 1912	
White	Hazel	F. White	801 Keokuk St.	LN	9 Aug. 1920			23 Sept. 1912	
White	Lizzie	John White	Washington St.	CH	1897-1899	9			
White	Lizzie	Mary White	Western Ave.	CH	1898	10	4		
White	Lodia	John White	Fair St.	BS	1905-1907	7	1		
White	Lodia	J. N. White	511 D St.	CH	1908-1909	10			
White	Marguerite	Arthur White	27 Webster St.	BS	1909-1911	7	1A		
White	Pearl		Howard St.	PK	Fall 1919			20 Sept. 1915	
White	Walter Harrison	A. Anderson	867 6th St.	BS	1899-1900				
White	Wayne	Edwin D. White	28 Liberty St.	PK	3 Aug. 1914			18 Feb. 1910	
Whiteman	Kenneth	T. Whiteman	21 10th St.	LN	1920-1921			10 Apr. 1911	
Whiting	Kingsley		21 10th St.	PK	1920			13 Feb. 1916	
Whitlash	Vivian	Miss Viola Whitlash	603 Kentucky St.	PK	1903	5			
Whitlatch	Leila	Lee Whitlatch	1903 Kentucky St.	BS	1906	9	2		
Whitlatch	Leila	L. Whitlatch	603 Kentucky St.	BS	1905-1907	9			
Whitlatch	Leila	L. Whitlatch	409 Kentucky St.	BS	1908-1909	12			
Whitlatch	Leila	Mr. Whitlatch	419 Kentucky St.	BS	Jan. 1908	12			
Whitlatch	Leila	Miss Viola Whitlatch	419 Kentucky St.	CH	1908-1909	13			
Whitlatch	Merrill Francis	Frank Whitlatch	Bloomfield	BL	1924-1925		7	23 Apr. 1912	
Whitlatch	Merrill Francis	Frank Whitlatch	Bloomfield	BL	1922 (?)			23 Apr. 1912	
Whitman	Kenneth	Temple Whiteman	21 10th St.	LN	1920-1921			10 Apr. 1911	
Whitman	Lulu	Geo Whitman	622 BS	BS	20 Aug. 1906	7			
Whitney	Ella			BS	1899-1900				
Whitson	Alec	Charlotte Whitson	684 Keller St.	BS	1905-1907	13			
Whitson	Allie	C. Whitson	584 Keller St.	BS	1909	11			
Whitson	Allie	Mrs. J. Whitson	684 Keller St.	BS	1909	12			
Whitson	Charlotte	Mrs. Whitson	516 Post St.	BS	1905-1907	6	1		
Whitson	Charlotte	Elizabeth Whitson	Keller St.	BS	1905-1907	7	1		
Whitson	Clyde	Mrs. Whitson	326 Kentucky St.	BS	1909-1911	7	1A		
Whitson	Edna	Miss O. Kurtz	611 Prospect St., #77	BS	1905-1907	13			
Whitson	Edna	Mrs. J. S. Whitson	684 Keller St.	BS	1905-1907	13			

Surname	Given Name	Parent	Address	SD	Date/Date Range	Within Date Range		Birth Date	Left/Comments
						Age	Gr.		
Whitson	Edna	Mrs. J. S. Whitson	326 Kentucky St.	CH	1907-1909	15			
Whitson	Genevieve		685 Kentucky St.	PK	1903	5			
Whitson	Genevieve	Mrs. E. Whitson	684 Keller St.	BS	1905-1907	9			
Whitson	Linda	J. S. Whitson	684 Keller St.	BS	1906-1909	6			
Whitson	Mervyn	Mrs. C. Whitson	326 Kentucky St.	BS	1908-1910	6			
Whittaker	Hazel	Benton Whitaker	551 Kentucky St.	CH	1897-1899	9			
Whittingham	Betty	Mr. Whittingham	Bay	BY	1926			23 Apr. 1919	moved
Whittingham	Virginia	Mr. Whittingham	Bay	BY	1926			30 July 1917	moved
Whittington	Ellis	Thomas Whittington	R 3	MV	1927-1929			1 Apr. 1921	
Whittington	Ellis	Florence Whittington		BL	1929-1930			1 Apr. 1921	
Whittington	Kay	T. J. Whittington	R 3, Sebastopol	MV	1927-1928			20 Dec. 1918	
Whittington	Kay	Mrs. Florence Whittington	Sebastopol	MV	1929-1930			20 Dec. 1918	
Whittington	Kay	Florence Whittington	Petaluma	BL	1929-1930			20 Dec. 1919	
Whittle	Lillian			MV	20 Dec. 1916	13	6		24 Dec. 1916
Wick	Alice	Jacob Wick	BS	BS		12			
Wick	Elmer	G. H. Wick	11 Stanley St.	BS	1909-1911	9	1A		
Wick	Harry	Jacob Wick	BS	BS		10			
Wickersham	Fred	Mrs. K. Dollar	720 D St.	BS	Fall 1906	9			
Wickersham	Frederick	Mrs. K. G. Wickersham	720 D St.	BS	Spring 1906	9			
Wickersham	Jane	Kate Wickersham	720 D St.	BS	1905-1907	13			
Wiegaard	Alma	Mrs. Linibaugh	Howard St.	CH	1908-1909	9			
Wiess	Lena	Sam Wiess	20 Hinman St.	LN	Aug. 1922		1A	6 Dec. 1915	
Wightman	Kingsley	T. Wightman	21 10th St.	LN	Aug. 1922		L1	13 Feb. 1916	
Wightman	Stirling	T. Wightman	21 10th St.	LN	1920-1921	6	1B	12 May 1914	
Wightman	Stirling	F. Wightman	21 10th St.	LN	21 Aug. 1921		2B	12 May 1914	
Wilcoxs	Bryan		325 Keokuk St.	PK	1922			10 Oct. 1917	
Wilder	Fred	A. P. Church	129 Keokuk St.	CH	1908-1909	12			step-father
Wilder	Fred D.	Mrs. G. Church	729 Keokuk St.	BS	Spring 1908	11	5A		
Wilder	Gertie	Wm. Wilder	Kentucky St.	CH	1894-1895	7			
Wilder	Lucile		528 Oak St.	PK	Fall 1924			28 Apr. 1920	

Surname	Given Name	Parent	Address	SD	Date/Date Range	Within Date Range Age	Gr.	Birth Date	Left/Comments
Wilder	Lucile		Oak St.	PK	Spring 1924			29 Apr. 1920	
Wildthaler	Helen	Wm. Wildthaler	806 6th St.	LN	1921	6	1B	5 July 1915	
Wildthaler	Hilda	Wm. Wildthaler	806 6th St.	LN	1921	6	1B	5 July 1915	
Wilen	Alfred	Carl Wilen	217 Hopper St.	CH	1907-1909	14			
Wilen	Alfred	C. Wilen	622 Hopper St.	BS	1906-1908	14	8B		
Wilen	Gustaf	C. W. Wilen	Hopper St.	BS	1900	9			
Wilen	Lillian	C. C. Wilen	622 Hopper St.	BS	1905-1907	9			
Wilen	Lillie	Mrs. Anna Wilen	217 Hopper St.	BS	1908-1909	11	4A		
Wilen	Lillie	Mrs. Anna Wilen	217 Hopper St.	CH	1908-1909	12			
Wilen	Mildred	Arvid O. Wilen	121 Upham St.	LN	1919-1921		1A		
Wilheim	Johann	John Wilheim	I St. Extension	BS	1909-1910	7			
Wiliams	Freda			BY	1926-1927				
Wilkinson	Georgie			PO	12 Mar. 1877		7		
Wilkinson	Geraldine	Fergus Wilkinson	Santa Rosa	OL	1926-1929			27 Jan. 1920	
Wilkinson	Marjorie	Fergus Wilkinson		OL	1926-1929			3 Dec. 1918	
Willard	Weber		4th St.	BS	10 Jan. 1910				
Wille	Frieda	H. Wille	Penngrove	CH	8 Aug. 1910	16			
Willet	Lyvern	Mrs. Emma Willet		EC	1928-1929			28 Mar. 1917	left
Willett	Dolores	Mrs. Emily Willett	Sebastopol	EC	1928-1929			17 June 1919	
Willey	Betty Jane	Mrs. R. N. Bacon	Glen Ellen	FL	1928-1929	11	6	16 Sept. 1917	left 14 Apr.
Willey	Betty Jane	Mrs. R. M. Bacon	Glen Ellen	FL	2 Jan. 1929	11	5	16 Sept. 1917	
Willey	Essalle	Chas. M. Willey		BS	1906-1907	7			
Williams	Alfred	Jacob Williams	R 3, Sebastopol	CN	1925-1926			2 Sept. 1915	
Williams	Anna			HC	17 July 1916	12	7		
Williams	Beryl	Frank Williams	417 F St.	LN	9 Aug. 1920		3B	29 Feb. 1912	
Williams	Charlie	J. H. Williams	Glen Ellen	FL	1928-1929	11	5	2 June 1918	
Williams	Charlie		214 Post St.	PK	Fall 1924			19 Aug. 1919	
Williams	Clarence			HC	17 July 1916	7	1		
Williams	Elwood	Mr. Densmore	Bodega Ave.	CH	1898	8	2		
Williams	Elwood			PE			1A		
Williams	Elwood			PK	16 Nov. 1896				
Williams	Eugene			PK	1 Aug. 1898	6			Left 22 Aug. 1898

Surname	Given Name	Parent	Address	SD	Date/ Date Range	Within Date Range		Birth Date	Left/Comments
						Age	Gr.		
Williams	Eugene			PK	16 Nov. 1896				
Williams	Florence	B. B. Williams	District	BY	1918-1920		2		
Williams	Florine	S. Williams	Bodega	BY	1921-1922		3	2 Sept. 1910	
Williams	Francis	George Thomas Williams	311 Hopper St.	ML	1914-1915				
Williams	Fred	George Winslow		HC	1884	12			
Williams	Freda	Mrs. S. Williams	Bodega	BY	1921-1929		L1	12 Aug. 1914	
Williams	Freda	B. B. Williams	Bay District	BY	1919-1920		L1		
Williams	Freddie	George Winslow		HC	1881-1882	10			
Williams	Georgie	Mrs. Williams	Bodega	PO					
Williams	Harry	George Winslow		HC	1884	6			
Williams	Harry	T. Williams	8th St.	BS	1907-1909	6	1A		
Williams	Hibbard	George Winslow		HC	1884	15			
Williams	Hibburd	George Winslow		HC	1881-1882	11			
Williams	Hildegard	Mrs. Miles	857 Howard St.	BS	Fall 1906	9			
Williams	Hildegarde	Mrs. J. S. Miles	115 Howard St.	BS	Jan. 1908	10			
Williams	Hildegarde	Mrs. J. S. Miles	115 Howard St.	CH	1908-1909	11			
Williams	Irene			TM	30 Aug. 1909		8		
Williams	Jake	Jacob Williams	R 3, Sebastopol	CN	1925-1926			24 Oct. 1913	
Williams	Jeanette	J. Williams	R 3, Sebastopol	CN	Aug. 1926			6 Apr. 1921	ent 7 Mar. 1927
Williams	Jesse	Steve D. Williams	504 2nd St.	BS	1905-1907	11			
Williams	Jesse	S. D. Williams	520 D St.	CH	1908-1909	12			
Williams	Jessie	S. D. Williams	519 B St.	CH		12			
Williams	Lloyd			BY	7 Aug. 1916	8	2		
Williams	Lloyd	Mrs. S. Williams	Bodega	BY	1923		7	19 July 1908	
Williams	Lloyd	B. B. Williams	District	BY	1918-1920		4		
Williams	Marie	Mr. Williams	Bay	BY	1926			18 Sept. 1919	moved
Williams	Maud	James Williams	3rd St.	BS	21 Aug. 1899	12			
Williams	Rea			BS					
Williams	Rob			PK	12 Aug. 1896	6			
Williams	Robert	Mrs. M. Williams	655 Prospect St.	BS	1904-1907	7	2		
Williams	Robert	J. H. Williams	Agua Caliente	FL	1927-1928	12	6	13 Aug. 1914	

Surname	Given Name	Parent	Address	SD	Date/Date Range	Age	Gr.	Birth Date	Left/Comments
Williams	Robert	J. H. Williams	Glen Ellen	FL	1928-1929	14	7	13 Aug. 1914	
Williams	Tolbert	J. H. Williams	Hinman St.	CH	1901-1903	6			
Williams	Tolbert	J. H. Williams	504 Prospect St.	BS	Spring 1906	11			
Williams	Tolbert	Jas. H. Williams	524 Main St.	BS	1906-1907	12	5		
Williams	Tolbert	J. H. Williams	610 Hopper St.	BS		12			
Williams	Vernie Viola	B. B. Williams	Bay	BY	Aug. 1912	6	1B		
Williams	Vernie	B. B. Williams		BY	7 Aug. 1916	10	3		
Williams	Vernie	Mrs. S. Williams	Bodega	BY	1921		7	28 May 1906	
Williams	Vernie	B. B. Williams	District	BY	1918-1920		5		
Williams	Vincent	Mrs. Williams	Glen Ellen	FL	1928-1929	6	1	3 Jan. 1922	left 3 Jan.
Williams	Wayne	C. Williams	220 Edith St.	ML	Aug. 1922			18 Feb. 1916	
Williams	Willie	Maggie L. Williams	655 Prospect St.	BS	1905-1907	17			
Williamson	Ethyl	Mrs. E. R. Williamson		MV	1918-1919		3		
Williamson	Philippa	Fred Williamson	Freestone	BL	1922		8	29 Apr. 1909	
Willington	Bessie			CH	1908-1909		Fr.		
Willis	Frances	Ralph Willis	Tomales	TM	1921-1922			5 July 1914	
Willis	Lois	Ralph Willis	Tomales	TM	1921-1922			22 Aug. 1915	
Willis	Willard	Mrs. Carl Kinzy	R 3, Sebastopol	MV	1921-1923		7	17 June 1908	
Willits	Glen	Noble Willits	R 3, Sebastopol	CN	Aug. 1925			31 Mar. 1916	
Willke	Helen			FL	3 Aug. 1914	10	3		
Willman	Richard	Mr. Willman	Bay	BY	1926				moved to Watson
Willmes	Marie	Herbert Willmes	Tomales	TM	1927-1928			18 Sept. 1919	
Willmes	Richard	Herbert Willmes	Tomales	TM	1927-1928			25 Oct. 1916	
Wilson	Albert	F. Wilson	Star Rt., Petaluma	BL	1926			25 Apr. 1923	
Wilson	Albert	Fred Wilson	Rt 4, Petaluma	BL	1929-1930			25 Apr. 1923	
Wilson	Alice			PK	17 Feb. 1896	3			
Wilson	Alice			PK	1 Aug. 1898	5			Left 22 Aug. 1898
Wilson	Charles	Chas. Wilson	401 7th St.	BS	1906-1909	6			
Wilson	Charles	Charles Wilson	7th St.	CH	1908-1909	8			
Wilson	Clarence	Jas. Wilson	Kent St.	BS	20 Aug. 1906	7			
Wilson	Edith	Albert Wilson	Fair St.grounds	BS	1897	12	6		

Surname	Given Name	Parent	Address	SD	Date/Date Range	Within Date Range		Birth Date	Left/Comments
						Age	Gr.		
Wilson	Evelyn	Thomas Wilson	Valley Ford	ES	1929-1931			11 Mar. 1923	
Wilson	Fecla		114 Upham St.	PK	Spring 1924			24 Nov. 1918	
Wilson	Floyd	J. A. Wilson	513 Kentucky St.	PK	1903	5			
Wilson	Floyd	Mr. Wilson	Hayes Ave.	BS	14 Aug. 1905	7			
Wilson	Floyd	D. Wilson	Pierce St.	BS	1906	7	2		
Wilson	Floyd	J. W. Wilson	Pierce St.	BS	1905-1907	8			
Wilson	George	A. Wilson	Valley Ford	ES	1913-1922	12	8		
Wilson	George	L. N. Wilson	725 B St.	LN	1919-1920			15 July 1911	
Wilson	George	Lee A. Wilson	114 Upham St.	LN	1920-1921			27 Oct.	
Wilson	Gerald		Rt.	PK	1921				
Wilson	Gerald	F. Wilson	R 1	LN	Aug. 1922		L1	27 Oct. 1916	left
Wilson	Harold	D. E. Wilson	Keokuk St.	BS	1905-1907	11			
Wilson	Harry	Wm. Wilson	307 8th St.	LN	1919-1920		2A	1 Dec. 1912	
Wilson	Harry	Wm. Wilson	917 G St.	LN	Jan. 1921		3B	31 Dec. 1912	
Wilson	Hattie	P. B. Hansen	617 Keokuk St.	BS	1909	12			
Wilson	Henryetta	J. Garth	411 Keokuk St.	BS	Jan. 1908	13			
Wilson	Homer	H. L. Wilson	15 Stanley St.	BS	1908-1909	10			
Wilson	Homer	Mrs. R. L. Wilson	15 Stanley St.	CH	1908-1909	11			
Wilson	Howard	Albert Wilson	Fair St. grounds	BS		13	6		
Wilson	Hulda	Chas. Wilson	2 7th St.	BS	1911	6			
Wilson	Joe	Thomas Wilson	Valley Ford	ES	1920-1927		2	20 Apr. 1914	
Wilson	Kenneth	Mrs. L. Wilson	672 Walnut St.	BS	1905-1907	6			
Wilson	Kenneth	Mr. Wall	672 Walnut St.	BS	1908-1909	8	1B		
Wilson	Kenneth	Mrs. O'Neill	Keokuk St.	BS	1907-1909	9	1A		
Wilson	Lecla		114 Upham St.	PK	Fall 1924			24 Nov. 1918	
Wilson	Lennox		Rt.	PK	1921			26 Apr. 1916	
Wilson	Lennox	F. Wilson	R 1	LN	Aug. 1922		L1	26 Apr. 1915	
Wilson	Lily	Mrs. M. C. Wilson	10th & G Sts.	BS	1905-1907	13			
Wilson	Mattie			BS					
Wilson	May		962 6th St.	ES	1910-1917	5	1		
Wilson	Myrtle	A. Wilson		BS	1906-1908	14	7A		
Wilson	Olin	J. A. Wilson	Kentucky St.	BS	1903-1905	8	2		

Surname	Given Name	Parent	Address	SD	Date/Date Range	Within Date Range Age	Within Date Range Gr.	Birth Date	Left/Comments
Wilson	Olin	J. A. Wilson	Pierce St.	BS	Spring 1906	10			
Wilson	Raymond		2 7th St.	PK	Fall 1924			8 July 1919	
Wilson	Rena			PK	1895-1896	5			
Wilson	Rena	John Garth	617 Keokuk St.	BS	1905-1907	15			
Wilson	Rena			PE			1A		
Wilson	Robert			FL	13 Aug. 1917	5	1		
Wilson	Robert	A. Wilson	Country	BS	1899-1900	9			
Wilson	S. W.	Chas. E. Pool	29 I St.	LN	1919-1920				
Wilson	Stella		821 Western Ave.	PK	Fall 1919			1 July 1915	
Wilson	Stella	Mrs. R. Wilson	618 C St.	LN	Aug. 1922		1A	2 Jan. 1916	
Wilson	Stella	Mrs. M. Frasier	618 C St.	LN	9 Aug. 1921		1B	2 Jan. 1916	
Wilson	Thomas			ES	1909-1911	8	4		
Wilson	Thomas			ES	1913	11	8		
Wilson	Todd	Mrs. Ella Kingman	1025 3rd St.	BS	1905-1907	13			
Wilson	Tom			ES	1912	11	7		
Wilson	Ulin	J. A. Wilson	411 Pierre St.	BS	Spring 1907	11	5		
Wilson	Vera S.			CH	1908-1909				
Wilstrup	Lily	Helfred Wilstrup	Novato	CH	1908	17	Sr.		
Winans	Laurence	Mrs. M. L. Winans	18 6th St.	CH	1907-1909	15			
Winans	Lawrence	L. J. Winans	865 6th St.	CH	1905-1907	12			
Winans	Pearl Elizabeth	Mrs. M. V. Winans	Walnut St.	BS	1899-1900				
Winans	Raymond	Lewis Winans	865 6th St.	BS	1905-1907	6	1		
Winans	Raymond	Mrs. M. L. Winans	18 6th St.	BS	1908-1909	10	4A		
Winans	Raymond	Louis Winans	18 6th St.	CH	1908-1909	11			
Winding	Harry	John Winding	516 E. Washington St.	ML	1918				
Winding	Lillian	John Winding	516 E. Washington St.	ML	1918-1922			1 Apr. 1913	
Wing Wo	Gladys	Wing Wo	33 Washington St.	ML	1919-1920			8 June 1913	left
Wingard	Eva	G. W. Wingard	Western Ave.	BS		13			
Wingard	Harry	G. W. Wingard	714 Keokuk St.	BS	1908-1910	6			
Winn	Denton Stevenson		212 Post St.	PK	19 Aug. 1929			18 Mar. 1925	

Surname	Given Name	Parent	Address	SD	Date/Date Range	Within Date Range		Birth Date	Left/Comments
						Age	Gr.		
Winslow	Alice	George Winslow		HC	1881-1882	7			
Winslow	Alice	George Winslow		HC	1884	9			
Winslow	Emma	George Winslow		HC	1881-1882	9			
Winslow	Emma	George Winslow		HC	1884	11			
Winsor	Donald	Rev. H. J. Winsor	411 A St.	BS	1909	11			
Winsor	Donald	H. I. Winsor	411 A St.	BS	1905-1907	12			
Winsor	Margaret	Rev. Winsor	411 A St.	BS	1905-1907	6			
Winter	Gene	George Winter	417 8th	LN	1921	7	1B	7 July 1914	
Winter	Harold G.		West St.	PK	1914	5			
Winter	Harry	G. H. Winter	208 Bodega Ave.	LN	1919-1920	10	4B		
Winter	Virgil	G. H. Winter	106 Bodega Ave.	LN	1919-1921		2A	6 Dec. 1912	
Winter	Virgil	H. Winter	417 8th St.	LN	Aug. 1921		3A	6 Dec. 1912	
Winter	Virgil	Joe Winter	417 8th St.	LN	Jan. 1922		4B	6 Dec. 1912	
Winters	Elwin	Sam Winters	701 6th St.	LN	1919-1922		4A	12 May 1911	
Winters	Elwin	Sam Winters	701 6th St.	LN	1921		4B	13 May 1911	
Winters	Elwyn	Sam Winters	701 6th St.	LN	1919-1920	8	2B		
Winters	Janne		607 Kentucky St.	PK	5 Aug. 1918			7 July 1914	
Winters	Jeanne		Bodega Ave.	PK	Fall 1919			7 July 1914	
Winters	Jeanne	George Winters	417 8th St.	LN	1921		1A	7 July 1914	
Winters	Virgil		Kentucky St.	PK	5 Aug. 1918			6 Dec. 1912	
Winters	Virgil	Geo. Winters	208 Bodega Ave.	LN	25 Aug. 1919				
Wintringham	Mary		608 Western Ave.	PK	3 Aug. 1914			18 Apr. 1910	
Wirtane	Nellie	Mrs. Fannie Wirtane	Sebastopol	EC	1925-1928			13 Nov. 1915	
Wisel	Henry			PK	1895				
Wiseman	Ross	T. C. Wiseman	Country	BS		5			
Wiss	Rosie		620 Fair St.	PK	5 Aug. 1918	14		22 Feb. 1913	
Witt	Catherine	Claus Witt	Liberty St.	BS	1911	6			
Witt	Catherine	Claus Witt	Liberty Dist.	ML	1916		6A		
Witt	Elsie	C. Witt	Liberty St.	BS	1910	7			
Witt	Henry	Mrs. C. E. Witt	Fetters Springs	FL	15 Sept. 1930	12	7	27 Dec. 1917	
Witt	Herman	Claus Witt	RFD	BS	1909	11			
Witt	Herman	Claus Witt	RFD 1	ML	Jan. 1912				

Surname	Given Name	Parent	Address	SD	Date/ Date Range	Within Date Range		Birth Date	Left/Comments
						Age	Gr.		
Witt	Martin	Claus Witt	RFD 1	ML	Jan. 1912				
Witt	Walter	Mrs. C. E. Witt	Fetters Springs	FL	15 Sept. 1930	10	5	20 Dec. 1919	
Wittaker	Hazel	Benton Witaker	Kentucky St.	CH	1897-1899	8			
Witte	Walter	Mrs. C. E. Witte	Fetters Springs	FL	1930-1931	11	6	30 Dec. 1919	
Witte	Henry	Mrs. C. E. Witte	Fetters Springs	FL	10 Mar. 1930	12	6	27 Dec. 1917	
Wittkouski	Frieda	Mrs. Anna Wittkouski	129 Upham St.	BS	1908-1909	13			
Wittkowsky	Frieda	Mrs. Wittkowsky	Upham St.	BS	1908-1909	12	4A		
Woldemar	Clarence	Peter Woldemar	Bodega Ave.	LN	1920-1921			6 Mar. 1910	
Wolf	Adaline	M. Wolf	3rd St.	CH	1908-1909	14			
Wolf	Adeline	M. Wolf	1156 4th St.	BS		13			
Wolf	Adeline	M. Wolf	156 4th St.	BS		13	5		
Wolf	Erwin	Mrs. McMillian	Sunny Slope Ave.	CH	1901-1903	6			
Wolf	Walter	R. W. Wolf	575 Fair St.	BS		14			
Wolfe	Adeline	Mrs. M. Wolfe	301 3rd St.	CH	1908-1909	15			
Wood	Alleen	Mrs. Minnie Wood	Bay	BY	1921-1922		6	22 Sept. 1907	
Wood	Billy			OL	1926-1927				
Wood	Edgar	Frank Wood		OL	1 June 1917		1		
Wood	Edgar	Frank Wood		OL	29 May 1919		2		
Wood	Edgar	F. W. Wood	Windsor	OL	1921-1922		5	3 Nov. 1908	
Wood	Edgar	F. W. Wood	Windsor	OL	15 June 1923		6	13 Nov. 1908	
Wood	Edith	Harry Wood	Bay	BY	21 June 1912	6	1		
Wood	Edith			BY	7 Aug. 1916	10	4		
Wood	Elfreida	Will H. Wood	Fulton	OL	1923-1925		1	20 Oct. 1915	
Wood	Elgin	Frank Wood		OL	1920		3		
Wood	Frances	F. W. Wood	Windsor	OL	1921-1925		4	13 Feb. 1912	
Wood	Francis	Frank Wood		OL	1920		Rec.		
Wood	Helen	F. W. Wood		OL	1902-1906	6			
Wood	Helen	Frank W. Wood		OL	1909-1911				
Wood	Jane			OL	1928-1929			2 Jan. 1923	
Wood	June	Will Wood		OL	1929-1930			26 Jan. 1923	
Wood	Lloyd	Harry Wood	Bay	BY	21 June 1912	11	2		

-377-

Surname	Given Name	Parent	Address	SD	Date/Date Range	Within Date Range Age	Within Date Range Gr.	Birth Date	Left/Comments
Wood	Lloyd			BY	7 Aug. 1916	15	7		
Wood	Mansel	Will Wood	Flton	OL	1927-1928			16 Jan. 1921	
Wood	Maysel	Will Wood		OL	1928-1930			16 Jan. 1921	
Wood	Roat	James Wood		OL	1 June 1917		1		
Wood	Roat	J. W. Wood	Windsor	OL	1921-1922		6	14 Apr. 1909	
Wood	Roat	J. W. Wood	Windsor	OL	1919-1923		7	14 Apr. 1908	
Wood	Talmadge	Frank W. Wood		OL	1909-1911				
Wood	Vera	Harry Wood	Bay	BY	21 June 1912	9	2		
Wood	Vera			BY	7 Aug. 1916	14	7		
Wood	Wesley	Jim W. Wood	Windsor	OL	1919-1925		Rec.		
Wood	Will			OL	29 July 1901		8		
Woodbury	Beryl	Elsie M. Woodbury	22 6th St.	LN	1919-1920	9	4B		
Woodbury	Donald	Frank Woodbury	22 6th St.	LN	25 Aug. 1919	7	2A		left 7 May 1920
Woodbury	Percy	Mrs. Elsie Woodbury	Keokuk St.	PK	18 Feb. 1918			22 June 1913	
Woodbury	Percy	Mrs. Elsie Woodbury	Keokuk St.	MV	1920-1922		4	22 June 1914	
Woodhull	Beatrice	H. S. Woodhull	Tuition	BS	1908-1910	6			
Woodhurst	Dan		Sebastopol	MV	1929-1931			1916	
Woodhurst	George	J. Woodhurst	R 3	MV	1930-1931			21 Dec. 1924	
Woodhurst	June		Sebastopol	MV	1929-1931				
Woodhurst	Rose		R 3	MV	1930-1931			8 Jan. 1922	
Woodhurst	Virgil	J. Woodhurst	R 3	MV	1930-1931			11 Dec. 1914	
Woodluff	Nina L.		127 Keller St.	PK	3 Aug. 1914			26 June 1910	
Woods	Aileen			BY	7 Aug. 1916	8	3		
Woodson	Gene	Frank Woodson	Vallejo St.	CH	17 Aug. 1896	6			
Woodson	Harry	Frank Woodson	Bridge St.	CH	3 Sept. 1894	10			
Woodson	Jasper	Frank Woodson	Bridge St.	CH	3 Sept. 1894	6			
Woodson	Jasper	Frank Woodson	Vallejo St.	CH	17 Aug. 1896	8			
Woodson	Jasper			PE	26 Aug. 1895		1		
Woodson	Opal	E. F. Selin	539 Edith St.	BS		11			
Woodson	Pearl	G. F. Woodson	Bremen St.	CH	1901-1903	7			
Woodson	Pearl	G. F. Woodson	657 Edith St.	BS	1909	12			
Woodson	Pearl	G. F. Woodson	657 Edith St.	BS	1905-1907	12			

Surname	Given Name	Parent	Address	SD	Date/Date Range	Within Date Range Age	Within Date Range Gr.	Birth Date	Left/Comments
Woodson	Pearl	Mrs. G. F. Woodson	339 Edith St.	CH	1908-1909	13			
Woodson	Ruby	Frank Woodson	Bridge St.	CH	3 Sept. 1894	8			
Woodson	Ruby	F. Woodson	Vallejo St.	CH	Aug. 1895	9			
Woodward	Ray			BS					
Woodworth	Mildred			MV	1916-1917	13	8		
Woodworth	Myrtle		R 3, Sebastopol	MV	1922-1923				
Woodworth	Phyllis			MV	1918-1919	10	4		
Woodworth	Phyllis	Mrs. Mildred O. Caseres	R 3, Sebastopol	MV	1921-1923		7	2 Apr. 1908	
Woodworth	Reuben	Sam P. Woodworth	RFD 2	BS	1905-1907	13			
Woolery	Alta	L. A. Woolery	15 Kentucky St.	LN	1919		1B		
Woolsey	Florence			OL	1901-1904		1		
Woolsey	Florence			OL	9 July 1906		7		
Wordell	Warren	H. E. Wordell	617 Main St.	LN	Jan. 1923		L1	10 Mar. 1916	left
Wordig	Clarence			PK	1895	3			
Workover	Arnold	C. A. Workover	R 3, Sebastopol	CN	1921-1923		3	3 Jan. 1912	
Wreden	Walter	Claus Wreden	Court or Keokuk St.	CH	1901-1903	6			
Wright	Blanche	Joe Wright	323 Hopper St.	ML	1915				
Wright	Blanche	Joe Wright	327 Hopper St.	ML	1915				
Wright	Blanche	Joe Wright	416 Edith St.	ML	1916-1917				
Wright	Carl	Arthur Wright	634 D St.	LN	1920-1921		3B	12 Sept. 1912	
Wright	Fred		Post St.	PK	1903	5			
Wright	Jesse	N. S. Wright	Sebastopol	EC	1925-1927	13			
Wright	Jesse	N. S. Wright	74 8th St.	LN	1920-1921		3B	1 Nov. 1911	left
Wright	Jesse	Norman Wright	74 H St.	LN	Aug. 1921		3B	1 Nov. 1913	
Wright	Jessie	N. S. Wright		EC	1925	10		1 Nov. 1914	
Wright	Lois	Joe Wright	Rt. 3	ML	1920			28 Mar. 1912	
Wright	Sally	Joe Wright	626 Edith St.	ML	1918				
Wright	Sara	Joe Wright	323 6th St.	LN	1919-1920				left
Wright	Sarah	Joe Wright	Rt. 3	ML	1921-1922	7		28 Mar. 1912	
Wrightman	Stirling			LN	1920-1921		1B	12 May 1914	

Surname	Given Name	Parent	Address	SD	Date/Date Range	Age	Gr.	Birth Date	Left/Comments
Wurdig	Clarence			PK	1895-1896				
Wyatt	Alice	Chas. Wyatt	42 3rd St.	BS	1911	7			
Wyatt	Anita	C. Wyatt	1203 3rd St.	BS	1908-1909	6	1B		
Wyatt	Anita	Chas. Wyatt	1205 3rd St.	BS	19 Aug. 1907	6			
Wyatt	Anita	Chas. Wyatt	402 3rd St.	BS	1907-1909	6	1A		
Wyatt	Dennis		Liberty St.	PK	3 Aug. 1914			7 Oct. 1908	
Wyatt	Gladys	C. Wyatt	203 3rd St.	BS	9 Aug. 1909	6			
Wyatt	Gladys	Chas. Wyatt	402 3rd St.	BS	1909-1911	6	1A		
Wyatt	Ray	Mrs. H. H. Wyatt	610 Liberty St.	CH	1907-1909	14			
Wyatt	Raymond	Mrs. A. Wyatt	517 Kentucky St.	BS	1905-1907	12			
Wyatt	Raymond	H. H. Wyatt	611 Kentucky St.	CH		13			
Wyatt	Raymond	H. H. Wyatt	611 Liberty St.	CH		14			left
Wyatt	Ruth	Chas. Wyatt	341 Keokuk St.	LN	25 Aug. 1919				
Wyatt	Veryle		613 Liberty St.	PK	1914				
Wychoff	Gertrude	G. Wychoff	8th St.	BS	1908-1909	7	1B		
Wychoff	Herbert	Jos. Wychoff	206 Post St.	BS	1908-1910	6			
Wychoff	Violet	Dan K. Wyckoff	206 Post St.	CH	1908-1909	9			
Wyckoff	Gertrude	W. Wyckoff	8th St.	BS	19 Aug. 1907	6			
Wycoff	Fred	Mrs. Wycoff	Sunny Slope Ave.	BS	Sch Yr 1906	7			
Wycoff	Gertrude	Joe Wycoff	Post St.	BS	Aug. 1908	7	1A		
Wyman	Amy	E. W. Wyman	512 Howard St.	BS	1905-1907	11			
Wyman	Amy	E. W. Welden	512 Howard St.	BS	1905-1907	12			
Wyman	Amy	Mrs. E. W. Welden	542 Howard St.	CH	1907-1910	14			
Wyman	Etta	E. W. Welden	512 Howard St.	BS	1905-1908	13			
Wyman	Etta	Mrs. E. W. Welden	542 Howard St.	CH	1907-1910	15			
Wyman	Mabel	E. W. Welden	512 Howard St.	BS	1905-1908	15			
Wyman	Mabel	Mrs. E. W. Welden	542 Howard St.	CH	1907-1909	17			
Wynans	Raymond	L. Wynans	6th St.	BS	14 Aug. 1905	7			
Wyrick	Blanch	H. R. Wyrick	501 4th St.	CH	1908-1909	12			
Wyrick	Blanch	H. T. Wyrick	1252 4th St.	BS	Jan. 1908	12			

Surname	Given Name	Parent	Address	SD	Date/Date Range	Within Date Range Age	Gr.	Birth Date	Left/Comments
Yale	Elihn V.	J. Yale	715 6th St.	LN	1920-1921		2B	31 Jan. 1914	left 8 Apr. 1921
Yatabe	Hannah	K. Yatabe	Sebastopol	EC	1930-1931			9 June 1921	
Yatabe	Joe	K. Yatabe	Sebastopol	EC	1930-1931			8 June 1923	
Yatabe	Tomoko	K. Yatabe	Rt. 3, Sebastopol	EC	1930-1931			20 June 1919	
Yatabe	Josie	R. Yatabe	R 3, Sebastopol	CN	Aug. 1921		1	28 Feb. 1915	
Yatabe	Josie	K. Yatabe	R 3, Sebastopol	CN	1922-1926		2	28 Feb. 1915	
Yatabe	Ruby	K. Yatabe (Kuranoshin)	R 3, Sebastopol	CN	1921-1926		2	25 Jan. 1913	
Yatabe	Tama	K. Yatabe	Sebastopol	CN	1923-1926		1	10 Jan. 1917	
Yatabe	Tomoka	K. Yatabe	R 3, Sebastopol	CN	1925-1926			20 June 1919	
Yell	Walter	Mrs. S. Yell, Jr.	328 Wilson St.	ML	1919-1926	6	1B		
Yell	Walter	Pete Yell	240 Liberty St.	PK	5 Aug. 1918			23 Jan. 1913	
Yell	Walter		155 Wilson St.	ML	1918				
Yell	Walter	Mrs. Noriel	1014 F St.	LN	1920-1922	6	1A	23 Jan. 1913	
Yelle	Archie	Mrs. Yelle	Boyes Springs	FL	11 Sept. 1928	6	1	20 Feb. 1922	left 11 Jan.
Yoell	Laurence	Mrs. H. A. Yoell	F & Sunny Slope Ave.	BS	1905-1907	6	1		
Yoell	Laurence	Mrs. D. Yoell	Sunny Slope Ave.	CH	1908-1909	9			
Yogya	Paul	T. Yogya	R 3, Sebastopol	MV	1920-1921	8	3	27 Feb. 1914	
Yoski	Auige	c/o Mrs. Camm	672 D St.	BS	1905-1907	16			
Yost	Margo	A. Yost	18 10th St.	LN	1921-1922		1A	13 Oct. 1914	
Young	Adolph	Chas. Young	1167 6th St.	BS	1892	12			
Young	Arnold		518 6th St.	PK	1920			8 Apr. 1914	
Young	Arnold	Carl Young	230 Vallejo St.	ML	1921-1922			8 Apr. 1915	
Young	Arnold	Mrs. C. Young	210 5th St.	LN	1921		1A	8 Apr. 1915	
Young	Beckford	E. L. Young	D St.	PK	1910	5		23 Oct. 1903	
Young	Carl	Chas. Young	1167 6th St.	BS	1892	16			
Young	Charles	Adolf Young	228 Vallejo St.	ML	1915-1917				
Young	Fred	Chas. Young	1167 6th St.	CH	1895-1896	12			
Young	G. E. Mary	L. Young	Bay	BY	1928-1929			1 Apr. 1918	
Young	Grace	Adolph Young	228 Vallejo St.	ML	1914-1916				
Young	Grace	Doff Young	Vallejo St.	ML	Aug. 1912		Rec.		
Young	Marie			PK	17 Feb. 1896	4			

Surname	Given Name	Parent	Address	SD	Date/Date Range	Age	Gr.	Birth Date	Left/Comments
Young	Mary	Mrs. Margaret Young	Bay	BY	1925-1927		1	1 Apr. 1918	
Young	Mary	L. Young	Bay	BY	1927-1930			1 Apr. 1918	
Young	Myrtle	C. H. Young	320 N. Main St.	BS	1909	10			
Young	Warren	Mrs. C. E. McVay	Windsor	OL	1921-1922		L2	22 Nov. 1914	
Young	Wave	Rev. Young	11 Post St.	PK	1914	5		4 June 1910	
Younger	Lulu		417 Washington	PK	1903	6			
Younglove	Carl		Sonoma House	PK	Spring 1924			29 Aug. 1919	
Zanini	Lowell	Jos. Zanini	611 Kentucky St.	LN	Aug. 1921		3B	8 Jan. 1912	
Zappa	Ernest	Jerry Zappa	211 Hopper St.	ML	1920			16 June 1913	
Zappa	Irene	Jerry Zappa	Petaluma Hotel	ML	1916		Rec.		
Zatkin	Morris	Mrs. Gertrude Zatkin	Boyes Springs	FL	6 Oct. 1927	13	7	21 Aug. 1914	
Zatkin	Tillie	Mrs. Gertrude Zatkin	Boyes Springs	FL	26 Sept. 1927	11	6	22 Feb. 1916	left 17 Oct.
Zimmerman	Albert		450 Cherry St.	PK	1903	5			
Zimmerman	Albert	F. M. Zimmerman	415 Cherry St.	BS	14 Aug. 1905	7			
Zimmerman	Albert	F. W. Zimmerman	450 Cherry St.	BS	20 Aug. 1906	8	2		
Zimmerman	Albert	F. W. Zimmerman	250 Cherry St.	BS	Jan. 1907	9	2		
Zimmerman	Howard	A. E. Zimmerman	917 Howard St.	BS	1900	11			
Zimmerman	Karl	Fred Zimmerman	450 Cherry St.	BS	1905-1907	10	5		
Zimmerman	Karl	T. W. Zimmerman	800 Keokuk St.	CH	1907-1909	13			
Zimmermann	Albert	F. W. Zimmermann	800 Keokuk St.	BS	1908-1909	10			
Zimmermann	Albert	F. W. Zimmermann	800 Keokuk St.	BS	1911?	12			
Zimmermann	Karl	F. W. Zimmermann	800 Keokuk St.	CH	1908-1909	14	Fr.		
Zitlan	Helen Louise		Liberty St.	PK	19 Aug. 1929			13 Apr. 1926	
Zonardi	Louis	Mrs. Rosie Piani	Tomales	TM	1924-1926	8		12 Jan. 1917	
Zonardi	Louis	Rosie Poiani	Tomales	TM	1926-1929			12 Jan. 1917	
Zoorich	Lucy	A. Zoorich	1021 B St.	LN	1920-1921		1B	13 Sept. 1914	
Zopfi	John	Balthazar Zopfi	126 Kentucky St.	LN	1920-1921			11 Feb. 1911	
Zopfi	John	Andrew Nell	416 C St.	LN	1920-1921			11 Feb. 1911	
Zoppie	Victoria			TM	11 Aug. 1902				
Zubachoff	Michael		Del Mar	SA	2 Dec. 1912	14	A4		
Zubachoff	Nastia		Del Mar	SA	2 Dec. 1912	6	A1		
Zugnioni	Isolina	Mrs. J. Poncia	Bodega	BY	1922-1926		H2	8 May 1912	

Surname	Given Name	Parent	Address	SD	Date/ Date Range	Within Date Range		Birth Date	Left/Comments
						Age	Gr.		
Zummini	Edith	Mrs. F. Zummini		TM	1895-1897	15			
Zumwalt	Alice Viola	J. H. Zumwalt	Penngrove	CH	8 Aug. 1910	14			
Zunini	Anna	Mary Zunino	344 Kentucky St.	LN	1919-1920	9	4B		
Zunini	Antone			LN	1919	6	1B		
Zunino	Anna	S. Zunino	230 Edith St.	ML	1915				
Zunino	Antone		344 Kentucky St.	PK	5 Aug. 1918			4 Mar. 1914	
Zunino	Antone	Cevito Zunino	111 Kentucky St.	LN	1920-1921		1A	7 Mar. 1914	not promoted
Zunino	Antone	Cevito Zunino	344 Kentucky St.	LN	1919-1921		2B	7 Mar. 1914	
Zunino	Antone	Cevito Zunino	377 Kentucky St.	LN	21 Aug. 1921		2B	7 Mar. 1914	
Zunino	Ernest	Mary Zunino	344 Kentucky St.	LN	1919-1920	11	4B		
Zunino	Ernest	S. Zunino	230 Edith St.	ML	1914				
Zunino	Lowell	Joe Zunino	511 Kentucky St.	LN	1919-1921		2A	8 Jan. 1912	
Zunninin	Kate			TM	11 Aug. 1902				
Zunninin	Raymond			TM	11 Aug. 1902				
Zwerhlin	Fritz	Mrs. Zwerhlin		FL	1 Jan. 1914?	7	1		

www.ingramcontent.com/pod-product-compliance
Lightning Source LLC
Chambersburg PA
CBHW060506300426
44112CB00017B/2561